1 月 2 日，2021 同济新年音乐会在上音歌剧院举行

1 月 21 日，新希望集团捐赠 1 亿元人民币，设立同济大学脑科医学发展基金

2 月 10 日，同济大学与上海市奉贤区人民政府签署《关于加快奉贤新城建设的战略合作框架协议》

3 月 25 日，上海市市级科技重大专项“人工智能前沿基础理论与关键技术——自主智能无人系统”启动会在上海张江人工智能岛举行

3 月 27—28 日，由同济大学承办的第一届交通与运载工程学科发展战略论坛在同济大学嘉定校区举办

4 月 10 日，同济大学上海新城建设研究中心揭牌成立

4 月 14 日，同济大学与百度签署战略合作协议

4 月 23 日，“华东八校”共同发起组建的“长三角可持续发展大学联盟”成立

5 月 13 日，同济大学与上海人工智能实验室签署战略合作协议

5 月 20 日，同济大学光华教育创新基金捐赠仪式在四平路校区举行

6 月 10 日，同济大学师生自编自导自演的原创话剧《铸诗成剑》在四平路校区大礼堂成功首演

6 月 24 日，校党委书记、校党史学习教育领导小组组长方守恩讲授党史学习教育专题党课

6 月 29 日，同济大学庆祝中国共产党成立 100 周年“两优一先”表彰大会在四平路校区隆重举行

7 月 8 日，由世界人工智能大会组委会办公室主办、同济大学承办，以“人工智能赋能城市数字化转型”为主题的国家级学会理事长论坛在上海世博中心举行

7 月 10 日，在 2021 世界人工智能大会闭幕式上，依托同济大学建设的中国（上海）数字城市研究院揭牌成立

7 月 14 日，由联合国世界知识产权组织（WIPO）与同济大学共同举办、以“智慧城市和知识产权”为主题的国际知识产权论坛在同济大学开幕

8 月 4 日，同济学子在第十三届全国周培源大学生力学竞赛“基础力学实验”团体赛上荣获全国一等奖

9 月 17 日，上海市第四人民医院庆祝建院 100 周年并揭牌成立同济大学附属医院

9 月 23 日，由同济大学牵头建设的长三角可持续发展研究院揭牌成立

10 月 18 日，奥地利驻上海总领事蓝海睦（Helmut Rakowitsch）、副领事瓦格纳（Alexandra Wagner）访问同济大学

10 月 19 日，新任德国驻上海总领事贺德满（Pit Heltmann）率代表团访问同济大学

11 月 18 日，同济大学与中国商用飞机有限责任公司签署战略合作框架协议

11 月 22 日，同济大学 2021 年当选院士师生座谈会在四平路校区举行

12 月 3 日，6 位同济学子受聘成为同济大学首届学生校务助理

2022
同济大学年鉴

同济大学年鉴编辑部　编

同濟大學 出版社
TONGJI UNIVERSITY PRESS
·上海·

图书在版编目(CIP)数据

2022同济大学年鉴/同济大学年鉴编辑部编. --上海:同济大学出版社,2025.3

ISBN 978-7-5765-0746-1

Ⅰ. ①2… Ⅱ. ①同… Ⅲ. ①同济大学—2022—年鉴 Ⅳ. ①G649.285.1-54

中国国家版本馆CIP数据核字(2023)第222579号

2022同济大学年鉴

同济大学年鉴编辑部　编

责任编辑　荆　华　金　言　　责任校对　徐春莲　　封面设计　宋善威

出版发行　同济大学出版社　　www.tongjipress.com.cn

（地址：上海市四平路1239号　邮编：200092　电话：021－65985622）

经　　销　全国各地新华书店

印　　刷　上海安枫印务有限公司

开　　本　889mm×1194mm　1/16

印　　张　26.75　插页6

字　　数　1034000

版　　次　2025年3月第1版

印　　次　2025年3月第1次印刷

书　　号　ISBN 978-7-5765-0746-1

定　　价　80.00元

凡　例

一、《同济大学年鉴》是同济大学的资料性工具书，《2022 同济大学年鉴》（以下简称本《年鉴》）是同济大学正式出版的第十八部综合性年鉴。

二、本《年鉴》以马克思列宁主义、毛泽东思想、邓小平理论、“三个代表”重要思想、科学发展观、习近平新时代中国特色社会主义思想为行动指南，客观记述学校各领域、各方面的发展情况。

三、本《年鉴》记载时间是 2021 年 1 月 1 日至 12 月 31 日。

四、本《年鉴》采用分类分条目编纂法，以特载、概述、概况为纲，以大事记为经，以党建与思想政治工作、院系及直属研究机构情况概述、学科建设、教育、科学研究与科技开发、教职工队伍建设、对外合作与交流、教育设施与保障、所属企业、校园文化与体育活动等栏目为纬，较为全面、系统地记述了全校各领域各系统的情况，并附重要规章、文件选目和统计资料。

五、本《年鉴》分类目、栏目、分目和条目，其中各栏目、各分目之首一般设“概况”条目，集中记述各系统、各领域的总体情况，便于各年度间的延续和相互比较；分目以黑体字标识；分目下设条目，以【】号为标识，条目为主要信息载体和基本撰稿形式。

六、本《年鉴》对各分目、条目间的交叉重复现象，采取详略得当、平衡删留、区别视角等不同记述方法。

七、本《年鉴》采用规范语体文记述，直叙其事。文字力求严谨、简练。单位名称和专用名词在第一次出现时用全称，随后用简称。人物称谓直书姓名，必要时冠以职务。

八、本《年鉴》有关全校的统计数据，由发展规划部提供；各业务部门统计数据由各部门主管审定、提供。原则上，按学年统计的，截止日为 2021 年 9 月 30 日；按自然年统计的，截止日为 2021 年 12 月 31 日。

目　录

特　载

学校综述

党建与思想政治工作

院系及直属研究机构情况概述

学科建设

教　育

科学研究与科技开发

教职工队伍建设

对外合作与交流

教育设施与保障

所属企业

校园文化与体育活动

校区管理

校董事会、基金会及校友会

附属单位

先进集体与个人

综合统计

特　　载

坚持系统观念　突出质量内涵　以高质量巡视整改成效助推中国特色世界一流大学建设

同济大学党委书记　方守恩

（2021年2月4日）

尊敬的陈部长，各位领导，同志们：

近年来，同济大学党委坚持以习近平新时代中国特色社会主义思想为指导，全面贯彻党的十九大和十九届二中、三中、四中、五中全会精神，认真贯彻落实巡视反馈意见，把巡视整改作为重要政治任务，扎实做好巡视"后半篇文章"，以真改实改、标本兼治的扎实成效推动全面从严治党向纵深发展，为建设中国特色世界一流大学提供坚强政治保证。

一、坚持学习先行，增强"四个意识"，围绕立德树人抓整改求发展

一是以学习提高政治站位。学校党委把加强政治建设和理论武装作为首要政治任务，全面构建领导领学、干部必学、师生共学的理论学习机制。从2017年开始，领导班子除正常中心组学习安排外，将学习议题作为每次常委会第一议题集体学习。学校坚持每周二下午不排课，全体教职员工开展集体学习，推动全校师生在养成学习习惯的同时，不断提高师生政治觉悟和理论素养。深入学习习近平总书记关于巡视工作重要论述和关于中管高校巡视整改的重要指示批示精神，时刻对标对表中央最新精神最新要求，切实增强深化巡视整改的思想自觉、政治自觉和行动自觉。

二是以学习压实主体责任。学校党委把巡视整改落实作为"四个意识"的试金石。主要领导带头抓、主动抓，牵头重点任务带动全面整改；抓具体、抓到底，定期听取整改汇报、推动整改落实。班子成员主动认领责任，种好自己的责任田，对照巡视反馈意见深刻剖析，坚决落实分管领域的整改任务。各单位、各层级、各岗位，对照问题清单、任务清单、责任清单，真认账、真反思，逐项销号、持续深化。

三是以学习促进巡视整改与时俱进。学校党委通过理论学习深化对政治巡视内涵要求的理解把握，在全面完成根据中央巡视组反馈巡视意见制定的25项整改任务、110项整改措施后，对照中央和教育部党组的最新要求和最新决策部署，对照"不忘初心、牢记使命"主题教育整改要求，对照近年来相关领域相关单位在巡视中发现的问题，紧紧围绕立德树人根本任务，学校每年按年度制定深化巡视整改工作任务清单，已进行了4轮，整改举措共计437条，形成不断深化、持续整改的良性机制，在政治高度上突出党的领导，在政治要求上抓住党的建设，在政治定位上聚焦全面从严治党。

二、强化质量意识，突出整改成效，注重标本兼治抓整改促治理

一是高标准决定高质量。抓好巡视整改就要高标准部署、严要求落实。学校以全国首批党建工作示范高校和全国首批"三全育人"综合改革试点高校建设验收为契机，强化质量意识、培育质量文化，在学校党委层面切实做到把方向、管大局、做决策、抓班子、带队伍、保落实"六个过硬"、在院系党委层面做到"五个到位"（党组织领导和运行机制到位、政治把关作用到位、思想政治工作到位、基层组织制度执行到位、推动改革发展到位）、在支部层面做到"七个有力"（教育党员有力、管理党员有力、监督党员有力、组织师生有力、宣传师生有力、凝聚师生有力、服务师生有力），在党建示范创建和质量创优工作上做标杆，通过充分发挥各级党组织的政治功能，在深化巡视整改上做表率，不达标准不交账，不出成效不过关。学校党委、建筑与城市规划学院党委、土木工程学院建筑工程系教工第一党支部以及同济医院门急诊党支部全部顺利通过创建验收。《光明日报》专题报道了学校的典型经验，在社会上产生了较大的反响。2020年年底，在上海市教卫工作党委对学校党建示范高校创建情况进行的现场满意度测评中，总体非常满意和满意的比例达99.6％。

二是"当下改"与"长久立"结合。全校上下深刻认识到每项整改任务都是政治必答题，必须答完整、答到位。学校党委坚持一个任务有一个问题清单、有一个责任清单、有一个整改期限。除了拿出"当下改"的举措，也推动形成"长久立"的机制，由表及里、建章立制，既解决当下问题，又形成可持续的长效机制，举一反三，标本兼治，不断完善学校治理体系，提高治理能力。

三、加强"上下联动"，强化"左右协同"，坚持协同贯通抓整改做标杆

一是坚持巡视巡察联动。学校党委主动对标对表中央巡视要求，把巡视巡察贯通起来，将校内巡察作为推动全面从严治党向二级单位延伸的战略性制度安排，作为巡视整改向纵深、向基层深化的重要举措。按照"六个围绕、一个加强""四个落实"的要求，结合实际制定完善巡察规划、巡察规程等操作性办法，以巡视整改带动校内巡察，以校内巡察促进深化巡视整改。2017年以来，学校累计完成7轮巡察，包括对29个学院党委开展了常规巡察，对包含机关党委在内的33个职能部门进行了"作风建设"专项巡察，对2个学院党委开展了巡察"回头看"，校内巡察覆盖率已达73.2％，计划于今年上

半年完成巡察全覆盖，确保整改成效落地生效。

二是打好督促整改“组合拳”。加强日常监督，突出政治监督，完善监督部门联席会议机制，推动纪律监督与巡察监督、审计监督、财会监督等协同贯通，通过机制建设、方法创新，完善监督体系，将“多股绳”拧成“一股劲”，形成监督“合力”。在全校推动建立未巡先查、未巡先改工作机制，推动各二级单位将主动整改列入日常工作。对当年未接受校内巡察的所有二级党组织定期开展基层党建、意识形态、党风廉政建设等工作检查，做到督查全覆盖。

三是打造高素质干部队伍。学校党委将2020年作为“作风建设年”，开展党员干部作风建设系列行动，多措并举，激发干部担当作为；校领导班子成员集体备课、亲自授课，举办为期五天全脱产的全校中层干部专题研讨班，找定位、讲意识、查问题、定措施、抓落实，督促改进干部作风、机关作风，提升治理水平和管理效能，真正做到脑中有“事”，眼中有“活”，心中有“数”，手中有“招”。学校党委着力加强纪检干部队伍建设，41个二级党组织全部设立纪委，支部设纪检委员。从学校到二级单位，形成了校纪委、二级纪委、支部纪检委员三个层级、专兼结合的纪检工作队伍。通过建立校纪委委员联系基层制度，搭建多种形式的交流平台，加强对二级纪委工作的指导，进一步提高了纪检干部履职尽责能力。学校选人用人民主评议总体满意度连年提升，参评人员评价为“好”的比例由2016年的80.2%提升至2019年的89.1%。忠诚干净担当的高素质干部队伍为进一步深化巡视整改提供了组织保障。

下一步，学校党委将深入贯彻落实本次会议和宝生部长讲话精神，把巡视整改作为检验对党忠诚的重要标尺，作为推动党的路线方针政策贯彻落实的重要环节，作为落实以人民为中心的发展思想的重要举措，作为落实全面从严治党战略部署的重要抓手，以巡视整改永远在路上的坚定政治态度，把巡视整改工作不断引向深入，在“十四五”开好局、起好步，培养担当民族复兴大任的时代新人，发挥科技创新“策源地”作用，向建党100周年献礼！

在同济大学庆祝中国共产党成立100周年“两优一先”表彰大会上的讲话

同济大学党委书记　方守恩

（2021年6月29日）

同志们：

在中国共产党百年华诞即将来临之际，我们在这里隆重召开“两优一先”表彰大会，表彰在学校党建工作中取得成绩的党组织和个人，激励全校党员干部师生不忘为国为民初心、牢记立德树人使命，加快推进中国特色世界一流大学建设。首先，我代表学校党委，向同济大学17000多名共产党员致以节日的问候！向在过去一年受到表彰的各级先进党组织和优秀个人表示热烈祝贺！向为党的事业和学校发展作出贡献的老党员老同志们致以崇高的敬意！向与全校共产党员一起砥砺奋进的校内各民主党派和无党派人士及师生群众表示衷心的感谢！

我们党的一百年，是矢志践行初心使命的一百年，是筚路蓝缕奠基立业的一百年，是创造辉煌开辟未来的一百年。一百年来，我们党团结带领中国人民浴血奋战、百折不挠，从一个最初只有50多名党员的小党，发展成今天拥有9100多万名党员的世界第一大政党，中国共产党所创造的奇迹是历史的必然，也是人民的选择。一百年来，不管形势和任务如何变化，不管遇到什么样的惊涛骇浪，我们党都始终把握历史主动、锚定奋斗目标，沿着正确方向坚定前行。我们党团结带领人民用近30年时间完成了新民主主义革命，建立了新中国，中国人民从此站起来了；我们党团结带领人民在社会主义革命和建设的基础上经过40多年改革开放，全面建成小康社会取得伟大历史性成就，脱贫攻坚战如期打赢，实现了第一个百年奋斗目标；下一步，到2035年，我们党要团结带领人民基本实现社会主义现代化，并在这个基础上再奋斗15年，到本世纪中叶全面建成社会主义现代化强国。回望这一百年来党的不懈奋斗史、不怕牺牲史、理论探索史、为民造福史、自身建设史，也让我们深刻认识到红色政权来之不易、新中国来之不易、中国特色社会主义来之不易，更加深刻认识到中国共产党为什么能、马克思主义为什么行、中国特色社会主义为什么好。

今天上午，中央在人民大会堂隆重举行“七一勋章”颁授仪式，习近平总书记首次为29名为党和人民作出杰出贡献、创造宝贵精神财富的党员颁授了“七一勋章”。习近平总书记指出，今天受到表彰的“七一勋章”获得者，就是各条战线党员中的杰出代表。在他们身上，生动体现了中国共产党人坚定信念、践行宗旨、拼搏奉献、廉洁奉公的高尚品质和崇高精神。他强调，只要坚定理想信念、坚定奋斗意志、坚定恒心韧劲，平常时候看得出来、关键时刻站得出来、危难关头豁得出来，每名党员都能够在民族复兴的伟业中为党和人民建功立业！

今天，我们在这里表彰学校的优秀共产党员、优秀党务工作者、先进基层党组织、师德标兵、医德标兵等，表彰我们身边的榜样、宣传他们的先进事迹。他们是同济党员师生中的优秀代表，他们的价值追求、精神风貌、工作热情也集中代表了全校44个二级党组织、746个党支部、17000多名党员的昂扬斗志、奋进姿态和闪亮风采。全校师生要向先进榜样学习，从党的一百年伟大光辉历程中汲取丰厚滋养，从同济的红色基因和优良传统中汲取奋进力量，以永不懈怠的精神状态坚守初心，以一往无前的奋斗姿态担当使命，投身第二个百年新征程的伟大实践，奋力书写新的奇迹。

同志们，一百年来，同济大学在党的领导下，与国家、人民、民族同舟共济、休戚与共。同济人济世兴邦，诺言如山，为了民族独立、人民解放和中华民族的伟大复兴抛头颅、洒热血，前仆后继、不懈奋斗，铸就了“同济天下”的家国情怀和“与祖国同行、以科教济世”的优良传统。

近年来，学校党委坚持以习近平新时代中国特色社会主义思想为指导，深入学习贯彻党的十九大和十九届二中、三中、四中、五中全会精神，全面贯彻党的教育方针，紧紧围绕立德树人根本任务，落实新时代党的建设总要求，不断加强党的领导、党的建设和全面从严治党，以一流党建引领一流大学建设，持续推动学校党的建设和各项事业发展取得了新成绩和新进展：一是坚持高举习近平新时代中国特色社会主义思想伟大旗帜，建设了高校党建工作示范新高地；二是坚持立德树人根本任务，建设了为党育人、为国育才的人才培养新高地；三是坚持围绕“三新一高”，建设了服务“四个面向”的科技策源新高地；四是坚持赓续同济天下的家国情怀，建设了传承红色基因、弘扬大学精神的新高地。

这些成绩的取得，凝聚着各级党组织和广大党员的努力和心血。在迈向世界一流大学前列的新征程中，我们更要坚持以党的创新理论为指导，扎根中国大地，把党的领导和建设贯穿办学治校全过程，推进世界一流大学建设。

一是以深入学习习近平总书记庆祝中国共产党成立100周年系列重要讲话精神为契机，全面推动党史学习教育第二阶段走深走实走心。自党史学习教育开展以来，全校按照党中央和上级单位部署，以饱满的精神状态和务实的作风扎实推进，完成了第一阶段的党史学习教育各项任务，为进入第二阶段奠定了很好的基础。在下一阶段的学习中，大家要保持好良好的精神状态，以强烈的政治责任感抓好学习贯彻习近平总书记庆祝中国共产党成立100周年系列重要讲话精神，深刻领悟习近平总书记重要讲话的时代意义、科学内涵、核心要义、实践要求，要将学习贯彻习近平总书记“七一”重要讲话与学习宣传贯彻党的教育方针、开展“永远跟党走”主题宣传教育活动、“四史”宣传教育相结合，与开展好学校教育思想大讨论相结合，通过精心设计、协调组织、充分准备，进一步加深对党的光辉历史的系统把握，进一步汲取坚定前行的信仰力量，进一步强化教育报国强国的使命担当，进一步增强干事创业的能力本领。

二是以配合中央巡视工作和巡视整改为契机，全面促进大学治理体系治理能力现代化、提升大学办学治校核心能力。正在进行的中央巡视充分体现了以习近平同志为核心的党中央对同济大学党的建设和各项事业发展的高度重视，对学校党员干部的关怀厚爱。全体党员干部以此为契机，对标对表总书记和党中央对高等教育的要求，巩固深化不忘初心、牢记使命长效机制，不断提升学校党建质量，深化学校党建品牌内涵。要以刀刃向内的勇气、以持续奋斗的朝气，不断加强学校全面从严治党，不断完善学校治理体系、提高治理能力，持续统筹做好疫情防控和学校改革发展，推动学校工作再上新台阶。

三是以“十四五”开局起步为契机，全面开启新发展阶段中国特色世界一流大学高质量发展新征程。经过全校师生的共同努力，学校完成了“1＋9＋N”的“十四五”规划。按照学校第十一次党代会确立的三步走发展战略，形成了更加清晰的发展思路、建设路径和任务清单。新征程上，奇迹可期，伟业共筑。我们要科学把握新发展阶段，坚决贯彻新发展理念，服务构建新发展格局，深入推进高质量发展，以规划为蓝本，以系统观全面推动事业发展。坚持一流党建引领，坚持培养拔尖创新人才，坚持建设世界一流学科，坚持加大队伍建设力度，坚持提升科学研究水平，坚持传承创新优秀文化，坚持提高成果转化能力，坚持促进国际交流合作，坚持深化体制机制改革，在“十四五”开局之年开好局、起好步，通过一棒接一棒的努力，一张蓝图干到底，推动学校各项事业迈上新台阶。

同志们，百年征程波澜壮阔，百年初心历久弥坚。千秋伟业，百年恰是风华正茂。让我们铭记党的奋斗历程，发扬党的光荣传统，传承党的红色基因，赓续共产党人的精神血脉，不忘初心、牢记使命，在党的领导下，续写“与祖国同行、以科教济世”的新篇章。

谢谢大家！

凝聚共识、守正创新
构建同济大学教育对外开放新格局

——在2021同济大学外事工作会议上的讲话

同济大学校长　陈　杰

（2021年1月19日）

尊敬的刘光勇副主任，尊敬的李永智副主任，各位老师：

大家上午好！

首先，请允许我代表同济大学、代表方守恩书记，向莅临2021同济大学外事工作会议的上海市人民政府外事办公室和上海市教育委员会的领导表示衷心感谢，感谢长期以来给予同济大学的关心和支持！同时，向奋斗在各条战线、为学校教育对外开放事业不懈努力的同志们表示衷心的感谢！

过去的2020年是极不平凡的一年，有患难与共的担当，有英勇无畏的牺牲，有守望相助的感动。尤其是在教育对外开放共克时艰的日子里，也催生了新模式、新方法与新路径，不断呈现新形态。在“十四五”开局之年、在迎接建党100周年之际，我们召开“同济大学外事工作会议”，凝聚共识、守正创新，共同谋划后疫情时代同济大学教育对外开放的新格局，我认为非常必要，也非常及时。我将从以下三个方面和大家探讨交流。

一、同济大学教育对外开放的历史和特点

在中西文化交汇中诞生的同济大学，自1907年创办伊始就有“国际合作”的基因。从德文医学堂、同济德文医学堂到同济德文医工学堂，再到同济大学，从土木见长的工科大学到高水平的综合性大学，无论哪个发展阶段，深化国际合作始终是历代同济人提高办学水平的重要抓手之一。1979年，经国务院和邓小平、方毅等8位副总理批准，同济恢复对德联系，成为中德科技、文化交流的重要窗口。1980年，同济与德国波鸿鲁尔大学和达姆施塔特工业大学先后签署校际合作协议，是中德两国大学间最早的合作协议。1998年，中德学院正式成立，是同济乃至中国高校的第一个中外合作办学机构。同济先后成立一系列对德合作机构，覆盖从语言培训、教学研究、人才培养、职业教育研究、国情研究、人文交流等方方面面，并吸收了大量留德归国的学者加入同济的教师队伍。2016年，德国总统高克来访，称同济为“中德学术交流重镇”。同济作为中德高校合作的典范，被写入《中德合作行动纲要：共塑创新》《中国战略2015－2020》等多个中德两国重要文件中。20世纪九十年代起，在对德合作基础上，同济进一步拓展合作领域，重点加强了与法国、意大利、西班牙、芬兰等欧洲国家的合作，先后成立了中法学院、中意学院、中西学院和中芬中心等，形成了对欧合作特色与优势。同济国际化进程步入快车道，同世界各国互鉴、互融、互通，逐步构建优质的全球合作网络。近年来，学校围绕“双一流”建设，进一步拓展国际合作的全球布局，在意大利设立海外校区，在德国曼海姆、法国巴黎、意大利佛罗伦萨、日本大阪设立联络办公室。德国达姆施塔特工业大学、布伦瑞克工业大学、奥地利格拉茨工业大学、法国巴黎高科、日本大阪大学在学校设立办事处。学校国际教育资源汇聚能力显著提高，教学科研、师生结构的国际化水平大幅提升，形成了有重点、有聚焦的合作格局，同济是中国教育对外开放的先驱者和重要推动力量，也是主要的受益者，主要有以下5个特点。

一是夯实基础，国际合作网络向纵深发展。同济在全球与300多所高校开展合作，确定37个全方位战略合作伙伴开展深度合作，积极构建优化国际合作网络。先后与国外政府机构、高校、联合国机构共同成立12个国际合作平台及专业学院，其中3个与德国共建。学校积极参与16个国际教育联盟，“十三五”期间新增9个，其中包括同济发起的“全球环境与可持续发展大学联盟”、受教育部委托由同济一直担任中方秘书处单位的“中欧工程教育联盟”等，同济大学的国际话语权和影响力不断提升。这些国际合作伙伴、平台和联盟，为学校进一步拓展国际合作网络的广度、高度和深度提供有力支撑。

二是多措并举，国际化人才培养体系向高质量发展。依托遍布全球的合作院校网络，学校开展100多个本硕博层次的双学位合作项目。学校每年超过200名学生获得国家高水平公派项目资助赴海外学习。连续多年举办意大利佛罗伦萨海外校区、卓越工程师法国行、创新移动课堂等短期海外学习项目，并在联合国环境规划署、联合国教科文组织、世界知识产权组织等国际组织建立稳定的学生实习渠道，培养了一大批具有国际视野、熟悉国际规则、能够参与国际事务与国际竞争的国际化人才。2017年起推出海外校区暑期营项目，累计派出本科生540人次。2019年本硕博层次出境学生总人数4243人次；学生出国（境）率本科生40％、硕士生60％、博士生80％。

三是精耕细作，“留学同济”品牌向心力持续增强。学校已通过来华留学质量第三方认证，为打造“留学同济”品牌奠

定重要基础。国际学生规模保持稳定，来源国及分布更加合理，逐步形成“欧洲为主、学历学位生为主、理工科为主”的国际学生培养特色。同济每年接收近千名德国留学生来华学习，占来华德国留学生的七分之一。“十三五”期间，同济年均在校国际学生近5000人，其中学历学位生接近50%。学校建立完备的招生体系和严格的入学门槛，开设系列同济特色课程，开设近1000门全外文课程，建立5个国际学生校外文化体验基地，设立“同济大学国际博士生奖学金”。近期，我们进一步加强银校实质性合作，设立“同济大学－中国银行全球菁英奖学金”，重点鼓励和资助来自欧洲及“一带一路”合作伙伴的优秀国际学生来同济大学学习深造。

四是提质增效，国际高端智力汇聚效应显著。“十三五”期间，学校非常注重加强高端引智工作。新获批3个高等学校学科创新引智基地(111计划)、1个111计划2.0项目。迄今为止，学校聘请的长、短期专家获中国政府友谊奖6项、中国政府国际科技合作奖3项、上海市荣誉市民4项、上海市白玉兰奖13项、上海市国际科技合作奖3项，入选中国科学院、中国工程院外籍院士2人。同时，学校教师的国际活跃度与国际学术影响力明显增加。55人在重要国际学术机构和组织高端任职，35人被海外高校授予名誉学衔，34人担任高水平学术期刊主要职务，21人次担任发展中国家科学院和美国、德国、瑞典等国家科学院或工程院外籍院士。积极落实“四个面向”，现有科技部国际科技合作基地4个，教育部国际合作联合实验室2个。“十三五”期间，学校共承担国际科技合作项目279项。与欧洲战略合作伙伴高校共同设立3个“种子基金”和1个“研究教席”。

五是有序布局，对外传播中华优秀文化的能力不断提升。同济是首批接受孔子学院奖学金生、首批设立汉语国际教育本科孔子学院奖学金和首批设立新HSK考点的院校之一。目前，与海外高校或教育机构合作建设有4家孔子学院和3所孔子课堂，其中第一家孔子学院在德国汉堡设立。“十三五”期间，新增一所孔子课堂，佛罗伦萨大学孔子学院阿雷佐高中孔子课堂，打造海外同济文化窗口。2019年，注册学员达7578名，举办学术与文化活动172场，参与规模达到32474人次。孔子学院已逐渐建设成为同济海外招生、海外招聘、海外校友会工作的重要“根据地”。同时，实施同济优秀文化对外交流工程，向世界传播中华优秀文化，“十三五”期间，近300名师生赴日本、韩国、德国、意大利等国开展中华文化艺术海外传播活动8次。“跨文化视角下的中德跨学科合作：德国的中国能力建设”项目入选2018年上海市中华文化走出去专项支持。

二、后疫情时代高等教育对外开放的挑战和机遇

当今世界正在经历百年未有之大变局，而遍布全球的新冠疫情对人们的生活方式、工作方式都形成了前所未有的冲击。同时，新一轮科技革命和产业革命的孕育成长，各国相互联系、相互依存，全球命运与共、休戚相关的趋势更加明显。这些因素将推动教育对外开放事业在构建“人类命运共同体”进程中将发挥不可替代的作用。

第一，教育对外开放是“双一流”大学建设的必由之路。

国际化是世界一流大学的基本特征，是其发展战略的重要组成部分，是衡量大学办学水平的重要内涵。国务院在《统筹推进世界一流大学和一流学科建设总体方案》中，明确将“推进国际交流合作”列为五大改革任务之一。我认为，世界一流大学的基本标志应当包括：世界最优秀学生的向往地，国际优秀学生超过20%；全球顶尖人才的聚集地，有一定数量的高层次的教师，获得诺奖、图灵奖、菲尔兹奖等，具有重要影响力的国际教师数占比超过15%；拔尖创新人才的培养摇篮，有很好的学术声誉和雇主声誉；前沿科学探索、重大科技发现、重大技术发明的原创地，产出重大原创性成果，若干学科进入世界前列；为人类文明进步贡献先进理念和文化，形成全球公认的学术流派、学术观点，能够对政府决策、社会发展、全球治理产生深远影响。这几大标志必将成为构成中国高等教育国际化发展的核心任务和发展要素。所以，世界一流大学必须站在全球的角度审视自己的使命，并获得一流的生源、师资队伍和教学资源，产出人类社会共同的知识、杰出人才和高水平科技成果，促进资源互通，激发教育智慧，增强国际影响力，使高等教育的未来呈现更丰富的可能性。

第二，后疫情时代教育对外开放挑战与机遇并存。

国际局势变化、全球经济衰退，教育国际合作交流面临消极变量；“逆全球化”“有限的全球化”思潮以及各国对于“对外开放”的保守与退守姿态将成为后疫情时代教育对外开放的新语境之一。2020年6月，《教育部等八部门关于加快和扩大新时代教育对外开放的意见》，强调疫情当前更要坚持教育对外开放不动摇，主动加强同世界各国的互鉴、互容、互通，形成更全方位、更宽领域、更多层次、更加主动的教育对外开放局面。

面对挑战，我们更要“在危机中育先机，于变局中开新局”。一是要提高认识，加快形成内外循环相互促进的新发展格局。推动教育对外开放事业将在构建人类命运共同体进程中发挥更大作用。要深化教育国际合作，从不同文明中寻求智慧、汲取营养，以更加开放共享的理念构建人类命运共同体；统筹理解国内、国际两个大局，整合优质资源，从内向形态走向全球共融。二是要整合资源，将“传统实体平台”向“新型综合平台”延伸。我们要把实体型国际合作平台转变为新型综合平台，实现国际化培养要素向各教学实体主动支撑；我们要优化“走出去”与“请进来”相结合，继续稳步提高外籍师资和高学历留学生比例；我们要积极探索国际联合、学分互认的高水平培养体系；我们要聚焦重点，鼓励开展跨学院、跨学科创

新型国际合作项目，共建共享、互补融合，把分散力量转变为综合发力，争取形成大项目、大成果。三是要协同发力，致力打造教育对外开放的大外事工作格局。要实现更高水平、更高质量的教育对外开放，需要从被动顺应转变为主动作为，需要从单一部门执行转变为多部门协同，紧紧围绕教育对外开放的核心要素（说明：主要指一流高校特征），细化考核指标（说明：主要指国际办学有品质、国际平台有特色、国际师生有规模、国际科研有地位、国际组织有任职、国际会议有声音、国际期刊有文章、国际奖励有名次等），形成全员响应、协同发力的大外事工作系统。

三、"十四五"期间同济大学教育开放的六大着力点

一分部署，九分落实。同济大学要进一步增强责任感和紧迫感，以国际化工作的主动赢得学校事业发展的主动，全面提升学校的核心竞争力和国际影响力。"十四五"期间，我们提出同济大学教育对外开放工作的六大着力点，引领各职能部门、院系及相关单位的工作，凝聚共识、守正创新、实现突破，共同构筑同济大学教育对外开放的新格局。

一是教师队伍国际化，构建国际人才汇聚高地。面向"双一流"建设中，提升引智质量、培育和建设创新引智基地的需求，学校将努力提升海外教师的数量，同时持续提升教师的对外交流能力和国际活跃度。鼓励教师在学院网页上发布外文介绍；鼓励教师"走出去"、在国际重要学术组织任职；鼓励教师主导国际重大科研项目、参与跨国科技合作等，在顶尖人才汇聚上提升能级。

二是学生结构国际化，打造卓越人才培育基地。为推进学校"十四五"规划目标在校国际学生人数占比达 15％以上，接近 20％，学校将进一步推动国际化卓越人才培养计划、"留学同济"提升计划、中德博士生院建设，进一步加强全英文课程建设；同时，根据国家战略需求，拓展学生出国（境）交流的渠道，培养国别和区域研究人才，加强国际组织人才培养输送，在服务全球治理体系改革上提升能级。

三是学科专业国际化，推动科研国际协同创新。针对全球新一轮科技革命和产业变革的特点和趋势，学校将立足自身基础和学科优势，打造全英文专业课程，推动高质量科学研究。深化与德国、联合国环境署等国家及国际组织的科研合作，共建科研团队或平台，形成国际协同创新合力；支持学科主办承办高水平国际会议，在学科专业国际化、催生实质性学术成果上提升能级。

四是"铁杆朋友"国际化，培育全球合作网络。学校将推动全球卓越合作网络提升计划，优化对外开放整体布局。在巩固对德对欧合作优势特色的基础上，继续深化与 37 个全方位战略伙伴高校的深入合作；拓展与"一带一路"和周边国家的合作交流，加强与美日等科技强国的合作，扩大海外"朋友圈"，尤其是做实做强"铁杆朋友"，在打造全球伙伴关系网络上提升能级。

五是宣传推广国际化，提升国际展示度与影响力。丰富国际宣传推广形式，加强学校及各学院外文网站建设、"留学同济"国际招生宣传、举办海外人才恳谈会、开展中外合作办学、探索境外办学、建设海外孔子学院、加入国际联盟、参加中外人文交流活动、打造国际智库等；提升国际宣传内容质量，讲好同济故事、发出同济声音、提升同济展示度，在服务中国特色大国外交上提升能级。

六是管理服务国际化，打造高品质国际化校园。学校将加强建设大外事工作格局，实现校内协同创新。完善校院两级外事管理服务体系，激发院系在学校对外开放中参与度和积极性；要实现中外学生趋同化管理，完善学校管理服务国际化的支撑体系，提高为学校人才培养、学科建设、科研合作与校园文化等各方面的国际化管理服务水平，在建成高素质外事工作队伍上提升能级。

同志们，同济大学的教育对外开放是我们的传统优势和强项，是建设中国特色世界一流大学的必然要求，我们应该适应新形势、紧紧围绕立德树人、"三全育人"根本任务，紧扣高质量、内涵式、特色化发展主线，借用新技术、采取新路径，科学应变，顺势而为，主动融入教育对外开放新格局，进一步提升国际合作的层次和水平，为加快中国特色世界一流大学建设而努力奋斗！

最后，预祝本次大会圆满成功！谢谢！

在新时期同济大学文科发展专家座谈会上的讲话

同济大学校长　陈　杰

（录音整理稿，节选，2021 年 1 月 27 日）

学校很重视文科的发展，要求文科办牵头，在学校总体“十四五”规划的指导下，结合文科学院的“十四五”规划内容，进行学校层面的文科发展专项规划，做到既实事求是又分类指导、目标明确积极作为。今天座谈会我有一个感受，在座的各位文科的领导都是站在学校发展的高度积极建议，这一点很好。接下来我谈三点。

首先，文科对一个一流大学发展的重大意义，以及同济文科为学校发展所作的重大贡献。我在几次听取文科学院的规划和科研大会上都讲到这句话，我认为大文科对大学发展有三大不可替代的作用。第一个是世界一流大学建设不可或缺的组成部分。世界大学五大特征里面，也是最重要的特征，要形成同济的学派、同济的观点来影响政府决策、社会治理，乃至全球治理，产生长远影响。这个影响是文化层面、精神层面、气质层面的影响，文科是不可或缺的内容。我认为也是我们所总结的世界一流大学五大标志里面最重要、最高的内容。这个重大责任文科是责无旁贷的。这是世界一流大学标准所涵盖的概念。

我们建设世界一流的综合性研究型大学，需要有良好的学科结构和学科生态。同济大学不是工科大学，是一所综合性的研究型大学，我们的学科生态需要有文科。一个大学即使是工科大学，若没有文科的存在，它还能不能成为大学？我表示怀疑。所以文科是一流大学建设的重要组成部分。

第二个是大学文化塑造所必需的。我讲过大学有三大变量，其中最大的变量是慢变量，影响学校长远发展，慢变量里面的一个核心是大学文化。一个一流大学必须有高大上的一流大学的文化，大学文化是影响人的，潜移默化在人的心中留下长远的影响。我到同济大学两年半，同济给我的印象和感受是同济的文化非常浓厚。一是包容的胸怀，同济人非常包容，同济文化也很包容。二是务实的作风，同济做事很务实。三是深邃的底蕴，底蕴很丰厚，有我们 110 多年的底蕴。四是高雅的情操。

第三个是我们人才培养的需要。我们要培养社会栋梁专业精英，这样的人才培养，如果没有文化熏陶和大人文、大文科的熏陶，就不可能培养出建设社会主义事业的优秀精英。我认为这三项内容是一流大学建设的基础，其中的不可或缺性完整体现了文科发展的重大意义，以及对于一流大学发展的重大意义。

同济文科发展这几年为学校作出了重要贡献。第八届高等学校科学研究优秀成果奖（人文社会科学）共获得 4 项一等奖，全国排名第 11 位。文科科研合同经费 2019 年超 1 亿元，2020 年接近 2 亿元。文科在人才队伍建设上也有大的突破，这两年学校引进的长聘教授中大文科占比很大。

“十三五”期间，我们文科做了很多的工作，文科在我心目当中的地位和作用是不可替代的。我们文科讲自己的发展和成果时，除了讲学科发展、科学研究和社会服务，还要讲为学校公共教学、人才培养所作的巨大贡献。文科给全校培养人才，这就是值得表彰的贡献。

其次，关于同济文科发展的现状。我认为文科的发展具有优势的同时，还有四个现状。一是学科专业面广。现在的学科专业，文科的硕士、博士授权的有 14 个点，涵盖 7 个学科门类。36 个专业中，文科有 30 个招生专业，涵盖 7 个学科门类。二是体量大，但是力量分散。大文科总人数大约占学校的 1/3。但从目前给我的数据看，产出的成果评价与其体量不相当。三是重大项目跟重大成果欠强。要想达到同济一流学科的要求还欠强大。四是全员的热情有待进一步激发。

最后，关于精品文科建设。我们在学校总体规划里明确提出学科建设的五句话：一是优势工科引领带动；二是厚重理科融合推动；三是特色医科协同驱动；四是精品文科共享联动；五是交叉学科创新驱动。精品文科，它的作用为什么是共享联动呢？我认真思考过，这有两个层面的意思：一是文科的作用要共享，共享针对全校各个学科的人才培养的，文科发挥重要支撑作用；二是文科需要与学校其他学科共同联动。

纵观文科发展历史，再也不是摊大饼的时候了，必须要做精品。如何凝练出我们精品文科来，这是今天我们在座诸位专家讨论最多的话题，也形成了一定共识。接下来我们要继续研究和讨论。我认为凝练精品文科有几件事要做好，第一是如何凝聚人心；第二是如何承担任务，特别是有影响力的重大基金、重点基金项目；第三是如何构建平台，这个平台包含实验室也包含智库、基地；第四是如何催生成果，这成果是宏观的成果，不仅仅是报个奖的；第五是如何扩大影响，最终目的是要扩大影响。

要想解决这五个问题，有重要的几件事要做。

第一件事是文科要制定自己的“十四五”发展规划。文科办、学科办要根据今天会议讨论精神，在学校总规划的指导下，与各个学院的规划汇聚起来形成文科的规划，大文科的规划，要突出精品。这个“十四五”规划要回答同济的精品文科是什么。这个文科专题规划出来之后，报校长办公会议和党委常委会研究。

第二件事是要注重交叉研究。要发挥同济的优势，做好“入主流”“强特色”“出精品”。我认为所有的学科，包括我们工科也一样，主流还是很重要的。比如我所在的控制学科要上博士点，先问是否具备两点，一个是控制理论，另一个是模式识别，如果没有就别想建博士点。文科也有这个问题。主流和特色之间其实有一致也有矛盾，我们要先做好主流，但同时也要强化我们的特色，突出我们的精品，目的是引领发展。我个人感觉，交叉是同济文科未来发展的一个重要的特色，以及出精品的突破口。我们的工科很强，自然技术很强，宏观上技术跟科学、哲学的结合，工程跟艺术的结合，自然科学跟人文科学的结合，这是我们很重要的结合点。

微观来说，同济有很多交叉领域可以做。第一是上次于绍良同志来同济调研提出习近平总书记讲的“两城理论”，即“人民城市人民建，人民城市为人民”，这个“两城理论”只有我们同济讲得清楚。“两城理论”的阐释与落地，正是土木、规划、建筑、交通、环境、信息、公共卫生、管理等学科和人文社会科学之间的重要融合方向。

第二是数字城市研究。数字城市包括生活数字化、经济数字化、治理数字化。李强同志接了习近平总书记的任务，要把数字城市建设发展起来。谁最能回答这个问题？同济大学义不容辞。地下管道怎么来，楼怎么建，交通怎么弄，工程怎么管理，其实就是数字城市的具象化，也是跟人文社科经济管理可以共同研究的大课题。

第三是人工智能研究。人工智能所带来的伦理问题、法律问题、知识产权问题、语言翻译问题、数字设计问题，这些都是新的命题。在人工智能上海市重大专项批下来之后，我们专门开了一次会，就是要在完成上海市交给的任务上，再加上对人工智能下的法律伦理、意识形态、管理问题的研究，在做好自然科学研究的基础上，锦上添花。

第四是环境问题。2020 年中央经济工作会议提出来的第七项任务，是做好碳达峰、碳中和。这是我们环境科学与我们人文社会科学结合的又一个重要任务。2030 年碳达峰，2060 年碳中和，现在简称“3060”目标。能不能抓住国家的重大需求，中央和人民关切的事，与我们优势学科交叉结合，这是重大文科引领发展的重要增长点。

第五是在国际形势发生变化的情况下，持续开展中德中欧的人文和科技交流。2020 年年底我们专门开了一个中德中欧合作的专题会议。对于中德中欧合作，一是把中德合作顶层设计规划做好，以多学科交叉为基础筹建教育部智能科学和绿色发展合作的研究中心，这里面不仅仅是自然科学，人文社科都在里面。二是优先启动中德博士生院任务，不仅仅包括原来四个工科领域和管理学科，还要扩大其他人文学科。三是加强智库建设，成立中德合作工作组。2021 年会有一个中德高级别人文交流对话机制会议，我们希望在这上面有同济人的声音。

第三件事是要善于营造学校大文科发展健康发展的良好氛围。同济要有更多的人文声音。一个大学、一个学科发展要有一个氛围，这件事我们文科要积极作为。一方面，我们可以围绕国家重大需求，中央和社会关切的问题，凝练出国家社科重大选题，文科办可以组织人文社会学科和其他学科的交叉组队。我曾经想过几个可以发挥同济优势和特长的选题例子，例如，一是我们可以用系统科学的观点、复杂系统的观点来论述我们大学治理体系治理能力现代化的问题。二是我们可以将人文社科和环境学科结探讨碳中和碳排放等政策性、人文性问题。三是我们可以进行新的文化自信建构、阐释和走出去的研究。四是我们可以开展中德中欧新形势下的中德人文、科技等研究。我们文科要善于汇聚别人的力量，站在别的学科的肩膀上做大做强。

另一方面，就是为学校高质量发展建言献策。例如，人才培养综合素质提高，师资队伍的人文素养提升研究，文科办和文科学院可以牵头来做，要引领师资队伍人文素养的提高，学生人文素质的提高。围绕立德树人，我们要积极为党育人，为国育才。同济要成为有国际影响力的大学，就必须培养一批大学教授、院长、系主任，影响一代代优秀人才，真正投入科学技术发展和祖国事业的建设中，这是我们的任务。我上次在科研大会上讲，我们要崇尚科学、探究真理、只争朝夕、追求卓越。老师的品德和情操会潜移默化地影响学生。这些都需要我们凝练我们的文化，凝练新时代大学精神。改革开放以后，我们的优势学科发展是与上海城市建设同步前进的。现在时代变了，这是产出大思想的时代，需要文科来引领发展，这是非常有意义的。

第四件事是我们上上下下要充满自信，信心满满迎接挑战，要以主人翁的精神建设同济大学。我们要有信心，慢慢地迎接挑战。我们要弘扬总结我们文科对同济发展所作出的重大贡献。我们不能骄傲自满，我们要树立信心，文科人作了这么大的贡献，不能说自己不行，不受重视。让我们充满信心，一起谋划我们大文科的“十四五”发展及未来。

谢谢大家！

中共同济大学委员会2020年工作报告

中共同济大学委员会

（2021年3月16日）

中共教育部党组：

2020年，同济大学坚持以习近平新时代中国特色社会主义思想为指导，全面贯彻党的十九大和十九届二中、三中、四中、五中全会精神，落实新时代党的建设总要求，深入贯彻落实习近平总书记关于教育的重要论述和重要指示批示精神，增强“四个意识”、坚定“四个自信”、做到“两个维护”，加强党对学校工作的全面领导，坚持立德树人根本任务，统筹做好疫情防控和学校改革发展，全面总结“十三五”，科学谋划“十四五”，持续推进学校治理体系与治理能力现代化建设，推动学校改革发展再上新台阶。

一年来，学校坚持以一流党建引领一流大学建设，加快推进“不忘初心、牢记使命”主题教育长效机制建设，各项工作取得快速发展。基层党建“双创”工作再创佳绩，圆满完成全国首批党建工作示范高校各项建设任务，凝炼出一系列党建优秀成果；土木工程学院党委、建筑与城市规划学院教工第八党支部和外国语学院本科生党支部入选教育部第二批“双创”建设单位；交通运输工程学院教工第一党支部入选第二批上海市“双带头人”工作室；学生社区党建服务中心入选“市教卫工作党委第二批示范性党建服务中心”。现代大学治理体系治理能力进一步提升，全面推进“1＋9＋N”的“十四五”发展规划体系编制工作，为学校下一步发展建设描绘蓝图；获批“全国文明校园”“上海市依法治校示范校”、教育部“教育融媒体建设试点单位”等。人才培养能力进一步提高，全国首批“三全育人”综合改革试点高校建设工作向纵深推进，厚基础、宽口径、通专结合、多学科交叉复合的本研一体进阶式人才培养模式初见成效。一流学科建设成效显著，全面完成首轮双一流建设任务，15个学科进入ESI世界前1%，35个学科上榜2020年软科世界一流学科排名。一流师资队伍建设取得重要进展，同济特色长聘制教职评聘体系和以成果贡献为导向的校内薪酬体系不断完善，各类高层次人才获批数量均进入全国前10位。基础研究能力和攻克“卡脖子”核心技术能力进一步增强，国家自然科学基金获批数、国家重点研发计划获批数和总经费均居全国高校前列，国家社科基金重大项目和教育部哲社重大项目获批数显著增长，上海自主智能无人系统科学中心、国家海底科学观测网、国家干细胞转化资源库等重大平台均取得重大进展。主动服务国家重大战略和地方经济发展取得新成绩，为嫦娥五号着陆避障任务提供了重要支撑，为突破高速磁浮系列关键核心技术提供了同济方案等；按时高质量帮扶云龙县完成脱贫攻坚任务。国际合作交流影响力进一步提升，以“一体两翼加引擎”的国际化办学战略进一步拓展国际合作全球布局，国际教育资源汇聚能力显著提高。

一、学习好领会好贯彻好习近平新时代中国特色社会主义思想，建立“不忘初心、牢记使命”主题教育长效机制

学校党委坚持以习近平新时代中国特色社会主义思想武装头脑，在政治上举旗帜把方向、在战略上谋大局做决策、在组织上抓班子带队伍、在监督上扛责任保落实，巩固拓展主题教育成果，不断推进不忘初心、牢记使命长效机制建设，主动融入上海党建工作整体格局，在以一流的党建工作引领一流大学建设上展现新气象。

1. 持续加强理论武装，深学细悟习近平新时代中国特色社会主义思想

进一步健全完善领导领学、干部必学、师生共学的理论学习机制，党委常委会组织集体政治学习20次，党委理论学习中心组（扩大）集体学习12次，发动各级党组织丰富学习形式、拓展学习内容、务求学习实效、激发师生学习热情，在全校师生养成理论学习习惯的基础上，进一步提升理论学习质量。主动与上海市嘉定区、杨浦区等区委中心组开展联组学习，进一步深化区校合作，共同谋划打造千亿元级科技产业园。班子成员带头为师生上党课、形势与政策课，全面升级品牌思政课“中国道路”，发挥学校优势学科特色，阐释中国特色社会主义道路在各个领域的建设与发展，全年共计开展授课84学时；及时总结学习成果，共计公开发表学习体会文章32篇，积极向师生汇报学习心得。开通“同济大学”学习强国号，拓展师生学习途径，促进广大党员师生使用“学习强国”学习平台日常化。

2. 深化“四史”学习教育，推动建立健全“不忘初心、牢记使命”主题教育长效机制

重点围绕“四史”学习教育、围绕贯彻落实党的十九届四中、五中全会精神、围绕学习《习近平谈治国理政（第三卷）》、习近平总书记关于教育的重要论述和系列重要讲话指示批示精神等学习主题，专门制定方案进行部署。结合重要节日和时间节点“开门学习”，与中共一大、二大、四大（会址）纪念馆联合举办“启航——中国共产党早期在上海史迹展”。出台《同济大学关于巩固深化“不忘初心、牢记使命”主题教育成果的实施细则》，形成《中共同济大学委员会“不忘初心、牢记使

命”主题教育整改落实情况报告》，进一步总结凝练主题教育中好的做法，巩固拓展主题教育成果，推动形成不忘初心、牢记使命长效机制。

3. 压紧压实责任，抓好意识形态阵地建设管理

制定《基层单位意识形态工作要点》，加强对二级党委做好意识形态工作的指导。在新进教师入职培训和辅导员年度培训中专门安排意识形态工作模块。继续将意识形态工作纳入对二级党委的巡察，深入了解和发现并及时解决二级党委意识形态工作中的问题。对线上线下各类哲学社会科学讲座论坛，始终坚持“谁主办谁负责”“一事一报”“先批后办”的原则，严格履行审批程序。强化涉外领域意识形态管理，加强师生参加外国驻华使领馆活动的管理。对全校哲学社会科学相关专业教材进行专项排查，未发现明显的意识形态问题。同时，委托业内专家对本校编辑出版的哲学社会科学类期刊的出版质量进行全面审核。打造“同舟共济”“国之英豪”等文化精品，全面加强校园文化建设，构建文化育人和谐环境。

二、以首批全国党建示范高校验收为抓手，持续推进党建示范创建和质量创优工作，深化党对高校的全面领导

全面贯彻新时代党的建设总要求和新时代党的组织路线，扎实推进党建示范创建和质量创优工作，切实做到“六个过硬”“五个到位”“七个有力”，不断深化基层党建内涵，把党建工作贯穿办学治校、教书育人全过程，为扎根中国大地加快建设中国特色世界一流大学提供了坚强的政治保证。

1. 全面加强政治建设，不断完善党委领导下的校长负责制

持续加强制度建设，制定《中共同济大学委员会关于进一步加强学校党的政治建设的实施意见》，修订《中共同济大学委员会常务委员会议事规则》《中共同济大学委员会全体会议议事规则》《同济大学校长办公会议事规则》，细化落实举措，强化党对学校的政治领导。修订完善《中共同济大学委员会领导班子成员落实基层党建责任和联系基层的若干规定》等文件，突出一线规则，持续推动领导班子将基层党建责任落细落实。修订《同济大学关于加强新形势下党的督促检查工作的实施意见》，强化改进督查督办工作，确保中央、上级部门和学校各项决策部署落实落地。修订印发《同济大学关于开展党务公开工作的实施意见》，进一步加强和规范学校党务公开工作。全年共计新增或修订行政类规范性文件 45 个，新增或修订党群系统规范性文件 33 个。

2. 深入贯彻新时代党的组织路线，圆满完成全国首批党建工作示范高校各项建设任务

扎实推进“双创”建设，顺利通过学校党委、建筑与城市规划学院党委、土木工程学院建筑工程系教工第一党支部以及同济医院门急诊党支部的创建验收工作。认真梳理和总结工作亮点和成绩，汇编形成三册《同济大学党建工作成果汇编》，出版《同济大学 2018 年党的建设研究》《同济大学 2019 年党的建设研究》和《新时代高校党员之家建设导则》等，全面总结学校在推进高校党建工作质量提升过程中的工作理念和实践探索经验，加强示范引领作用。积极推进了土木工程学院党委、建筑与城市规划学院教工第八党支部和外国语学院本科生党支部等全国第二批“双创”单位建设，土木工程学院党委、建筑与城市规划学院教工第八党支部在上海市教卫工作党委系统调研组所开展的“上海高校新时代基层党建质量提升工程”专题调研中均获得 A 等评价。《光明日报》专题报道了学校党委创建全国党建工作示范高校的典型经验，在社会上产生了较大的反响。在市教卫工作党委对学校示范高校创建情况进行现场满意度测评中，总体非常满意和满意的比例达 99.6%。

3. 以组织力建设为重点，持续加强基层党建内涵建设

在“双带头人”全覆盖基础上，通过启动“双带头人”学术能力提升专项计划和第二批校内“双带头人”工作室建设，在更大范围深化“双带头人”队伍内涵。持续强化基层专兼职组织员队伍建设，将组织员全面纳入学校干部队伍建设整体布局，打通组织员职务职级双线晋升通道，定期开展培训和年度考核，夯实党务工作“中坚”力量。全校已配备专职组织员 53 人，兼职组织员 2 人，特邀组织员 7 人。按周督促二级党组织发展党员工作，联合学(研)工部编制印发《发展党员工作指导手册》，指导二级党组织进一步规范党员发展流程，提升发展党员材料质量。2020 年，共发展党员 1235 名，同比去年增长 11.4%。疫情防控期间，附属医院的 4 名医护人员在武汉火线入党。

4. 优化调整机构设置，持续做好党管人才工作

树立正确选用导向，优化完善班子队伍结构，稳步推进基层组织换届。2021 年已完成 11 家基层党委班子换届、10 家行政班子换届。修订印发《同济大学中层领导人员选拔任用工作办法》，进一步强化学校党委领导和把关作用，全面履行选人用人主体责任，不断提高选人用人质量。出台《同济大学援派挂职干部人才选派及管理办法》，进一步保障和激励援派挂职干部人才干事创业。2020 年度，实施 2 批共 7 名年轻干部校内轮岗交流，选派 25 名干部到国家部委、上海市和地方开展挂职、借调工作。切实将多岗位锻炼作为选育用人的重要途径。本年度提任的领导人员中，6 人有校外挂职借调经历，12 人有校内挂职经历，5 人有支部书记工作经历。

三、以"三全育人"建设为牵引，不断完善新时代高校思想政治工作体系，不断提高人才培养质量

学校全面统筹本科与研究生教育，牢固树立人才培养中心地位，以人为本、德育为先，以人才培养体系建设为切入点，以全国首批"三全育人"综合改革试点高校建设为契机，深化"育人"和"质量"内涵，着力培养引领未来的社会栋梁与专业精英。

1. 纵深推进全国首批"三全育人"综合改革试点高校建设

以"一区五品六中心"建设为抓手，全面发布2020级学生德育培养及评价方案，形成学校"三全育人"综合试点改革各项工作举措的叠加效应。在全校设立"三全育人"试点学院21家，试点项目11个。完成《塑体铸魂——时代新人成长之路》《同济大学"三全育人"综合改革试点工作案例选编》等一系列标志性研究成果。全面推行学生社区驻楼导师工作站建设，实现22个本科生社区全覆盖，2020年共选派驻楼导师262人，将育人力量和育人资源压实到学生日常学习生活的第一线，并形成长效机制，相关工作简报被教育部专题报道。学生组织改革成效显著，得到《中国青年报》头版报道，工作案例纳入全国案例集收录，并作为首期高校学生会组织改革微团课案例在全团发布。

2. 深化本研一体化管理，完善人才培养质量体系

构筑厚基础、宽口径、通专结合、多学科交叉复合的本研一体进阶式人才培养模式，细化实施举措，提高人才培养质量。23个专业入选国家级一流本科专业建设点，54门课程获批首批国家级一流本科课程，课程数量在全国高校列第11位，同济特色的"金专""金课"体系初具规模。以信息化提升教育教学水平，疫情期间，通过线上教学系统顺利完成全部教学任务。推进课程思政建设，在全国高校课程思政建设推进会上汇报课程思政改革成果。建设"共生型创新创业教育生态系统"，发挥引领作用，助力一流科研人才培养功能，获第十二届"挑战杯"中国大学生创业计划竞赛优胜杯及相关奖项，首次获得"互联网＋"红旅赛道全国银奖，并在全国大学生数学建模竞赛、RoboCup机器人世界杯中国公开赛、2020iGEM国际基因工程机器大赛等赛事中斩获佳绩。加强毕业生的就业指导和服务，截至2020年底，2020届毕业生总体就业率97.5％，赴重点领域就业比率接近70％。

四、以系统观持续推动"双一流建设"，全面提升学校核心能力

学校坚持落实一流党建引领，坚持培养拔尖创新人才，坚持建设世界一流学科，坚持加大队伍建设力度，坚持提升科学研究水平，坚持传承创新优秀文化，坚持提高成果转化能力，坚持促进国际交流合作，坚持深化体制机制改革，不断提高一流大学内涵式建设水平。

1. 全力推进学校治理体系与治理能力现代化建设

实施《同济大学推进治理体系与治理能力现代化建设2020年行动计划》，以实际举措夯实学校治理支撑保障体系。推进教育综合改革，国内首个院校研究数据分析系统投入使用，完善数据驱动的院校研究工作体系，逐步建立财权和事权相统一的校院两级管理体系。建设智慧校园、温暖校园、平安校园、美丽校园，高标准自主建设校园网络基础设施，以解决痛点问题为导向进行信息系统治理，建成本研一体化教学管理信息系统，推动科研四技项目管理系统建设，综合服务门户系统升级成为一网通办门户，学校信息化、智能化建设水平不断提高。构建同济大学基础教育联动发展体系，推进杨浦基础教育集团、嘉定基础教育集团建设，打造同济大学基础教育品牌。全面落实生活垃圾分类工作，优化校园生活环境。完成第七次全国人口普查校内普查工作。

2. 推进交叉协同融合，优化学科生态体系

按照"优势工科引领带动、厚重理科融合推动、特色医科协同驱动、精品文科共享联动、前沿交叉创新互动"的工作思路，持续在"高原""高峰"学科基础上深入推进一流学科建设。坚持优势工科引领带动，土木工程、建筑学、城乡规划学、风景园林学、交通运输工程等学科率先进入世界一流前列，环境科学与工程、测绘科学与技术等学科进入世界一流行列；坚持厚重理科融合推动，深海研究、干细胞等学科领域达到世界领先水平，微结构学科领域获得一批国际领先的标志性成果；坚持特色医学协同驱动，再生医学、神经生物学、心脏病学、肿瘤学等不断取得具有国际水平的重大突破；坚持精品文科共享联动，持续加强重点马克思主义学院建设、深化部校共建，与世界知识产权组织共建上海国际知识产权学院，设计学进入世界一流前列。加大学科交叉力度，以人工智能赋能传统学科发展，提升传统学科发展内涵。将沪西校区整体用于发展医学学科，完成沪西校区整体改造一期工程，为重振医学提供发展空间。15个学科进入ESI世界前1％，新增神经科学与行为学。35个学科上榜2020年软科世界一流学科排名，其中土木工程连续4年全球第1、交通运输工程全球第5、环境科学与工程全球第37位。19个学科上榜2020年QS世界大学学科排名，艺术与设计学科由全球第14名升至13名，建筑与建成环境连续三年保持全球第18名。18个学科上榜2020年US News世界大学学科排名，其中土木工程全球第2位、机械工程全球第24位。

3. 面向基础前沿和国家急需，创新科学研究体系

基础研究水平和原始创新能力显著提升，关键核心技术攻关能力显著增强。坚持"四个面向"，聚集大团队，构建大平

台,承担大任务,催生大成果,构建与一流大学相适应的科研体系,切实提高学校原始创新和自主创新能力。获批国家自然科学基金 580 项,创历史新高,比去年增长 12.4%,位居全国高校前列。获批 2 个基金委基础科学研究中心,实现学校零的突破。获批国家重点研发计划项目 20 项,较 2019 年增长 25%,位居全国高校前列。2020 年复评通过国家科学技术奖 5 项,其中主持 2 项;主持获教育部科学技术奖 6 项,其中一等奖 3 项;主持获上海市科学技术奖 31 项,其中一等奖 10 项(其中自然科学奖 1 项,技术发明奖 2 项,科技进步奖 7 项),青年科技杰出贡献奖 2 项,国际科技合作奖 1 项。以第一单位发表 *Nature*、*Science* 等顶级期刊及其子刊论文 15 篇。加强平台建设,提升支撑能力。"人工智能前沿基础理论与关键技术——自主智能无人系统"上海市市级科技重大专项获批;科学中心科研基地列入上海市 2020 重大建设项目并开工建设。围绕"长三角一体化"和"绿色生态可持续发展"的主题,在青浦区推动设立长三角可持续发展研究院。主动对接服务国家战略需求,推进科技成果转移转化。服务国家重大工程和战略急需,为嫦娥五号月球着陆悬停避障、时速 600 公里高速磁浮列车提供重要技术支撑。深化军民融合战略,专用项目立项额首破 2 亿元,较 2019 年增长一倍;专用重大重点项目获批 4 项,专用人才计划实现"零"的突破。全年实施专利成果转化 53 件,较 2019 年增长 35%。学校入选教育部第二批高校科技成果转化和技术转移基地、首批国家知识产权示范高校。哲学社会科学繁荣发展,国内外影响力显著提高。获批国家社科基金项目 32 项,较 2019 年增长 4 项。获批教育部社科基金项目 12 项、上海市哲社项目 17 项。文科类科研合同金额共计 19014 万元,比去年增长 56.9%。获得 10 项国家社科基金后期资助暨优秀博士论文出版项目,创历史新高,居上海高校第 3 位。同济大学城市发展与管理研究基地获批上海市重点智库。决策咨询研究能力不断提升,咨询报告获得国家领导人批示数量同比增长 167%。

4. 加强分类评价管理,健全队伍建设体系

建立教师思政协同机制,压实师德师风建设成效。制定《同济大学关于加强和改进新时代教师思想引领工作实施意见》,修订《同济大学教职工师德师风考核实施办法》,健全师德师风考核评价机制,压实基层单位考核职责。启动新一轮师德师风全员培训,完成率 99.47%。弘扬尊师风尚,隆重召开教师节大会,举办获奖教师颁奖仪式,为荣休教师逐一颁发荣休证书,发放荣休纪念品。姚启明获评全国劳动模范,吕西林荣获上海市"四有"好教师,杨正宏荣获上海市抗击新冠疫情先进个人,童小华荣获"上海市先进工作者"。坚持稳中求进总基调,推进同济特色长聘教职体系建设。突出立德树人成效和学术贡献,破除"五唯"倾向,优化业绩审核工作流程,初步形成具有同济特色的长聘制教职评聘体系和现有体系双通道晋升制度。2020 年申报长聘体系的校外人员 507 人,总体质量较 2019 年有明显提升。2020 年聘任长聘教授 189 人,其中荣誉讲席教授 7 人、长聘特聘教授 93 人、长聘教授(青百 A 岗)65 人、同级转聘 17 人。截至 2020 年底,长聘教授队伍规模达 196 人。

5. 布局一体两翼发展,重构对外合作新体系

深化"八有"内涵,实施"一体两翼加引擎"的国际化办学战略,推进国际化内涵建设,发布《同济大学外事合同管理实施细则》《同济大学举办国际会议管理办法》《同济大学教职工出国(境)管理办法》相关制度,深化中德学院等平台学院转型,不断完善国际合作整体架构,持续推进国际合作体制机制建设。主动对接"一带一路"主场外交,新签、续签校际协议 32 份、院际协议 31 份、学位合同 20 份。各类人才培养交流项目持续开展,国际学生招生规模与生源质量基本稳定,2020 年国际学生录取总数为 1684 人。加强引智工作,服务国际科教合作,上海国际知识产权学院聘任世界知识产权组织前总干事弗朗西斯·高锐博士为学院名誉院长,上海国际设计创新学院副院长、中芬中心副主任苏雅默教授荣获 2020 年上海市"白玉兰纪念奖",环境工程与科学学院布鲁斯·瑞特曼(Bruce E. Rittmann)教授荣获"上海市国际科学技术合作奖"。"节能与环保汽车创新引智基地"入选 111 计划 2.0 项目。外专项目执行率超过 85%。

五、强化党风廉政建设和党内监督,推动全面从严治党向纵深发展

学校党委把落实管党治党责任作为最根本的政治担当,进一步完善"四责协同"机制,以全面从严治党主体责任落实带动各项工作责任落实,为加快建成中国特色世界一流大学,培养德智体美劳全面发展的社会主义建设者和接班人提供坚强政治保证。

1. 深化纪检监察体制改革,完善监督体系

制定《中共同济大学委员会关于深化细化全面从严治党"四责协同"机制的实施办法》,深化细化全面从严治党"四责协同"机制,推动形成知责明责、履责尽责、考责问责的工作闭环。印发《中共同济大学委员会关于落实全面从严治党主体责任的实施方案》,制定党委、主要负责同志和领导班子其他成员全面从严治党主体责任清单,以上率下,切实促进学校各级党组织和广大党员干部履职尽责。推进纪检监察体制改革和纪检监察队伍建设,进一步增设监督检查室、案件管理室两个副处级机构;增加学校纪委专职副书记 1 名。配齐配强基层纪检力量,41 个基层党委全部设立纪委,支部设纪检委员,形成校纪委委员、专职纪检干部、二级纪委、支部纪检委员 4 支队伍。建立校纪委委员联系基层制度及纪检工作联席会议平台机制,加强对二级纪委工作的领导和指导。加强纪检业务培训和"以干代训",分层次做好纪检干部全员培训,提

升监督履职能力。针对附属医院和校办企业的特点和不同情况，分别建立医口、企业纪检工作联席会议平台机制，进行有针对性的分类指导。

2. 严格执行中央八项规定精神，深入整治“四风”问题

党委始终把贯彻落实中央八项规定及其实施细则精神，纠治“四风”作为一项重要政治任务抓紧抓实。把 2020 年确定为“作风建设年”，举办着眼于全面提升干部队伍育人能力、治理能力和服务能力的全校中层干部专题研讨班，班子成员集体备课、亲自授课，推动改进机关作风、干部作风，提升治理水平和管理效能。编印《作风建设实用手册》《作风建设警示案例》等相关资料，既加强正面宣传又开展反面警示。积极发挥“推进作风建设部门联席会议”作用，定期分析研判学校作风建设状况，查找突出问题，持之以恒正风肃纪，对违反中央八项规定精神以及隐形变异的“四风”问题，坚持发现一起、查处一起，把“严”的主基调持续坚持下去。

3. 建立巡视巡察整改长效化机制，抓好巡视巡察整改落实

对照中央巡视反馈意见，结合中央有关巡视工作最新部署和要求，全面总结 2019 年度深化巡视整改情况，制定 2020 年版深化巡视整改工作任务清单，拟定 26 个方面 114 项具体任务，扎实做好巡视“后半篇文章”。积极推进校内巡察和巡察整改工作，完成 3 轮巡察工作，对 12 个学院党委开展了常规巡察，对包括机关党委在内的 33 个职能部门开展了“机关作风建设”专项巡察，对 2 个学院党委开展了巡察“回头看”，对被巡察单位领导班子及成员进行全面“政治体检”。针对巡察发现的共性问题，学校 3 次下发开展自查自纠的通知，要求未被巡察二级单位党委开展“未巡先查，未巡先改”。针对全校性问题、体制机制问题，先后向 10 个机关职能部门发出 12 份《巡察改进建议书》，推动巡察整改工作取得实效。

六、围绕中心服务大局形成合力，助推学校各项事业高质量发展

统筹推动疫情防控和各项事业发展，以一流党建引领统战、工青妇、老龄等群团改革建设工作，创新活动载体，激发创新活力，拓宽服务渠道，汇聚各方力量构建学校事业发展平安和谐环境。

1. 多措并举，打赢校园疫情防控阻击战

提高站位，统一领导，逐级压实防控责任。学校党委第一时间成立应对新型冠状病毒感染肺炎疫情工作领导小组，设立综合组、科研攻关组、教学保障组、医疗指导组等 7 个工作小组和留学生工作、产业系统等 3 个专班，校领导班子全员上阵，分工协作，建立全覆盖工作体系。发挥“双带头人”作用，结合学科业务优势助力疫情防控。校领导挂帅，依托上海自主智能无人系统科学中心，自筹经费紧急启动“同济大学新型冠状病毒防治应急科研攻关项目”，以科技抗“疫”作出积极贡献，推动形成公共卫生防疫防控智能技术支撑体系。分类施策，筑牢防线，动态实施网格排查。定期印发《近期学生防控工作要点》，按照每日报备、实时更新、建立台账、后续追踪的“全过程”管理模式，构建全校师生“三类－六纵－六横”每日健康数据统计通道，全面掌握师生情况，加强分类指导。主要领导领衔在云端为广大学子讲授新冠肺炎防控第一课，厚植学生爱国情怀，激发青年使命担当。全校师生凝心聚力、共克时艰，以无私奉献、爱岗敬业彰显家国情怀，附属医院 167 人支援武汉，成为“最美逆行者”，机关党委组织机关各职能部处人员 200 余人次参与迎新志愿服务。附属东方医院国家紧急医学救援队被授予“全国卫生健康系统新冠肺炎疫情防控工作先进集体”称号，吴文娟教授被授予“全国卫生健康系统新冠肺炎疫情防控工作先进个人”称号。

2. 完善风险防控措施，推动安全稳定和保密工作落细落实

持续做好校园安全稳定工作，守住安全底线，制定《2020 年风险防范工作方案》并修订《应急处置预案》，实施校领导、关键岗位领导干部带班制度和各校区 24 小时值班制度。持续做好校园治安与安全生产管理，以制度建设进一步强化学校消防安全主体责任。加强党对学校保密工作的全面领导，定期研究部署保密工作，加强保密宣传教育和保密管理，开展保密工作自查自评，强化问题整改。开展了保密工作先进集体和先进个人评选工作，共计评选 5 个先进集体和 15 名先进个人。

3. 坚持正确政治方向，推动统战工作提质增效

定期召开学校统战工作领导小组会议和民族宗教工作领导小组会议，部署常态化疫情防控形势下的统战工作。制定《同济大学无党派人士认定工作实施办法（试行）》《同济大学基层党组织统战委员职责（试行）》，下发《基层统战工作应知应会手册》《无党派人士工作应知应会手册》《上海基层统战工作政策文件汇编》，为基层党组织开展统战工作提供政策依据和实践指导。加强党外知识分子思想引领，推荐选送党外代表人士参加市委统战部、市教卫工作党委举办的培训班。协助各民主党派顺利完成支部换届工作以及部分党派委员会班子的届中调整和增补工作，做好各类党外代表人士的举荐考察工作。

4. 以党建带团建群建，推动群团老龄工作展现新作为

制定《同济大学二级单位教职工代表大会实施办法（试行）》，推进二级单位教代会建设。开设“同济大学提高级妇女之家云课程”，推动“校院两级妇女之家、爱心妈咪小屋联动机制构建”专项一期成功实施 8 个项目，基层妇女工作内涵建

设成效明显。做好新冠肺炎疫情期间老同志日常服务保障工作，举办“同舟共济，攻克时艰防疫有我”作品征集等活动丰富老同志文化生活。孙钧院士获“上海市离退休干部先进个人”称号，机关党委退休教工第二党支部、离退休干部党工委离休第一党支部获“上海市教卫工作党委系统离退休干部先进集体”称号，另有5名老同志获“上海市教卫工作党委系统离退休干部先进个人”称号；在纪念中国关心下一代工作委员会成立30周年暨全国关心下一代工作表彰大会上，校关工委荣获“全国关心下一代工作先进集体”荣誉称号，是上海唯一获奖高校。

5. 落实中央“四不摘”要求，巩固脱贫攻坚成果

树立总攻意识，聚力攻坚，高质量按时完成帮扶云南省云龙县脱贫收官战。2020年克服新冠肺炎疫情影响，加强各阶段、各节点工作的督促检查。继续选派2名干部挂职，选派6名研究生支教，升级梦想教室解忧角；开展1次医疗周活动，选派2名骨干医师挂职当地医院；举办第六届同济云龙大讲堂，定制3个管理干部培训班，培训云南省职教师资，接收云龙学子来沪研学；启动新一轮国土空间规划，牵头成立高校城乡规划扶贫联盟；永济新桥、公共厕所、村民议事中心、道路硬化等多个扶贫示范项目竣工启用；大力推动线上消费扶贫工作，扶持成立永安肉牛养植合作社；通过线上线下展览、拍摄短视频、校内外媒体介绍同济经验等加大扶贫宣传力度；继续依托同济云龙发展基金募集善款。年内超额完成6个“300”中央扶贫责任书指标，云龙县5月实现脱贫摘帽，同济大学获云龙县“扶贫优秀‘挂包帮’单位”称号。

七、工作中存在的不足与下一步努力方向

2020年，学校坚持社会主义办学方向，紧扣立德树人根本任务，统筹抓好疫情防控和学校改革发展，取得了一定成绩，但对照党中央对高等学校人才培养的新要求和新使命，对照习近平同志在同济大学百年校庆讲话中对学校提出的期望和要求，对照学校面临的难得的历史发展机遇，学校在加快推进中国特色世界一流大学建设中还存在一些不足，主要表现在：一流党建引领一流大学建设的政治优势尚未充分发挥，学校各级党组织的政治功能还有待进一步加强；现代大学治理体系治理能力有待进一步完善，人才培养创新改革还不够深入；作为“国之重器”的高水平大学，学校重大科技创新策源地的作用发挥不充分，对国家战略科技力量的支撑能力有待提升，“从0到1”的原始创新不足，解决“卡脖子”技术推进科技创新的能力与国家要求还有差距；以更高标准落实全面从严治党向纵深推进，在推动完善“四责协同”、防范廉政风险方面还存在着一些薄弱环节等。

2021年，学校党委将坚持以习近平新时代中国特色社会主义思想为指导，深入学习贯彻十九届四中、五中全会精神，以新发展理念总结凝练“十三五”成果，科学制定“十四五”规划，以扎实的举措确保“十四五”开好局起好步，在全面建设社会主义现代化国家的新征程中，坚持“四个面向”，更好地服务国家构建新发展格局，服务上海打造国内大循环的中心节点和国内国际双循环的战略连接，加快推进中国特色世界一流大学建设，向建党100周年献礼。

同济大学2021年工作要点

2021年是中国共产党建党100周年，是“十四五”开局之年，也是开启全面建设社会主义现代化国家新征程、向第二个百年奋斗目标进军的迈进之年。

2021年工作的总体要求是：以习近平新时代中国特色社会主义思想为指导，深入贯彻党的十九大和十九届二中、三中、四中、五中全会精神，切实增强“四个意识”、坚定“四个自信”、做到“两个维护”，立足新发展阶段，贯彻新发展理念，构成新发展格局，按照教育部关于2021年教育工作的总体部署，全面落实同济大学第十一次党代会精神，进一步加强党对各项工作的全面领导，建设高质量教育体系，落实立德树人根本任务，统筹做好疫情防控和事业发展，守正创新、攻坚克难，狠抓落实、不懈奋斗，以确保学校“十四五”规划高质量开局为重点，以推动学校治理体系和治理能力现代化建设为主线，开好局、起好步，以优异成绩庆祝建党100周年！

一、精准有序常抓不懈，坚决做好疫情常态化防控工作

贯彻落实习近平总书记关于防控新冠肺炎疫情的系列重要指示，全面落实中央、教育部和上海市有关要求，坚定信心、同舟共济、科学防治、精准施策，把师生的安全和身体健康放在第一位，做到疫情防控工作与学校中心工作两手抓、两不误。强化主体责任，持续巩固前期实践中形成的好经验、好做法。按照上级要求，做好新冠疫苗接种工作。持续关心关爱奋战在校园疫情防控一线的师生员工，切实帮助解决实际困难。

二、强化政治引领作用，牢牢把握社会主义办学方向

1. 扎实开展党史学习教育，引导师生树立正确党史观

认真贯彻习近平总书记在党史学习教育动员大会上的重要讲话精神，成立党史学习教育工作领导机构，明确学习要求和任务，精心组织，学党史、悟思想、办实事、开新局。加强思想引领，引导全校党员树立正确党史观，突出分类指导，融入日常、抓在经常，不断增强党史学习教育的针对性和实效性。开展“我为群众办实事”实践活动，做到学有所思、学有所悟、学有所得，把学习教育转化为工作动力和成效。

2. 开展建党100周年庆祝活动，赓续共产党人精神血脉

扎实完成《同济大学落实〈教育部直属高校党组织迎接建党100周年行动方案〉的任务清单》。开展“理想之光，真理之路”同济大学迎接建党100周年系列主题活动，筹办同济大学庆祝中国共产党成立100周年大会暨“两优一先”表彰大会。

3. 提升思想理论学习质量，擦亮马克思主义基本底色

持之以恒把学习贯彻习近平新时代中国特色社会主义思想主题教育作为重大政治任务，对党员干部开展十九届五中全会精神轮训。抓好党委常委会、党委理论学习中心组学习，继续完善每周二下午教职工政治理论学习，创新学习机制，加强督促检查。在学校层面抓好理论学习资源建设，在二级党组织层面抓好集体理论学习内涵建设，在基层党支部层面抓好理论学习与业务学习的融合，把学习成果转化为科学理念、过硬本领、有力决策和管用办法。深入实施“学习强国”学习活动方案，进一步提高学习效果。

4. 把党的政治建设摆在首位，加强党对学校的全面领导

全面落实《关于加强高校党的政治建设的若干措施》，以政治建设为统领，完善党委领导下的校长负责制，完善党委常委会和校长办公会议议事规则，切实落实民主集中制，严格执行“三重一大”制度。加强班子建设，落实校领导班子一线工作机制，坚持深入基层开展调研。贯彻落实《同济大学关于巩固深化“不忘初心、牢记使命”主题教育成果的实施细则》，举办校领导班子读书班，常态化开展党史学习教育，不断深化主题教育成果。

5. 巩固党建示范高校建设成果，充分发挥引领带动作用

在不断塑造同济党建特色品牌的基础上，加强对土木工程学院党委、建筑与城市规划学院教工第八党支部和外国语学院本科生党支部等第二批入选教育部“双创”建设单位的常态化指导，巩固党建示范高校建设成果，形成长效机制。充分利用教育部和上海市各类宣传平台，加强宣传展示，发挥辐射带动作用，不断提升学校党建在上海和全国的影响力。把党建优势转化为“双一流”建设优势，引领和助推中国特色世界一流大学建设。

6. 落实新时代党的组织路线，增强党组织政治功能和组织力

落实新修订的《基层组织工作条例》，完善上下贯通、执行有力的组织体系。完善二级党组织党委会和党政联席会议议事规则，做好基层党组织选举换届工作，从严从细提升基层党支部组织力。继续做好组织员业务培训，开展专职组织员考核与定级工作，探索建立组织员工作室。启动第二批“双带头人”学术能力提升计划和第三批“双带头人”工作室建设，组织开展创建经验交流会，积极申报上海市和教育部相关创建计划。加大高知群体和大学生党员发展力度。推进“同济

党建e家”信息系统三期建设，进一步做好党建研究工作。

7. 坚持严管和厚爱结合，提高干部政治判断力领悟力执行力

坚持政治标准选人用人，对标“五个过硬”，加强干部政治把关和政治素质考察，把制度执行力和治理能力作为干部选拔任用、考核评价的重要依据，在中层领导干部综合考核评价中突出政治素质考核。压实做细干部监督闭环体系，将监督工作贯穿选育管用各个环节，建立完善干部监督工作联席会议机制，形成监督工作合力。大力选拔培养优秀年轻干部，激发干部履职尽责和干事创业的热情，提高年轻干部解决实际问题能力，举办年轻干部德语培训班。

8. 坚持立德树人根本任务，深化“三全育人”综合改革

加快构建一体化大思政工作体系，推动理想信念教育常态化制度化，完成第二批“三全育人”综合改革试点学院和项目建设。推进辅导员能力提升计划，打造高质量的辅导员队伍。抓好学生分类引导，提升学生综合素养。搭建育人引领平台，培育示范性“三全育人”工作品牌，推动育人工作贯穿到学生从入学前到毕业的每一个“关键期”，进行持续性、贯穿性、系统性和针对性的思想政治教育。设立学生校务助理，开辟学生参与学校民主管理的新途径。

9. 落实意识形态责任，加固意识形态长城

强化“四责协同”，压实各级党委和领导干部责任。加强马克思主义学科建设，牢固树立马克思主义在教学、科研工作中的指导地位。加强教材建设、遴选和管理工作，充分发挥教材铸魂育人作用。巩固意识形态阵地，加强对新闻出版、网络新媒体等的管理和检查，始终保持高压态势，不给错误观点传播提供空间。扎实推进学校教育融媒体中心建设，推出一系列高质量的网络育人作品，做到春风化雨、润物无声。完善舆情信息监测体系，营造和谐健康的网络舆论氛围。定期开展师生思想状况调研，开展有针对性的教育和引导。

10. 研究同济文化内涵，弘扬一流大学一流文化

开展对于同济文化内涵的研究，通过营造、传承和浸润一流大学文化，构建凝聚人心、追求卓越的学术共同体，激发师生的内在活力，坚持“学术与育人”第一价值追求，推进世界一流大学建设。持续推进《新时代爱国主义教育实施纲要》行动计划，弘扬社会主义核心价值观。依托四平路校区闻学堂、嘉定校区文榷堂，举办“礼敬中华·名家讲坛”系列活动。依托马克思主义学院和人文学院，打造“中国道路”“中国精神”“中国文化”系列讲座品牌。实施同济精神传承计划，开展校史教育，打造校园虚拟参观系统，建设一支高素质校园文化讲解队伍。举办庆祝中国共产党成立100周年系列文化艺术活动，编创和演出实验歌剧《刘志丹》、话剧《铸诗成剑》、大师剧《国之英豪》、情景剧《中流砥柱》，再版《同济英烈》。弘扬中华优秀传统文化，引导高雅艺术、非物质文化、民族民间优秀文化走近师生，建设教育部中华优秀传统文化传承基地(京昆)，与上海昆剧团联合演出学生版《长生殿》，演出梅派京剧专场。建设同济荣誉堂(一期)，抓好“学雷锋”活动和志愿者工作。

三、坚决贯彻新发展理念，构建世界一流大学建设新格局

1. 擘画未来发展蓝图，沉淀大学战略文化

以立德树人为根本，以报国强国为己任，以强化治理为关键，把握战略方向、明确战略任务，科学、民主、依法编制完成学校“十四五”总体规划、专项规划和学院规划，做到远期与近期结合、战略与战术结合、高度与落地结合、系统与局部结合、诉求与约束结合，擘画战略蓝图，为实现建设世界一流大学的奋斗目标夯实基础，按教育部相关要求在2021年上半年完成相关工作。

2. 完善大学治理体系，升华大学治理文化

实施《同济大学提升治理体系与治理能力现代化2021年行动计划》。健全学校治理结构，依法明确学校决策机构的职权、程序和议事规则，推进决策科学化、民主化和法治化，完善决策执行与监督机制。深化学校综合改革，统筹规划顶层设计。完善管理制度体系，坚持大学章程核心地位，推进校院两级治理体制改革。统筹法治工作力量，推进依法治校标准学院建设，夯实依法治校组织基础。按照整体规划、凸显特色、分步实施、持续完善的原则，谱写大学治理体系和治理能力现代化建设新篇章。

3. 加强本研贯通培养，涵养卓越育人文化

开展全校教育思想大讨论，持续完善新时代同济大学人才培养体系。将思政工作融入人才培养各环节，拓展德育格局。全面优化知识和能力并重的专业教育体系。全面提升学生体育综合素养，构建体育新模式。加强新时代美育工作，营造学校大美育培养新氛围。构建“171”劳动教育模式，打造同济特色劳动教育新平台。突破平行线模式，探索构建双螺旋结构终身学习体系。坚持四个面向，进一步优化专业和学位点布局。整合校内外资源发展高端培训。打造本研贯通分阶衔接的课程教学链。持续推进一流课程建设，逐步构建具有同济特色的精品课程体系。深入推进本研教材规划建设，积极申报国家级优秀教材。重点培育并获得一批高水平教学成果，谋划、整合和凝练国家级教学成果。打造同济特色的共生型实践创新链。加强创新创业教育课程体系建设，建设创新创业项目指导教师队伍。组织优秀项目申报中国国际

“互联网＋”大学生创新创业大赛等创新创业竞赛。完成工程实践中心整体建设方案，构建一流人才培养公共实验实践大平台。建设国家、市级和校级实验教学示范中心体系。打造凸显中德中欧优势的国际交流链。以点带面，有步骤、有计划地建设全英文课程，推进全英文专业建设。继续规模化、成建制地推进高水平高质量的学生国际交流，拓展教育国际化的深度和广度。依托国际合作联合研究中心和中德博士生院建设，探索国际化创新人才培养模式。升级质量保障体系，全面保障人才培养质量。实施“三全育人、本研贯通”的人才培养质量保证体系2.0。加强宣传力度，分层落实责任，全体校领导、学院主要领导参加招生工作，持续提高招生质量。构建德才兼备、刚柔并济的分流退出机制。落实同济大学深化新时代教育评价改革总体方案。落实学科、专业、课程三类责任岗位制度。

4. 推进交叉融合发展，塑造一流学科文化

进一步优化学科布局，提升学科发展动能。跟踪与分析第五轮学科评估。各学科协同、各环节贯通，齐抓共管做好学科评估跟踪工作。分类分析，完成《第五轮学科评估研究分析报告》，以评促改，以评促建。对标对表，明确重点突破所在，提前布局下一轮学科评估。谋划与建设新一轮一流学科。出台新一轮《同济大学一流学科建设方案》，以学科群为建设重点，明确建设目标和方向。大力争取上级和地方政府支持，优化新一轮“双一流”建设布局。有机融合学科建设各专项规划任务，统筹协调各学科建设内容，保证新一轮一流学科的落地实施。开展高峰学科绩效评价和新布局。全面完成既定建设任务和目标，在高峰学科绩效评价中取得良好成绩。总结Ⅳ类高峰建设模式、机制和成效，形成可复制可推广的经验。出台新一轮《同济大学高峰学科建设方案》，明确建设发展方向和重点。协同制定《智能科学与技术一级交叉学科建设方案》，发挥城市交通、自主智能等交叉人才培养平台的作用。

5. 构建新型科研体系，培育创新质量文化

落实细化“十四五”科研规划实施举措，完善《关于全面提升科技创新质量的若干意见》30条。强化基础研究，提升原始创新能力。实施《同济大学基础研究能力提升计划》，对若干前沿基础研究领域进行前瞻性布局和重点支持。培育具有前沿性和颠覆性、原始创新性强的基础研究和应用基础研究项目。鼓励和支持前沿交叉研究，培育交叉研究科研项目。加强主动服务，增设前置辅导、结对子一对一辅导，强化重点项目三级辅导。制定和实施《同济大学高水平期刊提升计划》，重点支持若干一流期刊的创办和建设。面向国家急需，开展关键核心技术攻关。加强整体谋划，坚持提前布局，实施《技术攻关能力提升计划》。利用大数据分析，精准排摸和组织动员，大力提升校内三级辅导实效。加强重大科研成果全链条组织，主动对接，制定申报规划和计划。校院协同，发挥学院积极性，实施绩效调控与考核。精准指导，严格落实校内三级预审，加强过程跟踪和服务，提高申报数量和质量。积极培育，挖掘和培育“种子”成果，继续实施成果培育资助奖励。布局和培育建设重大科研基地。推进国家级科研基地培育建设，争取立项建设“无人系统多体协同”国家重大科技基础设施。完善现有国重重组方案，按国家主管部门工作进程逐步纳入新国重体系。建设车路一体智能交通、细胞命运与重大疾病2个重点实验室。把学校建成教育部、上海市、科工局三方共建高校，落实建设专用重点实验室、专用重点学科实验室。推进教育部等省部级重点科研平台培育建设，完成“自主智能无人系统前沿科学中心”的论证，建设“细胞干性与命运编辑前沿科学中心”，申报教育部数学中心、智能科技与绿色发展教育部国际合作联合研究中心。服务上海科创中心建设，推进海底科学观测网国家重大科技基础设施、上海自主智能无人系统科学中心建设，建设上海数字城市研究院、上海深海科学中心等平台。完善科研基地运行管理体系。完善知识产权管理体系，提升专利质量。健全知识产权政策体系，完善跨部门协同合作机制。开展专利提案阶段预审工作，助力科研创新能力提升。有针对性地提供专利代理服务，提高授权比例。加强转化运营，提高科技成果转移转化的数量和质量。加大环同济知识经济圈建设力度，推进同济大学国家大学科技园建设。

6. 深化分类评价改革，厚植人才强校文化

建立教师思政协同工作机制，完善教师“大思政”格局。以立项形式支持基层单位推进教师思政工作，推进“新媒体＋思政”，组织海归教师、青年骨干教师、有入党志愿教师等开展暑期社会实践活动。落实教师管理全过程中的师德师风考核，建立师德电子档案，开展教师节庆祝表彰活动，制定《同济大学教职工荣誉奖励管理办法》。加强高层次人才思想引领，加强政治吸纳。实施青年教师体系化培训，助力职业发展。深化高层次人才机制改革，完善高层次人才服务工作。准确研判、快速响应上级政策。提供人才计划申报工作精细化服务，加强高层次人才工作制度建设，加大海外招聘宣传，继续举办第六届青年学者论坛。制定《同济“青年百人”B岗的实施细则》，推进青年人才引进服务工作。完善教师分类评价机制，推进同济特色长聘教职体系。持续推进和优化具有同济大学特点的长聘教职与双通道评聘制度，适时开展现有体系教师第二批同级转聘长聘体系岗位工作，开展长聘体系、现有体系双通道第二批评聘工作。统筹各支队伍建设，优化和完善队伍评价指标体系，修订《同济大学岗位设置管理工作聘任实施办法（试行）》。凝心聚力校院联动，推动博士后队伍上规模和上质量。加大宣传和揽蓄力度，吸引海内外优秀人才进行博士后研究工作。积极谋划和组织“博新计划”、上海市“超博”计划、国家自然科学基金申报工作。完善学校博士后管理制度，修订《同济大学博士后研究人员管理细则》。完

善管理队伍建设机制，提高管理服务队伍能力素质。开展职员制改革调研，形成职员制改革方案。开展管理队伍定编定岗调研，结合学校实际形成管理队伍“三定”工作方案。不断完善管理队伍培训机制，按照机关、教学管理、科研管理、财务管理等不同条线，实施分类培训。服务重大教学科研平台，完善教辅队伍分类管理。开展教辅队伍调研，完成校内教辅队伍情况的全面摸底，初步形成教辅队伍及实验技术队伍定编定岗方案，修订完善学校教辅岗统一公开招聘实施方案。强化服务教师宗旨意识，提升人事人才工作服务效能。完善劳动合同用工制度建设，制定《同济大学劳动合同制管理办法》。落实嘉定校区招聘“5＋M”项的倾斜措施，鼓励跨校区轮岗，多措施缓解嘉定校区管理岗招聘难问题。修订《同济大学专职科研队伍的建设管理办法》，逐步完善专职科研队伍体制机制。

7. 优化对外合作布局，融通世界先进文化

推动教师队伍国际化，构建国际人才汇聚高地。加大国际化引智力度，提升对境外教师吸引力，强化精细化服务。主动服务学院和学科的队伍建设，利用全校平台和资源提升学科和岗位的国际可见度和吸引力。将国际合作和交流能力纳入教师考评和专业技术职务晋升体系。结合学校跨学科人才培养需求，“成建制”选派校内教师赴境外交流学习。实现学生结构国际化，打造卓越人才培育基地。主动对接，将全球视野和国际交流合作能力纳入学校人才培养目标。多措并举“引进来”，持续扩大国际学生规模。精准发力“走出去”，不断提高学生国际交流质量。提升学科专业国际化，推动科研国际协同创新。启动与世界顶尖大学共建具有全球可见度的国际合作科研平台。结合上海和长三角发展，建立一批“AI＋可持续”的国际合作项目和特区。纵深推进国际平台建设与改革，提升平台学院对国家和上海发展的影响。推进“铁杆朋友”国际化，培育全球合作网络。积极寻求中德合作新的增长点，筹建智能科技与绿色发展国际合作联合研究中心（暂定名）、中德博士生院等。巩固合作伙伴友谊，加强与“铁杆朋友”互动。继续改革平台学院，完成中意学院改革，新启动一个平台学院的全面改革。结合现有海外校区和孔子学院，建立全球分布式校区。强化宣传推广国际化，提升国际展示度与影响力。提升学校外事工作信息化水平，建成港澳台交换生信息系统。升级校园双语环境，开展校院两级层面全英文网站建设，启动教师个人介绍网页双语化建设。加强“留学同济”招生宣传，探索后疫情时代招生新模式。发出同济声音、提升同济展示度，在服务中国特色大国外交上提升能级。深耕管理服务国际化，打造高品质国际化校园。科学管理，提升外事工作队伍的积极性和主动性。建设境外学生管理队伍，建设大外事工作团队。完善学院国际交流综合绩效评价体系，激发院系在学校对外开放中的参与度和积极性。建立职能部门和学院外事工作联系和共商机制。进行教学、科研成果的国际化展示，提升校园国际化氛围。

8. 完善支撑保障条件，创建精品服务文化

建设平安校园。做好新冠肺炎疫情防控工作常态化管控，完善应急处置机制。严格管控食材源头，规范食品加工操作流程。夯实安全生产责任，加强消防安全、用电安全、食品安全、特种设备等领域内专项治理工作。建设危化品采购和日常管理信息系统，建设危化品暂存点，推进实验室危险化学品精细化管理。完成部分楼宇监控、消防改造和电梯更换。开展网络安全专项应急演练。建设智慧校园。启动跨校区光缆建设工程，实施宿舍无线校园网覆盖工程，实现所有学生宿舍免费上网；启动“一网统管”工作，上线“一网通办”服务总门户，上线教师个人主页平台，提升一体化教务系统用户体验，建设科研、资产管理大平台。建设绿色校园。完成沪西校区医学院搬迁，完成四平路校区雨污混接摸排，继续延伸嘉定校区服务大厅业务。推进公共实验平台和基础研究平台建设，建设大型仪器校院两级共享平台。对新建、新增用房实行全额成本核算，启动现有用房全额成本核算试点，规范房屋出租出借管理流程。将垃圾分类工作纳入网格化管理。建立南校区智慧水务系统。加强采购管理体系建设，开发采购管理系统自动审查提醒功能模块，完善风险防控机制。建设美丽校园。完成沪西校区科研楼、学生宿舍、学子食堂、体育场馆、四平路校区西北五楼整体修缮，完成嘉定校区图书馆卫生间改造；完成经纬楼、宁远楼空调更换；完成 NICE2035 赤峰路项目。确保嘉定校区学生活动中心、彰武路研究生公寓（三期）及创新创业中心年内竣工，东区教育科研大楼结构封顶，工程教育及科创中心交付使用。建设温暖校园。开展 2021 年为师生办十大实事行动：上线教师个人主页平台；提供海外学术资源加速服务；增加教师公寓 50 套；实现学生宿舍免费上网；改善嘉定校区宿舍照明；实施嘉定校区人行道绿色安全改造；试点教师工子女暖心暑期班；推进杨浦区同济大学幼儿园扩容；嘉定附属实验中学、小学分校开办；实质推进同济大学附属新江湾城实验学校（暂名）建设。

四、坚定不移全面从严治党，永葆风清气正的校园政治生态

1. 持续推进中央巡视整改工作，全面检视整改实效

根据高校党的建设新形势新要求，全面检视巡视整改成效。对照近年来相关领域相关单位在巡视中发现的问题，对照中央的最新要求和最新决策部署，再梳理、再审视、再排查，做到问题全覆盖、意见全纳入、责任权明确，查漏补缺，提升质量，不断深化巡视整改工作，确保经得起再巡视。

2. 扎实开展政治监督，深入推进政治巡察

严格对照党中央要求和上级党组织部署开展政治监督，引导党员干部对“国之大者”心中有数，聚焦党中央决策部署，

聚焦“关键少数”,聚焦群众反映强烈的突出问题、聚焦高校腐败易发多发的重点领域和关键环节,做到跟进监督、精准监督。切实发挥监督部门联席会议作用,主动出击发现问题。用好信访举报途径,严肃查处各类违反党纪党规和国家法律法规行为。严守政治纪律和政治规矩,旗帜鲜明地批评和纠正违规违纪言行。做好校内巡察“后半篇文章”,开展对体育教学部、继续教育学院、图书馆、后勤集团、医院及产业等二级党组织巡察,完成校党委一届任期内巡察全覆盖目标。对被巡察单位整改落实情况开展监督检查,举一反三推动改革,堵塞制度漏洞,完善体制机制。

3. 时刻保持恒心韧劲,持续抓好作风建设

从讲政治高度整治形式主义、官僚主义突出问题,深化治理“贯彻党中央决策部署只表态不落实”“维护群众利益不担当不作为”等突出问题。持续改进文风、会风,压缩发文、会议数量,优化各类督查、检查、考核,切实为基层减负。防止“低级红”“高级黑”,紧盯“四风”隐形变异问题,对违反中央八项规定精神和“四风”问题发现一起、查处一起、通报一起。提升校区服务效能,继续实施校领导嘉定校区带班制度,经常在嘉定校区召开常委会、校长办公会议、学院主要领导座谈会,建立跨校区视频会议机制。加强部门内外协同,落实重点工作联席协商制度。加强各部门内部业务培训,加强政策制度宣贯。把作风巡察整改措施化为长效机制,营造积极进取、敢于担当、协同高效、团结奉献的机关工作氛围,不断提高服务效能。

4. 深化纪检监察体制改革,不断提高监督执纪能力

深化监督执纪“四种形态”,严肃做好日常监督工作。坚持抓早抓小、防微杜渐,使“咬耳扯袖、红脸出汗”成为常态。切实发挥巡察利剑作用,严肃查处招生、工程建设、后勤服务、科研经费、选人用人等方面的腐败问题,始终保持正风反腐高压态势,解决好熟人社会监督难等问题。加强队伍建设,加大培训力度,提升履职能力,选送干部参加上级组织的执纪审查、巡视,以干代训,加强纪检干部实践锻炼、专业训练,增强“七种能力”,不断夯实高校纪检监察工作高质量发展的基础。

5. 突出思想政治引领主线,持续巩固新时代统一战线

召开双月座谈会,加强党外知识分子政治引领,夯实共同思想基础,凝聚人心、汇聚力量。强化二级党组织主体责任,全力推进基层统战工作标准化建设,提升统战工作整体合力。加强统战团体班子建设,协助各民主党派和统战团体换届工作。推进无党派人士认定工作,挖掘和培养一批代表性强的旗帜性人物,积极输送党外干部。帮助师生树立正确的民族宗教观,增强中华民族共同体意识。加强统战文化建设,启动同济大学统战工作史的编撰工作。

6. 增强政治性先进性群众性,开创群团组织工作新局面

深化工会工作,推进学校民主管理、民主监督,建设各级教工小家,持续提高教职工疗休养、体检等服务质量,不断丰富教职工业余生活,继续做好教职工福利和困难职工帮扶工作。深化妇女工作,推进“同济女性成才工作坊”建设,编制《同济大学女教职工科学健身指南》,完成“同济大学提高级妇女之家建设”,持续推进离退休和老年工作创新,修改完善《老龄工作服务指南》,出版《同济学子话恩师》。深化共青团改革,充分发挥引领凝聚、组织动员、联系服务青年的功能。深化学生会、研究生会组织改革,做好学生社团管理、学生骨干培养,推进实践育人、志愿服务育人。规范完成基金会理事会、校董会换届,积极发挥募集社会资源服务学校发展和社会参与办学推动依法治校的作用。传承校友工作优良传统,服务校友发展,凝聚更广泛力量。加强科协组织建设,强化服务能力,推动科协事业实现新的发展。

7. 树立安全底线思维,强化校园风险意识

树立总体国家安全观,健全预警预防、综合研判、应急处置、责任追究等维稳工作机制,严密新时代高校政治安全和校园稳定综合防控体系。加强联防联控,开展网格化校园巡控,强化校门管理和楼宇管理,做好防汛防台防风等工作。做好抵御宗教渗透和防范校园传教工作。持续做好保密工作,深入开展国家安全、保密宣传教育,制定涉密文件管理办法和学校工作秘密清单,深化保密自查自评工作,不断提升保密工作专业化水平。

学 校 综 述

2021年学校情况概述

【概况】 同济大学设有29个专业学院，11家附属医院，13所附属中小学。有四平路、嘉定、沪西和沪北等4个主要校区，占地面积约2.56平方公里，校舍总建筑面积184余万平方米，图书馆总藏书量455万余册。

学校现有全日制本科生18514人，硕士研究生11319人，博士研究生7265人。另有国际学生2088人。拥有专任教师2792人，其中专业技术职务正高级1096人，中国科学院院士15人(含双聘)，中国工程院院士23人(含双聘)，发展中国家科学院及美国、德国、瑞典等国家科学院或工程院外籍院士24人次。国家级教学名师5人，教育部"长江学者奖励计划"特聘(特岗)教授42人，国家重点基础研究发展计划首席科学家23人，国家重点研发计划首席科学家101人，"青年长江""优秀青年科学基金获得者"等四类优秀青年人才205人。国家级教学团队7个，国家自然科学基金创新群体9个，教育部"创新团队发展计划"12个，科技部重点领域创新团队1个，入选科技部"国家创新人才培养示范基地"。

学校学科设置涵盖工学、理学、医学、管理学、经济学、哲学、文学、法学、教育学、艺术学等10个门类。现有本科招生专业82个，硕士学位一级学科授权点44个，专业硕士学位授权点27个，博士学位一级学科授权点34个，专业博士学位授权点9个，博士后流动站30个。拥有3个国家重点实验室，1个国家工程实验室，1个国家重大科技基础设施，1个国家协同创新中心，1个国家大型科学仪器中心，5个国家工程(技术)研究中心，6个其他国家级研究平台，以及77个省部级研究平台。

2021年，学校将党史学习教育、庆祝中国共产党成立100周年、学习贯彻党的十九届六中全会精神和迎接中央巡视组落实整改等工作紧密融合，坚持把党的领导贯穿办学治校、教书育人全过程，坚持社会主义办学方向，贯彻落实"三新一高"战略部署，大力弘扬"同济天下、崇尚科学、创新引领、追求卓越"的新时代同济文化，持续推进学校治理体系和治理能力现代化，统筹抓好疫情防控常态化和学校改革发展，制定《同济大学党的建设"十四五"规划》，为学校事业高质量发展提供坚强的政治保证。落实习近平总书记关于巡视整改的指示精神，履行巡视整改政治责任，以巡视整改为契机，强化整改落实和成果运用，全面完成巡视集中整改期的各项任务。修订学校章程，新制定修订落实党委领导下的校长负责制实施办法、"三重一大"实施办法等校级规章制度文件60余个。持续推进学校治理体系和治理能力现代化建设，进一步完善三级制度体系架构，完成首批学校依法治校示范学院建设与评估工作，获评上海市高等学校依法治校(2016—2020年)创建成果一等奖。

落细落实各项疫情防控措施，始终将师生生命安全与身体健康放在首位。运行"师生健康信息管理系统"，实现师生每日数据采集全覆盖、离沪报备全覆盖、进校权限全管控、身心健康全关怀。全员全过程全方位开展疫情防控应急处置综合演练，增强危机意识和责任意识。全年共接种新冠肺炎疫苗共计10万余剂次。

开展两轮校内巡视，提前完成学校第十一次党代会确定的党委一届任期内巡视全覆盖目标。开展机关"作风建设"专项巡察深化整改。优化基层组织设置，在电信、建筑、交通三个学院成立三级学生党委。发展党员1591名，较2020年增长28.8%，其中，发展专任教师党员19名、本科生党员622名，新增专任教师入党申请人22名，均创近年新高。建立基层党委意识形态工作清单，制定《中共同济大学委员会二级党组织意识形态工作考核实施办法》，将考核结果纳入二级党政领导班子的年度考核和任期考核。选聘特邀宣传督查员，强化各类理论学习和意识形态阵地管理。

制定《同济大学大学文化建设"十四五"规划》。深入挖掘同济革命历史和红色基因，发挥校史育人作用。编辑出版《同济英烈》(第二版)，完成"同济三部曲"收官之作话剧《铸诗成剑》，编创首演民族实验歌剧《刘志丹》和同济版《霓虹灯下的哨兵》，制作"同济红色记忆"系列视频，生动展现同济人在党的领导下投身革命斗争的伟大历程。学校获评教育部"校园新媒体十佳共建高校"、人民网"高校社会影响力榜单十强"。组织开展庆祝中国共产党成立100周年系列活动，弘扬伟大建党精神。马克思主义学院获批建设教育部高校中国共产党伟大建党精神研究中心同济大学分中心，专题推进伟大建党精神的时代价值研究。聚焦"急难愁盼"开展"我为群众办实事"活动，广大师生的幸福感、获得感、安全感显著增强。新华社、《人民日报》、中央电视台(新闻联播)等主流媒体多次报道学校党史学习教育情况，其中《光明日报》两次聚焦报道(整版报道一次)。

制定《同济大学学科建设"十四五"规划》《同济大学学科专业设置审核与动态调整办法》，获批2021年度智能科学与技术一级交叉学科博士点和应用心理专业学位类别，完成增列航空宇航科学与技术、法学2个一级学科博士点和知识产权一级交叉学科博士点申报工作。制定《同济大学交叉学科专项建设管理办法》，加大学科交叉和交叉学科平台建设力度。启动新一轮9个上海市高峰学科建设。

首轮"双一流"建设取得显著成效，学校整体评价各项指标全部为"显著"，建设的7个一流学科均获得"显著"或"较为显著"的评价，新增"生物学"一流学科。编制《同济大学"双一流"建设高校整体建设方案(2021—2025)》，实施"2+8"一流学科领域建设布局，以一流学科带动一流交叉学科领域(学科群)建设，实现学科交叉融合与协同发展。

加强医学顶层设计，开展沪西校区整体修缮，医学院整体搬迁至沪西校区办学。制定《同济大学关于提升附属医院创新发展水平的实施意见》，探索新医科创新发展道路。

制定《同济大学人才培养"十四五"规划》《同济大学关于全面提升人才培养质量的若干意见》，开展同济大学2021教育思想大讨论制定，实施一流人才培养专项系列行动计划。建设符合"三新一高"要求的更高质量人才培养体系，培养新时代一流人才。制定《同济大学教材建设规划(2021—2025年)》《同济大学教材建设管理办法》等。15本教材获首届全国教材建设奖优秀教材，同济大学作为第一完成单位荣获特等奖(《高等数学》)1项(高等教育类共4项)，获一等奖2项、二等奖8项；作为合作完成单位获得特等奖1项、二等奖3项；土木工程学院、建筑与城市规划学院董鉴泓教授分别获全国教材建设先进集体和先进个人。

41个专业入选国家级一流本科专业建设点，位列上海市高校第二位。新增获批23门上海市一流课程，并列沪上高校首位；新增29门课程获批2021年度上海高校市级重点课程。数学、物理学、计算机科学、生物科学和力学、化学分别获批教育部第二、三批基础学科拔尖学生培养计划2.0基地，其中获批理科基地数量并列高校第6。创新建设思政课课程群，自主开设"中国道路""人民城市导论""改革开放史"等思政课，打造同济特色思政课品牌。持续推动课程思政建设，获批2个教育部课程思政教学研究示范中心。

编制加强新时代体育、美育、劳动教育的实施方案，将体美劳评价指标纳入人才培养质量保障体系2.0，突出学生综合素养和核心能力评价。完善课程教学、实践活动、校园文化、艺术展演"四位一体"的大学美育教育体系，构建知行合一的劳动育人体系，实现劳动教育全覆盖。学校获批国家大众创业万众创新示范基地，入选第五批全国创业孵化示范基地。同济大学"校区、园区、社区"联动、"学城、产城、创城"融合的双创教育经验被写入国务院办公厅《关于进一步支持大学生创新创业的指导意见》。在第七届中国国际"互联网+"大学生创新创业大赛中，学校学生获全国金奖3项、银奖1项、铜奖3项。

推进"三全育人"从试点到示范。设立学生校务助理岗位，创新学生参与学校治理的平台路径。推动"三全育人"综合改革提质增效，实现试点工作在31个学院全覆盖。出版"三全育人"工作案例集，《同济大学"四个落实"打通育人"最后一公里"》获教育部简报专题报道。学校入选教育部"一站式"学生社区综合管理模式建设试点高校。2021届毕业生总体就业率为97.0%，重点领域就业比例69.8%，326人赴西部就业，2人赴西藏基层就业；成功推送18名学生赴国际组织实习；502名毕业生赴QS世界排名前50的高校继续深造，占升学总人数的19.7%。《着力"精准"输送毕业生服务国家需要》入选教育部百个"全国普通高校毕业生就业创业工作典型案例"。

制定《同济大学关于全面提升科技创新质量的若干意见》，实施《同济大学"十四五"及中长期科学研究和社会服务发展规划》。启动2021年度学科自主原创基础研究项目，培育基础研究"从0到1"的原创性成果，培养一批潜心基础研究的专业化队伍。2021年，学校共获批国家自然科学基金567项，总直接经费约3.5亿元，居全国高校前列。获批1项重大项目，联合申报并获批2个基础科学中心；获批3项原创探索项目，实现"零"的突破；获重点类项目18项。获批国家重点研发计划相关重点专项2021年项目12个，获批干细胞研究领域项目3项，占全国总数的10%。新增"自主智能无人系统"教育部前沿科学中心，学校成为唯一一个建设两个教育部前沿科学中心的高校；新增12个省部级科研平台，基本完成省部级科研平台的学科全覆盖。

在生命医学、物理科学、新材料制备、大洋钻探、城市交通规划等领域取得重大原创性科研成果，在大跨度桥梁关键技术、结构抗震防灾技术、城市交通智能诱导、城市污水处理、新能源汽车研发、遥感空间信息等方面取得标志性科研成果。获国家科学技术进步奖5项，其中自然科学奖二等奖1项；教育部科学技术奖6项，其中一等奖3项；上海市科学技术奖一等奖10项，其中自然科学奖1项、技术发明奖2项；上海市青年科技杰出贡献奖2项；国际科技合作奖1项(唯一)。在高水平期刊及其子刊上发表顶级论文71篇。

深度参与雄安新区、粤港澳大湾区、海南自贸区建设，主动融入长三角一体化建设，全力支持黄河流域大保护、长江大保护、乡村振兴等国家重大发展战略。研制高分辨率三维地形DEM和光照产品，为我国月球极区探测选址任务提供高精度的数据支撑。磁浮技术重点实验室完成600公里时速高速磁浮列车交通道岔的研制和技术验收，承担国家铁路局的高速磁浮车辆通用技术条件任务。服务上海科创中心建设，牵头建设中国(上海)数字城市研究院；服务国家海洋战略，布局建设上海同济深海科学研究中心。无人系统多体协同重大科技基础设施成为国家重大科技基础设施建设发展"十四五"储备项目。

2021年学校获得国家社科基金重大项目7项、重点项目2项，创历史最好成绩。获批国家智能社会治理综合实验基地和上海市人工智能社会治理协同创新中心，形成智能社会治理研究新高地。决策咨询与社会服务能力有新突破，首届"上海市优秀智库报告"获批数量名列上海高校第一；决策咨询信息采用情况评分位列全国第四、上海市第一。

制定《同济大学队伍建设"十四五"规划》，扎实推进师德师风建设专项行动，注重优秀教师先进典型选树，汇编《身边的"大先生"——同济大学师德故事(一)》；艾自胜等18位教师荣获"上海市育才奖"。拍摄《礼敬吾师》宣传片，制作获奖教师、荣休教师宣传视频。

构建"一门式"高层次人才服务体系，打通引进、培育、服务、评价全流程。2021年累计新增各类高层次人才174人次。在中国科学院、中国工程院2021年院士增选工作中，同济大学增选两院院士达5人，创历史新高。其中，李杰教授当选中国科学院院士，蒋昌俊教授、朱合华教授当选中国工程院院士，奥托·海因里希·赫尔佐格(Otto Heinrich Herzog)、贝斯科斯(Dimitri E. Beskos)两位教授当选中国工程院外籍院士。吕西林院士当选日本工程院外籍院士,李风亭教授当选非洲科学院院士。新增国家级杰出人才 18 人,其中长江特聘/特岗/讲席 8 人、杰青 7 人、科技创新领军 3 人。新增国家级青年人才 46 人,其中青年长江 4 人、青年拔尖 10 人、优青/优青海外 32 人。新增上海领军人才(海外)103 人。2021 年长聘体系专业技术职务岗位申报 491 人。开展交叉学科专业技术职务评审试点工作,鼓励形成新的学科增长点和科技创新突破口,培育新兴交叉领域重大原创突破。全年共招收博士后 301 名,在站博士后数达到 823 名。

制定《同济大学国际交流"十四五"规划》,2021 年共举办线上线下国际会议 24 场,签署合作协议 110 份,"同济大学国际本科生高中校长直推项目"合作高中增至 12 所。布点建设"全球分布式校区",挂牌"同济大学海外招生基地(佛罗伦萨)"。进一步发挥平台学院功能,中德工程学院、中德学院顺利通过德国联邦教研部评估。召开同济大学中德学部指导委员会第十二次会议。打造中德合作 2.0 版,以"中德联合研究中心"为载体,发挥智能科技和绿色发展学科优势;筹备成立中德博士生院和欧洲与德国研究院。

贯彻落实《深化新时代教育评价改革总体方案》,优化财力资源配置,加强内控建设,推进国有资产管理绩效评价,落实审计整改工作机制,完善采购管理制度等风险防控机制。完成校属企业体制改革工作,深化后勤改革,成立后勤管理与保障处。推动公用房全额成本核算工作。

完成"2021 年度十件实事"项目。制定《同济大学信息化建设"十四五"规划》,信息基础设施进一步完善,本研一体化教学管理信息系统、科研管理信息系统基本解决卡顿、浏览器兼容性差等问题。围绕教职工急难愁盼,新增一批教师公寓;深化基础教育办学内涵,新开办嘉定附属实验中学、附属实验小学分校;实质性推进同济大学附属新江湾实验学校建设。

制定《同济大学基本建设"十四五"规划》,稳步推进建设四平路校区彰武路研究生公寓(三期)、嘉定校区学生活动中心等 10 项基建项目,完成基建总投资 6.287 亿元。完成嘉定校区人行道绿色安全改造示范工程和嘉定校区学生公寓灯光改善示范工程等。

重要事件和活动

【同济大学学者揭示心跳"中枢"的调控网络和标志物】 同济大学学者从单细胞分辨率水平解析出了窦房结起搏细胞的核心基因调控网络,同时发现了窦房结起搏细胞的潜在重要前景的生物标志物。上述研究工作近日在线发表于《自然·通讯》(*Nature Communications*)杂志上。

【同济大学与中国信息通信研究院签署战略合作协议】 2 月 1 日,同济大学与中国信息通信研究院签署战略合作协议,双方致力于在人工智能与通信领域携手合作,协同开展人才培养、科研攻关,为人工智能和信息技术发展、经济社会发展赋能助力。

【同济牵头的上海市市级科技重大专项启动】 3 月 25 日,由同济大学牵头,上海交通大学、复旦大学参与承担,同济大学校长、中国工程院院士陈杰担任首席科学家的上海市市级科技重大专项"人工智能前沿基础理论与关键技术——自主智能无人系统"启动会在上海张江人工智能岛举行。会上,由潘云鹤等 10 名院士及知名专家共同组成专项专家咨询委员会成立。

【同济大学上海新城建设研究中心成立】 4 月 10 日,同济大学上海新城建设研究中心正式成立。将整合多学科力量,联合国际国内多方资源,主要围绕"新城发展理论、新城规划设计、大数据与智能新城"三个方向开展研究,着力破解上海新城建设中亟待解决的难点痛点堵点,全面服务上海新一轮新城战略。

【同济大学与百度签署战略合作协议】 4 月 14 日,同济大学与百度签署战略合作协议。双方将发挥各自优势,围绕人工智能、智慧交通、重大科技基础设施建设等方面,共同开展高质量科研攻关和人工智能领域的高端人才培养。

【同济大学首开"人民城市导论"课】 4 月 20 日,同济大学"人民城市导论"课开讲。党委书记方守恩讲授了这门课程的绪论部分,从人民城市的理论缘起、人民城市的本质属性、人民城市的价值取向三个方面展开。该课被列为选择性必修课,进行先导性探索与尝试,逐步积累有益经验,学校一批与城市建设发展直接相关的学科领域的知名教授将参与授课。

【"长三角可持续发展大学联盟"成立】 4 月 23 日,由同济大学提议,东南大学、复旦大学、华东师范大学、南京大学、上海交通大学、同济大学、浙江大学、中国科学技术大学"华东八校"共同发起组建的"长三角可持续发展大学联盟"成立。联盟将发挥长三角高校优质资源的优势,服务长三角高质量一体化可持续发展。

【同济大学与上海人工智能实验室签署战略合作协议】 5 月 13 日,本着"优势互补、资源共享、战略协同、共同发展"的原则,同济大学与上海人工智能实验室签署战略合作协议,双方将集聚与培养一批国际顶尖人才,在人工智能科技创新和产业应用等领域通力合作,共同建设国际一流的人工智能实验室。

【同济大学获批 2 个教育部课程思政教学研究示范中心】 6 月 10 日,同济大学获批 2 个课程教育部思政教学研究示范中心；4门课程入选课程思政示范课程；4门课程相应的负责人和教学团队，入选课程思政教学名师和团队；交通运输工程学院牵头的高校交通运输类专业课程思政研究联盟，被教育部列为课程思政资源库建设单位。

【依托同济大学建设的中国（上海）数字城市研究院揭牌成立】 7月10日，在2021世界人工智能大会闭幕式上，上海市委副书记、市长龚正为依托同济大学建设的中国（上海）数字城市研究院揭牌。研究院将围绕“城市数字化转型”这一首要目标，开展数字城市前瞻性、综合性和基础性研究，打造数字城市研究的高端智库，培养数字转型和数字治理人才干部，为上海和全国全面数字化转型和数字城市建设提供理论、技术和人才支撑。

【同济大学与虹口区人民政府签署战略合作框架协议】 7月14日，同济大学与虹口区人民政府签署战略合作框架协议，双方将聚焦医疗要素配置、科技产业支撑、规划设计研究、教育资源提升、区校党建联建、城市治理数字化转型、体教融合发展等七个领域开展合作，为上海建设成为具有全球影响力的长三角世界级城市群的核心引领城市作出更大贡献。

【联合国世界知识产权组织（WIPO）与同济大学签署新一轮合作协议】 7月14日，由联合国世界知识产权组织（WIPO）与同济大学共同举办、以“智慧城市和知识产权”为主题、为期两天的国际知识产权论坛在同济大学开幕。论坛开幕前，联合国世界知识产权组织（WIPO）与同济大学签署联合培养知识产权法硕士项目第二期谅解备忘录。

【黑龙江省与同济大学签署战略合作框架协议】 8月6日，黑龙江省举行省校合作推进会暨集中线上签约仪式。黑龙江省委省政府与同济大学签署战略合作框架协议。

【同济大学与长沙市政府签署全面合作框架协议】 9月6日，同济大学与长沙市政府签署全面合作框架协议。双方本着“优势互补、务求实效、共谋发展、战略共赢”原则，全面开展创新合作，共同打造高校服务地方创新、地方助推高校发展的典范。

【长三角可持续发展研究院揭牌成立】 9月23日，长三角生态绿色一体化发展示范区开发者大会在苏州举行。会上，作为一体化示范区重点项目，由同济大学牵头建设的长三角可持续发展研究院揭牌成立，助力长三角生态绿色一体化深入发展。

【同济大学与杨浦区人民政府签署新一轮全面战略合作协议】 9月30日，同济大学与杨浦区人民政府签署新一轮全面战略合作协议，区校双方进一步深化“三区联动、三城融合”，形成全方位、宽领域、多层次的区校战略合作关系，共同推进同济大学“双一流”建设和杨浦区“四高城区”建设，携手奋力开创人民城市建设新局面。

【汪品先院士当选全国道德模范】 11月5日，习近平总书记在北京人民大会堂会见第八届全国道德模范及提名奖获得者。海洋地质学家、中国科学院院士、同济大学海洋与地球科学学院汪品先教授当选全国道德模范（全国敬业奉献模范）。

【同济大学5名教授当选院士】 11月18日，中国科学院、中国工程院2021年院士增选结果正式揭晓，土木工程学院李杰教授当选中国科学院院士，电子与信息工程学院蒋昌俊教授、土木工程学院朱合华教授当选中国工程院院士，奥托·海因里希·赫尔佐格、贝斯科斯两名教授当选中国工程院外籍院士。

【同济大学与中国商用飞机有限责任公司签署战略合作框架协议】 11月18日，同济大学与中国商用飞机有限责任公司签署战略合作框架协议，双方本着“优势互补、平等互惠、共赢发展”的原则，将共同致力于加强大飞机产业基础前沿研究和基础能力建设，携手攻克制约高端装备制造业发展的重大科学和关键共性技术难题，为推动我国民用航空事业发展、助推航空强国建设贡献力量。

党建与思想政治工作

党政综合管理

【概况】 2021年，同济大学党委坚持以习近平新时代中国特色社会主义思想为指导，深入学习贯彻党的十九大和十九届历次全会精神，全面贯彻党的教育方针，深入开展党史学习教育，全面完成巡视集中整改任务，紧紧围绕立德树人根本任务，以一流党建引领一流大学建设，统筹抓好疫情防控常态化和学校改革发展，实现了学校“十四五”规划开好局、起好步。学校从伟大建党精神中汲取奋进伟力，开展庆祝中国共产党成立100周年系列活动，弘扬伟大建党精神。扎实开展党史学习教育，学校党委将党史学习教育、庆祝中国共产党成立100周年、学习贯彻党的十九届六中全会精神和配合中央巡视及扎实开展巡视集中整改等工作紧密结合，在政治建设中着力提升政治判断力、政治领悟力、政治执行力，坚持把党的领导贯穿办学治校、教书育人全过程，为学校事业高质量发展提供坚强的政治保证。

截至2021年12月31日，学校共有中共党员17633名。其中，预备党员2013名、女党员9121名、少数民族党员591名。按照党员身份分类，在岗教职工党员6271名，学生党员8536名(研究生党员7458名、本科生党员1078名)，离退休党员2400名。2021年度共发展中共党员1591名，其中学生1476名(博士生210名，硕士生644名，本科生622名)，教职工115名。2021年度共转入党员1789名，转出党员2657名。共完成11个党委和5个基层行政班子换届调整工作。全年新建党支部26个，撤销合并党支部15个，对223个支部进行了换届。

将党史学习教育作为贯穿全年的重大政治任务，注重融入日常、抓在经常，确保各项重点工作一盘棋推进、一体化落实。全校各级党组织围绕党史学习教育开展主题党日活动近2300次，开展党章专题学习交流1000余次，开展专题党课1100余次，参与人数37000余人次，参加集中轮训党组织书记近2000人次，组织开展党员集中学习培训450余次，已参加集中学习培训党员31000余人次，全校形成了一级抓一级、层层抓学习的良好局面。开展“我为群众办实事”实践活动，带动各级党委和支部围绕师生关切和学校发展，形成137项“我为师生办实事”重点民生项目、100项年度重点推进工作项目、253项“我为联系支部办实事”项目，在领导班子党史学习教育专题民主生活会和总结会议上，教育部第六指导组两次给予高度评价，新华社、《人民日报》、中央电视台(新闻联播)等主流媒体多次报道学校党史学习教育情况，其中《光明日报》2次聚焦报道(整版报道1次)。

不断强化思想理论武装，推动习近平总书记系列重要讲话和指示批示精神落地生根。坚持党委常委会第一议题及时学习、组织党委理论学习中心组深度学习并结合巡视整改进一步修订完善理论中心组学习计划，通过领导班子读书班等方式先学一步、深学一层。2021年，开展党委常委会集体学习29次，理论中心组(扩大)学习会12次，领导班子读书班6次。校领导班子成员在《文汇报》《青年报》《同济报》等校内外媒体上发表心得体会23篇，撰写调研报告13篇、读书心得66篇，上党课23次，主动向师生汇报学习收获。举办覆盖近千名党员干部的第二期同济大学中层干部综合治理能力提升专题研讨班，主要领导逐一审阅报告并带领班子进行示范性集体备课；举办“二级党组织书记贯彻落实中央巡视整改工作暨《中国共产党普通高等学校基层组织工作条例》专题培训班”，党委班子集体授课；邀请上海市委副书记于绍良同志等领导专家来校作专题辅导报告，在学用结合、以学促干中带领广大党员干部在坚定政治立场、提高政治站位、增强政治能力，坚定社会主义办学方向。为确保习近平总书记重要讲话和指示批示精神在办学治校全过程全方面得到坚决贯彻、坚决落实，制定了《同济大学关于健全习近平总书记系列重要讲话和指示批示精神学习宣传贯彻机制的实施办法》，明确了每一环节的责任单位，构建了从学习宣传、制定方案、贯彻落实到监督检查的闭环管理机制。

学校党委主动把学校工作放到党中央重大决策部署中统筹谋划，坚持以改革促发展，坚持将改革成果固化为制度和长效机制，不断完善现代大学制度体系，增强学校快速发展动力源。从坚持和加强党对高校全面领导的政治高度深刻认识党委领导下的校长负责制，制定《同济大学落实党委领导下的校长负责制的实施办法》等文件，修订《同济大学关于贯彻落实“三重一大”决策制度的实施办法》，进一步明确党委常委会、校长办公会议事范围界限，规范参会人员范围，建立常委会聚焦谋大事、抓大事议题征集机制，持续完善党委常委会和校长办公会决策事项督办机制，常态化研究学校服务“三新一高”、加强新时代人才培养等重要工作。深入贯彻落实《中国共产党普通高等学校基层组织工作条例》，研究制定《同济大学二级学院党委会会议议事决策事项清单》《同济大学二级学院党政联席会议议事决策事项清单》《同济大学二级学院党委会会议前置研究把关再提交党政联席会议研究决策事项清单》，校领导班子成员深入学院30余次专题指导二级学院党委落实相关规定，进一步完善二级学院议事决策机制，督促基层党组织发挥政治功能、履行政治责任。

坚持社会主义办学方向，全面加强学校思想政治工作。推进思政课建设和课程思政创新改革，建成以“习近平新时代中国特色社会主义思想概论”新课程建设为龙头，主干思政课程为主体，“中国道路”“人民城市导论”等特色课程为补充的“1＋4＋1＋N”立体化思政课程体系，着力构建大思政课格局。持续推进教育部“课程思政研究示范中心”建设，积极开展专业教师课程思政能力培训，加大课程思政改革创新力度。土木工程学院积极承担教育部高校教指委课程思政教学指南编写任务；交通运输工程学院牵头的高校交通运输类专业课程思政研究联盟，被教育部列为十大课程思政资源库建设单位之一，主编的《交通运输类专业课程思政教学指南》成为全国高校交通类专业课程思政实施范本。持续深化全国首批“三全育人”综合改革试点高校建设，制定《“三全育人”示范学院建设标准》，实现学院层面“三全育人”综合改革全覆盖，工作成果获得教育部简报专题报道。制定《“三全育人”示范社区建设标准》，形成学生社区综合育人示范点建设方案，组织校领导、知名专业教授深入社区开展活动，将育人力量和育人资源有机融入学生日常学习生活的第一线，入选教育部“一站式”学生社区综合管理模式建设试点高校。推动学生党支部进社区，建立学生党支部参与社区服务长效机制。加强青年学生思想政治引领，大一学生中满18周岁团员递交入党申请书人数占比74.32%，较去年大幅提高。汽车学院研究生第十八党支部入选第二批全国高校“百个研究生样板党支部”，交通运输工程学院博士研究生马明杰入选“百名研究生党员标兵”。6月，举行全校毕业典礼，用三小时为每一名毕业学子拨穗。制定《同济大学关于加强和改进新时代教师思想引领工作实施意见》，多部门协同形成合力，将教师思想引领融入教师日常教学、科研、服务等各项工作中。定期组织青年骨干教师、留学归国教师、党外知识分子等，前往延安、遵义、井冈山等革命老区、红色教育基地接受国情教育、挂职锻炼。鼓励支持青年优秀人才对接国家战略和地方建设需求，发挥学科优势参与科研攻关，激发青年教师爱国报国热情。坚持每周二下午不排课组织开展理论学习，每月下发《教职工政治理论学习指导意见》，加强教职工理论素养，把学习成果转化成立德树人的强大动力。

学校党委以党的政治建设为统领，落实新时代党的建设总要求，坚持党建工作与业务工作同谋划、同部署、同推进、同考核，持续塑造学校党建特色品牌。发挥校领导班子成员联系学院的作用，开展有针对性的差异化指导，促进党建与教学科研深度融合。制定学校《党的建设和全面从严治党工作领导小组议事规则》，加强对基层党建工作的谋划和研判。完善年度党建联合检查工作机制，对二级单位传达学习中央重要会议、重要文件精神和贯彻执行议事决策制度情况开展检查督查，督促二级党组织发挥政治功能、承担政治责任。围绕“提高政治功能，发挥政治作用，高质量开展中央巡视整改”主题，在全校范围内深入开展了“基层党组织提高政治功能专题培训月”活动，进一步提高了全校各级党组织负责人的政治站位，提升了工作本领，强化了责任担当，全面提升二级党组织党建工作能力。制定《中共同济大学委员会关于加强专任教师党员发展工作的若干措施》，从领导班子、有关职能部门、学院党委、教师党支部等多个层面，加强对基层党支部的指导和督促，进一步提高对专任教师政治引领和政治吸纳的针对性和实效性。制定《中共同济大学委员会关于加强直属公立医院党的建设工作的意见》，加强与上海申康医院发展中心的协调，推动医院落实党中央决策部署，融入健康中国战略，积极发挥公益作用。大力实施基层党支部建设标准化、规范化工程，加强信息化应用，强化党支部战斗堡垒作用。

树立鲜明导向，加强年轻干部队伍建设，着力构建素质培养、知事识人、选拔任用、从严管理、正向激励的干部工作体系。组建工作小组开展学校干部队伍调研，组织专题研究会6次，调研座谈会8场，问卷调研771份，分析上万条数据，针对全校各级干部多维度交叉对比分析，找准制约学校干部队伍建设的深层次问题，提出“一谋、二动、三严”的改进举措，形成同济大学《干部队伍调研分析总报告》《“双肩挑”干部队伍专题调研报告》《干部队伍调研问卷分析报告》《对德对欧储备干部人才队伍现状专题调研报告》。修订《同济大学中层领导人员选拔任用工作办法》《同济大学聘任制中层管理人员选聘及管理办法》，进一步完善干部工作相关制度，优化工作流程。加强干部信息化管理，建立集干部教育培训、分工职责、挂职锻炼、奖惩信息等于一体的干部综合电子信息档案，一人一档，强化干部识别评价的过程管理。开展新一轮年轻干部调研，形成228人的新一轮优秀年轻干部名单，比上一轮名单总数增加66人。制定校内轮岗交流和挂职锻炼工作方案，开展2021年校内干部挂职锻炼，选派校内37个单位的45名教师“交叉”挂职，丰富不同领域工作经历；加强重要岗位历练，校内挂职人数占比优秀年轻干部总数20%。注重干部分类培训的统筹谋划，面向中层干部、科级干部、优秀年轻干部、校内挂职干部、新提任处级干部等群体开展专题培训，共培训1125人次。积极推进学校管理队伍职员制改革，形成《同济大学职员制改革方案》及《同济大学职员制改革方案研究报告》。

制定全面从严治党问题清单、责任清单、任务清单，支持纪委“三转”工作，主动接受纪委的监督，持续完善“四责协同”机制。制定《关于落实〈中共中央关于加强对“一把手”和领导班子监督的意见〉的任务清单》，发挥领导班子之间近距离常态化监督优势，加强和规范党内政治生活。党委书记切实承担第一责任，抓好党委部署的组织落实，多次与校领导班子成员交流沟通，对纪委监督责任和班子成员“一岗双责”进行引领和督促，及时把责任传导到班子成员和下级党组织负责人。纪委深化纪检监察体制改革，加强巡视整改监督、压紧压实巡视整改责任，督促各二级单位党委、纪委切实担负起巡视整改和整改监督的政治责任。纪委书记结合巡视反馈意见、信访核查、日常监督检查等发现的问题，约谈了相关校领导，督促落实“一岗双责”。班子成员积极承担“一岗双责”，与分管部门和联系单位签订党风廉政建设责任书，实施党风廉政建设项目，层层传导压力，压紧压实责任，推动全面从严治党向基层延伸、向纵深发展。

深入学习贯彻习近平总书记听取巡视汇报时的重要讲话精神，坚决贯彻中央决策部署，切实把配合中央巡视和开展巡视整改作为重大政治任务抓紧抓好。第一时间成立巡视整改工作领导小组，设立领导小组办公室，党委常委会、校长办公会常设议题研究巡视整改，召开巡视整改动员部署会、工作推进会、整改领导小组和办公室会议等，及时推动整改工作深入开展。研究制定学校党委巡视整改方案和选人用人、意识形态专项检查整改方案，开展同济大学2021教育思想大讨论等4个专项行动，指导42个二级党委延伸细化各自的整改方案。通过严格执行集中整改举措“定目标、倒轧账”制度，对照任务清单，按照时间节点定期分析研判整改工作进展和质量，落细落实整改工作。坚持当下改与长久立相结合，突出重点、带动全面，强化整改落实和成果运用，修订学校章程，新制定修订校级规章制度文件60余个，全面完成巡视集中整改期的各项任务。

（陆辛）

组织工作

【组织机构概述】

3月，同济大学语言文字规范化工作委员会更名为同济大学语言文字工作委员会。

4月，成立磁浮技术铁路行业重点实验室；成立同济大学上海新城建设研究中心，该中心为校设校管研究机构，相对独立运行，无行政级别，由科研管理部和文科办公室共同管理，中心设立学术指导委员会；同济大学绿色建筑及新能源研究中心由直属机构设为校设院管研究机构，挂靠建筑与城市规划学院。

6月，成立同济大学长三角可持续发展研究院，该机构依托环境科学与工程学院。

9月，成立同济大学数字城市研究院，该机构为校内无行政级别校设校管的学科交叉研究机构。

10月，发展规划与学科建设部下设综合业务中心、事业规划中心、改革与政策研究中心、“双一流”与学科建设中心、统计与评估中心，撤销原发展规划部下设的综合业务中心、事业规划中心、政策研究中心、统计数据中心、办学评估中心。

11月，成立同济大学银发工程基金暨教职工帮困基金委员会工作小组；撤销同济大学CIS策划研究中心。

12月，成立同济大学分析测试中心；成立同济大学实验室安全领导小组；撤销资产与实验室管理处下设的后勤管理科；成立同济大学重大工程施工技术与装备教育部工程研究中心、同济大学重大工程施工技术与装备教育部工程研究中心技术委员会。

【学校党、政领导及管理机构干部名录】（截止日期：2021年12月31日）

中共同济大学委员会

书　　记　方守恩

常务副书记　冯身洪

副 书 记　陈　杰　吴广明　方　平　彭震伟

常　　委　方守恩　陈　杰　冯身洪　吕培明　吴广明　方　平　雷星晖　彭震伟　童小华　黄翔峰　朱大章（12月止）　吴利瑞（3月起）　端木怡雯（12月起）

委　　员　（按姓氏笔画排序）
方　平　方守恩　石振明　冯身洪　吕培明　朱大章（12月止）　伍　江　刘　润　江　波　许树长　孙立军　李　岩　杨正宏（3月止）　吴广明　吴志强　陆居怡　陈　强　陈　杰　贺鹏飞　倪　颖　徐建平　黄一如　黄　雨　黄翔峰　彭震伟　蒋昌俊　童小华　雷星晖　吴利瑞（3月起）　端木怡雯（12月起）

同济大学行政领导班子

校　　长　陈　杰

常务副校长　吕培明

副 校 长　顾祥林　雷星晖　陈义汉　童小华　黄翔峰　娄永琪

校长助理　童小华（3月止）　刘　润　彭震伟（3月止）

中共同济大学纪律检查委员会

书　记　方　平

副书记　吴利瑞（3月止）　端木怡雯（12月止）　杨正宏（3月起）　徐莹琳

委　员　（按姓氏笔画排序）
王　峻　方　平　安　娜　吴利瑞（3月止）　陈　翌　金福安　徐莹琳　谢晓娟　端木怡雯（12月止）　杨正宏（3月起）

党委办公室

主　任　孔德懿

副主任　陈　燕　杨劲松

纪委办公室、监察处

纪委办公室主任　徐莹琳
纪委办公室副主任　钱　昕
监察处处长　吴利瑞(3月止)
杨正宏(3月起)
监察处副处长　郭定夫
纪委监督检查室主任　郭定夫
纪委案件管理室主任　王呈梅

党委巡察办公室

主　任　吴利瑞(兼)(3月止)　杨正宏(3月起)
副主任　倪　斌

审计处

处　长　谢晓娟
副处长　汤卫红　周　琳

组织部

部　长　黄翔峰(3月止)　吴利瑞(3月起)
副部长　王　峻(1月止)　陆美红　杨秋华
邓秋军(4月起)

党校

校　长　方守恩(兼)
常务副校长　黄翔峰(兼)(3月止)　吴利瑞(3月起)

宣传部(处)

部(处)长　朱大章(11月止)　端木怡雯(11月起)
副部(处)长　运　迪　黄艾娇　顾旭峰　李睿
邹晓磊(8月起)

精神文明办

主　任　朱大章(兼)(11月止)　端木怡雯(11月起)
副主任

新闻中心

主　任　朱大章(兼)(11月止)
端木怡雯(11月起)

统战部

部　长　冯身洪(兼)
常务副部长　安　娜
副部长　江　静

保卫部(处)

部(处)长　杨正宏(5月止)
副部(处)长　胡少卿(1月止)　刘灿阳　陈永强
林　梅　刘胜乾(1月起)
胡少卿(主持工作)(5月起)

安全生产办公室(挂靠保卫处)

主　任　杨正宏(5月止)
副主任(5月起)　胡少卿(主持工作)(5月起)

武装部

部　长　杨正宏(5月止)
副部长　徐汉明　胡少卿(主持工作)(5月起)

工会

主　席　吴广明(兼)
常务副主席　宋建华
副主席　赵晓燕　陈琍敏　何敏娟(兼)
肖　辉(兼)(3月起)

团委

书　记　陈　城(4月止)　唐志宇(4月起)
副书记　唐志宇(4月止)　刘　扬(11月止)　葛　畅
郑彧豪　崔欣玉(兼职)　陈晨(兼职)
孙羽捷(11月起)

妇委

主　任　马锦明
常务副主任　肖　辉
副主任　陈　凤

机关党委

书　记　冯身洪(兼)
常务副书记　熊　岚
副书记　黄　雨(兼)　徐婷婷

校长办公室

主　任　刘　润(兼)
副主任　陆英楠　朱茂然　史成宇　郑晓蕾　梁春江

对外联络与发展办公室(11月起与校办合署办公)

主　任　刘　润(兼)
副主任　陆英楠(兼)

发展规划部(8月止)

部　长　蔡三发(8月止)
副部长　王　雁(8月止)　陈守明(8月止)

学科建设办公室(8月止)

主　任　孙立军(8月止)
副主任　冯世进(8月止)

发展规划与学科建设部(8月起)

部　长　蔡三发(8月起)
副部长　王　雁(8月起)　陈守明(8月起)　尹学锋(10月起)

本科生院

院　长　黄一如(3月止)　赵宪忠(3月起)
副院长　邓秋军(4月止)　吴志军(12月止)　张宇钟
单　烨(兼)　陈宇光　戴代红　章小清(12月起)　董　琇(12月起)

招生办公室(挂靠本科生院)

主　任　陈宇光
副主任　郑晓蕾(兼)　邓秋军(兼)(4月止)

学生工作部(学生处)、研究生工作部

部(处)长　陈　城(4月起)
学生工作部副部(处)长　徐　迅(主持工作)　王小莉
陈　城(4月止)　谭　武
唐志宇(4月起)

崔　莹(兼)

研究生工作部副部长　徐纪平(8月止)

严长征(8月起)

学生就业指导中心

主　任　方雅静

研究生院

院　长　黄宏伟(3月止)　赵鸿铎(3月起)

副院长　关佶红(10月止)　李　兰　章小清　赵鸿铎(3月止)　李晓军(7月起)　刘　春(11月起)

培养处

处　长　章小清(兼)

副处长　林思劼

研究生招生处

处　长　赵鸿铎(3月止)　李晓军(7月起)

在职教育管理处

处　长　关佶红(兼)(10月止)　刘　春(11月起)

管理处

处　长

综合处

处　长　李　兰(兼)

学位评定委员会办公室

主　任　黄宏伟(兼)(3月止)　赵鸿铎(3月起)

副主任　李　兰　张宇钟

教学质量管理办公室

主　任　李亚东(10月止)　吴志军(10月起)

副主任　朱伟文　张　勤(10月止)

科研管理部

部　长　童小华(兼)(3月止)　冯世进(3月起)

副部长　李晓军(9月止)　何　斌　杨　华　王占山(兼)　徐荣华　马　彬　杜豫川(9月起)

国家海底科学观测系统项目办公室

办公室主任　叶为民(9月止)

办公室副主任　杨群慧　李耀文(3月止)　王旭峰(3月起)

工程与产业研究院

院　长　张亚雷

先进技术研究院

院　长　王占山

副院长　马彬(11月止)　高玉魁　潘钻峰(11月起)

文科办公室

主　任　刘淑妍

副主任　曲　辰　马林海

人事处

处　长　黄　雨

副处长　王　金　王志伟　程鑫彬

人才工作领导小组办公室

主　任　黄　雨

副主任　程鑫彬(兼)

人才中心

主　任　彭贤杰

博士后管理办公室

主　任　王志伟(兼)

党委教师工作部

部　长　黄　雨

副部长　运　迪(兼)　周宏武　王志伟

财务处

处　长　朱志良

副处长　林　嫣　韩　振　王　静　瞿惠良

国资委办公室

主　任　林　嫣

外事办公室

主　任　于雪梅(3月止)　陈　翌(3月起)

常务副主任(3月止)　陈　翌(3月止)

副主任　严爱华　梁毅军(12月止)　刘　春(11月止)　郑晓蕾(11月起)　陈毅立(12月起)

港澳台事务办公室

主　任　刘　春(兼)(11月止)　郑晓蕾(兼)(11月起)

留学生办公室

主　任　禹昱(12月止)　陈毅立(兼)(12月起)

基建处

处　长　石振明

副处长　王旭峰(3月止)　董伟明　丛　林　汤卫红(10月起)

总工程师　李　翔

资产与实验室管理处

处　长　高　欣(11月止)　周　晔(11月起)

副处长　周晔(11月止)　曹同成(兼)(11月止)　黄国珍　任晓崧　谈兴卓　于　涛(兼)(11月起)

资产与安全管理办公室

主　任　曹同成(11月止)　于　涛(11月起)

后勤管理与保障处(10月起)

处　长　高国武(11月起)

副处长　谈兴卓(11月起)

能源管理中心(挂靠资产与实验室管理处)

主　任　薛　萌

采购与招标管理办公室

主　任　许秀锋

副主任　袁　卫

离退休干部党工委、离退休工作办公室

书记、主任　徐讴平

副书记、副主任　周上玖　倪佩琼

基础教育合作办学管理委员会办公室

主　任　朱云杰(9月起)

副主任　朱云杰(主持工作)(9月止)　邵学文

上海自主智能无人系统科学中心建设领导小组办公室

主　任　何　斌

副主任　程　茜

档案馆

馆　长　林　强

副馆长　章华明　周　玮(11月止)　吴　坚(11月起)

校史馆

馆　长　章华明(兼)

图书馆

党委书记　慎金花

党委副书记　吴　坚(11月止)　何青芳　陈　欣(1月任)　周　玮(11月起)

纪委书记　吴　坚(兼)(11月止)　何青芳(11月起)

馆　长　陈　欣

副馆长　徐忠明　王从军　郭　骧

信息化办公室

主　任　许维胜

副主任　方　园　王红罡　刘　波(3月止)　范筱焱(4月起)

网络管理中心

主　任　许维胜(兼)

副主任　方　园(兼)　王红罡(兼)　刘　波(兼)(3月止)　范筱焱(兼)(4月起)

教育技术与计算中心

主　任　许维胜(兼)

副主任　方　园(兼)　王红罡(兼)　刘　波(兼)(3月止)　范筱焱(兼)(4月起)

嘉定校区

党工委书记　冯身洪

党工委副书记　覃文忠

管委会主任　徐建平(兼)

管委会副主任　冯身洪(兼)

管委会办公室主任　王晓国

管委会办公室副主任　倪　净　陈　平

沪西校区

管委会主任　姜富明(兼)

管理委员会办公室主任　胡少卿(兼)(6月止)　徐纪平(6月起)

沪北校区

管理办公室主任　胡少卿(6月止)　徐纪平(6月起)

德国学术中心

主　任　董　琦

新农村发展研究院

院　长　方守恩

常务副院长　张亚雷

现代农业科学与工程研究院

顾问院长　周　箴(兼)

院　长　张亚雷

建筑与城市规划学院

党委书记　彭震伟(1月止)　刘　颂(1月起)

党委副书记　刘　颂(1月止)　李振宇(1月止)　王桢栋　李翔宁(1月起)　唐育虹(1月起)

纪委书记　刘　颂(兼)(1月止)　王桢栋(1月起)

院　长　李振宇(11月止)　李翔宁

副院长　张尚武　王　兰　耿慧志　袁　烽

土木工程学院

党委书记　端木怡雯(12月止)　黄　雨(12月起)

党委副书记　徐培芳　陈　隽　严长征(9月止)　赵宪忠(4月止)　周　颖(4月起)　刘志坚(9月起)

纪委书记　徐培芳(兼)

院　长　赵宪忠(4月止)　周　颖(4月起)

副院长　李建中(11月止)　蒋欢军　张伟平　谢雄耀

测绘与地理信息学院

党委书记　楼立志

党委副书记　张珂瑜　李博峰

纪委书记　张珂瑜(兼)

院　长　李博峰

副院长　谢　欢　冯永玖

环境科学与工程学院

党委书记　柳剑雄

党委副书记　黄清辉　陆丽君(3月起)　徐　斌(11月起)　王志伟(11月起)

纪委书记　黄清辉(兼)

院　长　戴晓虎(11月止)　王志伟(11月起)

副院长　邓慧萍(11月止)　李风亭(兼)(11月止)　徐　斌(11月止)　陆志波　王　颖(11月起)　吴德礼(11月起)　郑　雄(11月起)

联合国环境规划署——同济大学环境与可持续发展学院

院　长　伍　江

常务副院长　李风亭(11月止)　王　颖(11月起)

材料科学与工程学院

党委书记 王中平(7月止) 杨晓杰(7月起)
党委副书记 袁华(11月止) 王凌凌
邱 军(11月起)
纪委书记 袁 华(兼)(11月止)
邱 军(11月起)
院 长 许 维
副院长 邱 军(12月止) 蒋正武 黄 佳
陆 伟(12月起)

交通运输工程学院

党委书记 吴 兵(1月止) 马万经(1月起)
党委副书记 邹晓磊(10月止) 刘胜乾(3月止)
凌建明 王 映(3月起)
黄灿彬(10月起)
纪委书记 邹晓磊(兼)(10月止)
黄灿彬(10月起)
院 长 凌建明
副院长 杜豫川 马万经(4月止) 黄灿彬
肖军华 白 玉(4月起)

机械与能源工程学院

党委书记 宋木生
党委副书记 于 颖 高玉磊
纪委书记 于 颖(兼)
顾问院长 郭重庆
院 长 卞永明
副院长 閰耀保 李峥嵘 高乃平 汤奇荣

汽车学院

党委书记 曹 静
党委副书记 邓 俊 李 红 张立军
纪委书记 邓 俊(兼)
院 长 张立军
副院长 赵治国 熊 璐 吴旭东

铁道与城市轨道交通研究院

院长 陈小鸿
副院长 陆正刚(10月止) 左建勇
王文斌(10月起)

轨交院与磁浮中心党委

党委书记 储志刚
党委副书记 聂 菁 周建梅
纪委书记 周建梅(兼)

电子与信息工程学院

党委书记 王 峻
党委副书记 向 阳(1月止) 佘有灵(1月止)
张南华 王瀚漓(1月起) 朱琴跃(1月起)
纪委书记 向阳(兼)(1月止) 王瀚漓(1月起)
院 长 陈 红(聘任)
副院长 尹学锋(10月止) 丁志军 周俊鹤
张 皓 黄新林(10月起)

软件学院

党委书记 宋庆国
党委副书记 陈 荣
纪委书记 陈 荣(兼)
名誉院长 周兴铭
院 长 赵生捷
副院长 穆 斌 江建慧

理学部

主 任 王世绩(外聘)
副主任 顾 牡(8月止) 赵国华 李少华

数学科学学院

党委书记 李静茹
党委副书记 赵 盈 杨亦挺
纪委书记 杨亦挺(兼)
院 长 许学军(聘任)
副院长 李忠华 吴 昊

物理科学与工程学院

党委书记 张 众
党委副书记 羊亚平 谢双媛 陈 杰(11月止)
殷娣娣(11月起)
纪委书记 陈 杰(兼)(11月止) 谢双媛(兼)(11月起)
院 长 羊亚平
副院长 穆宝忠(11月止) 张建卫 陈 杰(11月起)

化学科学与工程学院党委

党委书记 杨晓杰(10月止) 曹同成(10月起)
党委副书记 王启刚(11月止) 母朝静
纪委书记 王启刚(兼)(11月起)
院 长 张 弛
副院长 范丽岩 刘明贤

海洋与地球科学学院

党委书记 耿建华
党委副书记 薛 梅 翦知湣 孙烨忱 李江涛(11月起)
纪委书记 薛 梅(兼)
院 长 翦知湣
副院长 于 鹏(11月止) 李江涛(11月止)
拓守廷 刘玉柱(11月起) 易 亮(11月起)

航空航天与力学学院

党委书记 石 成
党委副书记 王晶晶 李 岩 袁国青
纪委书记 袁国青(兼)
院 长 李 岩(11月止)

杨树兴(聘任)(11月起)
执行院长 (11月起) 李 岩(11月起)
副院长 郑百林 于 涛

医学与生命科学部

主 任 陈义汉
副主任 孙方霖(兼)(8月止) 王佐林(兼) 程黎明(11月起)

医学与生命科学党工委

党工委书记 姜成华

医院管理处

处 长 姜成华
副处长 徐 磊

医学院

党委书记 张 军
党委副书记 曾 盈 陈 琳 陈海滨(10月起)
纪委书记 陈 琳
院 长 郑加麟(聘任)
副院长 杨文卓 王 平 成 昱

生命科学与技术学院

党委书记 康九红
党委副书记 杜昌升 相 波
纪委书记 杜昌升(兼)
院 长 高绍荣
副院长 张 敬 王红兵 岳 锐

口腔医院(口腔医学院)

党委书记 华咏梅
党委副书记 孙 瑶 张 磊 王佐林
纪委书记 孙 瑶(兼)
院 长 王佐林
副院长 张 旗 康非吾 孙 竞

经济与管理学院

党委书记 施 骞
党委副书记 董变林 李 垣 阮青松
纪委书记 阮青松(兼)
顾问院长 郭重庆
院 长 李 垣(聘任)
副院长 阮青松(11月止) 程名望 谢 恩 王洪伟(11月起) 钟宁桦(11月起)

外国语学院

党委书记 谭晓赟(10月止) 郑春荣(11月起)
党委副书记 吴 赟 徐伟铖 黄立鹤
纪委书记 黄立鹤(兼)
院 长 吴 赟
副院长 宋 缨(12月止) 董 琇(12月止) 陈 琳(12月止) 沈 骑(12月起) 王蓓蕾(12月起) 胡 琪(12月起)

国际文化交流学院

院 长 孙宜学
副院长 宗 骞 陈毅立(12月止) 梁毅军(12月起)

出国培训学院

院 长 于雪梅(3月止) 谭晓赟(3月起,10月止) 吴 赟(12月起)
副院长 赵 娟

人文学院

党委书记 李建昌
党委副书记 刘 涛 刘日明
纪委书记 刘 涛(兼)
院 长 刘日明
副院长 朱崇志(11月止) 赵千帆 黄 松(11月止) 朱静宇(11月起) 解学芳(11月起)

马克思主义学院

党委书记 陆居怡
党委副书记 殷娣娣(11月止) 徐 蓉 周爱华(11月起)
纪委书记 殷娣娣(兼)(11月止) 周爱华(11月起)
院 长 徐 蓉
副院长 王 鹏(12月止) 王 平(12月止) 周爱华 刘 勇(12月起) 刘 顺(12月起)

法学院

党委书记 吴为民
党委副书记 蒋惠岭 刘志坚(10月止) 刘 扬(10月起)
纪委书记 刘志坚(兼)(10月止) 刘 扬(10月起)
院 长 蒋惠岭(聘任)
副院长 徐 钢 黄丽勤

上海国际知识产权学院

党委书记 宋晓亭(11月止)
党委副书记 林 旻 于馨森(11月起)
纪委书记 林 旻(兼)
院 长 单晓光
副院长 于馨森 姜 南

政治与国际关系学院

党委书记 徐 红
党委副书记 宋 波 门洪华
纪委书记 宋 波(兼)
院 长 门洪华
副院长 郑春荣 钟振明

体育教学部

党委书记　季忠荣(9月止)　李瑞杰(9月起)

党委副书记　叶　宇　游松辉　卢天凤

纪委书记　叶宇(兼)

主　　任　卢天凤

副 主 任　赵佳敏　李瑞杰　陈颐清

国际足球学院

院　长　游松辉

副院长　沈寅豪

设计创意学院

党委书记　范圣玺

党委副书记　王晓庆

纪委书记　王晓庆(兼)

院　　长　娄永琪

副 院 长　孙效华　徐　江

艺术与传媒学院

党委书记　张艳丽

党委副书记　张　娣　周　彬

纪委书记　张　娣(兼)

院　　长　李麟学

副 院 长　王建民　徐　翔

中德学院

党委书记　吴志红

党委副书记　杜　斐

纪委书记　杜　斐(兼)

院　　长　钟志华(兼)(9月止)
　　　　　陈　杰(兼)(9月起)

副院长(中方)　吴志红

中德工程学院与职业技术学院党委

党委书记　王继平

党委副书记　彭贤杰　郭　婧

纪委书记　彭贤杰(兼)

中德工程学院

院　　长　吴志强(兼)(4月止)　雷星晖(4月起)

执行院长　冯　晓(10月止)

副 院 长　Sabine Porsche　王奕俊(兼)
　　　　　谢　楠

职业技术教育学院

顾问院长　姜大源

院　　长　冯　晓(10月止)

副 院 长　王奕俊　谢　楠(兼)

中法工程和管理学院

院　长　江　波(兼)

中意学院

院　长　雷星晖

副院长　刘　东(兼)

创新创业学院

院　　长　钟志华(兼)

常务副院长　周　斌

副 院 长　殷俊锋　严　骊

网络学院与继续教育学院

党委书记　倪　颖

党委副书记　张俊生　金福安

纪委书记　张俊生(兼)

院　　长　金福安

副 院 长　考书健

新生院

党委书记　黄一如(3月止)　陈　城(4月起)

党委副书记　崔　莹　徐　迅(4月止)
　　　　　　赵宪忠(4月起)

纪委书记　崔　莹(兼)

院　　长　黄一如(兼)(3月止)
　　　　　赵宪忠(兼)(3月起)

副 院 长　单　烨

女子学院

名誉院长　陈香梅　陈铁迪

副 院 长　肖　辉　卞　文(兼)

后勤集团

党委书记(11月止)　陈　红

党委副书记(11月止)　胡伟斌　陶建兰　叶　阳

纪委书记(11月止)　胡伟斌(兼)

总 经 理　叶　阳

副总经理　成　斌　富琴军　张依群

上海同济后勤产业发展有限公司(11月起)

党委书记　陈　红(11月起)

党委副书记　胡伟斌(11月起)　陶建兰(11月起)
　　　　　　叶　阳(11月起)

纪委书记　胡伟斌(兼)(11月起)

总 经 理　叶　阳(11月起)

副总经理　成　斌(11月起)　富琴军(11月起)
　　　　　张依群(11月起)

同济创新创业控股有限公司党委

书　　记　童学锋(11月止)　高　欣(11月起)

副 书 记　高　军(9月止)　肖小凌
　　　　　陆美红(10月起)

纪委书记　高　军(兼)(9月止)　陆美红(10月起)

同济创新创业控股有限公司

董 事 长　高国武(11月止)　高　欣(11月起)

总 经 理　肖小凌

副总经理　戴大勇　高　军(9月起)

建筑设计研究院(集团)有限公司

党委书记　汤朔宁

党委副书记　江立敏(4月止)　贾　坚(4月止)

邹子敬(4月起) 毛　华(4月起)
纪委书记 江立敏(兼)(4月止) 毛　华(4月起)
总　　裁 王　健(4月止) 汤朔宁(4月起)

同济科技实业股份有限公司(8月止)

党委书记 童学锋(8月止)
党委副书记 杨卫东(8月止)
纪委书记 杨卫东(兼)(8月止)
董事长 王明忠

出版社

党委书记 段存广(1月起)
党总支副书记(6月止) 杨宁霞
党委副书记 危　红 金英伟(11月起)
纪委书记 危　红(兼)
社　　长 华春荣(10月止) 金英伟(11月起)

磁浮交通工程技术研究中心

主　任 陈小鸿
副主任 林国斌 黄靖宇

附属同济医院

党委书记 许树长
党委副书记 花　艳 吴登龙 程黎明(11月止) 程英升(11月起)
纪委书记 花　艳(兼)
院　　长 程黎明(11月止) 程英升(11月起)
副院长 梁爱斌 靳令经(1月止) 赵海鹏 高　源

附属同济医院分院

党总支书记 毕婉蓉
院　　长 邢海林

宣传思想工作

【扎实开展党史学习教育】 制定《同济大学党史学习教育实施方案》,协助学校党委实现全局统筹协调、责任互联互通、压力传导通畅。通过组建党史学习教育宣讲团、开展“你讲我讲大家讲”活动、开设“中国精神”大讲堂等丰富宣讲形式。邀请《觉醒年代》总编剧龙平平教授携青年演员和学生代表在学校为师生做党史报告,到龙华烈士陵园祭奠英烈,为“00后”学生上实景沉浸式党课。组建同济大学时代声音、“理论＋”宣讲团等,先后前往中共一大会址等红色纪念地,以“听ta说”直播课堂形式创设情境让学生从“共情”走向“共鸣”,推动师生立体式学习党史。举办“跨越时空的井冈山精神主题展”“庆祝中国共产党建党100周年主题展”“党领导下的百年科技成果展”等系列展览,弘扬红色传统、赓续红色基因。建设同济大学党史学习教育专题网站,协同校内外媒体平台,形成“报、网、端、微、屏”全媒体矩阵效应,定期编发党史学习教育简报,多位领导专家观点被文汇报、青年报等媒体采纳,产生良好的社会效应。《光明日报》一个月内先后以2000字通讯和红船・初心专版整版深入报道学校党史学习教育的推进情况。撰写《党史学习教育自评报告》。在党史学习教育评估测评中,获得了98.5%的好评率。

【压实基层党组织意识形态工作责任制】 建立基层党委意识形态工作清单,制定《中共同济大学委员会二级党组织意识形态工作考核实施办法》,将二级党组织履行意识形态工作责任制情况定性加定量相结合,考核结果纳入二级党政领导班子的年度考核和任期考核。对《中共同济大学委员会贯彻落实〈党委(党组)意识形态工作责任制实施办法〉细则》进行修订,完善对二级党组织意识形态履职的追责问责程序适用追责方式,细化流程方案。选聘思想理论素质好、经验丰富的老同志作为学校党委宣传部特邀宣传督查员,对二级党组织讲座、论坛、报告、会议等意识形态阵地活动过程性管理进行检查和随机抽查,查找薄弱环节和风险点;对二级党组织日常开展的各类理论学习进行巡听旁听,指导理论学习扎实推进。

【宣传同济“大先生”和“身边的榜样”】 通过精心谋划,深入挖掘在教书育人、科研攻坚、服务社会中涌现出来的一批“大先生”等先进典型人物,以“文＋图＋短视频”等多媒介形态生动、立体报道他们的感人事迹,极富感染力和感召力,一批典型人物走向全国,极大发挥了引领作用,传递了正能量。其中以全国道德模范汪品先院士为代表,以及孙钧、阮仪三、卢济威等一批同济老学人,5人新当选院士(李杰院士、蒋昌俊院士、朱合华院士、奥托・海因里希・赫尔佐格院士、贝斯科斯院士),全国劳动模范姚启明、全国优秀党务工作者朱兴一、黄大年式教师团队李国强团队、上海市优秀共产党员吕西林、上海市教卫工作党委系统优秀共产党员医德标兵赵旭东、“科学姥姥”吴於人等。此外,“90后”辅导员张桁嘉、无臂励志青年彭超等师生典型人物也受到极大关注。协同校内外媒体平台,形成“报、网、端、微、屏”全媒体矩阵效应,获评“卓越影响力高校视频号”“2021最具影响力校园官方微博”,系列作品获评人民网2021新媒体类高校优秀校园新闻作品和中国青年报十佳新闻等奖项。全年社会媒体共正面报道同济大学12万多条次,其中新华社、《人民日报》、中央电视台、《光明日报》等中央媒体报道万余条次,学校师生陆续登上中央广播电视台10余次。

(李霞)

【同济大学召开2020年度二级党组织书记抓基层党建工作述职评议会】 1月8日,同济大学召开2020年度二级党组织书记抓基层党建工作述职评议会,对全体二级党组织书记抓基层党建工作进行评议。会议由校党委书记方守恩主持，校长陈杰等在校党员校领导、校党委常委、校党委委员、党口职能部门负责人、二级党组织书记和教师、学生党支部书记代表出席会议。教育部直属高校党建工作联络员刘永章到会指导。会上，16 个二级党组织负责人进行了现场述职，其余二级党组织书记向党委进行了书面述职。方守恩、陈杰等校领导对现场述职的各二级党组织书记抓基层党建工作的情况分别点评，提出了意见和建议。方守恩在讲话中强调，2021 年是中国共产党成立 100 周年，是学校“十四五”规划推进落实的开局之年，是学校党建质量提升的深化之年，我们要进一步扛起主体责任，紧扣立德树人根本任务，持续提升深化学校党建内涵、提升党建工作质量，以一流党建引领中国特色世界一流大学建设。

【同济大学召开 2020 年度校级领导班子民主生活会】 1 月 12 日，同济大学召开 2020 年度校级领导班子民主生活会。中央第 50 督导组组长、教育部教师工作司司长任友群等督导组成员，上海市委组织部和上海市教卫工作党委有关部门负责人到会指导。民主生活会由校党委书记方守恩主持。会上，方守恩代表学校领导班子汇报了“不忘初心、牢记使命”主题教育专题民主生活会整改措施落实情况和本次民主生活会征求意见情况，并代表学校领导班子进行了对照检查。随后，班子成员逐一作了对照检查，其他班子成员提出批评意见。班子成员本着对党、对班子、对自己负责的态度，深入开展自我批评，相互进行了批评帮助。任友群对民主生活会进行了点评，对下一步的工作提出了要求。

【同济大学召开“三全育人”综合改革试点工作交流会】 1 月 15 日上午，同济大学召开“三全育人”综合改革试点工作交流会，全面总结展示学校两年多来推进“三全育人”综合改革试点工作取得的阶段性成果，交流典型做法经验，进一步把“三全育人”综合改革工作引向深入。上海市教委德育处副处长杨长亮、复旦大学、上海交通大学、华东师范大学等兄弟院校学工部门负责人出席会议，各职能部处负责人、学院党委书记和辅导员参加会议。同济大学党委副书记徐建平、校长助理彭震伟分别以“全面提升‘三全育人’改革成效，努力培养时代新人”“深挖‘三全育人’科学内涵，为思想政治工作提质增效”为题作了报告，总结学校“三全育人”综合改革试点工作所取得的成效和经验，并对下一步“三全育人”综合改革工作提出了要求。会上，学校两个职能部门分享了“三全育人”综合改革工作中的经验成果、创新品牌和未来计划，五个学院分别从德智体美劳五个视角汇报了在“三全育人”理念下推进学院各项工作的情况。会上还举行了同济大学“三全育人”研修工作室成立仪式，同济大学“三全育人”综合改革第二批 6 个试点学院、3 个试点项目的授牌、授证仪式。

【同济大学召开干部教师大会】 1 月 21 日，同济大学召开干部教师大会，校党委书记方守恩宣读教育部关于同济大学行政领导班子副职换届、党政常务副职和党委副书记调整的任免决定，校长陈杰主持大会。校领导班子成员、校党委委员和纪委委员、中层正职干部、教授代表、民主党派负责人等出席大会。根据教育部有关文件精神，冯身洪任中共同济大学委员会常务副书记(正局级)，彭震伟任中共同济大学委员会副书记；吕培明任同济大学常务副校长(正局级)，童小华、黄翔峰、娄永琪任同济大学副校长。伍江、蒋昌俊、吴志强、徐建平由于年龄原因不再担任同济大学领导职务。干部教师大会后，方守恩、陈杰与新调整后的班子成员进行了集体谈心谈话，从加强理论武装、提升政治能力、全面履职尽责等方面，对班子成员提出要求。

【同济大学党委通过首批“全国党建工作示范高校”培育创建单位验收】 2 月初，教育部公布首批全国党建工作示范高校、标杆院系、样板支部培育创建单位验收通过名单，共有 10 个高校党委、98 个院系党组织、551 个党支部通过验收。同济大学党委通过首批“全国党建工作示范高校”培育创建单位验收，建筑与城市规划学院党委通过“全国党建工作标杆院系”培育创建单位验收，土木工程学院建筑工程系教工第一党支部、附属同济医院门急诊党支部通过“全国党建工作样板支部”培育创建单位验收。

【同济大学召开 2021 年全面从严治党暨警示教育大会】 3 月 12 日下午，同济大学召开 2021 年全面从严治党暨警示教育大会，传达学习上级有关会议精神，回顾总结 2020 年学校全面从严治党工作，部署安排今年重点任务。校党委书记方守恩出席会议并讲话，校党委副书记、校长陈杰主持会议。校党委副书记、纪委书记方平传达学习了十九届中央纪委五次全会、十一届上海市纪委五次全会、2021 年全国教育系统全面从严治党工作视频会议等会议精神，总结了 2020 年学校纪检监察工作情况，部署了 2021 年纪检监察工作重点，通报了去年违纪典型案例。副校长雷星晖通报了学校审计中发现的主要问题。校领导班子成员、党委委员、纪委委员和全体中层干部出席会议。

【同济大学召开党史学习教育动员大会】 3 月 16 日下午，同济大学召开党史学习教育动员大会，对学校开展党史学习教育进行全面动员部署。校党委书记、校党史学习教育领导小组组长方守恩作动员讲话，校党委常务副书记冯身洪主持大会。校领导班子成员，党委委员、纪委委员和全体中层干部出席大会。方守恩在讲话中表示，按照党中央《关于在全党开展党史学习教育的通知》精神和教育部、上海市委、市教卫工作党委的部署安排，学校党委及时研究制定了《关于开展党史学习教育的实施方案》，把开展党史学习教育作为一项贯穿全年的重大政治任务，与组织开展庆祝建党 100 周年系列活动相结合，与落实“十四五”规划开局任务和全年重点工作相结合，与深化中央巡视整改相结合，与持续深化“四史”学习教育相结合，更好地将党史学习教育中激发出的信念信心、热情激情转化为攻坚克难、干事创业的具体行动。方守恩强调，要从党史学习中汲取奋进之力，发扬“与祖国同行，以科教济世”的优良传统。

【同济大学党委召开第八轮巡察工作动员会】 3月26日，同济大学党委召开第八轮巡察工作动员会，校党委书记、巡察工作领导小组组长方守恩出席会议并讲话。方守恩指出，2021年是学校党委实现一届任期内巡察全覆盖的收官之年，要深入贯彻落实习近平总书记重要讲话精神，紧紧围绕“两个维护”强化政治监督，围绕落实党中央决策部署、落实全面从严治党战略部署、落实新时代组织路线、落实中央巡视整改、未巡先改、审计整改和主题教育整改情况开展重点检查，发现并推动解决存在的突出问题，督促二级单位党委切实承担起管党治党政治责任，推动全面从严治党向纵深发展，不断提高政治判断力、政治领悟力、政治执行力。本轮巡察学校党委设立三个巡察组，继续采取“一托二”的方式对6家单位党委开展巡察。

【同济大学党委召开第十一届委员会第五次全体会议】 4月29日，同济大学党委召开第十一届委员会第五次全体会议。校党委书记方守恩主持会议，陈杰等校党委委员出席。非党员校领导、校纪委委员和有关部门负责人列席会议。会议审议了同济大学党委工作汇报和同济大学党委关于中央巡视整改落实情况的报告。经表决，会议一致同意，通过这两个报告。会议还听取了学校党委和学校纪委2020年的书面工作报告。会议强调，要抓紧抓实党史学习教育，坚持不懈用党的创新理论滋养初心、引领使命。校两委委员要发挥好带头作用，深入学、联系实际学，进一步提高学习质量，从党史学习中激发信仰、获得启发、汲取力量，努力做到学史明理、学史增信、学史崇德、学史力行。会议要求，要抓好年度重点工作，确保“十四五”开局之年各项任务落到实处。

【同济大学举行党委理论学习中心组扩大学习会暨中层干部党史学习教育专题培训】 4月30日，同济大学举行党委理论学习中心组扩大学习会暨中层干部党史学习教育专题培训，专题学习中共中央新修订的《中国共产党普通高等学校基层组织工作条例》《中国共产党统一战线工作条例》，专题学习传达全国巡视工作会议暨十九届中央第七轮巡视动员部署会的精神。校党委书记方守恩、校长陈杰等校领导班子成员，以及中层干部出席，校党委副书记吴广明主持。会上，方守恩领学了《中国共产党普通高等学校基层组织工作条例》。校党委常务副书记冯身洪领学了《中国共产党统一战线工作条例》。校党委副书记、纪委书记方平传达了全国巡视工作会议暨十九届中央第七轮巡视动员部署会的精神，并代表学校党委作了相关工作部署。

【中央第四巡视组巡视同济大学党委工作动员会召开】 5月8日，根据中央关于巡视工作的统一部署，中央第四巡视组巡视同济大学党委工作动员会召开。会前，中央第四巡视组组长赵凤桐主持召开与同济大学党委书记方守恩、校长陈杰的见面沟通会，传达了习近平总书记关于巡视工作的重要指示精神，通报了有关工作安排。会上，赵凤桐作了动员讲话，对做好巡视工作提出要求。方守恩主持会议并讲话。中央第四巡视组副组长及有关同志，中央巡视办有关同志，同济大学领导班子成员出席会议，非党员校领导，两院院士，近期退出岗位的老领导，各院系、内设部门和直属单位党政主要负责同志，纪委、巡察办、巡视工作联络组负责同志，党支部书记代表，教职工、辅导员及学生代表列席会议。方守恩表示，开展巡视工作，是以习近平同志为核心的党中央落实全面从严治党要求、加强党内监督的战略性制度安排。全校各级党组织和全体党员干部要认真学习领会习近平总书记关于巡视工作的重要论述，切实把思想和行动统一到中央部署要求上来，要全力配合中央巡视组工作，确保巡视工作有序开展；要以中央巡视为契机，把全面从严治党引向深入；要坚持“两手抓、两促进”，推动学校中国特色世界一流大学建设迈上新台阶。

【上海高校党的建设理论研讨会举行】

6月28日下午，由市教卫工作党委指导、市教卫党委系统党建研究会主办、上海高校党建研究专委会和同济大学承办的“百年逐梦 立德树人——上海高校党的建设理论研讨会”在同济大学举行，研讨会认真回顾总结上海高校党的建设历史，探讨交流上海高校党的建设经验成果，研究破解高校党建工作中存在的突出问题，在新的历史起点上进一步谋划推动上海高校党的建设高质量创新发展。上海市教卫党委系统党建研究会常务副会长、市教卫工作党委副书记滕建勇出席会议并讲话。同济大学党委常务副书记冯身洪致辞。上海高校党建研究专委会主任、上海应用技术大学党委书记郭庆松主持会议并作总结发言。市委组织部组织二处相关负责同志到会指导。高校党建研究专委会各单位党委分管领导，民办高校党建研究专委会领导，有关党建专家等80余人参加会议。

【交通运输工程学院教工第一党支部书记荣获“全国优秀党务工作者”称号】 6月28日，全国“两优一先”表彰大会在北京人民大会堂举行，为受表彰的个人和集体代表颁奖。同济大学交通运输工程学院教工第一党支部书记、教授朱兴一荣获“全国优秀党务工作者”称号。此次，全国一共表彰400名“全国优秀共产党员”、300名“全国优秀党务工作者”、499个“全国先进基层党组织”。

【同济大学举行庆祝中国共产党成立100周年“两优一先”表彰大会】 6月29日下午，同济大学举行庆祝中国共产党成立100周年“两优一先”表彰大会，回首中国共产党团结带领全国人民不懈奋斗的百年光辉历程，表彰学校涌现出来的一批优秀共产党员、优秀党务工作者和先进基层党组织，并为“光荣在党50年”的老同志代表颁发纪念章。校党委书记方守恩、校长陈杰等在校党员校领导，校党委委员、纪委委员出席大会，方守恩发表讲话，陈杰主持大会。“光荣在党50年”老党员代表、“两优一先”表彰对象、各二级党组织负责人、各民主党派负责人和无党派人士代表、教职工党支部书记和学生党支部书记代表、专职组织员代表以及新入党党员代表近600人参加大会。

【中央第四巡视组向同济大学党委反馈巡视情况】 9月3日，中央巡视工作领导小组成员、办公室主任王鸿津分别向同济大学党委书记方守恩和同济大学党委领导班子反馈了巡视情况。方守恩主持向领导班子反馈会议并就做好巡视整改工作讲话。王鸿津提出了六点整改意见建议。方守恩表示，中央巡视是对学校工作的全面政治体检，中央第四巡视组反馈的意见，指出了学校存在的突出问题、主要短板和明显不足，提出了针对性很强的整改意见，充分体现了以习近平同志为核心的党中央对学校的关心和厚爱，体现了巡视组对学校改革发展的支持和帮助，学校党委完全拥护、全面接受、坚决整改，学校党委将深入学习贯彻习近平总书记关于巡视工作的重要讲话精神，进一步提高政治站位，树牢“四个意识”、坚定“四个自信”、做到“两个维护”，切实增强做好巡视整改工作的政治自觉、思想自觉和行动自觉，坚决扛起巡视整改的政治责任，扎实推进整改。

【同济大学党委召开中央巡视整改工作动员部署会】 9月18日下午，同济大学党委召开中央巡视整改工作动员部署会。会议深入学习贯彻习近平总书记在听取中央第七轮巡视情况汇报时的重要讲话精神，传达中央巡视工作领导小组和教育部党组关于巡视整改的有关要求，对学校整改工作进行部署。校长、巡视整改工作领导小组组长陈杰出席会议并讲话，常务副校长、巡视整改工作领导小组副组长吕培明主持会议，校党委常务副书记、巡视整改工作领导小组副组长冯身洪传达了教育部党组落实中央巡视整改任务工作动员部署会精神，通报了《同济大学党委巡视整改方案》制定情况及其主要内容，校党委副书记吴广明结合巡视整改工作对下阶段的党史学习教育提出了要求。在校校领导和中层正职干部参加会议。

【二级党组织书记、党群职能部门负责人工作会议暨巡视整改工作推进会、同济大学基层党组织提高政治功能专题培训月活动启动会召开】 9月30日，同济大学召开二级党组织书记、党群职能部门负责人工作会议暨巡视整改工作推进会、同济大学基层党组织提高政治功能专题培训月活动启动会，校党委书记方守恩主持会议并讲话，校党委常务副书记冯身洪部署了同济大学基层党组织提高政治功能专题培训月活动和巡视整改有关工作，校党委副书记吴广明、彭震伟分别就意识形态专项整改、巡视整改有关工作和近期安全稳定工作提出了要求。会议要求，要统筹整改与发展，实现“十四五”开门红。各部门各单位要将巡视整改工作与学校各项中心工作、日常工作深度结合，与推进“十四五”规划实施结合，与深入开展第二阶段党史学习教育结合，与贯彻落实新修订的《中国共产党普通高等学校基层组织工作条例》结合，与全面开展同济大学教育思想大讨论结合，与统筹疫情常态化防控和完成学校年度工作任务结合，发扬持续作战的精神，确保取得实实在在的成效。

【同济大学党委召开第九轮巡察工作动员会】 10月14日，同济大学党委召开第九轮巡察工作动员会，校党委副书记、纪委书记、巡察工作领导小组副组长方平出席会议并讲话。方平传达了十九届五中全会和十九届中央纪委五次全会关于巡视巡察工作的重要指示精神，并对如何做好本轮巡察工作提出具体要求。本轮巡察学校党委设立两个巡察组，继续采取“一托二”的方式对4个党组织开展巡察。

【高校中国共产党伟大建党精神研究中心同济大学分中心成立】 11月24日，高校中国共产党伟大建党精神研究中心同济大学分中心成立，该中心是教育部、上海市共同成立的高校中国共产党伟大建党精神研究中心的首批10家分中心之一。上海市教卫工作党委副书记、市教委副主任闵辉，同济大学党委书记方守恩出席成立仪式并讲话，闵辉、方守恩等共同为同济大学分中心揭牌。同济大学分中心将致力于围绕伟大建党精神时代价值主题开展理论研究、成果转化、学术交流、信息共享等工作，深入挖掘伟大建党精神的教育资源，着力破解用伟大建党精神加强立德树人这一核心课题。

【同济大学举行党委理论学习中心组(扩大)学习会】 12月30日下午，同济大学举行党委理论学习中心组(扩大)学习会，专题学习党的十九届六中全会精神，邀请法学院院长蒋惠岭教授作辅导报告。校党委书记方守恩主持学习会。蒋惠岭以“法治中国建设的战略与技术”为题，介绍了法治的源由、属性和作用，讲述了党的十八大以来法治中国建设之路与理论升华，阐述了法治中国建设的若干重大战略部署，并提出了国家治理现代化过程中应当继续完善和切实运用的法治技术。副校长雷星晖、校党委副书记彭震伟分别围绕加强中国特色社会主义法治理论研究、大学生法治教育交流了学习体会。方守恩在主持时指出，习近平法治思想开辟了马克思主义法治理论新境界，拓展了中国特色社会主义法治道路，赋予了中华法治文明新内涵，贡献了推动国际法治的中国智慧，为推进全面依法治国提供了根本遵循和行动指南；全校要把学习宣传贯彻习近平法治思想作为长期任务持续推进，用习近平法治思想武装头脑、指导工作；要持续深化学习领会，把学习习近平法治思想与深入贯彻党的十九届六中全会精神结合起来，与党史学习教育结合起来，与深化巡视整改结合起来，与普法教育工作结合起来，推动习近平法治思想深入人心。

(陆辛)

统战工作

【概况】 2021年同济大学党委统战部工作的总体思路是：坚持以习近平新时代中国特色社会主义思想为指导，以学习宣传贯彻习近平总书记关于加强和改进统一战线工作的重要思想为主线，以学习宣传贯彻《中国共产党统一战线工作条例》（以下简称《条例》）为重点，以进一步发挥新时代统一战线法宝作用为目标，坚持守正创新，全面提升统一战线工作科学化、规范化、制度化水平。

截至12月，同济大学共有党外知识分子2267人，其中正高职称421人，副高职称578人；院士5人；国家级高层次人才26人，国家级高层次青年人才50人（含外籍），上海市高层次人才49人；享受政府特殊津贴专家35人。

现有民主党派基层组织七个，党派成员数1209人（其中在职人数为692人，所占比例为57.2%）。党派中央常委1人，委员2人；党派上海市委副主委2人、市委常委3人，委员6人。党派基层组织负责人28人。党外人士中担任全国政协委员2人；上海市人大代表3人；上海市政协委员14人。已登记的无党派人士107名。担任学校处级以上的党外干部43人。

2021年度，统战部网站发布新闻88条，《建设"2+1+X"模式"统战之家"，打造凝心聚力"阵地工程"》获得上海市委统战工作实践创新成果特色奖，《高校港澳台籍教师职业发展的主动引领和精准服务》获得统战理论政策研究创新成果三等奖，5篇工作信息被《统战动态》采纳，2篇工作成果分别在《中国统一战线》和《浦江同舟》刊发。

加强统战工作规范化建设，统战部制定《同济大学党外干部工作联席会议制度》《同济大学统一战线各界庆祝建党100周年党史学习教育工作实施方案》《同济大学统战工作领导小组议事规则》《同济大学民族和宗教工作领导小组议事规则》，部门内制定完善《统战部部务会议事规则》管理制度。

【统战工作大事记】 1月14日，同济大学召开统一战线各界人士座谈会，并就学校"十四五"发展规划编制征求意见和建议。校长陈杰出席会议并讲话，校党委常务副书记冯身洪主持会议。同济大学各民主党派主要负责人、无党派人士代表、各统战团体主要负责人、上海市人大代表、政协委员、市政府参事，以及校办、发展规划部、统战部主要负责人参会。

1月22日，杨浦区委副书记、区长薛侃一行走访慰问致公党杨浦区委主委、同济大学支部主委、艺术与传媒学院院长李麟学。

1月23日，中国人民政治协商会议上海市第十三届委员会第四次会议在世博中心隆重开幕。同济大学市政协委员于雪梅、杨志刚、单晓光、黄宏伟、卢永毅、汪世龙、蔡永洁、陈玲、尹大强、杨守业、关佶红、李惠萍出席大会开幕式，尹大强参与的提案《关于强化高端产业引领功能，推进上海新材料产业重点指导目录制定的建议》与杨守业参与的提案《关于长三角太湖流域水环境治理标准一体化的建议》获得2020年优秀提案特别奖；尹大强参与的提案《关于"适老化改造"为居家养老护航的建议》，陈玲参与的提案《关于进一步加强院前急救体系建设，解决非急救转运问题的建议》《关于加强长三角区域环保联动执法机制建设的建议》，李惠萍、杨志刚参与的提案《关于在全市推广使用公筷公勺的建议》，汪世龙参与的提案《关于尽快出台〈上海市禁止非法野生动物交易条例〉的建议》，杨守业参与的提案《关于上海黄浦江、苏州河沿岸近现代工业遗产的建议》获得优秀提案奖。

3月18日上午，上海市委统战部副部长蔡忠一行来同济大学调研。党委常务副书记冯身洪，副校长顾祥林、娄永琪参加调研活动。

3月16日上午，同济大学召开统战工作领导小组及民族宗教工作领导小组会议。校党委书记方守恩出席会议并讲话。

3月23日，统战部常务副部长安娜、副部长江静等一行赴嘉定区委统战部进行调研交流。嘉定区委常委、统战部部长陆祖芳，副部长郁标等同志参加。

4月1日上午，同济大学召开基层党委书记、党委职能部门负责人会议，集中学习新修订的《中国共产党统一战线工作条例》。冯身洪领学，方守恩作重要讲话。

4月21日上午，北京市人大常委会副主任、致公党北京市委主委闫傲霜一行到同济大学就设计产业园区建设及运营工作进行调研。同济大学副校长雷星晖陪同调研，同济创新创业控股公司董事长高国武，同济大学建筑设计研究院（集团）有限公司总裁王健，党委书记汤朔宁，副总裁邹子敬，李麟学、安娜、江静参加调研。

4月22日，统战各界双月座谈会在张江人工智能岛召开。党委常务副书记冯身洪，学校各民主党派、统战团体主要负责人，以及统战部负责同志出席会议。

4月29日，同济大学中青年知识分子联谊会"新青年、新作为"五四专题活动暨同济大学中青年知识分子联谊会活动基地揭牌仪式在NICE COMMUNE公社举行会长娄永琪及知联会会员代表20余人参加活动。市教卫工作党委统战处处长傅欣应邀出席活动并揭牌。

4月29日，市教卫工作党委统战处处长傅欣一行来校开展专题调研。傅欣一行先后参加同济大学知联会"五四"主题活动，参观了校史馆，调研了建筑与城市规划学院，并与统战部交流座谈。安娜、江静陪同调研。

4月30日，同济大学党委理论学习中心组扩大学习会暨中层干部党史学习教育专题培训在四平路校区举行，专题学习中共中央新修订的《中国共产党普通高等学校基层组织工作条例》《中国共产党统一战线工作条例》。

5月6日，中国农工民主党上海市杨浦区第十四次代表大会召开。同济大学吴志根当选新一届委员会委员。

5月14日，中国农工民主党上海市普陀区第十四次代表大会召开。同济大学附属同济医院副院长赵海鹏当选为区委副主委。

5月14—16日，由上海市海外联谊会和上海市教委联合举办的第十六届"爱我中华"在沪港澳台大学生夏令营举行。同济大学4名学生及统战部带队教师参加活动。

5月19日，统战部在旭日楼会议室举办统战工作午间沙龙。学校各民主党派及统战团体联系人参加了活动。

5月21日，中国致公党上海市杨浦区第五次代表大会召开。致公党同济大学支委会主委李麟学教授当选为区委主委，林思劼当选为区委委员。6月3日，中国致公党上海市普陀区第六次代表大会召开。尹学锋教授当选为区委副主委。

5月27日，统战部在中法中心C301举办《中国共产党统一战线工作条例》及党史学习教育专题培训班，各民主党派、统战团体班子成员，基层党委统战委员近70人参加。

5月29日，中国民主同盟上海市嘉定区第七次代表大会召开。肖飞鹏教授当选为委员会副主委，熊璐教授当选为委员会委员。

6月18日下午，致公党同济大学支部第四次党员大会召开。致公党上海市委专职副主委兼秘书长马进，冯身洪出席并讲话。会议选举产生了致公党同济大学第四届支部委员会，李麟学、沈佳琦（女）、林思劼、费泓涵和黄震当选为新一届致公党同济大学支部委员。李麟学当选支部主委，林思劼和黄震当选支部副主委。

6月22日，同济大学统一战线庆祝建党100周年"红色百年，同舟共济"龙舟赛在嘉定校区同舟河畔成功举行。冯身洪，统战部、体育教学部、机械与能源工程学院负责人，各民主党派、统战团体负责人及成员代表共150余人参加活动。

6月22日下午，庆祝建党百年同济大学党外代表人士座谈会在嘉定校区召开。冯身洪，学校各民主党派、统战团体主要负责人、统战部负责同志出席会议。与会代表围绕庆祝中国共产党成立100周年、党史学习教育等主题进行交流发言，畅谈在学校党委的指导和帮助下，各民主党派、统战团体取得的进步和成绩，表示将不断激发统一战线服务大局的活力，继续发挥统一战线独特优势，为上海市和学校发展作出更大贡献。

6月25日，欧美同学会同济大学分会在建筑与城市规划学院举办综合版画"技"与"艺"文化体验交流日活动。上海市欧美同学会副会长张喆人、冯身洪出席并分别致辞。部分欧美同学会同济大学分会会员、新进海归教师、留学生代表，以及统战部、教师工作部、人事处、建筑与城市规划学院、中西学院等部门和学院负责人参与活动。欧美同学会同济大学分会建筑与建成环境创新基地揭牌。

6月28日，普陀区中青年知识分子联谊会第八次会员代表大会召开，会议表决产生了普陀区中青年知识分子联谊会第八届理事会会长、副会长、理事。同济大学中青年知识分子联谊会杜艾当选为副会长，马吉伟当选为理事。

6月28日下午，中国民主促进会同济大学委员会第四次代表大会在同济大学建筑设计研究院召开。民进上海市委副主委张辰，冯身洪出席会议并讲话。民进上海市委秘书长兼组织部部长蒋碧艳，安娜、江静、李麟学等出席大会。会议选举产生了民进同济大学第四届委员会，左琰（女）、卢伟华、任捷、林杰、金泽刚、赵颖（女）、姬舒荣、梁建、鲁星燧、蔡永洁、潘朝辉11位同志当选为民进同济大学第四届委员会委员。蔡永洁当选为委员会主委，任捷、赵颖、鲁星燧为副主委。

7月1日下午，同济大学统一战线开展庆祝建党100周年主题观影活动。各民主党派、统战团体以及无党派人士代表共40余人参加活动，集中观看了献礼影片《革命者》。

7月9日，2021年市政府参事聘任仪式举行。中国工程院院士、原副校长吴志强教授受聘为上海市政府参事。

7月22日下午，上海市普陀区工商业联合会（总商会）第十五次代表大会召开。同济创新创业控股有限公司总经理肖小凌当选普陀区工商联第十五界执行委员会副主席、常委，总商会第一届常务理事。

7月21—25日，冯身洪带领由无党派人士、民主党派人士为主的遵义实践团赴贵州遵义、湖南长沙开展7天实践活动。期间，实践团组织召开了多次团员座谈会，实践团教师围绕实践内容，结合学校发展、学科建设、教学科研、学生培养等工作实际畅谈个人感想，为学校发展积极建言献策。

9月14日，2021年上海市统一战线（工作）先进集体、先进个人评选结果揭晓，中国民主同盟同济大学委员会荣获2021年上海市统一战线（工作）先进集体称号，同济大学国家重点实验室主任杨守业教授、城市风险管理研究院副院长伍爱群教授荣获2021年度上海市统一战线（工作）先进个人称号。

9月22日，九三学社同济大学第八次代表大会召开。上海市政协副主席、九三学社上海市委主委钱锋，同济大学校长陈杰出席会议并讲话。会议选举产生了九三学社同济大学第八届委员会（按姓氏笔画排序）：方凡（女）、马卫民、李丽（女）、王峰、马吉伟、胡杰、杨守业、杨彬、李颖（女）、李翠（女）、高旭军、陈素文（女）、任晓崧、柳先辉、董英涛（女）、徐象繁当选为九三学社同济大学第八届委员会委员。杨守业当选为委员会主任委员，马卫民、高旭军、陈素文（女）当选为副主任委员。

9月24日，中国民主建国会同济大学第五次代表大会召开。民建中央副主席、市政协副主席、民建市委主委周汉民，同济大学校长陈杰出席会议并讲话。会议选举产生了新一届委员会委员，汪世龙、袁卫（女）、汪洁琼（女）、宋善威、徐晓蓉（女）5人当选为民建同济大学第五届委员会委员。汪世龙当选主任委员，袁卫、汪洁琼当选副主任委员。

9月28日，民盟同济大学第八次代表大会召开。民盟中央副主席、民盟市委主委，上海市副市长陈群，同济大学校长陈杰出席会议并讲话。会议选举产生了民盟同济大学第八届委员会委员：刁弥、王奕俊、王海艳（女）、田炜、刘如辉、刘芳（女）、刘雨婷（女）、李清伟、张洁、张鹏、邹海燕（女）、赵林、黄宏伟、葛建忠、曾群、谢振宇、潘海峰（女）等17人；黄宏伟当选为新一届委员会主委，张鹏、刘雨婷、李清伟、张洁、曾群当选为副主委。

9月29日，中国农工民主党同济大学第四次代表大会在同济大学附属同济医院召开。农工党中央副主席、上海市人大常委会副主任、农工党上海市委主委蔡威，同济大学冯身洪出席会议并讲话。会议选举产生了农工党同济大学第四届委员会：许维胜、孙雅洁（女）、杨长青、吴志根、沈爱群、张皓（女）、庞维海、赵海鹏、盛闻超（女）等9人当选为第四届委员会委员。许维胜当选为主任委员，杨长青、赵海鹏、张皓、盛闻超当选为副主任委员。

10月12日，同济大学涉侨政策法规知识专题讲座及归侨身份认证现场咨询、办理活动在衷和楼举行，市委统战部侨务事务处处长申忠出席并作涉侨法律法规知识讲座。学校40余位海外归国教师参加。

10月22日，民革同济大学第二次代表大会顺利召开。民革市委专职副主委王光贤、同济大学冯身洪出席会议并讲话。会议选举产生了民革同济大学第二届委员会：陈启军、袁希蓓（女）、周念清、王睿智、孙建渊、张怀印、谭劲松等7人当选为第二届委员会委员。陈启军当选为主任委员，袁希蓓、周念清当选为副主任委员。

10月25日，杨浦区第八次归侨侨眷代表大会召开。大会选举产生了杨浦区侨联第八届委员会，同济大学材料科学与工程学院教授、侨联主席杜建忠等10人当选为副主席。

11月4日，同济大学举办新一届民主党派主委专题培训会。冯身洪，学校各民主党派主委以及统战部同志参加。会议围绕同济大学2021教育思想大讨论主题开展广泛沟通交流。

11月12日，同济大学宗教工作专题培训暨同济大学基层统战委员专题会议在中法中心C201举办。上海市委统战部民宗处副处长邓若华作专题辅导报告。同济大学各基层党委统战委员、部分学院辅导员共80余人参加，安娜通报了学校七个民主党派换届情况，无党派人士队伍建设情况。

为响应“同济大学2021教育思想大讨论”号召，各民主党派纷纷组织座谈会，为学校建言献策。11月2日，民盟同济大学委员会与研究生院联合召开了教育思想大讨论专题研讨会；11月11日九三学社同济大学委员会组织座谈会，为“同济大学2021教育思想大讨论“建言献策；11月19日，致公党同济大学支部举行“教育思想大讨论”专题研讨活动。

中国科学院、中国工程院2021年院士增选名单11月18日正式揭晓，无党派人士、土木工程学院教授朱合华当选中国工程院院士。

11月24日，市教卫党委系统专题调研组就学习宣传贯彻《中国共产党统一战线工作条例》情况来学校开展调研。同济大学冯身洪，统战工作领导小组成员单位负责人，基层党委代表，以及各民主党派负责人、无党派人士等党外代表人士共同参加座谈交流。

12月6日，上海市人民政府办公厅发布关于同意聘任丁筱芳等30人为上海市文史研究馆馆员的通知，同济大学单晓光、颜新两名教授受聘为上海市文史研究馆馆员。

12月14日，学校举办统一战线成员学习贯彻党的十九届六中全会精神专题讲座。讲座邀请上海市党的十九大精神宣讲团成员、经济与管理学院石建勋教授，作题为“深入学习贯彻党的十九届六中全会精神专题讲座——数字解读全会精神”专题讲座。各民主党派成员代表参加讲座。

12月22日，由上海市委统战部、市教卫工作党委、市欧美同学会主办，同济大学承办的“恰同学少年——留苏档案见证百年复兴路图片巡回展”在四平路校区衷和楼大厅开展。市欧美同学会专职副会长兼秘书长朱玲玲，同济大学常务副校长、欧美同学会同济分会会长吕培明，市欧美同学会留苏分会理事章海峰，统战部、欧美同学会同济分会、教师工作部、人事处、档案馆相关负责人及学校留苏留俄教师、欧美同学会同济分会会员、相关党支部和学生代表百余人出席仪式。

12月28日，同济大学少数民族联合会第三次代表大会举行。上海市少数民族联合会副会长汪智豪、杨浦区委统战部副部长肖伟珍等领导和嘉宾出席会议，学校少数民族教职工代表52人参加会议。选举产生同济大学第三届少数民族联合会理事会理事：蓟知滑（维吾尔族）当选为会长，金福安（满族）、关佶红（锡伯族）、王红罡（满族）当选为副会长。

（沈秋）

【民主党派】

中国国民党革命委员会同济大学党支部委员会　截至2021年12月底，民革同济大学委员会共有党员62人（发展新党员3名）。其中，在职党员55人，离退休党员9人；女同志25人，占39.7%，男同志38人，占60.3%；高级职称党员30人，占47.6%。于雪梅任第十三届民革上海市委员会常委，上海市政协第十三届委员会常委，2021年3月调任上海对外经贸大学副校长。单晓光任第十三届民革中央委员会委员、上海市政协第十三届委员会委员。袁希蓓任第十四届杨浦区政协常委。孙建渊于2020年10月—2022年6月挂职新疆大学建筑工程学院副院长。张怀印于2021年4月—2022年6月挂职上海市第三中级人民法院研究室副主任。谭劲松挂职民革杨浦区委主委助理。

3月15日，副主委陆志明参加了民革上海市委召开的"全国两会精神学习(扩大)会暨民革作风建设年动员会"。

3月19日，陆志明参加了民革上海市委召开的"高校组织建设工作座谈会"，并在会上代表同济民革交流发言。

4月6日，民革同济大学委员会召开了全体委员会议。会议讨论了换届筹备工作，作风建设工作，"示范支部"的建立工作。

4月14日，陆志明参加民革上海市委召开的"民革党员之家建设工作推进会"，并代表同济民革作了交流发言。

4月27日，副主委袁希蓓参加民革上海市委举办的中共党史学习报告会。

5月17日，陆志明代表民革同济大学委员会出席了"民革上海市杨浦区第十四次代表大会"。

5月19日，陆志明参加了同济大学统战部主办的同济大学民主党派、统战团体午间沙龙。

6月2—4日，刘起东参加民革上海市委第九期组统工作学习班学习。

6月7—9日，曹洁冰参加民革上海市委第九期参政议政骨干研修班学习。

6月12日，民革同济大学委员会第三支部开展"淞沪抗战纪念馆参观学习活动"。

6月20日，民革同济大学委员会第一支部开展"建党100周年——上海故事"线上专题讨论活动。

6月22日，民革同济大学委员会"中山舰"在同济大学统一战线庆祝建党100周年龙舟赛中荣获二等奖。

6月24日，民革同济大学委员会与民革虹口区委员会顺利开展"中共四大会址纪念馆参观学习交流活动"。

6月29日，民革同济大学委员会第二支部在宋庆龄故居开展"聆听先辈事迹，缅怀革命先驱，接受党性教育"主题活动。

7月1日，为庆祝中国共产党成立100周年，深入开展中共党史学习教育，袁希蓓、周念清、王睿智、谭劲松、高歌参加了同济大学党委统战部组织的观影活动，观看电影《革命者》。

7月5日，陆志明带队，到静安福利院看望老主委林云云，转达了委员会全体党员对她的问候，并送去慰问金44000元。

7月5—8日，张怀印参加上海党外挂职干部培训班。

7月7日，庆祝中国共产党成立100周年，民革上海市委在上海民主党派大厦六楼第一会议室举办庆祝座谈会，陆志明、袁希蓓参加。

7月24日，民革同济大学委员会召开了支部委员以上人员会议，会议通报了换届事宜，新一届委员会委员推荐工作，支部委员以上人员联系人推荐事宜。

8月17日，民革同济大学委员会号召全体党员响应民革中央的倡议，开展"我为帮扶下一单"活动，多名党员伸出双手，积极参与。

8月31日，民革上海市委会2022年市委换届工作会议召开，陆志明代表民革同济大学委员会参加了此次会议。会议通报了市委换届工作筹备情况介绍及相关文件的说明。

10月8日，民革同济大学第二届委员会成立预备会议召开，讨论新一届委员会成立大会的议程及相关工作。

10月22日，民革同济大学委员会换届大会在同济大学中法中心会议室顺利召开。陈启军同志当选主委，袁希蓓、周念清当选副主委。王睿智、孙建渊、张怀印、谭劲松为新一届委员。

11月2日，召开了第二届委员会主委会议，原副主委陆志明列席了会议。主要通过事项包括：委员具体分工；新增总干事高歌；开设同济民革的"公众号"；设定每年委员会的活动次数。

11月14日，民革同济大学委员会班子成员在四平路1251号召开座谈会，商讨民革组织后续的具体工作。

12月4日，民革同济大学委员会副主委周念清参加民革上海市委举办的"民革博爱普法"活动。

12月14日，民革同济大学委员会班子成员及骨干党员参加统战部组织的"十九届六中全会精神"的学习报告会。

2021年，民革同济大学委员会新增党员3人，分别是生命科学与技术学院邱安东、土木工程学院徐俊、长海医院周彬。

（袁希蓓）

中国民主同盟同济大学委员会

截至2021年12月，民盟同济大学委员会共有盟员416名。其中，在职盟员213名，离退休盟员203名；高级职称266名，占63.9%。年度新发展盟员16名，其中高级职称6名；新转入盟员3名。2021年9月，民盟同济大学委员会完成了领导班子换届，第八届盟委会由17名委员组成，主委黄宏伟。在明确五年工作计划和工作重点后，新一届委员会主动参与学校有关工作讨论，与其他民主党派和民盟其他基层联合活动，民盟工作进入了一个新的阶段。

1月，民盟同济大学大学委员会第四支部到广富林上海之根、五支部到四行仓库参观学习，加深盟员对上海早期历史与抗战历史的了解，增进爱乡爱国之情。

4月28日，民盟中央2021年参政议政工作会议在北京召开，盟员顾祥林荣获2020年度民盟中央反映社情民意信息工作先进个人。

5月20日，民盟上海市委2021年参政议政工作会议在新锦江大酒店举行，民盟同济大学委员会荣获2020年度民盟市委反映社情民意信息工作先进集体二等奖；顾祥林荣获2020年度民盟上海市委反映社情民意信息工作先进个人，卢永毅荣获2020年度民盟上海市委反映社情民意积极分子；盟员王嘉莹以“上海市不同功能区域防涝模式和政策研究”获得2021年度盟市委参政议政课题一般课题立项。

5月29日，在民盟嘉定区委第七次代表大会上，同济盟员肖飞鹏当选副主任委员，熊璐当选委员，这是同济民盟向民盟其他基层组织输送专业人才的开始。

6月22日，民盟同济大学委员会组成的“猛龙队”在同济大学统一战线庆祝建党100周年“红色百年，同舟共济”的龙舟赛中荣获三等奖。

9月14日，在北京召开的民盟组织工作座谈会上，盟员刘雨婷被民盟中央授予2019－2020年组织发展工作先进个人称号。

9月17日，2017－2021年民盟上海市委社会服务工作总结表彰会在民主党派大厦6楼第一会议室举行。民盟同济大学委员会荣获2017－2021年民盟上海市委社会服务工作先进集体，民盟同济大学第三支部荣获2017－2021年民盟上海市委社会服务工作优秀集体；黄宏伟、李昊、李京生、任爱平、王嘉莹五位盟员荣获2017－2021年民盟上海市委社会服务工作先进个人。

9月28日，民盟同济大学第八次代表大会在四平路校区逸夫楼一楼报告厅召开，选举产生了第八届委员会，并在随后召开的八届一次会议上选举产生了新一届班子主委、副主委，完成初步分工：主任委员黄宏伟（全面负责盟内工作），副主任委员张鹏（负责思想政治和宣传工作）、刘雨婷（负责参政议政和妇女工作）、李清伟（负责社会服务和老年工作），张洁（负责组织发展和青年工作）、曾群（负责社会服务和组织活动），委员谢振宇、王奕俊、葛建忠、王海艳（女）、赵林、潘海峰（女）、刘如辉、刘芳（女）、刁弥、田炜、邹海燕（女）。本次代表大会也同时选举产生了民盟同济大学出席中国民主同盟上海市第十六次代表大会代表9人：王奕俊、王海艳（女）、朱杰、任爱平、李清伟、宋艳丽（女）、张洁、唐志英（女）、潘海峰（女）。民盟上海市委主委陈群、同济大学校长陈杰等应邀出席并讲话。

10月12日，民盟同济大学委员会八届二次会议在同济大学建筑设计研究院召开。会议围绕国家“十四五”规划和上海市政府与同济大学的中心工作，制定了本届委员会未来五年工作计划与工作制度，为民盟工作的发展奠定基础、明确方向。

10月14日，由第三支部组织编写的《健康科普手册》在重阳之际同时以电子版和印刷品的形式分发至盟员手中，手册汇集了医疗专家对临床工作中常见老年疾病和老年人健康相关问题的解答。

10月24日，民盟同济大学委员会组织盟员到浦东惠南镇海沈村参观考察，并召开“乡村振兴模式”研讨会暨城市空间艺术季专业论坛，在总结工作经验的基础上，对构建“乡村振兴”可复制、可推广的模式进行更为广泛深入的探讨。

11月2日，响应“同济大学2021教育思想大讨论”的号召，民盟同济大学委员会与研究生院联合召开教育思想大讨论专题研讨会。与会委员结合自身教学科研工作，围绕教师立德树人、培养方案和课程设置、学生思想政治工作、导师与学生关系、教师与学生心理等方面提出问题和建议。

11月8日，2021年上海市统一战线（工作）先进集体和先进个人表彰大会暨经验交流会在上海展览中心举行，民盟同济大学委员会荣获2021年上海市统一战线（工作）先进集体。

11月30日，民盟同济大学委员会联合九三学社同济大学委员会在瑞安楼联合学习中共十九届六中全会精神，同济大学党委常委、副校长雷星晖应邀作题为“以史为鉴、开创未来、凝聚共识、开拓新局”主题报告。

12月7日，经由杨浦区第十四届委员会常务委员会第三十次会议协商通过，盟员曾群当选为杨浦区第十五届委员会委员。

12月14日，经由虹口区十四届政协第三十次常委会议审议通过，盟员刘雨婷当先为虹口区第十五届政协委员。

12月17日，民盟同济大学委员会组织盟员到新落成开馆的浦东美术馆参观考察，并召开“城市文化建设”小型交流会。

12月18日，民盟同济大学第四支部与嘉定区委第五支部联合组织盟员考察秋霞圃古建筑保护与修复情况，并参观了嘉定博物馆。

12月30日，在上海市政府举行的上海市文史研究馆馆员聘任仪式上，中医研究所副所长、盟员颜新受聘为馆员。

（刘雨婷）

中国民主建国会同济大学委员会

截至2021年12月，民建同济大学委员会共有会员99人，新增会员2人。在职会员66人，退休会员33人；高级职称会员70人，占70.71%。汪世龙任第十三届民建市委常委，上海市第十三届政协委员；廖宗廷任上海市第十三届政协委员；袁卫任第十四届虹口区政协委员。

1月，民建同济大学委员会三个支部的代表慰问了17位（70岁以上）老会员，送去新春的祝福与问候。

3月，民建同济大学委员会组队参加民建市委组织的“唱支赞歌给党听——民建女会员庆祝三八妇女节朗诵活动”，精心选题积极排练，获得优胜奖。

5月21日，民建同济大学委员会召开委员扩大会议，前任主委、各支部主委、部分骨干会员10余人共同学习《中国共产党统一战线工作条例》，制定委员会学习四史和庆祝建党100周年党史学习教育工作方案。委员会购买反映“四史”的两本书：《火种——寻找中国复兴之路》和《跟着档案看上海》，组织会员学习，部分会员积极撰写读后感。

5月26日，民建同济大学委员会组织会员们在学校瑞安楼一楼大厅观看“百年回望 建筑回响——上海高校建筑故事主题展”，在经典建筑中了解学习建筑蕴含的历史积淀和红色记忆。

6月1日，民建同济大学委员会组织民建会员联合建筑与城市规划学院教工第八党支部开展“行走苏州河，寻访红色印记”主题活动。会员们沿着滨河岸线，参观了中国石化第一加油站、原划船俱乐部、上海邮政博物馆、上海总商会、衍庆里、银行仓库群、四行仓库等一系列红色遗产和城市历史遗迹。

6月，民建同济大学委员会组建“民建神舟队”在嘉定校区参加学校统战部组织庆祝建党100周年“红色百年，同舟共济”龙舟赛。

7月1日，民建同济大学委员会组织参加统战部组织的统一战线庆祝建党100周年主题观影活动。

7月河南水灾，民建同济人在第一时间伸出援手，会员共有55人参加捐款，金额达15200元。

7月初，民建同济大学委员会原班子成员召开全体会议，邀请前两任主委钱君律、廖宗廷参加，讨论确定委员会换届选举的方案。

9月24日下午，中国民主建国会同济大学第五次代表大会在学校中法中心召开。民建中央副主席、市政协副主席、民建市委主委周汉民，同济大学校长陈杰，民建市委副主委谈兵，民建市委组织部部长高文红，学校党委统战部常务副部长安娜，副部长江静，民进同济大学委员会主委蔡永洁等出席会议。会员代表50余人参加大会，委员会换届选举工作顺利开展。经民建上海市委批复，民建同济大学新一届委员会由汪世龙、汪洁琼（女）、宋善威、袁卫（女）、徐晓蓉（女）等5人组成，汪世龙任主任委员，袁卫、汪洁琼任副主任委员。

11月12日，响应民建经济工委“学习新科技了解新时代的创新”号召，民建同济大学委员会组织会员参观上海市大数据中心，了解“一网通办”的成立背景、发展状况以及背后庞大的数据支撑体系。

2021年，民建同济大学委员会汪世龙主委提交的“关于加强上海市实验化学危险品规范”的建议，受到了市政府的特别关注。6月18日，代表政协委员在常务副市长陈寅主持的安全生产和应急管理提案办理会议上作专题发言；陈秀刚的“关于环同济大学周边道路城市景观的优化提议”入选民建市委参政议政课题；汪洪涛的“高校教师群体、党课教育队伍中两面人现象及对策建议”被市委办公厅采纳。

2021年，机械与能源工程学院会员卞永明老师当选中国科协全国委员会委员；海洋与地球科学学院会员杨如增老师被推荐为民建市委“社会服务工作先进个人”候选人。

2021年，民建同济大学委员会新增会员2人，分别是同济大学经济与管理学院赵海峰、同济大学财务处蒋儒雅（女）。

（余野）

中国民主促进会同济大学委员会

截至2021年12月，民进同济大学委员会共有会员80人。其中，在职会员58人，离退休会员22人；高级职称会员59人，占73.8%。吴长福任民进中央人口资源环境委员会委员、民进市委人口资源环境委员会主任；蔡永洁任民进市委委员、民进市委高教委员会副主任、第十三届上海市政协委员；鲁星燧任第十四届普陀区政协委员。

1月7—9日，鲁星燧副主委参加普陀区政协十四届四次会议，联名提交“关于普陀区地下空间精细化管理的相关建议”提案。

1月22—26日，蔡永洁参加市政协十三届四次会议，大会期间提交“关于回归产城一体传统，推动精细化城市建设的建议”提案，并联名提交“关于保护黄炎培故居，尽快建造黄炎培生平陈列馆德建议”“关于如何用好用活老城厢历史文化风貌区江南文化遗产资源的建议”“关于加快上海市医学教育创新发展的建议”“关于推进专业学位研究生教育与职业资格衔接的建议”以及“关于长三角一体化示范区实现碳达峰及碳中和的建议”5项提案。

6月1日，任捷应邀赴京参加民进科技界会员座谈会，并做“重视基础研究，弘扬科学家精神”的发言。民进中央主席蔡达峰出席并讲话，常务副主席刘新成、副主席朱永新出席会议。

6月22日，同济大学统一战线庆祝建党100周年“红色百年，同舟共济”龙舟赛在嘉定校区举行；蔡永洁、张志强、鲁星燧、任捷、卢伟华、梁建、李骏、俞蕴洁、尤佳、刘晓鸿代表民进参加，并在比赛中获得二等奖。

6月28日，民进同济大学委员会第四次会员大会召开；同济大学党委常务副书记冯身洪、民进上海市委副主委张辰等受邀出席会议并讲话；会议选举产生民进同济大学第四届委员会，蔡永洁任主委，鲁星燧、赵颖、任捷任副主委，卢伟华、林杰、金泽刚、姬舒荣、梁建、潘朝辉任委员。

8月23日，任捷参加民进上海市委第38期中青年会员学习班，作为临时总支部主委，代表全班学员作总结交流发言。

9月22日，蔡永洁代表同济大学各民主党派参加九三学社同济大学委员会换届大会，并致贺辞。

9月24日，蔡永洁代表同济大学各民主党派参加民建同济大学委员会换届大会，并致贺辞。

11月3日，民进上海市委专职副主委杨蓉一行到民进同济大学委员会开展参政议政工作调研。民进同济大学委员会主委蔡永洁、副主委任捷、秘书长李薇、委员左琰、梁建、金泽刚出席调研座谈会，代表就参政议题分别作交流发言。

11月4日，蔡永洁参加同济大学统一战线双月座谈会，学校老领导、市委统战部周箴同志作《新时期参政党建设》辅导报告，并就“同济大学教育思想大讨论”作交流发言。

11月18日，蔡永洁参加民进上海市第十六届委员会第十二次全体会议，学习传达中共十九届六中全会精神，审议民进上海市第十七届委员会常委候选人建议人选名单。

11月23日，委员会年度活动，举

行委员会会议，考察奉贤海沈村，学习了解“美丽乡村”建设情况；之后赴民进成立旧址参观，学习民进的发展历程。

12月29日，民进上海市委召开第十三次全体（扩大）会议，市委对2021年各项工作进行了总结与先进表彰。法学院金泽刚教授获“民进全国反映社情民意信息工作先进个人”称号；第一、第三支部获“民进上海市委2019－2021年创先争优活动”进步支部奖，第二支部获“民进上海市委2019－2021年创先争优活动”先进支部奖。

（蔡永洁）

中国农工民主党同济大学委员会 截至2021年12月，农工党同济大学委员会共有党员86人。其中，在职党员48人，离退休党员38人；高级职称党员57人，占66.3%。童晓文任农工市委常委，尹大强任第十三届上海市政协委员，许维胜任第十四届杨浦区政协委员，杨长青任第十四届普陀区政协委员。

6月22日，张皓、吴志根、庞伟海、孙雅洁等参加了同济大学统一战线庆祝建党100周年“红色百年，同舟共济”龙舟赛活动，与民族联的老师奋勇拼搏，最终取得龙舟赛第一名的好成绩。

7月1日，许维胜、潘菊萍等在曲阳影都参加党委统战部组织的党派人士庆祝建党100周年观影学习活动。

7月13日，农工党中央长江生态环境保护民主监督工作专家组成立会议在京举行。环境科学与工程学院教授、农工党中央生态环境工作委员会委员、长江水环境教育部重点实验室主任尹大强教授受聘首批专家组成员。

8月28日－9月10日张皓同志在北京参加由教育部主办的“第三期高校高层次人才研修班”。

9月29日，中国农工民主党同济大学第四次代表大会在同济大学附属同济医院召开，会议审议并通过了童晓文同志代表农工党同济大学第三届委员会作的工作报告，选举产生了农工党同济大学第四届委员会，许维胜、孙雅洁、杨长青、吴志根、沈爱群、张皓、庞维海、赵海鹏、盛闻超当选为第四届委员会委员。在随后召开的农工党同济大学第四届委员会第一次会议上，许维胜当选为主任委员，杨长青、赵海鹏、张皓、盛闻超当选为副主任委员。

10月10－14日，张皓同志参加了由中共上海市委统战部主办的第四期上海市党外年轻干部培训。

农工党党员围绕上海市以及大学的中心工作，服务大局，恪尽职守，充分发挥自身专业优势，报效社会。其中，吴志根申请的“加快职称评审制度改革提升上海科技创新活力的研究——以高校医院为例”作为农工党上海市委定向负责的市科委“上海市软科学研究计划项目”。

（吴志根）

九三学社同济大学委员会 截至2021年12月，九三学社同济大学委员会共有社员430人。其中，在职社员223人，占52%，离退休社员207人，占48%；高级职称社员265人，占62%。2021年度共发展新社员20人。2021年9月22日完成了委员会换届选举，成立第八届委员会。新一届委员会积极吸纳高层次、年轻有活力的社员，主委杨守业，副主委：高旭军，马卫民，陈素文，委员：马吉伟、王峰、方凡、任晓崧、李丽、李颖、李翠、杨彬、胡杰、柳先辉、徐象繁和董英涛。

在中国共产党建党百年和九三学社建社76周年之际，委员会组织支社开展多种形式的培训学习活动，将党史社史学习教育落到实处，提高社员的思想共识，强化使命担当：委员会班子带头学习中共十九届六中全会精神和《中国共产党统一战线工作条例》；与民盟同济大学委员会联合邀请同济大学雷星晖副校长作《以史为鉴、开创未来、凝聚共识、开拓新局》的主题报告；组织新社员参加“四史”线上线下学习报告会等活动；为响应同济大学2021教育思想大讨论号召，委员会在11月联合本科生院开展大学教育和创新人才培养座谈会，将党史社史学习教育落到实处，研讨新时代高等教育培养什么样的人，如何培养人的核心使命任务。

在社市委和学校统战部的指导下，委员会通过档案查找、拜访老社员、召开研讨会等多种形式，深入梳理完善同济九三社史，已经完成初稿。依托“九三同济研究会”、《同济九三》等载体，委员会邀请退休老社员九三给年轻社员讲同济九三故事，引导社员把党史学习与社史学习结合，继承和弘扬好九三学社“爱国、民主、科学”的传统，不断筑牢政治信念、夯实共同思想基础。并在纪念建党100周年校党委统战部组织下积极参与“红色百年，同舟共济”龙舟赛，广大社员积极响应并在赛中获得优胜奖。

在参政议政方面成绩显著，提交的近20篇社情民意信息中，十多篇被市政协和社市委等采用。杨守业主委：获全国政协书院“从石库门到天安门”上海读书群“委员读书积极履职奖”；关于实施《中华人民共和国长江保护法》的建议，社中央采用；关于《大型仪器共享规定的意见与建议》建议市政协采用。委员会牵头，联合上海海洋大学和上海中医药大学，承担社市委高校论坛重点课题“新时代高校本科生教育质量评价体系与评价方法”，组织社员参加了62次高校论坛线上会议，杨海真委员作“新时代高校本科生教育质量评介体系及评介方法”报告。2021年度，杨守业主委获上海市统一战线（工作）先进个人称号，以及参政议政先进个人三等奖；沈钢教授获九三学社组织工作先进个人奖。

另外，还积极组织新老社员参加九三学社中央、上海市委和同济大学党委举办的系列培训活动。以“特色主题＋经验分享＋自由交流”的形式组织丰富多样的学习交流，加强青年社员对九三的认同感和自豪感，提升他们的参政议政意识和履职能力。杨守业主委6月参加九三学社中央2021年骨干社员培训，11月参加九三学社各区委、直属基层组织主委培训。11月24日，委员会班子与来访的九三学社无锡市委新班子成员围绕基层组织能力建设、九三社史教育、以及如何服务城市治理效能等主题，开展了深入交流研讨。12个基层组织开展了17次学习交流活动。第四支社全体社员参观嘉兴南湖"一大"会址、听党课、学党史，自觉接受革命教育，弘扬"红船劈波行，精神聚人心"红船精神。在全面找准地方企业科学技术服务的据点和共鸣点方面，机械与电气支社，组织教授专家赴江苏省常州市展开参观学习与交流活动。

（李翠）

中国致公党同济支部委员会 截至2021年12月，致公党同济大学支部委员会共有党员36人，其中退休党员6人，在职党员30人，主要来自环境科学与工程学院、建筑与城市规划学院、电子与信息工程学院、艺术与传媒学院等，其中两位党员入选国家海外高层次人才计划。李麟学任杨浦区委主委，致公党同济大学支部主委，第八届致公党上海市委员会委员，上海市第十五届人民代表大会代表，第十三届杨浦区政协常委；陈玲任上海市政协第十三届委员会委员；林思劼任致公党杨浦区区委委员，致公党同济大学支部副主委，上海市杨浦区第十七届人民代表大会代表；黄震任现任虹口区第十五届政协委员、致公党同济大学支部副主委。

2021年，支部荣获致公党中央"脱贫攻坚先进集体"，黄震荣获"致公党上海市委脱贫攻坚先进个人"。

6月18日，中国致公党同济大学第四次党员大会召开。致公党上海市委专职副主委兼秘书长马进，同济大学党委常务副书记、统战部部长冯身洪出席并讲话。同济大学党委统战部常务副部长安娜、同济大学党委统战部副部长江静、民建同济大学委员会主委汪世龙、致公党杨浦区委副主委赵婕等出席会议。大会审议并通过了李麟学代表致公党同济大学第三届支部委员会所作的工作报告。经会议选举，李麟学当选主委，林思劼、黄震当选副主委。

6月22日，支部参加"同济大学统一战线庆祝建党100周年龙舟赛"。

7月1日，支部党员代表参加同济大学党委统战部组织的《革命者》观影活动。

7月21－25日，支部委员沈佳琦参加同济大学教师暑期实践遵义团学习。

9月22－24日，支部委员费泓涵和沈佳琦参加致公党上海市委基层干部轮训班。

10月15日，主委李麟学、副主委林思劼、黄震参加致公党上海高校科研院所组织负责人座谈会。

10月13－14日，重阳节前夕，支部组织看望退休老党员吴慧文、张志枫、周容沾和陈志华。

11月19日，致公党同济大学支部在同济旭日楼举行"教育思想大讨论"专题研讨活动。李麟学主委首先介绍了今年同济大学教育思想大讨论的主题和进程，并结合校领导在学校推进会以及致公党支部换届大会上的讲话精神，阐明了教育思想大讨论的核心。黄震副主委介绍了致公党同济支部近期获得的成果和表彰。

11月16－18日，支部委员费泓涵、党员钱玲燕参加致公党市委2021年度宣传骨干培训班。

（沈佳琦）

学生思想政治教育和管理工作

【概况】 2021年，党委学生工作部、研究生工作部聚焦立德树人根本任务，站在培养担当民族复兴大任的时代新人战略高度，围绕中心、服务大局、对标一流，奋力构建与学校各项事业发展深度融合的思想政治工作体系。把高质量完成巡视整改作为强大动力，举措有力、注重成效，以坚决的态度和务实的作风台账式推进落实巡视整改反馈意见精神；把高标准建设"三全育人"综合改革试点高校作为重要抓手，示范引领、创新驱动，以"三全育人"综合改革提质增效思想政治教育创新发展，建设成效获教育部简报专题报道；把高要求开展党史学习教育与"我为师生办实事"作为质量保证，系统谋划、多措并举，以"为群众办实事"抓实党史学习教育为"落脚点"，推动育人力量沉到一线。

全面加强学生思想政治引领。围绕重大时间、重要节点举办主题鲜明的教育活动231场、院级报告会68场，遴选59个优秀党日案例、50个特色团日案例，实现学生教育全覆盖；打造"请党放心，强国有我"优秀大学生报告会、先锋党员说、"支书说理"宣讲团等品牌，用朋辈声音传递信仰力量，汇编10年间60位优秀大学生的先进事迹演讲实录，出版《榜样的力量》，学生事迹受到新华社、人民网、光明日报等权威媒体报道；制作《学生法纪案例警示教育集》，累计开展教育活动593场，覆盖学生3.8万余名。

纵深推进"三全育人"综合改革试点工作从试点到示范。通过分批推进实现试点工作在31个学院全覆盖。出台"三全育人"示范学院、示范社区建设标准，并遴选6个学院和3个社区启动示范创建。促进"十大育人"体系融入学院人才培养与学科建设，组织职能部门与学院层面的工作交流5次，辐射影响500人次。设立学生校务助理岗位，创新学生参与学校治理的平台路径。出版"三全育人"工作案例集，《同济大学"四个落实"打通育人"最后一公里"》获教育部简报专题报道。

护航2021届毕业生高质量就业。2022 QS世界大学就业力排行榜中，学校继续位列中国大陆高校第8位。截至2021年11月30日，2021届毕业生总体落实率为97%，重点领域就业比例69.82%，1532人赴基层就业，326人赴西部就业；254名学生入选选调生，其中2人赴西藏基层就业，年度增幅达27%；成功推送16名学生赴国际组织实习，较2020年增长约130%；502名毕业生赴QS世界排名前50的高校继续深造，占升学总人数的19.7%，较2020年增长7.8%。学校入选教育部"国际组织青年人才培训项目"，担任建筑地产行业就业创业指导委员会秘书单位，《着力"精准"输送毕业生服务国家需要》入选教育部百个"全国普通高校毕业生就业创业工作典型案例"。

以高质量学生党建促进学生全面发展和健康成长。制定《同济大学关于加强和改进新形势下学生党建工作的意见》，围绕党员教育培养、作用发挥、条件保障等方面明确任务要求。增强"支部书济"微信公众号的引领性和辐射度。建强学生党支部书记联合会，发起百名优秀党员校友寻访活动。通过"信仰起航、先锋示范、卓越领航"党员教育培养三大工程，推动学生党建工作与青年学子全面成长发展的深度融合。2021级本科新生满18周岁团员递交入党申请书比例为72.15%，较2020年同期增长7.49%。

以高度责任感和使命感，严密筑牢校园安全防线。从细从严抓好全体学生健康监测，确保24小时专人在线，疫情变化后2小时内完成筛查任务，并且一对一锁定重点人员，累计集中排查120次，涉及学生近5000人次。春节期间针对3000名留校学生开展慰问交流和文体活动200余场，有序做好疫苗接种引导宣传和现场组织工作，约77.8%（2.8万人）在籍全日制在校学生完成常规剂次疫苗接种，约41.7%（1.5万人）完成加强针接种。健全"学校－学院－学生－家庭"四级校园安全稳定工作体系，建立重点学生校院两级动态工作库。

入选教育部"一站式"学生社区综合管理模式建设试点高校。建设四平路校区"博士驿家"党群服务中心，优化嘉定友园7－8号楼党员活动室，启用沪西校区生乐A区学生社区党建活动室。继续推行驻楼导师工作站，2021年共选派驻楼导师328人，其中校领导18人，学院领导班子成员57人，具有高级职称者239人。《"三知三进"高校学生社区工作法》获批2021年上海高校辅导员特色工作法。

以"为群众办实事"抓实党史学习教育"落脚点"。组织辅导员骨干赴陕西渭南、延安开展暑期专项社会实践，聚焦"寻访红色资源""献策乡村振兴""回望同济足迹"三大主题，打造"教学、体验、实践"三位一体的红色教育体系。组建8个辅导员党史学习教育读书小组，打造"百年建党精神的时代传承"系列党史微课9期，线上阅读量超1万余次。主办"长三角可持续发展大学联盟"庆祝建党百年之"我的学校·我的红色记忆"主题活动。成立嘉定校区学生成长中心，打造三大工程十大品牌，组织活动60余场覆盖700人；建好"同心小筑"学生社区积极心理体验中心，心理咨询师定期值班，为学生提供即时便捷心理疏导，举办主题工作坊24次；升级优化就业管理系统，真正实现毕业生业务办理"线下跑一次"；构建学生党支部进驻社区办实事常态化机制，295个支部累计办实事40余场，服务学生超2000人。学校学生作为上海唯一代表参加"全国大学生党史知识竞答大会"。

建强队伍、开设课程，心理健康教育工作在上海市发挥示范效应。推动构建大学生生命教育课程体系，开设"生命的省思"生命教育通识课，培养校内师资40人，牵头举办市级课程研讨会2次，输出同济经验，相关工作得到《文汇报》等主流媒体专题报道。大力加强队伍建设，补齐配强专职咨询师，出台制度规范兼职咨询师队伍管理，形成多层次、网格化心理健康教育"大队伍"。整合学校医疗资源，举办"医教同心，伴你同行"医教结合视角下的生命关怀专题研讨会，推进学校与各精神卫生机构和附属医院心理科开展合作，为开通学生就医绿色通道及日常科普宣传搭建平台。学校获评新一轮上海高校心理健康教育与咨询示范中心（2021－2025年）、上海市教委名师工作室挂靠单位。

加快构建同济特色劳动实践教育体系。制定劳动实践教育实施意见，构建七大劳动教育实践板块。开辟劳动实践空间，在运筹楼建设劳动实践基地，聘请景观学教授、后勤园丁担任指导教师，成立学生志愿队，师生共同建设维护屋顶花园。研发"一亩菜园"特色项目，号召学生党员带头投身劳动，将种植的作物送给身边劳动者。开发"劳动教育"管理模块，依托信息化手段实现学生劳动教育过程记录，推动学生德智体美劳"五育"综合素养评定。累计开展环境水工坊、收纳整理课等劳动教育特色工作坊16期，覆盖学生800人次。

培养一支信念坚定、执行坚决、爱心坚守、能力坚实的辅导员队伍。举办首届辅导员队伍建设月，开展主题班会课展示、素质能力大赛和优秀思政论文征文比赛，累计开展20余场。组建9支辅导员专题研修团队。承办上海高校辅导员培训研修基地"实践育人与创新创业"专题培训，发布《同济大学"青年人才储备计划2.0"实施方案》，从本校贯通培养一批政治强、素质高、业务精的博士学历青年后备人才，作为辅导员队伍和管理干部队伍的重要补充力量。"研究生导学思政探索与实践"入选《高校思想政治工作研究文库》，"基于情绪与需求理论的高校辅导员谈心谈话策略""生涯规划中的职业世界探索"获2021年度高校辅导员网络培训课程建设项目暨百门精品培训课程立项，"生命中的偶然事件""方舱医院的家书""做疫情谣言的终结者""疫情之下，责任至上——抗疫时期的青年社会责任"获全国高校思想政治工作"金微课"，"新时代高校美育的内涵、现状与发展路径研究"获2021年度上海学校德育创新发展专项研究项目立项，"'同行计划'校地合作育人长效机制建设"入选"2021年上海大学生思想政治教育示范培育项目”。

“智志双扶”增强贫困学生内生动力。2021年助学金和专项困难补助资助总额达20790.9万元，较上一年度增长4.6%；勤工助学岗位覆盖2764人，精准认定和帮扶1175名助学成才服务对象，面向本科生新生全覆盖进行一对一家访，发放路费补贴19.91万元，为643名困难新生开通“绿色通道”。2021年累计发放临时困难补助37.32万元，覆盖学生261名，暑假河南突发暴雨，第一时间公开联系方式、简化流程，《同济大学资助暑假不打烊，学生如遇紧急灾害可申请临时帮困!》一文阅读量达1.4万。修订《同济大学学生勤工助学管理办法》，推进勤工助学育人管理与服务升级。实施“擎济工程”，首次将全体新生助学成才服务对象纳入培养范围，制定技能提升课程、社会公益项目、职场规划项目等系列发展型资助育人行动计划。

【同济大学“三全育人”研修工作室成立】 1月15日，同济大学“三全育人”综合改革试点工作交流会暨“厚植‘三全育人’理念，凝练同济思政特色”同济大学2021年学生思政工作创新论坛在四平路校区召开，全面总结展示学校推进“三全育人”综合改革试点工作取得的阶段性成果，并成立同济大学“三全育人”研修工作室，上海市教委德育处副处长杨长亮、学校党委副书记徐建平为工作室揭牌、并为工作室特聘指导专家授证。校长助理童小华、彭震伟，部分兄弟高校学工部门负责人等出席会议。

【开展疫情防控常态化下学生管理工作】 1月23日，成立学生疫情防控工作专班、留校学生管理与服务工作专班。

【开展疫情防控应急演练】 1—2月，学校多次开展学生疫情防控应急演练。1月31日，在四平路校区全面开展学生疫情防控应急演练，校党委副书记彭震伟现场指导应急演练。2月24日，在四平路校区、嘉定校区、沪西校区和沪北校区4个校区同时开展学生疫情防控应急演练，常务副校长吕培明、副校长黄翔峰、副校长陈义汉分别指导四平路校区、嘉定校区和沪西校区演练工作。

【校领导深入一线关心慰问寒假留校学生】 2月，方守恩、陈杰、冯身洪、方平、彭震伟、吕培明、顾祥林、雷星晖、陈义汉、黄翔峰、娄永琪、朱大章12名校领导深入各校区、各学院，关心慰问25名留校学生。

【建立嘉定校区学生工作交流机制】

3月，学校建立嘉定校区学生工作交流研讨机制，完善学工系统跨校区办事流程。

【举行学生工作系统春季学期集中培训】 3月12日，举行2021年同济大学学生工作系统春季学期集中培训，彭震伟出席活动并作开班动员。

【开展驻楼导师和学生社区思政工作】

4月，全面启动春季驻楼导师工作站工作，校领导方守恩、冯身洪、吴广明、方平、雷星晖、陈义汉、彭震伟、童小华、娄永琪、黄翔峰、朱大章等深入学生社区开展活动。下发《学生社区主题教育指导意见》。

【开展辅导员党史学习教育】 4月，制定同济大学辅导员党史学习教育方案，开展“七个一”系列活动，引导辅导员做研读理论的思想者、宣讲理论的传播者、红色课堂的践行者和红色故事的讲述者，形成贯穿全年的党史学习教育机制。

【开展学生党史学习教育行动】 4月，面向全校学生开展“学史明理、学史增信、学史崇德、学史力行”党史学习教育行动，以线上宣传教育与线下学习交流相结合的方式，开展贴合学生特点、丰富多样的主题学习教育。

【开展“4·15全民国家安全教育日”活动】 4月9—20日，通过播放宣传视频、悬挂展板和发放宣传材料，组织开展法律咨询、知识竞赛等活动形式，开展“4·15全民国家安全教育日”宣传教育。

【举行“三全育人”座谈会和答辩会】

4月22日，召开同济大学“三全育人”首批试点学院调研座谈会，15家首批“三全育人”试点学院负责人及代表参加会议，彭震伟出席会议。4月29日，召开同济大学第二批“三全育人”试点学院和项目中期汇报交流会暨第三批试点学院立项答辩会，15名学院代表和相关职能部门代表参会，彭震伟出席会议。

【举行少数民族学生专题工作会】

4月23日，召开同济大学少数民族学生专题工作会，成立同济大学少数民族学生工作理论研究工作室。上海市民族和宗教事务局一处副处长阿扎提，杨浦区委统战部副部长、区民宗办主任卢冰，新疆驻沪工作组党委副书记、副组长、教育协调小组组长、上海市教育委员会德育处副处长谢昌荣以及复旦大学等沪上6所高校相关负责人参加会议。

【举办第十二届民族风采嘉年华】

5月，举办第十二届民族风采嘉年华，上海市民宗委、杨浦区委统战部领导出席。

【开展劳动实践教育系列活动】 5月，立项劳动实践教育特色项目10个，并召开嘉定校区劳动教育主题研讨会；开展“学生劳动教育宣传周”主题活动，以日常生活劳动、生产劳动和服务性劳动为主线，定制同济特色“劳动主题教育套餐”。

【举办时代楷模“连钢创新团队”先进事迹报告会】 6月1日，时代楷模——山东港口集团青岛港“连钢创新团队”带头人、山东港口集团高级别专家张连钢应邀为学校师生讲授专题思政大课，彭震伟主持报告会。

【举办“党旗下成长”同济大学庆祝建党百年主题报告会】 6月8日，“党旗下成长”同济大学庆祝建党百年主题报告会在嘉定校区举行。彭震伟、同济大学基础教育合作办学管理委员会办公室、附属实验中学、附属实验小学、嘉定校区党工委、党委学研工部负责人，校党史学习教育第一巡回指导组成员参加报告会。

【举行“学生成长中心”揭牌仪式】 6月8日，举行同济大学嘉定校区“学生成长中心”揭牌仪式，彭震伟出席揭牌仪式并致辞。

【开展同济大学学生党建七一主题党日暨学生党支部书记培训】 6月27日，举办2021年同济大学学生党建七一主题党日暨学生党支部书记培训，彭震伟出席会议并发表讲话。

【开展辅导员暑期专项社会实践】 8月，学校组织辅导员分赴陕西省延安市、渭南市开展暑期专项社会实践，聚焦"寻访红色资源""献策乡村振兴""回望同济足迹"三大主题，依托"教学、体验、实践"三位一体的红色教育体系，引导辅导员学思践悟，从党史学习教育中汲取智慧和力量。

【举行2021级新生开学典礼】 8月30日上午，同济大学2021级新生开学典礼在四平路校区一·二九运动场和嘉定校区操场举行。校领导方守恩、陈杰、冯身洪、吴广明、顾祥林、方平、雷星晖、陈义汉、彭震伟、童小华、黄翔峰、娄永琪分别在两校区出席，校长陈杰发表了题为"同济天下，追求卓越，书写不负时代的靓丽青春"的讲话，吕培明主持开学典礼。

【举行学生工作系统秋季学期集中培训】 9月9日，同济大学学生工作系统2021年秋季学期集中培训在四平路校区一·二九礼堂举行。彭震伟作开班动员，赵宪忠、赵鸿铎、陈城分别就本科生培养、研究生培养、辅导员队伍能力提升作专题报告。

【推进驻楼导师工作站建设】 10月，结合一站式综合社区建设持续推进驻楼导师工作站建设。校领导冯身洪、吕培明、吴广明、顾祥林、方平、雷星晖、陈义汉、彭震伟、童小华、娄永琪、吴利瑞及各学院知名教授、学者进驻学生社区。遴选四平路校区西南八、西南九楼，嘉定校区友园7、8号楼，沪西校区医学院生乐社区作为示范社区建设。

【开展学生校务助理招募工作】 10月，完成学生校务助理招募工作及运行机制建设。经个人申请、学院推荐、面试遴选，联合校长办公室、发展规划与学科建设部共同遴选出6名首批学生校务助理。

【开展劳动实践教育工作】 10月，面向2021级新生开设劳动教育必修课程，制作《同济大学劳动育人工作指南》，对新生院学生进行全覆盖宣传教育，升级优化《新生校内育人实践岗工作方案》。

11月，建设首个校内劳动教育实践基地，打造"同济梦想花园"劳动育人品牌，探索形成具有同济特色的劳动教育国际化工坊课程体系。受到新华社、光明网、中国日报等权威媒体报道。彭震伟出席启动仪式。

【举办优秀大学生报告会】 11月，"请党放心，强国有我"优秀大学生报告会顺利举办，彭震伟出席报告会，并为即将出版的《榜样的力量》一书揭幕。报告会受到新华社、人民网、光明日报等权威媒体报道。

【组织开展辅导员队伍建设月】 11月，开展辅导员队伍建设月系列活动，顺利举办辅导员主题班会课展示和素质能力大赛，吕培明出席并致辞。

【开展学生党支部书记集中培训】 11月，开展学生支部书记集中培训，组织学生党支部进驻四平路、嘉定、沪西校区学生社区为同学办实事。11月6—27日，从党性修养、业务能力和实践锻炼三个方面开展支部书记培训。彭震伟、吕培明为学生上专题党课。

【深入推进"三全育人"工作】 11月，完成教育部"三全育人"综合改革试点高校建设验收材料上报工作，启动校级"三全育人"示范学院创建工作。出台《同济大学"三全育人"综合改革示范学院建设标准(试行)》。在嘉定校区开展"三全育人"示范学院创建交流评审会，并召开第二批"三全育人"试点学院和项目总结交流会。

【推进同济大学思政工作创新发展研究中心建设】 12月，推进同济大学思政工作创新发展研究中心建设。以"三全育人""五育并举"等当下思政工作重难点为主题，组建9支研修团队，着力提升辅导员科研水平。

【举行2021年宪法宣传周系列活动】

12月，举办"我与宪法"主题升旗仪式、校园宪法诵读活动、社区普法宣传、义务法律咨询、法院公众开放日、主题党团日等系列活动，弘扬宪法精神，培育法治文化。

【开展少数民族学生系列主题活动】

12月，组织"感悟百年党史 追寻红色足迹"各民族学生红色研学活动、"民族团结"主题座谈会。在四平、嘉定两校区分别组织各民族师生"凛冬至 承传统 共团圆"包饺子迎冬至传统文化活动。组织少数民族学生义务劳动、创新创业讲座、课程辅导等活动。

【开展专题学业指导工作】 12月，开展"王牌辅导班""学霸讲堂""济学外语""济济一堂"等品牌项目活动20场，参与人数1500人，创建数理化线上共学群6个，随时随地云解答知识疑问。

【优化学校辅导员队伍和管理干部队伍结构】 12月，发布并实施《同济大学"青年人才储备计划2.0"工作方案(同委学〔2021〕22号)》。

【开展"博思论坛"院士系列讲堂】

12月，开展"博思论坛"院士系列讲堂，邀请新当选院士李杰、蒋昌俊和朱合华分别为学生作报告。

【启动"博士驿家"和"梦想嘉园"青年社区中心】 12月，先后启动"博士驿家"四平路校区博士生社区党群服务中心和嘉定校区"梦想嘉园"友园青年社区中心，彭震伟出席"梦想嘉园"启动仪式。

【开展"擎济工程"】 12月4日，同济大学"擎济工程"启动仪式在嘉定校区举行，彭震伟出席。

【举办高校生命教育课程研讨会】

12月10日，学校承办"来自真实生活的心关切"高校生命教育课程研讨会，上海市教委相关领导出席会议。

【举办第七届社区文化节】 12月10日，同济大学第七届社区文化节在四平路校区音乐广场顺利举行。

【举办日喀则市基层就业毕业生座谈会】 12月14日，同济大学日喀则市基层就业毕业生座谈会在线上召开，彭震伟、日喀则市委常委、组织部部长张思等出席会议。学校与日喀则市就加强密切合作与输送优秀人才进一步达成共识。

【举办第八届同济大学班长论坛】 12月19日,"五育并举·凝心聚力"同济大学第八届班长论坛在嘉定校区举行,评选表彰2021年度"五育班级建设十佳项目"。

（徐瀚阳）

教师思想政治教育工作

【概况】 2021年,党委教师工作部以习近平新时代中国特色社会主义思想为指导,深入贯彻落实习近平总书记关于教育的重要论述精神,贯彻落实《关于加强和改进新时代师德师风建设的意见》《关于加强新时代高校教师队伍建设改革的指导意见》等文件要求,按照学校党委2021年总体工作部署,结合庆祝中国共产党建党100周年、十四五规划工作重点、中央巡视整改等,统筹做好教职工常态化疫情防控、巡视整改和日常业务工作,着力提升教师思想政治工作实效,不断完善师德建设长效机制,打造德才兼备的高水平教师队伍。

【教职工疫情防控工作】 落细落实教职工疫情防控各项举措。根据教育部及上海市教委疫情防控工作要求,制定学校教职工春、秋季学期开学疫情防控工作方案,组织实施教职工开学防疫演练,切实做好教职工疫情防控应急处置工作;全面落实并传达上级部门关于疫情防控的工作通知和要求,根据疫情动态及时制定教职工防疫工作预案,通过"同济教师"微信公众号、邮件5次向全体教职工发布防疫要求温馨提示;在上海市统一部署下,按照"应种尽种"原则,协同组织教职工有序接种疫苗,11月组织教职工完成第三剂新冠肺炎疫苗接种;加强疫情防控期间教师管理教育提醒,引导广大教师进一步提高政治站位,严格遵守学校各项防控政策要求,发生违规违纪行为严肃处理。

【教职工思想政治工作】 创新教师思想政治工作形式。推进"新媒体+思政"工作,利用"同济教师"微信公众号推送23篇学习素材。协同推进教师党史学习教育,开设"学史明理"专题沙龙,邀请知名党史专家围绕"百年中共党史之点滴""同济大学的红色轨迹"等主题开展4期活动;与建筑与城市规划学院、生命科学与技术学院等联合开展专题讲座,邀请国防大学、静安区委党史研究专家讲授"赓续红色血脉,发扬伟大建党精神"主题党课,为学院送课上门。编印《2020年度同济大学教师思想政治工作案例汇编》下发至校内各单位,宣传推广加强和改进教师思政工作的好思路、好做法、好经验;通过项目资助形式支持各单位结合自身特色,积极探索教师思政工作的新途径、新方法,2021年资助教师思想政治建设项目30项。

持续提升教师思政工作实效。持续推进完善教职工周二下午学习机制,每月联合下发《教职工政治理论学习指导意见》,对重点学习内容制作课件,结合学校党建工作检查对基层学习情况进行督促检查;加强新聘人员思想政治考核,严把"入口关",2021年度共完成368名应聘人员思想政治审查;分别于3月、9月开展教职工思想状况调研,秋季学期重点分析研判了教职工心理健康状况,向学校党委常委会专题汇报,提出改进教师思政工作的对策。

【师德师风建设】 组织全体教师开展师德专题教育。根据教育部要求,落实"高校教师思想政治工作强化年"工作要点,制定《同济大学师德专题教育工作方案》。汇编《习近平总书记关于教师和师德师风的重要论述》,组织教师重温习近平总书记关于教育的重要论述和重要讲话精神,凝聚思想共识;印制《应知应会手册》发放近7000册至全体教师,组织教师进一步学习《新时代高校教师职业行为十项准则》等,做到全员全覆盖、应知应会、必做必会;修订了《同济大学教师手册》(2021版),提高教师政策知晓度;注重优秀教师先进典型选树,推选教师获评全国道德模范、全国巾帼建功标兵、全国优秀党务工作者、上海市优秀共产党员、上海市青年五四奖章、上海市最美科技工作者、上海市育才奖等多项荣誉,邀请全国道德模范汪品先院士以"在社会转型期当教师"为题,为广大教师作专题辅导报告。

扎实推进师德师风建设专项行动。根据学校巡视整改工作总体部署,深入开展师德师风建设专项行动,逐一落实12条整改举措。组织师德师风建设专题座谈会,邀请学院党委书记、支部书记、高层次人才、新进教师和青年教师代表等,结合"教育思想大讨论"为学校师德师风建设提出建设性意见11条。制定《同济大学教职工荣誉奖励管理办法(试行)》,汇编《身边的"大先生"——同济大学师德故事(一)》,宣传10位优秀教师典型事迹。对发生的师德失范行为依规依纪严肃处理;协同开展同济大学警示教育大会,面向全校中层干部、科级干部、一线教师代表等500余人,点名点事通报师德失范案例处理情况;通过线上线下多种形式,面向新进教师、研究生导师、二级单位教师和人事工作负责人等开展案例警示教育;各二级单位组织警示教育大会40余场,各支部、学科组、系所开展分组学习,覆盖全体教职工。

持续落实师德师风建设长效机制。注重高线引领,发挥榜样激励作用。隆重举办了教师节庆祝大会,为上海市育才奖、同济大学师德师风优秀教师颁奖,为从教30年教师、荣休教师颁发证书和纪念品;拓展宣传渠道,拍摄《敬仰吾师》教师节宣传片,制作获奖教师、荣休教师宣传视频在校园网、大屏幕等阵地播放,优秀教师先进事迹展览分别在四平路、嘉定校区展出。坚持底线约束,严格落实考核机制。坚持在教师招聘、评聘、晋升、考核、评奖评优等管理全过程中强化师德师风考核,充分发挥基层党支部把关作用，严格落实师德师风一票否决制；利用人事管理信息平台，完善教师师德师风教育培训、考核结果、荣誉奖励、失范处理等信息，注重结果运用。

【教师职业能力提升】 实施教师体系化培训。拓展社会实践覆盖面。组织高层次人才、海归教师、青年骨干教师、有入党意愿的教师140余人，分赴江西井冈山、福建龙岩古田村、贵州遵义三地开展了国情教育活动，厚植爱国情怀；立项支持33支院系团队开展了“师生同行”社会实践活动，近400名师生参加，围绕“人才培养三全育人”“政治吸纳思想引领”“重大科研基础建设”“区域协同创新发展”“乡村振兴精准扶贫”等5个主题开展实践活动，6支团队评为优秀。与学院联合开展“教学能力提升工作坊”活动13期，覆盖生命、材料、医学、电信、交通等16个学院，提升教师教育教学能力、心理健康教育等综合素质。

持续开展多层次教师培训活动。推行“1＋1＋N”岗前培训制度，组织近300名新进教师开展岗前集中培训，通过课程学习、讲座报告、午间沙龙、实地参观等多种形式，提高岗前培训实效。组织新进教师分赴中共二大会址、国歌馆、崇明新农村建设基地、陈云故居等地开展社会实践活动。统筹开展“课程思政”“金课示范”等教师沙龙活动15期。遴选教师参加卓越大学联盟高校教师教学创新大赛，1人获一等奖、1人获二等奖、4人获三等奖，展现了学校教师教学创新理念及创新模式，通过赛前、赛后的系列教学展示活动，以赛事优秀获奖项目为示范，以赛代训、以赛促教，以赛促学，推动教师聚焦教学创新，关注教学技术发展。

（鞠明辉）

离退休工作

【概况】 截至2021年年底，学校有离休干部75人(其中4位享受副部长级医疗报销待遇)，退休局级干部57人，退休副部长级干部3人。退休人员中，正高级退休教师979人，副高级退休教师1439人，正副处级退休干部515人，其他退休教职工3946人。全校离退休教职工合计为6879人。其中，离休干部中80岁至89岁14人，90岁至99岁60人，100岁以上1人；退休教职工中，50岁至59岁388人，60岁至69岁2614人，70岁至79岁1696人，80岁至89岁1823人，90岁至99岁353人，100岁以上5人。

学校现有离退休党支部105个，分别隶属于42个基层党组织，其中离退休干部党工委直接服务5个离休干部党支部和3个退休局级干部党支部。积极发挥离退休干部党工委对离退休党建工作的主体责任，围绕校党委总体工作要求，扎实推进离退休党建工作队伍建设。组织离退休老同志收看教育部老干部局、市委老干部局、市教卫党委老干部处等主办的在线报告会12场；全年通过微信公众号推出9期同济大学离退休教师“学党史”云展览；召开离退休干部庆祝中国共产党成立100周年座谈会暨“光荣在党50年”纪念章颁发仪式；号召学校老党员、老干部、老教授主动承担起赓续共产党人精神血脉的责任，整理46位老同志的殷殷寄语汇编成《老党员寄语新党员》；积极动员广大离退休教职工以笔墨丹青为媒，以诗词华章咏志，以美影佳音传情，将50多篇佳作汇编成书，200多幅美照集辑成册，作为献给党百岁华诞的礼物；主办“最可爱的人——抗美援朝中的同济人”展，宣传学校36位获“中国人民志愿军抗美援朝出国作战70周年”纪念章离退休老同志的英雄事迹，传承同济历史上这笔宝贵的精神财富；组织老干部赴浦东民生港码头“三看”，参观上海自主智能无人系统科学中心、院士纪念馆、崇明花博会，了解改革开放成果、感知城乡发展变化、深化“四史”学习教育。

切实保障离休干部养老福利水平。全年为离休干部77人提供社区高龄养老服务，缴费15400元，为81人发放健康疗休养费53450元，为330人发放节日慰问费330000元及慰问品36400元(茶叶)、58952元(春节大礼包)。为24人提供医疗补助，共计143763.98元。为84人发放元旦春节慰问金302400元；为78人发放敬老节慰问金23400元；为84人发放“送温暖”费70000元，为四类人员2人发放2000元，为铁路老战士5人发放10000元；为79人发放“送清凉”费66200元，为四类人员2人发放2000元，为铁路老战士4人发放8000元。为15人发放逢“五”、逢“十”生日慰问金3000元。为离休干部遗属102人发放“送温暖”费30600元。

继续做好退休教职工服务工作。为全校退休人员6744人发放元旦春节慰问金23892600元；为6796人发放敬老节慰问金1359200元。实行“送清凉”“送温暖”全覆盖，并将孤老、一老养一老、抚养无工作残疾子女、身患重病的四种情形列为重点帮困对象，发放慰问金“送温暖”2734700元，为四类人员153人发放175000元；为6767人“送清凉”费2749600元，为四类人员148人发放155000元。为290人发放逢“十”生日慰问金58800元。切实保障退休教职工的基本医疗水平，给付体检费合计3113161元，为退休人员6743人住院互助保障续保2360050元；全年发放退休人员178人临时困难补助238705元，发放1216人医疗补助3924422.37元。为本校离退休教职工9人发放老年大学学费补贴540元。

继续关心精减回乡职工和征地养老人员，按照上海市相关政策，及时通知财务处调整提高28名精简减回乡新职工生活费(原2660元调整到2820元)，提高17名征地养老人员生活费(原2676.6元提高到2847.5元)。为精减回乡职工发放春节、五一节及国庆节慰问金共计143000元。根据上海市杨浦区社保中心文件精神，为征地养老人员发放2021年度一次性节日补助费共计16500元。

全年为精减回乡职工43人审核报销医药费共计报销1391943.7元；为征地养老社员36人审核报销医药费共计报销119865.47元；为精减回乡职工100人申请一次性特困补助合计53000元；为征地养老人员33人申请一次性特困补助合计16500元。

在做好疫情防控工作的前提下，做好老同志日常服务保障，重启健康讲座，开展“老年人自我健康管理”“中医养生”“糖尿病并发症的诊治策略”“慢性胃炎”“内分泌疾病”等健康讲座；围绕建党100周年，积极组织、参与市级及校级的相关活动，汇编校退休教师近五年摄影成果，共200幅照片制作《百年伟业 光影献礼》摄影集；参与主办的庆祝中国共产党成立一百周年“百年辉煌”书画作品展在校博物馆开幕；合唱队参加2021上海市民文化节合唱大赛决赛，获老年组第十名；舞蹈队参加上海市退管会主办的“庆祝中国共产党成立100周年”——2021年上海市退休职工文艺展演，获优秀表演奖；蒋获书写的朱德诗《冀中战况》和张素萍摄影《金山岭长城》参展上海市高校退管会线上推出“庆祝中国共产党建党100周年——上海市高校系统离退休老同志摄影书画展”。

受疫情影响，2021年春季老年大学未招生，秋季才恢复线下教学，共开设了20门课，有教学班54个，学员1065人次。第二课堂与团队建设方面，积极参与上海老年大学教育联盟举办的“不忘初心庆华诞暨上海市第六届九九重阳节——长者风范　天伦之乐”系列活动，选送了43件书画、摄影作品参展，获得了2个一等奖、4个二等奖和5个三等奖，另获15个优胜奖和人气奖。本次活动学校还选送了4部文艺作品进行线上展示，其中葫芦丝合奏表演《春满傣乡》于10月14日在东方明珠城市广场演出。上海老年大学教育联盟举办了“百年辉煌——庆祝中国共产党成立100周年”征文活动，学校共选送了5篇征文。还承担了上海市老年教育理论研究中心的一项课题“高校老年大学直播教学的探索与实践”。

校关工委紧紧围绕立德树人根本任务，持续开展“三全育人”“师生面对面”“三区融合 共同育人”等品牌活动，取得丰硕成果。上海市教育系统关工委在学校海洋与地球科学学院举行颁证仪式，聘请院汪品先院士为上海市教育系统关心下一代工作委员会工作室导师；举行庆祝建党100周年“老少同框讴歌党魂”大会，党委各职能部门领导和学校百名老党员、百名学生党员共同庆祝中国共产党成立100周年，通过老党员与学生党员共学党史的形式，引导青年学子自觉继承和发扬老一辈为祖国无私奉献的精神。开展教育部关工委2021年《读懂中国——讲好入党故事，传承红色基因》活动取得佳绩，获得教育部颁发的优秀组织奖及1个最佳微视频、1篇最佳征文、1个优秀短视频、1篇优秀征文。市教育系统关工委主办、学校关工委承办的“高校关工委线上教育工作理论与实践”研讨会在学校举行，沪30多所高校关工委及区级教育关工委等近80名代表现场参会。校关工委继续加强学习建设，骨干成员赴江南大学、上海理工大学、上海海事大学等单位交流学习。因学校关工委长期以来的优秀工作，学校关工委常务副主任金正基被评为全国教育系统关心下一代工作突出贡献者，学校关工委副主任万腓力被评为全国教育系统关心下一代工作先进工作者。

老教授协会和退休教师协会围绕党百年诞辰开展和参与党史学习教育和丰富多彩的活动，因表现突出，老教协荣获市退教协“庆祝建党百年系列活动优秀组织奖”。举办“党史学习教育辅导报告”会和“经济形势”主题报告会。参加上级协会举办的“红歌颂党——上海退休教育工作者庆祝建党100周年合唱比赛”，荣获最佳演唱奖（一等奖）。组织老教授参加“重走红军路、魅力江西行”，参观花博会及参加老教授之家试住活动共10批340多人次。参观新四军太湖游击队纪念馆等，感受红色文化。上门慰问在党70年、50年的老党员、老会员，共念党恩。

老科技工作者协会积极发挥会员专业特长，用知识助力抗疫，用科研指导实践，用技术服务社会，不忘老科协使命。会长孙章教授荣获2021年度中国老科协“突出贡献奖”（该奖项全国共10个名额）。他撰写的《努力打造快速轨道上的上海“五大新城”》《从轨道交通限界联想到乘车文明》被《上海科技报》转载。胡春风教授积极参加学校2021—2022学年“高校银龄教师支援西部计划”，助力振兴西部高等教育。同济医院副主任医师潘金友作为上海市科普作家协会医疗卫生专业委员，受邀隔周去浙江山区义诊，受到当地政府和群众的欢迎和好评。朱正林高级工程师长期活跃在科普第一线，为居民举办“新冠疫苗：健康的保护神”“食疗与药膳”“茶文化与健康”和“智能手机”等内容的科普讲座。

【地下建筑与工程系退休教工党支部荣获市教卫系统示范党支部称号】 1月8日下午，上海市教卫工作党委系统离退休干部党支部建设工作推进会在青松城举行。会议由市教卫工作党委老干部处处长金勤明主持，市教卫工作党委副书记滕建勇出席会议并讲话。会上，市教卫工作党委老干部处副处长于美华宣读《关于命名2019—2020年度上海市教卫工作党委系统离退休干部示范党支部的决定》。

【离退休干部党工委召开离休干部迎新座谈会】 1月13日上午，同济大学离休干部迎新座谈会在同济新村老年活动中心举行。会议由离休第二党支部书记李明主持，离退休干部党工委书记徐讴平，副书记倪佩琼、周上玖参加了座谈会。

【离退休干部党工委开展“送温暖”慰问活动】 1月27日下午，校党委副书记吴广明携离退休干部党工委班子成员，走访慰问老校长李国豪的夫人林凤棣，退休老领导沈枋、方如华和陈立丰。为进一步弘扬尊老、爱老、敬老的中华民族传统美德，学校离退休干部党工委于2021年元旦春节期间对离休干部和退休的老领导开展“送温暖”慰问活动。

【离退办组织离退休教师参观陈云纪念馆，开展“学党史”摄影采风】 3月31日，学校离退休工作办公室首次举行离退休教师“学党史”摄影采风活动，组织15名摄影爱好者参观市民终身学习红色文化体验基地——陈云纪念馆。

【上海理工大学离退休领导来校调研离退休干部党建和关工委工作】 3月29日上午，上海理工大学老干部办公室主任、离退休党委书记马静波一行来到同济新村老年活动中心，调研学校离退休干部党建和关工委等方面的工作。学校离退休干部党工委书记、离退办主任徐讴平以及部分关工委老同志参加会议并进行了工作交流。

【老教授协会举办“学党史”辅导报告会】 同济大学老教授协会于3月29日上午在学校老年活动中心举办“学党史”辅导报告会，协会会长陆敏恂、理事分会长及党员代表60人出席了报告会。

【离退休干部党工委召开党史学习教育动员会暨党史专题讲座】 离退休干部党工委于4月8日上午组织离退休老同志召开动员会。党工委书记徐讴平从深刻认识开展党史学习教育的重大意义，坚持以马克思列宁主义、毛泽东思想、邓小平理论、“三个代表”重要思想、科学发展观、习近平新时代中国特色社会主义思想为指导，紧紧围绕学懂弄通做实党的创新理论，准确把握“学党史、悟思想、办实事、开新局”的深刻内涵等方面对党史学习教育作了动员。

【学校老教师合唱团入围上海市民文化节市民合唱大赛决赛】 4月22日，学校老教师合唱团在“唱支山歌给党听——2021年上海市民文化节市民合唱大赛”复赛中脱颖而出，以杨浦赛区第一名的成绩成为“2021年上海市民文化节市民合唱大赛百强团队”之一，晋级5月中旬的市级决赛。

【老年艺术团参演庆祝中国共产党成立100周年暨建校114周年晚会】 5月20日晚，以“初心济前路，永远跟党走”为主题的同济大学庆祝中国共产党成立100周年暨建校114周年晚会在四平路校区大礼堂举行。老年艺术团民族舞蹈队和老教师合唱二团参加了演出。

【兰州大学离退休教职工党委、离退休工作处领导来学校调研交流】 6月1日上午，兰州大学离退休党委书记曹国林、离退休工作处退休科科长王桂芳一行来到同济新村老年活动中心，就学校离退休工作进行调研交流。离退休干部党工委书记、离退休工作办公室主任徐讴平首先对兰州大学来访表示欢迎，并简要介绍了学校离退休工作部门的职责、机构设置、制度建设、信息化建设、服务保障和文化生活等情况。

【2021年离退休教职工党支部书记培训班圆满结束】 6月10日，为期2个月的同济大学2021年离退休教职工党支部书记培训班圆满结束。本次培训由校党委组织部主办、离退休干部党工委承办，学校各离退休教职工党支部90多名支部书记参加了培训。

【离退休干部党工委组织离休干部参观上海院士风采馆】 6月15日，同济大学离退休干部党工委组织离休干部参观上海院士风采馆，以实地研学的方式学习党史。

【“最可爱的人——抗美援朝中的同济人”展览揭幕】 6月17日，由离退休干部党工委、离退休工作办公室主办的“最可爱的人——抗美援朝中的同济人”展览在四平路校区图书馆揭幕，面向广大师生展出。学校党委副书记吴广明出席展览开幕式并致辞。“中国人民志愿军抗美援朝出国作战70周年”纪念章获得者代表，校党委宣传部、学研工部、武装部、离退办、图书馆、档案馆、校史馆、博物馆、人文学院等单位负责人，以及离退休教职工代表、学生代表参加活动。

【机关党委退休第二支部举行“重温入党誓言 感悟百年历程”主题党日活动】 6月16日上午，机关党委退休第二支部举行了“重温入党誓言 感悟百年历程”主题党日活动及捐赠仪式。校机关党委、党委组织部、离退休干部党工委、学研工部、土木工程学院相关负责人等参加了活动。

【学校关工委举办“老少同框，讴歌党魂”庆祝建党100周年活动】 6月17日中午，学校关工委举办庆祝建党100周年“老少同框，讴歌党魂”活动。校党委副书记吴广明、党委组织部、宣传部、学研工部、团委、离退休干部党工委负责人及百名老党员和百名学生党员参加了活动。

【“百年伟业 光影献礼”摄影展揭幕，主题摄影集首发】 6月25日上午，作为庆祝中国共产党成立100周年系列活动之一，“百年伟业 光影献礼”摄影展暨主题摄影集发布仪式在同济新村老年活动中心举行，离退休干部党工委、离退休工作办公室负责人及20多位摄影作者参加了此次活动。

【同济大学离退休干部庆祝中国共产党成立100周年座谈会暨“光荣在党50年”纪念章颁发仪式举行】 7月1日，同济大学离退休干部庆祝中国共产党成立100周年座谈会暨“光荣在党50年”纪念章颁发仪式在同济新村老年活动中心举行。“光荣在党50年”纪念章获得者代表、退休老领导代表以及离退休干部党工委所属8个支部的支部书记参加了座谈会。校党委副书记吴广明出席座谈会，并为纪念章获得者佩戴奖章。

【老年活动中心放映红色系列电影受欢迎】 为庆祝中国共产党成立100周年，结合学校党史学习教育，自5月下旬开始，离退休工作办公室在同济新村老年活动中心面向广大离退休老同志放映红色系列电影。

【学校老教授协会开展慰问老党员老教授活动】 7月11日，老教授协会会长陆敏恂冒着酷暑，前往学校老领导、老教协原会长贾岗家进行慰问。为庆祝中国共产党成立100周年，学校老教授协会会长、理事、分会长等分别看望慰问老党员、老教授。

【退休教师获市高校退休教职工象棋比赛团体冠军】 7月14—15日，上海市高校退管会举办的上海高校系统退休教职工2021年网络象棋比赛举行。经过2天7场赛事的激烈角逐，由王新福、侯培源、卞玉清组成的同济大学队摘得团体赛冠军。此外，王新福、侯培源还分别获得个人赛第二名、第三名的成绩。

【同济大学离退休老同志以多种方式庆祝建党100周年】 6月17日，离退休干部党工委主办的“最可爱的人——抗美援朝中的同济人”展览在四平路校区图书馆揭幕，荣获“中国人民志愿军抗美援朝出国作战70周年”纪念章的老战士代表、宣传部等部门负责人、学生代表等出席了开幕式。6月18日、19日，学校党委书记方守恩、校长陈杰分别上门走访慰问了孙钧院士、李同保院士、项海帆院士、卢耀如院士、高廷耀老校长等老党员代表，将“光荣在党50年”纪念章送到他们手中，感谢他们赤诚的爱党爱国之心。离退休干部党工委在离退休党员中发出倡议，号召广大离退休党员干部为“银发同心”帮困基金奉献一份爱心，短短一个月就收到800多位老党员的捐款15万余元，7月1日当天，善款以慰问金的形式发放到学校100名困难退休教职工手中。

【学校召开高校银龄教师支援西部计划工作会议】 8月27日，学校召开高校银龄教师支援西部计划工作会议。常务副校长吕培明、副校长黄翔峰出席会议并讲话。全体拟援派银龄教师及所在学院负责人、相关职能部门负责人参加了会议。会议由校党委副书记吴广明主持。

【学校组织开展老年文体社团“学党史”活动】 9月15日，来自老年艺术团、老年书画协会、退休教职工象棋队、摄影兴趣组等13个团队的近30名退休教师，前往宝山龙现代艺术中心参观以庆祝中国共产党成立100周年为主题的“百年丰碑”书法展及“热血铸春秋 浩气贯日月”国画展。

【首批4名参加教育部银龄教师支援西部计划的教师赴喀什大学支教】 9月25日，同济大学首批4名参加教育部高校银龄教师支援西部计划的退休教师启程赴喀什大学，正式开始为期1年的支教生涯。此前，4名老师已开展了近1个月的线上教学工作。校离退休干部党工委、离退休工作办公室负责人前往机场送行，并向老师们转达了校领导吕培明、吴广明和黄翔峰对他们的慰问和敬意。

【学校“银龄计划”教师参加喀什大学“我为群众办实事”实践活动】 学校首批“银龄计划”教师今年9月底赴喀什大学后，已全身心投入教学和科研等各项支教工作中。在教学之余，他们积极参加学校和学院组织的公益活动，为边疆的建设发一份余热。利用双休日，学校银龄教师加入了喀什大学马克思主义学院党总支“我为群众办实事”队伍中，帮助喀什市阿瓦提乡喀鲁克村困难群众采摘红枣，解了村民燃眉之急。

【学校开展敬老节庆祝活动】 10月14日上午，同济大学2021年敬老节大会暨70岁生日集体祝寿活动在五角场百联影城举行，部分退休老领导，抗美援朝老战士代表，关工委、老教协、老科协和老年艺术团代表，以及百余名逢70岁生日的退休教职工出席。

【学校领导重阳节前夕看望慰问老同志】 重阳节前夕，校党委副书记吴广明代表学校领导专程看望慰问了80岁高龄的中国工程院院士李同保、90岁高龄的同济大学原校长高廷耀、同济大学原副校长顾国维和原上海铁道大学副校长马文增等老同志。

【学校老教授协会举办“当前经济形势”主题报告会】 10月22日上午，学校老教授协会邀请原上海市政协常委、校老教授协会理事、原经济与管理学院教授吴光伟作题为“当前经济形势”的主题报告。会长陆敏恂、理事、分会长及部分会员60位老教授出席了报告会。

【孙章教授获2021年度中国老科协“突出贡献奖”】 10月20日，在上海市老科协敬老节大会上，上海市老科协领导向2021年度中国老科协“突出贡献奖”获得者、同济大学老科协会长孙章颁发了获奖证书。

【同济大学关工委二级学院分会主任会议召开】 11月9日，学校关工委召开全校二级学院关工委主任会议。会议由校党委副书记、关工委副主任吴广明主持。学校关工委相关负责人及各二级学院党委书记参加会议。

【同济大学承办高校关工委线上工作理论与实践研讨会】 11月18日，由上海教育系统关工委主办、同济大学关工委承办的高校关工委线上工作理论与实践研讨会举行。教育部关工委常务副主任王富通过视频致辞。上海市人大华侨民族宗教事务委员会、外事委员会主任委员、市教育系统关工委执行主任高德毅，上海教育系统关工委驻会副主任俞恭庆，同济大学党委副书记吴广明出席会议。

（屈守华）

安全稳定工作

【概况】 2021年在校党委的领导下，深入学习贯彻习近平总书记关于新冠肺炎疫情防控工作系列重要讲话精神，在做好校园防控工作的基础上，增强“四个意识”、坚定“四个自信”、做到“两个维护”，始终坚持“立德树人”根本任务，扎实推进各项工作，以深入推进中国特色世界一流大学建设为目标；与各单位密切联系，完成2020级大学生军政训练工作、军事理论教学任务、民兵组建和国防教育工作、2021年度高校征兵工作及兵役登记工作、退伍大学生思政教育工作、双拥共建工作等。

2021年，学校以建设“平安校园”为工作目标，推动各项工作落实。积极投入疫情防控第一线，努力做到“守好门”；以确保安全稳定为努力方向，做好政治稳定工作；全面落实安全责任，做好安全生产工作；以多方位安防建设和网格化管理为基础，做好学校治安管控工作；突出教育督查和防范，做好消防安全工作；开展各项专项整治，做好校园交通工作；认真落实保密责任，做好保密工作；紧盯安全隐患苗头，及时消除安全隐患，做好安全预防工作；净化校园安全环境，发挥校卫队作用，做好校区安全和户籍管理各项工作，切实为师生服务。2021年，学校疫情防控有力，各校区、各校门管控严格，全校未发生重大安全事故、未发生恶性案事件、未发生重大火灾事故，全年无失泄密事件发生，确保了师生员工的人身、财产安全和学校教学科研生活秩序的正常进行。

2021年全校落实安全工作底线，积极做好学校政治稳定工作，做好校园不稳定因素排查、留学生稳定工作，做好与国安、国保、文保等协作单位的配合工作。做好灭火器材的更换和配置工作，全年累计投入200万元，共新增和更换灭火器11000余只，做好室外消防栓维保工作，维保室外消防栓481只，确保消防器材的正常有效和完好。启动火灾防毒面具集中采购，计划采购火灾防毒面具4000只，并配置到学生社区、高层建筑、实验楼宇等消防高风险部位，保障师生职工消防安全。全年整理2021年户籍资料，共核对梳理2020年度新增户口人数研究生1003人，本科生1320人；协助杨浦公安分局安排共采集人员信息2349人。全年共收到各学院递交的户口迁移证2663张，其中本科生1526张、研究生1137张。办理机动车进校证5220张，共整治校园违章停车563辆。

【军政训练与军事理论教学工作】 在2021年的两个学期中，安排了4323名大学生参加了军事理论课学习，共36课时，期末考试合格率达到99%。4月13日，校党委印发《同济大学2021年学生集中军政训练计划》，在校党委高度重视下，成立了2020级学生军训工作领导小组和军训旅。7月5日，在逸夫楼一楼报告厅，召开同济大学2021年全体随训教师动员及部署会，军训旅司政后对军政训练工作进行总体部署。8月22日—9月4日，在校军训领导小组领导下，由武装部组织在四平路校区及嘉定校区实施开展了军训各项考核工作，各职能部门各司其职、密切配合，确保安全训练，圆满完成了4190名大学生为期14天的军政训练任务，并在四平路校区和嘉定校区分别举行了阅兵式暨总结表彰大会，检阅了大学生军政训练成果。

【民兵组织建设和国防教育建设工作】 制定了民兵分队组建方案，10人的心理攻防排和20人认知支援保障排，开展了点验和训练。2021年度，“国旗护卫队”在校园内外开展升国旗主题活动23次。

【征兵及退伍大学生复学安置工作】 3月，学校党委下发《关于做好同济大学2021年度征兵工作及退役大学生复学工作的通知》，校党委书记方守恩任学校征兵工作领导小组组长，主抓学校征兵工作，在校武装部挂牌设立同济大学征兵工作站，负责日常兵员征集及相关工作。4月14—16日，由杨正宏带队前往山西太原开展“故乡指导员”活动，慰问2020年入伍新兵。4月28—29日，由杨正宏带队前往新疆开展“故乡指导员”活动，慰问2020年入伍新兵。5月27日，同济大学征兵工作动员会暨先进表彰会议在逸夫楼一楼会议室召开。2021年度春季有5名男生和1名女生、秋季有27名男生和1名女生获得上级征兵部门的批准，光荣入伍。2021年9月，有51名退伍同学光荣返校复学。

【兵役登记工作】 做好大学生兵役登记工作，严把适龄大学生兵役登记质量关，2021年，按照上级部门工作要求，专门下发通知，以学院为单位进行适龄大学生兵役登记工作。由各学院专人负责督促每名适龄大学生进行兵役登记，并将兵役登记统计数据上交到武装部，确保了适龄大学生兵役登记率。

【退伍大学生思想政治教育工作】 2021年度，学校退伍大学生发挥自身特长，带领四平路校区及嘉定校区共三个营的学生完成军训工作，并获得校领导和广大师生的一致好评。9月，应四川宜宾李庄中学的邀请，由武装部老师带领11名退伍大学生前往李庄中学开展军事训练活动，圆满完成了本年度李庄中学军训任务，得到了李庄师生的热烈欢迎。

【双拥共建工作】 2021年元旦、春节期间向全校近1080名转、复、退军人及军、烈属，进行送温暖活动。2月1日，慰问杨浦区武装部、空军上海基地、雷达三旅、海防一旅。7月12日—8月3日，由校党委彭震伟副书记、武装部胡少卿同志分别带队前往区武装部、海防一旅、空军上海基地和雷达三旅等共建单位，开展八一建军节双拥慰问。

【获奖情况】 曲秀君主讲课程“孙子兵法及其应用”获得同济大学第三期“立德树人”示范课程。徐汉明执笔的《加强上海高校党外知识分子思想政治工作研究》报告于2021年5月获得2019年度全市组织系统优秀调研成果奖。袁品仕获得上海高校学生军训与国防教育风采摄影比赛三等奖及优胜奖，获2020年度同济大学公共基础课程教学工作先进教师，获2020年度同济大学优秀教育管理工作者。谈琦祥被评为2020年度“上海市征兵工作先进个人”。

【做好疫情防控和校园管理工作】 注重做好常态化疫情防控工作，突出技防建设，同时充分发挥校卫队力量作用，根据不同的时间节点和工作特点，有针对性布置工作预案。不断加强校门进校车辆和人员管控，加强各校区校门执勤力量，加大入校人员和车辆管控力度，进行口罩检查和体温测量，门卫重点查验“一卡通”校验进校权限。继续严格落实校外人员进校申请报备程序，按照疫情防控规定做好校外人员把关审核。对于已审批的入校人员及车辆，保卫处核查信息，检查健康状况，做好登记，对未报备的人车做好解释说明并及时劝离。2021 年，校门全量有效进门刷卡 15720229 人次，出门刷卡 13257205 人次。进出有效刷卡量 28977434 次。“访客预约系统”关注用户 114998 人，预约总人次 273754，来访总人次 241904。人工报备进校资料 2062 份。全年受理报警求助 180 起，处置突发死亡 4 起，校外人员侵犯师生财产 2 起(混进校园偷手机、外卖点偷外卖)，学生外卖错拿、混错 18 起，全年师生被骗报警 40 起，追回自行车 14 辆，找回学生(被偷、遗失)手机、笔记本电脑 12 台。配合警方举办防诈骗讲座、宣传 11 次 。技防建设方面，24 栋学生宿舍摄像机安装新增总量 765 台；新增员工宿舍摄像机总量 24 台，零星增补更换摄像机总量 16 台；沪西校区公共部位摄像机新增 88 台，学生宿舍新增 11 台；门禁系统(医学院、化学工程学院、生科院、材料科学与工程学院)维修次数 121 次。

【强化安全生产培训考核】 组织年度安全生产工作考核，组织和协调学校层面安全培训 1 次，邀请全国应急救援系统二级英雄模范诸卫军作报告。推进二级单位各类安全教育培训约 100 场，培训师生职工近 15000 人。在安全生产月、消防安全月等开展了全方位安全宣传和警示，营造良好的校园安全氛围。完善校院两级安全生产治理体系，坚持和完善学校安全督查机制，充分发挥学校安全督查小组作用，定期开会、检查、评估、治理等，加强对学校二级单位安全生产指导、检查、督促和考核评估，构建学校安全自查、巡查、督查和抽查供给机制，推进单位安全生产风险评估和隐患治理，严格推进安全隐患督办问责，11 个安全督查小组每月定期或不定期开展安全督查和隐患整改治理回头看，2021 年检查单位 60 余次，约谈二级单位近 20 余家。

【完善消防制度和基础设施】 3 月，制定并颁布《同济大学消防安全管理规定》《同济大学消防检查管理规程》，制定《同济大学安全生产和消防工作规范》《同济大学安全生产和消防工作手册》，促进消防管理工作规范化和制度化。改造并验收四平路校区博士生公寓 3 栋楼火灾自动报警、应急疏散等消防基础设施改造，改造并验收沪西校区 13 栋宿舍楼火灾自动报警、应急疏散等消防基础设施，为居住和生活楼宇的师生职工提供必要的消防安全保障。

【启动智慧消防二期建设】 加速智慧消防建设，2021 年，在同济大学智慧消防一期(同济大学消防联网报警及管理系统)基础上，启动了智慧消防二期建设，包括 80 多栋联网，进一步联网覆盖新增符合条件楼宇，完善对消防报警(火灾监测、消防水压监测、电气火灾监测)等动态信息监测和大数据分析应用，并将消防检查、巡查、维保、培训、隐患整改、消防设施设备台账、风险提示、应急预案等管理信息纳入信息化管理，增加手机移动端查看和管理功能，实现对学校消防安全的全面监控、全时管理、全程追溯，为学校消防安全科学化、精细化管理提供信息化支撑，并建立单位(楼宇)—校区应急分中心—学校应急指挥中心的三级应急管理体系。2021 年学校烟雾报警事件均被学校智慧报警系统捕捉发现，做到早发现、早处置，效果显著。

【推动校园交通设施建设】 配合对校内新能源车辆数据及校区分布状况进行排查统计，对现有充电桩使用现状进行调查，为明年新能源车充电桩的建设实施提供准确的数据支撑。全年对交通基础设施进行增设与更新，增设交通标牌 29 块；增设非机动车车位线 1353 米；增设非机动车停车地标 79 个；增设路沿坡 176 米；更新减速带 164 米；更新道路线 4560 米；更新人行斑马线 242；更新机动车车位线 26 个；增设禁停消防网格线 39 个；更新移动式导向牌 89 块；更新交通锥、隔离水桶及石球共计 290 个；移动式地锥 35 个。

(卢野、朱力晴)

纪检与监察工作

【概况】 2021 年，学校纪委坚持以习近平新时代中国特色社会主义思想为指导，深入贯彻落实中央纪委五次全会工作部署，以政治监督为主线，做实做细日常监督，持续正风肃纪反腐，充分发挥监督保障执行、促进完善发展作用，为推进学校一流大学建设提供坚强政治保障。

履行“协助”职责，推动落实管党治校政治责任。全年向学校党委传达上级精神、报告工作 13 次，每半年汇报一次信访受理、问题线索处置情况；协助全面分析学校政治生态，制定年度工作要点、细化责任分工，开展落实全面从严治党情况专项检查，推动完善“四责协同”机制；建立与党委日常沟通机制，全年向党委书记和校长报告重大问题、重要情况 16 次，推动主体责任和监督责任贯通联动、一体落实。结合日常监督发现的突出问题，下达纪检监察建议书 7 份，推动完善体制机制。对 10 家二级单位党组织开展内部巡视，提前实现党委一届任期内巡视全覆盖目标。

聚焦“关键少数”和突出问题，做实做细监督工作。聚焦党的教育方针和中央重大决策部署强化政治监督。围绕党史学习教育，走访 10 家二级单位，抽查 35 个党支部学习记录，重点督查“我为师生办实事”实践活动开展情况。组织纪检干部随堂听课 25 节次，开展教材建设和选用情况专项检查，抽查 8 个学院 196 本教材。督促落实《关于加强新时代马克思主义学院建设的意见》，推动重点马克思主义学院与思政课、课程思政同步建设；抽查学校“两微一端”、列席多场报告会，督促严格落实“先审后发”“一会一报”等意识形态阵地管理制度。持之以恒落实中央八项规定精神，开展常态化分析研判和教育提醒，查处2起违规问题，予以党纪处分2人。加强选人用人监督，更新干部廉政档案91份，回复廉政意见80人次。认真落实中央巡视整改要求，把纪委自身整改与督促党委整改有机结合起来，推动党委114项集中整改期任务全部按时完成，2项长期坚持的整改任务稳步推进。结合贯彻落实《中共中央关于加强“一把手”和领导班子监督的意见》，制定任务清单，强化对各单位正职和领导班子的监督。纪委书记全年与干部谈心谈话153人次；坚持每学期与校领导班子成员逐一谈话，督促履行“一岗双责”；组织5家二级党组织书记向学校纪委述责。围绕招生考试、招标采购等重点领域，会同相关部门制定七大类22项风险监测体系，有的放矢地加强过程监管和重点督查。推动开展非主业领域清理整顿，追缴房屋资源调节费80多万元、收回办公用房2500平方米、注销校园“一卡通”近25000张。约谈9名校企主要负责人，督促开展违规经商办企业及防范利益冲突自查自纠工作，健全廉洁风险与经营风险防范联动机制。完善“作风建设联席会议”“监督部门联席会议”工作机制，定期沟通会商，加强协调配合，推动纪律监督与其他监督协同贯通，形成常态长效监督合力。立足“再监督”职责定位，通过约谈提醒、专项督查等方式，督促主责部门认真履行监管责任。

严格执纪问责，推动标本兼治和系统施治。建立问题线索专管制度，加强集体研判、分类处置。全年受理信访136件，处置问题线索44件，立案11件，党纪处分11人，问责二级党组织2个、党员干部5人。加强警示教育，全年开展各类纪律宣讲19次，督促职能部门开展宣讲77次。组织召开全校警示教育大会，点名道姓通报违纪违规案件；编发警示教育材料，深入剖析问题原因，注重发现管理漏洞和体制机制短板，推动以案促改、以案促建、以案促治。

加强自身建设，提高纪检干部能力素质。坚持每月一次集体学习制度，结合党史学习教育，深入学习十九届六中全会精神，以党的创新理论武装头脑、引领实践，不断增强政治判断力、政治领悟力、政治执行力。围绕解决不敢不愿不会监督问题，开展专题调研，切实提高政治站位和担当意识。开展全员培训，强化纪检业务知识学习。选派纪检干部到上级机关以干代训13人次，参与校内专项检查、问题线索处置等工作57人次，强化实战练兵。搭建医口和企业两个交流平台，加强对二级纪委的领导和分类指导。制定《案卷质量自查标准》《审查调查安全工作办法》等制度，加强规范化法治化建设。积极深化纪检体制改革，自觉接受上级纪委的领导和指导，全年报告工作36次、请求支持查询3次。

【纪检监察工作大事记】 1月4日，学校纪委向党委常委会汇报2020年度工作情况、“三转”情况以及开展信访和执纪审查工作情况。

1月8日，校党委副书记、纪委书记方平带领纪委监督检查室相关同志深入校医院、航空航天与力学学院力学国家级实验教学示范中心、土木工程学院桥梁实验室、生命科学与创新创业大楼在建工地、中法中心大楼维修施工现场等地监督检查疫情防控以及安全工作。

1月13日起，会同组织部门派员列席各基层单位领导班子民主生活会，对民主生活会开展情况进行督查。

1月22—24日，方平赴京列席十九届中央纪委第五次全会。

1月26日，学校纪委(扩大)会议召开，传达学习习近平总书记在十九届中央纪委五次全会上的重要讲话精神和全会精神。

2月1日，纪监巡部门务虚会召开，研讨2021年工作，部署迎接中央巡视准备工作。

2月5日，纪委办公室向财务处、人事处、审计处发出工作提示，要求关注年末岁初“突击花钱”、滥发钱物、扎堆搞培训和会议等集中支出公款等问题，加强监督和审核把关。

2月9日，纪委办公室向科研管理部、文科办公室发出工作提示，要求完善制度、加强监督，防止突击花费科研经费等问题。

2月20日，学校纪委选送上海市纪委的廉政公益广告作品《我的爸爸》(作者：艺术与传媒学院2018级广告专业学生王逸潇)在“廉洁上海”展播。

3月12日，学校2021年纪检工作会议暨纪检干部培训班开班式举行，方平以“聚焦高质量发展，发挥全面从严治党的引领保障作用”为题作培训班开班动员并主讲第一课。

3月12日，学校2021年全面从严治党暨警示教育工作会议召开，传达学习上级有关会议精神，回顾总结2020年学校全面从严治党工作，部署安排今年重点任务。

3月19日，学校纪委负责同志参加校办企业党风廉政建设责任书暨企业领导人员廉洁从业承诺书签约仪式，对做好企业党风廉政建设工作提出要求。

3月31日，上海济光职业技术学院党委副书记、纪委书记刘丽等一行4人来校调研重点领域廉政风险防控机制建设情况。

4月16日，方平主持召开学校深化巡视整改督查工作会议，传达驻部纪检监察组组长吴道槐同志来沪调研座谈会精神，对学校进一步深化巡视整改，加强重点和非主业领域腐败风险防控进行部署与督促。

4月22日，西南大学纪委书记李华一行5人来校调研交流纪检监察巡察工作，校党委常务副书记冯身洪以及党办、纪委办同志接待。

4月30日，学校纪委继续扎实开展党史学习教育，组织纪检干部聆听井冈山大学李忠教授所作“党的百年辉煌与井冈山斗争”的党史教育报告，并下发《中国共产党监督执纪史话》一书。

5月7日，根据中央关于巡视工作的统一部署，中央第四巡视组巡视同济大学党委工作动员会召开。学校纪委抽调人员参加材料组、联络组、信访组等工作，按照巡视组要求做好相关工作。

5月11日，学校纪委牵头召开资产出租出借专项检查工作部署会。会议学习了中央纪委、上海市纪委有关重点领域廉政风险防控的会议精神以及中央巡视的有关要求，通报夏建国、李延臣等违纪违法案例，部署了学校资产出租出借专项检查工作安排。

6月8日，学校纪委组织对党史学习教育和意识形态工作开展情况进行专项督查。随后，走访8家二级单位实地检查，相关做法被《中国纪检监察报》刊登报导。

6月10日，上海市纪委副书记、监委副主任戴骅一行来校调研。方守恩、方平以及纪委各部门、巡察办负责同志参加调研座谈。

7月9日，学校纪委召开监督工作联席会议，围绕基建修缮、实验室安全、房屋出租出借以及招标采购等领域风险防控进行研讨，明确下一步监督工作的具体要求。学校推进作风建设部门联席会议召开，会议对机关“作风建设”情况以及学校上半年执行中央八项规定精神、纠“四风”情况进行了分析研判。

7月13日，学校纪委向校党委常委会报告纪委上半年工作以及执纪审查工作情况。

7月13日、19－20日，学校纪委逐一听取二级纪委报告上半年工作情况。

7月15日，河海大学党委副书记、纪委书记孟新一行8人来校调研纪检监察巡察工作。

7月23日，为贯彻落实防汛防台工作要求，方平带队深入一线监督检查学校防汛防台工作落实情况。

8月25日，校纪委书记、副书记参加市纪委四室组织的高校纪检监察工作座谈会，学校纪委提交的“自觉执行请示报告制度 推动纪检工作高质量发展”作为会议交流材料印发。

8月30日，中共同济大学委员会组织部下发《关于陈雄同志挂职的通知》，决定上海市纪委监委陈雄同志挂职任同济大学纪委副书记，挂职期限为一年。

9月24日，市纪委监委组织部部长陈雪强送陈雄同志来校，会上宣布了挂职决定。

10月8日，方平为学校二级单位党委书记、纪委书记、职能部门负责人、专职纪检干部作了题为“加强巡视整改监督，压紧压实整改政治责任”的专题培训。

10月17－27日，驻部纪检监察组王俊岭同志等一行六人来校开展巡视移交问题线索核查工作，学校纪委予以配合。

10月22日，方平集体约谈学校所属同济控股、建筑设计院、出版社、同济城市规划设计研究院4家校办企业党政主要负责人，听取企业党委（总支）书记汇报中央巡视反馈以来企业落实巡视整改工作进展情况，并就做好巡视整改工作提出要求。

11月16日，学校纪委向校党委常委会汇报2021年工作情况以及信访和问题线索核查处置情况。

11月23日，学校警示教育大会召开，方平在会上通报了学校干部违规违纪问题，教育警示广大党员干部增强纪律意识和法纪意识。

12月15日上午、17日上午，学校党委、纪委接受市纪委监委对学校巡视整改工作以及纪委自身整改工作情况的监督检查。

【巡察工作大事记】 1月12日，巡察工作办公室向校党委常委会汇报第七轮巡察情况，本轮巡察的对象为外国语学院、上海国际知识产权学院、化学科学与工程学院、法学院、电子与信息工程学院、轨交院与磁浮中心6个二级单位党委。

1月13日，方平带领纪委办、巡察办、机关党委等部门负责人对接受第六轮专项巡察的研究生院、人事处、教师工作部开展巡察整改情况督查。

1月14日、15日，召开第七轮巡察情况反馈会，分别向外国语学院、上海国际知识产权学院、化学科学与工程学院等6个二级单位党委反馈巡察情况。

2月26日、3月1日，接受机关“作风建设”专项巡察的职能部门逐一向校党委常委会汇报巡察整改情况，校领导进行点评，并就进一步深化机关专项巡察整改提出要求。

3月8日，校党委常委会审议深化机关“作风建设”专项巡察整改工作方案。

3月18日，校党委常委会审定2021年上半年第八轮、第九轮接受巡察的二级单位名单以及巡察方式和启动时间。

3月30日、31日，先后召开第八轮巡察体育教学部党委、网络学院与继续教育学院党委、图书馆党委、口腔医(学)院党委、后勤集团党委、出版社有限公司党委工作动员会。

4月13日、15日、16日，纪委办、组织部、巡察办分别对接受第七轮巡察的外国语学院、上海国际知识产权学院、化学科学与工程学院、法学院、电子与信息工程学院、轨交院与磁浮中心等6家党委巡察整改情况开展督查。

4月16日、21日、22日、23日、28日，接受第七轮巡察的轨交院与磁浮中心党委、化学科学与工程学院党委、外国语学院党委、电子与信息工程学院党委、上海国际知识产权学院、法学院党委先后召开巡察整改专题民主生活会，校纪委、组织部、巡察办派员列席。

4月26日，接受第七轮巡察的化学科学与工程学院党委、电子与信息工程学院党委、轨交院与磁浮中心党委向校党委常委会汇报巡察整改情况。

5月17日，接受第七轮巡察的外

国语学院党委、上海国际知识产权学院党委、法学院党委向校党委常委会汇报巡察整改情况。

6月21日，巡察工作办公室向党委常委会汇报第八轮巡察情况，本轮巡察对象为体育教学部、网络教育与继续教育学院、图书馆、口腔医(学)院、后勤集团、出版社有限公司等6个二级党委。

7月7日、8日，召开第八轮巡察反馈会，分别向体育教学部、网络教育与继续教育学院、图书馆、口腔医(学)院、后勤集团、出版社有限公司等6个二级党委反馈巡察情况。

7月13日，巡察工作办公室向党委常委会汇报机关“作风建设”专项巡察深化整改落实情况。

9月15—23日，校纪委、组织部、巡察办对接受第八轮巡察的体育教学部、网络学院与继续教育学院、图书馆、后勤集团、出版社有限公司等6家党委巡察整改情况开展督查。

9月22日，校党委巡察工作领导小组召开第十二次会议，审议2021年下半年巡察工作计划，审议《中共同济大学委员会巡察情况报告底稿管理办法》和《中共同济大学委员会巡察组工作规则(试行)》。

9月26—30日，接受第八轮巡察的体育教学部、网络学院与继续教育学院、图书馆、后勤集团、出版社有限公司等5家党委分别召开巡察整改专题民主生活会，校纪委、组织部、巡察办等部门派员列席。

10月1日，校党委常委会审议第九轮巡察安排，决定成立2个巡察组，对附属同济医院党委、附属同济医院分院党总支、同济创新创业控股有限公司党委、同济大学建筑设计院(集团)有限公司党委开展巡察；审议通过《中共同济大学委员会巡察组工作规则(试行)》。

10月13日，校纪委、组织部、巡察办负责人对接受第八轮巡察的口腔医(学)院开展巡察整改情况督查。

10月14日，学校召开第九轮巡察工作动员暨培训会。

10月18—20日，先后召开巡察附属同济医院党委、附属同济医院分院党总支、同济创新创业控股有限公司党委、同济大学建筑设计院(集团)有限公司党委的工作动员会。

11月5日，巡察办印发《关于做好巡察整改情况公开工作的通知》，就巡察整改情况公开工作提出要求。

11月8日，接受第八轮巡察的图书馆党委、出版社有限公司党委向校党委常委会汇报汇报巡察整改情况。

11月16日，接受第八轮巡察的口腔医(学)院党委、网络学院与继续教育学院党委、体育教学部党委、后勤集团党委向校党委常委会汇报巡察整改情况。

11月16—24日，图书馆党委、网络学院与继续教育学院党委、后勤集团党委、出版社党委，体育教学部党委、口腔医(学)院党委分别向本单位职工通报巡察整改情况。

12月20日，校党委巡察工作领导小组召开第十三次会议，审议第九轮巡察的附属同济医院、附属同济医院分院、同济创新创业控股有限公司、建筑设计院(集团)有限公司等4个党组织情况报告。

12月27日，学校党委常委会研究决定：“同济大学党委巡察工作领导小组”更名为“同济大学党委巡视工作领导小组”；“同济大学党委巡察工作办公室”更名为“同济大学党委巡视工作办公室”。

(徐莹琳)

工会与教代会工作

【概况】 截至12月31日，学校在编教职工会员共5316人、学校在职校聘及双轨制教工会员342人、博士后会员419人，非在编会员共1902名。学校工会主席由校党委副书记吴广明兼任，常务副主席宋建华主持日常工作。学校工会领导39个二级工会开展工作，共有位于四平路校区同济新村的工会俱乐部、嘉定校区教职工活动中心和同济北苑俱乐部三个教职工活动场地。

【民主管理】 1月22—23日，组织召开同济大学第十一届教职工代表大会、第二十届工会会员代表大会第一次会议，通过选举产生新一届学校教职工代表大会执行委员会，工会委员会、经费审查委员会、女职工委员会，持续推进学校民主管理、民主监督，维护教职工合法权益。

十一届一次教代会共征集提案60条，至11月已完成全部处理流程。加权平均后，满意率为83.33%。

【维权保障】 2021年，购买在职职工住院补充医疗互助保障8071份，补充医疗保险7107份；在职职工住院补充医疗互助保障项目理赔3111人次，理赔金额219.52万元；补充医疗保险理赔11569人次，理赔金额871.35万元。

每周二开展心理咨询服务，进行心理疏导，全年服务50余人次。每周二开展教职工法律咨询服务，对教职工遇到的法律问题进行解答和指导，全年服务50余人次。

7月5—16日，完成同济大学实事项目，联合体育教学部开办篮球、板球、高尔夫、生存技巧、乒乓球、羽毛球等8个同二代暑期暖心班，覆盖165人次。

7月29日，通过招投标与中国人寿财产保险股份有限公司上海市分公司签订最新团体综合福利保障保险协议，增加理赔项目，进一步提高门急诊医疗和重大疾病的理赔上限。

5—8月，工会筹备疗休养活动，设计了7条线路，组织13支队伍共计365人参加。后因突发疫情，实际出行57人，并做好善后工作，满意率达96%。

6—11月，组织50岁以上教职工到附属三甲综合性医院进行高质量体检,服务1728人,满意率达到96.97%。

年初启动送温暖工作,慰问高层次人才、劳模、大病或困难教职工及假期值班人员等共计843人。7月,开展暑期送清凉工作,慰问院士、劳模、二级工会委员、困难教职工、后勤保卫等一线教职工共计1813人;全年进行六必访慰问655人次,共计支出49.64万元。同时,认真开展教职工帮困及帮扶工作,对低收入特困家庭,本人或家人患大病、重病或慢性病的家庭,遭受灾害或意外等生活困难的教职工家庭进行帮扶(帮困),解决教职工的生活困难,全年共发放帮扶(帮困)金207人次,发放金额42.32万元。

【自身建设】 制定《中国教育工会同济大学委员会议事规则》等3项制度,对《同济大学工会经费使用规定》等5项制度进行修订;针对机关作风建设专项巡察提出的22条整改措施已全部完成,并将长期坚持;建设完成疗休养系统及工会会员系统升级工作。

12月29日,开展2021年工会干部培训工作,通过主题报告、实务培训、经验交流、总结表彰等形式,提高基层工会工作水平。

2021年,共有164名教职工符合从教30年相关条件,获颁纪念品和证书。

3项课题入选上海市教育工会理论研究课题,工会立项课题28项,全部结题,内容涵盖青年教师发展、智慧工会和教职工权益维权保障等方面。

(李宗徽)

共青团工作

【概况】 2021年,同济大学团委在学校党委和市团委的领导下,以习近平新时代中国特色社会主义思想为指导,深入学习贯彻习近平总书记关于教育的重要论述和关于青年工作的重要思想,聚焦保持和增强政治性、先进性、群众性,围绕中国共产党建党100周年重大历史节点,围绕立足新发展阶段、贯彻新发展理念、构建新发展格局,围绕学校中心工作和重大部署,坚持为党育人、为国育才,着力提升组织力、引领力、服务力,团结凝聚带领青年坚定理想信念、站稳人民立场、练就过硬本领、投身强国伟业,培养堪当民族复兴大任的时代新人。

以青马工程和时代新人研习营为抓手,进一步完善"聚沙成塔"式组织育人培养体系。推进青马工程"青年凝聚计划"培养团支书290人;组织"青年引领计划"培养学生兼职团委副书记60余人;实施"自觉人才计划",组建第四届殷夫班培养33名优秀学生骨干。举办时代新人研习营集中培养学生骨干68人。获评上海学校共青团工作研究课题优秀组织奖。

开展同济青年五四奖章终评暨"榜样在身边"主题教育活动,举办同济青年五四奖章获得者座谈会。策划"同济五四等式"创意活动,开展"学党史,强信念,跟党走——同济青年在行动""学党史、强信念、跟党走——同济青年学党史办实事""请党放心,强国有我"系列主题团日,活动范围覆盖全校共青团员3万余人,收集32个学院共50个主题教育特色团日案例汇编成册。承办"中国(上海)青年五四奖章"获得者(集体)事迹分享会。

开展"百名青年讲师庆祝建党百年"明星讲师、明星课程展示,培育并聘任155名青年讲师;开展送团课进支部、进社区活动300余场,覆盖1万余人次。举办"同济与世界说"演讲大赛,成为共青团中央出品、全球首档无语别青年演讲节目《与世界说》高校首站;承办全国精品献礼建党百年青年学党史大型全媒体系列活动"百年党史青春说走进同济大学";开展"学党史 强信念 跟党走"同济大学庆祝建党百年主题演讲比赛、"济刻发声"—时代声音·新生院团支书微团课宣讲比赛;走进14处红色地标场馆进行"时代声音·听Ta说"党史直播领学,吸引6万余人次关注。

推动与实际资源有效整合的实践育人,在重点地区、重要领域、重大项目、红色基地等四个板块建立118处重点社会实践基地。联合教师工作部,实施师生同行,构建全过程、递进式、长效化实践育人协同机制,33支院级暑期实践团队获得立项资助,近400名师生围绕"人才培养三全育人""政治吸纳思想引领""重大科研基础建设""区域协同创新发展""乡村振兴精准扶贫"5个主题,奔赴祖国各地,以科技对接社会,以教育服务基层,开展形式多样的社会实践活动。联动杨浦、静安等地区,发起"人民城市人民建"青年进社区系列活动,130支团队、2300余名同济青年走进社区开展实践调研,服务时长超2.1万小时,广泛调研、深入思考、置身一线,为城市建设贡献当代青年大学生的青春力量。

2021年同济创业谷完成第19、20期创新创业项目招募和第17期、18期项目出谷,在谷项目105个;完成第5期梦想助力考核和第六期梦想助力基金评审,累计支持梦想助力基金71万元。全年举办112场创新创业类活动,形成陪伴型创新创业人才培养新格局。举办"揭榜挂帅"暨第六届"中国创新挑战赛"长三角新一代信息技术专场活动,挂牌成立3家"同济大学实践育人创新创业基地",收集并发布100个长三角信息技术企业创新需求。

以赛促创的同时推进实践载体的拓展,以"挑战杯"全国大学生课外学术科技作品竞赛为育人平台打造科创"蓄水池",累计申报近400个项目,参与师生5000余名。在上海市大学生课外学术科技作品竞赛中,同济大学斩获特等奖5项、一等奖4项、二等奖2项、三等奖3项,以全市总分第二的成绩获得"优胜杯"。

组织共计4.8万人次青年志愿者在疫情防控、乡村振兴、大型赛会等领域服务国家大局、服务人民群众、奉献青春力量，服务总时长突破30万小时；170余名同济“小叶子”和“小白鹭”克服诸多困难，在进博会、花博会的国际舞台上践行同济精神，展现同济风采；2700名迎新志愿者，发扬同济“小红帽”的优良传统，用热情投入保障新老生返校报到，完成16350件行李全量化转运服务；2200余名志愿者助力校内新冠疫苗接种工作，保障全校师生完成接种，共建校内疫情防控的坚实屏障。

开展“同行计划”暑期实践锻炼，选派292名优秀青年学子赴8个省、自治区、直辖市的党政机关和基层一线开展实践锻炼，新增“同行计划”新疆维吾尔自治区实践锻炼基地，实践情况得到解放日报、文汇报、中青网、青年报、太原日报等全国各地30余家媒体报道，构筑实践育人共同体。

【开展建党100周年系列庆祝活动】 组织各学院及附属单位举办同济大学庆祝建党100周年师生合唱比赛，50支队伍共3000余名师生深情放歌；举办“初心济前路、永远跟党走”庆祝建党百年暨同济大学114周年校庆晚会，营造庆祝建党100周年的浓郁氛围；在四校区隆重举行庆祝中国共产党成立100周年主题升旗仪式，举办艺术节系列活动，在多校区开展各项文艺活动近50场次，覆盖师生近3万人次。

【保障学生社团工作有序规范进行】 对照实现学生社团全面可控的阶段性目标，建立近2年工作规划，制定标准化建设4大方面8个关键性工作举措，统筹推进观测评价、常态化预警与应急处置两项机制建设；推进学生社团指导教师和学生社团团工委辅导员“双导师”建设，组建学生社团督导员工作队伍；进一步加强对学生社团建设发展的全周期管理；开展学生社团常态化工作提示；培育和支持高质量育人活动，发挥学生社团朋辈育人作用。

【原创艺术精品传播校园艺术成果】 原创舞蹈《终将见我微笑》参加全国大艺展开幕式演出，2个艺术表演、1个工作坊及2项案例获得全国大学生艺术展演活动一等奖，总成绩位居上海市第一名、处于全国前列。在上海市群文新人新作展评展演活动中，学校原创合唱作品《为她梳妆》获得“优秀群文新作奖”，原创舞蹈作品《终将见我微笑》获得“群文新作奖”。引进高雅艺术进校园13场；组织举办“共济百年新声”系列艺术家精品大师课21场。

（徐岩松）

妇女工作委员会

【概况】 2021年，妇委在校党委的领导下，持续做好凝聚、服务和引领女教职工的工作，扎实开展党史学习教育，以同济大学妇女工作庆祝建党百年“七个一”行动计划统领全年工作，组织编制同济大学妇女工作十四五发展规划，开启同济妇女工作高质量发展新格局。

3月8日，组织举办纪念“三八”国际妇女节111周年暨“同心擘画十四五 喜迎建党一百年”表彰会。吴广明副书记出席表彰会并为先进个人和集体颁奖。在表彰会上，同济大学妇女工作庆祝建党百年“七个一”行动计划启动。通过开展“七个一”行动——“发出一份温馨慰问，举办一场表彰会议，制定一个发展规划，开展一项专项行动，送上一份诚挚祝福，增添一抹生机绿色，组织一次主题活动”，激励女教职工学史明理，学史增信，学史崇德，学史力行，明晰使命，不忘初心，奋发有为。当天，妇委通过部门微信公众号向全校女教职工、女大学生送上了三八节慰问信。

5月23日，在由上海市教育系统妇女工作委员会、上海市教育工会女教职工委员会主办的“恰百年风华，展教苑群芳”上海市教育系统女教师庆建党100周年健身操展示活动中，同济大学代表队以同济原创编曲《济育明天》为背景音乐进行原创舞蹈展示，融红色元素、体育元素、同济元素为一体献礼建党百年，荣获二等奖。

5月26日，市妇联副主席葛影敏一行来到同济大学调研妇女工作，校党委副书记吴广明出席调研会，妇委负责人介绍了工作情况。葛影敏对学校妇女工作给予充分肯定，希望妇委组织同济女性学好四史，学习妇运史，从政策措施、资源整合等方面为女性科技工作者、女教师、女大学生的发展和成长提供更多更切实的支持、帮助，继续把提高级妇女之家阵地建设得更加坚强有力，发挥同济大学作为高水平一流大学在妇女工作中的引领示范作用。

5月30日，同济大学优秀青年女教师联谊会党史学习教育暨庆祝建党100周年主题教育——“国旗下大手牵小手 同上一节必修课”六一亲子活动，在虹口消防救援支队北外滩消防站顺利举办。活动分为四个环节：升国旗、主题演讲、党史问答和虹口消防救援支队北外滩消防站参观。参与本次活动的教职工及其子女共计72人。

5月30日，妇委、女教授联谊会、女子学院在德文图书馆报告厅联合开展“我为师生办实事”实践活动——“救在身边 校园守护”行动，组织师生参加急救培训，提升师生健康意识和自救互救能力。通过考核的师生可获得由杨浦红十字会颁发的急救员培训合格证书。

6月7日，组织开展“庆祝建党百年——我为绿色低碳生活献计献策”活动，面向全校女教职工、女大学生征集契合绿色低碳生活理念的好建议好做法。

6月30日，组织举办“同心祝福百年辉煌”庆祝建党100周年主题活动。吴广明出席并讲话，全国妇联执委、女教授联谊会会长何敏娟做了题为“延安精神激励我们接续奋斗”的报告，活动现场通过视频展播女教师和女学生代表对党、对祖国的衷心祝福，新生院师生们在现场展示了由“风雨苍黄忆往昔、今朝巨变涌潮头、高歌奋进新征程”三个篇章组成的迎建党百年“十米长卷”。最后，与会党员由吴书记带领，重温入党誓词。

10 月 15 日，上海交通大学妇委常务副主任苏卓君带队来到学校就高校妇女工作参观交流。双方就妇女之家建设、三八表彰活动、支持女性科技人才发展相关政策的制定等进行了切磋交流。

12 月 31 日，以“初心照耀向未来”为题，通过部门微信公众号发布同济妇委新年贺词。

持续做好青年女教师成才资助金评审及管理工作，助力女性成才。11 月 1 日，组织举办青年女教师成才资助金汇报会，21 名受到资助的女教师逐一汇报研究成果，并进行交流学习。持续做好女教职工关爱慰问金评审发放工作，上半年发放 29 人，发放金额 60000 元，下半年发放 30 人，发放金额 55200 元。

本年度校院两级妇女之家联动机制构建专项聚焦建党百年主题，立项 12 个项目，组织举办了移动课堂——从“同济红色诗人”到“同济之魂”、济忆回响——师生诵读红色经典微视频、“一心向党 手绘团扇”、“凝巾帼力，织锦绣图”——迎建党百年十米长卷绘制等近 20 场活动，1000 余人参加，体现了同济女性对党的歌颂和感恩，对伟大建党精神的学习和传承。

【第六届同济大学女教授联谊会会员代表大会、第三届同济大学优秀青年女教师联谊会会员大会举行】 1 月 25 日，以线上线下相结合的方式组织举办第六届同济大学女教授联谊会会员代表大会、第三届同济大学优秀青年女教师联谊会会员大会，党委副书记吴广明出席会议，会议由妇委常务副主任肖辉主持。本次大会回顾了第六届同济大学女教授联谊会和第三届同济大学优秀青年女教师联谊会的工作，审议并通过了第六届同济大学女教授联谊会理事建议名单以及第三届同济大学优秀青年女教师联谊会理事建议名单，选举产生了新一届理事会。何敏娟教授担任第六届同济大学女教授联谊会会长，谢欢教授担任第三届同济大学优秀青年女教师联谊会会长。最后，妇委主任马锦明总结讲话并做了题为“健康绿色，美好生活”的报告。

【制定《同济大学妇女工作“十四五”发展规划和 2035 远景目标纲要》】 根据学校“十四五”发展规划的编制要求，凝聚巾帼共识，系统谋划妇女工作发展，组织制定《同济大学妇女工作“十四五”发展规划和 2035 远景目标纲要》。以服务中心工作为宗旨，以培养女性人才为任务，以发展卓越文化为特色，以建设工作队伍为基础，聚焦理想德范引领、卓越文化建设、美好生活营筑、综合素质涵育等四大平台建设和中华优秀传统文化传承发展、正心修身行动、女性教育发展、女教职工发展支持、女教职工身心健康促进、同心济世公益行动、女教职工综合素养提升、女大学生综合素质涵育等八个行动计划的实施，努力开创同济大学妇女工作新局面，推动妇女工作在学校中国特色世界一流大学建设过程中发挥更大作用，为人类美丽家园和美好未来的构建做出积极贡献。

【“女性・环境・未来——双碳愿景与永续发展”2021 上海妇女理论研讨会在学校召开】 12 月 22 日，由上海市妇女学学会、上海市婚姻家庭学会、同济大学妇女工作委员会、同济大学妇女研究中心共同主办的“女性・环境・未来——双碳愿景与永续发展”2021 上海妇女理论研讨会在学校召开。上海市妇联副主席葛影敏、同济大学党委副书记吴广明、上海市教育系统妇工委副主任张芳出席，校内外专家学者、学校妇女工作干部、女教师、女大学生参与研讨会。吴广明为同济大学女教师低碳创意工坊揭牌，机械与能源工程学院李峥嵘教授介绍了开展低碳创意工坊的设想。与会专家基于女性视角，深刻思考环境的变化趋势及其与人类未来的密切关联，聚焦碳达峰碳中和的绿色愿景实现，围绕“双碳”行动“时间表”与“路线图”探讨践行方案。

【全国妇联书记处书记杜芮一行来校调研妇女工作】 12 月 28 日上午，全国妇联书记处书记杜芮一行来校调研妇女工作。全国妇联妇女发展部副部长杜伟丽，上海市妇联主席马列坚，上海市妇联副主席翁文磊，杨浦区妇联主席金雪萍等陪同来校调研。校党委常务副书记冯身洪出席调研座谈会并致辞，座谈会由校党委副书记吴广明主持。妇委马锦明主任汇报了同济大学妇女工作庆祝建党百年“七个一”行动及“十四五”发展规划等；全国妇联执委、校女教授联谊会会长何敏娟汇报了同济大学女性科技人才发展情况；校就业指导中心主任方雅静汇报了学校女大学生就业情况；校团委书记唐志宇汇报了学校女大学生创新创业情况；伊尔庚（上海）环境科技有限公司创始人张莉、上海同化新材料科技有限公司董事长张楠作为校友代表分享了各自的创业历程。杜芮充分肯定了同济大学在妇女工作和创新创业工作方面取得的成绩。她表示，希望今后各级妇联和同济大学妇委、女教授联谊会从健康成长、成果转化和女大学生就业创业培训等方面共同推动发展，成为一个全国的典范。座谈结束后，杜芮、马列坚共同为“海鸥计划・同济湾”授牌，冯身洪、吴广明代表同济大学接牌。

（孙少杰）

院系及直属研究机构情况概述

电子与信息工程学院

截至2021年年底，学院在编教职工297人。其中，正高职称84人，副高职称94人，中级职称94人。博士生导师159人，硕士生导师223人；一级学科博士点3个、一级学科硕士点4个，二级交叉学科硕、博士点2个，工程领域2个。本科专业9个。

2021年，学院在读博士研究生637名，全日制硕士研究生1088名(含专业学位596名)，在职工程硕士577名，本科生1659名。年内招收博士研究生154名，全日制硕士研究生356名(含专业学位198名)，在职工程硕士研究生154名，本科生534人；毕业博士研究生51名，全日制硕士研究生364名，在职工程硕士研究生48名，本科生483名。

教授蒋昌俊当选中国工程院院士。

学院入选同济大学首批“三全育人”示范学院创建单位。教工第九党支部获“上海市教卫工作党委系统先进基层党组织”；学院团委获“上海市基层团组织典型选树工作表彰集体”。

1月15日，同济大学党委第三巡察组巡察电子与信息工程学院党委情况反馈会举行。

3月31日，党委书记王峻在全院教职工大会上进行党史学习教育动员。6月1日，举办党史学习教育——时代楷模青岛港“连钢创新团队”先进事迹报告会。10月26日，举行党委理论学习中心组学习暨全体教职工大会，校党委宣传部、教师工作部副部长、马克思主义学院副教授运迪作题为“新时代如何做好意识形态工作与师德师风建设”的报告，党委书记王峻作题为“赓续红色基因 汲取奋进力量 开创学院建设新局面”的报告。

5月28日，学院机关直属党支部先后参观中共三大后中央局机关历史纪念馆和四行仓库抗战纪念馆。6月15日，学院师生参加庆祝中国共产党成立100周年师生学校合唱比赛获三等奖。7月8日，学院党委举办“忆峥嵘·感党恩·跟党走”活动。

6月，成立中共同济大学电子与信息工程学院学生委员会。

9—11月，完成嘉定区人大换届选举工作。

学科建设 学院积极开展第五轮学科评估，围绕第五轮学科评估结果，从立德树人、人才培养、学科建设、国际交流、社会服务、平台构建等方面分析学科发展现状，对标国内标杆学科，梳理和制定发展目标和举措。

抓住“智能”机遇，全面融入“双一流”学科建设，将“智能”融入学院六大学科建设之中。积极组织参与学校新一轮“双一流”建设学科群建设，推进微电子科学与工程、控制科学与工程、信息与通信工程、计算机科学与技术、智能科学与技术(IV类高峰)、电气工程六个学科在十个领域参与学科群建设工作，加强学科交叉融合，强化基础研究与关键技术突破。

学院先后对接中车、商飞、青岛港、平安国际、中兴通讯等行业龙头企业，通过科研合作项目的实际落地以及科研合作平台的建立，推动形成长期合作关系，扎实推动学院各学科内涵发展。

4月19日，应国务院学位委员会第八届系统科学学科评议组召集人、学院教授洪奕光邀请，国务院学位办系统科学学科评议组全体成员到访学校，召开学科评议组座谈会议。22日，国务院学位委员会第八届控制科学与工程学科评议组召开首次工作会议。

9月，学院成立学术委员会并召开首次会议，会议宣布首届学术委员会委员名单及学术委员会章程，经讨论和无记名投票，陈启军当选为学术委员会主任，陈虹、苗夺谦当选为副主任，黄新林当选为秘书。

9月，微电子科学与工程全英文博士点正式招生。

10月，经国务院学位委员会批准，获批智能科学与技术一级交叉学科博士点。

教学工作 教授龚沛曾、杨志强主编的《大学计算机(第七版)》获全国优秀教材(高等教育类)二等奖，并入选首批上海高等教育精品教材名单。

万国春的“数字电子技术”获上海高校市级重点课程立项(线上线下混合式课程)，并入选校级开放课程视频拍摄计划建设项目。

5门课程入选2020年度上海高等学校一流本科课程，包括高枚的“C/C++程序设计”入选优质在线课程，朱琴跃的“电路理论”入选线下课程，张冬冬的“计算机I/O通道虚拟仿真实验”、徐志宇的“任务态—功能磁共振影像虚拟仿真实验”入选虚拟仿真实验教学课程，王超的“通信系统原理(Principles of Communication Systems)”入选示范性全英语课程。

“新一代信息技术课程生态链建设与实践”获同济大学教学成果奖特等奖；“面向国家重大需求与产业变革的多层次跨学科人工智能人才培养体系建设与实践”“以提升国际竞争力为导向，构建微电子科学与工程专业新型课程体系与人才培养模式”获同济大学教学成果奖二等奖。

杨志强的“Python程序设计”、苏永清的“传感器与检测技术”(线下课程)、石繁槐的“机器学习”、张伟的“物联网”、李蓉艳及何斌的“信号处理与智能感知”(线上线下混合式课程)、周俊鹤的“数字信号处理(Digital Signal Processing)”(全英语课程)、龚晓亮的“大脑如何决策”(线上课程)获同济大学重点课程建设项目立项。“全过程育人的通识课程思政探索与实践——以‘大脑如何决策?’课程为例”获同济大学课程思政教改课题立项。

杨志强的“信息类教材建设研究分基地”获同济大学教材建设研究分基地立项资助，秦国锋的“计算机系统数据处理原理”获同济大学本科教材出版基金资助。

“工频耐压试验”获“同济大学第十四期精品实验项目”立项；“支持竞教融合的智能导学实验教学平台构建与应用”“基于 GNURadio 的无线通信仿真实验研发”“基于 JetsonNano 的人工智能嵌入式实验开发”“面向复杂电气工程问题的综合仿真实验设计”“考虑门级时延的复杂数字系统虚拟仿真实验研发”“计算机与自动化类课程虚拟仿真实验建设”获同济大学第十六期实验教学改革专项基金项目立项。

获批同济大学研究生教改项目 8 项，包括教育研究与改革培育项目 2 项（蒋昌俊、刘成菊）、课程思政示范课程和研究项目各 1 项（周俊鹤）、线上精品课程 1 项（王超）、教材建设 2 项（邱雷、袁登科）及教育管理类 1 项（张云霞）。

童美松获宝钢教育奖，苗夺谦获同济大学育才教育奖励金一等奖，秦国锋、张文豪、周伟获二等奖，王睿获隧道奖励金，王超、袁登科、方春华获上海三菱电梯奖励金，向阳获联合电子奖教金。赵君峤获学校青年教师讲课竞赛二等奖，胡塞·罗德里格斯·皮内罗（José Rodríguez-Piñeiro）获优胜奖。沈坚、张文豪获首届“同济大学教师教学创新大赛”二等奖，学院获优秀组织奖。卢畅、戴贞玉、卢诗洁、张云霞获同济大学优秀教育管理工作者。

11 名研究生获“国家建设高水平大学公派研究生项目”资助，前往美国明尼苏达大学双城校区、日本东京大学、德国慕尼黑工业大学、英国剑桥大学、新加坡国立大学、加拿大阿尔伯塔大学等学校学习。

1月 15 日，同济大学－诺基亚贝尔股份有限公司产教联盟建设研讨会举行，副院长周俊鹤主持，双方以人才培养为主要目标，讨论了合作框架协议建设产教联盟。

3月 11 日，同济－华为“智能基座产教融合协同育人基地”项目沟通会举行。副院长周俊鹤、张皓等参会，同华为专家围绕如何将产教融合创新实践贯穿于人才培养，拓展在教育教学和人才培养的合作开展深入讨论。

4月 2 日，华南理工大学电子与信息学院副院长靳贵平一行来院调研全国大学生电子设计竞赛总测评的筹备与组织、专业认证和创新人才培养等工作，学校创新创业学院副院长殷俊锋一行调研创新基地建设与优秀创新创业项目培育工作。16 日，学校土木工程学院教务科科长武贵一行调研研究生招生、培养、院系教务管理体制等问题。

6月 8 日，智能基座华为云鲲鹏高校行——同济大学专场举行，400 余名师生参加。

7月 12－14 日，学院举行第十届电子与信息工程学院全国优秀学生暑期学校活动，来自同济大学、哈尔滨工业大学、厦门大学、天津大学等高校近 490 名大三本科生参加。通过考核，323 名学生被评为优秀学员。

9月 17 日，学院举行 2021 年研究生新任导师培训会，28 名新聘导师参加。

10月 9 日，2021 年教育思想大讨论之人才培养主题讨论会举行，会议围绕“人才培养理念与办学目标”“人才培养模式改革”“学科专业动态调整”等主题开展讨论。12月 3 日，人才培养主题讨论成果交流会召开。副校长顾祥林出席，会议围绕新时代人才培养工作，对如何建设高水平的学科专业和教师队伍提出了建设性意见和建议。

12月 7 日，学院召开信息类教材研究基地的首次会议，围绕教学改革及教材建设开展讨论，信息类教材研究基地负责人杨志强、教授龚沛曾参会发言。

12月 17 日，嘉定校区研究生教学管理工作研讨会在学院召开，与会人员就如何高效开展教务工作及存在的困惑等开展讨论。

科研工作　2021 年，全年立项 232 项，立项金额 1.93 亿元，到款金额 1.2 亿元。授权专利 162 项，其中发明专利 147 项，实用新型 13 项，外观设计 2 项。专利转化 5 项，其中实施许可 3 项，专利权转让 2 项，转化金额 66 万元。发表论文 961 篇，其中中国科学院一区 113 篇，中国科学院二区 175 篇。

获批国家自然科学基金项目 31 项，其中重点项目 1 项、面上项目 18 项、青年项目 11 项、专项项目 1 项。

获批教育部自主智能无人系统前沿科学中心、上海市网络金融安全协同创新中心。企业数字化技术教育部工程研究中心通过五年一次的评估。

陈启军的“机器人多维感知与自主控制关键技术及应用”项目获上海市技术发明一等奖，张皓的“网络环境下自主系统分布式协同与可靠控制”项目获上海市自然科学奖二等奖，王瀚漓的“视频编码高效计算理论与方法”项目获教育部高等学校科学研究优秀成果奖（科学技术）二等奖，刘儿兀牵头的“通导一体位置服务关键技术及应用”项目获 2020 年中国产学研合作创新成果奖二等奖。

邱雷、齐鹏入选上海科技青年 35 人引领计划。

1月 16 日，上海市人工智能学会 2021 学术大会、学会 2021 会员代表大会暨二届四次理事会监事会全体会议召开。同济大学原校长、教育部原副部长吴启迪，上海市科协副巡视员黄兴华，副校长蒋昌俊，华建集团上海建筑设计研究院有限公司党委书记董事长姚军等受邀参会。学会荣誉理事长吴启迪作“关于智能控制的若干回顾”的主题报告，学会理事长张浩作《第二届学会理事会 2020 工作报告及财务报告》。

3月 29 日，同济大学与闻泰科技共建的“同济—闻泰空间信息联合实验室”在校揭牌。联合实验室主任、学院教授刘儿兀，闻泰科技中央研究院副院长朱华伟分别代表双方签约。

6月 16 日，同济大学和上海电气泰雷兹“智慧轨道交通联合工程技术研究中心”签约揭牌仪式举行，学院副院长尹学锋，上海电气泰雷兹交通自动化系统有限公司首席执行官沈洪分别代表双方签约。

4月20—21日,学院党政班子分别前往山东青岛港、海尔集团开展校企合作与交流活动,为开展相关技术合作搭建平台。6月,院长陈虹一行赴上海汽车集团股份有限公司开展调研。

师资队伍建设 学院积极组织申报各类人才计划,引进国家级、省部级高层次人才18人,引进同济大学顾问/兼职教授3人,依托同济大学青年百人B岗计划引进3人。通过全球招聘引进优秀青年教师9人,包括2名预聘副教授、7名预聘助理教授。在高级专业技术职务评聘中,2人晋升长聘体系教授、3人晋升副高级专业技术职务。

陈启军入选教育部人工智能高层次人才培养专家委员会,乔非当选中国自动化学会会士,陈虹当选中国汽车工程学会会士。

3月8日,在纪念"三八"国际妇女节111周年表彰会上,学院研究生教务员团队获同济大学三八红旗集体,卫志华获同济大学三八红旗手,刘静娴、孙小非获同济大学青年女教师成才资助金。

4月,邱雷获同济大学青年五四奖章。

4月9—10日,在中国自动化学会颁奖盛典上,李莉、陈启军、何斌牵头的"自主智能系统"学术团队获CAA自动化与人工智能创新团队奖,张皓获第六届CAA青年科学家奖,陈虹及其指导的博士生郭露露分获CAA优秀博士学位论文导师奖和优秀博士学位论文奖,孟敏获CAA第六届青年人才托举工程,孙长银、董璐分别作为第一和第四完成人获CAA科技进步奖一等奖,同济大学为项目第三完成单位。

4月23日,第六届同济大学国际青年学者论坛电子与信息工程分论坛举行,来自电子与信息工程领域国际知名学府及科研机构的18名优秀青年学者参加论坛并作学术报告。

7月28日,在第40届中国控制会议中,雷金龙获第27届"关肇直奖",系首位以同济大学为第一单位的获奖人。

学生工作 2021年,24名预备党员按期转正;85名发展对象发展为中共预备党员;学院分党校培训154名入党积极分子,107名发展对象。

35名本科生获国家奖学金,65名获国家励志奖学金,5名获上海市奖学金,1名获ITW创新奖学金,1名获NITORI国际奖学金,1名获相城高新育才奖学金,1名获雄韬氢雄奖学金,13名获新奥新能源奖学金,4名获华特奖学金,8名获郭谢碧蓉奖学金,2名获华为奖学金,2名获苏州育才奖学金,9名获太原奖学金,16名获民族班奖学金,517名获同济大学优秀学生奖学金,89名获同济大学社会活动奖学金。

16名硕士生获研究生国家奖学金,1名获光华奖学金,3名获华特奖学金,6名获华为奖学金,24名获同济大学社会活动奖学金,5名获新奥新能源奖学金,1名苏州育才奖学金,2名获太原奖学金,1人获中交二公院志业精英奖学金,21名获校级研究生优秀学生奖学金,1名获雄韬氢雄奖学金。

7名博士生获博士研究生国家奖学金,1名获博士研究生新生国家奖学金,2名获华特奖学金,1名获华为奖学金,6名获同济大学社会活动奖学金,12名获同济大学优秀博士生奖学金,12名获博士研究生新生奖学金,1名获新奥新能源奖学金,1名获雄韬氢雄奖学金,1人获苏州育才奖学金,1名获中交二公院志业精英奖学金。

学院获心理健康活动月优秀组织奖、优秀项目奖。王秋晨获同济大学2019—2020学年学生资助育人工作先进个人。学院研究生会获"同济大学优秀学院研究生会"。电气信通联合党总支研究生第七支部获同济大学先锋党支部。2018级通信工程本科班获同济大学"优良学风标兵班",2019级计算机科学与技术一班获"优良学风班";博士生熊明亮获同济大学"学术先锋",本科生俞少作获同济大学"学术之星"。

2月3—4日,学院举办"同抒家国豪情,共绘新春济忆"迎新春系列活动,副校长黄翔峰、就业指导中心主任方雅静,学院党委书记王峻、院长陈虹等出席。

3月26日,学院"扬帆启航·笃行致远"2021届研究生毕业典礼举行。7月5日,"同心济梦,从嘉启航"2021届本科生毕业典礼举行。

4月3日,在第十届上海市大学生工程训练综合能力竞赛中,张志明、杨晓圆、王凌青参与指导,本科生张浩雨、方少腾、王战山、刘政钦组队获"生活垃圾智能分类赛项"决赛第1名(特等奖),并晋级全国总决赛;金屹阳、杨子超、刘嘉恒、廖一芃组队获决赛第8名(一等奖)。智能物流搬运赛项两支队伍分获第4名(特等奖)和第14名(一等奖)。

4月5日,在VEX机器人2020—2021赛季亚洲公开赛中,学院创新基地选派的TJU队斩获"建造奖"。

4月16日,上海市公安局优秀教官、上海公安学院国家安全专业负责人姚东升受邀作"筑牢高校意识形态防线,化解政治领域重大风险"党员新视野专题讲座。6月18日,学生党委开展"不忘初心,逐梦起航"毕业生党员主题教育。9月29日,举办"青年责任与担当"专题党课暨2021级新生党员见面会举行。11月1日,党员新视野暨第二期"研读经典 慎思明辨"假期读书成果展示报告会举行,马克思主义学院副教授刘顺现场点评。19日,上海市委党校教师肖鹏受邀作"《共产党宣言》诞生记"党员新视野专题讲座。23日,副校长黄翔峰在嘉定校区友园党建活动室讲授党课。29日,马克思主义学院形势与政策课教研室主任刘骞作"从历史视角谈中国国家安全战略的实施"党员新视野专题党课。

5月10日,在第十七届"挑战杯"上海市大学生课外学术科技作品竞赛中,学院学子获特等奖1项,一等奖1项,二等奖1项。

5月16日,在第45届国际大学生

程序设计竞赛亚洲区银川站中，教师叶晨、朱宏明共同指导，本科生赵屹雄、姜梓恒、王宇其组成的“机械化就输不了”队获金牌，闫弘、徐晟凯、黄子君获银牌，叶茂尧、李昊龙、张晨阳、张迪、庞鹏瞩、高天宸获铜牌。

5月15日，“忆往昔和衷共济，聚嘉园砥砺前行”校友论坛举行，设立“启智立信·迪哲励行”主论坛和各分论坛。教育部原副部长、学校原校长吴启迪，校长陈杰等领导、同济大学校友会电子与信息工程学院分会执行会长武广等校友出席。10月27日，同济大学校友会电子与信息工程学院分会常务理事、现任UCloud创始人、董事长兼首席执行官季昕华受邀返校，同院长兼校友分会会长陈虹、党委副书记兼校友分会秘书长张南华围绕学院校友工作和协同育人工作开展交流，并在智·信讲堂作了题为“国内外云计算市场的发展与未来”的报告。11月27日，由学院主办的“城市数字化转型”主题校友沙龙在上海通信服务有限公司举行。

5月19—21日，学院与校信息化办公室联合主办的同济大学第三届“Tongji CTF”网络安全竞赛举行。6月9日，校信息化办公室主任许维胜、学院党委书记王峻等领导出席竞赛颁奖典礼并为获奖者颁奖，学院2019级学生刘孔阳获特等奖。

5月21日，“执我昔时笔，着我战时襟”主题军营故事分享暨征兵动员会举行。27日，在学校征兵工作推进暨先进表彰会中，学院获“征兵工作先进集体”，刘永焕获“2020年度征兵工作先进个人”。30日，“老兵新事”国防生校友主题交流分享会举行。6月8日，围绕电信、软件及交通运输工程学院的征兵及就业工作推进会举行，校党委副书记彭震伟等领导出席。

5月22日，由校本科生院主办，学院承办的第十八届同济大学程序设计竞赛决赛举行，评出一等奖9人，二等奖18人，三等奖27人。

6月1日，在学院承办，大学生电子信息科技创新基地电子设计实验室与学生创新俱乐部共同协办的“校庆杯”大学生电子设计竞赛中，本科生夏天、王逸文获赛事最高奖项“校庆杯”，金屹阳、刘嘉恒等8名同学获一等奖，李振源、赵建培等24名同学获二等奖，白怡霏、刘琪敏等24名同学获三等奖。

6月11日，在“科大讯飞杯”上海市大学生程序设计竞赛中，由教师叶晨、软件学院朱宏明指导，汪冰海、季马泽宇和朱泽凯的“春田花花”队获金牌，孙宏毅、夏文勇、彭瀚的“五岁来打acm”队获银牌，成笑行、王钧涛及李乐天的“电脑”队获银牌。

7月23日，在第十五届“西门子杯”中国智能制造挑战赛华东赛中，学生余韶亚、蔡子坤、任柏宇获离散行业自动化方向特等奖，郭思彤、贺兰山、郭展羽获数控数字化双胞胎—虚拟调试方向特等奖，韩子奇、贾浩东、董景文获智能产线与协作机器人方向特等奖，秦烨彤、黄敏淯、朱子辰获数控数字化双胞胎—虚拟调试方向一等奖，杨皓冬、李嘉晨、何子琦获智能产线与协作机器人方向一等奖。

7月30日，在“融汇智通——2021”城市突发事件态势认识技术挑战赛中，研究员衣鹏、教授李莉指导，学生组成的“同息队”获总成绩第二名。

8月25日，在第十六届全国大学生智能汽车竞赛总决赛中，学院本科生组成的“智行·听荷里”队获讯飞智慧餐厅组第一名，“智行·汪宝快跑”队获百度智慧交通组全国一等奖，“智行·龙卷风”队获基础四轮组全国二等奖。

8月26—27日，在全国大学生物联网设计竞赛（华为杯）全国总决赛中，学生赵恩霆团队、李晨曦团队获全国一等奖，胡焘团队获全国二等奖，赵恩霆团队同时获鸿蒙特别创新奖。

9月23日，在第三届“复微杯”全国大学生电子设计大赛颁奖典礼中，博士生彭澎获数字赛道第一名，夺得全国总冠军。

10月22日，由学院承办的“嘉才兼文武，盛世谱华章”第十四届迷你奥运会暨2021年体育节开幕式在嘉定校区举行。

10月29—30日，在第四届全国大学生嵌入式芯片与系统设计竞赛总决赛中，由学院教师张志明指导，黄定梁、吴泽铭、巴志彪组成的“两片面包夹芝士”队获应用赛道ST赛题全国二等奖；教师刘庆文、张志明指导，陈子翔、张子阳、孙卓阳组成的“CPU写的都队”队和教师张志明、王晓年指导，杨怡、程新元、周琪组成的“百事可乐”队获应用赛道海思赛题全国三等奖。

11月13—14日，在中国智能机器人格斗及竞技大赛中，学生金屹阳、刘一凡、罗翊杰组成的“智信·三足鼎立”队获“机器人视觉对抗”赛一等奖（冠军），俞书彬、张雨、张梓瀚、朱睿潇组成的“智信·A—Team”队获一等奖，张登煌、胡蓬、李昊霖组成的“智信·钢铁洪流”队获“仿人体感格斗”赛一等奖（季军），姚宇阳、杨怡、梁伊雯组成的“智信·C”队获一等奖。

11月14—15日，在中国高校智能机器人创意大赛（主题三）中，由教师张志明、余有灵指导，张登煌、胡蓬、李昊霖组成的“钢铁洪流”队，获统一部件组仿人格斗组一等奖（亚军），俞书彬、张雨、张梓瀚、朱睿潇组成的“济勤”队，获视觉对抗A组一等奖。

11月26日，学院关工委分会启动“忘年问道”系列活动，包含青年教师沙龙、“入党初心”专题党课和“师生面对面”座谈交流。校关工委副主任金正基、常务组成员乔建新等专家应邀出席。12月16日，举行学院关工委分会工作总结交流会暨聘任仪式，金正基、乔建新分别被聘为学院关工委分会顾问、学院关工委分会委员。

12月11日，在第二十三届中国机器人及人工智能大赛决赛中，由教师张志明和余有灵指导，侯哲、黄媛媛、刘政钦、孙景怡组成的“智信薄荷里”队，获医院智能引导机器人项目全国一等奖；王樾、方少腾、薛江帆、王飞龙、黄晨宇组成的“智信云飞车”队，获无人驾驶竞速赛项目全国二等奖和省级一等奖；梁伊雯、韩子奇、刘一凡、王聪聪组成的“智信·听荷里”队，获智能机器人分拣挑战赛全国三等奖。

12月24日，中国工程院院士蒋昌俊应邀在同济大学博思论坛暨智·信讲堂作“网络交易风险防控”主题报告，校党委副书记彭震伟出席并致辞。

12月26日，在全国大学生智能汽车竞赛室外专项赛总决赛中，学院本科生参赛队获室外智能驾驶竞速赛一等奖1项。

国际交流 学院举办14期高水平的智信讲堂，来自英国利兹大学、英国布鲁内尔大学、美国韦恩州立大学等国外知名大学的专家受邀作报告。

持续建设中德智能科学与技术中心，每月组织汇报中德学部进展，修订中德双学位项目硕士培养方案，制定中德双学位项目博士生培养方案。增选中心硕导，引进中心德方副主任杨·哈德（Jan Harder），扩充师资队伍。

获批6项科技部高端外专项目，来自美国、德国、法国、英国、瑞典、新加坡、意大利、澳大利亚、塞尔维亚、西班牙、加拿大等国家的专家开展线上工作。学院接收双学位学生14名、短期交流生2名，招收学历学位国际学生新生8名。

优化同济大学—博洛尼亚大学、同济大学—都灵理工大学双学位项目运行方式。

建设学院双语环境，编写全英文学院外籍员工学院工作生活指导手册，更换智信馆大厅指示牌及中英文标识。

4月23日，由同济大学、瑞典皇家理工学院（KTH）主办的中国科协中国—北欧青年科学家交流论坛在上海举行，瑞典皇家理工学院国际关系处副主席斯代芬·乌斯特隆德（Stefan Östlund）出席开幕式并致辞，学院教授洪奕光作主题发言。

11月8日，“拉美文化走进学院”活动暨墨西哥蒙特雷科技大学学生交流项目宣讲会举行。墨西哥蒙特雷科技大学亚太区代表冈萨雷斯·梅赛德斯（Mercedes Gonzalez）、学校中西学院项目协调人、学院部分本科生参加活动。

（孙小非）

建筑与城市规划学院

建筑与城市规划学院在编教职工共258名，专任教师220名中包括教授及研究员76名（含院士3名），副教授、副研究员98名及高级工程师和副研究馆员5名。另有专职科研人员11名，博士后59名。2021年度新入职教师12人，其中预聘副教授2人，预聘助理教授10人。

在校二年级及以上本科生1102人，包括：建筑学专业（含室内设计方向）531人（含留学生60人），建筑学专业（国际班）39人，历史建筑保护工程专业75人（含留学生1人），城市设计30人，城乡规划专业277人（含留学生1人），风景园林专业150人（含留学生3人）。

在校研究生1706人，包括全日制博士生415人，非全日制博士40人，全日制硕士生1008人，在职硕士生230人，短期交流国际学生27人。其中在读全日制港澳台学生26人，全日制留学生61人，长期国际交流学生（双学位）59人。

学院形成校、院、系、支部、学科团队多层次的学习方式，中层干部认真遵守廉洁自律的有关规定，履行党风廉政建设责任制。2021年，学院党委精准有序，坚决做好疫情常态化防控工作；有序开展党史学习教育；持续推进中央巡视整改工作，积极组织、协调、配合中央巡视相关工作。

学院围绕新时期党的建设总要求，以聚精会神抓基层党建的责任担当和坚定行动，推动全面从严治党落地生根。2021年，学院党委改版党建网站，加强宣传展示，持续发挥“全国党建工作标杆院系”辐射带动作用，在2021年度各类党建工作中再创佳绩：学院党委获得上海市教卫工作党委系统先进基层党组织；学院组织员张志敏获“上海市优秀党务工作者”称号；章明、李丽、肖夏璐、倪春、张琪、汪统岳获同济大学优秀共产党员；李柳醒获同济大学优秀党务工作者；教工第八党支部顺利通过上海市攀登计划的结题验收；本科生第一党支部入选第三批全国党建工作样板支部，并获2021年同济大学学生先锋党支部；教工第六党支部书记邵甬成功申报同济大学第三批“双带头人”党支部书记工作室。

学院党委立足新发展阶段、贯彻新发展理念、构建新发展格局，结合实际用习近平新时代中国特色社会主义思想武装头脑、指导实践、推动工作，在师德师风建设、学术育人、科学研究、学生工作、社会服务等方面形成教师人人尽展其才、先进模范不断涌现的良好局面。2021年度，李振宇获同济大学2021年度“师德师风优秀教师”；钱锋荣获第十批全国工程勘察设计大师称号；杨贵庆乡村振兴团队获上海市“工人先锋号”；叶宇、徐洪涛、沈尧、丁雪松获同济大学优秀班主任；郑晨获同济大学优秀随训教师；赵承志获同济大学辅导员素质能力大赛一等奖，同济大学优秀学生思想政治教育工作者提名奖；姚栋、李彦伯、沈洁、陈静、孙亚琛获同济大学大学生暑期实践活动优秀指导教师；郑宇智获同济大学资助育人先进个人；刘雨婷担任虹口区政协委员；李翔宁担任奉贤区政协委员。

学院获多项集体荣誉：学院微信公众号入选高校思政类公众号重点建设试点名单；获首届同济大学教师教学创新大赛优秀组织奖、2019－2020年度同济大学群体工作先进学院、2020年同济大学妇女工作先进集体、2021年度同济大学心理文化月优秀活动组织奖、2021年度同济大学社会实践优秀组织奖、2021年同济大学大学生暑期实践活动优秀组织奖、2021年同济大学大学生优秀创新基地、2021年度学生工作考核优秀状态单位、学院办公室获评2019－2020年度三八红旗集体。

学院党委深入学习贯彻十九大和十九届中央历次全会精神，以庆祝中国共产党成立100周年为契机，深入开展党史学习教育夯实基层党建，认真落实中央巡视整改意见，进一步理顺决策机制和制度建设，在提高制度执行力上下功夫，明确工作职责、明确工作流程，严格管理制度。

1月5日，全院教职工大会通报学院第六次党代会情况。

3月16日，完成建筑系副系主任、城市规划系正副系主任、景观学系正副系主任岗位候选人推选。

4月13日，学院第四届教代会暨工代会第二次会议顺利召开。

5月10日，学院党委与《时代建筑》《城市规划学刊》《建筑遗产》、*Built Heritage*、城市建设干部培训中心负责人签署党风廉政建设责任书。

5月20日，陈杰校长来学院调研，进一步推动党史学习教育走深走实。

5月29日，学院党委书记刘颂带队赴清华大学、北京林业大学学习调研。

6月16日，党史学习教育专项检查。

6月29日，学院举办庆祝中国共产党成立100周年“两优一先”表彰大会。

9月30日，学院举行2021年教育思想大讨论之人才培养主题讨论会。

10月14日，市教卫工作党委滕建勇书记一行来学院调研。

10月29日，教育部副部长翁铁慧来学院调研。

11月16日，举行上海市杨浦区第十七届人大代表换届选举005选区选举大会。

11月18日，奥托·海因里希·赫尔佐格当选中国工程院外籍院士。

11月23日，举行全体教职工党员大会暨党委中心组（扩大）学习会，深入学习党的十九届六中全会精神。

12月28日，学院党委集中整改落实情况报告。

学科建设 开展建筑、规划、景观三个系的学科评估和专业评估。完成高峰计划第二期绩效评价，并成功申报新一轮五年建设，提出打造“上海学派”目标。围绕一流学科建设，完成动态指标监测获得高评价，并成功入选新一轮双一流建设。建筑与建成环境国际QS排名跃居全球第13名。软科排名稳居全国第一。新设立史忠华、陆谦受、东鹏等基金。

3月5日，学院4个专业入选国家级一流本科专业建设点。

4月13日，同济－HIST风景遗产与文化景观保护创新联合团队荣获“世界遗产数字化保护全球竞赛”二等奖。

4月22日，“逝者如斯”空间艺术展开幕。

4月23日，举办“如恩：无尽之行”主题展览。

5月12日，《建筑遗产》入选CSSCI（2021－2022）扩展版来源期刊目录。

5月14日，举行国际青年学者论坛。

5月21日，“时代回响”美术藏品与新作展开幕。

5月25日，“冯纪忠建筑思想与上海方塔园何陋轩保护修缮研讨会暨中国建筑学会建筑评论学术委员会2021年学术研讨会”在上海方塔园召开。

7月10日，首届世界规划院校大会二十周年纪念大会“规划教育2001—2021—2041”举办。

9月28日，举办“李德华罗小未设计教席韦业启受聘仪式暨学术报告会：Seeking Equilibrium 寻找平衡”。

10月12日，学院召开一流学科建设方案专家论证会。

10月14日，周鸣浩获上海市“十四五”规划研究编制工作先进个人。

10月19日，华东建筑集团股份有限公司“学院奖”奖学金授证仪式及“友谈”系列活动举行。

11月13日，第六届校友论坛在线上举行。

11月5－30日，“十二街坊——城市更新中的影像艺术”展览在同济大学博物馆展出。

12月17日，中国建筑学会建筑教育分会2021理事长会议及全体理事会议成功举办。

教学工作 修订本科生研究生2022级培养方案、课程大纲、课程简介，完善专业教学管理系统建设，全面推广运行线上评图。

2021年共录取建筑规划景观设计大类类内本科生229名，其中建筑学91人，城乡规划55人，风景园林38人，历史建筑保护工程20人，城市设计25人。转专业学生共录取52人：转入建筑学（含室内设计方向）20人，历史建筑保护工程5人，城市设计6人，城乡规划13人，风景园林8人。

2021年招收全日制硕士研究生343人，其中建筑学213人，城乡规划学（含城市规划，下同）91人，风景园林学39人。2021年毕业323人（建筑学187人，城乡规划学99人，风景园林学39人）。2021年授予硕士学位361人。2021年招收双学位国际学生23人，短期交流国际学生39人，2021年授予硕士学位17人。

2021年共招收博士研究生86人，其中建筑学35人，城乡规划学26人，风景园林学8人，资源与环境17人。2021年毕业45人，授予博士学位51人。

组织编写2020－2021学年研究生教学评估自评报告及本科教学质量保证工作年度报告。

1月，于幸泽被评选为“2020年度同济大学公共基础课程教学工作先进教师”。

1月，李湞主讲的“历史环境实录”、汤宇卿主讲的“虚拟住区性能模拟交通仿真实验”、栾峰团队负责的“乡村认识实习”、蔡永洁团队负责的“毕业设计（社会实践类）”入选“2020年度上海高等学校一流本科课程名单”。

3月，历史建筑保护工程专业入选2020年度国家级一流本科专业建设点。

4月，王桢栋、董屹、陈晨指导的学生团队获得“汇创青春”第六届上海大学生文化创意大赛的金奖。

5月，周俭获评2021年同济大学卓越奖提名奖，王凯获得年度卓越校友奖。

5月，郑时龄、章明、刘刊、王凯的“建筑评论”获国家课程思政示范课程。

7月，董鉴泓荣获“全国教材建设先进个人奖”；吴志强、李德华主编的《城市规划原理（第四版）》荣获“首届全国优秀教材（高等教育类）二等奖”。

7月，郑时龄主编的《建筑评论学》，吴志强、李德华主编的《城市规划原理》，董鉴泓主编的《中国城市建设史》被上海市教育委员会认定为“首批上海高等教育精品教材”。

7月，郝洛西获得2021年“同济大学育才教育奖励金”一等奖；韩锋、王兰获得二等奖。

7月，“2021同济大学木构建造节暨奉贤新城建造邀请赛”在上海之鱼开幕。

9月，邵甬、钱锋、钮心毅荣获同济大学第八届“名课优师”称号。

9月，袁烽荣获2021年“上海市育才奖”。

9月，75本教材入选住房和城乡建设领域学科专业“十四五”规划教材选题，我校是同类高校入选教材最多的单位。

9月，郝洛西、许晓青荣获“同济大学教师教学创新大赛”一等奖和“教学学术创新奖”，汤宇卿获二等奖和“教学设计创新奖”，王桢栋、姚栋荣获三等奖。

9月，袁烽主编的《建筑机器人——技术、工艺与方法》获得第五届中国出版奖图书奖。

10月，常青主持项目获批1项教育部首批新文科研究与改革实践项目。

11月，王珂负责的“传承与创造：砖木雕的‘技’与‘艺’”课程入选上海高校党史学习教育与课程相融合示范课程。

11月，学院18项成果获得“2021年同济大学教学成果奖”，其中特等奖2项，一等奖6项，二等奖6项，三等奖4项。

12月，张尚武等负责的《乡村规划原理》被认定为2021年度上海高等学校一流本科课程。

12月，干靓、颜文涛指导的学生作品获得“中国自然资源学会第三届全国大学生自然资源科技作品大赛特等奖”。

12月，“建筑与建成环境创新基地”获评同济大学优秀创新基地。

12月，吴志强荣获上海“科普杰出人物奖”。

科研工作 2020年申报自然科学基金139项，获批27项，其中面上项目17项，青年科学基金项目9项，国际（地区）合作与交流项目1项；新增国家社科基金重点项目1项；新增教育部人文社会科学研究项目1项；获得科技部“十三五”重点研发计划新增课题1项；获得上海市科技进步奖一等奖1项，二等奖1项。

1月11日，第二届同济规划青创会议周开幕，主题为“十四五”背景下规划的挑战与应对。

3月18日，上海市委书记李强主持召开城市规划、设计专家座谈会，学院郑时龄、吴志强、唐子来、章明等出席。

3月24日，2021年度“复星基金会ANNEX空间”“隐像感知：同济建筑的未来性”开幕。

4月8日，章明获三联人文城市奖生态贡献奖，刘悦来获三联人文城市奖社区营造奖。

4月13日，吉林省自然资源厅和同济大学建筑与城市规划学院签署合作协议。

5月12日，《建筑遗产》入选CSSCI（2021－2022）扩展版来源期刊目录。

5月15日，学院联合主办的中国工程院战略研究与咨询项目“新时代我国建筑人才结构发展战略研究”研讨会举行。

5月15日，景观学系2021校庆报告会暨2021（第十五届）世界风景园林月科普宣传活动（上海）举行。

5月19日，举办校庆学术报告会暨青年教师前沿论坛—“当下建筑学的教学与研究”。

5月20日，举办城市规划系2021年校庆报告会。

5月22日，第9届金经昌中国青年规划师创新论坛举办。

5月29—30日，2021中国建筑学会城市设计分会年会暨中国建筑学会城市设计论坛召开。

6月8日，谭洪卫获得“日本空气调和卫生工学会国际荣誉会士”称号。

7月16日，吴志强获得2021年上海“最美科技工作者”称号。

7月10日，学院与中国城市规划设计研究院、长三角城市群智能规划省部共建协同创新中心签署战略合作备忘录。

7月23日，“国土空间智能规划技术重点实验室”获批为首批自然资源部重点实验室。

8月27日，奉贤区城市管理精细化工作领导小组办公室与同济大学超大城市精细化治理研究院签订战略合作协议。

8月28日，智能vs.智识| DigitalFUTURES2021中文系列论坛举办。

9月25日，郝洛西荣获“十三五”轻工行业科技创新先进个人称号。

9月25日，学院参与策展的2021上海城市空间艺术季开展，主题为“15分钟社区生活圈——人民城市”。

9月25日，吴志强获“全国创新争先奖”，杨贵庆获“最美科技工作者”称号，栾峰获“优秀党员科技工作者”称号，赵民、周俭获“杰出学会工作者”称号。

11月10日，方守恩书记一行赶云南省大理州云龙县推进定点帮扶工作。张尚武团队负责永安村总体规划、袁烽团队设计该村重点公共空间节点。

11月13日，建筑学科重点实验室联盟成立。

12月10日，上海市建筑学会数字建筑学术委员会成立仪式暨主题论坛举办。

12月18日，“2021年上海城市空间研究交流会”在线上举行。

12月22日，韩锋领衔的“湖南武陵源世界遗产示范研究”荣获“2021中国风景园林学会科技进步奖”一等奖。

师资队伍建设 组织申报各类人才计划；奥托·海因里希·赫尔佐格入选中国工程院外籍院士；尹杰、黄璜、陈曦、任国乾获“上海市领军青年人才”称号；校内高层次人才转聘长聘特聘教授岗位1名，2021年有体系教授转聘长聘教授岗位3名，推荐续聘16名兼职教授。

2021年学院共引进副教授1名，助理教授7名，专职组织员1名，派遣人员正式转编2名。2021年学院共有4名教职工在校内外借调与挂职锻炼，其中校内借调锻炼2名(同时在上海市挂职)，上海市挂职2名，援疆(副教授)1名。

学生工作 学院入选同济大学首批“三全育人”示范学院创建单位。以迎接建党100周年为契机，开展“学党史、庆百年：党建助推乡村振兴”系列活动，积极开展“对标争先”建设项目：学院上半年共有7个“对标争先”项目获得立项，其中重点项目2项、优秀项目1项；下半年共有6个项目获得立项，其中重点项目1项、特色项目3项。其中，“我的‘四史’记忆”获同济大学学生党支部“对标争先”建设十佳项目；红色地图——复兴与滨江：基于四史学习的上海滨江地图制作获同济大学学生党支部“对标争先”建设示范项目；本科生第一党支部获2021年同济大学学生先锋党支部称号。

开展了“筑梦百年，星火燎原——一百个红色建筑巡礼”项目；举办同济大学×曲阳街道联动展览，追寻“红色记忆”，在喜马拉雅FM平台推出“我的红色记忆”专辑；组织“红色地图”系列活动，形成“红色地图之百个景观建筑”成果；举行“两优一先”表彰大会；开展学党史系列活动。

举办毕业典礼、开学典礼和新生教育周；开展体育运动和心理健康教育活动；举办各类文化艺术活动，红樱剧社创作排演乡村振兴主题原创剧《老宅》入围第十七届上海市大学生话剧节决赛；打造“同济梦想花园”育人品牌。

2021年度暑期社会实践共立项43项，学院指导实践团获上海市“知行杯”二等奖和三等奖各1项、同济大学优秀团队6项、先进个人8人、优秀指导教师5人，学院获得2021大学生暑期社会实践活动最佳组织奖。

大学生创新创业训练项目共立项38项，其中国家级7项、上海市级7项、校级24项。学生成果获上海市大学生创造杯二等奖、全国商业策略大赛银奖等。

举办20多场宣讲会，加强对选调生、中西部企业、国际组织的宣介。开展“我在2021年毕业——毕业生求职经验分享会”“选调生及基层就业动员会”等活动。加强学生职业发展规划和交流，共同推进校企合作。

3月22日，举办博思论坛：有形的风景——同济大学建筑与城市规划学院摄影书画大赛。

3—4月，召开“共战疫情，CAUP学子双学位项目线上交流”会议。

4月7日，开展留学延长线本科生学生生涯规划系列讲座。

4月20日，开展CAUP研会全体思想教育培训会。

4月27日，《少儿绘本：我们的城市》(第二辑)绘本启动。

4—5月，举办“润心慧心，健康成长”CAUP心理健康教育主题宣传月活动。

4—5月，“我的红色记忆”庆祝建党100周年实践成果展在学院及虹口区曲阳文化中心巡展。

4—7月，学院与上虞区校地共建、乡村共创系列活动。

5月13日，举办“汇聚青春力量，助力乡村振兴”——同济·彭渡党团共建活动。

5月15日，开展博思论坛：乡村振兴研讨会(博士生)。

6月1日，举办“百年辉煌 兴国济行”乡村振兴实践成果展。

6月4日，举办CAUP研代会及换届大会。

6月22日，开展2021年度学生对外交流安全教育及行前动员会。

6月23日，举办“献礼建党百年，艺术点睛社区”美育进社区系列活动——嘉兴路街道美育展。

6月29日，举办“从胜利走向胜利——庆祝中国共产党成立100周年”建筑与城市规划学院第十七届“学院奖”艺术大赛作品展暨“筑梦百年 星火燎原”百个红色建筑巡礼成果展开幕式。

6月29日，同济大学建筑与城市规划学院党建网站发布。

7月1日，举办“庆祝建党百年”CAUP党建花园揭幕仪式。

7月，举行CAUP2021届毕业典礼及毕业晚会。

7—8月，开展“永远跟党走”暑期社会实践。

8月31日，举行CAUP2020级研究生开学典礼。

9月5日，举行CAUP2020级本科生欢迎会。

9月28日，召开中共同济大学建筑与城市规划学院学生委员会第一次代表大会。

9月，开展“请党放心 强国有我”主题团日。

10月12日，召开同济大学建筑与城市规划学院第三十五次学生代表大会。

10月19日，举办“与乡村同行 以实践助思”主题党日活动。

11月13日，举办“创新与共享”第六届校友论坛。

11月16日，举办第九届同济大学一骏地旅行奖成果展开幕式。

11月17日，开展“美好田林新画卷”——同济·田林社区共产党员先锋行动。

12月7日，举办CAUP双学位项目线上线下经验交流分享会。

12月15日，举办城乡协同共谋发展——同济·顾村党团共建活动。

12月19日，举办崇明合兴村乡村振兴与劳动教育活动。

对外交流 2021年，学院主办、承办各类线上国际研讨会、学术会议、联合设计、夏令营、竞赛活动等20余次。举办国际学术报告30多场。新签双学位项目2个，续签双学位项目协议1个，新签其他MOU、学生交流协议4个。

2021年在册含春秋两季双学位交流学生共54人，非学位交流学生共27人。学生派出方面，2021年夏季双学位联合培养学习顺利回国的学生共49人。2020秋季学期继续派出33名学生参加双学位项目。

教师方面，学院教师担任国际学术组织、机构委员、评委及知名大学客座教授的达106人次，担任主席、理事职务的达37人次，担任外籍院士的达6人次。

3月26日，中日韩“亚洲校园”项目线上交流汇报会议举行。

4月14日，留学生专场招生宣讲会举行。

4月19日，住房和城乡建设部计划财务与外事司来学院调研。

4月30日，与意大利威尼斯建筑大学联合开展首轮科研交流会。

5月6日，王兰等参加“同济大学—谢菲尔德大学”线上交流会。

5月16日，郑时龄、伍江、邵甬等出席法国驻上海总领事馆主办“行走的研讨会——上海的欧洲印记”上海与法国建筑及遗产保护交流活动。

5月19日，邵甬、李薇出席首届中法交流合作沙龙。

5月25日，伍江、邵甬被授予法国文化部艺术与文学骑士勋章

6月8日，2021年同济大学国际建造节暨2021年“风语筑”塑料中空板建筑设计与建造竞赛开幕。

6月22日，2021年建筑学本科国际班线上面试会举行。

6月26日，“数字设计与智能建造”(CDRF)会议与第十一届数字未来暑期工作营(DigitalFUTURES)开幕。

7月2日，与意大利威尼斯建筑大学联合开展第二轮科研交流会。

7月10日，奥托·海因里希·赫尔佐格受聘为同济大学名誉教授。

7月13日，王骏参与出席接待以色列驻上海总领事馆一行。

7月19日，由南京红山森林动物园、同济大学建筑与城市规划学院、南京林业大学风景园林学院与南京大学生命科学学院共同发起的和平·动物理想家——共建人与自然生命共同体国际联合实践营开营。

9月8日，校际交流国际学生线上迎新会顺利举行。

9月15日，奥托·海因里希·赫尔佐格、校友傅国华获2021年上海市“白玉兰纪念奖”。

9月17日，召开主题为“后疫情时代建筑、规划、景观教育的转型变化”的全球院长论坛。

9月24日，国家留学基金管理委员会副秘书长李青一行来访学院。

10月2日，章明主持设计的“杨树浦电厂遗迹公园”项目获罗莎·芭芭拉大众奖(WINNER OF 2021 THE ROSA BARBA AUDIENCE PRIZE)。

10月7日，学院国际交流生荣获2021ASLA学生奖交流传媒类荣誉奖。

10月24日—11月21日，中国—巴西建筑师系列主题对话活动举行。

11月1日，“第十九届亚洲建筑师大会(ACA19)”在奉贤九棵树未来艺术中心开幕。

11月23日，2022年度CAUP双学位项目宣讲会举行。

12月4日，2022国际学生本科生专场线上招生宣讲会举行。

12月20日，巴西驻上海总领事乐思哲(Gilberto Moura)一行来访学院。

12月25日，2022学年双学位联培项目面试选拔会举行，共11名2021级研究生参加。

（李薇）

土木工程学院

同济大学土木工程学院内设建筑工程系、地下建筑与工程系、桥梁工程系、结构防灾减灾工程系和水利工程系5个系，以及土木工程防灾国家重点实验室、国家土建结构预制装配化工程技术研究中心和同济大学房屋质量检测站。

2021年，学院扎实开展党史学习教育，高标准高质量完成各项任务，原创“百人百句”“百人百篇”“百年百图”等特色活动，紧密结合学院“双一流”建设以及“十四五”开局年的各项工作，推动党史学习教育走深走实，用优异成绩献礼建党百年。

3月，2020年度土木工程学院“院长奖”揭晓。肖绪文、阮欣、吴昊、张东明、周颖、赵程、蒋欢军、谢雄耀获学科建设奖，王达磊、许多、孙羽捷、李国、苏静、单伽锃、姚迎、徐馨获管理服务奖，赵志鹏、潘柄屹获未来之星奖。

4月28日，“上海科技青年35人引领计划”评选颁奖，学院张东明、孔庆钊成功入选。

5月10日，“同济大学追求卓越奖励基金”获奖名单公示，学院石振明获“追求卓越服务奖”，孟诗乔、张文津获“追求卓越学生奖”提名奖。

5月25日，2020年度上海市科学技术奖揭晓，学院冯世进获上海市青年科技杰出贡献奖，黄雨、陈之毅获上海市自然科学一等奖，代朝猛获上海市科技进步奖一等奖，胡向东获上海市科技进步奖二等奖。

5月，中国工程院院士、学院教授吕西林当选日本工程院外籍院士。

5月，鲁正教授获评2020年度上海市青年五四奖章个人标兵，学生工作办公室副主任孙羽捷和吴昊教授获2020年度上海市青年五四奖章。

6月15日，同济大学“永远跟党走”庆祝中国共产党成立100周年师生合唱比赛在大礼堂举行，学院荣获一等奖。

6月15日，上海市“两优一先”拟表彰对象进行公示，吕西林获“上海市优秀共产党员”“上海市教卫工作党委系统优秀共产党员·师德标兵”。

6月22日，2021年度土木工程学院共产党员、优秀党务工作者和先进基层党组织评选揭晓。马云凤、王静枫、艾晓秋、石雪珺、代朝猛、吕西林、刘匀、江佳斐、许多、阮欣、何亚楣、陈之毅、陈忠延、陈涛、俞松波、徐晨、傅世春、操金鑫、王书胤、方衍其、石高扬、杨旭、宋芷慧、张江頔、陈晓庆、罗文森、周华亮、聂聪、黄义仁、戴薇获“优秀共产党员”称号，孙晓蕾、严长征、李奇、张宗斌、陆伟峰、陈宏信、贾良玖、龚韵霁、鲁亮获“优秀党务工作者”称号，地下建筑与工程系党总支、建筑工程系教工第二党支部、建筑工程系研究生第一党支部、地下建筑与工程系教工第一党支部、桥梁工程系研究生第三党支部、桥梁工程系教工第四党支部、结构防灾减灾工程系教工第二党支部、结构防灾减灾工程系研究生第六党支部、水利系硕士生党支部、本科生第二党支部获“先进基层党组织”称号。

6月29日，同济大学隆重举行庆祝中国共产党成立100周年“两优一先”表彰大会，吕西林获评“同济大学优秀共产党员·师德标兵”，王静枫、石雪珺、代朝猛、刘匀、阮欣、陈之毅获评“同济大学优秀共产党员（教工）”，杨旭、陈晓庆、周华亮获评“同济大学优秀共产党员（学生）”，严长征、李奇、陆伟峰、端木怡雯获评“同济大学优秀党务工作者”。

7月6日，学院第四届教职工代表大会第七次会议在土木楼A804召开。学院领导、教代会正式代表、列席代表等70余人参加会议。

8月5日，“上海市育才奖”拟获奖人选名单公示，学院钱建固荣获该奖。

9月10日，同济大学2021年教师节庆祝大会在四平路校区一·二九礼堂举行，学院葛耀君获评同济大学“师德师风优秀教师”。

9月，2021年度学院“师德师风优秀教师”评选揭晓，王君杰、李方元、李凌志、张洪、周建民、周德源、屈文俊、徐超、梁发云、葛耀君获评。

10月12日，全国教材工作会议暨首届全国教材建设奖表彰会（视频会）举行。学院沈祖炎院士（已故）等主编的《钢结构基本原理》（第三版）、项海帆院士等编著的《高等桥梁结构理论》（第二版）两本教材，荣获全国优秀教材一等奖。

10月19日，学院召开“2021年教育思想大讨论之人才培养主题讨论会”。同济大学副校长顾祥林、学院党政班子、各系主任、教学系主任、学术委员会成员、高层次人才、部分教师代表以及教学相关职能部门教职工40余人参加了本次会议。

11月18日，中国科学院、中国工程院2021年院士增选名单揭晓，学院李杰教授当选中国科学院院士，朱合华教授当选中国工程院院士，贝斯科斯教授当选中国工程院外籍院士。

11月，学院通过上海市教卫党委新时代高校党组织（党建工作标杆院系）“攀登”计划验收。

12月10—12日，第九届光华学术论坛在同济大学举办。本次会议由同济大学土木工程学院、土木工程防灾国家重点实验室、地震工程国际合作联合实验室、中国地震学会地震可恢复功能委员会、上海韧性城市与智能防灾工程技术研究中心联合主办，共邀请24名国内外地震工程领域知名专家作大会报告。

学科建设　土木工程专业连续五年获软科世界排名第一，连续两年US News排名世界第一，首轮一流学科建设7项指标均为“显著”。

全面对接国家重大工程战略需求，制定新一轮土木工程高峰学科和一流学科建设方案，明确学科发展的“绿色”“智能”“韧性”等三个重要角度，夯实韧性城市与多灾害防控、重大工程性能演化与控制、绿色与智能建造、深部城市地下空间、地质资源与环境等五大学科方向。

教学工作　深化基于OBE理念的专业课程思政教育改革。作为学校工科分中心负责部门入选教育部课程思政教学研究示范中心，承担教育部土木类专业、地质类专业、结构力学与弹性力学课程思政教学指南的编制工作。土木工程专业课程思政教学指南入选上海市首批课程思政教学指南编制专项，3人入选教育部课程思政教学名师。

土木工程专业全英文专业培养方案通过本科生院组织的专家论证，入选学校2021—2023全英语专业建设资助计划；进一步推进中英文在线课程建设，入选上海市一流课程4门、上海市重点课程4门。

荣获全国首届教材建设先进集体奖、一等奖2部、二等奖1部，上海市高等教育精品教材5部。入选学校首批教材建设研究基地，24部智能建造专业系列教材和25部土木工程专业教材入选住建部十四五规划教材。

科研工作　推动与中国建筑集团有限公司、上海市地震局等单位开展校级战略合作，揭牌“中国建筑—同济大学智能建造工程技术研究中心”“国际韧性基础设施联合研究中心”等。

2021年纵向和横向立项经费为5.5亿元（增量10%），国家自然基金项目55项；国家重点研发计划项目2项，国家重点研发计划（国际合作）项目2项。

师资队伍建设　高层次人才建设取得历年最好成绩，李杰当选中国科学院院士，朱合华当选中国工程院院士，贝斯科斯当选中国工程院外籍院士。引进基金委优青（海外）、上海QR等海外人才18人，博士后进站人数达

51人,另有多人入选国家级人才计划。

全面修订学院长聘体系和现有体系(试点学院教师)专业技术职务评聘标准和考核标准,新制定院聘研究员和副研究员技术职务评聘标准(试行),摒弃"五唯"思维和措施,突出质量和贡献导向,增加了立德树人相关要求。

学生工作 辅导员参与国家级课题1项、市级课题1项,1项课题研究成果获市级二等奖,1名辅导员在中文核心期刊发表论文1篇。

孙羽捷获上海市五四青年奖章,严长征、程春兰、张昂、石雪珺等获校级荣誉6项,吴培峰、程春兰等获校级教学成果奖4项。

学院共申报对标争先项目41项,获评重点项目4项,优秀项目6项,一般项目11项。

发放本科生各类奖学金199.8万元,获奖覆盖面49.95%。发放研究生奖学金247.75万元,覆盖面14.8%。发放助学金148.5万元,793人次受助。设置勤工助学岗位13个,发放酬金32.07万元共计286人次。

对外交流 学院主办了第九届光华学术论坛、第四届桥梁结构防震减灾与工程创新国际会议、第七届中日韩高层建筑论坛、首届韧性基础设施国际学术研讨会等14场国际学术会议。

土木工程防灾减灾创新引智基地顺利通过验收。

获批科技部高端外国专家引进计划3项。

完成土木工程学院新版英文官方网站建设。

录取国际本科生14人、博士生27人、硕士生39人,4位国际博士后进站工作。

其他专项工作 工会工作:学院工会荣获上海教育工会"模范教工小家"称号;在校工会2021年度工作考核中荣获第一名;在二级教代会执行情况督查中荣获"先进单位"称号。土木代表团在同济大学十一届一次教代会中荣获提案优秀组织奖。

妇女工作:建成学院"五星级爱心妈咪小屋"。组织学院女职工完成上海市、市教育系统、同济大学等各级项目申报。学院获评"2020年同济大学妇女工作先进集体";王琼和周洁获评"2019—2020年度同济大学三八红旗手"。

离退休工作:做好老同志"送清凉""送温暖""回娘家"等服务,帮助困难退休职工申请救助,传递组织的温暖。指导和组织退休教工党支部开展形式多样的组织生活。

(陆伟峰)

测绘与地理信息学院

2021年测绘与地理信息学院全面完成了年度工作计划,疫情防控和安全生产落实到位,学科建设等各项工作有序开展。完成了第五轮学科评估申报、新一轮测绘科学与技术国家一流学科建设方案与一流学科培优建设方案,牵头多个学科完成了"空间信息智能感知与'三深'探测"学科交叉群建设方案,初步完成了"天空地海智能感知与探测"Ⅳ高峰学科建设方案;人才引进取得新增长,年度入职教师3人,2人入选国家四青人才,3人入选上海市领军人才;完成了测绘工程专业认证,完成了三大岗位责任教师体系建设;自然基金获批率居全校第一,建成了北斗分析中心同济分中心;完成了学院宣传片制作、学科成立90周年测绘学报专刊策划、文化大厅建设策划与审批等。

三全育人 为贯彻落实全国高校思想政治工作会议以及全国教育大会精神,全面提升学校"三全育人"综合改革试点建设工作,学院贯彻执行《同济大学学生社区驻楼导师工作站建设方案》,在2021年度开展了内容丰富的驻楼导师工作站系列活动,推动知名教授、知名学者进驻学生社区,将育人力量和育人资源有机融入学生日常学习生活的第一线。

2021年度"驻楼导师工作站"活动,聚合多方资源:从学校副校长到学院专业教师,从资深教授到青年助理教授,先后走进社区,和学子们围绕科研思维、专业兴趣、奋斗意识和价值观念等主题展开互动探讨。增强对学生的人文关怀,切实提高学生的参与获得感,塑造卓越理想,修炼独立人格,培养堪当大任的时代新人。驻楼导师们高屋建瓴,针对"拔节孕穗期"的关键阶段,与同学们解读新时期教育定位,分享专业思考见解。在沟通交流间,形成文化浸润,强化价值认同,启迪创新创造,引导学生健康成长。

2021年驻楼导师工作站活动一览

序号	活动主题	主讲人
1	关于北斗的那些事儿	葛海波助理教授
2	畅谈党史、校史、院史	童小华教授,同济大学副校长
3	简单就是精彩——大学学习生活经验探讨	黄炜教授
4	仰望星空、脚踏实地——同济青年学子的家国情怀与历史使命感	柳思聪副教授
5	做有价值的人工智能	张绍明副教授

序号	活动主题	主讲人
6	新时代同济文化与人才培养	赵宪忠教授，本科生院院长、新生院院长
7	从工匠精神到国之重器：中国重力卫星的发展	陈秋杰教授
8	空间天气知多少—你了解地球的外衣吗？	杨哲助理教授
9	面向未来，我们如何能做得更好？	顾祥林教授，同济大学副校长

为进一步促进学院不同课题组师生之间的交流互动，让更多教师深入学生、了解学生，以严谨求实的治学精神引领学生，以正向积极的人生态度和丰富的人生阅历影响学生，2021年，学院继续通过与学生共进午餐、谈心谈话等活动形式，开展了系列“师生午餐沙龙”活动。

师生午餐沙龙是学院的特色活动，2021年度活动主题内容丰富，涵盖专业研讨、经验分享、人生引领、就业指导等。该系列活动有效打破了研究生固有的课题组圈子，增进交流互动的同时，实现了师生之间多维互动，启发思考，启迪智慧，促进成长。

2021年师生午餐沙龙活动一览

序号	活动主题	主讲人
1	“杠精”如何“找茬”：浅谈科研问题的提炼	张磊教授
2	如何寻找学术切入点：从研究入门到博士毕业	梁鸿俞助理教授
3	做科研也是做艺术——怎样发表高质量论文	黄炜教授
4	女大学生健康成长、全面发展	张珂瑜副书记、谢欢教授、王穗辉副教授、叶勤副教授、杨玲副教授、万一豪老师、李舒怡老师
5	积跬步以至千里：浅谈学术交流能力的培养	杨哲助理教授
6	科研道路上的难忘事迹与科研初心分享	杨玲副教授、杨哲助理教授、王牌副教授（上海交通大学）、项艳助理研究员（上海交通大学）
7	课程学习如何融入日常研究	叶勤副教授

学科建设　学科于2021年再次入选第二轮国家一流学科建设名单，学院围绕国家“双一流”建设的重大战略决策部署，面向全球化发展战略和国家经济社会重大需求，紧密结合测绘学科国际发展前沿，并综合考虑上一轮建设经验和专家建议，制定了同济大学“测绘科学与技术”一流学科新一轮建设方案，并通过专家论证会。学科在航天测绘遥感与深空探测、卫星导航定位与位置服务、全球变化与重大灾害监测3个特色研究方向的基础上，牵头同济数学、海洋、控制科学与技术等多个学科开展空间信息智能感知与三深探测领域的交叉研究。学科学术创新能力和成果产出水平显著，2021年获测绘科技进步奖一等奖等9项科技奖励，获批国家自然科学基金13项（其中重点项目1项、面上项目8项、青年科学基金项目2项、国际交流与合作项目2项），获批率达39.39%，位列全校第一，获资助总额966.65万元，其中由刘春教授主持的“泛化点云的高维张量空间语义认知与建图”为国家自然科学基金重点项目；获批上海市自然科学基金项目2项，上海市科委创新项目1项。

学科有6个省部级科研平台，2021年获批国际GNSS监测评估系统同济分析中心和国际GNSS监测评估系统同济创新研究中心，开展多方面导航定位前沿研究工作，例如低轨卫星增强GNSS系统研究、GRACE/GRACE-FO等低轨卫星的精密轨道钟差产品及ROTI指数产品生成，为发展北斗综合PNT，全面推广北斗应用以及研制新一代北斗卫星导航系统提供产品保障和理论基础，为用户提供标准超快速、快速及事后轨道钟差等精密产品，助力同济大学成为国内首家同时具有iGMAS分析中心和创新研究与应用中心的单位。

教学工作　2021年，学院根据学校要求设立了四大课程群，按学科和教学任务压实了四大课程负责团队的教学、课程、教材等任务规划；按照立德树人的总体目标和工程教育认证的要求，全面修订了51门课程的教学大纲；积极推动教材建设，出版了《误差理论与测量平差》教材第三版，推动同济大学测绘学科继续站在全国测绘高等教育的前沿；“测量学”课程再次申报国家级一流课程，同时完成了“测量学”国家级金课的申报工作，10余名教师参与了“测量学”新课件建设。

学院积极推进以学生成长为中心的教学改革，推动同济测绘工程专业更上一个台阶，不断建成和完善测绘工程国家级一流本科专业。学院鼓励教师积极探索教学规律，研究和改革教学内容与教学方法，不断提高教学水平；鼓励教师申报教学研究课题、申请各类教学质量工程项目。2021年学院教师负责的教学改革研究与建设相关项目共 10 项，在研 6 项，通过结题验收 4 项。其中冯永玖教授负责的“面向国家战略与人工智能发展的测绘工程专业升级建设”项目成功入选教育部第二批新工科研究与实践项目(全校共 8 个项目入选)。

2021 年在研/结题的教改项目

序号	项目名称	项目来源	负责人	项目状态
1	面向国家战略与人工智能发展的测绘工程专业升级建设	教育部第二批新工科项目	冯永玖	2021 在研
2	测量误差分析与近代测量平差	同济大学	王穗辉	2021 在研
3	大地测量学与测量工程实验	同济大学	楼立志	2021 在研
4	新形势下测绘学科研究生招生生源质量保证体系建设研究与实践	同济大学	乔刚	2021 在研
5	面向空天地海国家战略的地理信息系统(GIS)专业课程链建设	同济大学课程思政教育教学改革项目	冯永玖	2021 在研
6	卫星导航定位原理与应用(示范课程建设)	同济大学课程思政教育教学改革项目	李博峰	2021 在研
7	构建基于 OBE 理念的毕业要求与课程目标评价体系	同济大学	程效军	2021 结题
8	建设平差课程教材《误差理论与测量平差》	同济大学	王穗辉	2021 结题
9	“地图制图基础”课程中专题图底图制作	同济大学	张松林	2021 结题
10	基于智能手机平台的测绘应用软件开发技术和课程建设研究	同济大学	冯金涛	2021 结题

2021 年，学院召开了教育思想大讨论，学院党政领导班子和全体教职员工参加了本次讨论，大家踊跃提出问题并提供相应的解决方案，为测绘与地理信息学院一流专业建设和一流人才培养贡献智慧。全院教师围绕人才培养理念与办学目标、人才培养模式改革、学科专业动态调整，以及工程教育认证等多个主题进行了热烈的讨论。通过这次教育思想大讨论，学院更加明确了同济测绘人才培养的初心、使命和担当。本次教育思想大讨论为学院指明了面向国家战略培养国际一流测绘人才的道路。2021 年 10 月，测绘工程专业接受工程教育认证专家入校考查，全院老师参与了材料提供与现场考察。专家组听取专业汇报，考查实验室和图书馆，查阅资料，访谈教师、学生、用人单位和校友等，认为同济大学测绘工程专业“符合工程教育认证标准要求”。学院以工程教育认证为契机，进一步推动同济大学一流本科建设和高质量人才培养。

科研工作 2021 年，学院以一流学科建设为抓手，不断完善科研工作机制，加强团队和平台建设，科研工作取得良好进展。教师以第一作者或通讯作者在高水平刊物发表学术论文 114 篇，其中被 SCI、EI、CSCD 收录的学术论文分别为 60 篇、31 篇、8 篇。2021 年度申请发明专利 48 项，授权 24 项，新增软件著作权 3 项，出版中英文著作 3 部；获教育部科学技术进步二等奖 1 项，测绘科学技术一等奖 1 项、二等奖 1 项。学院坚持“精而强”的发展定位，在科学研究方面逐渐形成了航天测绘遥感与深空探测、卫星导航定位与位置服务、全球变化与重大灾害监测三个特色方向，同时牵头同济大学多个学科开展“空间信息智能感知与三深探测”领域的交叉研究。

在承担科研项目方面，2021 年立项项目合同经费 2047.548 万元，其中纵向项目合同经费达 1714.648 万元，占 84%。2021 年到款经费 2633.42 万元，其中纵向到款 2313.45 万元，占 87.8%。新立纵向项目 29 项，横向项目 17 项。国家自然科学基金和装发项目取得新突破，2021 年获批国家自然科学基金 13 项(其中重点项目 1 项、面上项目 8 项、青年科学基金项目 2 项、国际交流与合作项目 2 项)，获批率达 39.39%，位列全校第一。

在科研平台与工作机制建设方面，制定了学院高水平科研能力综合奖励发放实施办法。由学院牵头的国际 GNSS 监测评估系统(iGMAS)同济大学分析中心及创新研究与应用中心正式通过验收；学院持续加强自然资源部现代工程测量重点实验室、上海市航天测绘遥感与空间探测重点实验室等平台的高质量建设，参与土木工程防灾国家重点实验室、上海自主智能无人系统科学中心等国家级基地平台的建设。

师资队伍建设 2021 年，学院积极推进落实测绘一流学科建设方案，稳步推进学院岗位聘任、薪酬体系、职称改革和博士后流动站改革等工作，完成了长聘－预聘教职体系和专职科研队伍的岗位工作业绩要求和考核要求标准。修订调整了《测绘与地理信息学院长聘体系岗位聘任要求》《测绘与地理信息学院长聘体系岗位聘期考核要求》《测绘与地理信息学院现有体系岗位聘任要求》《测绘与地理信息学院现有体系岗位聘期考核要求》《同济大学测绘与地理信息学院博士后研究人员科研工作考核暂行办法》《同济大学测绘与地理信息学院专职科研队伍建设管理办法(修订)》《测绘与地理信息学院2021年专职科研队伍招聘计划》等规章制度或实施方案，不断完善师资队伍岗位和薪酬体制综合改革方案。

2021年学院做好海内外人才引进和培养、公开招聘、专业技术职务晋升等工作，举办了第六届国际青年学者论坛，高层次人才引进和培养取得新突破。申报各类人才项目30余人次，其中入选省部级以上人才计划10余人次。徐聿升入选国家优青(海外)计划，刘春入选自然资源部高层次科技创新人才工程科技领军人才项目，冯永玖入选国家青年拔尖人才支持计划和自然资源部高层次科技创新人才工程青年科技人才项目，葛海波、梁鸿俞、乔晶入选上海市领军人才(海外)，冯永玖获得上海市人才发展资金资助，柳思聪入选上海市“科技创新行动计划”启明星项目，梁鸿俞入选上海市浦江人才计划，杨其全和徐晴雯入选上海市超博计划。2021年新增正高4人(陈秋杰、黄炜、易永红、刘世杰)，新增副高3人(叶真、金雁敏、安璐)，新增预聘助理教授4人(梁鸿俞、宇洁、乔晶、黄荣)，新增长聘教授2人(沈云中、王群明)，新增同济大学“青年百人计划”(A岗)3人(张磊、陈秋杰、黄炜)，引进同济大学兼职教授1名(舒嵘)。此外，谢欢获得“上海市育才奖”、2019－2020年度上海市三八红旗手标兵提名奖称号，柳思聪获得上海市教卫工作党委系统优秀共产党员、第九届高校GIS论坛“高校GIS新锐”奖和同济大学优秀共产党员·师德标兵，张珂瑜获得同济大学优秀党务工作者、2020年度同济大学优秀学生思想政治工作者和2019－2020年度同济大学三八红旗手，刘世杰获得同济大学育才教育奖励金和BM工作先进个人，万一豪获得同济大学辅导员素质能力大赛二等奖。

学生工作　2021年，测绘与地理信息学院学工团队在校党委学、研工部和院党委的坚强领导下，在庆祝建党百年的重大时代背景下，坚持立德树人的根本任务，深入贯彻落实党史学习教育和中央巡视整改工作要求，将思政教育与庆祝建党百年深度结合，将五育并举与培养立大志、明大德、成大才、担大任的时代新人紧密融合，圆满完成了党建团建、第二课堂、奖惩助贷、就业指导等各项工作。

2021年恰逢中国共产党成立100周年，测绘与地理信息学院在学校系列活动的基础上结合学科特色高标准高质量地在全院开展党史学习教育。组织同学观看并探讨《觉醒年代》《铸诗成剑》《长津湖》等影片，塑造学生价值观，压实理想信念；走访毛泽东旧居、中共一大会址、蔡元培故居等，瞻仰旧居和红色基地，重温峥嵘党史；积极推荐思政队伍人员参与评优争先的活动。2021年学院共发展学生党员21名，超额完成当年发展党员任务。2021年学院成功申报“对标争先”项目4项，其中示范项目1项、重点项目2项、常规项目1项。深入推进党史学习教育和“我为师生办实事”活动，学生党支部举办2次“我为学生办实事·学生党支部进社区”活动，两次活动分别以“‘纳’么收放自如”“心灵驿站”为主题。院团委积极引导优秀同学向党组织、团组织靠拢，2021年度共完成团推优27人，发展团员1人。组织54名学生党员、团员到上海龙华烈士陵园回溯党的历史，缅怀革命先烈，重温入党、入团初心。邀请2020年全国劳模、同济大学95级测量系校友李章林老师为全体学生党团员作题为“领跑大隧道创新之路”的主题报告，发扬劳模精神，营造劳动光荣的社会风尚。院团委联动专业教师，策划组织开展“北斗高悬测前路·神州锦绣绘宏图”暑期社会实践，带领学生深入科研一线，调研北斗卫星导航技术的发展现状，强化实践育人成效。结合毕业生离校教育和新生入学教育，院团委分别于4月19日、10月18日面向2021届毕业班、2021级新生班开展了升旗仪式主题教育。为进一步引导学子以优秀共产党员为榜样，发扬“热爱祖国、忠诚事业、艰苦奋斗、无私奉献”的测绘精神。6月3日，学院邀请自然资源部第一大地测量队为学生作了题为“爱国报国 勇攀高峰——传承国测一大队精神之数字背后的故事”的专题报告，讲述了2020年珠峰测量中的艰辛历程。

通过专业竞赛、午餐沙龙、博思论坛等活动加强学风建设、诚信教育和学术交流，营造良好学术氛围，引导研究生积极求学、努力成才、奋进担当。2021年，共13支队伍在全国高等学校大学生测绘系列竞赛中获奖，其中特等奖5项，并在测绘技能大赛中荣获团体成绩一等奖。学院依托“北斗启明”同舟助飞学业帮扶计划，构建多维度帮扶格局，累计开展“经验说”朋辈经验分享会5场，“绘科普”慕课3期、科普性专题推文1期，结成“一帮一”对子32对，整理印刷“自主学”笔记覆盖3门专业课程，组织班主任、本科生导师定点指导，覆盖252人次，建立院级朋辈导师人才库，已有学院朋辈导师24人。此外，新增4名学生入选校级朋辈导师人才库。超过50%的被帮扶同学取得明显进步，进步幅度最大学生学年排名提升49名(年级共87人)。做好各类奖、助学金评审工作，2021年发放本科生奖学金94人次，共计28万元，发放研究生奖学金21人次，共计19.9万元。稳妥做好各项就业工作，2021年硕士就业率为100%，总体就业率为92.91%，多人进入高校、青松计划重点单位、高新技术企业等工作；同时积极引导学生投身祖国基层建设，贡献测绘力量，2021年获扬帆奖二等奖2名，三等奖1名。

对外交流　2021年度，学院邀请国内外专家学者来访(线上＋线下)并举办高端学术论坛活动累计34人次

(其中境外学者11人次)。通过科技部2020年“高端外国专家引进计划”引进澳大利亚科廷理工大学Petrus JG Teunissen教授开展线上合作科研,并举办学术报告;通过学校111培育项目,邀请加拿大皇家科学院院士陈镜明、德国斯图加特大学大地测量研究所蔡剑青博士、新南威尔士大学教授Chris Rizos、意大利佛罗伦萨大学教授Nicola Casagli等多次开展线上研讨和交流。赴境外交流研究生9人次,其中8人次赴加拿大、荷兰、德国、丹麦等国家参加博士生联合培养项目,1人次赴南极洲参加自然资源部第38次南极科考;学生在境内参加2021年全国行星科学大会、IAG2021、测绘学会2021年会、高校GIS论坛等学术会议65人次;教师赴境外交流1人次,境内参加学术会议交流教师50人次,其中25人次作口头报告;积极筹备科技部111培育项目申报,积极响应留办、港澳台办规定和倡导,加强留学生、境外生招生管理,加强内地和港澳台学术交流。

(刘莉君)

机械与能源工程学院

学院下设机械工程系、能源工程系、中德机械工程中心,另有工程实践中心由学院托管。学院设有机械设计与理论研究所、机械电子工程研究所、现代制造技术研究所、工业工程研究所、燃气工程研究所、暖通空调研究所、热能与环境工程研究所、制冷与低温工程研究所、专业基础教学部、机械实验中心和能源实验中心。学院设行政机构:办公室、教务科、学生工作办公室、图书分馆。另有工程机械研究院、建设部同济大学环卫机械研究所、建设部同济大学中法煤气研究中心、上海建设机器人工程技术研究中心、重大工程施工技术与装备教育部工程研究中心、国家土建结构预制装配化工程技术研究中心(与土木工程学院共建)、国家级机械工程实验示范中心、中国工程机械学会、《中国工程机械学报》编辑部及机械工程博士后流动站。

学科建设 根据学院“十四五”规划,机械工程系以工程机械、智能制造为特色,能源工程系以绿色能源为特色,两系以对德合作为引领。

5月,完成同济大学工程机械研究院功能再建的方案讨论。

6月,参与上海建筑机械安全智能控制工程技术研究中心共建工作,召开技术委员会会议。

7—11月,参与申报上海市教委前沿科学基地与协同创新中心,获批后完成工程机械数字光学研究方向建设工作。

7月,参与同济大学新一轮双一流学科建设领域“智能建筑与遗产保护”。

10月,参与“创新设计与智能制造”学科群建设,完成建设方案、团队构建、研究方向规划、关键科学问题凝练等工作。

11—12月,组织同济—西门子战略合作协议签约活动。

12月,参与组织“同济大学首届创新设计智造高峰论坛”。

1—12月,牵头申报教育部中德联合研究中心(同济大学)。

12月,组织动力工程及工程热物理一级学科博士点自评估。

教学工作 2021年招收博士生56名(其中直博生7名、非全日制工程博士19名),硕士生249名(其中学历教育硕士94名、全日制专业学位硕士111名、双学位留学生3名、非全日制专业学位生41名)。2021年学院有在校博士生227名(其中全日制198名、非全日制工程博士29名,全日制博士生中学术型博士175名、专业型博士23名),学术型硕士生279名,工程硕士557名(不含短期交流生,其中非全日制学生217名、全日制专业学位334名、双学位专业学位6名),在校本科生882人。2021年毕业的本科生291名,博士生31名,硕士生209名(其中学术型硕士84名、全日制专业学位生87名、非全日制专业学位生4名)。博士后流动站1个,一级学科博士点2个,二级学科博士点2个,硕士点7个,本科专业5个。

专业建设 完成2021—2022学年第一学期培养方案核对工作。4月,完成2021年校级本科全英语专业规划申报工作,2个专业入选。6月,完成2021级本科培养方案修订工作,共5个专业1个试验区。9月,完成2021—2022学年第二学期培养方案核对工作。11月,完成2022—2023学年微辅修专业、2022年双学士学位复合型人才培养项目申报工作。

课程建设 1月,获批1项研究生课程思政示范课程。2月,完成教育部课程思政示范项目申报工作。3月,完成教育部新文科研究与改革实践项目申报工作,5项研究生核心课程建设项目结题。4月,完成校级、上海市重点课程建设申报工作,7门课程入选校级重点课程;完成第二批国家级一流本科课程推荐工作;完成校级本科生全英语课程建设申报工作。7月,完成2021年度同济大学优质在线开放课程视频拍摄申报工作,1门入选;完成2021年上海市一流课程申报工作,1门入选;完成上海市课程思政示范项目申报工作。

教材建设 1月,完成高等教育职业教育、住房和城乡建设领域学科专业“十四五”规划教材申报工作,10本教材入选。5月,完成1本研究生教材并出版。12月,完成“十四五”首批职业教育国家规划教材申报工作,推荐1本。

教改工作 1月,完成1项研究生课程思政教改项目申报,4项研究生教材申报,1项研究生教育管理项目申报。3月,完成1项对接国家和上海发展战略专项计划研究生项目结题;完成2项研究生教改项目中期考核。

质量管理 6月,完成2020—2021学年第二学期院级督导、院级领导听课检查工作,本科学生评教、教师评学工作。12月,完成2021—2022学年第一学期院级督导、院级领导听课检查工作,本科学生评教、教师评学工作。共完成研究生课程院级领导和院级督导听课16次,完成研究生课程评教工作。

培养工作 7月,完成研究生全日制14个和非全日制7个培养方案的修订工作。11月,完成博士论文开题报告31人次,完成硕士论文开题报告206人次。2021年全年举办4场校级高等讲堂。

获奖情况 5月,完成同济大学第八期"名课优师"工作,1名教师入选。7月,完成2021年同济大学校级教学成果奖申报工作,4项入选。9月,完成2021年同济大学校级教学成果奖重点项目申报工作。10月,完成2021年上海市教学成果奖申报工作。11月,完成同济大学第四期"立德树人"示范课程推选工作,1门入选。

科研工作 2021年学院科研项目总计立项230项,项目合同经费为9410.5万元。其中纵向项目51项,经费为3124.9万元;横向项目179项,经费为6285.6万元。2021年到款情况包括:纵向到款2467.3万元、横向到款3972.2万元,合计6439.5万元。

2021年学院教师获批的重点项目包括:国家自然科学基金共申请58项,其中12项获批,面上项目7项(阎耀保、曹强、苏醒、李峥嵘、周翔、符长虹、段春艳),青年科学基金项目5项(侯泽然、季晨振、钱柯贞、罗茂辉、吴妍),总金额518万元;科技部国家重点研发计划获课题1项(苏醒),二级课题5项(闵峻英2项、唐堂、阮应君、钱柯贞),国际合作1项(王海);工业和信息化部立项项目获二级课题1项(陈明);国际机构、企业合作项目获3项(闵峻英、刘雪梅、陆亮);上海市科委立项项目共13项,其中国际合作1项(闵峻英),基础性研究自然基金计划3项(吴妍、王昆、季晨振),浦江人才(A类)2项(季晨振、余春龙),浦江人才(D类)1项(徐东东),科技创新软科学1项(段春艳);其他项目5项(安巍2项、阮应君、冯昱恒、张文娟)。

论文、专著情况:2020年发表期刊论文SCI1区73篇、SCI2区34篇、SCI其他区29篇、EI44篇;出版专著、教材类9本。

专利情况:2021年申请发明166项,实用新型24项,软件登记12项;授权发明115项,实用新型15项。

科研获奖情况:高军获河北省科学技术进步奖一等奖(排名第3,同济为第3完成单位);李峥嵘获广东省科学技术进步奖二等奖(排名第3,同济为第3完成单位);张旭获河南省优秀工程咨询成果奖一等奖(排名第2,同济为第2完成单位),学院其他参与教师叶蔚(排名第4)。

师资队伍建设 2021年学院有教职工172名,其中院士1名,高层次人才3名,上海市浦江人才9名,上海领军人才(海外)3名,教授46名、副教授47名、讲师14名、助理教授9名,校聘人才派遣5名,院聘人才派遣3名。另有工程实践中心教职工29人,博士后37人。2021年度退休教师7名,新进教师6名。同时,通过第六届国际青年学者论坛广纳青年人才。

2021年度新晋高级专业技术人员3名,新聘预聘助理教授2名。

学生工作 2021年,学院累计发放助学金140.24万元,受助学生1577人次。学生获得上海市优秀毕业生25人,同济大学优秀毕业生24人,国家奖学金27人,上海市奖学金1人,国家励志奖学金55人,校级奖学金(奖助金)446人次,优秀学生标兵2人,优秀学生60人,优秀学生干部12人。共开展17场ME论坛,32场驻楼导师工作站"ME宿说"系列活动。本年度学院共申报学校学生党支部对标争先项目25项,其中本科生支部3项、研究生支部22项。2021届毕业生整体就业率96.27%,其中博士生就业率100%、硕士生就业率100%、本科生就业率93.47%。其中1人赴西藏工作、5人为选调生、11人荣获2021年同济大学"扬帆奖"。

3月起,学院公众号推出"礼赞百年"专栏。

3月,学院6个学科竞赛项目列入2021年同济大学大学生学科竞赛立项项目。

3—4月,学院承办第十届上海市大学生工程训练综合能力竞赛暨第七届全国大学生工程训练综合能力竞赛选拔赛。

3—4月,举行学院第十次学生代表大会、第三次研究生代表大会。

4月2日,举行学院"机源未央 同心远航"2021届研究生毕业典礼暨学位授予仪式。

4月10日,学院组织2021年创新创业项目立项答辩,共申报国创项目10项、上创项目11项、SITP项目40项。

4月27日,学院2020级博士研究生德丽亚·克孜尔荣获同济五四青年(个人)奖章,同济大学机械与能源工程学院重大工程施工技术与装备科研青年团队荣获同济五四青年(集体)奖章。

5月,学院组织Super Power机器人战队参加全国大学生机器人大赛Robomaster机甲大师赛超级对抗赛(中部赛区)。

6月5日,组织学院学生参加第十一届"上图杯"先进成图技术与创新设计大赛。

6月25日,1个团支部获评2020年度"上海市基层团组织典型选树"。

7月,研究生第十五党支部获评同济大学先锋党支部,"追光者"红色引擎网络赋能获同济大学对标争先十佳项目。

7—8月,学院组织"科技强国济天下""红色基因同心传"两个专题10余支暑期社会实践团队开展活动。

7月31日—8月5日,学院组织Super Power机器人战队参加全国大学生机器人大赛Robomaster机甲大师赛超级对抗赛全国赛，获省部级一等奖 2 项、二等奖 1 项，全国二等奖 1 项。

8 月 28 日，学院组织学生参加全国大学生节能减排社会实践与科技竞赛，获二等奖 3 项、三等奖 7 项。

9 月，成立学院学生党建中心。

10 月 29 日，学院组织学生参加中国大学生机械工程创新创意大赛——第六届物流技术（起重机）创意赛。

11 月 7 日，学院承办上海市创意机器人挑战赛。

11 月 16 日，学院组织 2021 年创新创业项目中期暨 2020 年项目结题评审。

11 月 19 日，1 人获 2021 年度本科生“学术之星标兵”。

12 月 9 日，学院大创基地获评“优秀大学生创新俱乐部”。

12 月 12 日，举办 2021 年“源启青春 械逅济忆”开物盛典暨迎新生迎新年晚会。

对外交流 2021 年，学院共录取国际学生 10 名，其中硕士生 5 名、本科生 2 名、交流生 3 名。公派工作方面，协助 1 名教授和 5 名学生成功申请高级访问学者、联培资格以及攻硕资格。外方单位分别为美国劳伦斯伯克利国家实验室、康奈尔大学、新加坡国立大学（2 名）、宾夕法尼亚大学、巴黎高科国立路桥学校。国际合作项目申报方面，学院牵头申报“中德联合研究中心（同济大学）”并获批，申报“国家留学基金委创新型人才国际合作培养项目”（中德智能制造与低碳能源创新型人才培养项目）并获批，协助留办申报“教育部机械与能源大类 2021－2022 学年度高校研究生中国政府奖学金项目”并获批。外籍专家引进方面，成功申报 4 项科技部高端外专项目，涉及外专 9 人次。

贯彻落实留学生班主任制度，目前学院留学生班主任由外事秘书喻非老师兼任。积极配合留学生办公室、学生处等多部门做好国际学生疫情防控工作，协调教学管理部门进行国际学生教学协调工作。

1 月，协助学校留学生办公室进行教育部 2021—2022 学年“高校研究生”奖学金项目申报。

3 月，开展 2021 年国家公派研究生项目第一批申报工作，共派出 1 名学生赴巴黎高科国立路桥学校攻读硕士学位。

3 月，完成德语区校际交流派出工作。

3 月，牵头申报教育部国际合作联合实验室，于年底获批。

3 月，学院代表与都灵理工召开线上会议，洽谈本科双学位项目。

4 月，开展 2021 年国家公派访问学者申报工作，潘毅群教授获学校推荐资格。

4 月，完成本年度中国政府奖学金生、上海市政府奖学金生奖学金评审工作。

4 月，完成研究生院组织的 2021 年度双学位项目审议工作。

4 月，联合格拉茨工业大学于嘉定校区举办格拉茨工业大学－同济大学交流项目宣讲会。

5 月，开展 2021 年第二批国家公派研究生项目申报工作，共 4 名博士生申报联合培养。

5 月，举办“机械与能源工程领域国际交流项目介绍及跨文化交际浅谈”讲座。

5 月，会同学院国际学生导师召开国际研究生线上面试工作会议。

6 月，报送与国际组织合作及人员任职相关情况并协助外办完成 NGO 信息填报。

6 月，完成关于 2021 年学院设立研究生重要国际学术会议专项基金及国际学术会议目录修订确认工作。

7 月，完成 2021 秋季国际学生录取工作。

7 月，学院 9 名教师（含 1 名博后）参加本年度教师国际化能力提升培训。

7－8 月，完成科技部高端外专项目申报工作，学院共申报 4 项。

8 月，配合学校外事办公室启动新加坡国立大学交换生项目申报工作。

8 月，学院本科生杨平安通过国家留学基金委项目赴法国攻读硕士。

9－12 月，完成冈山大学本科交流协议续签工作。

9 月，开展芬兰阿尔托大学交流项目提名工作。

9 月，开展中欧 LEAD2 青年学术领导力培训项目 2021 秋季班报名工作。

10 月，学院 2 名国际学生参加 2021－2022 年同济大学足球联赛。

10 月，制定同济大学机械与能源工程学院本科生国（境）外联合培养及交流管理实施细则、同济大学机械与能源工程学院留学生办事流程、同济大学机械与能源工程学院因公出境办理流程、同济大学机械与能源工程学院因私出境办理流程等。

11 月，配合达姆施塔特工业大学、奥地利格拉茨工业大学同济办事处，举办院级讲座 ME 论坛，介绍与两所高校的合作项目。

11 月，完成本年度国际会议资助工作，共资助 14 位研究生参加 2021 年国际学术会议，其中顶尖会议 10 人次，A 类会议 4 人次。

12 月，完成 2022 年春季学期国际学生审核录取工作。

党建工作 截至 2021 年 12 月，中共同济大学机械与能源工程学院委员会共有三级党委 1 个，党支部 29 个（在职教工党支部 6 个、退休教工党支部 3 个、研究生党支部 17 个、本科生党支部 3 个），党员 505 人（在职教工党员 115 人、退休教工党员 72 人、研究生党员 278 人、本科生党员 40 人）。

本年度学院共发展党员 80 人，其中发展教师党员 5 人。确定入党积极分子 179 人，其中教师 2 人；确定发展对象 112 人；组织了学院 2021 年春秋两期入党积极分子和发展对象集中理论培训和参观陈云纪念馆实践活动，共计 291 人；完成预备党员转正 36 人。

获学校“对标争先”年度十佳项目 1 项，“双带头人”教师党支部书记学术能力提升计划 1 项，1 人被评为市教卫工作系统优秀共产党员和学校优秀共产党员·师德标兵，2人被评为学校优秀共产党员，1人被评为学校优秀党务工作者，2个支部被评为先进基层党组织，1个支部被评为学校先锋党支部。

1月7日，召开中共同济大学机械与能源工程学院学生委员会第一次党员大会，选举产生了第一届机械与能源工程学院学生党委委员。

3月23日，组织五十余名研究生党员来到了淞沪抗战纪念馆和宝山烈士陵园，开展“重温峥嵘岁月，缅怀革命先烈——寻访宝山区红色足迹”活动。

4月6日，召开学院党史学习教育动员大会。

5月11日，举办全国“两会”精神报告会，邀请全国人大代表、材料与科学工程学院张雄教授宣讲“两会”精神、解读“两会”热点。

4—6月，举办“书行为准则 迎建党百年”书法展示活动。

6月1日，召开全院大会，邀请交通运输工程学院党委副书记邹晓磊介绍课程思政建设经验，邀请学校采购与招标管理办公室主任许秀锋解读采购管理政策。

6月15日，学院师生合唱团参加“永远跟党走”同济大学庆祝中国共产党成立100周年师生大合唱比赛，荣获二等奖。

6月19日，组织三十余名研究生党员开展“重温党史不忘初心，勇担使命砥砺前行——建党百年寻访中共一大、中共二大纪念馆”活动。

6月22日，召开全院大会，学习习近平总书记关于师德师风的重要论述，并开展警示教育。

6月25日，举行“光荣在党50年”纪念章颁发仪式，学院共有18名党员荣获“光荣在党50年”纪念章。

9月28日，召开全院大会，党委书记宋木生带领全体教职工学习习近平总书记“七一”重要讲话精神。

10月，评出2021年学院“师德师风优秀个人”5人：朱彤，魏嘉轩，刘海江，钱偲，程宏。

10—11月，开展科研经费使用警示案例展览。

11月2日，召开全院大会，举办“立德树人，敬业爱生”系列心得交流活动的首期活动，邀请师德师风优秀教师林建平在全院大会上分享研究生培养经验；会上还开展了教师意识形态和人事政策案例警示教育。

12月7日，举办党的十九届六中全会精神学习辅导报告会，邀请马克思主义学院刘勇教授以“以史为鉴、开创未来的政治宣言——学习十九届六中全会精神”为题，为学院教师深入解读会议精神。

12月17日，学院教工第九党支部与新生院党支部共建交流会成功举办。

实验室工作 本年度完成2021年教育部改善基本办学条件项目——实验室建设与提升专项经费300万元的实施与执行工作。根据院系组织架构，完成学院设备管理组织结构的调整与变更。完成大型仪器设备开放共享自查自纠工作，并制定收费标准。完成开物馆B302—2房间、B区1.5层楼梯间、B103的隔断改造工作。完成开物馆B103—2小房间、B103中间场地的地坪工作。完成地下车库安全隐患整治，安装车辆进出口闸机。

同济大学精品实验项目第13期结题1项；实验教学改革项目第15期结题3项，第16期立项2项。获第十一届“上图杯”先进成图技术与创新设计大赛团体一等奖8项、团体二等奖10项、个人一等奖9人、个人二等奖6人、优秀指导教师奖5人、“优秀组织奖”1项。获中国大学生机械工程创新创意大赛——第四届智能制造赛综合成绩一等奖1项、综合成绩二等奖1项。

制定大学生创新实践基地安全管理规定和安全须知，对基地学生进行安全培训、考试、发放安全准入证。6月29日，资产与实验室安全管理办公室邢露为学院师生作题为“让知识成为常识 让常识成为习惯”的实验室安全讲座。10月9日，协助资产处实验室安全管理办公室举办同济大学2021年实验室特种设备应急演练。11月30日，保卫处韩飞为学院师生进行秋冬季消防安全培训和演习。

工会工作 2021年学院有工会会员201人。参与并推广学校工会组织的书法培训、插花艺术培训，组织教职工游泳辅导班。组织参加学校第四十八届运动会教工组比赛，获足球射门项目第一名。学院健步走协会16位老师参与同济大学健步走协会举行的“党旗飞扬，路在脚下”校园健步走活动。学院女教师编排民族舞并参加迎新晚会。组织开展“疏解压力、活力身心，献礼建党100周年”关爱女职工身心健康主题系列活动。组织学院教师参加校妇委发起的“庆祝建党百年——我为绿色低碳生活献计献策”活动。组织开展六一儿童节特别活动之“我是小创客“亲子派对活动。组织“参观新农村”活动。建成并启用学院女教工芳香午休驿站。

完成2021年教职工蛋糕券和电影票发放，组织发放校工会抗疫爱心包，组织购买学院工会福利1次。组织发放校工会会员端午、中秋福利。完成同济大学教职工子女入学登记。为4名教师发放从教三十年纪念品。完成六必访18人、发放慰问金额16767元，切实关爱生病职工。完成2021年1—12月妇女津贴申请工作。组织2021年同济大学青年女教师成才及关爱慰问金申请工作。组织2020—2021年上海市及教育系统和同济大学三八红旗手(集体)的候选人评选推荐工作。

(魏嘉轩)

经济与管理学院

2021 年学院在岗全职教师 199 人(其中正高 62、副高 75),博士后 38 人,专职科研人员 9 人,行政教辅人员 156 人(其中在编 44 人)。经济与管理学科下设 4 个一级学科硕士点、3 个一级学科博士点、8 个本科专业及两个试验区专业。学院下设专业学位管理中心,负责 MBA/EMBA、MPA、MEM、MF、MPAcc 六大项目的相关工作,以及 1 个高管教育中心,1 个管理高等研究院。

2021 年,学院通过 EQUIS 和 AACSB 最高标准国际再认证,完成 15 万多字英文报告及 1 万多字附件,建设线上案例室。国际排名方面,2021 年英国《金融时报》管理学硕士项目排名中,管理学硕士项目位列全球第 35、中国第 2;中德美三方供应链与物流专业硕士项目在 2021 年 QS 全球供应链管理硕士排名中位列全球第 51;在最新的 Eduniversal 全球最佳硕士项目排名中,房地产和供应链与物流项目分别位列全球第 2 和第 13,两个项目均位列亚洲第 1。

五人获评中国高被引学者,同比增长 25%。2021 年,软科中国最好学科排名中,管理科学与工程和工商管理学科位列前 5%和 10%,泰晤士高等教育中国学科评级中,三个学科评级为 A 类。

教学工作 截至 12 月 31 日,全院在校本科生 1080 人(含普通本科生 978 人、学历学位留学生 64 人、双学位留学生 18 人、交流生 20 人)。2021 年入学新生 304 名(含 15 名学历学位留学生,双学位留学生 11 人,交流生 20 人),本科毕业生 336 名(含学历学位留学生 2 名、双学位留学生 18 名)。在校博士生 425 人(含外国留学生 27 人),在校学术型硕士研究生 764 人(含 MGM 留学生 57 人、中文项目留学生 10 人、学术型硕士双学位留学生 45 人)。2021 年,授予博士学位 71 人(含外国留学生 1 人),授予学术型硕士学位 239 人(含学术型硕士双学位留学生 8 人)。本科生和研究生开课共 470 门次,276 人完成答辩。

招生工作方面:本科生源中,主修专业经管大类第一志愿比例达 91.35%,第一和第二志愿比例达到 94.05%,共录取 185 人;跨类专业中学院报录比达到 6.21∶1,远超全校平均报录比(1.96∶1);博士生源中,硕士毕业院校来自一流高校占比由 70%提高到 76%,本科毕业院校来自一流高校占比由 50%提高到 57%。

教学成果方面:丁士昭教授主编的《工程项目管理(第二版)》和尤建新教授编著的《企业管理概论(第六版)》2 本教材获首届全国优秀教材二等奖及上海高等教育精品教材称号;《工程系统分析》(主编:王广斌)、《工程经济学》(主编:邵颖红)、《工程项目管理(第三版)》(主编:丁士昭)、《工程项目前期策划(第二版)》(主编:乐云、李永奎、韩一龙)、《工程定额原理及应用》(主编:陈建国)、《BIM 原理与应用》(主编:王广斌)、《房地产开发与管理(第四版)》(主编:施建刚)、《综合设施管理导论》(主编:曹吉鸣)8 本教材获批住建部"十四五"规划教材;"项目管理 Project Management in China""职业生涯规划与职场能力提升""解读中国经济发展的密码——习近平经济思想研读""营销管理""运营管理"5 门课程入选上海市一流本科课程;王洪伟教授的"管理信息系统"和刘义理副教授的"电子商务:数字中国的探索与创新"两门线上线下混合式课程入选 2021 年度上海高校市级重点课程立项。2021 年,本科生源质量全面提升,理科分数排名保持全国第 10 名,文科分数排名从全国第 13 名提升至全国第 11 名。中德美项目参与全球高等教育权威研究机构 QS 排名,跻身全球前 50 强。行政管理入选 2021 年度国家一流本科专业。2021 年,学院获 7 项同济大学教学成果奖,其中特等奖 2 项、一等奖 3 项、二等奖 1 项、三等奖 1 项;完成 9 项学院层面教改课题;4 个项目获评 2021—2022 年度课程思政教改课题立项。阮青松教授负责申报的《基于学科交叉的金融科技政产学研协同育人机制创新与实践研究》获批同济大学新文科研究与改革实践项目。2021 年,学院获"同济大学教师教学创新大赛"优秀组织奖,邱灿华和李海英分获个人二等奖。曹胜在同济大学 2021 年青年教师讲课竞赛中获得一等奖。童春阳获评同济大学名课优师。2021 年度,学院开展"全国大学生电子商务'创新、创意及创业'挑战赛",84 人次参加同济大学校内赛,共 8 组队伍进入市赛,其中 1 组获上海市特等奖、1 组获一等奖、1 组获二等奖、5 组获优胜奖。328 人次参加了学院举办的"上海市大学生创业决策仿真大赛"校赛,共 30 组队伍进入市赛,最终获得上海市特等奖 1 组,一等奖 6 组,二等奖 10 组,三等奖 10 组。

校企联合培养方面:联合 SAP 中国研究院推出智能化转型前沿课程;联合大连商品交易所、上海市期货同业公会推出"大连商品交易所高校期货人才培育项目"暨同济经济与管理学院经济类大二本科生暑期实践教学活动;联合上海证券交易所、海通证券股份有限公司推出 SSE 高校实务课程体系。跨学院学科联合培养方面:联合国际文化交流学院共建经管预科项目,采用强化教育方式分汉语、数学强化阶段和专业强化阶段;联合土木工程学院共建智能建造项目,学院负责工程管理模块中的《运筹学》和《工程经济学》2 门课程。

科研工作 学院已连续四年获批国家社科基金重大项目资助,2021 年学院国家级项目占比达 12.5%,较去年增长 3.8%。学院已连续两年获得国家自然基金优青项目资助,2021 年杰青优青占比达 6.25%,青年教师获批国家级项目较 2019 年占比翻倍。

石建勋教授获第六届全国教育科学研究优秀成果奖二等奖，周楠教授获国家自然基金优秀青年基金项目，张超教授获上海市“曙光计划”项目。2021年学院教师发表国际A+/UTD论文8篇，同比增长33.3%；发表国内A论文5篇，同比增加2篇。总体上，论文发表国内排名进入全国前6。

论文专著方面，全院师生发表CSSCI论文147篇(以学院为第一署名单位发表125篇)，以第一署名单位发表B+及以上高质量国内期刊论文42篇(A类6篇、B+类36篇)；发表SCI/SSCI论文338篇(以学院第一或通讯署名单位发表254篇)，其中以第一或通讯署名单位发表学院英文B等级及以上高质量国际期刊论文47篇(A+类5篇、A类6篇、B类36篇)，UTD论文24篇(含非一作或通讯)。8篇SCI/SSCI论文进入ESI高被引论文。出版专著13本，其中学院资助出版9本；出版教材5本，其中再版的国家级规划教材1部。

科研项目方面，新立项科研项目180项，合同金额共计6460.4万元，其中纵向、横向项目立项数分别为52项和128项，立项合同总金额分别为1565.5万和4894.9万元。其中获批主持国家自然科学基金14项，国家社会科学基金3项，教育部人文社会科学研究项目1项，另获科技部科技创新战略研究专项1项，上海市哲学社会科学规划课题4项(一般课题3项、委托课题1项)，上海市科委软科学重点项目3项，上海市教委“曙光计划”项目1项、“晨光计划”项目1项。国家级重点重大项目和人才类项目再获突破，获批国家自然基金优秀青年科学基金1项，国家社科基金重大项目3项。

人才计划方面，学院新增国家级人才5名，其中程名望教授、钟宁桦教授获评教育部长江特聘教授(占2021年度同济大学该项获评人才总数的40%)；周楠获批国家自然科学基金优秀青年基金项目，陈强教授入选“万人计划”哲学社会科学领军人才，王姝晶副教授入选国家高层次人才特殊支持计划青年拔尖人才。5名教师入选省部级人才计划，其中张超入选上海市教委曙光计划，黄志源助理教授、魏可佶助理教授入选上海领军人才(海外)，毛文峥助理教授入选上海市教委晨光计划，严望成助理教授入选上海市科委浦江人才计划。

决策资政和学术影响力方面，3篇专报获党和国家领导人批示，6篇专报获中央办公厅录用，19篇专报获上海市市委办公厅录用或省部级机构或厅局级机构录用。石建勋教授的《财政教育经费预算投入国际比较研究及相关政策建议》决策咨询报告荣获教育部第六届全国教育科学研究优秀成果奖二等奖，诸大建教授受聘为上海市政府第九届决策咨询特聘专家，钟宁桦受聘为上海政协协商议政咨询专家库首批专家。李垣、谢恩、梁建、刘虎沉、肯尼斯·金(Kenneth A. Kim)等5名教授共同入选爱思唯尔中国高被引学者榜单。李垣、刘虎沉入选斯坦福大学“2021全球前2%顶尖科学家榜单”(World′s Top 2% Scientists 2021)。2021年学院共发表三报一刊文章7篇，其中《光明日报》1篇为石建勋教授的《踏上改革开放和社会主义现代化伟大征程》，《人民日报》3篇分别为程国强教授的《牢牢把住粮食安全主动权(新论)》、刘兴华教授的《有条件如期实现碳达峰碳中和目标》、石建勋教授的《加快推动数字产业化和产业数字化》，《经济日报》3篇分别为程国强教授的《强化粮食安全根基》、石建勋教授的《需求侧管理的新内涵新特点》和《强大国内市场要在“可持续”上下功夫》。

社会服务方面，诸大建教授和陈海云博士领衔研究的“上海指数”综合指标体系框架成果，在2021年世界城市日中国主场活动暨首届城市可持续发展全球大会开幕式上，由上海市委副书记、市长龚正正式发布。施骞教授团队协同杨浦区相关部门成功获批“国家智能社会治理实验综合基地”。

2021年，出台《同济大学经济与管理学院学术著作专项资助管理办法》《同济大学经济与管理学院发展规划编制与审批管理办法》《同济大学经济与管理学院研究机构设置与管理实施细则》。

师资队伍 2021年，国家级高层次人才数再创新高，种子人才蓄力。新增4名国家级人才，其中长江学者特聘教授2名、优青1名、青年拔尖人才1名。总体上，学院国家级人才数已达到教师总量的10%。市级人才项目方面，陈强获“四个一批”人才称号，另有1名进入青年拔尖人才会评答辩环节。

2021年度师资队伍质量持续提升，结构不断优化。2021年度引进人才7人，均具有海外博士学位，包括来自宾大沃顿、密歇根大学、达特茅斯学院等国际一流高校。新进教师中，有半数以上在本领域顶尖学术期刊上发表过高水平学术成果。2021年度，学院教师共发表7篇国际A+/UTD期刊论文，同比增长16.7%，另有4篇被接收。截至年底，学院专任教师中同济毕业比例较去年同期下降1.43%，海外博士比例增长1.91%。骨干教师队伍扩大，中坚力量增强，35岁以下年轻教师较去年同期增加1.14%。

学生工作 2021年，学生党委坚持以习近平新时代中国特色社会主义思想为指导，深入贯彻立德树人根本任务，全面落实学校党委的工作部署要求，统筹做好疫情防控和事业发展各项工作，实现“十四五”规划指标完成率100%、党员发展工作指标完成率100%，双创项目结题率100%。3个本科生支部、20个研究生支部累计发展57名党员，转正25名党员，完成本研11个党支部换届及增补选工作。在党建引领下打造共建共赢集合体，领导联系支部、师生支部共建“银校同行”，推进校企合作，深化产教融合。各支部依托学科特色接力学党史，寻访先锋校友。在学生党委的组织下，一方面，全方位、立体式开展党史学习教育，多次开展“洞见新知”学术讲坛，组织观看思政大课；另一方面，聚焦聚力“我为师生办实事”活动，推动党团班一体化建设，开展“支部进社区——科研、求职、竞赛分享会”。

2021年，共立项对标争先项目13项，其中重点2项、特色3项。研究生第三支部主持的“守初心，担使命，以美好形象勇当时代排头兵——博士生党员毕业形象涵育机制探索”荣获2021－2022学年度同济大学学生党支部“对标争先”建设十佳项目。研究生第五支部党员辛旭荣获同济大学优秀共产党员，研究生第十党支部书记王嘉铭荣获同济大学先锋党员，研究生第十六支部书记杨艺荣获首届“卓越·领航”同济大学学生党支部书记讲党课决赛三等奖。

紧密联系青年，弘扬五四精神，学生党委组织开展“学党史、强信念、跟党走”之“追光赤子，不舍昼夜：历史中的周恩来”主题团日活动，指导各团支部开展主题团日团课共计150余次，覆盖1000余人次；举办第三届“青春告白祖国”主题报告会，激励青年学子们以行动唱响青春之歌；组织“青年大学习”“打卡公交星火专线”“国旗下奋进——强国有我，请党放心”主题升旗仪式等主题实践活动，参与学生累计1600余人次；开展“同筑盛世庆华诞，经世济民梦起航”2022年迎双新晚会等特色文艺活动等。

2021年，国创、上创和SITP的报名项目数分别为7个、7个、29个，结题率分别为100%、85.7%、71.4%。同时，举办2020年、2021年项目中期与结题答辩，完成创新创业项目申报、审核等工作。此外，承办创新创业类竞赛，举办“华为杯”厉兵秣马创业赛暨CEO挑战赛。“城市360”项目荣获第七届“互联网＋”大学生创新创业大赛上海市赛银奖，并有多个项目斩获校暑期优秀实践项目等奖项。

2021全年，获评72名优秀学生、2名优秀学生标兵，14名优秀学生干部、1名优秀学生干部标兵，以及5个五四红旗团支部。2020－2021学年，本科生获20项奖学金共437人次，合计148.2万元，包括国家奖学金18人、上海市奖学金3人、国家励志奖学金32人、优秀学生奖学金（含校外冠名）316人、民族专项奖助学金10人、社会活动奖学金48人、沈荣芳奖学金6人、丁士昭奖学金3人、宝供物流奖学金2人及何伯森奖学金1人；研究生获13项奖学金共76人次，合计78.5万元。2021年共有6个班级获批2021年度“五育”示范班级，3个本科生班级获批优良学风班称号。学院支持的学生奖励、支持、三助费覆盖1318人，合计310.4187万元，获评2021年同济大学资助育人先进集体。

此外，开创设立“经世致用”学术可持续发展系列沙龙，全年举办18期，共邀请54位优秀朋辈导师开展相关指导。

学生就业方面，学院首次就业率达到学校平均水平以上，硕士就业率100%、博士就业率96%、本科就业率85.4%。本科生和硕士生到世界500强、大型国企、民营百强就业比例分别达到45%和65%，博士生到双一流高校任教比例达到15%。

国际交流 2021年，学院多次举办“同济－悉尼大学研讨会”，多学科视角、多维度探讨数字化商业时代。响应国家与学校关于加强与“一带一路”沿线国家高校合作的号召，与波兰考明斯基大学签订硕士双学位项目。扩大与北美等发达国家的合作，与美国密歇根州立大学签订本科交流合作协议。此外，正式启动海外校区筹建工作，完成与厦门大学、上海大学海外校区及中国高等教育学会中海外合作办学研究分会调研工作并形成报告，正式成为该分会会员单位。

2021年，学院国际学历学生达171人，超过全校20%，位列全校第一；建立全球管理硕士国际项目，录取来自10个国家的24名国际新生，约70%来自欧美及其他发达国家。2021年度，多位中外专家参加外专局高端外国专家项目申请，开展远程国际科研合作。学院与柏森商学院为教职人员开设线上特别培训班；此外，推荐5名教职人员参加联合国教科文组织借调人员校内选拔。

2021年度学院国际合作与交流办公室出台《同济大学经济与管理学院举办国际学术会议资助办法》，资助并协助学院教师举办国际会议。

专业学位 2021年，学院共招录专业学位学生1270人。专业学位项目培养体系持续创新，社会影响力不断提升。

2021年，学院通过举办第十三届全国MBA商业伦理与社会责任教学研讨会，与黄金协会、上海银保监局、上海外服签订合作协议，与优秀企业联合开展工作，共建研究中心、共同申报项目、共同举办学术会议、共同开发MBA课程和案例，实现人才培养共担、社会责任共履、资源平台共享、文化活动共办。魏峰教授撰写的案例《成长与困境——希诺电商的OKR管理体系变革之路》收录中欧案例库。2021年，EMBA医疗健康产业沙龙荟和汽车产业联盟成立，为医疗健康和汽车产业的校友和同学搭建经验分享和产业合作的平台，通过场景化、实践性和问题导向的专业学位培养模式，研发后E教育课程，打造终身学习平台，带动校友延续学习。2021年度，MBA、MPA两个项目与上海市科委、国家技术转移东部中心联合共建的技术转移班开班，打造技术转移专业化、职业化、国际化的创新人才培养模式。MPA与城市风险管理院合作的风险管理班正式开班授课。MBA、EMBA项目与长阳长谷共建“移动课堂基地”、MBA项目建设蒋巷村“乡村振兴研学基地”。

EMBA31班学员熊钧创始的上海睿昂基因科技股份有限公司在科创板上市；EMBA2011级曼海姆学员魏振文担任董事长的青岛德固特节能装备股份有限公司于深交所创业板上市；EMBA校友石庆华创始的上海生命树专修学院有限公司获长宁区教育局颁发的“中华人民共和国民办学校办学许可证”。

MBA学员在中国MBA创业大赛荣获专项赛二等奖、常规赛三等奖、团队新锐奖，在第四届中国MBA演说大赛荣获三等奖，在第十三届“尖烽时刻”全国商业模拟大赛上斩获一等奖1组、三等奖7组，在第八届全国管理案例精英赛荣获华东一区季军2组。

2名MF学员在CFA Institute投资分析挑战赛(国际级)上跻身华东赛区前三，3名MF学员在全国专业竞赛中获二等奖、8名获三等奖，1名MF学员在上海市大学生创业计划大赛中斩获金奖。另有MF学员分获专利2项、优秀案例入库1项，获上海市优秀论文2项、优秀案例1项，全国优秀案例2项。

行政综合与对外联络　2021年度，领导班子带队调研中国人民大学、中山大学、南京大学等13所高校，接待浙江大学、上海交通大学、国防科技大学等10所高校来访。制度建设方面，全面推进学院制度体系建设，优化规范性文件管理流程，搭建工作规程查询系统，获评首批“同济大学依法治校示范学院”称号，评审总分位列全校第一。环境建设方面，创建15楼多功能大厅；协同学工办，推进嘉定校区同心北楼研究生工作室整修工作，增设工作室6间，工位数由原来86个增至250余个，增加2间会议室，增加4个洗手台热水管道。信息化建设方面，综合实验平台完成高性能云计算平台软硬件建设，可搭建400台高性能云计算与存储服务器，30个节点的大型Hadoop集群通过验收测试。

2021年，学院工会出台《同济大学经济与管理学院教职工代表大会实施办法》《同济大学经济与管理学院教职工代表大会提案工作规程》。开展“关爱职工，暖心服务，提升凝聚力、向心力”为主题的文化建设，获评2021年同济大学二级工会考核优秀单位，刘强荣获同济大学十一届一次教代会优秀教职工代表称号，《关于建议提高本科生设计(论文)质量的提案》荣获同济大学十一届一次教代会优秀提案，工会委员熊国钺获同济大学2021年工会理论研究课题立项。

校企合作方面，5月15日，校友与公司合作办公室协同ME中心，与上海清晖管理咨询有限公司合作举办“五一”专题讲座——清晖项目管理奖学金颁奖仪式。7月15日，学院与上汽通用汽车于合作举办“致匠心”献礼建党100周年活动，同济大学党委副书记吴广明、上汽通用汽车有限公司副总经理江炯出席并分别致辞。

(周淑慧)

材料科学与工程学院

2021年是“十四五”开局之年、全面建设社会主义现代化国家新征程开启之年，是中国共产党成立100周年。新起点、新征程，材料科学与工程学院以习近平新时代中国特色社会主义思想为指导，全面贯彻落实党的十九大和十九届历次会议精神，圆满完成学院全年工作，推动学院内涵式高质量发展步上新台阶。

3月，同济大学材料科学学科在基于科学指标数据库(Essential Science Indicators，ESI)全球排名第100，跻身ESI全球排名前千分之一。

5月，材料科学与工程学院举办庆祝学科成立65周年暨学术交流会。来自国家纳米科学中心、中国科学院化学研究所、中国科学院物理研究所、中国科学院上海有机化学研究所、复旦大学、上海交通大学、苏州大学、北京科技大学、华东理工大学、华东师范大学、上海理工大学以及同济大学的20余名在材料化学相关领域有重要学术影响的著名专家学者受邀出席。同济大学党委副书记吴广明参加会议并致辞。

5月，举办材料科学与工程学院校友分会第六次理事会会议，选举产生第二届材料科学与工程学院校友分会理事会。

11月，与科思创集团签订同济-科思创创新研究院新五年合作协议。科思创集团高级副总裁中国区总裁、同济—科思创创新研究院指导委员会委员雷焕丽女士，科思创全球创新管理及亚太集团创新负责人、同济—科思创创新研究院院长施马可教授，科思创可持续发展和公共事务部、科思创亚太区副总裁陆伟国，科思创亚太产学研合作及循环经济创新经理卿思衍博士，科思创中国工业涂料销售总监兼可持续发展项目管理莫科凡先生，同济大学常务副校长、同济—科思创创新研究院指导委员会副主席吕培明教授出席会议。

12月，与武汉理工大学、东南大学、重庆大学共同主办“台界杯”全国第五届土木工程材料作品设计大赛，协办单位包括上海台界化工有限公司、上海市硅酸盐学会、同济大学本科生院、上海市混凝土行业协会、先进土木工程材料教育部重点实验室、上海市土木工程学会、上海市建筑材料行业协会、中国混凝土与水泥制品协会超高性能水泥基材料与工程技术分会、上海市绿色建筑协会绿色建材专业委员会、《建筑材料学报》编辑部等多家单位或行业组织。

师资队伍建设　截至2021年年底，材料科学与工程学院在编职工133人。其中，正高职教师55人、副高职教师31人。2021年院内晋升长聘正教授1名，晋升副教授2名，面向海内外引进预聘教授2名，预聘助理教授1名，高研院青年百人B岗4名，补充思政队伍专职辅导员1名，教辅岗教工1名，退休6名，发展专任教师党员1名。

袁华老师获“全国巾帼建功标兵”称号，王凌凌老师获评上海市教卫系统先进党务工作者，邱军老师荣获上海市育才奖，裴艳中老师和许维老师获国家自然科学基金杰出青年项目资助，陈庆老师获国家自然科学基金优秀青年基金项目资助，傅婧、胡勇、张弛、王朝、卢子臣、韩海祥入选上海市海外高层次人才计划，另有周正老师入选上海市领军人才（海外）青年项目。

教学工作 截至2021年年底，学院在校本科生321人，硕士生364人，博士生233人。2021年招收硕士生116人，博士生53人，当年由新生院转入本科生92人；毕业本科生111人，硕士生112人，博士生24人，为本科生开课共141门，教授、副教授担任主讲的占98.31%。学院设国家级精品课1门、校精品课6门，上海市重点建设课程8门，上海市“双一流”重点课程一门。为研究生开课共76门。邱军“专业导论2”课程入围学校第二批国家一流本科课程建设申报名单。

2021年发表教学改革论文7篇，出版《土木工程材料》本科教材。2021年学院获批学校各类教改项目8项，其中研究生教改项目4项，本科生教改项目4项。林健“材料研究方法”课程获上海市重点建设课程。

学院在整合已有的教学成果基础上，凝练专业特色，积极组织申报了学校2021年教学成果奖，2021年获得学校教学成果奖特等奖1项，二等奖1项，三等奖1项，“基于‘一体两翼’的材料专业拔尖创新人才培养体系与实践”教学成果入围学校申报上海市教学成果奖名单。

科研工作 学院全年立项197项，合同经费约5942.07万元，到款研究经费4947万元。完成科研项目145项，包括国家自然科学基金项目7项、其他省部级科技项目2项。全年授权发明专利70项。

2021年，学院在学术论文方面继续保持稳步增长，发表SCI和EI论文441篇，在材料及其交叉领域重要学术期刊发表高水平论文40余篇。ESI全球排名继续保持国内前列，位居第92位。

3月，蒋正武教授主持完成的科研项目荣获2020年度中国建筑材料联合会·中国硅酸盐学会科技进步一等奖。

6月，学院陆伟教授牵头的“高性能铁基纳米晶软磁材料与器件的关键技术开发与应用”项目获得上海市科技进步奖一等奖。

学生工作 2021年，学院年终总体毕业去向落实率为95.74%，本科生毕业去向落实率91.89%，硕士研究生毕业去向落实率为100%，博士研究生毕业去向落实率为93.75%。其中，本科生深造率为63.06%（保研率32.43%、考研率22.52%、出境深造率8.11%）。学院共计有35名本科生推荐免试直升研究生，25名本科生通过全国统考直升研究生，1人以资格审核方式录取为第二学士学位。42名本科生留校深造，19名学生选择至北京大学、复旦大学、上海交通大学、华东师范大学、中国科学院大学等高校或科研院所开展学习与科研。

2021年，在学校领导下，学院紧紧围绕立德树人根本任务，在扎实推进“三全育人”综合改革试点工作背景下，以党史学习教育为主线，以“我为师生办实事”为抓手，以庆祝建党100周年为契机，开展学生系列主题教育活动；围绕“新材料人使命”主线，以不同形式开展科研报国、安全保障等教育活动，增强学生的专业自信和“同济天下”的使命担当意识。依托学生社区，拓展育人阵地，驻楼导师助力全方位育人，在嘉定校区友园14-15号楼驻楼导师工作站共开展线下面对面交流活动20余场，邀请副校长、研究生院负责人、人才教授等进驻社区与学生面对面，为同学指点迷津、传道解惑、引航人生，参与学生达1000余人次。聚焦思政教育的多途径、多模式实施，组织开展了“奋斗百年路，启航新征程——新民主主义革命史”主题学习、“共学党史团史，同筑理想信念”为主题的党史团史学习、“请党放心，强国有我”主题团日等活动，引导材料学子站在理想信念的制高点上，谱写青春之担当，逐梦时代之征程。

学院全年发展学生党员66名，依托“对标争先”建设项目和特色组织生活，以党史学习教育为主线，广泛整合主题党课、典型人物、创新载体等优质资源，以实践参观、人物专访、故事诵读、微党课拍摄、情景剧演绎、手工艺术作品等学习途径，强化思想武装，善用红色素材，彰显担当使命，深化爱国主义教育。通过实地开展党史实践教育活动、“从石库门到天安门”党史诵读活动、“百＋行动校友谈”活动、“回眸百年表初心、演绎党史树信仰”主题党史情景剧表演比赛、“永远跟党走”迎接中国共产党建党100周年主题征文比赛以及“学史力行 强国有我”首届“卓越·领航”同济大学学生党支部书记讲党课比赛，引领广大学生党员赓续红色血脉，传承红色基因，用马克思主义的信仰和真理光芒照亮前行之路。

学院不断深化创新人才培养体系，丰富宣传形式和途径，持续举办“材创讲堂”，邀请不同学科、不同专业的往届优秀项目负责人以及优秀指导教师进行相关主题讲座；有序组织开展颇具影响力的学科竞赛，涵盖“全国土木工程材料创意作品大赛”“微材艺”显微摄影大赛、“同济－科思创循环经济创新大赛”等；学院创新基地充分发挥人才“挖掘机”、项目“蓄水池”以及成果“孵化器”作用，实现了创新能力培养在材料学子中的100%全覆盖。2021年学生累计107人次获得76项各级竞赛奖项。其中，在第八届上海市大学生新材料创新创意大赛中斩获一等奖2项、二等奖2项和三等奖1项，在同济大学第六届“卓越杯”暨第十七届“挑战杯”全国大学生课外学术科技作品竞赛校内选拔赛中获二等奖2项，第七届中国国际“互联网＋”大学生创新创业大赛中获校级银奖和铜奖各2项，在同济－科思创循环经济创新大赛中获得特等奖1项、一等奖1项和三等奖4项，在“上海台界杯”全国第六届土木工程材料作品设计大赛中摘得一等奖1项、二等奖1项、三等奖2项和最佳创意奖1项。

4月，李靖、闵逢元、林伟康荣获2021年美国土木工程师协会中太平洋赛区学生土木工程竞赛混凝土轻舟项目一等奖。

4 月，2019 级本科生李智睿摘得 2021 年美国大学生数学建模竞赛 Meritorious Winner(一等奖)。

4 月，2019 级博士研究生闫非获第十八届全国电介质物理、材料与应用学术会议暨第二十届全国电子元件与材料学术大会研究生论坛优秀报告奖。

7 月，2017 级博士研究生卜中林、2019 级硕士研究生李雅婷分别荣获中国材料大会 2021 年热电材料及应用分会优秀墙展奖。

8 月，2017 级博士研究生卜中林荣膺国际热电学会 Graduate Student Award(研究生奖)。

学院高度重视学生资助育人服务工作，2021 年累计 151 人次获得本科奖学金，占本科生总人数的 48.7%；共有 60 人次荣获研究生奖学金，占研究生总人数的 15.3%。2021 年内共有 13 名学生办理校园地贷款，76 人办理生源地贷款。发放各类助学金 58.665 万元，受助学生达 303 人次。

社会服务　学院立足学科特色，通过为地区和企业发展提供科技支撑，大力提升社会服务水平。研发的绿色高性能建筑材料成功应用于北盘江特大桥(世界第一大桥)、清水河特大桥(世界第四大桥)、上海中环重大事故抢修以及舟山富翅门跨海大桥等多个国家重大工程建设。与宝武集团联合成立的上海市金属功能材料开发应用重点实验室在第三代先进高强度 QP 钢等方面取得突出成果，保障了宝武集团相关新产品的开发与生产。

由师生团队孵化的科技公司为社会经济发展作出了显著贡献。上海同杰良生物材料有限公司建成了具有中国自主知识产权的万吨级聚乳酸树脂生产线，是中国环保可降解材料行业的领军企业之一。上海微谱化工技术服务有限公司是目前国内乃至全球最大的材料分析服务平台。上海海顾新材料科技有限公司的固废水热资源化技术为解决固废难题提供了有效方案，为守护绿水青山贡献了重要力量。

对外交流　8 名研究生获得国家留学基金委联合培养资格。2021 年 3 月，2 名博士生获得同济大学—比利时根特大学博士双学位。

9 月，英文博士授课项目首次招生，招收 8 人，由于疫情关系，最终有 4 名研究生在该项目中进行学习.

(王新页)

环境科学与工程学院

学院在岗教职工 185 人，博士生导师 85 人，硕士生导师 139 人，兼职博导 16 人。全院在册学生 1771 人，其中本科生 507 人；全日制硕士生 620 人(含 61 名外国留学生)，非全日制专业学位硕士 50 人；全日制博士生 517 人(含 25 名外国留学生)，非全日制博士生 77 人。2021 年招收工科试验班(土木与环境类)648 名本科生(含 1 名留学生)，235 名硕士生(含 29 名留学生)，143 名博士生(含 11 名留学生)。毕业生 362 人，其中本科生 157 人、硕士生 215 人(含 22 名留学生)、博士生 61 人。授予学士学位 157 人，硕士学位 231 人(学术型硕士 128 人、工程硕士 103 人)，工学博士学位 65 人。

学院党委深入学习贯彻习近平新时代中国特色社会主义思想，以立德树人为根本任务，强化师德师风建设，深化全员、全过程、全方位育人体系构建，积极推进党建引领科学研究、社会服务、文化传承、国际交流与人才培养等工作。学院共有党员 794 人，下设 1 个学生党总支，33 个基层党支部(其中在职教工党支部 7 个，退休教工党支部 2 个；研究生党支部 21 个，本科生党支部 3 个)。

在学院领导班子带领下，学院在以下六个方面开展了卓有成效的工作。第一，在师德师风建设方面：2021 年 2 人次入选上海市教卫工作党委系统“两优一先”表彰，李咏梅入选上海市教卫工作党委系统优秀共产党员，邢美燕入选上海市教卫工作党委系统优秀党务工作者；第二，在庆祝建党百年工作方面：学院组织了建党百年“七一”表彰大会，开展了“光荣在党 50 年”奖章颁发工作，学院 11 名优秀党员获得表彰；第三，在党史学习教育方面：学院组织全体党员深入学习党史、开展为群众办实事工作，完成重点工作 1 项，民生项目 1 项，分管领导联系支部办实事 7 项；第四，在迎接中央巡视及巡视整改工作方面：学院积极排查巡视工作中存在的薄弱环节，按照中央巡视组工作要求和学校安排提交了相应的检查材料，并在整改反馈后完成整改工作 60 余项，促进了学院的改革和发展；第五，在班子换届工作方面：学院按照学校部署，于 2021 年 11 月完成学院行政班子换届工作，院长为王志伟，副院长为陆志波、王颖、吴德礼、郑雄；第六，在支部建设方面：2021 年全年发展党员 77 人，其中发展教工党员 1 人，新增教师入党申请人 1 名，教师入党积极分子 1 名，教师发展对象 1 名。党支部承担教师工作部立项教师思想政治建设项目 1 项；1 人入选同济大学“双带头人”党支部书记学术能力提升计划；新增 1 个支部入选第三批同济大学“双带头人”党支部书记工作室。

教学工作　本科生教学方面：学院获得同济大学 2020－2021 学年学院本科教学基本状态考核优秀单位第三名。《水污染控制工程》(第四版)上册、下册获 2021 年首届全国教材建设奖全国优秀教材(高等教育类)二等奖；张海平荣获 2021 年“上海市育才奖”；“李光明劳模创新工作室”获评第四批上海市教育系统“劳模创新工作室”；水处理技术世赛项目上海选手集训专家教练团队(同济大学)获评 2021 年上海市工人先锋号。

线下课程“水质工程学”(课程负责人邓慧萍)认定为 2020 年度上海高等学校一流本科课程；虚拟仿真实验教学课程“大型饮用水源地水体生态

改善动态演化虚拟仿真实验”(课程负责人徐斌)、示范性全英语课程“环境工程概论”(Introduction to Environmental Engineering)(课程负责人李咏梅、谢丽)认定为2021年度上海高等学校一流本科课程。

戴晓虎主持的“绿色环保领域教材目录研究”获批教育部高等教育司新兴领域教材研究与实践项目;徐斌主持的虚拟仿真实验教学课程“富营养化水体生态修复原理与工程应用虚拟仿真综合实验”入选2021年度上海高校市级重点课程建设立项。

学院9个项目获得2021年同济大学教学成果奖(特等奖4项、一等奖2项、二等奖2项、三等奖1项),其中黄翔峰、陆丽君、刘佳等完成的“教育生态学视域下的‘三堂联动’协同育人模式改革与实践”,张亚雷、周雪飞、张尚武等完成的“‘多元、融合、创新’乡村振兴人才培养模式的创建”获特等奖。

研究生教学方面:教学评价优良率保持在100%,全校研究生教学状态教学评价优良率保持在100%,研究生教育教学状态考核中获得全校第一名。

研究生以第一及第二作者身份共发表学术论文240篇。博士研究生共发表学术论文147篇,其中SCI论文70篇,在*Environmental Science & Technology*和*Water Research*刊物发表论文13篇,博士研究生论文发表数量较上一年度增加13%。《厌氧氨氧化颗粒污泥胞外聚合物特性及颗粒形成机制研究》等5篇博士论文和《氯化石蜡暴露对斑马鱼仔鱼神经发育毒性效应与机制研究》等10篇硕士论文获评2021年度同济大学优秀研究生学位论文。

在研究生教学改革方面,学院承担同济大学研究生教育研究与改革重点建设项目1项。邓慧萍和林思劼等参与的“基于深度产教融合新特征的工程类专业学位研究生培养创新与实践”和“从质量控制走向质量文化:同济大学人才培养质量保证体系2.0”两个项目获得同济大学校级研究生教学成果奖特等奖。

学院主办了第十六届全国研究生环境论坛,吸引了来自清华大学、上海交通大学、中国科学院大学等71所高校的环境领域研究生参加。学院与清华大学、西安建筑科技大学联合组织第十六届全国环境友好科技竞赛。学院研究生在中国研究生数学建模竞赛、全国大学生节能减排社会实践与科技竞赛、中国国际“互联网+”大学生创业创新大赛等国家级、省部级竞赛中取得优异成绩。华煜等学生摘得第16届首尔国际发明展银牌奖;彭博宇获第四届清华大学钱易环境奖。2019级博士生焦贺铭2021年4月以第一名成功入围第46届世界技能大赛中国国家队(“水处理技术”项目)集训队,荣获上海市和全国技术能手称号。

学科建设 环境科学与工程学科2017年首批入选国家“一流学科”建设榜单,2022年1月再次入选国家“一流学科”第二轮滚动建设名单。2021年QS学科排名世界第82位,软科世界一流学科排名中位居全球第32位。

在一流学科推进人才队伍建设方面,2021年新增非洲科学院院士1人、国家自然科学基金优秀青年科学基金获得者1人、国家“万人计划”青年拔尖人才1人、上海市领军人才计划(海外)1人、上海市“浦江人才计划”A类2人、上海市“浦江人才计划”D类1人、上海市青年科技英才“扬帆计划”2人。9月,完成教育部一流学科建设周期总结报告。11月,完成新一轮一流学科建设方案制定,并通过院士专家论证会。

在交叉学科群建设方面,牵头成立以环境科学与工程一级学科为核心,以智能科学与技术为基石,以马克思主义理论、化学、基础医学、公共卫生与预防医学、海洋科学、公共管理等学科为支撑的同济大学“低碳发展、环境治理与健康”学科群。通过多轮工作会议,编制《低碳发展、环境治理与健康学科群建设方案》,并于11月通过学校专家论证会。

在学科评估方面,通过召开多轮工作小组、专家和学术委员会评审会,完善学科评估报告并在1月线上提交。4月,补充提交科研获奖、教学成果奖、在校生代表性成果等方面的问题。8月,完成教育部对学院毕业生用人单位的调查工作。11月,针对教育部反馈评估材料中有关信息进行复核反馈,对出版教材、教学成果奖、国家级平台等公示异议问题逐一回复。12月,完成第五轮学科评估专家网上评议等工作。

在学科会议组织方面,3月,牵头组织清华大学、哈尔滨工业大学等22个学校,完成国务院学科评议组有关新一轮环境工程二级学科发展报告的编制工作。5月,围绕环境工程领域的研究热点与前沿问题,主办“新时期新形势下我国环境工程二级学科发展规划研讨会暨环境学科青年教师学术论坛”,中国工程院段宁院士作大会报告。

在高峰学科建设方面,2021年顺利获得第二轮滚动支持。高质量推进了上海污染控制与生态安全研究院实体化运行,全年共召开执委会工作会议6次,开展了高峰学科第二阶段考核评估工作,并在2021年上半年顺利通过上海市教委第二阶段考核,完成了新一轮(2021—2025年)建设申报。继续推进15支高峰学科创新团队实质化运行,聚焦长江流域大保护战略,成立以“长江流域生态系统健康监测、评价与修复”为重点任务的国际创新团队,推进长江流域环境保护研究。2021年春季和暑期共举办“云端”实习课程27讲,服务全国40多所高校的环境学子及环保领域的广大社会学习者。面向高峰学科七校学生开设国际大师班讲座2次,联合举办了第六届上海生态环保青年科学家高峰论坛等重大会议,实现了高峰学科建设任务高质量完成的目标。

科研工作 国家自然科学基金项目申报初筛通过率连续四年100%。2021年国家自然科学基金申报数量共计111项，再创新高；最终获批39项，含重点1项、优青1项、面上项目22项及青年基金15项，获批资助率居全校第2位。

2021年获批国家重点研发计划项目1项及课题5项。全年到账科研经费约2亿元，其中纵向经费1.45亿元、横向经费0.55亿元，人均经费约133万元/年。

科研奖励申报工作方面：2021年获国家科技进步二等奖1项，上海市科技奖5项（一等奖2项、二等奖2项、国际合作奖1项），中国有色金属工业科学技术奖1项，中国产学研合作创新奖（个人）2项，中国环境科学学会青年科学家奖2项。预申报2022年国家科学技术奖2项，教育部技术发明奖3项，推荐申报2022上海市土木工程学会科技进步奖1项。

科研平台建设方面：开展城市污染控制国家工程研究中心评估重组工作。3月份起组织材料撰写并召开校内专家评审会，8月入选第一批"国家工程研究中心"新序列建设。开展污染控制与资源化研究国家重点实验室优化重组。年中，报送重点实验室详细重组工作方案及优化重组推荐；年底，完成国家重点实验室重组进展情况统计并报送国家重点实验室组建建议。深化长江水环境教育部重点实验室建设工作。2021年共完成重点实验室开放课题立项资助7项；举办第16届持久性有机污染物论坛暨化学品环境安全大会专题会议和"长江水环境研究高校协作组第十七次学术研讨会"。推进可持续城市水系统国际联合研究中心建设，报送2021年基地年度预算；组织参与学校智能科技与绿色发展国际联合研究中心筹备，12月正式获批教育部中德联合研究中心（同济大学）。

博士后及专职科研队伍建设方面：2021年新入站博士后23人，年底在站博士后人数达78人。2021年，在站博士后获批国家自然科学基金青年基金12项，中国博士后基金站中特别资助1项及中国博后面上基金二等资助7项；获批上海市"超级博士后"项目资助6项，上海市博士后日常经费资助1项，上海市浦江人才计划A类1项，香江学者1项；入选2021年同济"优秀出站博士后"4人；新聘专职科研人员（B岗）2人，专职科研队伍获批2021年国家自然科学基金青年基金1项。

师资队伍建设 截至2021年有专业技术职务教师系列人员148人（含全职院士2人）。正高78人，副高46人。教授/长聘教授68人，副教授/预聘副教授36人。引进特聘教授1人，教授2人，预聘副教授3人，预聘助理教授6人。晋升教授2人，副教授1人，高级工程师1人，转聘长聘教授2人。入职专职辅导员1人，教辅1人，调职1人，离职专职辅导员1人，退休4人。1人入选非洲科学院院士，1人入选"万人计划"青年拔尖人才，1人获批国家优秀青年基金，1人获批上海市领军人才计划（海外），1人获批上海市育才奖，1人入选上海市青年科技英才扬帆计划，2人入选上海市浦江人才计划，2人荣获中国环境科学学会青年科学家奖。

学生工作 学生工作年度考核优秀，被评为"同济大学学生工作考核优秀"单位，获同济大学2021年度学生就业工作先进集体和本科招生工作先进集体，获2021年长三角优秀科普志愿服务组织、2018级给排水第二团支部获全国活力团支部，获同济大学优良状态团组织、同济大学大学生社会实践优秀组织奖、同济大学"互联网＋"大学生创新创业大赛优秀组织奖，获2021年度同济大学心理健康教育活动月"优秀活动组织奖"，获2021年度同济大学"征兵工作先进集体"，师生合唱团获同济大学"永远跟党走"合唱比赛二等奖。鹿伟青获2021年度同济大学"征兵工作先进个人"、2021年度同济大学青特－杨钦环境教育奖励金，格日乐获"汇创青春"上海大学生文化创意作品展示活动优秀组织奖（个人）、2020年上海市共青团工作研究课题二等奖、同济大学"五育"示范班级建设优秀指导教师、同济大学优秀社团指导教师、同济大学集中军政训练优秀随训教师，黄圣洁获2021年同济大学优秀共产党员、同济大学首届辅导员素质能力大赛三等奖、2021年大学生暑期社会实践优秀指导老师。

学生党建方面。2021年初，学院学生党总支调整党章学习小组架构，推动本研一体化党员发展管理工作。4－12月，学院全面开展党史学习教育，落实"我为师生办实事"，举办"学史力行，以行践知"党史知识竞赛、"同舟助飞"考研帮扶等活动，各学生支部开展党史学习教育和实践活动。8月，聚焦"乡村振兴"与上海市崇明区新河镇石路村支部开展共建。8－9月，学院辅导员对2020级20位助学成才服务对象同学开展线上"同心筑梦、济世中华"困难学生家访活动。9月，面向20级本科生、21级研究生新生开展"党委委员讲党课"，开展"红色万里行"实践活动。11月，举办"赓续精神谱系，传承红色基因"首届同济大学环境科学与工程学院学生支部书记讲党课比赛。12月，组织73名预备党员赴龙华烈士纪念馆开展预备党员宣誓活动，推出"微腐败"警示案例主题教育展与2021年党建工作年度回顾线上展览。2021年度，本科生第二党支部获评"2021年同济大学先锋党支部"，研究生第十党支部书记陈淑娴获评"2021年同济大学先锋党员"称号，研究生第二党支部书记王滕获2021年校级支书讲党课比赛三等奖，学院星火宣讲团入选上海市"百团知百年"大中学生党史宣讲团名单，"同舟济，百年风雨忆峥嵘 谱华章，红色故事话辉煌"项目获同济大学学生党支部"对标争先"建设十佳优秀项目。

学生就业工作方面。学院联合校友会、北极星开展一次线上、两次线下"环境工程与科学学院专场招聘会（双选会）"，每场邀请逾30家单位，提供超过600个不同类型、不同地区的就业岗位。开展线上＋线下的"扬帆起航"就业能力提升系列活动，邀请校内外就业工作专家及优秀的毕业校友、高年级学长学姐，为低年级同学开展生涯专题讲座，帮助本、研各年级学生进行学业发展和职业未来规划，助力2021届、2022届应届毕业生择业就业。学院结合学校“驻楼导师”工作部署，将“职业能力提升计划”融入驻楼导师工作站，共开展6场与职业生涯发展规划相关主题沙龙或研讨会。2021届毕业去向落实率达99.21%，76.73%学生前往重点地区、重点行业和重点领域就业；支持学生前往国际组织，选派2017级硕士生李潇前往联合国环境署实习。

学生科创工作方面。4月，面向全院教师征集指导学生科创实践重点项目，共发布50余项课题。5月，举办了第十六届全国研究生环境论坛，承办第六届“汇创青春”上海市大学生文化创意作品展示活动(环境设计类)。9月，承办第十六届“全国环境友好科技竞赛”终审答辩，学院4支队伍入围决赛，分别获得实物类一等奖、绿色创业类一等奖、实物类二等奖、绿色创业类三等奖。11月，学院主办2021上海市大学生水处理竞赛，吸引来自同济、华师大等上海市高校的共计600余人参与比赛。学院本科生丁仁、张冰倩荣获“学术之星标兵”称号，博士生徐龙乾、方超荣获“学术先锋”称号；本科生张冰倩等的项目获全国“挑战杯”大学生课外学术科技作品竞赛二等奖；徐龙乾获第十六届全国环境友好科技竞赛一等奖；尹文俊获第三届城市水环境与水生态科普创意大赛三等奖；王天霖获第五届全国水处理与循环利用学术会议－优秀研究生报告奖；刘超获第十五届全国博士生学术会议口头汇报优秀奖；程炜获教育部2021年度优秀勘察设计三等奖；焦贺铭获全国技术能手荣誉称号；郭姝艺获“华为杯”第十八届中国研究生数学建模竞赛三等奖；尹文俊获第十八届陈嘉庚青少年发明奖(上海)三等奖，第六届“汇创青春”上海大学生文化创意作品展示活动环境设计类一等奖。校友王伟获第七届中国国际“互联网＋”大学生创新创业大赛决赛金奖。

学生团学工作方面。5月，学院举办了第十一届环境科学与工程学院心理剧，举办了庆祝中国共产党成立100周年暨“环境之声”文艺晚会、大学生科技创新实践展暨暑期社会实践动员会。6月，组织师生合唱团参加同济大学“永远跟党走”合唱比赛，获二等奖。学院优化品牌项目，引领青年成长，牵头同济大学生态文明志愿服务队建设，形成了由全校各级各院900余名志愿者组成的志愿者库，将志愿服务、社会调研、社团活动有机结合，服务文明校园建设、生态文明宣传等中心工作，持续巩固垃圾分类成果；响应节约粮食号召，组织“光盘练习生”爱粮节粮系列主题活动。“绿济万家——空气质检”持续服务上海100余户居民，倡导绿色生活理念；“绿色苗圃——小学宣讲”积极响应“双减”政策号召，打造“碳达峰碳中和”等主题的科普系列课程；代表同济大学参加杨浦科技节等活动；作为上海市青少年生态文明志愿服务总队主席团单位，参与组织上海市学生生态环保节等系列活动。服务队2021年共服务5000余人次，获评2021年度长三角优秀科普志愿服务组织，邓博苑同学获评上海市“优秀科普志愿者”提名奖、张婧怡同学获评上海市杨浦区“优秀科普大使”。学院集聚各类优质资源，拓展实践育人平台，打造“青春告白祖国”学生讲师团；深化校地合作，建强实践育人重点基地；牵头开展寒假“百城百区”校级专项社会实践。2021年度，学院22支团队、250余名青年学子，在24名专业教师的指导下，奔赴20余个省市开展社会实践活动，获学习强国、新华网、《光明日报》、同济大学等公众号和媒体报道。王艺蒙、陈天吟2个学生团队项目获2021年“知行杯”上海市大学生社会实践项目二等奖，周雪飞教授、王荣昌教授获市级优秀指导教师。许君清获2020年度“上海学校共青团工作课题研究”二等奖。

对外交流合作 在国际教学合作方面，“同济－加州大学伯克利分校(UCB)3＋1＋1”“同济－伊利诺伊大学香槟分校3+2”和“同济－佐治亚理工3+2”三个对美国际联合培养学位项目续约成功。1名学生参加同济－UCB“3＋1＋1”项目，赴美学习，另外4名学生被该项目录取，拟参加2022年的国际交流。

学院开设本科生和硕士研究生全英文课程合计20门。2021年，联合国环境规划署——同济大学可持续发展学院招生50名，其中中国学生10名，国际生40名，来自亚洲、非洲、北美洲、南美洲、大洋洲5大洲23个国家，包括美国、加拿大、缅甸、肯尼亚、卢旺达、埃塞俄比亚、加纳、尼日利亚、利比里亚等。硕士留学生29人，其中商务部奖学金23人、中国政府奖学金(商请)2人、自费4人。博士留学生11人，其中同济大学奖学金3人、上海市奖学金2人、中国政府奖学金6人。

学院积极通过联合国讲座、实习辅导、选拔推荐等方式辅导和推荐学生申请国际组织实习，共推荐了7名学生参加联合国实习和培训，其中1名学生获得了正式工作。学院总结多年国际学位项目管理模式，汇总形成《全球环境治理来华国际学生标杆性培养模式和培育平台的探索与实践》，获得同济大学教学成果奖一等奖。3名学生参加2021年美国大学生数学建模竞赛，获H奖(二等奖)。

在对外科研合作方面，学院申请国际合作项目3项，柔性引进美国工程院院士Bruce E. Rittmann和Lisa Alvarez－Cohen，聘请4名长期外国专家来华工作。

在国际会议方面：4月，支持联合国青年与教育联盟(YEA!)工作，承办了“高等学校校园3060双碳目标与路径”论坛。6月，举办2021国际学生环境与可持续发展大会(ISCES)暨全球环境挑战赛，来自33个国家100多所学校的近300名学生组队参赛。9月，《全球环境展望6》亚太地区青年版报告中文版正式上线，学院副院长王颖教授为报告首席领衔作者。9月，成功举办了欧盟“转型－亚洲”项目年度旗舰活动——2021循环经济领导力研修班，来自16国家的51名青年学者参与研讨。10月，通过“中国—东盟绿色与可持续发展高层论坛暨2021年中国—东盟环境合作论坛”展示学生学术风采，环境工程与科学学院学生与其他全球学生代表共同完成《亚非青年应对气候变化与生物多样性保护倡议》。11月，在中国科协的支持下承办了中国－柬埔寨－尼泊尔“一带一路”城市水安全与可持续发展合作平台建设项目，举办了“全球城市水安全与可持续发展研讨会”，来自38个国家的近300名学者、企业、政府部门代表等通过线上方式参与培训。

在国内会议方面：3月，邀请中国工程院丁一汇院士参加同济大学校级高等讲堂，作题为“气候变化的科学问题及其对环境的影响”的讲座。4月，邀请联合国环境规划署预警和评估司前副司长兼代理司长，中国国际环境与发展合作理事会（CCICED）关于中国环境与发展展望可行性特别项目国际联合主席 Marion Cheatle 教授参加同济大学校级高等讲堂，作题为“联合国环境规划署的旗舰：全球环境展望报告系列”讲座。5月，邀请澳大利亚格里菲斯大学环境学院的 Lex Brown 教授参加同济大学校级高等讲堂，就“声环境管理”展开讲座。6－7月，李风亭教授和吴冰老师参加教育部中外人文交流中心主办的“高层次国际化人才培养创新实践项目”教师发展线上培训。

社会服务 2021年，学院以服务国家重大需求和社会经济发展为导向，以科技创新为引领，以支撑学科发展、服务人才培养、促进科技成果转化为目标，组织了多项产业活动、科技对接和科普教育活动，加强校地、校企合作，进一步开拓了学院科技成果的应用与转化渠道。

聚焦长三角生态绿色一体化发展重大创新需求，推动成立长三角可持续发展大学联盟。4月，由同济大学倡议，联合南京大学、东南大学、浙江大学、中国科技大学、复旦大学、华东师范大学、上海交通大学等高校共同发起成立“长三角可持续发展大学联盟”。承担同济大学长三角可持续发展研究院的平台建设工作，9月研究院正式揭牌，10月完成研究院（一期）建设。10月27日，上海市委书记李强实地调研长三角可持续发展研究院，并给予高度肯定，指出“要紧扣落实碳达峰碳中和目标，建好开放合作大平台，用好协同创新新机制，激发绿色发展新动能，真正把学科优势、人才优势、研究优势转化为地方发展实践”。长三角可持续发展研究院与中国节能环保集团、中国煤炭地质总局、宝业集团、上海国惠环境等行业标杆企业联合成立四个研究中心：同济大学－宝业集团长三角可持续发展研究院建筑碳中和研究中心、同济大学－上海国惠长三角可持续发展研究院环境资源化研究中心、同济大学－中煤总局长三角可持续发展研究院中能化生态发展研究中心、同济大学－中国节能长三角可持续发展研究院低碳环保研究中心，助力校企联合开展协同攻关。

持续推进学院与地方政府、大型企业、环保重点企业开展实质性合作。先后与长江三峡集团长江生态环境工程研究中心、住建部标准定额司、上海城建市政工程（集团）有限公司、上海康恒环境股份有限公司、华润环保发展有限公司等行业知名企业开展深度合作，签订产学研合作备忘录。3月13日，学院与三峡集团长江生态环境工程研究中心签署战略合作协议。双方拟在技术研发、人才培养、实验室建设等方面开展全面合作，共同研发相关成套技术、设备及产品；共建科研攻关团队、试验基地，合作申报建设国家级工程研究中心，探索企校合作的产学研用合作新模式。6月1日，学院与同济工程咨询有限公司就乌梁素海环境整治项目的推进开展座谈，学院拟进一步对乌梁素海湖区底泥试验示范工程、东西侧湖区湿地治理及湖区水道疏浚工程的提供技术支持。7月5日，学院与住建部标准定额司原副司长郭理桥一行座谈，初步交流了在环境工程与科学学院落地建设“绿色科创”平台的设想，为绿色建筑、碳交易等双碳项目以及可持续人才培养提供有力支撑。7月20日，学院与上海城建市政工程（集团）有限公司座谈对接，双方就土建项目中涉及到的环境问题以及相关科技需求开展了深入交流，并表示希望通过建立研究中心等方式进一步开展相关合作。7月26日，学院与上海康恒环境股份有限公司座谈对接，双方就垃圾、污泥处置处理相关装备研发、投资建设和运营进行了深度探讨和展望。

推进社会服务能力提升，扩大学院影响力。接受上海水务局的委托，组织水务海洋专业大学课程补修班，为环保领域相关单位提供业务内训，提升员工专业素质和能力。组织同济大学水环境综合整治高级研修（一、二期）班，吸引了50余名来自全国各大环保企业负责人参加研修计划，创新教学方式方法，取得显著的经济和社会效益。同济大学嘉兴研究院2021年有4名博士后进入研究院建设的博士后工作站，获批长江大保护示范教育基地、嘉兴市科普教育基地、嘉兴市重点实验室（B类）；成立土壤流转中心并全面支持浙江省重点行业企业用地调查工作，牵头制定两项团体标准；与三峡大学、渤海大学、浙江省地质调查研究院、广东省生态环境监测中心等达成共建环境样品库合作协议。

校友工作 2021年，从以下三个方面扎实推进校友分会工作。

组织建设方面：吸纳热心工作的校友加入校友秘书处，加强秘书处联动。成立5个工作小组，分别为：宣传策划组、外联组、职业发展组、技术交流组和兴趣组。发挥校友联络人的纽带作用，为毕业后作为校友联络人的同学们颁发聘书。持续加强校友信息联络平台建设，搭建并健全校友数据库，加快完成校友信息的收集工作并将其分类整理，实施大数据管理。共更新了223名校友信息，有效形成了校友“联络网”，共计开展校友座谈会5次。

活动组织方面:值年返校有序开展。2021年共接待4批值年返校校友100余人。文体活动多样发展。在“济百年初心,绘绿水青山”庆祝中国共产党成立100周年暨环境科学与工程学院第十四届环境之声晚会上,学院校友分会邀请六名校友再聚一·二九礼堂,为母校庆祝114周年华诞。学院校友分会的体育活动小组定期开展羽毛球、足球等项目,为校友打造多方位的交流平台。举办羽毛球比赛四次,足球比赛若干次,每周六晚上八点至十点30余名校友定期相聚在足球场,风雨无阻。企业沙龙实效凸显。环境产业创新论坛、校友企业主题交流沙龙等校企联动活动相继展开。

平台协同方面:学院2003届给排水专业校友、广州智创优合投资咨询有限责任公司董事长兼买小生创始人李雪君先生及其公司特别出资,为学院全体2021届毕业生定制了绣有毕业生名字的学位服。学院校友分会邀请经验丰富的校友开展驻楼导师系列活动,校友黄瑾以“畅谈创新思维,分享职场谏言”为主题,与环境学子畅谈环境专业发展和未来职业的规划。校友郭鑫以“上海选调生经验分享”为主题,讲述在机关和基层锻炼的经历。2020—2021年,学院邀请50家校友企业参加学院招聘“双选会”,为毕业生就业工作提供对口帮扶。

(钱进)

法学院

截至2021年年底,学院拥有教职工56人,其中,专任教师43人、管理人员13人、教授12人、副教授17人、讲师6人、助理教授8人。具有博士学位的教师37人,占全部专业教师的86.05%。拥有各类学生804人,其中,全日制本科生212人、全日制硕士研究生219人、全日制博士生3人、非全日制硕士研究生370人。

党建工作 全年教职工政治理论集体学习16次,党委中心组政治理论学习7次。以组织开展党史学习教育为主线,弘扬伟大建党精神,持续深入学习贯彻习近平新时代中国特色社会主义思想。全年共发展党员33人,其中本科生12人、研究生21人。1名专任教师发展为入党积极分子。非党员学生中,提交入党申请书比例为64%。

1月12日,学院于衷和楼1302举行支部书记述职会,本次会议由法学院党委书记吴为民主持,学院党委委员、支部书记参加。

1月14日,学院于衷和楼1305召开校内巡察反馈大会,校党委副书记、纪委书记方平,巡察组全体成员出席会议。学院班子成员、党委委员、纪委委员及全体教职工参加。随后,学院班子成员参加巡察反馈会议。

3月30日,学院于衷和楼1305组织全体教职工对《同济大学2021年全面从严治党暨警示教育大会》会议精神、习近平总书记在党史学习教育动员大会上的讲话精神等材料进行政治理论学习。

4月6日,学院于中法中心C201举行学院党委中心组(扩大)学习报告会,邀请全国人大代表、同济大学材料科学与工程学院教授张雄传达学习2021年全国两会精神,学院党政班子全体成员、两委委员、全体教师、退休教师代表以及全日制本科生、研究生代表等160人出席会议。报告会由学院党委书记吴为民主持。

5月11日,学院于1302召开党委会,专题学习《中共同济大学委员会关于印发赵凤桐同志在十九届中央第七轮巡视进驻动员会上的讲话》《方守恩同志在中央第四巡视组巡视同济大学党委工作动员会议上的表态发言》。学院党委书记吴为民主持学习会。

6月30日,在建党100周年来临之际,法学院党委给5名退休党员颁发了“光荣在党50年”纪念章。法学院教工支部书记刘春彦荣获同济大学“优秀共产党员·师德标兵”称号、法学院本科生党支部荣获同济大学“先进基层党组织”称号。

7月1日,学校在大礼堂组织观看庆祝中国共产党成立100周年大会,学院党委委员、纪委委员及学生党员代表参加。

9月28日,学院于衷和楼1305开展落实中央巡视整改工作部署会暨习近平法治思想集体学习会。同济大学常务副校长吕培明、文科办主任刘淑妍专程出席,学院党政班子成员及全体教师参加。学院党委书记吴为民主持会议,院长蒋惠岭作“学习习近平法治思想的四个维度”主题学习报告。

10月26日,法学院党委落实巡视整改推进会暨中心组(扩大)学习会在衷和楼1302举行。常务副校长吕培明、副校长雷星晖、文科办主任刘淑妍、文科办副主任曲辰出席会议,学院党委书记吴为民主持会议,学院全体党委委员、教材委员会委员参加会议。

10月29日,校纪委监督法学院巡视整改专题会议在衷和楼1302召开。学院党委书记吴为民汇报巡视整改进展情况,学院党委副书记、纪委书记刘志坚主持会议,全体党政班子成员参加会议。

11月2日,法学院组织在衷和楼4楼报告厅举办习近平法治思想专题学习会。上海师范大学哲学与法政学院院长、博士生导师,《习近平法治思想概论》编写组成员蒋传光为法学院师生党员作关于学习贯彻习近平法治思想的辅导报告。学院党政班子全体成员、师生党员代表等100余人参加学习会。院长蒋惠岭主持报告会。

11月8日,蒋惠岭为同济大学法学院学生讲授“习近平法治思想概论”课程第一讲。该课程为新增课程,每周一、三晚上开课。

11月9日,法学院在中法中心C401举行“习近平法治思想研究中心”成立揭牌仪式暨学习贯彻习近平法治思想学术研讨会。副校长雷星晖讲话并与法学院院长蒋惠岭共同为习近平法治思想研究中心揭牌。文科办主任刘淑妍、副主任曲辰，党委宣传部副部长运迪、章仁彪教授，法学院党政班子成员，以及来自法学院、马克思主义学院、政治与国际关系学院的教师和学生80余人参加了研讨会。揭牌仪式由学院党委书记吴为民主持，蒋惠岭主持研讨环节。

11月29日，学院于四平路校区图书馆前举行“我与宪法”升旗仪式与“宪法晨读”活动。校党委宣传部副部长运迪、党委学（研）工部副部长严长征、校团委副书记郑彧豪，法学院党委书记吴为民、副院长徐钢、法学院部分教师与部分学生代表一起参加活动。

科研与学科建设工作 截至2021年年底，学院获批1项科技部外国专家项目（“一带一路”国际商事纠纷多元解决机制研究），获批国家社科基金项目1项、教育部项目1项、上海哲社项目2项、中国法学会项目2项。发表论文93篇，其中期刊论文69篇，SSCI和CSSCI来源期刊发文33篇，法学类CSSCI来源期刊（含扩展版、集刊）发文10篇。专著译著共3本。同时，组织编撰并发布《同济大学法学院创办档案辑存》一部，《同济法学先哲文存》（第一辑）5册编辑完成并出版。

1月25日，法学院举办国家社科申报主题讲座，华东政法大学教授、教育部长江学者特聘教授胡玉鸿主讲，蒋惠岭、徐钢及学院部分教师参加并进行论文发表经验交流。

2月11日，教育部公布2020年度新增国家一流本科专业建设点名单，同济大学法学专业入选。

3月1日，胡玉鸿受邀做客“同济天下法治系列讲座”，为学院师生做题为《平等的法理诠释》的精彩讲座。本次讲座由蒋惠岭主持，徐钢、黄丽勤、陈颐等师生参加本次讲座。

3月29日，学院于衷和楼召开博士点申报工作会议。会议由徐钢主持，蒋惠岭、吴为民、黄丽勤、学科分委会、学术委员会、教研部相关成员参加。本次会议主要对博士点申报工作进行具体安排。

5月28日，学院于逸夫楼举办首届“同济天下法治论坛——在法治轨道上推进国家治理体系和治理能力现代化”，深入学习贯彻习近平法治思想，培养德法兼修的高素质法治人才，推动中国特色社会主义法治理论创新发展，提高依法治校水平。本次会议由蒋惠岭主持。上海市法学会党组书记、会长崔亚东和方守恩出席论坛并分别致辞。上海市全面依法治市委员会、上海政法系统有关人士，上海和全国各地法学界知名学者、法律实务界人士、同济大学师生等200余人出席论坛。

6月21日，法学院举办“论《民法典》背景下劳动法与民法的关系”专题讲座，中国社会法学会副会长、上海财经大学教授王全兴主讲。中央财经大学法学院教授沈建峰、上海财经大学法学院研究员吴文芳、华东理工大学法学院讲师粟瑜等参加研讨评论。

7月20日，上海市人工智能社会治理协同创新中心第一次工作会议在法学院举行。蒋惠岭主持会议，学校科管部部长冯世进，经济与管理学院教授陈强、副院长程名望，人文学院教授王静，徐钢、张韬略等参加会议。

8月11日，“上海市人工智能社会治理协同创新中心”获上海市教委批准成立。协同创新中心由同济大学法学院牵头，整合经济与管理学院、人文学院、同济大学上海市自主智能无人系统科学中心等校内多学科力量，联合相关协同单位开展科研协同和人才培养。

9月8日，学院于逸夫楼召开同济大学法学一级学科博士学位授权点申报专家论证会。校外专家、校领导、相关职能部处、学院领导班子参加。

10月12日，上海市法学会多元解纷法治研究会在上海市法学会机关召开成员大会，选举产生新一届理事会，蒋惠岭当选第一届上海市法学会多元解纷法治研究会副会长，徐文海当选副秘书长。研究会秘书处设在同济大学法学院。

10月13日，教育部长江学者、北京大学法学院副院长车浩于衷和楼以“法律人的职业能力与学术能力——兼论本科生和研究生的差异化培训”为题，为学院师生带来一场讲座。蒋惠岭出席本次讲座并作开场致辞。讲座由徐钢主持，学院教师和学生百余人现场聆听。

10月29日，徐钢参加在同济大学国家大学科技园嘉定分园举行的“上海市人工智能社会治理协同创新中心”和“上海智能车路法律研究所”入驻园区揭牌仪式，并开展“智能车路的安全与合规”学术研讨活动。同济控股副总经理、同济科技园总经理戴大勇，徐钢致辞并揭牌。

11月13日，法学院和上海市法学会多元解纷法治研究会共同主办的“同济天下·法治论坛——聚焦2021年民事诉讼法修改”在同济大学举办。来自复旦大学、上海交通大学、华东师范大学、上海财经大学、华东政法大学、中南大学等高校的理论学者和来自上海市人民代表大会、上海市高级人民法院、上海市浦东新区人民法院、上海市虹口区司法局、上海市经贸调解中心、上海炜衡法律援助中心等单位的实务专家，针对10月发布公开征求意见的《中华人民共和国民事诉讼法（修正草案）》展开研讨。蒋惠岭主持本次论坛，中南大学教授、最高人民法院原党组副书记、副院长江必新出席会议并讲话，上海市法学会多元解纷法治研究会会长顾伟强和同济大学常务副校长吕培明致辞。

11月18日，蒋惠岭主持新一届法学院学术委员会全体会议，一致推选陈颐为主任，袁秀挺为副主任。

11月19日，上海交通大学文科资深教授、凯原法学院原院长，现上海交通大学中国法与社会研究院院长、教育部长江学者特聘教授季卫东受邀做客“同济高等讲堂”，为师生带来了一场题为“数字化社会的治理与法律”的讲座。

11月25日，同济大学法学院、上海市法学会多元解纷法治研究会、中国商事调解发展合作机制和上海经贸商事调解中心共同主办“同济大学法学院与上海经贸商事调解中心法学研究与实践基地”签约、揭牌仪式，并举办“同济天下法治论坛——聚焦司法确认范围扩大与调解前置”。

11月27日，由同济大学法学院、中国生产力学会和浦江法治论坛组委会共同举办的“同济天下·法治论坛暨第七届浦江法治论坛·上海峰会”在同济大学逸夫楼举行。中央宣传思想工作领导小组原副组长、全国人大法律委员会原副主任委员、浦江法治论坛名誉主席、中国生产力学会首席顾问王茂林，中国生产力学会秘书长王进才，同济大学原党委书记、中国人民大学原党委书记、浦江法治论坛主席程天权等出席论坛并在开幕式上致辞致辞。同济大学副校长、中国科学院院士陈义汉在开幕式上致欢迎辞，蒋惠岭、吴为民主持会议。会议还举行了“同济大学法学院经济法治研究中心”揭牌仪式。

教学工作(含学科竞赛)　2021年，在学校的领导下，法学院贯彻落实教育部和同济大学教育政策和制度，在人才培养各方面进行改革和实践，取得一定成果。

在重点课程建设、国家级教改项目立项、课程思政建设和学科竞赛等多个领域创造了佳绩：2021年法学院有5位教师的5门课程获得2021年度同济大学重点课程建设项目立项。其中，《模拟审判》课程获得上海市2021年重点课程建设项目立项。法学院负责并申报的《新文科背景下“法学+工程”复合型人才培养创新与实践》教改项目，获得教育部首批新文科研究与改革实践项目立项；法学院申报的2个项目获得2021－2022年度校级课程思政教改课题立项，3个项目(课程)获得2021年度校级研究生课程思政示范课程和项目立项；教学成果获奖方面，2项成果获评2021年同济大学教学成果一等奖和三等奖。

5月17日，第十五届“金法槌杯”模拟法庭大赛落下帷幕，法学院组织参赛的同济大学研究生代表队荣获最佳判决书奖，2020级研究生高源获得了个人最佳风采奖。本科生代表队中，2019级本科生张楷若获得了个人最佳风采奖。

6月30日，蒋惠岭代表同济法学院参加上海市依法治市办、市教委联合召开的“学习贯彻习近平法治思想培养高素质法治人才座谈会”并作发言。上海市16家法学院系和研究机构代表参加会议。

9月22日，法学院发布《关于法学院成立“习近平法治思想概论”课程组的决定》，成立“习近平法治思想概论”课程组，负责“习近平法治思想概论”课程的教学工作。课程组成员定期开展集体备课。

11月3日，“尚法杯”2021年上海市高校大学生法治辩论赛于上海大学举行，法学院和校辩论队的8名同学张子恒、张艺涵、段雅文、覃宇韬、王子坤、刘子航、李逊、陈寅组成了同济大学代表队，在指导老师徐文海、校辩论队教练杨皓的指导下，于近一个月的赛程中从来自49所高校、16所高职的60余支队伍中突出重围，荣获一等奖。

12月11日，由红十字国际委员会和同济大学法学院共同主办的第十五届中国大陆地区红十字国际人道法模拟法庭竞赛在同济大学四平路校区举行。比赛采用线上线下结合的方式进行。本届比赛共有57支国内代表队报名，为历届比赛报名最多的一次，其中32支代表队(共计约150名学生)晋级口头辩论环节的比赛。经过两天的角逐，同济大学代表队夺得冠军。这也是法学院首次承办国际模拟法庭比赛。

社会合作　2021年，法学院进一步推进学生实习实践基地建设和拓展工作，年内新增市内外在法院、检察院、律所设立的6个实践基地。作为学校对口帮扶云龙县工作的最新拓展，法学院与云南云龙法院、大理大学等建立了法治帮扶关系。先后与各级司法机关、企业开展深度合作，同时，探索与海南国际仲裁法院建立合作关系，切入新时期国家进一步扩大开放的前沿领域。

1月13日，蒋惠岭接待北京字节跳动法务总监任重远，商谈关于联合兴办研讨会等合作事宜。

1月29日，北京炜衡(上海)律师事务所向同济大学教育基金会法学院基金捐赠仪式在逸夫楼举行。蒋惠岭、吴为民、徐钢、黄丽勤，刘志坚，北京炜衡(上海)律师事务所主任郭俊、党支部书记顾靖、执委会主任赵文梅，高级合伙人章晓科、李琦等律所代表等出席。徐钢主持签约仪式。

3月5日，法学院学院在衷和楼举办同济大学法学院与北京炜衡(上海)律师事务所工作交流会。本次会议由蒋惠岭主持，北京炜衡(上海)律师事务所高级合伙人李琦、朱鹰、法学院宪法行政法教研部主任曹伊清等出席交流。

3月19日，法学院与上海市第一中级人民法院在衷和楼开展合作交流会，本次会议由蒋惠岭主持，班子成员及一中院院长汤黎明一行人出席。双方就进一步促进和深化合作、加强人才培养、实务教学、科学研究、国际司法研讨活动的筹办等内容开展交流。

4月18日，蒋惠岭与北京仲裁委员会副秘书长陈福勇座谈，就共建同济法学院建设工程法项目交换意见。

4月27日，蒋惠岭接待阿里本地生活法律研究院院长任容庆，商谈双方建立合作研究项目事宜。

5月22日，同济大学校友会法学院分会成立大会暨“同济大学与近代中国法律教育”圆桌论坛在四平路校区逸夫楼一楼报告厅举行。同济大学党委副书记吴广明，校长办公室副主任、校友会秘书长郑晓蕾，法学院党委书记吴为民、蒋惠岭，法学院教师代表以及各届校友代表250余人出席同济大学校友会法学院分会成立大会。在成立大会上，选举产生了同济大学校友会法学院分会理事会；并在第一次理事会上，选举产生同济大学校友会法学院分会会长、执行会长、副会长、秘书长和副秘书长。在圆桌论坛环节，西北政法大学副校长、中国法学会法学教育研究会副院长、全国法律专业学位教育指导委员会委员王健，杭州师范大学沈钧儒法学院院长郝铁川、华东政法大学教授李秀清、同济大学法学院教授蒋晓伟，围绕“同济大学与近代中国法律教育”主题从各自不同角度展开阐述。圆桌论坛上，还举行了《同济法学先哲文存》《同济大学法学院创办档案辑存》发布仪式。

6月3日，法学院与扬州市江都区人民法院合作共建签约暨法学教育实践基地揭牌仪式在扬州市江都法院举行。扬州中院党组书记、院长薛剑祥法官，扬州市江都区委书记、区长朱莉莉，江都区委常委、政法委书记杨德银、蒋惠岭、法学院教师刘春彦、徐文海、法学院办公室主任娄亚丹等出席合作共建启动仪式，仪式由江都法院党组书记、院长黄志主持。

7月8日，蒋惠岭会见来访的北京字节跳动科技公司的国内法务总监江丽女士一行，洽谈与同济法学院合作事宜。夏凌、黄锫、张韬略、陈洁蕾等参加座谈。

10月22日，学院与上海人民出版社在衷和楼洽谈合作出版人工智能治理译丛等事宜，本次洽谈由徐钢主持，张韬略和苏苗罕参与。

11月28日，蒋惠岭及法学院老师代表夏凌、李丽华、陈洁蕾赴云南省云龙县参加同济大学定点帮扶活动。蒋惠岭与大理大学副校长陈本辉座谈法学对口帮扶事宜。

国际交流 2021年，学院持续推进与洪堡大学、康斯坦茨大学等德国大学的双硕士项目项目，进一步加强与美国、英国相关高校交流合作的同时，完成了“中国法与国家治理全英文项目”的创设，开始面向全球招收硕士研究生。2021年，学院共招收留学生20人，受疫情影响，实际到校学习6人。完成了2021年国家公派项目，学院学生申请国家公派项目中标率为100%。

6月4日，同济大学法学院、同济大学中意学院、同济大学意大利研究中心与意大利比萨大学法学院联合主办的“2021中意司法论坛——民法典与罗马法传统”在同济大学举行。同济大学党委副书记彭震伟、同济大学文科办主任刘淑妍、同济大学法学院院长蒋惠岭、北京大学法学院教授薛军、上海市第一中级人民法院研究室主任郑天衣、同济大学法学院副院长徐钢、同济大学中意学院副院长徐云霞，以及法学院、中意学院师生代表参与了本次论坛。意大利比萨大学法学院、意大利布雷西亚大学法学院师生代表在线上参加了本次论坛。

学生工作 3月4日，学校就业指导中心来法学院进行工作调研，本次调研会议由刘志坚主持，其他兄弟院系参加。刘志坚于本次调研会议汇报了法学院2020届毕业生的毕业动向、就业现状以及就业所存在的问题。

4月1日，法学院召开全体毕业生离校线上动员会，本次会议由刘志坚主持，学校就业指导中心主任方雅静、学校心理中心辅导员王乐实、刘博、王戈以及全体毕业生参加。会议上方雅静就当前的毕业生就业形势进行了分析和解读，并且对法学院学生的择业需求给予了意见和建议。王乐实围绕压力舒缓为面临就业、毕业双重压力的毕业生进行心理疏导，为同学们提出具体的舒缓方法。王戈介绍了学院毕业季系列活动安排，刘博介绍了户口档案及党团组织转出等事务流程。

4月15日，法学院开展国家安全日主题教育，集体收看了在央视综合频道播出的《护航之道——总体国家安全观纵横》专题片，并做主题宣讲。

4月30日，法学院在衷和楼召开共青团同济大学法学院第三次代表大会，吴为民出席此次会议并发表讲话，来自全院各选举单位的43名团员代表参加会议。刘博代表共青团同济大学法学院第二届委员会作了工作报告。最后，大会选举产生了由7名同志组成的共青团同济大学法学院第三届委员会。

7月6日，法学院在逸夫楼举办“法学院2021届毕业典礼”。雷星晖、吴为民、蒋惠岭、徐钢、黄丽勤、刘志坚，各教研室主任、教师代表、校友代表等出席典礼，共同见证2021届法学院毕业生学成毕业。本次典礼由吴为民主持，蒋惠岭作了题为“戴上法律盔甲，奔赴锦绣前程”的讲话。

8月28日，法学院组织人员赴新生院参加2021级本科生迎新工作。吴为民、蒋惠岭、黄丽勤、徐钢、刘志坚等看望正在济世学堂报到的新生。

8月30日—9月3日，法学院举行2021级研究生新生“立德树人”主题教育周活动，为2021级新生“扣好”研究生生涯的“第一粒扣子”，帮助新生尽快适应校园学习与生活。内容涵盖校纪校规教育、理论素养教育、心理健康教育、校史校情教育、学术能力教育、生涯规划与创新创业教育等6大模块。

10月14日，法学院在四平路校区南大道举办了国家网络安全教育宣传活动

10月26日，学院第五次学生代表大会、第五次研究生会代表大会于衷和楼顺利召开。刘志坚、黄丽勤、徐文海、王戈、刘博，校学生会执行主席陈司瑶和校研究生会主席团代表曾赏赏出席本次会议。

12月4日，法学院在第八个国家宪法日到来之际，举办“弘扬宪法精神，培育法治文化”校园主题宣传活动。校党委副书记吴广明、彭震伟，党委学(研)工部、宣传部、校团委及法学院师生党员200余人参加了系列活动。活动涵盖“我与宪法”主题升旗仪式、校园宪法诵读活动、社区普法宣传、义务法律咨询、法院公众开放日及主题党日与团日等。

工会工作 6月15日，法学院师生代表60余人前往同济大学大礼堂参加“永远跟党走”同济大学庆祝中国共产党成立100周年师生大合唱，学院演唱曲目《奉献》荣获优胜奖。

(娄亚丹)

马克思主义学院

截至2021年12月底，学院共有全日制本科生66人，硕士研究生179人，博士研究生162人。学院在岗教职工总数76人，其中专技类教师岗66人、专技类思政岗2人、管理岗7人、博士后1人。专技类教师岗位中，具有正高级专业技术职务17人，具有副高级专业技术职务20人；博士生导师16人，硕士生导师31人。

学院印发《同济大学马克思主义学院财务管理办法》《同济大学马克思主义学院消防安全管理规定》《同济大学马克思主义学院采购管理实施细则》《同济大学马克思主义学院仪器设备家具固定资产管理实施细则》《同济大学马克思主义学院安全生产管理办法》《同济大学马克思主义学院基金管理办法》《同济大学马克思主义学院教务委员会章程》《同济大学马克思主义学院教职工考勤及请假实施细则（试行）》8项文件。发布简报8期。

3月3日，校党委书记方守恩到院调研，听取学院工作汇报。

10月29日，教育部党组成员、副部长翁铁慧到院调研，校长陈杰陪同调研。

11月23日，教育部社会科学司宋凌云副司长到院调研，校党委副书记吴广明陪同调研。

11月16日，周爱华任同济大学马克思主义学院党委副书记、纪委委员、书记（兼）、分党校副校长（兼），殷娣娣免同济大学马克思主义学院党委副书记、委员、纪委书记（兼）、委员、分党校副校长（兼）。

12月13日，徐蓉任同济大学马克思主义学院院长，刘勇任同济大学马克思主义学院党委委员、副院长（试用期一年），刘顺任同济大学马克思主义学院党委委员、副院长（试用期一年），王平免同济大学马克思主义学院党委委员、副院长，王鹏免同济大学马克思主义学院党委委员、副院长。

12月29日，校党委书记方守恩出席马克思主义学院中层干部任免大会。

12月，学院教工第四党支部获批上海市教卫工作党委“党支部建设示范点”。

师资队伍 学院引进助理教授9人，退休1人，调入管理岗教工3人，调出管理岗教工2人，博士后科研流动站出站1人、离站1人。

学院强化师资培养，运用好“周末理论大讲堂”“思政课专题视频培训”“思政课教师实践研修基地”等平台，组织教师参加学习与调研，全面提升师资队伍的理论功底、知识素养、研究水平和实践能力，自2021年新版思政课教材投入使用以来，已完成全院教师全员培训。举办学院青年教师教学展示活动，举办同济大学校内转岗思政课教师专项培训研修班，选拔推荐2名青年教师参加全国高校思想政治理论课教学展示比赛；推荐8名青年教师参加2021中央宣传部、教育部高校思政课骨干教师研修班和全国高校思政课研修基地等举办的培训。持续推进“青年教师素质能力提升计划”，举办青年教师学术沙龙，构建多元教学科研能力培养体系。开展师德师风警示教育专题学习，开展师德师风优秀教师事迹学习，树立身边典型，学院教授陈大文获评学校2021年师德师风优秀教师称号。学院媒体平台开展“头雁风采”“先锋模范”展示宣传，推送“头雁风采”7期，展示了党支部风采，推送“先锋”2期。

11月19日，陈大文任新一届教育部“思想道德与法治”分教学指导委员会副主任委员，徐蓉任新一届教育部“形势与政策”和“当代世界经济与政治”分教学指导委员会委员。

教学工作 学院招收本科生29人，接收转专业本科生1人，招收全日制硕士研究生60人，全日制博士研究生15人，思政专项博士研究生6人，同等学历学位型博士研究生8人，授予硕士学位51人，博士学位13人。

学院全面开设“习近平新时代中国特色社会主义理论”必修课，按照“金课”标准建好本研各学段思政课必修课，积极推进思政课、选修课建设，深化打造具有同济特色的“1+4+1+N”思政课精品课程群。高质量建设“人民城市导论”“中国道路”等学校特色思政品牌课程，更好地完成上海市委领导交办的讲好教好“人民城市人民建、人民城市为人民”等理论的任务。王鹏教授团队的“‘习近平新时代中国特色社会主义理论’课程建设”、王谋寅副教授团队的“‘思想道德与法治’‘回应型’教学模式研究”分获同济大学教学成果二等奖和三等奖。

学院及时推进党的创新理论进课堂进头脑。第一时间组织学习领会习近平总书记在中国共产党成立100周年大会上的讲话精神，学习领会党的十九届六中全会精神，及时形成融入课程体系总体方案，开展多种形式集体备课，全方位、全过程确保及时进课堂进教案进头脑。深入推进思政课建设能级提升，开发线下线上互动、课内课外结合、理论实践交融的课程形态，举办第七届同济大学“使命与担当”社会实践与创新竞赛，全校2300余名学生参与。建成“线上线下”课程2.0版，促进“思政课程”与“课程思政”协同联动，构建全校“大思政”格局，合力落实立德树人根本任务。积极参与马工程教材编写，根据校情学情编制课程教辅资料。

学院强化完善本研各学段人才培养体系，精心办好马克思主义理论学科本硕博专业，修订完善专业培养体系、课程体系、教学大纲，进一步理顺本研各学段课程结构，突出人才培养的渐进性、系统性。

2月19日，李渡教授指导的博士研究生戴韶华的博士学位论文《以政治认同为导向的当代爱国主义教育研究》、李占才教授指导的硕士研究生王薇的硕士学位论文《长征精神及其社会传播的历史演化与现实启迪》入选2019年上海市马克思主义理论学科研究生人才培养登峰计划。

5月25日，方守恩到学院参加思想政治理论课集体备课活动。

10月，杨小勇教授讲授的本科课程“无产阶级政党的群众路线”入选教育部“七一”重要讲话精神进思政课示范“金课”。

10月12日，陈大文主编的八年级《道德与法治》、参编的高校《思想道德修养与法律基础》教材各获全国优秀教材特等奖1项。

11月26日，崔欣玉在第二届全国高校思想政治理论课教学展示暨优秀课程观摩活动中获一等奖。

12月，“形势与政策”课程获2021年上海高校思政“金课”。

12月7日，薛念文教授的“演讲学”课程获上海高等学校一流本科课程。

11月19日，由上海市“形势与政策”分教学指导委员会主办、学院承办的上海高校“形势与政策”分教指委学习贯彻十九届六中全会精神研讨暨集体备课会以线下线上相结合的方式举行。沪上高校教师共同研讨如何推进全会精神融入“形势与政策”课教学。

12月3日，学院联合同济大学教育部课程思政教学研究示范中心、本科生院举办学习贯彻党的十九届六中全会精神推进课程思政建设研讨会。来自上海市教委德育处、上海高校、杂志社和媒体等单位的专家学者共同深入学习党的十九届六中全会精神，围绕如何推进课程思政育人体系建设、如何推动同济大学教育部课程思政教学研究示范中心工作、如何发挥示范中心在上海市高校课程思政建设中的引领作用展开深入研讨。

学科建设 学院建强各级研究平台，夯实学科发展基础，更加明确学科研究方向。新增3个省部级研究中心：教育部课程思政教学示范研究中心、教育部全国高校思政课“手拉手”集体备课中心（同济大学—海南省）、高校中国共产党伟大建党精神研究中心同济大学分中心。建设8个具有特色的院级研究中心：同济大学马克思主义学院中共党史党建研究中心、基层党建研究中心、党内法规研究中心、公民道德与法治教育研究中心、生态文明研究中心、中国特色社会主义法治经济学研究中心、人的发展研究中心、欧洲马克思主义研究中心。推动学科交叉，充分利用并融合同济优势学科特色，在人才培养、科学研究、教育教学等领域积极推动学科交叉，在生态文明研究领域加强与环境学科的交叉合作，在青年教育研究领域加强与教育学科的交叉合作，逐步加强人工智能赋能相关研究领域，开展智能思政、智能党建探索。成功获批教育部首批新文科研究与改革实践项目——在交叉融合中创新培养马克思主义理论人才战略研究。

6月1日，学院牵头成立的同济大学课程思政教学研究中心入选教育部课程思政教学研究示范中心。

11月24日，高校中国共产党伟大建党精神研究中心同济大学分中心成立。

12月1日，学院获批教育部全国高校思政课“手拉手”集体备课中心（同济大学—海南省）。

科研工作 学院引导教师通过科学研究促进思政课教学，改变以往教学与研究相脱节的现象。不断加强教师研究方向引导，鼓励教师将研究重心落实到马克思主义理论前沿问题、中国特色社会主义理论与实践问题、思想政治理论教育历史与理论、高校思政课教学改革创新等问题的探索上来。通过专项资助不断加强教师科研孵化，建成青年教师科研和教学沙龙活动的长效机制。加强对国家社科基金、教育部项目等省部级项目申报的规划与组织，聘请校内外专家给予指导，不断通过项目申报培育科研能力。

学院获得国家社科基金重大项目1项，国家社科基金项目2项，各类省部级项目10项，其他项目11项。在各类刊物发表论文189篇，其中高水平学术论文58篇。获得全国教育科学优秀成果三等奖1项，出版专著4部，研究报告2部，咨询报告20篇。

4月15日，杜欢政教授的“基于源头管控和区域协同的陆海统筹生态环境治理制度研究”项目获批研究阐释党的十九届五中全会精神国家社科基金重大项目立项。

4月17日，由上海市教卫工作党委、上海市教委指导，同济大学主办、学院承办的“中国共产党安全观的百年考察”研讨会在学院举行。来自全国近30所高校马克思主义学院的党委书记、院长、专家学者，近10家刊物和媒体代表与会，围绕主题展开研讨。

7月24日，由同济大学主办、学院承办的“全球大变局中的中国与世界”国际学术研讨会以线下线上相结合的方式在学院举行。国际价值与哲学学会执行理事长胡业评，上海市教卫工作党委副书记、市教委副主任闵辉，同济大学常务副校长吕培明出席并分别致辞。来自中国、美国、加拿大、越南、印度尼西亚、印度、肯尼亚、乌克兰、比利时等国高校和科研院所的数十名专家学者与会，围绕主题展开研讨。

8月27日，由同济大学主办，上海市习近平新时代中国特色社会主义思想研究中心同济大学基地、学院承办的“弘扬全人类共同价值、推动构建人类命运共同体”理论研讨会以线下线上相结合的方式在学院举行。中共上海市委宣传部副部长徐炯，同济大学党委副书记吴广明出席会议并分别致辞。来自全国10余所高校的30余名专家学者，近10家刊物和媒体代表与会，围绕主题展开研讨。

9月，吕健教授的论文《高校更名与招生扩张》获第六届全国教育科学研究优秀成果奖三等奖。

11月24日，高校中国共产党伟大建党精神研究中心同济大学分中心成立。闵辉、方守恩出席成立仪式并讲话，闵辉、方守恩等共同为同济大学分中心揭牌。同日，由高校中国共产党伟大建党精神研究中心主办、同济大学分中心承办的学习党的十九届六中全会精神暨伟大建党精神的时代价值理论研讨会以线下线上相结合的方式在学院举行。来自全国20余所高校的40余名专家学者与会,近10家刊物和媒体代表与会,围绕主题展开研讨。

学生工作 学院深化“三全育人”综合改革,全过程助力学生综合能力提升。依托经典研读中心,开展学业辅导活动,举办“大家经典读书会”8场、班级导学沙龙11场,形成良好的班风学风氛围。2019级本科生班获得2021校优良学风班荣誉称号。开展科研锻炼计划,设立“学思践悟”研究生创新计划,为研究生开展课题研究提供指导和经费支持。举办“身边的思政课”等社会实践活动,指导学生围绕党的最新理论成果、聚焦时事热点,通过调研、考察等方式,切实做好社会实践活动,在实践过程中做到知行合一、服务社会。学院社会实践项目获批立项33个项目,获评校级优秀项目5项,优秀指导老师3人,获评“社会实践优秀组织奖”。依托理论宣讲中心,开发党史宣讲系列课程,发布“百年百讲”课程体系,合力促进学生理论宣讲活动。宣讲团全年共开展理论宣讲96场,覆盖受众近4700人次,学院“理论+”宣讲团作为青年大学生理论宣讲的代表获得新华社报道,研究生第三党支部副书记张琪以“党史宣讲有‘温度’,服务群众有‘力度’”的党课宣讲获学校党支部书记讲党课比赛二等奖。精准落实学生就业指导,提前开展应届毕业生就业意向排摸,完善精准就业指导计划,设立学生实习实践教育基地,与上海市杨浦区嘉兴路街道、同济大学第一附属中学等单位合作,设立学生实习实践教育基地,选送优秀学生前往合作单位开展实习实践。

10月,硕士研究生张琪及其团队“黄金捕手——水中痕量贵金属回收专家”,在第七届中国国际“互联网+”大学生创新创业大赛中获金奖。

11月,硕士研究生矫雨航、张琪、蒋茜茜“初心辉映百年路,奋斗激扬青春时”获习近平新时代中国特色社会主义思想大学习“领航计划”系列活动之“百年辉煌路·奋斗正当时——第五届全国高校大学生讲思政课公开课展示活动”三等奖。

对外交流 学院积极探索各类合作交流、协同发展机制,在推动形成领域内辐射引领作用的同时促进共同发展。发挥教育宣传优势做好党的创新理论从校园到企业、社区的传播,遴选懂基层、接地气、授课效果好的教师,开展党的最新理论成果的公共宣讲服务。学院党委与嘉兴路街道党工委签署区域化党建工作结对共建合作协议并为“学生实践基地”揭牌,与同济控股公司党委开展党建共建签约仪式并进行党委中心组的联组学习。学院教师第二党支部和数学科学学院教师第二党支部结对共建,召开结对学习专题会,共同探讨教师党支部工作新方式,共同研究如何开展课程思政新路径。

学院加强与区域内外院校的交流与合作,开展结对帮扶与资源共享,发挥辐射引领作用。与上海对外经贸大学、上海济光职业技术学院、上海杉达学院签署上海高校马克思主义学院“协同发展结对”共建协议。推进优质资源共建共享,与同济大学第一附属中学签署结对共建协议,合力构建高质量大中小学思政课一体化体系,促进基础教育和高等教育有效衔接贯通,为探索贯通式人才培养机制和思政育人体系提供实践平台。与中教华影全国校园电影院线共同打造的“思想政治影视教育基地”,打造服务思想政治教育、教育教学、校园文化建设、产教融合、师生文化需求的线上线下校园文化综合体。与学校图书馆签署文献资源整合项目协议,提升学科资源建设。推荐骨干教师1人到学校职能部门挂职锻炼,任部长助理;推荐博士生1人担任学校首任校务助理。

(龙艳秋)

政治与国际关系学院

2021年学院有政治学与行政学(含国际政治方向)、社会学2个本科专业,拥有政治学一级学科硕士授权点(下设国际关系、国际政治、外交学、政治学理论、中外政治制度等5个二级学科硕士点)和政治学一级学科博士授权点(下设政治学理论、比较政治、国际关系、国际战略4个方向)。截至2021年12月,学院教职员工总数53人,其中全职教学科研人员46人,行政人员7人。2021年学院有同济大学特聘教授2人,教授16人,副教授16人,助理教授5人,讲师9人。在46位教学科研人员中,42人拥有博士学位。

2021年是中国共产党成立一百周年,是“十四五”规划开局之年。学院以“十三五”规划期间的积极努力为参照,以“十年树木”的精神开启全面落实“十四五”规划目标的新征程。学院深入推进党史学习教育,开展“我为师生办实事”活动,开展以党史征文为标志的庆祝建党100周年系列活动,动员全体党员和全体教职工积极推进学院教学、科研、国际化、学科建设等工作的全面发展。

学科建设 2021年,学院政治学学科一级博士点平稳实现第三年招生,学院研究生管理团队强化制度建设和质量监督,确保在疫情影响下的招生流程规范有序。2021年5月,同济大学政治学学科第三批博士生如期招生,11名博士生于2021年9月顺利入学。2021年,学院积极推动部署政治学博士后科研流动站建设工作,并在2021年年底录取2名博士后科研人员进站工作。

2021年,学院参与第五轮学科评估。学院提前布局和启动相关工作,并在正式通知下达后，成立相关工作组，深入解读评估指标，确立目标与工作原则，全面梳理评估数据，精心组织评估材料，顺利完成相关信息报送和表格提交。

学院秉持服务国家重大决策的主动性、自觉性，聚焦治理与战略，持续深化和拓展与中央国家安全委员会办公室、外交部、中央网信办、教育部、发改委、中联部、商务部、人社部等国家部委的联系与合作，积极承接委托课题，受邀参加内部咨询会议，积极提交高质量决策咨询报告，为国家外交战略和经济社会发展建言献策，有多篇决策咨询报告被中央办公厅、中央部委和省级政府部门录用，多篇报告获得中央领导人的肯定性批示，成为外交部、中联部所重点合作的学术机构。

2021年，学院与中联部合作，举办“中国战略论坛”取得成功。学院广邀海内外名家来同济大学讲学，以线上线下形式举办12期同济大学社会科学前沿讲座。持续举办同济大学治理与战略青年工作坊，为校内外青年学者交流提供高端平台。

教学工作 2021年起，学校继续实施本科生大类招生制度，学院政治学与行政学(含国际政治方向)和社会学两个本科专业学生纳入新生院济世学堂的社会科学实验班。2020级本科生按照计划在2021年春季学期顺利完成主修专业确认。2021年，学院招收国内研究生新生66人，包括全日制中国籍学生41人、博士生11人、全日制留学生硕士研究生14人、双硕士学位国际学生14人。2021年，学院全日制毕业生94人，其中本科生42人(包括社会学专业13人、政治学与行政学专业29人)，研究生52人。2021年秋，学院本科推荐免试研究生工作完成，院内录取2名硕士生，向校外推荐5名。

2021年度学院本研教学运行平稳，线上和线下教学秩序良好。通过对本研教学各环节加强管理，学院在主修专业确认、大类培养和管理、研究生招生、本研课程教学、本研教务考务、本研教学团队、实习与实践教学、本研教材管理、教学督导、专业导师、学位论文开题与答辩、论文质量监控等方面工作均实现了规范化和制度化。

2021年，学院在教改项目方面取得较好成绩。院长门洪华教授申请获得首批教育部新文科教改项目——基于“新时代中国与世界”主题的政治学课程体系和教材体系建设。2021年度学院获批多项本研校级课程思政、本研贯通全英文课题体系建设、国内国际相关顶级和标杆专业调研、本研课程线上视频拍摄等教改项目。

2021年，学院课程建设和专业建设稳步推进，教学质量进一步提升。在课程建设方面，学院2021年度两门课程获批上海市一流本科课程，分别是“中国国际战略导论”和“新时代的中国与世界”。学院通过教学委员会和教学督导工作委员会等平台，强化对课程教学的监督与指导，学院本研课程教学质量得到进一步提升。学院积极推动“双万计划”工作，“政治学与行政学”国家一流本科专业和国家一流本科课程的申报。

2021年度，中央巡视组和教育部先后启动对学校各学院的教材专项审查和检查工作，学院组织教材委员会专家和各专业负责人，对本研教材进行全面筛查，教材管理工作得到专项检查组的高度肯定。2021年，门洪华作为马工程首席专家所编写的教材《国际政治学》获批首届国家教材奖二等奖。此外，学院成功获批同济大学教材建设基地项目——基于“新时代中国与世界”主题的政治学类教材建设研究基地。

学院多项教学成果荣获2021年同济大学教学成果奖。其中，门洪华领衔的“聚焦‘中国与世界’互动关系的政治学课程体系建设”荣获同济大学教学成果奖一等奖。徐红所领衔的“思政引领、平台建设与全过程育人：政治学与行政学专业的创新”和钟振明领衔的“以国际化建设推动政治学类人才培养”分别荣获同济大学教学成果奖二等奖。

学院所负责的青海招生工作获得新突破。学院在2021年度着力于同青海省教育管理部门和青海省部分重点中学建立更紧密联系，积极开展招生拜访活动和招生宣讲活动，推动与青海湟川中学、青海师大附中、西宁二中等重点高中的制度化合作。学院所负责的青海招生工作在2021年取得佳绩，理科招生成绩名列全国第10，文科招生成绩名列全国第8，学院所负责的青海招生工作组获评招生工作先进集体。

科研工作 2021年学院聚焦治理与战略主导方向，对标政治学一流学科建设，搭建学术交流和生产的平台，推进科研成果产出继续保持稳中求进态势。

2021年，学院新增国家社科基金重大专项1项、国家社科基金一般项目2项、国家社会科学基金后期资助项目1项、上海市人民政府决策咨询研究专项课题1项，其他部委委托课题和横向课题20余项。学院师生发表论文80余篇，其中SSCI、CSSCI期刊论文50余篇；出版著作11部，其中专著8部(含英文专著1部)、译著1部。

2021年，学院继续开展与重要合作伙伴的高端论坛，如与中共中央对外联络部世界政党研究所、中国人民解放军国防大学国家安全学院和同济大学国家现代化研究院联合承办第四届中国战略论坛暨“百年变局与中国特色大国外交”高端研讨会(10月16—17日)，此次会议汇聚了50多家学术机构的80余名专家学者，分析探讨了习近平新时代中国特色大国外交思想、百年变局背景下的中国特色大国外交实践及其所涉及的诸多具有重大意义的战略议题；与上海市国际关系学会联合举办第一届上海市国际关系研究博士生论坛暨“统筹两个大局谋划战略新局”学术研讨会(12月18日)，收到来自海内外近70余篇中英文学术论文。与此同时，学院广邀海内外名家来同济大学讲学，2021年，以线上线下形式举办 12 期同济大学社会科学前沿讲座，继续举办“对话主编”学术交流活动，助力学院师生的学术成长与发表。

学生工作 2021 年学院学生有 4 人荣获研究生国家奖学金，12 人荣获同济大学校级及冠名类研究生奖学金。2 名本科生荣获国家奖学金，1 名本科生荣获上海市奖学金，4 名本科生荣获国家励志奖学金，另有 41 名本科生获得各类同济大学学生奖学金。学院评选出本科生优秀学生 5 名，优秀学生干部 1 名，优秀学生标兵 1 名，五四红旗团支部 1 个；研究生优秀学生 6 名，优秀学生干部 1 名，优秀学生标兵 1 名，五四红旗团支部 1 个。

学院修订完善涉及学生教育管理工作的 2 项制度性文件，进一步优化学生事务流程，完善学生工作制度体系。学院注重学生的职业发展教育与指导，引导毕业生赴基层、重点领域就业，13 名 2021 届毕业生入选选调生，3 位毕业生荣获同济大学“扬帆奖”。

学院学生参加各类创新实践竞赛，荣获全国大学生英语竞赛二等奖、第七届中国国际“互联网+”大学生创新创业大赛校内赛金奖、上海社会组织公益创业大赛社会组织“大学生公益创业先锋奖”、同济大学挑战杯二等奖、挑战杯课外学术科技作品竞赛三等奖、同济大学创新创业学术论坛三等奖等重大奖项。

学院组织开展创新实践教育与社会实践活动，面向低年级同学开展创新实践成果分享会，支持学生开展创新实践项目，共计开展国创项目 2 项，上创项目 2 项，SITP 项目 8 项，学院级项目结题 11 项。

学院积极开展“奋斗百年路，启航新征程”青年责任与梦想论坛、“阅读红色记忆，传承初心使命”建党百年系列“书道中国”读书会、“青春筑梦、知行合一”青春告白祖国报告会、“学党史、强信念、跟党走”主题团日活动和“请党放心、强国有我”主题团日活动，坚定学生理想信念、传递爱国之情。学院注重结合专业特点，积极开展社会调研，重点是开展社会治理——青春社区建设与服务、传承红色基因——重走红色调研之路等主题活动。如学院依托同济大学校团委与静安团区委展开“青春进社区”大学生基层挂职锻炼活动，推动青年参与“青春社区”创建与治理。

对外交流 2021 年，受新冠肺炎疫情在全球延续的影响，学院国际化工作遇到挑战。在此背景下，学院利用在线以及线下线上相结合的方式，继续开展丰富多彩的国际交流活动。

学院在国际学生招生等关键指标上位居全校专业学院前列。2021 年，有 2 名国际学生获得硕士学位，新招收 14 名意大利都灵大学双硕士学生，录取 3 名来自俄罗斯、日本和蒙古的国际学生，接收 3 名法国和德国的校际交流学生，并派出 5 名学院学生参与学院与意大利都灵大学的双硕士交流项目。2021 年，学院优化和开设 9 门全英语课程。

2021 年，学院与意大利都灵大学双硕士项目继续深化，获批国家留学基金委国别区域研究人才支持计划“中意‘一带一路’合作人才培养”项目，学院有 2 名博士研究生获国家留学基金委资助，赴意大利都灵大学攻读联合培养博士学位。

2021 年，学院继续与韩国等国际伙伴开展高端学术交流，如：与韩国东西大学中国研究中心联合主办第六届上海—釜山合作论坛（12 月 10 日），回顾中韩关系发展历程，对未来提出了许多基于合作的构想，为进一步深化中韩关系与地区和平发展提供高水平建议。

（钟振明）

人文学院

学院下设四个系，分别为哲学系、中国语言文学系、艺术与文化产业系、心理学系；涵盖哲学、中文、艺术、教育学 4 个门类和哲学、中文、艺术学 3 个一级学科。现有本科专业 3 个（哲学、汉语言文学、文化产业管理），一级学科博士点 1 个（哲学），一级学科硕士点 3 个（哲学、中国语言文学、艺术学理论），参与共建专业学位硕士点 1 个（MFA 艺术硕士）。此外，还设立有历史学研究所。2021 年学院顺利完成班子换届，并完成四个系的主任/副主任的换届和调整，为“十四五”规划的全面落实提供坚强组织保障。

4 月 8 日，召开党史学习教育动员大会暨党史学习教育辅导报告会。人文学院党政班子成员、党委中心组全体成员、师生代表与会。会议邀请同济大学党史学习教育宣讲团成员、马克思主义学院张劲教授作“西北根据地与习仲勋”专题辅导报告。

5 月 11 日，人文学院与建筑设计研究院举行了党史学习教育专题党委联组学习会议。人文学院哲学系教师计有恺作了“牢固树立正确党史观 开展党史学习教育”的学习报告。

6 月 15 日，人文学院与中德学院师生联合合唱团荣获庆祝中国共产党成立 100 周年合唱比赛三等奖。

12 月 23 日，学校党委书记方守恩到人文学院开展调研，与学院师生代表进行了交流座谈。学院班子成员、两委委员、教工党支部书记、党外人士代表、各系主任、学科带头人、青年教师代表等参加了座谈会。

学科建设 学院以新一轮“双一流”学科建设和教育思想大讨论为契机，完善人才培养体系，提高学科和专业建设水平。完成第五轮学科评估，参与同济大学新一轮一流学科（群）建设规划中领域一“新时代中国特色社会主义理论与实践学科群”，构成其中的方向二“中外文明互鉴与欧洲思想文化研究”，初步拟定了规划建设纲要。同时，整合哲学、中文与艺术学理论的相关方向，构建了一个以“哲学一级学科”为单位的“城市哲学与文学研究”的交叉学科团队，作为对建筑学一流学科群的支撑团队。

推进学科交叉与融合。王静教授带领“技术与未来研究院”同仁，参与法学院牵头的“上海市人工智能社会治理协同创新中心”获批，并在11月26—28日举行了第三届“未来哲学论坛”，本次论坛由同济大学技术与未来研究院和上海市人工智能社会治理协同创新中心主办、上海市人工智能学会协办，以线上线下相结合的方式进行，来自全国20余所高校或研究机构的30余名专家学者出席本次论坛并作报告，来自武汉大学、复旦大学、东华大学和同济大学的40余名本科生或研究生旁听了本次论坛。

科研工作 共发表各类著作36余部，发表论文180余篇。新增国家级课题9项（含重大1项，重点1项），省部级课题5项。曾奕教授为首席专家的“中国经典诠释学基本文献整理与基本问题研究”项目获得国家社科基金重大项目立项。祝宇红老师获得《中国现代文学研究丛刊》2020年度优秀论文奖。

学院联合宣传部和研究生院牵头开展中国文化高端系列讲座，邀请国内具有影响力的专家讲授中国传统文化、中国哲学、中国艺术、中国戏曲、中国制度等，分别在四平路校区、嘉定校区、沪西校区轮流举办。2021年共举办七场校级高等讲堂。

3月25日，国务院学位委员会学科评议组（艺术学理论）成员、南京艺术学院艺术学理论学科带头人夏燕靖教授以“艺术史的交错与边界扩展”为主题，为师生阐释了“艺术史”的概念与界域，并针对其史学理论和方法论进行探讨。来自全校各院系师生600余人以线下线上方式同步收听收看。

4月23日，国务院学位委员会学科评议组成员、中国哲学史学会副会长、中山大学陈少明教授应邀作了题为“作为精神现象之‘物’”的讲座。来自全校各院系300余名学生聆听了讲座。

6月1日，复旦大学文科资深教授、复旦大学图书馆馆长陈思和教授以“谈谈上海文化的几种构成”为主题，为师生勾勒了“海派文化”的发展脉络，提出了“上海文化”的三种构成、“海派文化”的四大特征。

9月16日，中国莎士比亚研究专家、《河南大学学报》编辑部主任、国家社科基金重大项目“莎士比亚戏剧本源系统整理与传承比较研究”首席专家李伟昉教授带来了对莎士比亚首部复仇悲剧《泰特斯·安德洛尼克斯》创作来源与创新的研究发现。

9月23日，清华大学哲学系丁四新教授带来讲座“三纲说的来源、形成与异化”，来自全校各院系线上线下近五百名师生参加。

10月26日晚，北京大学艺术学院院长、国务院艺术学理论学科评议组召集人彭锋教授以“艺术史的转向：从艺术品到艺术家”为主题进行了线上讲座。讲座由同济大学人文学院万书元教授主持，人文学院李建昌书记、艺术与文化产业系夏洁秋副主任以及全校三百余名师生参加。

11月2日，中山大学哲学系冯达文教授应邀作了题为“回归生活世界的价值诉求——儒学变迁史略说”的线上讲座。讲座由同济大学人文学院陈畅老师主持，来自同济大学各学院三百余名师生全程参与聆听了本次讲座。

举办四期同济人文青年教师学术论坛。

6月20日召开同济人文青年教师学术论坛第一期“文艺批评的未来”，以文学、美学、当代艺术理论的青年教师为主，邀请来自同济大学、复旦大学、华东师范大学、东华大学、上海大学、上海师范大学、上海文化、思南文学选刊等单位的十多名青年学者齐聚云通楼，围绕文艺批评的公共性、文艺批评现状反思、文艺批评与艺术作品、文艺批评与艺术家、跨学科视野下的文艺批评等议题各抒己见。

11月6—7日召开同济人文青年教师学术论坛第二期“古典与新知——礼学与礼制青年工作坊”，以文献学、语言学、古典文学、中国哲学、古代艺术史的青年教师为主，邀请若干校外同行专家，就古籍整理、经史研究等传统学术的当代形态进行研讨。

11月18日，同济人文青年教师学术论坛第三期作为同济“哲学月”系列活动之一，回应本次哲学月“当哲学遇上X”的主题，哲学轮番邂逅历史学、社会学、教育学与认知科学等领域。来自复旦、上海交大与同济的多位青年教师齐聚一堂，开展学术研讨会。

10—12月，同济人文青年教师学术论坛第四期“文学艺术的未来”共分为三次系列活动，分别以主题演讲、学术对谈方式进行，推动了学院学术交流的积极开展。围绕“文学艺术的未来”这一话题，嘉宾和学院教师、学生从不同学科、视野、方法展开讨论，促进了不同研究领域之间的融合和相互学习，为进一步的研究和讨论打开了空间。

其他具有代表性的学术活动如下。

10月22日，“古代文学研究的多维拓展——上海市古典文学学会2021年年会”在同济大学中文系顺利召开。作为上海市社联第十五届（2021）“学会学术活动月”的主要内容之一，本次会议以“古代文学研究的多维拓展”为主题。来自上海市各高校、研究机构和出版单位的学会会员近八十名学者参加了本次会议。

11月13—14日，“上海市社联第十五届（2021）学会学术活动月”系列活动“经学、古典学与中国哲学高端学术论坛暨第六届上海儒学博士生论坛”在上海五角场丽芮酒店隆重召开。本次论坛由同济大学人文学院哲学系、上海财经大学人文学院哲学系、上海财经大学国际儒商高等研究院与上海市儒学研究会联合主办。来自国内数十所高校、科研院所的百余名专家学者通过线上线下结合的方式参与了本次论坛。

10月24日，“新文科视域下艺术

与文化产业发展及人才培养”论坛在同济大学逸夫楼举办。受疫情影响，论坛采用线下和线上相结合的形式举办，来自上海交通大学、清华大学、同济大学、武汉大学、西安交通大学、中国传媒大学、上海戏剧学院等近十所一流高校文化产业管理及相关专业的负责人就艺术与文化产业专业建设及人才培养问题展开了热烈讨论。

12月9日，同济大学人文学院艺术与文化产业大讲堂第33期在线上顺利举行。讲座特别邀请到南方科技大学党委书记兼讲席教授、深圳大学文化产业研究院创院院长李凤亮教授就“新格局、新文化、新消费”这一主题进行分享。讲座由人文学院万书元教授主持，人文学院文化产业系的夏洁秋、解学芳、黄松、穆晨、潘炜、桑子文等教师及150余名师生聆听了本次讲座。

教学工作 学院全年开设90多门次面向全校的人文社科类公共选修课，全年开设跨学院研究生选修课程的门数、单门课程的选修人数都位列全校前列。3月，完成应届硕士毕业答辩工作和硕士研究生复试工作。4—6月，完成2018年高考自主招生、综合素质评价招生材料审核工作和面试工作。6月，完成同济大学辽宁省招生宣传工作、派遣教师参与同济大学福建省、山东省等其他省份招生宣传工作；组织完成2019级本科生暑期实践教学实习的工作，达到了本科生100%由学院组织开展沪内外集中实习的工作要求，并在7—8月暑期中圆满完成了任务。9—10月，完成校内外本科推荐保研两次面试工作。申报获批新开设学校各类通识课程多门，获得两门校级交叉课程建设支持，同时积极参加各级各类教学改革项目的申报和评审工作，“人文科学通论”课程获批上海市一流本科课程。

师资队伍建设 学院现有专任教师87人，其中教授29人、副教授35人、讲师10人、助理教授15人。现有教师中，教育部长江学者特聘教授1人，青年长江学者特聘教授1人、校特聘教授2人、长聘教授1人、上海市曙光学者1人、晨光学者1人、浦江人才4人。2021年退休校特聘教授2人、教授1人。

2021年，学院加强对院内现有师资队伍的管理以及职称晋升、岗位考核、绩效考核、续聘考核工作，提升现有师资队伍的教学、科研能力和战斗力。制定《人文学院现有体系岗位聘任要求》《人文学院长聘体系岗位聘任要求》《人文学院现有体系岗位聘期考核要求》《人文学院长聘体系岗位聘期考核要求》，并获校学术委员会审议通过。学院加强人才引育工作，2021年补充预聘副教授1名，补充助理教授4名。青年教师陈仕伟获上海市“浦江人才”称号。解学芳教授文化产业研究青年团荣获2021年同济五四青年奖章（集体），解学芳教授本人荣获“2021年度上海市教育系统巾帼建功标兵”、同济大学“师德师风优秀教师提名奖”。中国语言文学系获“2021年度同济大学三八红旗集体”。

学生工作深化“三全育人”改革，落实立德树人根本任务。“以文化人、以文育人”为特色的三全育人试点学院项目顺利结项，形成一批有影响的育人品牌项目，扩大育人的覆盖面，提升育人实效。学院与安徽阜南县联合开展的“满天星济划”项目，获得上海市知行杯暑期社会实践一等奖，上海市“互联网＋”红旅大赛金奖，全国“互联网＋”红旅大赛铜奖。该项目受到社会广泛关注，包括人民网、凤凰网、《新民晚报》、安徽电视台等众多媒体都进行了专题报道，取得了广泛的社会影响。人文学院师生在第三届中华经典诵写讲大赛（上海赛区）中荣获2个一等奖，5个二等奖。

4月29日，同济大学人文学院与长江大学人文学院举办线上就业“一帮一”行动交流会暨2021届毕业生就业工作专题研讨会。同济大学人文学院党委副书记刘涛、学工办主任万赟、分团委书记路杨，长江大学人文学院党委书记杨克非、副书记李征宇、副院长余劲东、学工办主任孙娟及毕业班班主任等人参加会议。两院领导相互借鉴就业工作经验。

对外交流 学院克服疫情困难，加强国际合作，11月第四届海德格尔论坛暨同济美学讲坛邀请了来自德国的著名哲学家君特·费加尔(Günger Figal)作了在线演讲座，首届“精神分析与哲学心理学”博士论坛也邀请了来自巴黎大学的斯蒂凡·蒂毕尔奇(Stéphane Thibierge)教授、乔治城大学的戴维·夏夫(David Scharff)教授、欧洲精神分析联盟的马丁·布尔德·多姆巴尔德(Martina Burdet Dombald)教授举办了面向心理学与哲学专业师生的在线讲座。

与西岸美术馆、多伦美术馆签定协议，组织了“艺术哲学沙龙”（同济—西岸）、“何为谓：一场艺术与哲学的对话”和“城市—空间—记忆”（同济—多伦）两个馆校系列学术活动，探索出一条将学术讨论与艺术展演活动相结合的新路。

（朱崇志、赵千帆）

外国语学院

2021年，外国语学院新进教职工7人，新进博士后2人，9人退休，2人离职。1人转聘长聘教授、1人晋升教授，2人晋升副教授。长期聘用外国专家18名，短期聘用外国专家1名。截至年底，学院在编教职工192人，其中正高23人，副高60人；具有博士学位教师93人。

现有外国语言文学博士后科研流动站1个，外国语言文学一级学科博士点1个，外国语言文学一级学科硕士点1个。二级学科硕士点4个：德语语言文学、英语语言文学、日语语言文学、外国语言学及应用语言学；翻译硕士专业学位（MTI）学位点2个：英语笔译与德语笔译。

2021年学院召开党委会22次、党政联席会议19次、党委中心组学习4次。召开全院教职工大会7次，开展环境卫生集中整治行动1次，教学事故处理规定及警示教育1次。

公共英语教学部获“同济大学三八红旗集体”称号。

吴赟获“上海市教育系统三八红旗手”称号，黄立鹤获“上海市育才奖”。

钱春春、时晓阳获2021年隧道教育奖励金，刘丽、毛薇和郭婧获2021年宏达奖励金。

张德禄获“同济大学追求卓越教师提名奖”，陈琳获“同济大学师德师风优秀教师奖”，王毅获“同济大学三八红旗手”称号，钱玲燕获2020年同济大学青年女教师成才资助金，姚岚、郭屹炜、时晓阳获2021年同济大学育才教育奖励金优秀教师二等奖。

曹莉军获同济大学“优秀教育管理工作者（质管员）”称号，王旖赉获“研究生优秀教育管理工作者”称号，钦雯、杨曜婷获“本科生优秀教育管理工作者”称号。刘佳煊获第九届上海高校辅导员素质能力大赛一等奖。李伟伟获同济大学2020－2021学年学生资助育人工作先进个人。

孟国锋、郭屹炜、赵亘、高卫泉、魏耀章、陆颖、时晓阳、周婕、张智萍、钱利华、朱锡明、惠永勤、陈竹、俞宙明、刘静、李芳、李伟伟17人获年度考核优秀。

12月28日，学院召开第五届教职工代表大会第二次全体会议、工会会员代表大会。

党建活动　全年共发展党员33人，其中本科生党员21人、研究生党员10人、专任教师1人、教工党员1人。推荐并认定无党派人士2名。

2021年，学院党委扎实开展党史学习教育，推进落实为师生办实事，庆祝建党百年。

学院积极开展巡视整改，巩固巡察整改成果。制定《外国语学院党委巡察整改方案》，落实38项整改措施，107条具体举措。制定《外国语学院党委巡视整改方案》，集中整改期内完成全部33条整改措施。

学院入选同济大学“对标争先”品牌项目1项、重点项目2项、优秀项目1项、特色项目1项。

本科生党支部获“上海市教卫工作党委系统先进基层党组织”“同济大学先进基层党组织”。

李海燕、王婉赢获“同济大学优秀共产党员”，李芳获“同济大学优秀党务工作者”。刘济超获同济大学庆祝建党百年主题演讲比赛一等奖。本科生党支部书记刘佳煊在人民日报社人民论坛网上发表《在党史学习中领会发扬中国共产党人的斗争精神》评论文章，在上海教卫党建微信平台“我为建党百年打卡”栏目展示微党课“跟着《共产党宣言》学党史”。

本科生党支部创作建党百年原创歌曲MV《青春向党报到》，推出“七国外语阐释传播中国共产党百年百段外交话语成果展播”，与同济大学浙江学院开展“全国党建工作样板支部”交流共建，举办学院党员“百样瞬间”风采展，带领学生参观一大会址纪念馆、四行仓库、滨江绿道党群驿站等红色场馆，建立“先锋工作站”党员综合服务实体。

3月，组织开展“学党史 讲党史”系列社会实践活动。

3月4日，组织党委中心组及部分师生参观考察自主智能无人系统科学中心活动。

3月24日，退休党支部举办庆祝建党100周年活动。

3月30日，组织嘉兴南湖及同济大学浙江学院参观交流活动。

4月20日，组织开展“红心向党庆百年”手工编织活动。

4月24日，同济大学外国语学院与井冈山革命博物馆举行红色革命文化国际传播合作协议签署仪式。

5月7日，组织参观人民城市规划展示馆及党群驿站活动。

5月13日，井冈山革命博物馆馆长刘宇祥应邀来学院作题为“学党史，悟初心——井冈山斗争史与井冈山精神”的主题报告。

5月18日，组织参观“跨越时空的井冈山精神”主题展览。

5月24日，本科生党支部与上海百将公益基金会党支部举行共建签约仪式。

6月15日，外国语学院师生合唱团参加“永远跟党走”同济大学庆祝中国共产党成立100周年师生大合唱比赛并获三等奖。

6月24日，举行新老党员话百年活动暨“光荣在党50年”纪念章颁发仪式。

6月30日，“全国样板党支部”本科生党支部发布献礼建党百年原创歌曲MV《青春向党报到》，该项目入选“高校思政网”庆建党百年精品项目。

8月，外国语学院“红色济忆”团队赴延安开展暑期党史学习教育实践活动。

9月30日，举行外国语学院纪检工作会议暨中国共产党党风廉政建设百年成就专题学习会。

10月12日，组织开展党史学习教育专题讲座，邀请上海市特级教师、曹杨二中周飞校长作题为“党史如画——红色经典中的历史启示”的专题报告。

10月26日，组织党委理论学习中心组专题学习习近平总书记在庆祝中国共产党成立100周年大会上的重要讲话，邀请马克思主义学院刘顺副教授作题为“自信自强 守正创新”的专题辅导报告。

12月14日，组织“党的十九届六中全会精神与高等教育高质量发展”专题学习会，邀请上海市教育科学研究院高等教育研究所所长、上海市研究生教育学会副理事长董秀华研究员作辅导报告。

加强组织建设，完成党支部和院系行政班子换届工作，创先争优，做好党员发展工作。

3 月，研究生第三党支部完成换届。

4 月，本科生党支部完成换届。

10—11 月，完成德语系、英语系和公英部的行政班子换届工作。

11 月，启动学院行政班子换届工作。

学科建设 2021 年，学院获批省部级以上科研项目 11 项。其中国家社科基金重大项目 1 项、国家社科基金项目 2 项、教育部人文社科项目 2 项、上海市哲学社会科学项目 1 项、其他省部级项目 6 项。获批国家语委、教育部以及国际跨国企业等重要横向项目 4 项。2021 年学院科研立项总经费共计 227.6 万元。

学院教师公开发表学术论文共计 119 篇，其中 CSSCI 论文 48 篇、北大中文核心期刊论文 50 篇、SSCI 论文 6 篇、A&HCI 检索论文 11 篇、EI 检索论文 2 篇，出版学术著作 19 部，其中专著 11 部、译著 5 部、编著 3 部。向中共中央办公厅、中共上海市委办公厅、上海市教卫党委、教育部国际司《国别和区域研究专报》总计上报 12 篇决策咨询报告。此外，郑春荣教授的《德国发展报告》(德国蓝皮书)荣获中国社会科学院第十二届“优秀皮书奖”一等奖。

2 月初，学院马克思恩格斯德文原著教学与研究中心全文翻译的《共产党宣言》正式发表，载于《德意志研究》第 214-256 页。译文根据 1848 年伦敦初版和 1977 年柏林全集版(MEW. Bd. 4)德文原著译出。

2021 年，举办及承办学术会议 10 场，举办“同济外文讲坛”23 场，举办“同文科研工作坊”2 场。

5 月 7 日，学院在中法中心 C401 会议室举办外国语言文学一流学科建设专家研讨会。外国语学院党委书记谭晓赟、院长吴赟及学院师生 70 余人参加了会议。

5 月 19 日，同济大学外国语学院言语—语言加工研究中心、外国语学院老龄语言与看护研究中心与平安科技语音算法团队 TTS 技术组在同文楼 111 室举行项目研讨会。

6 月 27 日—7 月 2 日，同济大学外国语学院老龄语言与看护研究中心主任顾曰国(国际语用学会咨询委员会成员)、秘书长黄立鹤(中国语用学研究会理事)在外国语学院组织举办第十七届国际语用学大会“老龄化与老年人语用交际”专题会议。

7 月 26 日，由同济大学外国语学院承办的深入学习习近平总书记加强和改进国际传播工作重要讲话精神构建中国话语和中国叙事体系研讨会在四平路校区中法中心举办。全国政协委员、全国政协文化文史和学习委员会副主任、文化部原副部长丁伟，全国政协委员、中国公共关系协会副会长、经济日报社原副社长兼总编辑张小影，国际翻译家联盟第一副书记、中国翻译家协会常务副会长、中国外文局原总编辑黄友义，中国公共关系协会副会长兼学术委员会主任、中国国际广播电台原副台长夏吉宣，中国日报社原副总编辑康兵，全国哲学社会科学工作办公室副主任、一级巡视员赵川东，中宣部进出口局二级巡视员、办公室主任鲍成城，中国外文局当代中国与世界研究院对外话语创新研究中心主任范大祺，同济大学常务副校长吕培明，同济大学党委副书记吴广明，外国语学院院长、同济大学国家对外话语体系研究中心主任吴赟等出席。

9 月 11 日，由中国英汉语比较研究会认知翻译学专业委员会主办、同济大学外国语学院承办的“第四届全国认知翻译学研讨会”在线上召开。会议在腾讯会议和哔哩哔哩平台同步直播，1300 多名专家学者参会。

9 月 18—19 日，由同济大学外国语学院主办的首届语言智能研究高层论坛在同济大学召开。会议邀请了近 50 名国内人工智能产业界、人工智能研究、计算机科学研究、语言学、翻译学、战略研究与国家安全学等多学科、跨领域的专家和专业人士。

10 月 10 日，由同济大学外国语学院主办的“马克思主义视阈中的外国文学研究”学术论坛在同济大学召开。论坛采用线下线上相结合的方式，特邀专家通过网络平台作主旨发言，其他参会者通过 8 个分论坛线上小组发言。

10 月 15—17 日，由中国逻辑学会符号学专业委员会主办，同济大学外国语学院、外国语学院语言学与多模态符号学研究所承办的“全国应用符号学与多模态研究论坛暨中国符号学基地联盟会议”通过线上方式举行。来自全国各地的近 200 名符号学与多模态领域的专家、学者和同学参加了论坛。

11 月 5—7 日，第九届全国认知神经语言学大会在线上举行，会议由中国认知神经语言学研究会主办，同济大学外国语学院、同济大学外国语学院言语—语言加工研究中心及外国语学院老龄语言与看护研究中心承办。

11 月 13—14 日，教育部高等学校教学指导委员会日语分委员会、中国日语教学研究会上海分会主办，同济大学外国语学院承办的“2021 年日语教育与日本学研究国际研讨会”在外国语学院汇文楼及云端同步召开。

教学工作 2021 年，外国语学院共接收 2020 级大类培养专业分流本科生 103 人，其中德语系 33 人、日语系 26 人、英语系 44 人。2021 年，外国语学院毕业 89 人，结业 2 人，在校本科生 455 人(含强化班)，转入 3 人，转出 18 人(含新生转出)，其中德强班在读 96 人、法强班在读 34 人。26 位本科生获硕士研究生推免资格。

2021 年，外国语学院共招收硕士研究生 86 人，其中学术型硕士研究生 42 人、翻译专业硕士学位(MTI)研究生 44 人，共招收博士研究生 19 人。在校硕士研究生 127 人(其中包括翻译硕士 48 人、学术型硕士 79 人)，授予硕士学位 74 人；在校博士研究生 95 人，授予博士学位 12 人。

日语专业入选国家级一流本科专业建设点。

语言水平考试通过情况如下。

2021 年高等学校德语专业基础阶段(TEM4)统测，同济大学 2018 级和

2019级德语专业学生通过率为100％，优秀率达85％，优良率达96％。

2021年高等学校德语专业基础阶段（TEM8）统测，同济大学2016级和2017级德语专业学生通过率为82％，优良率达64％，优秀率达18％。

2021年高等学校英语专业基础阶段（TEM4）统测，同济大学2018级英语专业学生通过率为100％，优良率达88.37％，优秀率达53.49％；同济大学2019级英语专业学生通过率为98.11％，优良率达88.68％，优秀率达47.17％。

2021年高等学校英语专业基础阶段（TEM8）统测，同济大学2016级英语专业通过率为97.62％，优良率达61.90％；同济大学2017级英语专业通过率为100％，优良率达65.63％。

2021年高等学校日语专业基础阶段（TEM4）统测，同济大学2019级日语专业学生通过率为80.5％（全国38.0％），优良率达46.3％，优秀率达22.0％，平均成绩为76.49（全国60.09）。

德语系与德国达姆施塔特工业大学合作举办的DSH笔试和口试中参加考试的35人考核均通过。成绩达到德国大学入学标准（DSH－2）以上者占88.6％。

吴赟、吕培明、郑春荣和黄立鹤的《融合中外，贯通发展，多元协同——“外语＋”人才国际传播能力培养创新实践》获同济大学“教学成果奖”特等奖；陈宇、黄崇玲、陈忱、张克芸、陈慧、庞文薇的《大类通识教育与专业教育有机衔接融合的德语专业本科教学改革探索》和曲辰、姚岚、朱震芸、王丽云、胡玥的《以“法语能力＋国际胜任力＋课程思政”为导向的公共法语系列教材建设》获同济大学“教学成果奖”二等奖。

黄立鹤、董菁、大多和朋子（Tomoko Otawa）获评同济大学“本科优秀毕业论文指导教师奖”，黄立鹤、吴建广、张克芸获评“同济大学优秀硕士学位论文指导教师”，孙宜学获评“同济大学优秀博士学位论文指导教师”。

宋缨、朱锡明、陈靖、王婷、周峰、高卫泉和刘晓芳获评2021年度同济大学学科竞赛优秀指导教师。

胡琪的“‘基础日语’课程思政的教学改革实践研究”获批同济大学课程思政教改课题，董琇的“笔译理论与技巧”获批同济大学课程思政在线示范课程，郑春荣的“大国关系与中国外交”获批同济大学研究生课程思政示范课程。

姚岚获2021年外国语学院青年教师讲课比赛一等奖，高卫泉、陈洁、孟国锋获二等奖。

2021年，学院组织开展教育思想大讨论2次，组织专业课程思政建设会议10次。

4月7日，学院召开专业教学课程思政专题会议。

8月26日，学院召开2021年外国语学院暑期务虚会，学院领导班子成员、各系部负责人、教师代表等40余人参会，围绕外国语言文学学科建设与发展、全面落实立德树人根本任务、推动新时代教育对外开放等展开教育思想大讨论。同济大学常务副校长吕培明出席会议并致辞。本科生院院长赵宪忠、外事办公室主任陈翌应邀参加会议并作主题报告。

9月28日，学院组织全院教师开展2021教育思想大讨论。

11月2日，同济大学课程思政教学研究中心、本科生院和外国语学院联合举办的“课程思政名师面对面”教师专题沙龙第14期活动在学院举行。沙龙邀请到上海外国语大学英语学院翻译系主任、博士生导师肖维青教授围绕外语类课程思政建设作“小课堂大思政——外语类课程思政的内涵与建设路径”的讲座。学院全体教职工参加了讲座。

12月17日，学院召开人才培养与教材管理研讨会。

学生工作 2021年，本科生获得校内外各类奖学金共158人次，奖金约50.2万元，助学金共106人次，奖金约22.58万；研究生获得校内外各类奖学金共21人次，奖金约18.4万元。

2021年，学院完成同济大学首批“三全育人”综合改革试点学院验收并入选“三全育人”综合改革首批示范学院。“红色济忆”团队《中国共产党红色文化对外传播的问题与对策——基于革命圣地英译的调查研究》项目获第十七届“挑战杯”上海市大学生课外学术科技作品竞赛特等奖。

毛薇、钱玲燕、林茜茜获2021年同济大学优秀班主任，陈靖、张焱、王红莉获2021年外国语学院优秀班主任。

2021年举办“驻楼导师工作站”活动12场。驻楼导师工作站共邀请校领导、学院知名教授和学者13名导师入驻学生社区，开展社区讲堂、学术沙龙、师生对话、成长问诊等12场活动，覆盖近250名学生。

2021年举办研究生博思论坛3场。

2月1日，副校长娄永琪、学院党委书记谭晓赟、院长吴赟、校团委副书记唐志宇和学院党委委员、各系部负责人、青年教师代表和辅导员在汇文楼与留校学生代表举办迎新春座谈会。

4月13日，外国语学院第二次研究生代表大会在汇文楼召开。

4月16日，外国语学院第二次学生代表大会在同文楼召开。

4月22日，“院长与你面对面沙龙”在同文楼216室举办，长江大学外国语学院2020级本科生通过腾讯会议线上参加沙龙。

4月25日，同济大学2021届毕业生春季招聘会——外国语学院专场在同文楼举办。招聘会采取线下招聘与线上直播结合的形式，共有14家企业参会，提供实习和就业岗位百余个，线上线下参会人数3600余人。

5月25日，同济大学“中华经典故事”日语演绎大赛在汇文楼举办。

5月26日，德语系、院团委、“全国党建工作样板支部”培育创建单位——院本科生党支部、校德语社联合主办的同济大学首届“德语之星”德语演讲大赛决赛在汇文楼举办。竞赛产生特等奖1名，一等奖2名，二等奖3名，三等奖6名。

6月1日，外国语学院“职”引计划——优秀校友职业生涯经验分享会在汇文楼开展，活动邀请日语系2001级校友、富士电机产业（上海）有限公司副董事长兼总经理吴国梁主讲。

7月6日，外国语学院2021届毕业典礼在衷和楼举行。

11月9日，同济大学常务副校长吕培明在衷和楼四楼报告厅作题为“立大志，明大德，成大才，担大任”的专题思政课。

学生个人获得各类奖项如下。

2月24日，在“2020年笹川杯日本研究论文大赛”中，2017级日语系本科生曹丹炜、张雅楠分别获文学组二、三等奖（特等奖空缺）；彭佳颖、冯睿佳获文学组优秀奖；曹美荣获文化组优秀奖；雷嵋妍获语言学组优秀奖。

3月28日，2017级日语系本科生王少琪获第15届中华全国日语演讲比赛全国总决赛三等奖。

4月24日，由胡瑞云、周峰两位老师指导的2018级英语系本科生严欣安获第26届中国日报社“21世纪·可口可乐杯”全国大学生英语演讲比赛上海赛区决赛二等奖。

5月，由英语系助理教授岳剑锋老师指导的2018级英语系本科生邹忆获2021年全国大学生英语竞赛全国英语专业组特等奖。

5月26日，2019级德语系本科生李周林获首届同济大学“德语之星”德语演讲大赛特等奖。

5月27日，2018级英语语言文学研究生李子阳，2018级日语语言文学研究生文东，2018级外国语言学及应用语言学研究生杨晶晶、倪阳获评2021年度上海市普通高等学校优秀毕业生（研究生）；2018级外国语言学及应用语言学研究生崔璨、毕墨、李勤，2019级英语笔译研究生陈荟获评2021年度同济大学优秀毕业生（研究生）。

7月2日，2018级日语语言文学研究生文东、刘欢获2021年同济大学“扬帆奖”一等奖，吴欣芸、尚妍辰获二等奖。

7月15日，2020级英语笔译研究生刘一璇获第二届“思源华为杯”创译大赛一等奖，2020级英语笔译研究生李佳慧和2020级德语语言文学研究生李然获二等奖。

7月24日，在“火山翻译·第四届全国机器翻译译后编辑大赛”中，2018级德语系本科生韩诗悦获一等奖；2020级英语笔译研究生程小婉、李佳慧，2018级英语系本科生闫想获二等奖；2019级英语笔译研究生黄心怡，2020级英语笔译研究生张唐、舒笑获三等奖；2018级英语系本科生王丹妮、刘雨萱，2020级英语笔译研究生张悦迪、石宁获优胜奖。

9月10—12日，由英语系高卫泉、周峰、胡瑞云三位教师指导的2019级英语系本科生康依菲、俞霁桓获2021年全国大学生英语辩论赛全国决赛一等奖，康依菲获“最佳辩手”荣誉称号。

11月，2019级心理委员王婧如同学获上海高校班级心理委员技能大赛决赛三等奖。

12月11日，由日语系教师胡琪指导的2019级日语系本科生郭文宇获第十二届大学生日语演讲比赛（江浙沪皖赣地区）三等奖。

对外交流 2021年，学院新进本科交流生8人。出国交流学习37人，其中本科生26人、研究生11人；在校国际学生11人（不含港澳台），其中本科生3人、研究生8人；在校港澳台学生4人，其中本科生1人、研究生3人。5名研究生获国家留学基金委联合培养博士生项目资助赴国外学习。

学院获批教育部高层次国际化人才培养创新实践基地并挂牌。

学院获批2021年中国科协“一带一路”国际科技组织合作平台建设项目，并成立“中欧高素质工程人才全球胜任力培训中心”。

与延安鲁艺文化园区和经济日报报业集团艺术与设计杂志社签署三方协议，建立战略合作型合作关系，共同策划、开展有关延安红色革命文化国际传播相关的巡展、宣传、研究、学生的社会时间和志愿服务等活动。

学院与澳大利亚新南威尔士大学签订新一期“语言研究的国际化”合作协议（2021—2024年）。

学院与德国德古意特出版社（Ge Gruyter）就《教育语言学》期刊开展合作，外国语学院负责期刊的编辑工作，作为唯一资助方永久拥有期刊的编辑权，德国德古意特出版社负责期刊的出版和全球发行等事宜。

4月7日，外国语学院院长吴赟、艺术与设计杂志社社长钱竹一行赴延安鲁艺文化园区调研并参加座谈会。三方就建党百年、结合“四史”做好《耳朵里的鲁艺》多语种有声节目、“新中国美术从这里走来”巡展和红色文化国际传播等工作进行了深入探讨。

4月19日，同济大学资产与实验室管理处、学院党政班子、系部领导和教授代表一行至上海外国语大学，就学科发展、科研教学、实验室建设和文化建设等方面参观考察。

5月17日，浙江工业大学外国语学院副院长楼荷英一行来公共英语教学部调研。

6月5日，中山大学党委副书记黄涵梓、教师代表和学生一行共10人至学院开展学术调研活动。

6月9日，哈尔滨工业大学外国语学院院长李雪、副院长李慧杰和大学英语教学部主任成城一行来学院就课程建设、学科发展、师资队伍建设及教师职业发展等方面展开调研。

7月30日，同济大学文科办主任刘淑妍、外国语学院党委书记谭晓赟、院长吴赟一行赴延安鲁艺文化园区调研，就如何依托鲁艺文艺做好红色文化的国际传播工作在延安文艺纪念馆召开合作研讨会。

10月13日，“同济大学外国语学院—上海市杨浦高级中学学生实习基地”签约仪式在杨浦高级中学举行。

12月10日，同济大学“中欧高素质工程人才全球胜任力培训中心”揭牌仪式暨“青年人才全球胜任力建设”研讨会在同济大学逸夫楼和线上同步举行。同济大学副校长、上海市科协副主席顾祥林，中国科学技术出版社党委书记、董事长、总编辑秦德继，中国教育发展战略学会国际胜任力培养专委会理事长张宁，匈牙利匈中友协原副会长、匈牙利政府匈中首席翻译高宝石（Adrienn Simon），匈牙利中欧商会中欧技术转移中心主任魏巍，意大利佛罗伦萨大学孔子学院理事长西尔维亚·斯卡拉姆琪（Silvia Scaramuzzi）出席并致辞。顾祥林、同济大学科研管理部部长冯世进和外国语学院院长吴赟为中心揭牌。

12月31日，东北大学秦皇岛分校外国语言文化学院院长赵玉荣教授一行到访学院，对外语学科建设及特殊人群话语研究进行专题调研。

（王毅）

理学部

2021年，理学部下设5个学院：海洋与地球科学学院、航空航天与力学学院、数学科学学院、物理科学与工程学院和化学科学与工程学院。设有本科专业11个：数学与应用数学、统计学、应用物理学、光电信息科学与工程、应用化学、化学工程与工艺、工程力学、飞行器制造工程、地质学、地球物理学、海洋资源开发技术。有数学、物理学、化学、力学、海洋科学、地球物理学一级学科博士点和博士后流动站各1个；数学、物理学、化学、海洋科学、地球物理学、地质资源与地质工程、力学、航空宇航科学与技术等一级学科硕士点8个，教育技术学二级学科硕士点1个。

理学部拥有海洋地质和工程力学2个国家重点学科；基础数学和凝聚态物理2个国家重点（培育）学科；固体力学和地质工程2个上海市重点学科；有国家工科物理基础课程教学基地和国家工科数学基础课程教学基地2个国家级教学基地。有国家重点实验室1个：海洋地质国家重点实验室。有国家级实验教学示范中心2个：国家级力学实验中心、国家级力学虚拟仿真实验教学中心。有省部级重点实验室3个：先进微结构材料教育部重点实验室（国防类），上海市特殊人工微结构材料与技术重点实验室，上海市化学品分析、风险评估与控制重点实验室。上海市工程技术研究中心1个：上海宝石及材料工艺工程技术研究中心。国内第一个“海底观测研究实验基地”重大科研平台。

“理学学科学位评定分委员会”挂靠理学部，管辖专业范围：数学、物理学、化学、教育技术学（理科）。以理科学位分委员会为抓手，深化数、理、化等学科研究生培养机制改革，服务所辖学科研究生学位评定、导师招生资格认定、优秀论文推荐，相关认定办法和标准的制定和修订等工作，把好各项工作质量关，促进学科发展。2021年共授予博士学位71人、硕士学位127人，推荐优秀博士论文6人、硕士论文6人，认定博士生导师招生资格147人、硕士生导师招生资格190人。

（周海英）

海洋与地球科学学院

海洋与地球科学学院由海洋地质系与地球物理系组成，学院设有海洋科学、地球物理学和海洋技术三个本科专业，海洋科学与地球物理学两个一级学科博士点，海洋科学和地球物理学两个博士后流动站。拥有海洋地质国家重点实验室、同济大学海洋科学技术研究中心、同济大学海洋资源研究中心、同济大学深海科学研究中心。国际大洋发现计划中国办公室和国家自然科学基金委“南海深海过程演变”重大研究计划办公室挂靠在学院。

教学工作 一级学科博士点2个、硕士点2个，博士后流动站2个。2021年，本科招生进入新生院，以理科试验班大类进行招生；招收硕士研究生53人，博士研究生36人；2021年毕业本科生70人，硕士生49人，博士生24人。2021年，学院在册外国留学生34人，其中博士研究生22人、硕士研究生12人。继续加强招生宣传工作，线上举办第十届“全国优秀大学生暑期学校”，招收来自全国近20所高校的相关专业大学生共计44人。

实行院、系两级的教学管理模式，本科教学和研究生教学状态良好，保障了疫情期间教学状态平稳有序。

修订2021级海洋科学、地球物理学、资源与环境专业硕士、博士研究生培养方案；修订2021级海洋科学、地球物理学、海洋技术、海洋科学拔尖人才培养基地本科培养方案。

2021年，地球物理学专业进入国家级一流本科专业建设点；《地球系统与演变》获首届全国教材建设优秀教材二等奖；获批同济大学重点课程4门，同济大学研究生课程思政示范课程1门；立项建设同济大学研究生教育改革与研究培育项目1项，同济大学研究生课程思政研究项目1项；获第三届全国大学青年教师地质课程教学比赛二等奖1人次，同济大学倪天增教育奖励金1人次，育才教育奖励金二等奖1人次，同济大学青年教师讲课竞赛优胜奖1人次；获同济大学优秀博士学位论文2篇、优秀硕士学位论文2篇。

科研工作 2021年度，学院在研科研项目267项，累计合同经费2.61亿元，2021年度到款科研经费5016万元。其中纵向项目162项，合同经费2.12亿元，包括科技部国家重点研发计划2项，青年项目1项，一级课题12个、二级课题5个，国家重大专项二级课题1个；国家自然科学基金93项，其中重点项目12项、杰青2项、面上53项、青年23项、外青项目1个、部主任基金专项项目2个。2021年度科研新立项96项，包括科技部重点研发计划青年项目1项、重点研发计划一级课题1个，国家自然科学基金项目23项，其中重点2个、优青1个、面上10个、青年基金8个、外青项目1个(优秀层次)、科普专项项目1个。

范代读负责的“全新世长江口低氧发育历史与控制机理研究”项目获上海市地质成果奖一等奖。王华忠负责的“各向异性复杂介质高精度成像方法研究及应用”项目获中国地球物理学会科学技术奖二等奖。杨群慧获上海市重点工程实事立功竞赛优秀建设者。翦知湣参与、同济大学作为第四完成单位获得海洋工程科学技术奖二等奖，王华忠作为第二完成人获得湖南省自然科学奖三等奖。

发表科研论文176篇，其中SCI检索论文127篇，含一区SCI论文21篇，其中刘忠方在*Nature Communications*杂志发表论文*Acceleration of western Arctic sea ice loss linked to the Pacific North American pattern*。合作发表论文77篇。

获得发明专利授权16项，实用新型专利8项，计算机软件著作权2项。翦知湣参与中国科学院海洋研究所、自然资源部第一海洋研究所制定国际标准“海洋环境影响评估(MEIA)－海底区海洋沉积物调查规范－间隙生物调查(ISO 23040:2021)”

海洋地质国家重点实验室资助开放课题13项、自主课题20项，总资助经费382万元。

海洋地质国家重点实验室、深海科学研究中心联合学校科研管理部、学科建设办公室共同出资600万元，面向全校设立海洋科学与综合交叉研究课题，首次批准15项课题，执行期两年。

7月，由中国大洋发现计划专家咨询委员会、国家自然科学基金委员会地球科学部和同济大学海洋地质国家重点实验室联合主办的第六届地球系统科学大会在上海召开，来自全国185家单位的2000余名专家学者和青年学生参加本届大会。

9—10月，由汪品先院士牵头的国家自然科学基金委员会－中国科学院联合资助的“2021－2035前沿领域发展战略研究项目——地球系统科学(能源、环境和气候)”，围绕“水循环”“碳循环”“西太－东亚构造衔接”和“深部与表层的交换”4个主题，在上海组织多场学术研讨会。

9月，汪品先、孙湘君教授共同捐赠200万元设立“同济大学海洋奖学金”，用于奖励有志于从事海洋科学及相关涉海研究、学习取得优异成绩和研究获得创新成果、具有科研潜力的同济大学本科生和研究生。汪品先、孙湘君与同济大学校长陈杰共同签署捐赠协议。陈杰向汪品先和孙湘君颁发捐赠证书。

12月，学院/实验室2021年度学术年会在同济大学逸夫楼召开。本次年会邀请全院教职工、博士后、海底观测大科学工程办公室，以及物理、电信等院系相关科研人员近170人参会。年会回顾上一轮高峰学科建设取得的重要成果，介绍本轮高峰学科的总体建设方案，专题研讨人才培养和师资队伍建设，并集中讨论学科交叉与学科方向。

师资队伍建设　截至12月31日，学院教职工130人，其中正高级职称46人、副高级职称35人。海洋高等研究院15人，博士后30人。

中国科学院院士1人，973项目首席科学家4人，国家重点研发计划项目首席科学家3人，长江学者特聘教授3人，国家杰出青年基金获得者6人，国家百千万人才工程国家级人才1人，教育部“跨世纪优秀人才培养计划/新世纪优秀人才培养计划”入选者7人，上海“青年科技启明星计划”入选者7人，上海“曙光计划”入选者3人，上海市教学名师1人，上海领军人才2人。

3月18日，上海市教育系统关工委在同济大学举行颁证仪式，聘请汪品先为专家工作室导师。

3月，陈怀震、杨积忠、冯波、黄超获上海市海外高层次人才计划。5月，赵峦啸入选上海市启明星计划。10月，黄恩清获国家自然科学基金“优秀青年基金”项目资助。12月，赵峦啸、王本锋获中国地球物理学会“傅承义青年科技奖”；赵峦啸入选教育部“长江学者奖励计划”青年学者；王本锋入选国家青年拔尖人才支持计划；西蒙(Simon Valentin Hohl)获国家自然科学基金外国优秀青年学者研究基金项目；吴南获上海市海外高层次人才计划；汤继周入选国家自然科学基金“优秀青年基金”项目资助(海外)；杨承帆、崔翔入选上海市“超级博士后”激励计划；王奉伟、韦兵兵获上海市博士后日常经费资助。

学生工作　2月24日，海洋地球化学团队获得同济大学“卓越研究生导学团队”。

3月，学院举办“星辰大海”系列活动。3月9日，学院举办“星辰大海”系列活动第一场“海洋讲堂”邀请朱伟林教授为同学们介绍海洋资源领域的发展方向和前景。3月16日，举办第二场活动——校园海洋地质漫游指南，邀请杨守业、王汝建教授为大家进行讲解。3月30日，举办第三场活动——足不出户的海洋探寻，邀请党皓文、汤继周开启科普之旅。3—4月，建党百年之际，学院推出“深海回声——汪品先浅说深海”有声电台节目，连续更新八周，共发布34个音频，11篇推文。

4月5日，学院举行“我和海洋故事”摄影比赛。4月16日，学院面向新生院的同学举办“逐梦海洋：开启海洋新征途”午餐会。4月17日，学院团委举行“学党史、强信念、跟党走”同济大学海洋与地球科学学院2021年春季学期学生组织骨干培训理论宣讲会。

4月27日，学院举办“引航·畅享蔚蓝”2021年海洋与地球科学学院毕业生就业经验分享会。

5月，学院组织“奔跑，献礼建党百年”健康跑活动。5月24—28日，学院举办“蛟龙杯”师生羽毛球赛。5月，学院各团支部开展“学党史、强信念、跟党走”主题团日活动。5月24日，学院举办“深耕蓝色国土，礼赞红色百年”升旗仪式。5月29日，学院举办2001届校友20周年返校活动。5月29日，学院举办上海临港高校海洋学科学生联盟签约仪式暨博思论坛活动。

6月6日，学院联合上海海洋和上海海事大学举办“走向深蓝”三校联合羽毛球友谊赛，加强了三校学生的交流与沟通。6月8日，学院团委举办“Crazy Sea”海洋嘉年华。6月19日，学院第十七次研究生代表大会胜利召开。6月25日，学院举办了“表彰学习老党员”活动，表彰了五十年党龄老功臣。

7月学院组织40名学生，分别赴广东、海南、山东三省五城进行“海洋强国背景下海洋事业发展和未来大调研”的暑期社会实践。9月18—20日，学院师生参加第七届“创新杯”全国大学生地球物理知识竞赛，学院十二名学生代表前往参赛并斩获佳绩。

10月8日学院邀请校友王文广为学生分享创业及经历。10月7—8日，学院举办“我为祖国献礼”摄影书画征集活动。10月12日，学院邀请校友张海峰为学生分享“领略南极风光，探秘科考之旅”主题报告。10月21日，学院组织学生到东海局参观“向阳红22号”科考船。10月25—27日，“蛟龙杯”篮球赛顺利开展。10月28日，学院第二十次学生代表大会顺利召开。10月29日，邀请杨守业教授带领学生走进校园开展地质漫游活动。

11—12月，学院推出“深海回声”有声电台第二季——“同舟共济南海梦”通过《同舟共济南海梦——中国大洋钻探科学家手记》一书，分享海洋人的南海经历，与大家一同品味科学探索的乐趣，连续更新4周，共发布28个音频，7篇推文。

对外交流 2021年度由于疫情，学院的国际合作与交流依旧受到了很大影响。但学院仍然以大洋钻探国际大科学计划IODP、国家自然科学基金委“南海深海过程演变”重大研究计划，以及“国家海底科学观测系统”大科学工程项目为带动，进一步推动学院的学科发展、科学研究以及人才队伍的建设，取得了一定成绩。学院于2021年度引进英国帝国理工学院吴南加入同济地球物理团队，引进美国德克萨斯大学博士张亮加入同济海洋科学团队。同时，学院通过国际合作科研项目、开设国际青年学者论坛等形式，招募了一批优秀国际青年学者加盟，印度理工学院Suchana Taral博士与印度科学与工业研究会第四研究所的马那努(Ramees Raja Mir)博士来华进行为期三年的博士后研究工作。

1月，学院翦知湣教授当选为PAGES科学指导委员会联合主席。这是该国际科学计划成立以来，首次由中国科学家担任这一职务。同月，国际著名地学杂志*Geology*在线发表学院钟广法教授与合作者中国科学院深海科学与工程研究所彭晓彤研究员的研究论文*Transport and accumulation of plastic litter in submarine canyons—The role of gravity flows*。同期*Geology*“研究热点”(Research Focus)栏目专门为这篇论文配发了评论文章。

2月，中欧IODP双边合作研讨会在线上召开，ECORD管理机构主任Gilbert Camoin及ECORD委员会、科学执行机构、平台管理委员会、科学支撑与咨询委员会等机构负责人，学院汪品先、翦知湣、刘志飞、钟广法、拓守廷等作为中国代表参加了会议。

3月，中国地质调查局广州海洋地质调查局、同济大学、中国科学院深海科学与工程研究所在广州签署共建深海科学与技术联盟框架合作协议，学院翦知湣、刘志飞和拓守廷参加签约活动并进行工作交流。同月，国际学术期刊*Nature Communications*以*Acceleration of western Arctic sea ice loss linked to the Pacific North American pattern*，揭示北极海冰消融机理。

4月，IODP论坛2021年度会议在线上召开。来自IODP各成员国政府部门负责人，各成员国办公室负责人，各平台科学执行机构负责人，及各国科学家代表共60余人参加了会议。学院拓守廷等9人参加了会议并介绍了中国IODP下一阶段的主要目标是成为IODP平台提供者。

6月，国际大洋发现计划(IODP)“决心号”平台管理委员会(JOIDES Resolution Facility Board，JRFB)年度会议在美国圣迭戈市线下与线上同步召开。JRFB委员、IODP各成员国代表等40余人参加了会议。学院拓守廷、科学协调人李阳阳等7人线上参加了会议。

7月，由学院、中国大洋发现计划(IODP—China)专家咨询委员会、同济大学海洋地质国家重点实验室和国家自然科学基金委员会地球科学部联合主办的第六届地球系统科学大会在上海召开，来自全国185家单位的2000余名专家学者和青年学生齐聚上海松江，交流地球系统科学研究最新进展，共话未来发展方向。

8月，国际著名地学期刊《地球与行星科学通讯》(*Earth and Planetary Science Letters*，EPSL)发表了学院有强副教授与自然资源部国家海洋环境预报中心及美国密苏里科技大学合作完成的最新研究成果*Layered mantle heterogeneities associated with post—subducted slab segments*。

10月，鉴于海洋与地球科学学院学科发展和国际合作的需要，学院与中国—挪威海洋大学联盟(China—Norway Marine University Consortium，CNMU)签署校级备忘录(MOU)，以拓展国际合作资源，开展实质性研究和教学合作。学院拓守廷博士作为联盟中方联席会成员，参与了中挪海洋大学联盟中方筹备会议。同月，第44期蓝海论坛上在线上举办，日本东北大学地震与火山研究中心赵大鹏教授应邀作题为“东亚和西太平洋区的深部结构及地震火山活动与动力学过程”的线上学术报告。

11月，学院杨守业教授团队在台湾表生地球化学研究方向取得系列进展。QSR、JGR－ES以及EPSL等国际期刊发表了该团队与德国地学研究中心GFZ、台湾中山大学以及中正大学等合作单位的相关成果。

12月，由我国提出的《海洋环境影响评估(MEIA)－海底区海洋沉积物调查规范－间隙生物调查》(ISO 23040:2021)国际标准经国际标准化组织(ISO)批准正式发布，标志着中国海洋调查技术标准国际化工作取得重要突破，该标准为南海大洋钻探航次后研究的重要成果，学院蒯知滑担任编制组长。该成果入选2021年度中国十大海洋科技进展。同月，由学院和联合国教科文组织(UNESCO)政府间海洋委员会西太分委会(IOC/WESTPAC)组织召开第14届“南海河流沉积物国际学术讨论会”(14th IOC/WESTPAC FluSed Workshop)，学院刘志飞教授担任会议召集人和主席。

2021年，在中国政府海洋奖学金的资助下，通过线上申请与考核的方式，6名来自尼日利亚、孟加拉国、印度尼西亚等国的留学生被录取来同济大学攻读硕士和博士学位。学院在读留学生人数42人，其中25人攻读博士学位、17人攻读硕士学位，全部留学生都获得国家留学基金委全额奖学金资助。

科普工作 由于同济大学防疫管控，2021年深海科学馆面向校外人员不开放，深海探索馆正常开馆。1－12月总计共接待23950人次参观；其中团体预约332团次，10993人次。举办线上和线下科普活动25场，科普作品7项，所获荣誉4项，积极调动学院11名青年教师参与科普。

1月20日，科技部公布2019年全国优秀科普作品公示名单。经形式审查、专家评审，评选出2019年全国优秀科普作品100册(套)作品。海洋与地球科学学院汪品先、刘传联、黄维、拓守廷等编写的《深海探索》丛书入选。

2月1日，《中学科技》2月刊科学在线板块刊载了温廷宇教师的科普文章《下潜一万米》，从深潜历史和技术突破方面介绍了我国“奋斗者”号成功坐底马里亚纳海沟。2月2日，深海科学科普基地联合同济大学国际文化交流学院，制作了适合国际学生的“同济深海探索之旅”文化讲座，为留学生带去前所未有的汉语文化体验。《同济深海探索之旅》获得“中国教育电视教育类一类奖”。

3月10日，汪品先主讲的公共选修课“科学与文化”在四平路校区开讲。这是时隔4年在系统性思考科学与文化关系的基础上，汪品先再度开讲这门课程。每次课程还通过“汪品先院士”抖音号、同济大学全媒体平台、人民网和央视频全程在线直播。课程主题分别为“科学的产生”“科学与视野”“人类与海洋”“科学与好奇”“创新与教育”“东西方文化”“科学通用语”“地球的未来”。

3月13日，学院在喜马拉雅App推出“深海回声——汪品先浅说深海”有声电台节目。3月26日，一群对石头充满好奇与兴趣的学子跟随杨守业和王汝建老师，开始了一场不一样的旅行——校园地质漫游。3月28日，“深海探索工作坊”面向社会招募亲子家庭，在了解过深海分层、海洋生物、海洋地形、深潜历史等海洋知识后，利用生活废旧用品和橡皮泥等工具，制作海底冷泉热液地貌及深海环境。

4月12日，汪品先正式入驻微博，运用视频快问快答的形式带着广大网友一道关心海洋，学习海洋，探索海洋。4月17日，海洋地质国家重点实验室邀请李建如、姜瑶、张灵敏老师与上海科技馆合作拍摄制作了《科普大讲坛CITY WALK－走进同济大学海洋地质国家重点实验室》节目。4月23日，在中宣部指导下由中国图书评论学会组织专家评选的2020年度“中国好书”，学院汪品先的科普著作《深海浅说》名列榜单。

5月14日，深海科学科普基地迎来了上海市民办四中心实验小学“红色文化之旗”馆校联合科普探访之旅，由学院研究生为参观者讲述我国深海发展历程，并全程录制，供线上播放。5月28日，协助组织海洋地质国家重点实验室参与实验室公众开放日活动。5月29日，由上海市地质学会、同济大学海洋与地球科学学院以及上海科技教育出版社联合发起举办的第11届“低碳杯”上海市地球科学知识竞赛颁奖典礼圆满闭幕。

6月1日，深海科学科普基作为高校单位代表积极参与“红色嘉年华”2021年杨浦区少年宫“六一”国际儿童节主题活动。在讲述“大洋岩芯”的科考故事的同时，还带来了各国“深潜器”生日密码互动体验以及海洋知识有奖竞猜。更邀请周晓理副教授带来“深海园林——珊瑚探寻之旅”科普报告，带小朋友们领略形态各异的冷水珊瑚和独特的深海生态环境。

6月8日，“深海探索”微信公众号推出“让画笔遨游深海”的深海主题绘画作品征集活动。同日，新华社记者张建松专访汪品先：十年探索，诸多“南海之谜”正在揭开神秘面纱。汪院士就此在世界海洋日和广大网友在线对话，探讨南海的前世今生。6月9日，同济深海科学科普基地为中国科学院院士汪品先在哔哩哔哩网站开设账号，分享有关海洋的科学普及的知识。账号开通100多天以来，共发布了20余篇海洋科普视频，粉丝关注数已达到120多万人，视频播放量2260多万次，280万次点赞，在哔哩哔哩网站多次登上UP主日均涨粉榜。汪院士以短视频的形式“出圈”，迎来了不少媒体的关注和报道。

8月11日－9月21日，同济大学深海科学科普基地联合上海市杨浦区图书馆暑期为市民和读者朋友带来“潜入深蓝－深海探索”科普展，以科学家探海历程为主线，依托汪品先的深海科普著作，更展示了多种珍奇的南海深部生物和地质标本，为大家呈现了一场别样的海洋文化体验。

8月17日，学院范代读教授做客人民网“强观察”栏目，就“福建漳州市漳浦县前亭镇江口村附近海滩17名游客被卷入海中”的新闻事件接受采访，为观众详细科普了离岸流的形成机制、预测预警和营救措施等知识。8月21日，学院杨守业教授受邀上海自然博物馆绿螺讲堂，通过线上直播互动形式，为哔哩哔哩网站的网友带来题为“一沙一世界——探索地球环境演化的新视角”科普讲座，通过微观矿物和化石的研究案例，带大家管窥亿万年来地球与海洋环境变迁。

9月17日，科普基地迎来杨浦区街道团工委体验深海奥秘的孩子们。为了丰富社区孩子们的课后生活，学院特地组织青少年走进同济大学深海探索馆，来一场千米之下的“深海遨游”。

9月19日、10月24日及11月13日，深海科学科普基地联合上海中心，在上海中心118层观光厅和深海探索馆联动举办了“深海探索者”科普研学活动，活动通过线上招募亲子家庭，并将持续开展。学院杨守业教授现场为大家讲解了上海地质演变过程，带领大家体验了有趣的项目，为青少年打造的海洋与城市发展的实践活动。

11月5日，学院周晓理副教授接受上海教育电视台《我行我说》节目小记者采访，分享了她的南海下潜经历以及海洋的过去、现在与未来。节目跟随我们的场馆讲解员来到了同济大学深海探索馆体验了一次深海探索之旅。11月6日，学院继续推出《深海回声》有声电台第二季——《同舟共济南海梦》，通过解读《同舟共济南海梦——中国大洋钻探科学家手记》一书，分享海洋人的南海经历，与大家一同品味科学探索的乐趣。

12月，上海市科学技术奖励大会召开，学院黄维、温廷宇等申报的“探索深海的奥秘——科学与艺术结合的同济大学深海探索馆”项目，荣获科学技术普及奖二等奖。黄维副教授作为项目第一完成人出席大会并领奖。

由上海市杨浦区图书馆、与学院共同主办的于2021年8月11日—9月21日在杨浦区图书馆展出，获评“2021年全国科普日优秀活动”。这是科普基地连续第三年获得全国科普日优秀活动。

（潘柏亮）

航空航天与力学学院

截至2021年年底，航空航天与力学学院在编及在职教职工101人。其中，正高33人、副高30人、中级22人，博士生导师37人、硕士生导师48人，具有博士学位的教师76人。学院有博士后流动站1个、一级学科博士点1个、一级学科硕士点2个、本科专业2个。

学科建设 航空宇航科学与技术博士点通过学校自主审核新增学位点专家评议。

“民航航空器结构智能辅助适航实验室”被中国民用航空局认定为民航重点实验室。该实验室由学院牵头，发挥同济大学多学科优势，围绕航空器结构智能适航专家系统关键技术、航空器结构智能适航性设计基础理论、航空器结构智能适航性制造技术和平台、航空器结构灾害防护智能评价方法四个方向持续开展深入的科学研究和人才培养。

《力学季刊》所刊发文章正式被Scopus数据库（全球最大的同行评审期刊文摘和引文数据库）收录，朝国际化发展目标更进一步。

同济大学与中国商用飞机有限责任公司续签战略合作框架协议，与中国航发商发的“航空发动机适航技术联合创新中心”启动二期建设，共同致力于加强大飞机产业基础前沿研究和基础能力建设，攻克制约高端装备制造业发展的重大科学和关键共性技术难题，携手创建校企合作新典范，共同推进大飞机事业跨越式发展。

教学工作 组织全院教师教学思想大讨论，积极投入“双一流”建设，教学工作取得一系列成果，教师中涌现出各级先进模范，学生培养取得优秀成绩。

3月，工程力学专业入选国家级一流本科专业建设点。

4月，工程力学专业获批列入“强基计划”。

7月，2021年度上海高校市级重点课程立项名单公布，王华宁负责的“理论力学”、吴艾辉负责的“工程力学Ⅰ”获得立项，课程教学类型为线上线下混合式，建设周期为两年。

11月，力学获批国家级“基础学科拔尖学生培养计划2.0基地”。

11月18日，同济大学与中国商用飞机有限责任公司（简称“中国商飞”）签署战略合作框架协议。

在2021年同济大学教学成果奖评选中，获得一等奖1项、二等奖1项、三等奖2项；“理论力学（线上线下）”“工程力学Ⅰ（线上线下）”“飞行器结构设计”“弹性力学”“材料力学实验”5门课程获得同济大学重点课程建设项目 。

学院教师共出版专著、教材3部，包括李岩等编写的《植物纤维增强复合材料》，仲政、聂国隽编写的《功能梯度材料结构的解析和半解析解》和刘五祥编写的《工程力学实验》。

汤可可获评同济大学“名课优师”（第八期）；程军、张淑杰被推荐为2019级本科优秀新生导师；王斌耀、蒋丰、茹东恒、仲俊杰、郑红浩被评为2021年同济大学本科生学科竞赛优秀指导教师；沈海军参加同济大学教师教学创新大赛获得二等奖；张舒在同济大学青年教师讲课比赛中获优胜奖；李军、宋汉文、朱金龙获同济大学社会捐赠奖励金；仓钰等13名老师被评为航空航天与力学学院2021年度师德师风优秀教师。

学院共开设45门研究生课程，教

学秩序正常有序。研究生招生工作中，共组织了7次线上、线下复试工作，包括：2021年统考硕士研究生复试、推荐免试研究生招生复试、硕博连读复试和2次审核制博士复试、2次机械在职博士复试。研究生报名参加复试人数规模呈现增长趋势。2021年研究生毕业人数56人，获学位人数54人。

学院共组织4次校级以上学科竞赛活动。其中第17届国际大学生工程力学竞赛荣获个人赛一等奖3项、二等奖1项；第3届国际大学生工程力学竞赛（亚洲赛区）再创佳绩，同济大学选拔参赛的朱玉含等12名同学，9人获特等奖、3人获一等奖，并荣获团体赛特等奖，总体成绩位列亚洲高校第三位；在第十三届全国周培源大学生力学竞赛中，个人赛获奖总数64人次，其中一等奖3人、二等奖8人、三等奖15人；在7月25—27日举行的第十三届全国周培源大学生力学竞赛“基础力学实验”团体赛上，同济学子荣获全国一等奖，创历史最佳成绩。此外，学院还组织开展了“谦宜杯”复合材料设计与制造大赛。

2020级本科生在新生院一年学习后，通过跨类选专业、主修专业确认方式确定专业。共有80名学生进入学院，其中工程力学21人、飞行器制造工程44人、大飞机班15人。2021级力学强基班招生10人、韩国自费留学生崔桢佑就读飞行器制造工程专业，上述共计93人。2021年7月，毕业学生69人，其中获得保研资格27人（平均保研率36%）。

2017级学生历经一年时间参加了开题答辩、中期检查、学术报告会和论文答辩。在2021年航空航天类教指委全国高校专业类毕业设计成果交流会上，2017级飞行器制造工程专业汪成、严晴晴、曹日兴、邹施睿完成的“仿飞鱼飞机”设计类作品荣获一等奖（指导教师：沈海军），黄佳辉完成的“缺陷态声学超材料俘能特性研究及性能优化”获得二等奖（指导教师：潘永东）仝兴瑞完成“3D打印纳米复合材料支架结构设计与性能研究”获得优秀奖（指导教师：李岩）。在第二届全国高等学校力学类专业优秀本科毕业设计（论文）在线展示交流活动中，马雅婷（指导教师：付昆昆）、周文博（指导教师：陈硕）获得A类优秀论文，刘帅（指导教师：陈硕）获得B类优秀论文。在学校的本科毕业设计（论文）评比中，苏钊阳（指导教师：李文晓）、周文博（指导教师：陈硕）获同济大学2021届优秀毕业设计（论文）。

7月，举办优秀大学生暑期学校活动，从175名报名学生中筛选出118名学员。经过选拔最终选出47名优秀暑期学员，同时拟录取8名直博生、15名力学硕士和8名航宇硕士。

科研工作 学院科研经费和发表论文数均有大幅度提升。2021年学院科研经费到款3596万元，其中纵向科研经费1919.4万元，专用经费到款497万元，四技项目经费1179.6万元。发表各类期刊论文238篇，其中SCI检索论文122篇。

国家自然科学基金获批数稳定强劲。学院教师集中期申报国家自然科学基金项目31项，获批9项，包括重点项目1项、优青1项、面上项目4项、青年3项，其中李岩主持的“仿生复合材料结构增材制造工艺优化中的关键力学问题研究”获批国家自然科学基金重点项目，孙秀婷获批国家优秀青年科学基金。

学院科研成果进一步增加。黄争鸣、李岩、徐鉴、古华光四位教授入选爱思唯尔（Elsevier）2020“中国高被引学者”（Highly Cited Chinese Researchers）榜单。金亚斌课题组在“基于机器学习的弹性波拓扑绝缘体超构材料”方面取得重要进展，成果 *Inverse design of topological metaplates for flexural waves with machine learning* 发表在国际著名期刊 *Materials and Design*，并被选为第199卷封面文章；赵金峰和仲政与多家单位联合，在国际固体力学权威期刊 *Journal of the Mechanics and Physics of Solids*（JMPS）发文，首次在实验和理论上实现了弹性波宽频和超高能量密度的超分辨率聚焦；金亚斌应邀在国际著名综述期刊 *Reports on Progress in Physics* 上发表表面共振结构调控弹性波的封面文章，系统性总结了表面共振结构发展历史和最新进展，叙述了该领域现有挑战并展望其全场建模、无序诱导特性、人工智能赋能、高鲁棒性波动功能、力热电耦合器件等方面发展趋势。赵莹与英国剑桥大学合作者Norman Fleck教授、Vikram Deshpande教授在固体力学权威期刊 *Journal of the Mechanics and Physics of Solids* 联合发表论文，针对现阶段锂电池陶瓷电解质僵硬易脆的问题，提出了一种电极微结构，提高其力学柔性；赵金峰和物理科学与工程学院任捷联合团队用精巧设计的弹性波手性自旋源，实现了选择性激励的单向弹性表面波，观察到了两类标准弹性波体系（瑞利波和兰姆波）中的自旋—动量锁定效应，并首次测量了对应的自旋角动量，证实了学校声子团队在2018年提出的原创理论预言，为教科书作了重要补充，相关研究成果 *Observation of Elastic Spin with Chiral Meta-Sources* 发表在《自然·通讯》（*Nature Communications*）上；杨斌研制的“基于超声导波的承压系统在线监测技术与装备”在我国核电领域（山东海阳核电站）得到成功应用，对核电装备的在线监测技术可为进一步离线检测提供指导，为保障核电装备安全提供了新手段。

成功举办各类科技学术活动。3月，杨斌联合北京理工大学的郭晓岗共同发起的“中国复合材料学会高端学术项目交流会”在北京中国复合材料学会会员之家成功举行。4—5月，组织第三届“追梦·启航”航空航天科技节，邀请航空宇航领域名家大师报告，举办学科竞赛，组织校外参观实践，举办中国航空航天史展示，开展大规模航空航天科普活动，在全校范围内营造航空航天科技创新氛围，实现学科交叉融合，培养学生创新思维，引导学生参与科技创新的热情；特别邀请中国探月工程嫦娥五号探测器系统副总设计师查学雷以“嫦娥探月、太空追梦——中国的探月工程”为题作专题报告。9—10月，举办“中国梦·航空航天梦”主题展，以62块展板、264幅图片梳理了中华人民共和国成立以来在军机、民机、航空发动机、航天领域的发展历程、突出成就以及蕴含在其中的伟大精神，同济大学2万余名师生参观了展览。11月27日，由同济大学航空航天与力学学院、复旦大学航空航天系、上海交通大学航空航天学院、上海市针灸机制与穴位功能重点实验室等单位联合组织的“交流创新 聚力远航”同济—复旦—上交联合博士生论坛以线上会议的方式举办，沪上7所高校360余名学生参加，就航空宇航科学与力学学科的相关学术前沿等深度探讨；论坛特别邀请了中国商用飞机有限责任公司陈迎春总师、西安交通大学张楚华教授和上海卫星工程研究所杜冬副总研究师担任大会主会场报告专家。

师资队伍建设　2021年，组织申报优青、优青（海外）、上海领军（海外）、浦江计划、扬帆计划等国家和地方各类人才计划。孙秀婷获批优秀青年科学基金，杨伟东、赵莹、李倩等3人入选上海海外高层次人才引进计划，张振、单胜博、傅宇等3人入选上海领军（海外）青年项目。张振入选上海浦江人才计划（A类），刘宁入选上海扬帆计划。金亚斌、张振入选中国科协青年托举人才计划。利用学校全球招聘，根据引进标准从国内外引进特聘研究员2人（李倩、张振），青年教师3人（赵云妹、刘宁、单胜博）。

李汶柏、陈强入选同济大学青年百人计划，付昆昆受聘同济大学“青年百人计划A岗”（长聘体系）。

学生工作　2021年本科生奖学金评定中，3人荣获国家奖学金，13人荣获国家励志奖学金，1人荣获上海市奖学金，1人荣获太原奖学金，1人荣获郭谢碧蓉奖学金，1人荣获光华奖学金，5人荣获冠龙奖学金，1人获得倪天增奖学金，1人荣获麦斯特奖学金，50人荣获优秀学生奖学金，8人荣获社会活动奖学金，2人获民族班专项奖助学金。

在2021年研究生奖学金评定中，2人荣获博士研究生国家奖学金，2人荣获硕士研究生国家奖学金，1人荣获博士研究生新生国家奖学金，2人荣获优秀博士奖学金，2人荣获优秀博士新生奖学金，2人荣获优秀硕士奖学金，2人荣获光华奖学金，1人荣获相城高新育才奖学金，1人荣获太原奖学金，5人荣获社会活动奖学金。

在2021年各类评奖评优中，本科生中，1人获评同济大学优秀学生标兵，8人获评同济大学优秀学生，2人获评同济大学优秀学生干部；1个团支部获评同济大学五四红旗团支部，1人获评“航力之星”。研究生中，1人获评同济大学优秀学生标兵，10人获评同济大学优秀学生，2人获评同济大学优秀学生干部，2人获评“航力之星”。

2021年，学院有28名党员按期转正，27名积极分子被确定为发展对象；发展党员27人；学院分党校培训27名发展对象，其中5名发展对象获评“党校优秀学员”称号。

获批国家级大学生创新创业训练实验项目3项，上海市大学生创新活动计划项目2项，同济大学大学生创新实践计划（SITP）6项。

2月3日，举办“寒冬送温情、春意暖人心”留校学生新年同乐会。

3月5日，联合二师附小举办“阳光科普”系列活动之“3.5学雷锋日公益市集”。

3月8日，举办首期“启航沙龙”主题讲座“梦想、努力、坚持——让优秀成为习惯”。

3月9日，创新俱乐部2021年度创新项目动员与答疑会顺利举行。

3月12日，组织研究生工作室环境评比。

3月23日，组织2021年度无偿献血活动。

3月23日，与中国商飞民用飞机试飞中心党支部共建签约暨揭牌仪式顺利举行。

3月27日—4月5日，组织“樱花季”系列活动。

3月30日，组织献礼建党100周年“青春跟党走，党建带团建”系列活动。

4月5—30日，组织航空航天与力学学院周边文创设计大赛。

4月6日，召开学生党史学习教育动员大会。

4月13日—5月3日，组织“追梦、启航”航空航天科技节系列活动。

4月14日，组织国家安全教育线上主题宣传学习。

4月19日，与测绘与地理信息学院联合组织“青春心向党，勇做追梦人”升旗仪式。

4月20日，组织“同心助力、济梦领航”航力榜样分享会。

4月20日，组织驻楼导师工作站活动，邀请李岩作题为“深耕先进符合材料研制，助力航空航天结构发展”专题讲座。

4月24日，组织“中国航天日”系列科普活动。

5月21日，组织研究生工作室环境美化建言献策讨论会。

5月22日，组织从“心”出发，聚力远航，心理学相关书籍电影赏析活动。

5月25日，研究生第一党支部与中国商飞民用飞机试飞中心党支部开展共建活动，赴中共二大会址参观。

5月26日，组织“不忘初心，迈好人生新征程”毕业生党员主题教育。

5月27日，组织“航力—材料”联合研究生博思论坛。

5月28日，组织庆祝建党100周年党史知识竞赛。

6月1日，组织“学术道德与科研诚信”主题研究生博思论坛。

6月1日，组织2021年度心理委员工作例会暨心理委员培训。

6月1日—7月6日，组织2021年毕业季系列活动。

6月8日，组织“学党史、励初心”博思论坛。

6月10日，组织毕业季系列活动之“我为航力建一言”。

7月1日，隆重举行庆祝中国共产党成立100周年“两优一先”表彰大会暨专题党课。

7月7日，组织2021年“我最喜爱的老师”评选。

8月29日，组织2021级研究生新生报到及迎新活动。

8月30日，组织“最美年华，与你相遇”2021级研究生新生见面会。

9月2日，组织2021级研究生新生迎新大会。

9月27日，组织研究生新生反诈骗安全主题教育。

9月29日—10月8日，组织“请党放心、强国有我”党团支部参观“中国梦·航空航天梦”主题展活动。

10月15日，组织2021级新生院新生参观中国商飞上海飞机设计研究院。

10月22日，组织职业生涯规划与就业指导主题教育。

10月26日，召开共青团同济大学航空航天与力学学院第十四次代表大会。

11月5日，召开航空航天与力学学院第十八次学生代表大会。

11月15日，组织“启航沙龙”第二期博士生午餐沙龙。

11月19日，组织航力篮球争霸赛。

11月19日，组织航空航天与力学学院“青春告白祖国”主题社会实践报告会。

11月23日，组织师生赴孙中山故居纪念馆、宋庆龄故居参观学习。

11月27日，组织2021年“同济—复旦—上交”联合博士生学术论坛。

12月13日，组织“请党放心，强国有我”升旗仪式。

12月17日，举办“风云激荡百年路，空天报国再启航”迎双新晚会暨师生颁奖典礼。

对外交流 2021年，受疫情影响，线下国际合作继续受到影响，但学院仍以多种形式开展国际合作。

2021年“高端外国专家引进计划”共计4项获批，与德国、法国、中国香港、澳大利亚等专家远程合作，产出高水平文章，同济大学“高等讲堂”1次。

2021年学院共4人参加“国际化能力提升培训班”。

2021年度拟派出5名CSC联培博士与1名直接攻博博士。成功派出6人(包括2020年未成行的学生)，其余学生受疫情及国际形势影响还未成行。

2021年接收一名韩国本科留学生，由于疫情，一直参与线上教学。

先进集体和个人 航空航天与力学学院工程力学专业入选“国家级一流本科专业建设点”。

航空航天与力学学院工程力学专业入选教育部“强基计划”。

航空航天与力学学院力学专业获颁“基础拔尖学生培养计划2.0基地—力学拔尖学生培养基地”。

王华宁获评“上海市教卫系统优秀党务工作者”。

王晶晶获评“上海高校毕业生就业工作优秀工作者”。

王华宁荣获“宝钢优秀教师奖”。

汪成、严晴晴、曹日兴、邹施睿(指导教师:沈海军)荣获“第二届全国高等学校航空航天类专业本科毕业设计大赛”一等奖。

黄佳辉(指导教师:潘永东)荣获“第二届全国高等学校航空航天类专业本科毕业设计大赛”二等奖。

仝兴瑞(指导教师:李岩)荣获“第二届全国高等学校航空航天类专业本科毕业设计大赛”优秀奖。

马雅婷(指导教师:付昆昆)和周文博(指导教师:陈硕)荣获“第二届全国高等学校力学类专业优秀本科毕业设计(论文)在线展示交流活动”A类论文。

刘帅(指导教师:陈硕)荣获“第二届全国高等学校力学类专业优秀本科毕业设计(论文)在线展示交流活动”B类论文。

王华宁、方明霞、蒋丰荣获“第十三届全国周培源大学生力学竞赛”优秀指导教师奖。

王华宁“理论力学”课程获颁“2021年度市教委本科重点课程”。

吴艾辉“工程力学I”课程获颁“2021年度市教委本科重点课程”。

《一位老共产党员的生命图谱》(作者:丁文暄、汪万、武攀、田志程，指导教师:乔建新、陶伟忠)入选教育部关心下一代工作委员会2021年“读懂中国”活动最佳征文。

付昆昆荣获“2021年上海市力学学会优秀青年学者”一等奖。

张锴荣获“2021年上海市力学学会优秀青年学者”二等奖。

赵金峰荣获“2021年上海市力学学会优秀青年学者”优秀奖。

陆遥荣获“2021年上海市力学学会优秀学生”二等奖。

钱志浩、汪天武荣获“2021年上海市力学学会优秀学生”优秀奖。

汤可可荣获“2021年中国力学学会全国徐芝纶力学优秀教师奖”。

汤可可获评“上海市力学学会2021年度先进联系员”。

(王晶晶)

数学科学学院

学院在校学生共484人，其中，本科生286人、硕士生106人、博士生92人。招收新生119，其中2021级数学拔尖班49人、硕士生当年招生46人、博士生当年招生24人。2021年毕业生共168人，其中本科生125人、硕士生29人、博士生14人。

学科建设 2021年数学科学学院获得国家自然基金面上项目6项、青年基金项目4项。上海市智能计算前沿科学研究基地成立，为依托数学科学学院成立的首个省部级科研基地。

梁进获中国科学技术协会颁发的全民科学素质工作先进个人，以及第十三届上海市大众科学奖提名奖；舒杰在数论领域对椭圆函数性质的研究得到著名数学家约翰·亨利·科茨(John. Coates)的高度评价；金方舟与其合作者的独创性研究获得了著名代数几何学家 Marc Levine 教授的高度认可。学院教师及研究生在2021年共发表被SCI、EI检索论文100余篇，其中在学院确定的二区期刊上发表30余篇，学院承办学术会议超过10场次、学术报告近200场次。

教学工作　2021年是"十四五"开局之年，也是疫情防控常态化落实的一年，学院全力推进教学工作顺利进行，圆满完成215门本研课程教学任务，同时在教材建设、课程建设、课程思政探索、教学改革研究及教学团队建设等方面均取得了丰硕的成果。

高校教材建设是高等教育内涵式发展的重要抓手，学院继续传承和发扬樊映川编写《高等数学讲义》经典教材的科学精神，严格教材编写和选用工作的高标准、严要求，努力打造有中国特色、同济烙印的教材体系。2021年度同济大学数学系编写的《高等数学》第七版获得首届全国教材建设奖全国优秀教材(高等教育类)特等奖，全国仅四套教材获此殊荣；同年获批同济大学教材建设研究基地数学类教材建设研究分基地，继续推进教材研究和建设工作的制度化和规范化，坚持发挥教材铸魂育人、关键支撑、固本培元的功能和作用，全面提升教材建设的科学化水平。

本科教学　学院高度重视课堂教学，以建设一流课程为目标方向，树立课程建设新思路，推进课程改革创新，严格课程管理，提升教师教学能力，形成以质量为导向的多类型、多元化教学课程体系。2021年培育并产出了一批优秀本研课程。周羚君团队的"复变函数与积分变换"获评上海市重点课程并积极申报国家级一流线上课程，关晓飞团队的"数值分析(线下课程)"和杨筱菡团队的"概率论与数理统计(全英语课程)"获评2021年度同济大学重点课程，陈雄达团队的"数学建模"获评2021同济大学研究生一流线上精品课程，孙娟娟团队的"高等数学(上)"获批2021年同济大学全英语课程建设项目。

课程思政是用好课堂教学主渠道、推动立德树人与专业教育同向同行、构筑育人大格局的创新之举。2021年学院全面铺开课程思政建设，联动教工党支部围绕"课程思政建设"开展对标争先项目，发挥党员示范、全体跟上的带动效应，并与马克思主义学院开展主题共建项目；在教师工作部指导下举办"课程思政"主题研讨沙龙，邀请退休教授郭镜明与青年教师进行"重教、乐教、善教"座谈会，举办骨干教师课程思政专场展示会，在全院营造了积极探索、研究、推进课程思政建设的浓厚氛围。经过一年的扎实耕耘取得了可喜的成绩。陈素琴团队的"数值分析"获评2021年同济大学研究生课程思政示范课程，杨筱菡团队的"'概率论与数理统计'思政融合的教学案例设计"获得高等学校大学数学教学研究与发展中心2021年教改立项，周羚君团队的"分析与方程课程链的课程思政研究"、李莉娜团队的"'概率论与数理统计'课程思政建设"获批同济大学2021－2022年度课程思政教改项目，吴昊团队的"优化顶层设计，促进数学类研究生专业能力与价值认同协调发展"获批2021年同济大学研究生课程思政研究项目。

课程思政建设创新发展的同时，教学研究与改革也取得突出成绩。李少华团队"新时代大学工科数学课程体系的构建与实践"获得2021年同济大学教学成果奖特等奖，孙继涛团队的"运筹学与控制论专业研究生创新能力协同培养模式探索与实践"获评二等奖。

经过不懈努力，2021年学院人才培养工作卓见成效。体现在学科竞赛方面，第十一届和第十二届全国大学生数学竞赛决赛中，同济学子斩获一等奖1项、二等奖4项，其中学院2018级本科生赵志鹏获得数学A高年级组总分第一名的好成绩。在第十三届全国大学生数学竞赛初赛中，同济大学获得数学A组一等奖4项、二等奖3项、三等奖21项，非数学组一等奖27项、二等奖36项、三等奖55项。在2021年全国大学生数学建模竞赛中，同济获得一等奖9项、二等奖18项；上海市一等奖18项、二等奖57项、三等奖78项。在2021年美国大学生数学建模竞赛中，同济学子获得特等奖3项、一等奖9项、二等奖66项、三等奖99项。2021年SAS高校数据分析大赛上，学院选派的代表队分获冠军、第四名和第八名。

学院全力打造高水平教学团队，竭力为数学课程建设培养大批教学人才，2021年面向全国高校，与高等教育出版社联合举办了"2021年大学数学骨干教师高级研修班"，发挥高等数学教材旗帜效应，传播同济特色教学模式；积极响应学校开展教育思想大讨论的要求，开展若干场人才培养专题研讨会，全院师生就人才培养理念、培养目标、培养方案等进行了深入的讨论，形成了若干共识，为后继培养方案的修订做好了充足的准备。2021年度，多位教师获得省部级、校级等各类奖项。花虹获评2021年上海市育才奖，周朝晖获评同济大学育才奖一等奖，杨筱菡获得二等奖；濮燕敏、肖岚获评2021年同济大学社会捐赠教育奖励金；张莉"线性代数"课程获评第八届名课优师，钱志坚获评2021年SAS高校数据分析大赛"特殊贡献奖"和2021年创新创业优秀指导教师，周武斌获得2021年同济大学青年教师讲课竞赛优胜奖等。

研究生教学　"应用统计专硕学位点"2021年招生10人，开设招生宣讲6场；发放各类奖学金共计57万元；2021年数学类研究生毕业论文获得同济大学优秀硕士论文一篇、博士论文两篇；成功举办了研究生招生夏令营和研究生推免工作。

师资队伍建设　2021年数学科学学院人才队伍建设又上新台阶。2021

年召开两次国际青年学者论坛，先后有近30位青年学者到访，为2021年申报人才项目奠定了基础。2021年全年共申报各类人才项目共计11人次，其中6人次申报上海市海外高层次人才计划青年项目；1人次申报国家青年拔尖人才计划；4人次申报长江学者青年项目。2021年成功申请到上海市海外高层次人才计划青年项目5人、引进海外高层次人才计划青年项目1人，学院编制内及长期内聘任的高层次人才14人，高层次人才队伍建设成绩显著。学院还引进助理教授5人，人才队伍机构更加合理。

学生工作 2021年，数学科学学院以习近平新时代中国特色社会主义思想为指导，深入学习贯彻落实党的十九届六中全会精神，紧密围绕党史学习教育、"十四五"规划、建党百年等主题开展思想政治教育工作，做好疫情防控常态化下学生安全稳定工作。

队伍建设方面，学院鼓励辅导员依托工作场景深化工作研究，协调工作实践与工作研究之间的良性互动，深化成果转化。团队辅导员顺利结题省部级思政类课题项目1项(上海学校德育实践课题)；顺利完成"研究生教育研究与改革"项目《研究生思政教育体系设计及三支队伍协同育人机制研究》；立项校级课题2项(同济大学思政课题、同济大学共青团研究课题)。2021年度，公开发表论文2篇，其中A类核心期刊1篇。辅导员团队不断开拓精进，赵盈获2021年首届全国高校思想政治工作"金微课"优秀奖；彭婧荣获中国青年志愿者优秀个人奖。

理想信念教育和党建工作方面，学院持续耕耘项目品牌，出版党建工作实录《点亮星火——党员TALK演讲实录》；献礼建党百年，举办"点亮星火——数学科学学院党建成果展"；本科生党支部荣获同济大学先进基层党组织称号、同济大学先锋学生党支部；推出融媒体中心2.0计划，推动优质品牌线上线下落地。"党员TALK"积累八季，形成系列微党课25条，演讲文稿梳理成册，编辑成书出版发行，荣获同济大学对标争先十佳项目；党建成果系列化梳理，形成党建成果巡礼，并举办线下"点亮星火"学院党建成果展览；优化融媒体栏目，推出"同数青年说""干货""同数热点""拜托了数学人"全新栏目，形成《融媒体中心工作手册》，抢占网络阵地，发出时代声音。

实践育人方面，发挥学科优势，迭代"数学外卖"志愿服务，2021年度累计开展41次讲座、答疑43次，覆盖学生5000余人，线上推出讲座视频22期，累计播放量1.5余万次；成立数学文化宣讲团面向中小学开展数学科普志愿服务，助力双减，53名志愿者培训过关并累计开展30场科普活动，覆盖近2000人；探索专业培养与创新创造能力培养的结合点，全年派出20支社会实践项目围绕数学文化、党史学习等以专业所长服务国家战略。2021年，学院重磅推出"Σ共创计划"实践育人工作方案，联动企业、导师等多方育人资源，学校搭台、社企出题、导师指导，共筑实践育人共同体。数学外卖志愿服务中队荣获2021年度同济大学五四青年奖章集体；"万物皆数"数学文化宣讲活动荣获同济大学志愿服务优秀项目。

服务和协同育人方面，率先探索研究生协同育人模式开展研究生协同育人机制设计，聚焦研究生人才培养动力源，形成了"横向协同－纵向贯通"相结合的模式，联动导师、教务、学工等不同育人资源，共商共议研究生培养工作，提升不同育人主体的工作能力；编写《研究生协同育人指导手册》，规范研究生协同育人工作流程，为不同条线工作协同提供指导；悉心孵化三支优秀导学团队，其中"计算数学"导学团队获评同济大学首届卓越导学团队标兵称号；开创研究生育人工作品牌，连续两年获批同济大学博思论坛校级论坛，形成"学术快报""同数前沿论坛""致远学术论坛"等多个研究生人才培养工作品牌。

学院学生工作取得一定育人成效，打磨4个优秀"五育"示范班团建设项目，共获立项重点项目1项、优秀项目2项、一般项目1项，其中2018级一班的"同数理想"朋辈互助项目获评2021年度"五育"示范班级创建十佳项目；"聚焦'三力'发展，研究生综合素养提升计划"同济大学博思论坛校级论坛顺利结题；刘文君、吕乔仪、吴睿昌、占柴文等4名学生获2021年同济大学"扬帆奖"三等奖；截至8月30日，学院2021届毕业生就业率为99.36%。

图书资料 2021年学院续订6个电子期刊与电子书数据库，同时征订纸质外文图书38册。

对外交流 受疫情影响，2021年无出国访问教师记录；公派留学生(联合培养博士、已派出)祝晓宇、洪珊珊2人；研究生参加国际学术会议6人次；本科生钟心岚香港科技大学交流1年(在线)，胡冉婷参加国际基因工程机器大赛。

(廖洒丽)

物理科学与工程学院

截至2021年12月，学院在编教职工116人，高研院编制1人，双轨制派遣人员4人。其中正高54人、副高32人，博士生导师58人、硕士生导师12人，具有博士学位94人、硕士学位12人。拥有中国工程院院士2人，全职国际师资1人(欧洲科学院院士、美国物理学会会士、国家外专计划获得者)，教育部"长江学者奖励计划"特聘教授3人，国家杰出青年基金获得者6人、优秀青年基金获得者1人、海外优青获得者1人，"万人计划"教学名师1人、"万人计划"科技创新领军人才1人、"万人计划"青年拔尖人才3人，中组部青年千人5人，国家重大研究计划(重点研发计划)首席 6 人,以及教育部、上海市等省部级人才 60 多人。此外,还拥有国家基金委创新群体、专用类国家创新团队、普通物理学国家级教学团队和教育部创新团队各 1 个;建有先进微结构材料教育部重点实验室、上海市特殊人工微结构材料与技术重点实验室、上海市数字光学前沿科学基地、上海市全光谱高性能光学薄膜器件及应用专业技术服务平台、上海蓝宝石单晶工程技术研究中心(共建)。设有博士后流动站 1 个,一级学科博士点 1 个,二级学科博士点 4 个(其中凝聚态物理为国家重点培育学科),二级学科硕士点 5 个,本科专业 2 个。当年招生 199 人,其中本科生 84 人、硕士研究生 57 人、博士研究生 53 人、国内博士后研究人员 5 人。在校生中有博士研究生 203 人,硕士研究生 156 人,本科生 265 人。当年毕业生中有博士研究生 28 人,硕士研究生 55 人,本科生 71 人,出站博士后研究人员 6 人。

教学工作 以立德树人为根本任务,依托国家级课程思政同济大学中心理科分中心建设,合力打造课程思政链,实现立德树人进课堂、进课程。同时,稳步推进“学科、专业、课程”的三级责任教授机制建设,全面提升高水平人才培养能力。应用物理学专业入选教育部基础学科拔尖学生培养计划 2.0 基地,并在软科中国大学专业排名中位列 A+层次(共有 97 所高校上榜),高校全国排名第三位。

谢双媛、倪忠强负责的医用物理学被上海市教委认定为上海高等学校一流本科课程;张建卫的电磁学(Electromagnetism)入选上海市重点课程。

发表近 31 篇本科教学改革与研究论文,25 篇研究生教育与教学研究的论文。谢双媛、羊亚平等的物理专业大学生科创能力培养机制的构建与实践获同济大学教学成果特等奖;张睿、刘海兰等的立足一流课程资源,建设高水平大学物理混合教学课程获同济大学教学成果二等奖;方恺、倪晨等的“虚实结合、以赛促教”混合式物理实验教学体系建设与实践获同济大学教学成果三等奖;第二完成单位修订的程守洙、江之永《普通物理学》第七版(高等教育出版社)获首届全国优秀教材(高等教育类)二等奖。张睿的“普通物理 B”、张宇钟的“力学与热学”、方恺的“物理实验(上、下)”入选同济大学重点课程建设项目;“光学原理、现代教育技术前沿”获同济大学研究生线上精品课程建设项目。此外,张睿的本科课程“普通物理 B 下”入选同济大学第四期“立德树人”示范课程,张志华的“普通物理 B 上”、宋志怀的“普通物理 B 下”评为同济大学第八期“名课优师”。

团队负责人王占山的“精密光学与技术”教师团队被认定为“同济大学黄大年式教师团队”,并推荐创建“全国高校黄大年式教师团队”;谢双媛获同济大学教师教学创新赛(教学设计创新奖)一等奖,方恺获同济大学教师教学创新赛(基层教学组织奖)二等奖;时钟获第六届高等教育杯全国高等学校物理基础课程青年教师讲课比赛(上海赛区)特等奖;张锦龙、樊维佳获同济大学青年教师讲课竞赛优胜奖。

同济大学第十六期实验教学改革专项基金项目立项建设 3 项,同济大学第十五期实验教学改革专项基金通过验收项目 4 项;同济大学第十四期精品实验项目立项建设 1 项,同济大学第十三期精品实验项目验收通过项目 1 项;同济大学课程思政教改课题立项建设 2 项,同济大学教学改革研究与建设项目 4 项,其中学校层面 1 项、学院层面 3 项。

学科建设 面向国际学术前沿和国家重大需求,聚焦“波与材料微结构”领域,通过学科凝练,形成对波调控的材料微结构理论、人工晶体材料与微结构器件、微结构器件应用及系统等特色研究方向。

1 月 5 日,流体力学国际顶级期刊《流体力学学报》(*Journal of Fluid Mechanics*)在线发表李云云、法比奥·马奇奥尼(Fabio Marchesoni)团队联合印度普拉克·戈什(Pulak Ghosh)团队在非高斯正常扩散方面的重要研究进展 *Diffusion transients in convection rolls*(doi. org/10. 1017/jfm. 2020. 1127)。该工作对统计物理基础理论的完善,同时也为实现微纳尺度粒子的精准调控奠定基础。

1 月 7 日,应用物理国际知名期刊《物理评论应用》(*Physical Review Applied*)在线发表陈鸿团队在远程无线电能传输领域最新研究成果 *Wireless Power Transfer via Topological Modes in Dimer Chains*(doi. org/10. 1103/PhysRevApplied. 15. 014009)。该工作突破了传统磁共振式 WPT 技术在传输距离、频率追踪、负载依赖、待机功率损耗、构造误差敏感、内部损耗影响剧烈等多方面的局限,具有重要的应用价值。

1 月 8 日,国际知名期刊《今日材料物理》(*Materials Today Physics*)在线发表任捷团队联合东华大学、美国科罗拉多大学研究团队在设计热传输途径实现先进热管理织物方面最新综述文章 *Designing Heat Transfer Pathways for Advanced Thermoregulatory Textiles*(doi. org/10. 1016/j. mtphys. 2021. 100342)。该工作从物理角度揭示了实现先进热管理织物的本质是对人体与其周围环境热量传输途径的调控,并对当前的散热、保温和可在散热—保温之间动态切换的双功能先进织物的发展进行了总结和展望。

2 月 9 日,联合中国计量科学研究院、中国科学院上海应用物理研究所研制的“一维铬纳米光栅标准物质”和“一维硅纳米光栅标准物质”被国家市场监督管理总局批准为国家一级标准物质。上述标准物质填补了我国 300 纳米尺度以下有证光栅标准物质的空白,为实现我国在纳米长度计量方面自主溯源提供了标准物质支撑。

2 月 18 日,应用物理国际知名期刊《物理评论应用》(*Physical Review Applied*)在线发表李勇团队在建筑声学宽带通风隔声窗领域的重要研究进

展 *Ultrabroadband Acoustic Ventilation Barriers via Hybrid-Functional Metasurfaces*（doi. org/ 10. 1103/PhysRevApplied. 15. 024044）。该工作不仅有望为绿色建筑噪声控制问题提供解决方案，这种兼顾开放空间和宽带特性的声学超结构功能器件在航空、交通及环境等领域也具有巨大的应用前景。

3月3日，纳米领域国际知名期刊《纳米快报》（*Nano Letters*）在线发表陈杰团队在范德华异质结热输运领域的重要进展 *The Impact of Interlayer Rotation on Thermal Transport Across Graphene/Hexagonal Boron Nitride van der Waals Heterostructure*（doi. org/10. 1021/acs. nanolett. 1c00294）。该工作揭示了层间转角调控石墨烯/六方氮化硼（graphene/h-BN）范德华异质结界面热导的物理机制。

3月31日，国际物理期刊《光子研究》（*Photonics Research*）在线发表陈鸿团队在远程无线传感领域重要研究成果 *Sensitivity of topological edge states in a non-Hermitian dimer chain*（doi. org/10. 1364/PRJ413873）。该工作通过调节非厄米拓扑系统中增益和损耗的方式，构造了满足等效二阶PT对称的非厄米系统，可被用于设计对内部构造误差免疫但是对外部环境变化敏感的新型高灵敏度传感器。

6月22日，国际高水平期刊《自然·通讯》（*Nature Communications*）在线发表陈志炜博士后在深低温区热电制冷领域最新研究成果 *Leveraging bipolar effect to enhance transverse thermoelectricity in semimetal Mg2Pb for cryogenic heat pumping*（doi. org/10. 1038/s41467-021-24161-1）。该工作有望使大量受到双极扩散效应制约（低纵向性能）的窄带隙半导体或半金属材料成为潜在的高性能热电材料（高横向性能），或为热电技术在深低温区的拓展应用提供候选材料。

7月22－25日，承办第七届聚变等离子体诊断技术研讨会。来自全国31所高校和科研院所的聚变等离子体诊断研究领域的150多名科技工作者参加会议，分享该领域内最新的科研成果。

8月7日，中国工程院院士、中国科学院上海高等研究院党研究员赵振堂和上海光源科学中心副主任邰仁忠一行考察了学院在光学计量技术，极紫外与X射线多层膜器件与系统，高性能光学薄膜器件与系统，超精密光学制造与检测和X射线天文望远镜方面的建设情况。赵振堂院士和邰仁忠主任对学院在精密光学领域的研究工作给予充分肯定，并对王占山团队为上海光源二期建设研制的核心多层膜和反射镜光学器件及其应用给予了高度评价。

9月11日，《国家科学评论》（*National Science Review*）在线发表李勇课题组与香港理工大学祝捷课题组在超宽带超构材料声阻抗调控方面重要进展 *Broadband impedance modulation via non-local acoustic metamaterials*（doi. org/10. 1093/nsr/nwab171）。该工作提出了过阻尼和压制多余响应的阻抗调制理念，实现了超宽带声吸收及阻抗调节，为电磁波及声波的宽带阻抗调制提供了新思路。

9月22日，国际高水平期刊《自然·通讯》（*Nature Communications*）在线发表钟锦强团队与南方科技大学夏克青教授团队在旋涡运动演化方面的合作研究成果 *Inverse centrifugal effect induced by collective motion of vortices in rotating thermal convection*（doi. org/10. 1038/s41467-021-25838-3）。该工作通过基于旋涡间流体相互作用机制，从统计力学的角度，为揭示密集旋涡的运动演化普遍规律提供了新的途径。

9月24－28日，主办第18届国际驻极体研讨会（The 18th International Symposium on Electrets）。同济大学副校长童小华、国际电气绝缘协会技术副主席大卫·法比亚尼（Davide Fabiani）、中国物理学会静电专业委员会副主任欧阳吉庭为开幕式致辞。中国科学院院士、同济大学教授姚熹作了题为“Electrets in China at a Glance”的报告。学院教授张晓青、中国科学院深圳先进技术研究院研究员方鹏担任会议共同主席。来自中国、德国、日本等19个国家和地区的128名学者就驻极体领域的最新进展进行交流和讨论。

11月29日，国际高水平期刊《自然·通讯》（*Nature Communications*）在线发表任捷团队和赵金峰团队首次实验观测到弹性波声子自旋这一重要研究成果 *Observation of Elastic Spin with Chiral Meta-Sources*（doi. org/10. 1038/s41467-021-27254-z）。该工作通过精巧设计的弹性波手性自旋源，实现了选择性激励的单向弹性表面波，为新型弹性波器有望为新型弹性波器件和自旋调控器件的研制提供新思路。

12月29日，物理学国际顶级期刊《物理评论快报》（Physical Review Letters）在线发表时钟团队在磁振子极化子研究上最新成果 *Role of Magnon-Magnon Scattering in Magnon Polaron Spin Seebeck Effect*（doi. org/10. 1103/PhysRevLett. 127. 277203）。该工作实验说明磁振子极化子的弛豫机制可以用散射率的权重平均很好解释，非弹性散射在理解磁振子极化子的弛豫机制中十分重要，为研究磁振子相关散射和提高材料磁弹耦合效应提供新的思路。

科研工作 聚焦国家重大战略、国际前沿和经济社会发展需求，持续提升科研创新能力。2021年科研经费到款1.295亿万元，其中纵向经费8450万元，横向经费4500万元。到款经费中有国家重点研发计划二级课题10项，国家自然科学基金42项（其中，创新群体1项、杰出青年基金1项、科研仪器专项课题2项、重点项目1项、重大国际合作1项、面上项目28项、联合基金4项、青年科学基金2项），专用项目（纵向项目）38项，省部级项目62项。横向课题142项。新增(学院历史上首个)国家自然科学基金重大项目1项、重点项目1项、重点国际(地区)合作1项、面上项目5项、外国学者基金1项和青年基金3项;新增专用类创新团队1项,重点专用项目B类(重大项目课题)1项。

以同济大学为第一单位发表论文117篇,其中高水平论文19篇,本学科得到广泛正面评价的研究论文5篇。申请国家发明专利43项,授予国家发明专利22项。王旭团队研发的"绿色建筑通风隔声窗"入选同济大学十大最具转化潜力科技成果;作为第一完成单位,王占山等的"大尺寸高效率极紫外与X射线薄膜器件技术及应用"获中国仪器仪表学会技术发明一等奖,刘波等的"基于光子晶体的闪烁探测技术创新"获中国辐射防护学会科技进步一等奖。

师资队伍建设 柔性引进中国工程院院士1人,新增"万人计划"科技创新领军人才1人、"万人计划"青年拔尖人才1人。引进国家基金委海外优秀青年基金获得者1人。新增国防科工委国家级创新团队1个;获中国科学院院士有效候选人资格1人;获上海市优秀学术带头人计划和上海市晨光计划各1人。校内正高同级转聘长聘教授1人,校内晋升教授3人,副教授1人;选留优秀出站博士后做预聘助理教授4人。此外,依托同济大学基础科学高等研究院平台,柔性引进了3位国家级人才计划获得者和2名海外知名学者为同济讲座教授;聘请了包括院士在内的8名高层次人才为兼职博导。

博士后进站3人,其中1人获上海市超级博士后激励计划。

学生工作 立足建党百年,深入开展主题教育。先后开展"升旗仪式""主题教育报告会""主题党团日""建党百年师生合唱比赛""量子杯"系列体育赛事等活动;组织学习党史、新中国史、改革开放史、社会主义发展史等宣传教育;组织学生党员参观中共一大会址纪念馆、中共二大会址纪念馆、中共四大纪念馆、国歌纪念馆,四行仓库和陈云纪念馆等;推出物理自习室、共学群等"物理食堂",满足校内学生对大学物理课程的学习需求。

接收本科生预备党员13人、硕士生32人;增列本科生发展对象9人,研究生3人;发展本科生入党积极分子36人、研究生入党积极分子54人。本科生就业率93.51%,硕士研究生和博士研究生就业率100%。

获上海市普通高等学校优秀毕业研究生3人、校级优秀毕业研究生3人。获上海市普通高等学校本科优秀毕业生4人、校级优秀本科毕业生4人。获校级优秀毕业设计(论文)2人。获同济大学"扬帆奖"一等奖1人、三等奖3人。同济大学优秀博士学位论文2人,同济大学优秀硕士学位论文3人。

博士研究生国家奖学金获奖5人,硕士研究生国家奖学金获奖2人。本科生国家奖学金获奖3人,本科生国家励志奖学金获奖12人,本科生上海市奖学金获奖1人。

在第四届中国大学生物理学术竞赛(华东地区)中,本科生赵申奥、程澄、常郅坤、张晗和林紫钰组成的同济大学代表队获二等奖,入围国赛。在第七届上海市大学生物理学术竞赛中,本科生赵申奥(队长)、林紫钰、张晗、程澄和常郅坤组成的同济大学代表队获一等奖,刘士强(队长)、苟津铭、胡潋天、甘骅程和王翰林组成的代表队获二等奖。在第十二届中国大学生物理学术竞赛中,本科生赵申奥(队长)、林紫钰、张晗、程澄和常郅坤组成的同济大学代表队获二等奖,并获得2022年国赛直通资格。在第九届全国大学生光电设计竞赛(东部赛区)中,本科生黄涛、徐世超和吴奇泽的赛题"光电智能垃圾分拣车"获三等奖。在第38届全国部分地区大学生物理竞赛(上海赛区)中,本科生魏金文获物理类组一等奖,邢展彬、李渊隆和蔡炅昊获物理类组二等奖,丁杨一迪、黄映雪和李会获物理类组三等奖。在美国物理学会和美国天文学会主办的2021年国际大学生物理竞赛中,本科生王翰林、张泽宇和刘士强的赛题论文"关于火星大气演化"获金奖,王光丰、黄海洋、吴奇泽等28位本科生获银奖11项,李渊隆、魏金文、丁杨一迪等31位同学获铜奖12项。

硕士生徐贤在*Nature Communications*、*Nano Letters*上发表2篇高水平研究论文,被耶鲁大学录取攻读博士学位。博士生黄世博获同济大学第十五届研究生"学术先锋"。

获国家级大学生创新创业训练计划4项,上海市级大学生创新创业训练计划4项,同济大学大学生创新实践训练计划项目18项。

对外交流继续开展中法卓越工程师项目(本科+硕士层次)、法国巴黎高等理工化工大学校研究生合作培养计划和法国巴黎高等物理化学大学校(ESPCI)双学位项目(同济大学硕士与法国工程师文凭)。与澳大利亚斯威本科技大学、香港理工大学、德国马普所、日本东京大学开展联合培养博士生项目。

学院8名研究生赴德国、美国、法国、瑞士、西班牙、新加坡等参加双学位或联合培养项目;1名本科生和10名研究生参加线上学术交流或在线上国际会议作口头报告。

(陆卫昌)

化学科学与工程学院

2021年是实施“十四五”规划的开局之年，学院组织了五轮专家委员会进行研讨与论证，确定了以工科化学建设为牵引，进一步提升材料化学、环境化学、能源化学、生物与医药化学的发展战略。截至2021年12月，同济大学化学学科ESI国际排名已跃升至216位，较2020年年底持续提升了18名，位列全球前1.43‰，在主流大学学科排行榜中，学科声誉稳步提升。

党建工作 2021年度学院认真配合学校完成了中央巡视并落实整改工作，严格落实上级工作部署，坚持问题导向、目标导向相统一，全面配合接受中央巡视，对标对表制定巡视整改方案，扎实推进中央巡视整改任务的落实，做到即知即改、立行立改；需要长期坚持的，形成工作机制，制定整改方案，细化责任，明确可检验的任务事项，狠抓整改落实，做到件件有整改、事事有落实。做好建章立制的工作，已经整改落实的事项，以制度固化成果。

积极推动“我为师生办实事”，以课程思政、课题组思政与学科交叉为导向的驻楼导师工作站、化学知名企事业单位参访系列活动、企业高管专家进学院高等讲堂等为抓手纵深推进“三全育人”试点工作；组织2021年教育思想大讨论，积极谋划参与学校新一轮双一流学科建设，全面推进“十四五”高质量开局；加强实验室安全宣传教育，提升师生安全意识，开展实验室安全事故及防火防灾应急演练，落实安全生产责任。严格落实疫情常态化防控管理要求，确保师生安全与健康。完成“我为联系支部办实事”6项，“我为师生办实事”重点民生项目6项，2021年重点推进工作9项，以优异成绩庆祝建党100周年。

教工党支部书记“双带头人”全覆盖，严格执行“三会一课”制度，设计和优化组织生活内容、方案和形式，丰富组织生活、主题党日活动形式。培养学生骨干，加强党团班一体化建设，调动基层组织活力，围绕党史学习教育，动员师生参与到院史梳理与学习之中，总结学院学科文化，凝聚人心，形成良好的教风学风。师生党员积极投入基础研究、疫情防控志愿工作中，切实发挥了党员的先锋模范作用。完善党员领导干部联系学生党支部、高层次人才机制，在所联系支部上党课，与联系人才谈话。学院党委统筹安排教职工和党员理论学习，集中学习8次，党委班子成员面向师生开展党课教育5场，指导基层党团支部、班级开展主题教育活动5场。加强教职工思想政治和师德师风警示教育，落实出国（境）师生行前教育与回访。针对不同议题组织师生座谈会征集意见和建议，及时反馈落实情况。加强帮扶慰问，“七一”、春节、临时等慰问师生34人，发放慰问金7.2万元。

师资队伍 学院始终将师资队伍的建设放在首位，动用一切可利用的资源，引进同济化学学科拟重点发展方向上的领军人才和学术菁英。2021年5月9日，学院通过腾讯会议平台组织召开了第六届“同绘蓝图·济托未来”国际青年学者论坛·化学分论坛，增进了人才与院内相关方向骨干教师的互动，不仅为学院的师资队伍建设工作储备了青年人才，也打响了同济大学人才引培并举工作品牌的声誉。

2021年度学院新增国家杰出青年基金获得者1人，国家优秀青年基金获得者1人，上海市领军人才（海外）青年项目入选者5人，同济大学青年百人计划（B岗）1人；各类人才计划累计申报26人次。

科学研究 2021年度学院教师累计发表SCI论文200余篇，包括*Nature Catalysis*、*Journal of the American*、*Chemical Society*、*Angewandte Chemie*、*International Edition* 等化学、材料顶级期刊发表的31余篇具有国际影响力的成果。申报国家自然科学基金41项，获批16项（杰青1项、优青1项、面上10项、青年2项），获批率在校内名列前茅。此外，学院3名教师入选2021年科睿唯安全球高被引科学金，占学校入选数50%。

2021年共招收硕士生55名，博士生52人；录取硕士生源来自一流大学比例为53.4%，生源质量持续提升。

对外交流 虽受疫情影响，仍通过合作在国际化学、材料、能源顶级学术刊物上联合发表高水平论文多篇；师生参加线上国际学术会议作大会报告、口头报告和墙报展示近10人次。

合作参与由中石化联合会国际交流与外企委员会发起的“第三届大学生化工创意设计挑战赛（2021黑客松）”活动。学院派出了3支由大三学生牵头的队伍参与角逐，学生围绕双碳政策，在“衣”“住”“行”“用”四个方面设计低碳减排方案，比赛共收到来自40多所院校的60多个创意项目，最终学院1支队伍脱颖而出参与到最终的十强决赛，并获得优胜奖。博士生郭宇婷作为学生代表，参与了第十二届中国国际石油化工大会，并在“第一届女性领导力”论坛上作口头报告，获得一致好评。

人才培养 经过反复修改申报材料、多方联络评审专家，应用化学专业入选国家一流本科专业，成为国家强基计划专业，化学专业成功获批基础学科拔尖学生培养计划2.0。

学院将“科创育人”作为育人重要一环，学生会下设科创俱乐部，全方位、全程服务国创、上创、SITP项目运行、孵化，挖掘优秀项目并积极组织申报参赛。2021年度化学学子积极参加各级各类学科竞赛收获颇丰：第十五届上海大学生化学实验竞赛一等奖1个，二等奖2个；第二届全国大学生化学实验创新设计竞赛一等奖；第十二届全国大学生化学实验邀请赛金牌、银牌各1枚；第十七届“挑战杯”全国大学生课外科技作品大赛上海市特等奖1项。

学生工作 以党建工作为龙头，组织了“请党放心，强国有我”主题升旗仪式，将主题团日活动覆盖全部团支部。各学生党支部积极参加“对标争先”建设项目，1个项目获得学校重点项目立项，1个项目获得学校优秀项目立项，5个项目获得一般项目立项。2021年7月庆祝中国共产党成立100周年同济大学“两优一先”表彰中，研究生第五党支部获评先进基层党组织荣誉称号。

落实“加强基础研究，打破学科壁垒，促进学科交叉”工作理念，将学院学科文化宣贯、课程教学、课题组建设和驻楼导师工作站等有机融合，结合导师及其课题组成员自身经历，引导学生对未来的发展方向进行思考，2021年度累计开展活动14期，覆盖300余人次。

充分发掘实践和网络资源，促进一二课堂联动，践行社会主义核心价值观，积极参与“中国梦·感恩情”主题征文比赛等活动。学生团队参与“学党史、践真行”党史知识竞赛获得优胜奖，辅导员热依拉木·买买提获最佳指导教师称号。

聚焦重点服务国家战略，加强引导服务，多位同学到西部、到基层、到祖国最需要的地方就业，1位硕士生获学校“扬帆奖”一等奖，2名硕士生获学校“扬帆奖”二等奖。2021年，学院继续开展“化学化工知名企事业单位参访系列活动”，带领师生走出校园，近距离了解化学专业的实际应用，亲身体会生活中的化学，通过活动学生对专业学习有了新的认识，对未来可从事的行业有了深入的了解，学院也寻找到更多的科学研究问题与合作机会，期待校企之间碰撞出更多火花；同时引进企业高管、专家与在校生分享交流，促进学生全方位了解社会和企业对人才的需求。

心理健康教育做到重点学生一人一策(册)，学业困难学生引导帮扶机制不断完善，2021年共举办26场学业帮扶活动，覆盖学生300人次，24名优秀朋辈成员参与。

(庄璐)

医学院

学院在编人员186人，其中临床一系13人，教师岗126人，教辅岗25人，管理岗13人，思政岗9人；柔性引进人员9人，其中教师岗8人；双轨制人员15人；专职科研人员及高研院编制人员23人；各类派遣人员81人。

学院在册本科生1071名。2021年度临床医学全英文授课专业(MBBS)入学17人；2020级171人进入临床医学专业(拔尖卓越培养)，含3名留学生，30人进入康复物理治疗学专业，18人进入护理学专业，共计219人。毕业193人。

学院在读研究生2847名，其中博士研究生1290名、全日制硕士研究生1262名、非全日制硕士研究生295名。2021年度录取研究生822人，其中博士研究生325人、硕士研究生497人；授予学位515人，其中博士学位187人、硕士学位328人。护理夜大在读学生1258人。2021年度入学290人，毕业396人。

学位型博士在校生492人，2021年录取65人，实际入学65人，授予学位44人。

1月18日，学院举办“同此医舟、共济一世——同医抗疫专题展”。

1月21日，新希望集团向同济大学教育发展基金会捐赠人民币1亿元，用于设立同济大学脑科医学发展基金，专项支持同济大学中德脑科学临床研究和转化医学中心的科学研究、成果转化、人才引进、国际交流、平台建设与学科发展。

3月1日，教育部公布2020年度普通高等学校本科专业备案和审批结果，获批本科专业“康复物理治疗”。

3月13日，医学创新发展研讨会举行，谋划“十四五”同济医科高质量发展蓝图。

5月19日，学院在沪西校区举办“医梦引航、与国同行——同济大学医学院重建20周年回顾展”。

5月25日，学院举行对校友吴孟超院士的追思会。

8月，学院党政班子和学院机关搬至沪西校区。23日，沪西校区搬迁工作推进会在沪西校区图书馆召开。

2021年度，学院按照校党委统一部署扎实开展党史学习教育。4—5月，学院与井冈山大学医学部携手开展“医心向党庆百年，携手奋进担使命”党史学习教育联合实践活动，涵盖医学学科专业建设帮扶、革命老区义诊等。党政领导班子开展专题实践活动，解决涉及师生切身利益的急难愁盼问题7个；各支部共计解决群众“急难愁盼”问题89个，参与人次达到1888人次。12月8日，中共同济大学医学院教工第四党支部委员会获批上海市教卫工作党委“党支部建设示范点”，为期两年。

学科建设 同济大学医学学科进入QS世界大学医学学科排名第301—350位，排名中国大陆第12位；在泰晤士高等教育(THE)学科排名中，排名中国大陆第11位；临床医学学科首次进入基本科学指标数据库(ESI)全球前1‰，5个医学相关学科进入全球前1%；在软科2021中国最好学科排名中，基础医学排名第37位、临床医学排名第12位、公共卫生与预防医学排名第34位、药学排名第48位、生物医学工程排名第22位。

康复物理治疗专业被列为国家一流本科专业建设点。

同济大学附属上海市第四人民医院、同济大学附属浦东精神卫生中心去筹，正式挂牌为同济大学附属医院。2021年度中国医学院校/中国医院科技量值(STEM)排行榜上，3家附属医院进入全国前 100 名：附属东方医院第 58 名、附属上海市肺科医院第 63 名、附属第十人民医院第 65 名；五年总科技量值(ASTEM)排行榜上，4 家附属医院进入全国前 100 名：附属东方医院第 57 名、附属第十人民医院第 61 名、附属上海市肺科医院第 62 名、附属同济医院第 96 名；4 个专科进入 STEM 及 ASTEM 排行榜全国前 5 名：皮肤病学第 2 名、结核病学第 2 名、胸外科学第 2 名、呼吸病学第 5 名。

在学科交叉发展方面，学院积极推动校内二级学院之间的交流，实现优势互补，和建筑与城市规划学院、电子与信息工程学院等开展交流合作，践行深度学科交叉，开拓医学学科交叉、建筑学科、人工智能学科融合协同创新。在人才引培、教育教学、科研创新、学科交叉、国际交流、转化应用等方面开展合作，在医工文理学科交叉方面进行试点示范和探索。

本科教学工作 学院夯实临床实践教学过程管理，成立了临床实践教学督导专家组，对附属医院的临床实践教学开展督查。

学院积极探索临床医学专业人才培养新模式。首届临床医学专业中德实验班招收 16 名学生。中德实验班以"本研贯通培养，中德合作教学"为原则，贯彻"三全育人"的教育思想，坚持"以成果为导向"的教育理念，秉承"精英化、国际化"的人才培养定位，依托同济大学、医学院和附属医院的教学和科研平台，引进德国优质医学教学资源，为中德医学持续深入交流发挥纽带作用。

毕燕龙"眼科学"(线上、线下混合)获批上海市一流本科课程；2 门课程入选上海高校重点课程，分别为毕燕龙"眼科学"和王娟、李思光"分子遗传学"；6 门课程入选同济大学重点课程，分别为毕燕龙"眼科学"、姜远英"药理学"、汪海宏"人体生理学"、于德华"全科医学概论"、余晨"泌尿病学"、邵志华"生命科学综合实验 II"；毕燕龙"眼科学"入选同济大学全英语课程；学院获批同济大学教材建设研究分基地立项资助，获批同济大学虚拟仿真实验室立项建设，获校级教学成果特等奖 1 项、一等奖 5 项、二等奖 3 项、三等奖 6 项。

艾自胜、周彩存获"上海市育才奖"，房林、周爽、王娟获"同济大学育才奖"，艾自胜获"2021 年第八届名课优师"，余震获倪天增奖。

学院学生在第十届中国大学生医学技术技能大赛临床医学专业五年制赛道华东分区赛中获得一等奖，同时斩获 3 个单项奖，在第十届中国大学生医学技术技能大赛临床医学专业五年制赛道决赛中获得铜奖；在第七届全国大学生基础医学创新论坛暨实验设计大赛中获得东部赛区一等奖 3 个、三等奖 2 项。

研究生教学工作 学院开展 3 门一流研究生公共平台课程以及 6 门线上精品课程建设工作，顺利通过学校验收，并在秋季学期开展线上教学。

单备制护理硕士报考人数连年创新高，连续 3 年报考人数接近全院硕士统考生报名人数的一半。为提高护理专硕的培养质量，护教协同，积极拓展校院联合培养基地，新增校外联合培养基地 3 所。

按照上海市研究生教育紧缺医学人才培养项目要求，将上海市研究生教育医学专业学位培养项目和紧缺医学人才培养项目细化为 34 个子项目并立项，包括教学案例项目 10 项、教育管理项目 16 项、新建附属医院项目 4 项、课程思政项目 4 项。

2021 年度录取学位型博士 65 人，完成学位申请 34 人，其中 1 人获校级优秀博士学位论文。学位博的培养通过"学院－导师－附属医院"联动、全过程动态管理，学院定期与各附属单位召开学位型博士招生、培养进程的工作专题工作会议，共同助力学位博培养管理质量的提升。申报研究生教改项目 1 项，8 月立项医学教育管理专项。2021 年度学位型博士 2 人获第十八届银蛇奖三等奖、1 人获提名奖。

科研工作 2021 年度获得各级各类科研项目(包括纵向项目、横向项目)和人才计划共 320 项，其中国家级科研项目立项 236 项、省部级 18 项，总研究经费 2.302 亿元；获批国家自然科学基金项目 217 项，包括重点项目 2 项、国家杰出青年科学基金项目 1 项、国家优秀青年科学基金项目 4 项、面上项目 94 项、青年项目 123 项。

2021 年度国家级、省部级人才项目获得者 14 人。其中，张鹏获批国家自然科学基金委杰出青年项目，左为、方兰、梁丹丹、王琳获批国家自然科学基金委优秀青年人才项目，成昱入选上海市科委优秀学术技术带头人(青年项目)，栾冰、何雅億入选上海市曙光计划，秦昭、左为入选上海市科委青年科技启明星计划，张石群、吴齐辉入选上海市浦江人才计划，蒋炀入选上海市科委扬帆计划，秦洁玲入选上海市晨光计划。

2021 年度学院申请专利 1 项，授权专利 9 项，实施专利成果转让 2 件，转让金额共计 70 万元。学院获得国家科学技术进步二等奖 1 项，第二届全国创新争先奖 1 项，上海市青年科技杰出贡献奖 1 项，省部级一等奖 3 项。发表高水平论文(中科院一区)81 篇，其中影响因子 10 分以上的论文 43 篇，宋建人课题组发表顶级期刊 PNAS 论文 1 篇。学院柔性引进施剑林院士，成功获批上海市催化医学前沿科学研究基地；"脊柱脊髓损伤再生修复教育部重点实验室(同济大学)"建设项目通过验收。

学院举办 12 期泰禾医学讲堂和 5 期青年 PI 沙龙，为前沿科技工作进展交流提供良好的平台。

学生工作 学院通过引进来走出去相结合，让思政教育入脑入心。全面开展"我为群众做实事"，各党支部、团支部利用学科优势和专业特点，开展以"宣讲健康知识，共建美好社区"为主题的志愿服务活动，从"糖尿病的预防""心血管疾病的认识和预防"以及"传染性疾病的防治"等方面深入浅出地为社区居民宣传健康知识，并提供健康咨询服务。开展"学史增信固初心·续力强国勇担当”系列红色主题教育活动，通过实地寻访历史遗迹，深入学习党的艰苦奋斗历程，弘扬党的优良革命传统，引导青年学子们领悟革命斗争精神、汲取一往无前的力量。开展“脱贫攻坚路上的同医人”系列党课，邀请获得“全国脱贫攻坚先进个人”的侯坤和狄建忠两位优秀校友进行事迹分享，围绕两人在脱贫攻坚历程中援疆、援藏事迹展开，引导学生坚定从医理想信念，明确新时代背景下医务工作者的使命与担当。

学院开展硬件改造与内容优化，探索社区党建新模式。学院整合党建团队力量和联动校区资源，打造沪西校区生乐A区党建活动室，在党建活动室中，学生党支部开展《习近平与大学生朋友们》读书分享会，以手工艺制作“党徽”缠绕画献礼建党百年，设置心灵树洞信箱提供分享心情、倾诉烦恼的小天地。“医学专属多维空间站”社区集市快闪活动全面打开“学生党支部进社区·我为学生办实事”的序幕，而后的“健康实践大闯关”“朋辈交流会”活动作为延伸，以高频率、多主题、接地气的特点，覆盖学生身心健康、科研发展等多样需求，服务沪西校区学生，推动“一站式”学生社区建设。

学院搭建多元创新发展平台，分步分层分阶段培养创新精神。针对研究生和本科生的不同需求，开展博思论坛、研究生科研工作赏评日(GRAD)、中英学术沙龙、学长经验分享会、本科生创新论坛、创新创业沙龙等形式多样的创新行动。依托学校平台，开展跨学科交流，与普陀科技园开展密切合作，对学生进行分层次、科学化的创新创业指导教育，对重点创业项目进行全程指导和重点培育孵化，帮助学生更加理性地认识创新创业、激发创新创业的热情。以“卓越医师教育培养计划”为指导，以培养具有良好职业素养和创新能力的“医学精英，专业栋梁”为目标，依托学院创新基地、医学生创新俱乐部等平台，共组织30余场双创活动，累计覆盖1900人次。以“院院协同”为工作理念，通过学工例会、党团支部联动等契机，与各附属医院密切合作，营造良好的科创氛围，将大学生创新创业活动由“自发型”转变为“自觉型”，将科技创新活动的参与率从“个别化”转变为“大众化”。

在第十七届“挑战杯”中国大学生课外学术科技作品竞赛中获得国家级三等奖1项，省部级一等奖1项。在第七届中国国际“互联网+”大学生创新创业大赛全国决赛中获得1金1铜，突破学院纪录。

对外交流 学院聚焦对德合作。5月8日，护理学院(筹)及附属第十人民医院与德国埃里希·宝隆博士护理学院及德中科技文化交流协会代表举办中德护理合作研讨会。6月16日，同济大学医学院光医学研究所与德国慕尼黑大学激光研究所共同举办第二届中德IOP－LFL研究生论坛，围绕光动力治疗和光医学诊断主题展开了交流与讨论。6月23—25日，学院、附属东方医院与德国科隆大学医学院共同举办同济-科隆联合学术论坛暨中德肿瘤转化医学论坛，探讨当下肿瘤转化医学领域的前沿与热点，围绕“肿瘤基因组学”“肿瘤微环境”和“癌症免疫疗法最新进展”三个分论坛主题进行了演讲。9月，中德东方魏尔啸联合病理研究所德方所长曼弗雷德·迪特(Manfred Christian Dietel)教授获上海市“白玉兰纪念奖”。11月8日，学院和德国柏林夏里特医科大学共同主办同济—夏里特脑科学论坛暨中德专题线上交流会，共话脑与认知科学的前沿进展。

学院依托同济大学平台学院，参与一带一路相关交流活动，包括与中西学院合作组织墨西哥日活动，与中意学院合作组织中意创新周活动，拓展与一带一路国家院校的互动，也为同济医学和其他学科的交叉提供交流展示平台。9月14—16日，附属上海市肺科医院成功举办全国首期“一带一路”胸外科微创技术国际培训班，为来自西班牙、波兰、阿根廷、秘鲁、哥伦比亚、洪都拉斯6个国家11家医疗机构的12名胸外科医生开展胸外科VATS高级线上培训课程。学院及附属医院积极参与“中国-东盟高校医学联盟”的系列活动。10月21—22日，附属第十人民医院李颖川教授应邀出席“2021年中国—东盟医学健康共同体发展会议”新发传染病重症诊疗技术分论坛并担任主持。10月28日，由附属第十人民医院与克拉玛依市中心医院主办、哈萨克斯坦国家医学科学中心联合主办的首届中哈国际医疗合作高峰论坛线上召开。11月，附属东方医院受邀参与俄罗斯联邦卫生部、联邦国家预算机构俄罗斯联邦卫生部下属俄联邦灾难医学中心(FC-DM)的洲际网络会议与线上演习。杨建教授成功申请“一带一路”创新人才交流外国专家项目1项，与埃及开罗大学纳米技术中心合作开展“纳米生物材料在干细胞治疗心脏疾病中的安全、有效性研究”。

学院顺利完成与加拿大麦吉尔大学合作的全科骨干教师混合式培训项目。本项目自2020年8月—2021年7月，基于Moodle平台的混合式教学，探索了疫情期间及后疫情时代的国际教育合作的新模式。该培训项目共22名学员顺利结业，项目成果于11月18日在全球学术健康中心联盟大会(AAHCI)上做主题报告。

(曹丹仪)

生命科学与技术学院

学院下设分子与细胞生物学系、生物医药与技术系、生物信息学系、蛋白质研究所和党政办公室。1月12日,中国共产党同济大学生命科学与技术学院第二次代表大会顺利召开。1月15日,学院获同济大学"三全育人"综合改革试点学院授牌。1月20日,学院召开第一届教职工代表大会第四次会议。3月8日,学院举办迎接建党百年,庆祝"三八"妇女节系列活动。3月30日,学院举行2021学年春季学期全院教职工大会。4月19日,2021年生命科学与技术学院"继承传统,创意未来"书画展举行。5月15日,学院在同济大学第48届运动会中取得佳绩。6月15日,学院合唱队在同济大学"庆祝建党百年"师生合唱比赛中获得二等奖与最佳创意奖。6月24日,学院党委举行"光荣在党50年"纪念章颁发仪式。

学科建设 截至2021年年底,设有生物学一级学科博士点、生物学一级学科硕士点、生物工程领域专业学位硕士点和生物学、生物医学工程博士后流动站。生物学一级学科的研究方向设置为:干细胞与表观遗传;遗传、发育与疾病;蛋白质科学;生物材料、生物资源与药物;生物信息学。

4月10日,举办同济大学生命科学与技术学院、教育部"细胞干性与命运编辑"前沿科学中心、"国家干细胞转化资源库"以及上海市信号转导与疾病研究重点实验室共同承办的2021年"同绘蓝图·济托未来"同济大学国际青年学者论坛——生命科学与技术学院分论坛。

教学工作 2021年学院招收新生215人,其中本科生78人(含拔尖班20人、强基班11人),硕士研究生61人,博士研究生76人。

1月13日,学院与化学科学与工程学院举办青年教师交流活动。

2月,学院入选生物科学类拔尖学生培养计划2.0基地。

3月27日,学院组织新生院济人学堂与绿巨人协会部分同学赴崇明岛进行生态考察活动。

4月9日,学院第一作者讲坛举行。

4月9日,学院参加第三届同济大学新生学术嘉年华专业展示活动。

4月,杨光同学荣获2021年度"吴瑞奖学金"。

5月19日,西北大学生命科学学院来学院调研交流。

7月9—11日,2021年生命科学与技术学院优秀大学生暑期学校活动举行。

8月,高绍荣教授荣获2021年上海市育才奖。

8月30日,生命科学与技术学院2021级研究生开学典礼举行。

9月30日,学院举行2021年教育思想大讨论。

11月13日,2021级生命科学拔尖班与强基班的同学,以及绿巨人社团的部分成员前往长江三角洲的明珠——崇明岛进行实地考察。

11月14日,学院本科生代表队勇夺2021国际基因工程机器大赛二项金奖及Software赛道全球最佳奖。

科学研究 2021年度科研项目立项情况,纵向项目:国家重点研发项目8项,国家自然科学基金44项,上海市及省部级项目10项。2021年全院申请并获得资助的科研经费为10184.32万元。2021年全院发表论文共93篇,被三大索引收录93篇,其中发表影响因子10分及10分以上的SCI论文24篇。

1月,学院生物学和生物医学工程流动站同时获得同济大学优秀博士后科研流动站称号。

6月4—6日,由同济大学和吴瑞纪念基金会共同主办,同济大学生命科学与技术学院、教育部"细胞干性与命运编辑"前沿科学中心、国家干细胞转化资源库、上海市信号转导与疾病研究重点实验室共同承办的2021吴瑞奖学金颁奖典礼暨学术研讨会举行

11月3日,高绍荣教授团队荣获2020年度国家自然科学奖。

师资队伍建设 截至2021年年底,学院教职工共130人,其中院士2名(其中柔性引进1名),973项目/重大科学研究计划/重点研发计划首席科学家10名,长江学者奖励计划教授5名(含青年学者3名),杰青获得者5名(其中兼职教授1名),国家海外高层次人才(含青年人才)获得者17名,优秀青年基金获得者10名。正高级59人,副高级28人,博士生导师65人(含兼职博导),硕士生导师70人,兼职教授6人,拥有博士学位人员110人,占全院教职工总人数的84.61%。

2月,高绍荣教授指导的博士后高睿、张超教授指导的博士后解端阳,获得"同济大学2020年度优秀出站博士后研究人员"称号。

4月,高绍荣教授获得中国细胞生物学学会杰出成就奖.

4月28日,高亚威教授获得2021年同济青年五四奖章。

5月,博士后陈墨、李延鹤荣获2021年度"博士后创新人才支持计划"资助。

乐融融教授获"国家基金优青"称号。

刘晓雨教授获"中组部青年拔尖人才"称号。

戴鹏教授、王晨飞教授、乐融融教授、陈坤教授、林昶东教授获"上海市科技青年启明星计划"。

学生工作 学院现有本科生214人,硕士生164人(全日制),博士生284人(全日制)。2021年学院本科毕业生75人,硕士毕业生35人,博士毕业生44人。

新发展学生党员41人,其中本科生16人、研究生25人。

3月29日,"学党史、强信念、跟党走"主题团日"周周讲"——生命科学

与技术学院组织学院各支部学生举行升旗仪式，共同缅怀革命先烈殷夫。

5月22日，由绿巨人协会主办的生物嘉年华活动举行。

9月，学院2020级本科生采用线上线下相结合的方式完成了军政训练。

对外交流 国际交流与合作是学院重点发展方向之一，在巩固学科建设的基础上，学院大力拓展国际化道路，与多所海外知名院校建立合作关系，在师资交流、科研合作、学生互换等领域开展广泛的国际交流。

1月5日，国家杰出青年基金获得者中国医学科学院/北京协和医学院余佳教授在同济大学作学术报告。

1月19日，天津医科大学副校长朱毅教授在同济大学作学术报告。

4月7人，国家杰出青年基金获得者、中科院上海生物化学与细胞生物学研究所刘默芳研究员在同济大学作学术报告。

4月12日，西安交通大学叶凯教授在同济大学作学术报告。

9月28日，中国科学院分子细胞科学卓越创新中心国家杰出青年基金获得者高栋研究员在同济大学作学术报告。

10月26日，北京大学汪阳明教授作学术报告。

10月27日，北京大学陈良怡教授在同济大学作学术报告。

11月16日，中国科学院分子细胞科学卓越创新中心惠利健研究员在同济大学作学术报告。

11月30日，四川大学生物治疗国家重点实验室胡洪波研究员在同济大学作学术报告。

12月7日，北京生命科学研究所学术副所长、中国科学院院士邵峰教授在同济大学作学术报告。

（冷晔）

交通运输工程学院

学院在编教职工共172人，其中专任教师139人，教授及相当技术职称者62人，副教授及相当技术职称者50人，讲师及相当技术职称者57人。学院共有博士研究生导师121人（含轨道交通研究院11人、磁浮中心博士生导师7人），其中外聘兼职博士研究生导师12人，硕士研究生导师164人。

学院在读学生总数1984人。在校本科生672人，在校研究生1312人，其中全日制硕士研究生639人、非全日制硕士116人，博士研究生557人，交通运输工程博士后流动站在站博士后37人。

学院招收本科生223人，硕士研究生236人，招收博士研究生124人。

学院工作以“立德树人”为根本，学科建设为核心，秉承着“思行合一，交融成艺”的理念，全力推进学院综合改革试点工作并取得系列成果。

学科建设 2021年，在学校的统筹部署和有力支持下，面向“交通强国”“一带一路”等重大国家战略，以德智体美劳全面发展的新工科人才培养为重点，以基础前沿科技创新为核心，交通运输工程学科扎实推进世界一流学科和上海市高峰学科建设，全面完成一流学科的年度建设任务和高峰学科的阶段目标。

全面推进高校课程思政建设，将思想政治教育融入人才培养全过程，落实立德树人根本任务。引育结合、精准指导、专项支持，通过多种渠道有针对性的助推教师成长发展。对接国家战略，支撑行业发展。积极申报交通强国建设试点单位，开展交通基础设施韧性提升、道路交通本质安全、一体化出行、高速磁浮装备、智能车路等关键技术研发、平台建设和人才培养试点，为加快交通强国建设提供同济方案。发挥民航飞行区设施耐久与运行安全重点实验室的技术引领作用，主办“民航机场智慧发展与科技创新研讨会”，助力打造高水平的四型机场产教融合创新平台，为民航强国建设提供更强大的同济支撑。成立同济大学新城交通研究中心，聚焦上海新城交通发展的新理念与新技术，主持开展“嘉定新城综合交通‘1＋6’专项研究”校地合作交流活动，创建嘉定区交通委员会—同济大学交通运输工程学院产教融合基地，为五个新城建设和上海经济社会发展作出同济贡献。学科将国际交流作为促进一流人才培养和双一流学科建设的重要抓手。疫情期间积极拓宽各类渠道，努力克服疫情带来的不利影响，国际交流工作取得稳步发展。

3月6日，道路交通安全与环境教育部工程研究中心2020年度技术委员会会议在四平路衷和楼线上线下同步召开。出席会议的委员有严新平院士、王长君研究员、王云鹏教授、王炜教授、关积珍教授、马林教授、王笑京教授、温学钧教授、姜廷顺教授和魏朗教授等10名校外委员，以及同济大学党委书记方守恩教授、杨东援教授、孙立军教授、凌建明教授等4名校内委员。

4月15日，在中国民航局指导下，由民航飞行区设施耐久与运行安全重点实验室（同济大学）主办的“民航机场智慧发展与科技创新研讨会”在同济大学嘉定校区召开，并特邀中国民用航空局副局长董志毅做客同济高等讲堂开讲。

4月21日，学院联合共建的运营主动安全保障与风险防控铁路行业重点实验室学术委员会成立大会暨2021年第一次工作会议于北京顺利落下帷幕。

5月26日，上海市科学技术委员会组织专家组对依托同济大学与申通地铁集团有限公司共同建设的上海市轨道交通结构耐久与系统安全重点实验室进行了验收。

6月16日，嘉定新城智慧交通论坛暨智慧车列示范线开通仪式在嘉定举行。论坛上，同济大学交通运输工程学院参与的智慧交通“嘉定标准”1.0版编制正式启动，嘉定区交通委与学院签订合作共建协议书和2021年嘉定新城综合交通发展战略研究备忘录。

10月12日，第一届交通与运载工程学科青年学者论坛在苏州高铁新城开幕。国家自然科学基金委员会交通与运载工程学科负责人，同济大学副校长，苏州市相城区有关领导以及交通与运载工程资深学科专家及200余名学科青年学者与会交流。

教学工作 以立德树人、培养德智体美劳全面发展的社会主义建设者和接班人为根本，不断完善“三全”育人模式和“新工科”培养体系。学院全面推进高校课程思政建设，将思想政治教育融入人才培养全过程。牵头成立的“高校交通运输类专业课程思政研究联盟”被教育部列为“课程思政资源库建设单位”；吴兵教授负责的“交通管理与控制”和滕靖教授负责的“运筹学”2门课程入选教育部课程思政示范课程（同济大学共4门课程入选）；学科还获批2个教育部课程思政名师和团队，2位老师获首届“智慧树杯”课程思政示范案例教学大赛本科赛道卓越奖；正式出版国内首部交通运输类专业课程思政教学指南，被新闻联播、人民日报、微言教育等媒体报道。4月2日，“新征程、大思政”交通运输类专业课程思政改革与创新研讨会暨高校交通运输类专业课程思政联盟第一届理事会第一次会议在同济大学召开。

除课程思政建设外，学科教学获得多个国家级奖项，成果丰富。获批国家一流课程2门、获批上海市重点课程5门、申报国家级一流课程4门、上海市教学成果奖5项、3个教学团队在获卓越大学联盟高校教师教学创新大赛（同济大学首个一等奖）。获批多个教学研究项目：获批国家新工科研究与实践项目3项、国家新文科研究与实践项目2项、教育部产学合作育人项目1项、中国交通教育研究会教育科学研究重点课题1项。

科研工作 2021年新签科研项目366项，主持国家重点研发计划项目1项，获批国家自然科学基金29项，其中国家杰出青年科学基金1项，重点项目1项，面上项目16项，青年科学基金项目11项；科研经费到款达到2.13亿元，创历史新高。2021年，学院获得省部级以上或学会科研奖项共14个。发表ESI高被引论文4篇，其中ESI1‰论文1篇、ESI1%论文3篇。

学院积极申报交通强国建设试点单位，开展交通基础设施韧性提升、道路交通本质安全、一体化出行、高速磁浮装备、智能车路等关键技术研发、平台建设和人才培养试点，为加快交通强国建设提供同济方案。

3月17日，国家铁路局正式发布由交通运输工程学院周顺华教授主编，王炳龙教授、刘建国老师参编的《邻近铁路营业线施工安全监测技术规程》，该标准的制定获得了国家铁路局的高度评价，为我国保障邻近铁路营业线的施工和运营安全提供重要技术支撑。

5月25日，马万经教授主持完成的“大城市地面公交精准服务与高效管控关键技术及应用”荣获2020年度上海市科技进步奖一等奖。

6月16日，在嘉定新城智慧交通论坛上，同济大学交通运输工程学院参与的智慧交通“嘉定标准”1.0版编制正式启动，嘉定区交通委与学院签订合作共建协议书和2021年嘉定新城综合交通发展战略研究备忘录。

9月24日，“嘉定新城综合交通‘1+6’专项研究”项目交流暨校地合作交流活动在交通运输工程学院举行。嘉定区副区长钱志刚和副校长顾祥林共同为“嘉定区交通委员会—同济大学交通运输工程学院产教融合基地”揭牌。同济大学交通运输工程学科专家团队就“嘉定新城综合交通发展‘1+6’专项研究”阶段性成果及工作计划进行汇报交流。

师资队伍建设 引育结合、精准指导、专项支持，学院通过多种渠道有针对性的助推教师成长发展。2021年，同济大学自主培养的孙剑教授获得杰出青年基金，这是基金委E12学科成立以来交通工程领域首位杰青；自主培养的赵鸿铎教授获得国防卓青，这是2021年同济唯一，并实现了学科近20年的高层次人才新突破。此外，获批四青人才2人（肖军华教授、刘皓冰教授），上海市曙光学者1人（朱兴一教授），上海市海外高层次人才入选12人（郭赟韬、龚红仁、王鹏玲、余博等），交通运输行业科技创新人才推进计划中青年科技创新领军人才1人（肖军华教授），上海市青年优秀学术带头人1人（王俊骅教授），上海市优秀技术带头人1人（杜豫川教授），中国科协青年人才托举工程1人（何超研究员），交通运输青年科技英才1人（钱劲松教授），中国智能交通协会创新人才奖1人（王雪松教授），教育科研师资梯队得到进一步完善。

因在推动交通教育和人才队伍建设方面的突出贡献，学院多名教授获得嘉奖。杨东援教授获2021年中国交通教育研究会“中国交通教育终身成就奖”，杨晓光教授团队被列入人力资源和社会保障部“2021年专家服务团队”，为同济首个国家级专家服务团队，他本人获“2021中国智能交通年度人物”称号。马万经教授荣获2021年“上海市育才奖”。滕靖教授获得2021年宝钢优秀教师奖，吴兵教授被评为2021年度同济大学“师德师风优秀教师”。

深耕学术领域，学院多位教授获得嘉奖。学院王雪松教授荣获英特尔“2020年度卓越研究者奖”；学院马万经、王雪松、肖飞鹏、朱兴一4名学者入围2020年中国高被引学者（Highly Cited Chinese Researchers）榜单，当选学科为交通运输工程。杜豫川教授、王俊骅教授成功入选上海市2021年度“科技创新行动计划”优秀技术带头人计划名单、优秀学术带头人（青年）计划名单；朱兴一教授获得“第十六届中国公路青年科技奖”荣誉称号。

学生工作 强化全方位育人，建设协同育人机制。以“同路人”品牌为引领，强化课内外课堂联动与质量提升，举办29期学术论坛，包含有传承交通运输精神特质与同济交通文化传统的百科讲坛，以及聚焦思想政治素质提升、社会责任感培养、学术道德与学风建设的博思论坛，成果丰硕。在学科师生共同努力下，培养的学生在多个国际和国家级赛事上获奖。通过组织交通科技大赛、国创、上创、SITP等创新大赛和训练活动，100%学生参与了创新活动；学生获得第四届全国大学生创新体验竞赛一等奖1项，第十六届“智联有道杯”全国交通运输科技大赛一等奖2项、二等奖1项、三等奖2项，获得第七届全国大学生物流设计大赛三等奖1项。若干学生的先进事迹被多家重要媒体报道，19级博士生马明杰在河南老家发挥党员带头作用，冲锋在前参与疫情防控，联合多所高校返乡大学生成立中水寨村大学生志愿者帮扶工作队，活跃在疫情检测卡口、田间地头、贫困户家里，用青春力量助力疫情防控、复工复产和脱贫攻坚。马明杰的扶贫抗疫先进事迹被新闻联播点赞，并荣获教育部全国高校“百名研究生党员标兵”荣誉称号。

2021年同济大学交通运输工程实践工作站面向交通强国战略，秉承立德树人的育人理念，结合同济大学“知识、能力、人格”三位一体的育人模式，总录取120名学生，通过学习及组织答辩，最后12名学生评为2021年上海市青少年科学创新实践工作站的优秀学生。

党建、思政与文化建设　学院坚持推进“筑基、引领、示范、双优”工程，筑牢党建工作基础，以一流党建强基铸魂，扎实推进一流学科和一流学院建设。学院扎实推进了党史学习教育，以红色交通文化“七个一”系列活动献礼建党百年；落实全面从严治党，做好党员发展，落实支部建设“七个有力”；持续加强班子一岗双责、教师思想政治、意识形态工作和师德师风建设。学院党委获评2021年度上海市教卫党委系统先进基层党组织，获推申报全国党建工作标杆院系，获评教育部高校“双带头人”教师党支部书记工作室1个、上海市党支部建设示范点1个，学院工会被评为上海市教育系统”模范教工小家”，学院教师获评全国和上海市优秀党务工作者，获评全国高校百名研究生党员标兵1人。学院被认定为同济大学首批“依法治校”示范学院和首批“三全育人”示范学院，学院治理体系不断完善、治理能力持续提升。学院以“同路人”品牌统领学院文化建设，以课程思政为主抓手推进“三全育人”工作，出版了国内首部《交通运输类专业课程思政教学指南》，举办了全国交通运输类专业课程思政联盟研讨会，获批教育部首批课程思政资源库建设单位，入选国家课程思政示范课程2门；为师生开展安全、保密、心理健康、环境改善等方面的培训与服务。

学院党委着重加强党建、思政与文化建设，扎实推进“两学一做”常态化制度化。4月24日，学院党委教工第五党支部、徐汇区市政管理中心党支部和徐汇市政养护工程有限公司党总支共同开展主题为“传承红色基因，建设人民城市，争做比学赶超先锋”的党建联建活动。5月8日，作为深入开展党史学习教育、为群众办实事的切实举措，交通运输工程学院教工第六支部联合学生党委，共同为同济大学附属实验小学的同学们开设了主题鲜明、形式丰富的“红色交通一课”。5月9—11日，同济大学交通运输工程学院学生党委研究生第三、第五党支部师生一行19人，前往福建省南平市松溪县开展为期三天的“助学 筑梦 铸人”实践活动，发挥高校人才智力优秀，深入当地中学开展朋辈教育，用同学们的所学所悟服务社会，为助学支教贡献力量。5月31日下午，由同济大学与嘉定区共同举办的“永远跟党走”嘉定区红色文化进地铁进公交启动仪式在上海地铁11号线南翔站举行。仪式上，同济大学交通运输工程学院与嘉定区有关部门共同打造的嘉定公交9路“星火专线”首发；设在嘉定区交通发展集团有限公司的“同济大学交通运输工程学院校外育人基地”揭牌。12月20日，上海市教育工会公布2018—2020年度上海市教育系统“模范教工之家”“模范教工小家”名单，同济大学交通运输工程学院工会获评上海市教育系统2018—2020年度“模范教工小家”。

对外交流　疫情期间积极拓宽各类渠道，努力克服疫情带来的不利影响，国际交流工作取得稳步发展。学科与美国加州大学伯克利分校开展了“3＋1＋1”加速硕士项目，与新加坡国立大学签订“3＋1＋1”加速硕士项目协议，为本科生提供了直通世界名校交流和深造学习的途径，2021年两个项目总计派出11名学生，规模稳步提升。学科充分发挥自身优势，提升深化与国际高水平大学的合作，2021年与美国中佛罗里达大学、普渡大学工程学院和华盛顿大学土木与环境工程系，泰国巴伊兰大学、巴黎萨克雷大学、希腊雅典国家技术大学等6家单位签订合作协议书，确立了双方的合作框架，积极推动双方在人才培养和科研之间的合作。坚定支持学生出国境学习交流，2021年申请国家留学基金委(CSC)资助的联合培养博士高水平公派项目30人，实际录取28人，综合录取率超越同济大学的平均录取率。

学院积极组织学生参与国际会议，加强组织国际在线课程，加大学生资助力度，学生参与线上国际交流取得了显著成效。2021年，学生被世界交通大会(TRB大会)录用的论文持续增高共计78篇，其中获论文宣讲13篇，荷兰iFRAE会议宣讲论文16篇。2021年7月线上开展了第二届同路人国际暑期讲堂(交通工程)，邀请国外知名教授给学生在线授课和课题研讨。2021年10月以“综合的交通，持续的发展”为主题，主办开展了第一届海峡两岸五校综合交通可持续发展学术研讨会，两岸五校的270余名师生通过线下报告与线上会议相结合的方式交流学术，拓展和推动了两岸青年人才科技沟通、文化交融。

3月20日，在学院和同济大学北京校友会的共同组织下，同济大学北京交通校友联谊活动在北京顺利举办。来自道路、交通、轨道、运输、信控、民航等领域70余名同济交通校友参会。

4月30日，同济大学、德国宇航中心、德国联邦道路交通研究所、达姆施塔特应用科技大学等机构共同主办了第九届“中德道路交通安全研讨会”。

5月8日，由同济大学交通运输工程学院主办的第六届同济大学国际青年学者论坛交通运输工程分论坛成功举办。本届论坛以线上方式举行，有来自世界各地的32名优秀青年学者参加。

6月28日下午，在北京人民大会堂举行的全国“两优一先”表彰大会上，学院校友胡叙洪、吴玉刚荣获“全国优秀共产党员”称号。

10月23日，由同济大学交通运输工程学院主办，台湾中央大学土木工程学系、逢甲大学运输与物流学系、淡江大学运输管理学系和台湾大学土木工程学系共同协办的第一届海峡两岸综合交通可持续发展学术研讨会在同济大学成功举办。本次研讨会以“综合的交通，持续的发展”为主题，来自两岸五校的270余名师生通过线下报告与线上会议相结合的方式交流学术，加深了解。

12月1日和2日，同济大学交通运输工程学院师生受邀于“推动中国电动自行车头盔佩戴法律制定与实施(瑞士)”的委托方布隆伯格参与世界卫生组织(WHO)举办的WPRO/SEARO BIGRS legislation workshop。

(陈佳维)

艺术与传媒学院

艺术与传媒学院现开设广播电视学、广告学、广播电视编导、动画、影视表演、音乐表演本科专业，发展聚焦“全媒体”与“大艺术”，拥有新闻传播学、设计学一级学科硕士点、艺术设计专业学位(MFA)硕士点、新闻与传播学专业硕士点和设计学新媒体艺术与理论博士研究方向。学院下设传播系、音乐与表演系。

教育教学 制度建设方面，对教学制度进行了梳理更新和重新编制，出台以下机制和规章制度：成立新闻传播学科与设计学科(含MFA)论文审核委员会；《同济大学艺术与传媒学院关于学院教师出版教材/著作的扶持管理办法(修订)》《同济大学艺术与传媒学院学位论文管理与流程指引实施方案》《同济大学艺术与传媒学院关于推荐2023届优秀本科毕业生免试攻读研究生工作实施办法(修订)》。

教学成果奖方面，2021年，学院获同济大学教学成果奖特等奖1项、一等奖1项、二等奖1项、三等奖4项，分别为：吴广明、张艳丽、李巍、钱正、顾旭峰、秦川、董逸、王伊达、周彬、许嘉城、甘露顺、梁英的“‘双一流’战略视域下综合类大学表演艺术人才培养体系创新与实践探索”获特等奖；秦川、李巍、梁英、瞿辛佳、王伊达的“教演学研的进阶式音乐通识课程体系建设”获一等奖；王冬冬、陈宇光、李睿、梁英、彭婧、赵文梁、朱骏、石婧、周彬、扈奭喆的“多学科融合的‘政产学研’多元协同的地点营造本研一体化培养实践”获二等奖；王冬冬、梁英、方红峰、赵文梁、朱骏、海力洪、任玲玲、于智毅的“‘一体两翼·三维相济·四位协同’的媒介融合传播人才产学研创培养模式实践”，金云水、刘芸、王建民、廖莎莎、方红峰“跨学科复合型传媒人才培养课程改革与实践”，梅明丽、鲁普及、张艳丽、周宏武的“‘一体两翼、知行合一’思政实践创意创新人才培养模式”，徐翔、陈青文“《传播学研究方法》课程教学成果”四项成果获三等奖。

教师获奖方面，李巍、魏亮获2021年度同济大学第八期“名课优师”称号；王伊达获2021年度同济大学青年教师讲课竞赛二等奖；秦川获同济大学教师教学创新大赛三等奖；廖莎莎获第四届全国高校数字创意教学技能大赛漫画组二等奖；金云水获第四届全国高校数字创意教学技能大赛数字媒体技术组三等奖；厉嘉臣获第四届全国高校数字创意教学技能大赛漫画组三等奖。

课程立项方面，廖莎莎的“三维动画”获2021年度校级优质在线开放课程立项，王荔的“中外艺术史比较”、秦川的“中西音乐比较”、由芳的“交互设计”、王建民的“数字媒体艺术综述”、周晓蕊的“物理媒介与计算”获2021年同济大学研究生教育研究与改革线上精品课程建设项目。

教研教改方面，王冬冬负责的“校企、校地协同的多学科融合本研一体化培养‘学习型’平台建设”获2021年同济大学研究生教育研究与改革培育项目，王建民负责的“艺术类美育课程包内涵建设”获2021年同济大学本科生教育研究与改革培育项目，周彬负责的“以立德树人为目标，探究美育融入研究生思想政治教育的有效性”获2021年同济大学研究生教育研究与改革管理类项目立项。另有“国内外高校音乐表演专业考察及标杆专业调研”(李巍负责)、“表演艺术顶级专业和标杆专业调研”(钱正负责)、“全国动画专业考察与调研”(周晓蕊负责)、“产学研创视角下的影视编导人才培养一流专业教学模式调研”(王冬冬负责)、“调研顶级专业和标杆专业项目(广播电视学)”(徐翔负责)、“以三全育人为核心的国际化教学体系建设”(梅明丽负责)、“课程思政背景下传播与艺术学科特色融合的专业实践育人机制研究”(周彬负责)获学院层面教改项目。

课程思政方面，王荔的“中外艺术史比较”获2021年同济大学研究生课程思政示范课程建设项目，李麟学的“‘全媒体，大艺术’课程思政研究中心建设”获2021年同济大学研究生课程思政研究项目，周晓蕊的“能媒体交互课程链思政的建设逻辑与方法探索”获同济大学2021－2022年度课程思政教改课题立项资助。

教材建设方面，秦川的《理解音乐——音乐形式美研究之音乐的理与解》、王伊达的《声乐重唱教程（德语歌剧、轻歌剧卷）》获2021年同济大学研究生教材建设立项。

科学研究 3月31日，性别与传播专题交流活动在嘉定惟新馆1楼妇女小家圆满举行。本次活动由方红峰老师担任主讲人，交流：“性别是什么？”“性别传播的研究都有哪些议题？”“大女主影视剧让我们看到了什么？”等问题。在性别的概念分析之下，方红峰老师还带领大家一起探讨交流了女权主义的各个流派、性别传播的研究议题等内容，并分享了一些与之相关的文献和资料。此次性别与传播专题交流活动让更多的人理解和认识性别与传播。

6月3日，题为《从“皇甫平”看改革的舆论先导作用》的讲座在学院惟新影院举办。讲座属于“致敬百年党的优秀新闻工作者，践行新时代马克思主义新闻观”系列讲座之一。由《解放日报》前党委书记、《人民日报》原副总编辑周瑞金，人民日报社上海分社副社长、同济大学兼职教授李泓冰，以对话的方式，向师生们展现了党报人对于新闻理想和情怀的独到见解。

6月25日，学院“惟新讲坛”第四十三期在嘉定校区惟新馆B23举办，本期讲座邀请到了教育部青年长江学者、中国人民大学新闻学院教授、《国际新闻界》杂志主编刘海龙与大家一起分享“传播研究的身体维度”。

10月30—31日，中国新闻史学会新闻传播思想史研究委员会2021年学术年会在同济大学成功举办，来自全国30余家兄弟院校100余名师生线上线下参加会议，《新闻与传播研究》《国际新闻界》《新闻记者》《南京社会科学》等13家期刊单位为大会提供学术支持，共同探讨媒介变迁对当代新文科背景下社会政治、经济、文化等发展的影响。校党委副书记吴广明，市委宣传部部校共建办公室主任孙卫星，新闻传播思想史学会秘书长、南京大学新闻传播学院副院长、教授胡翼青等线下出席会议，中国新闻史学会会长、中国人民大学新闻学院副院长、教授王润泽，新闻传播思想史学会会长、武汉大学新闻与传播学院教授单波，新闻传播思想史学会创会会长、中国传媒大学教授陈卫星以及国际知名学者、同济大学兼职教授西格弗里德·齐林斯基通过线上参加会议。学院传播系主任、教授王鑫主持开幕式。

11月20日，同济大学“动画专业课程思政建设”研讨会于学院惟新馆举行，该研讨会是在同济大学教育思想大讨论背景下展开的，重点围绕动画专业的课程思政内容和研究主题组织的一轮学术研讨。研讨会在教育部动画数字媒体教学指导委员会的支持下，邀请了国内10所高校的国家一流本科专业负责人，以及多所高校动画、数字媒体艺术等国家一流专业的负责人，汇聚一堂，分享在动画发展、数字媒体艺术、一流本科专业课程思政建设中的经验，研讨教学方法，交换专业建设经验。

实验实践 实验环境建设方面，为保障惟新馆实验室安全、规范人员进出管理，完成了惟新馆73个门禁更换、45扇房门更换玻璃门的工程，获得学校全款支持立项，预算共49万元。101与102室完成改建“教师公共教研室”，提升了惟新馆共建的使用率，让师生有更好的教研空间。

实验教学方面，研发完成“数字皮影动画虚拟实验系统”获批上海市上海高等学校一流本科课程虚拟仿真项目，金云水、李凌燕、李英春获得同济大学十六期实验教学改革专项基金立项，由芳获得同济大学第十四期精品实验立项。

设备购置与管理方面，学院落实采购并入账设备185件，总值约128.38万元。购置设备主要包括公共机房工作站、教学用录音机、科研用设备等，经费性质包括学院教学经费、部校共建经费、教务处专项经费、科研项目经费。维修设备29项，合计费用9.98万元。报废设备229件，处置总价190.53万元。

规章制度方面，修订了安全与设备借用相关规章制度，包括《同济大学艺术与传媒学院关于学院实验设备与场地借用违规处分暂行规定》《同济大学艺术与传媒学院关于专业实验室与公共实验室管理办法》《同济大学艺术与传媒学院关于学院场地与设备共享服务的管理与收费办法》等，进一步完善了学院资产管理、安全生产，相关设备与场地资源更好地进行社会服务。

信息化建设方面，完成开发学院成果系统，汇总包括人才计划、教学成果、成果发表、科研、获奖、专利、教学量、公共服务等信息分别为1254条与2408条，并自动汇总收集了相关扫描件，该系统已有效服务于学院各项项目申报与绩效考核核定、学生评奖评优获奖与审核等。

合作交流 港澳台学生交流方面，在籍港澳台学生，台湾5人、香港5人。

留学生来访方面，录取17名留学生。其中包括12名学历学位生（11名本科学历学位生、1名研究生学历学位生），5名普通进修生。

学生出访及国际学生来访方面，4名学生赴加拿大西安大略大学交流学习。

中奥音乐交流中心方面，为推动中奥间的音乐教育和艺术文化交流，学院与奥地利中国音乐协会、奥地利JJF国立音乐学院三方进行全方位战略伙伴合作，在同济大学内共同建立和运营中奥两国音乐交流平台，即中奥音乐交流（上海）中心，以促进两国院校间、两国音乐教师和青少年之间常年定期的音乐艺术文化交流活动。中奥音乐教育（上海）论坛将成为由中奥中心举办的一个常年定期的两国间音乐教育类交流活动。

外专学术讲座方面，学院邀请8名境外专家举办讲座或作专业学术报告，多为线上形式。

学院分别邀请加拿大女王大学副

校长斯蒂文·里斯(Steven N. Liss)教授,以及加拿大伦敦西方大学视觉艺术系主任约翰·罕齐(John Hatch)教授主讲“高等讲堂讲座”。上述两名教授的讲座主题依次分别为“科研与创新”,以及“简论现代艺术中的一些荒诞而又批判的时刻”。

学生工作 学院1—12月共举办14期惟新论坛。讲坛邀请学界知名专家、业界精英和优秀校友在惟新馆开展讲座,以真实经历和前沿思索立体展现传媒学界和业界的丰富多维。具体举办时间与内容如下。

1月12日,澎湃新闻总编助理高剑平“新媒体如何打造有‘温度’的新闻产品”分享会。

3月25日,人民日报社上海分社副社长、高级记者李泓冰“‘看见’的力量——从非典到新冠的传播嬗变,看国家治理能力现代化进程”报告会。

4月9日,同济大学经济与管理学院周向红教授“为什么短视频会火?兼论智慧城市应然、实然”报告会。

4月21日,中华全国青年联合会常务委员詹胜“新媒体时代如何与时俱进”分享会。

4月22日,国家级非物质文化遗产项目(陕西华县皮影戏)代表性传承人、第五届中国工艺美术大师汪天稳“匠心工艺·经典传承:皮影的创新创作”分享会。

5月26日,英文版《深圳日报》前总编辑、深圳大学传播学院教授辜晓进老师“深圳传媒:新闻实践中的马新观”报告会。

6月3日,《解放日报》前党委书记、《人民日报》原副总编辑、中国社科院研究生院教授、周瑞金“从皇甫平看改革的舆论先导作用”报告会和中国人民大学特聘教授、高级工艺美术师李震“龙泉青瓷文化传承”报告会。

6月4日,新华社资深记者、天津大学新闻传播学院院长陆小华教授“心系人民最深处、站在时代最前沿——我心目中的‘穆青’”报告会。

6月7日,著名纪实摄影家、龙影廊创始人解海龙“大眼睛背后的故事——解海龙纪实摄影背后的社会实践”分享会。

6月25日,《国际新闻界》杂志主编、中国人民大学新闻学院刘海龙教授“传播研究的身体维度”报告会。

9月23日,复旦大学新闻学院朱春阳教授“理解全媒体传播体系”报告会。

10月14日,苏绣匠人朱伟民“走进国粹:苏绣,指尖的艺术”分享会。

10月26日,欧洲科学院外籍院士、中国传媒大学文化产业管理学院院长熊澄宇教授“国家文化数字化战略:从功能到目标”报告会。

11月18日,中国京剧十大名票、中国戏曲表演学会高校京剧委员会副会长李健“梅兰芳与中国京剧”分享会。

校友工作 3月27日,学院举办“惟廿卓越 新承不凡”2021年校友论坛,百余名历届毕业生校友返校参会共谋学院建设发展并庆祝学院建院二十周年。

服务乡村振兴战略专项实践 7—8月,学院党委副书记周彬、广播电视编导专业主任王冬冬教授等10余位老师带领广播电视编导专业近百名本科生分赴上海新场、浙江诸暨、福建龙岩、山东海阳等地开展暑期专项实践,新与福建龙岩、山东海阳两地签约共建校外实习基地。

师生与集体获奖 1月15日,学校“三全育人”综合改革试点工作交流会召开,学院获评“学生工作年度考核优秀学院”,学院专职辅导员许嘉城获评“年度考核优秀辅导员”。

4月,学院青年教师董逸获评“2021年同济青年五四奖章(个人)”。

6月16日,学院“‘同砺红色初心,济育公益青年’同济大学学风传承示范基地”荣获中国科学技术协会2021年度学风传承示范基地。

7月6日,学院毕业生荣获同济大学2021年度“扬帆奖”一等奖1项、二等奖1项和三等奖3项。

特色活动 2月13日,学院师生共同演绎的歌剧《江姐》中《绣红旗》和《五洲人民齐欢笑》选段荣登中国教育电视台《一堂好戏》节目。

3月21日,学院组织举办“初心工作室”系列活动之党史学习教育交流会暨德育研究交流活动。

4月6日,学院师生赴“南京路上好八连”事迹展览馆开展“追溯党历史,弘扬党精神”主题参观活动。

4月20日,学院师生前往武警上海总队执勤第四支队三大队十中队参观学习。

5月21日,学院师生赴杨浦高级中学献演《江姐》片段情景党课。

5—7月,学院举办“讲好中国故事·弘扬中国精神”研究生“博思”论坛。

7月5日,学院举办“艺续情深,惟启新程”2021届毕业典礼,为163名本科毕业生和48名硕士毕业生送上毕业祝福。

9月1日,学院举办2021年开学典礼,迎接76名研究生新生和新转入的184名2020级本科生的到来。

10月26日,学院“同心同行,济艺远航”2021年迎新晚会暨十六届学院奖颁奖典礼举行,12项作品凭借突出表现斩获本届学院奖金、银、铜奖。

11月30日,学院师生前往中共一大会址纪念馆和四行仓库抗战纪念馆开展红色徒步活动。

党群工作 4月15日,“与名师面对面,共话《共产党宣言》”经典共读活动于同济大学德文图书馆展开。本次活动首次以同济大学和复旦大学跨校合作、走进课堂的新形式来开展,旨在让参加本次共读活动的青年学子可以更深入地了解当前世界复杂国际关系以及阶级关系的变化,进而积极地承担起历史赋予的重任。

4月28日,作为同济大学开展党史学习教育的一项重点活动、献礼建党百年的原创红色剧目之一,同济大学原创民族实验歌剧《志丹,志丹》在四平路校区大礼堂成功首演。该剧生动展现了作为陕甘革命根据地创始人之一的刘志丹在革命低潮时坚持回陕北斗争、创建革命根据地的革命奋斗历程。

5月29日，“学史·悟思·力行”专栏为大家带来学院杨晓林教授在《新民晚报》中发表文章《“职业革命家”与“知行合一”》。文章表明，《觉醒年代》表现了中国革命的先驱者在民族危亡关头觉醒后，探索中国出路的曲折过程，集中展现了历史文化名流逸闻轶事和革命先辈的心灵史，既有反映“觉醒年代”五光十色的中国社会之广度，又有探讨中国社会出路的思想深度，是一部“讲好中国故事”，反映党史的艺术杰作。

2021年正值中国共产党建党的百年华诞，艺术与传媒学院学生党支部和动画专业师生循着中国共产党的足迹，跨越时空，用动画和影像描绘中国共产党的初心和使命。师生们一次次被革命英烈和各行各业优秀代表们所展现出的“中国精神”感动、震撼，更加全身心地投入创作实践中，绘制了新时代青年眼中的“中国精神”谱系，制作动画短片《红船精神》。这其中蕴含的“中国精神”历久弥新，并被赋予了新的时代内涵，在新时代的今天依旧熠熠生辉。

2021年是伟大的中国共产党成立100年，同时也是“左联五烈士”之一、同济大学杰出校友殷夫牺牲90周年。10月7—8日，在中华人民共和国成立72周年之际，依托学校丰富红色资源原创的“同济三部曲”收官之作《铸诗成剑》在学校四平路校区大礼堂再次圆满献演。同济大学党委副书记彭震伟，党委常委、宣传部部长朱大章，学研工部部长陈城，团委书记唐志宇，艺术与传媒学院党委书记张艳丽以及学校近4000名师生在现场观看了演出。

为全面学习贯彻习近平新时代中国特色社会主义思想主题教育，学院开设“习习春风”系列推送栏目共12期，分别为①习近平送给奋斗者的励志名言；②习近平对新时代中国青年的深情寄语；③习近平谈“爱国”经典话语；④习近平关于奋斗的妙语金句；⑤习近平对广大青年的深情勉励；⑥习近平关于奋斗的经典名录；⑦习近平在全国劳动模范和先进工作者表彰大会上的讲话；⑧习近平在全国抗击新冠肺炎疫情表彰大会上的讲话；⑨习近平在全国脱贫攻坚总结表彰大会上的讲话；⑩习近平在中央党校（国家行政学院）中青年干部培训班开班式上的讲话；⑪习近平对全国教师的深情勉励；⑫习近平关于学习党史、国史的重要论述。

共建育人　4月16日，在学院教授由芳的带领下，10多位来自学院各个专业方向的研究生们来到上海人民广播电台，以及习近平总书记视察过的上海市古北基层立法联系点暨市民中心参观学习。

4月27日—5月10日，由上海之春国际音乐节组委会与同济大学联合主办的第37届“上海之春”国际音乐节暨同济大学音乐表演艺术成果展示周拉开帷幕。

4月28日，第二十五期惟新讲坛特邀上海广播电视台“武汉抗疫纪实”项目临时党支部，直播连线纪录片《中国战“疫”》和《人间世——抗疫特辑》制作团队，为同学们带来第一线的战疫实录和纪录片拍摄手记。

6月15日，“永远跟党走”同济大学庆祝中国共产党成立100周年师生大合唱将于四平路校区大礼堂举行。来自学校各院系、附属单位的50支团队，3000余名师生用歌声为党庆生。学院作为展演单位，为党献上一首赞歌《党啊亲爱的妈妈》。

6月29日，学校庆祝中国共产党成立100周年“两优一先”表彰大会在四平路校区一·二九礼堂隆重举行。学院王伊达老师荣获“上海市教卫工作党委系统优秀共产党员”“同济大学优秀共产党员·师德标兵”称号，张艳丽、李夏老师荣获“同济大学优秀党务工作者”称号，教工第一党支部获得“同济大学先进基层党组织”称号。

（李向科）

软件学院

2021年，软件学院大力推进内涵发展、特色发展、创新发展，在学科建设、人才培养、师资队伍建设、科研项目获批等方面取得长足进展。学院获批全国首批特色化示范性软件学院建设，并被列为同济大学第三批“三全育人”综合改革试点学院。出台《同济大学软件学院安全生产工作考核办法》《同济大学软件学院教研室职能和主任职责规定》，以及本研教学和学生评优相关的一系列规章制度，为学院教学、科研的有序开展筑牢制度基础。

张苗苗教授当选为嘉定区第七届人民代表大会代表。

学科建设　软件工程学科委员会周兴铭院士为名誉主任，赵生捷为主任，穆斌为副主任，成员包括江建慧、贾金原、张晨曦、刘琴、张林。

学院积极推进软件工程与城市规划学科、地球科学学科的学科交叉研究，强化人工智能和大数据技术对城市规划的赋能作用，以智能规划技术构建城市韧性自主规划决策系统，对影响国民经济和社会生产生活的极端灾害天气进行精准预测预报，为国家的防灾减灾战略提供决策支持。

2021年年底，获批全国首批特色化示范性软件学院，聚焦国家产业发展重点，在行业应用软件和嵌入式软件两个方向开展深入的研究和建设工作。学院凝练“软件工程理论与技术、软件与人工智能、软件与智慧网络、大数据系统与软件”等四个软件工程学科建设方向，以新发展格局布局特色化示范性软件学院建设。

截至2021年年底，全日制在校本科生656人，其中留学生11人，接收转专业学生46人。全日制研究生在校生为203人，其中博士生71人。2021年毕业研究生41人，其中硕士38人、博士3人。2021年招收研究生67名，其中硕士45名、博士22名。在职工程硕士在册 84 人。2021 年招收在职工程硕士 13 人，获得学位证 24 人。

7 月 9—11 日，举办全国优秀大学生暑期学校，吸引来自全国 100 多所高校的近 600 名大学生报名参加。

师资队伍 软件学院在编教职员工 55 人，“双轨制”员工 1 人，其中正高级职称 15 人(教授 14 人、研究员 1 人)、副高级职称 16 人(副教授 14 人、高级工程师 2 人)，具有博士学位专职教师 36 人。包括中国科学院院士 2 人(周兴铭、陈祖煜)，国家高层次人才、国际欧亚科学院院士 1 人(赵生捷)，国家杰出青年科学基金获得者 1 人(张晨曦)，外专高层次人才 1 人[冈萨罗·阿奇(Gonzalo Arce)]，教育部青年长江学者 1 人(张林)，上海市高层次人才 1 人(张荣庆)，上海市浦江人才计划 2 人(张林、梁爽)，上海市曙光计划 1 人(张林)，上海市领军(海外)2 人(王洁、卢松涛)，上海市扬帆计划称号 4 人(李江峰、范鸿飞、朱亚萍、韩丰夏)，上海晨光计划 1 人(李冰)。

引进曾进、李冰 2 人为预聘助理教授，续聘董嘉文、刘世平、肖京、马旭 4 人为兼职教授，陈璞皎调入软件学院，杨洪韬到软件学院挂职。引进缪国往。

4 月 28 日，线上举办第六届同济大学国际青年学者论坛软件学院分论坛，3 名青年学者参加并作学术报告。

教学工作 2021 年，学院教学工作总体平稳有序。成立同济大学软件学院教材委员会，主任由学院党委书记、院长担任，委员包括教务委员会成员、学科专业委员会成员和教研室主任。

软件工程本科微专业成功开班，覆盖全校 10 个学院 42 名本科生。组织举办同济高等讲堂 16 场(校级 2 场、院级 14 场)，邀请国内外知名学者做前沿技术报告，营造良好的学术生态环境，培育创新型学术与人才培养氛围。

2021 年度学院取得丰硕的教学成果。获批 6 项“教育部产学合作协同育人项目”(黄杰、饶卫雄、张晨曦、朱宏明、朱少民、范鸿飞)，其中张晨曦教授《计算机系统结构产学融合课程建设》被评为唯一优秀项目案例。张晨曦、刘琴、饶卫雄入选高校计算机专业优秀教师奖励计划。朱少民《软件测试》获同济大学优秀本科生教材二等奖，朱少民《软件质量保证与管理》获优秀研究生教材三等奖。张苗苗获同济大学“师德师风优秀教师”提名奖。朱宏明获同济大学 2020 年度人才培养模式创新工作先进个人及同济大学第八届“名课优师”。张荣庆获 2019 级本科新生优秀导师称号。罗烨、李江峰获同济大学育才教育奖励金二等奖。李江峰、沈莹获同济大学青年教师教学竞赛优胜奖。

赵生捷“以人工智能为驱动的高层次交叉复合型人才培养的思政体系与教师团队建设”、葛蕾“新工科背景下‘双一流’高校研究生学困生成因分析及转化对策研究”获同济大学研究生教改课程思政研究项目。张林“机器学习”获研究生教改课程思政示范课程建设项目立项。张晨曦“计算机系统结构课程思政建设”获校级课程思政教改课题立项。罗烨“算法设计与分析”获评同济大学第四期“立德树人”示范课程。张林“计算机视觉”、朱宏明“移动应用开发”获评同济大学重点课程。校级实验教改项目立项 2 项、结题 3 项，校级精品实验项目立项和结题各 1 项。

学院教师自编教材出版，有杜庆峰《软件测试技术》、张晨曦《计算系统结构教程》、朱少民《敏捷测试》、高珍《大型主机系统管理实战》。

科研工作 2021 年，软件学院科研工作再创佳绩，在若干细分研究方向上，软件学院已确立国内领先的学术研究地位。纵向项目实际到款 2255.1 万元，较上年增加 1379.75 万元；四技项目实际到款 1561.37 万元，较去年增加 961.37 万元。

2021 年度在研的国家重点研发计划项目 2 项，重点国际合作项目 1 项，主持国家重点研发计划课题首席 1 项(刘世平)，课题主持 2 项(穆斌、张林)，二级课题主持 3 项(袁时金、杜庆峰、邓浩)。国家自然科学基金项目申报方面，袁时金、穆斌团队“基于因果推断和物理引导的面向天气预报与气候预测的深度学习理论算法及可解释性研究”获得国家自然科学基金重点联合基金项目，实现重点项目申报“零”的突破；获得基金面上 1 项(史扬)，青年 2 项(朱亚萍、王洁)，重点项目二级主持 1 项(张苗苗)。获得上海市自然科学基金项目 3 项，以及曙光、扬帆、晨光等人才计划项目。2021 年度在国防军工领域的项目申报也取得实质性进展，获批 2 项国防军工类重点项目课题主持，实现“零”的突破。获批同济学科交叉联合攻关项目 3 项(张林、赵钦佩、袁时金)，其中重点 1 项(张林)，自主原创基础应用研究项目 3 项(史扬、韩丰夏、邓浩)

赵生捷、张林“面向应急抢险与事故处理的数据高效传输与智能分析关键技术及应用”获上海市科技进步奖一等奖，实现学院省部级科研获奖“零”的突破。

张林、史清江入选 2020“中国高被引学者”榜单。

贾金原教授当选为中国图学学会常务理事，并被任命为首届网络图形学专委会主任。

12 月 11—12 日，承办第十九届全国容错计算学术会议，会议以线上＋线下＋直播的方式召开。教授江建慧担任大会共同主席。

学生工作 2021 年，围绕建党百年，学院开展读书会、学院青年大学习、青春告白祖国、暑期社会实践等主题教育活动。对学生支部进行调整，打通本硕博一体化党支部建设，成立学生党支部 4 个，成功申报 4 项校级“对标争先”党建项目。以“学生成长为中心”，建立“一纵”“一横”学业帮扶机制，全员参与学业困难学生的帮扶工作。举办 25 场学业帮扶活动，覆盖学生近 500 人次，10 余名专业教师参与具体指导工作，朋辈导师数量超 30 人，有效提升学生的学业表现。

2021年5月获批校级“三全育人”试点学院，依托改革试点学院的建设，统筹推进“三全育人”工作，扎实开展“立德树人”工作。

2021年度学生就业率总体平稳，研究生就业率保持在100%，本科生就业率维持在95%左右，其中有2人入职选调生。近三成学生选择回到家乡工作，就业行业也从原先的聚集在互联网头部企业拓展到金融业、制造业和一些新兴科技行业，就业结构趋于优化。

学院学生共申报国创项目6项，上创项目7项，SITP项目26项；学生公开发表学术论文近50篇，其中本科生发表论文8篇、研究生发表IEEE/ACM Transaction论文5篇；中国科学院一区SCI论文1篇，CCF－A会议论文2篇。

共计150人次在各类学生竞赛活动中获奖，其中国际级奖项2项、国家级奖项33项、省部级奖项50项、省市级奖项65项。

在蓝桥杯全国软件和信息技术专业人才大赛中，获国家级二等奖3人、国家级三等奖2人、上海市一等奖1人、二等奖5人、三等奖12人。获第七届“互联网＋”大学生创新创业大赛上海市银奖1项。第六届“汇创青春”上海大学生文化创意作品展示活动中，获得上海市一等奖1项、二等奖3项、三等奖7项。

1名本科生获同济大学追求卓越奖。

2名学生获同济大学学术之星称号。

2月4日，为寒假留守学生举办“同庆新颜开，济迎新春来”迎新春茶话会。

4月2日，举办本科新生嘉年华活动，2020级新生院6个学堂的35名学生来到嘉定校区，参加“走进软件学院”体验活动。

11月26日，举办“百年颂华章，初心济前路”迎新晚会。

合作交流方面，学院充分对接学校国际合作发展思路，积极申报各类型国际合作项目，鼓励专业教师依托已有研究项目拓展高水平国际合作资源。线上国际交流保持热度，国际合作研究工作持续进行，国际学生招生工作稳步推进，本校培养国际学生本科生继续深造意愿强烈。设有研究生学历全英文专业1个，开设研究生全英文课程8门，本科生全英文课程9门。仍在有效期内的双学位合作项目6个。在籍国际学生14人，其中博士研究生1人、硕士研究生3人、本科生10人。

学院稳步推进软件工程专业人才培养的渐进式过程实践平台建设，包括学院与IBM、eBay和SAP共建的3个国家级工程实践教育中心建设；积极联系软件领域重点企业，推进校企联合人才培养工作，包括校企联合课程建设、校企联合毕业设计（论文）指导、实习基地建设等，至2021年年底已与40多家企业合作建设校外实习基地。

8月下旬，线上承办第五届IEEE国际测试会议亚洲分会（ITC－Asia 2021），会议注册人数达到230人，是2021年度国内集成电路测试领域规模最大、规格最高、影响最广的一次科技盛会。

（张晶）

汽车学院

截至2021年年底，学院共有在编教职工121人。其中，正高级专业技术职务40人、副高级专业技术职务39人、中级专业技术职务32人、其他10人。学院现有教育部节能环保汽车创新团队1个，中国工程院院士2人，国家高层次人才7人，国家高层次人才青年专家4人，“973”计划和“863”计划首席科学家3人。

学科建设 面向双一流建设，汽车学院牵头联合机械与能源工程学院、材料科学与工程学院、航空航天与力学学院、中德学院、中德工程学院共同持续建设绿色智能制造新兴交叉学科领域；参与由交通运输工程学院牵头的交通运输工程，由设计创意学院牵头的设计学两个一流学科建设，以平台学院形式成为学校双一流建设的主力学院之一。学院牵头，联合交通运输工程学院和电子与信息工程学院，面向国家智能制造2025重大发展战略和国家科技创新基地改革，联合申报建立汽车交通系统国家重点实验室，升级国家科技创新平台。

2021年，学院的新能源汽车及动力系统国家工程实验室通过国家发改委优化整合评估，升级为新能源汽车及动力系统国家工程研究中心，正式纳入新序列管理。工程研究中心建立了“校内多学科交叉，校外产学研协同”的运行模式，由同济大学在校内以车辆工程、动力工程与工程热物理学科为核心，强化与交通、电信、计算机、材料等多学科的跨学院交叉融合。校外与上汽集团、上海机动车检测中心、德国保时捷等企业，以及上海市、南昌市等地方推进产学研协同创新。

2021年，针对移动式、分布式、集中式氢动力三大应用场景，学院牵头申报国家能源局的国家能源氢动力重点实验室，即将获批。

科研工作 2021年，学院共计完成科研项目立项217项，其中纵向项目60项、国家级项目20项、省部级项目12项。合同立项总金额总计1.54亿元，其中纵向项目立项金额0.54亿元、横向合作项目立项金额1亿元；科研项目到款总计1.46亿元，其中科研纵向项目到款金额0.42亿元、横向合作项目到款金额1.04亿元。

2021年，学院共获得省部级（行业）科研获奖9项，其中牵头获得一等奖2项；承担科技部国家重点研发计划重点专项项目（含课题、二级课题）4项，其中课题3项、二级课题1项；成功申请国家自然科学基金项目12项，包括海外优青1项、面上项目7项、青年项目4项。

2021年学院共授权专利133项，其中发明专利107项。学院共发表检索论文423篇，其中SCI检索论文179篇、EI检索论文85篇。学院共出版著作22部，其中专著10部、编著4部、译著4部、教材4部。

教学工作 截至2021年年底，汽车学院在读全日制本科生750人、硕士生563人、博士生325人，非全日制工程硕士362人、非全日制博士30人。完成2020级本科生主修专业确认工作，共148名学生通过类内分流进入汽车学院，26名学生通过跨类分流进入汽车学院。“车辆工程与工业设计跨学科联合培养汽车造型专业人才模式”创新实验区招收14名本科生。招收2021级硕士研究生168名、中德项目研究生31名，共计199名全日制硕士生。招收2021级全日制博士研究生63名。招收非全日制硕士生31名、非全日制博士研究生19名。2021年共计208名本科生、185名硕士(含全日制与非全日制硕士)、39名博士毕业。

汽车学院作为牵头学院，顺利完成东北师大附中、上海中学、吴淞中学三所重点中学的苗圃学员选拔和培养等工作。作为吉林省高考招生的负责学院，招生业绩位列全校第二，本科招生团队荣获“高中教育合作工作先进集体”称号。

在本科生教学方面，学院开展教育思想大讨论，充分调研国内外顶级、标杆车辆工程(汽车)专业人才培养状况，提出学院一流专业发展建议。学院进一步加强一流课程建设，申请国家一流课程2门，申请上海市一流课程2门并获批1门。进一步加强教材及基地建设，申报并获批2021年同济大学“新能源及智能网联汽车专业教材建设研究分基地”，2021年学院教师新增出版“十三五”国家级规划教材4部。继续发挥双外语培养特色，积极开展车辆工程专业(二期)“同济大学校级全英语专业建设(2022－2024)”，根据车辆工程专业特色及课程建设规划，有步骤、有计划地加强学院全英语专业课程包建设。继续深化课程思政教育教学改革工作，获批2021年同济大学课程思政教改指定课题——“汽车强国”目标导向的车辆工程专业课程群思政建设逻辑与育人方法探究、2021年同济大学课程思政教改自选课题——“《汽车设计》课程思政两横两纵教学设计案例”，申报1门上海市课程思政示范课程“汽车构造”，发挥课程思政的示范作用，深入挖掘提炼专业课程所蕴含的思政教育元素和功能，推进修订课程思政教学大纲全覆盖，进一步加强立德树人。

在研究生教学方面，通过暑期学校、推荐免试、统考自主招生等政策提高生源质量。完成“机械工程”学位点周期评估、“动力工程及工程热物理”“机械”“能源动力”“交通运输”学位点专项评估。与联合汽车电子有限公司协调组织实施博士论文资助计划。以南昌汽车创新研究院校地合作平台为纽带，与江铃汽车集团有限公司首创了产教与科教深度融合新模式，助力了专业学位研究生培养和学院教师的科研。全面梳理并完成硕博培养方案修订工作，牵头组织“能源动力”工程硕士和工程博士培养方案制定。加强研究生示范课程建设，同济大学研究生线上精品课程“能源动力前沿技术”和“车辆系统动力学”建设完成，获批两项2021年同济大学课程思政教育教学改革项目——“‘同车行’研究生课程思政体系建设”和“汽车产业文化课程思政包”。修订课程思政教学大纲，提高教师课程思政育人能力，研究生培养质量持续提升。

2021年学院共有2名博士获2021年度中国汽车工程学会优秀博士论文，1名博士获2021年度上海市工程热物理学会优秀博士论文，1人获提名。共有3篇博士生论文被授予同济大学优秀博士论文，11篇硕士生论文被授予同济大学优秀硕士论文。另有1名硕士获电气与电子工程师协会(IEEE)国际计算机视觉与模式识别会议(CVPR)2022唯一最佳学生论文奖。

2021年获得上海市教学成果奖一等奖3项、二等奖1项；同济大学校级成果奖特等奖1项、一等奖1项、二等奖1项。1名教师获得2021年宝钢优秀教师奖。1名教师获得上海市高校教师教学创新大赛部属高校正高组三等奖。获得同济大学育才奖励金特等奖1名、二等奖1名；同济大学第八期名课优师称号1名；获批同济大学第四期“立德树人”示范课程2门。

学生工作 2021年，汽车学院紧紧围绕立德树人根本任务，根据学校的工作要求和总体部署，深入开展党史学习教育，持续推进“三全育人”建设工作，获批同济大学首批“三全育人”示范学院建设，学生工作考核优秀，学院获评同济大学共青团优良状态组织、征兵先进单位、优秀创新基地、优秀院级学生会、优秀创新俱乐部、群众体育运动先进单位。

党建方面，严格党员发展标准，规范流程，2021年度共发展学生党员77名。扎实推进党史学习教育，开展6期党史学习教育“同车行”党委特邀报告，邀请党史研究领域专家围绕“中国共产党建党100年来的伟大历程和基本经验”等主题，阐释理论精髓，带领广大师生党员“系统学”。围绕“行远・建党百年”党史专题和“七个有力”党支部建设专题开展22期“同车行”政治理论学习，促进师生党员党史“深入学”。开展“党史班班讲”系列主题班会，制作4期党史班会课件，覆盖全院师生，做到师生群众“全面学”。教育部党史学习教育第六指导组参加学院学生党支部党史学习教育专题组织生活会，并对支部党史学习教育及党建工作给予好评。《同济大学汽车学院“三类课堂”多层次、全方位、立体式开展党史学习教育》在全国高校思想政治工作网专题报道。学院科技创新基地党支部联合大连理工大学、清华大学等六所高校党支部开展跨时空联学党史，预备党员唐上钦参与江苏广电“跨时空党员对话”系列报道。学生党支部书记王俐文荣获首届同济大学学生党支部书记讲党课比赛二等奖，学生党支部书记张超获“卓越·领航”学生党支部书记培训优秀学员。组织学院本科生第二党支部、研究生第十八党支部进社区。推出7期“党员如是”党员校友专访，充分发挥榜样的力量，邀请校友讲述“同济汽车人的中国梦”故事；邀请学校“扶贫青年”孙羽捷、“志愿先锋”彭婧等党员围绕“脱贫攻坚”“支教实践”等主题“云端”直播讲党课。推出10期“筑梦·百年周刊”在线学习内容；开展“百年征途漫漫”社会实践，近百名师生党员寻访8个汽车工业发展代表性地点、企业，形成8期民族汽车文化微党课、1个汽车文化教育小程序、1套中华民族汽车文化课程包；“百年风华正茂”党员寻访20余名汽车工业代表人物、优秀党员校友，记录汽车人的奋斗之路。聚焦“五育并举”，提升支部育人功能，切切实实办好实事。推出“思业心”系列B站微党课视频、“1＋4”网格化党建朋辈教育、“体育赋能”计划、“为嘉增美”计划、“劳动＋”计划，从德智体美劳五个方面充分发挥党员示范引领作用，助力学生学业发展，塑造健康体魄，营造美育氛围，感悟劳动精神。学院研究生第十八党支部入选第二批全国高校“百个研究生样板党支部”创建名单、获评上海市“党支部建设示范点”，2019级研究生田成获“同济大学优秀共产党员”。

学生思政方面，建设嘉定校区友园16－18号楼驻楼导师工作站，参与西南二楼驻楼导师工作站，整合三个学院资源，共组织18名专业教师（汽车学院12名），开展活动18次，覆盖学生超过300人次。强化班级建设，加强学术引领，营造优良学风，2018级本科生2班获评学校优良学风标兵班、2019级本科5班获得“五育班级”建设十佳项目；此外，培育优良学风班1个，五育示范班级重点项目2项、优秀项目2项。注重学生身心和谐发展。开展学院篮球赛、足球赛，并积极选拔体育健儿参加各级体育赛事。2018级本科生杨一飞、王文宇在上海赛艇公开赛、中国大学生赛艇锦标赛屡获佳绩，学院代表队获校级体育赛事冠军2次、亚军2次。开展心理活动月专题活动，“学长学姐有话说”项目入选同济大学2021年心理活动月建设项目。组织学生宣传汽车文化，汽车文化宣讲团获同济大学优秀志愿服务项目、爱心助学活动优秀集体优秀奖；建设同济大学合唱基地，积极参加同济大学2021年艺术节、同济大学附属实验中小学艺术节；开展“艺术进楼宇”，举办退休教职工麦秸秆画艺术展；积极组织学生参加嘉定校区图书馆文槯堂文化活动；举办第七届“科技艺术 人文”中德文化交流日活动，第18届汽车学院歌手大赛，2019级本科生黄泓韬、王天一获全国第六届大学生艺术展演活动一等奖。

团学工作方面，加强群团组织思想建设，开展专题学习会、主题团日活动150余场，举办迎接中国共产党成立100周年庆祝大会、主题升旗仪式，承办同济大学“知书达理”知识竞赛，坚定学生理想信念，厚植学生爱党爱国情怀。学院团委荣获2021年度同济大学共青团工作优良状态组织。共举办并参与各类文体活动30余场。

社会实践方面，2021年申请暑期社会实践项目13个，专业类社会调研项目达60％，其中优秀指导老师1人。“汽车青年说”官方公众号年度推文90余篇，内容涵盖汽车热点新闻、汽车知识科普等。汽车文化宣讲团在2021年开设36次汽车文化宣讲课程、5次宣讲讲座。

学生科技创新方面，举办“同车行”科创沙龙11期，开展“同车行”创新人才培育计划，20余名专业教师发布38项创新课题引导近百名本科生参与科学研究；发布校企联合指导创新项目33项，有效链接行业前沿。培养本科生发表学术论文10篇（其中SCI论文3篇），申请发明专利6项，培育“挑战杯”上海市大学生课外学术科技作品竞赛一等奖1项，“知行杯”上海市大学生社会实践大赛二等奖1项，IDEEA国际工程设计竞赛冠军1项，全国大学生智能汽车竞赛国家级二等奖1项，中国大学生工程实践与创新能力大赛全国银奖1项。培养2016级本科生陈淮博荣获“追求卓越”学生提名奖、2017级本科生曹子昂荣获“学术之星”称号、2017级博士生袁浩荣获“学术先锋”称号。成果《面向中国汽车强国战略的高质量本科实践创新育人范式》获同济大学教学成果一等奖，创业项目“助动车智能充电安全管理及预警系统”成功入驻同济创业谷。积极引导本科生继续深造，共有56名本科生出国留学，53名本科生获得推荐免试攻读研究生资格。

就业方面，2021届毕业生总体就业落实率为98.12％，其中博士生就业落实率为97.67％，硕士生就业落实率为100％，本科生就业落实率97.07％，本科生深造率73.2％。毕业生去向主要分布上海、浙江、广东、重庆、吉林、北京、山东等全国重点汽车产业城市，多名学生参与了贵州、四川、吉林、江西等省份的选调生。召开2021届本、研毕业生就业动员大会，分析往届毕业生就业特点，对就业相关手续进行细致讲解。举办第七届“同济大学汽车行业春季和秋季综合招聘会”，累计参与行业内企业达90家以上。强化学生职前教育，邀请优秀校友线上直播解读求职之路，直播覆盖累计1000人。汽车学院荣获同济大学2020－2021年度就业创业工作先进集体和先进个人。2019级研究生殷骏赴联合国工业发展组织实习。

资助工作方面，积极探索“四段－三级－两维”助学成才对象认定机制，新增认定助学成才服务对象49人，完成助学贷款、助学金考核评定工作，开展19位家庭贫困学生暑期云家访。开展“领雁计划”“资助式勤工助学实习计划”“同心筑梦·济世中华”学生资助政策宣传等系列主题活动，建设咖驿站、融媒体中心、成长导师3支勤工助学队伍，深入开展励志教育和感恩教育，形成“解困－育人－成才－回馈”的良性循环，共有2名助学成才服务对象到西部基层就业，回馈社会。

获资助育人先进个人1项。

征兵工作方面，学院1名学生应征入伍，3名学生退伍复学，获得征兵先进个人1项。

对外交流 学院与中德学院，机械与能源工程学院和铁道与城市轨道交通研究院共同搭建德国工科院校人才培养平台并运行以下双学位项目：同济大学－德国布伦瑞克工业大学双学位、同济大学－德国达姆施塔特工业大学双学位、同济大学－德国卡尔斯鲁尔工业大学双学位、同济大学－德国斯图加特大学双学位、同济大学－德国波鸿鲁尔大学双学位、同济大学－德国德累斯顿工业大学双学位等项目。除德国之外学院还与法国、奥地利开展双学位联合培养：同济大学－法国巴黎高科双学位、同济大学－法国不列塔尼国立先进技术大学校双学位、同济大学－法国国立桥路大学双学位、同济大学－法国石油研究院双学位、同济大学－奥地利格拉工业大学双学位等项目。

2021年，学院共派出2名学生赴国外进行本硕联合培养，1名学生赴国外攻读双硕士学位，3名学生赴国外交换，1名学生赴国外访学，2名获国家留学基金委高水平项目资助的学生赴国外攻读博士。12名学生参加第二届达姆夏令营(线上)，111名学生参加线上国际会议。

学院在2021年多次承办或参与筹备国际会议和活动：4月21日召开同济大学中德汽车联合研发中心启动会。10月21日、22日举办第五届上海－斯图加特汽车及动力技术研讨会。

(吴艳)

女子学院

女子学院现有教职工5名，其中正高级职称1人、中级职称1人，办公室主任及教务员分别于2019年2月和2018年11月退休，续聘退休教师1人，院聘1人，兼职1人。女子学院2021届新招收65人，结业66人，2021年有在册女性特色班三届学员共有202人。截至2021年，女子学院已面向全校21个学院共招收十四届女性特色班993名学员。

2021年9月，女子学院在新生院九大学堂共招收65名优秀大一女生，组成第十四届女子学院高层次女性专业人才培养特色班。10月26日，第十四届女性特色班开班典礼在衷和楼410报告厅举行，同济大学妇女工作委员会主任、同济女子学院院务委员会主任马锦明、同济女子学院副院长肖辉及同济女子学院近80名师生参加了典礼并为新生颁发学员证。2021年女子学院继续试点增加全新的“国乐艺术特色班”，增加艺术类、演奏类相关课程及教学、体验、实践课堂，重在培养科学与艺术并举的女性专业人才，形成一精多专(1＋N)的高层次女性人才。

教学工作 女性特色班：2021年女子学院女性特色班结业学员66人。招收第十四届“高层次女性专业人才培养特色班及国乐班学员”65人。

女性特色课：自2002年以来，同济女子学院已开设42门面向全校学生的女性特色系列通识教育课程，共分为5个大类，分别为哲学与法学系列、文史系列、心理学系列、管理学系列和艺术系列。2021年共开设13门女性特色系列课程，其中同济大学核心通识选修课有“卓越女性成长”“女性心理素质提升”，同济大学精品通识选修课有“女性的权利与法律保护”。

女性素质培养：2021年学院除开设适合女大学学生成长和成才需要的女性特色课，还通过各种讲座对女性特色班的学生进行多项素质提升项目培训，并举办“素养提升”系列活动。

4月27日，为进一步提高同济女生的防诈骗意识，帮助女大学生进一步了解校园电信网络诈骗手段、熟悉骗术套路，传授防诈骗技巧及知识，女子学院邀请上海市公安局警长以及特警总队教官为女院学生作主题讲座，通过实践分析及教学科普，使同学们增强危险意识，加强自我防护。

5月6日，同济女子学院与艺术与传播学院、校工会、校妇委在同济大学小剧场联合举办的讲座“辟识古今——古琴琴器制作与鉴赏”。本次讲座邀请倪诗韵主讲，讲座以历史、传承、实践的角度讲述古琴琴器和制作，通过讲座同学们了解了古琴的声音特点、古琴的制作、琴乐风格特征，以及古琴多元化审美之间的关系。

5月7日，同济女子学院与艺术与传播学院、校工会、校妇委在同济大学在一·二九礼堂举办琴心同济——上海之春古琴音乐会。音乐会以配合高校通识课程为导向，以古琴文化传承纳入高校教学体系为轴线，用古琴演奏中传统的四种形式：独奏、琴歌、合奏和琴箫，全面地展现古琴的艺术和文化内涵，并以老、中、青三代艺术家的演奏，呈现上海市杨浦区主要的流派脉络传承。演奏曲目以传世经典名曲为主，并加入了现代曲目，以突出继承传统、重视传承，并兼顾创新的理念，体现古琴音乐在当代美学审美中的发展与创新。

10月19日，应同学们的强烈呼吁，同济女子学院在德文图书馆二楼报告厅开展“人人学急救，人人懂急救”救护知识培训活动。学院邀请新生院苏娜老师进行讲解和现场教学。通过急救培训，让学生掌握初级救护知识，提高遇险时的急救意识，增强急救能力，成为一名合格的初级急救员，在遇见危险时能冷静面对，及时有效地处理，挽救自己或者他人的生命。

11月27日，女子学院以线上形式举办“中医秋冬养生与防脱发”讲座。邀请上海市第十人民医院中医科张昱老师，为女大学生介绍中医秋冬养生与防脱发的有关知识。活动结束后同学们还收到了学院准备的养生茶包，包括三花茶、消食茶、利湿茶、舒肝茶等，期望同学们未来能通过养生收获更健康的人生。

2021年度，女子学院继续做好高年级特色班学生的创业培训工作。3月，受疫情影响，以线上培训的方式对2018级女性特色班的14名学生进行“女性创业培训”，参训学生获得由上海市大学生科技创业基金同济分基金颁发的创业培训合格证书。11－12月，学院委托上海远大学习广场教育科技有限公司，以腾讯会议线上方式为2019级女性特色班27名学生进行“创业培训”，并获得培训合格证书。

学生工作 2021年度，女子学院有10人在女性就业创业培训中获得优异成绩，并获得女子学院所设立的河合奖学金。

2021年度，女子学院组织实践教育拓展活动。3月，女子学院与同济权益部联合举办了“坚毅尔雅，自在芳华”女生节系列活动，旨在通过一系列的活动使同济的学生们对从古至今女性的形象建立丰富的认识，并提升相关的批判性思维能力。此外，该活动本着“维护女生权益”的目的，为女生们提供体验各种创意活动的机会，有助于女生锻炼人际交往能力，丰富学校女生的生活，同时从中学习知识，增长见识，营造健康的校园文化生活气氛。同时，本活动通过探寻形象的方式引导学生去畅想、描绘女性的魅力，在女生节为女性送上美好的祝福，提高学校女生的幸福感。本次活动分为线上和线下两部分，线上活动：“她的样子”女性形象绘制活动、“犹有暗香来”——中国文学作品中的女性形象；线下活动：“芳气满闲轩”茶话会、“知否知否”心愿卡活动。

3月26日，同济女子学院樱花节系列活动“同济今春·樱花浪漫”——花游园会在四平路校区人工草坪举行。

6月13日，为推动绿色发展、保护环境，同济女子学院发起“环保随行，减塑先行”活动，此次活动以比赛形式实施，广泛征集“减塑”环保金点子，包括不限于环保袋设计方案，塑料的回收利用想法等。通过此次活动使同学们增强环保意识，并从自身做起，在平常的购物以及用餐时减少对塑料袋的使用。

6月29日，为了庆祝建党100周年，激发学生爱国，弘扬民族精神，同济女子学院组织女大学生通过以“光荣与梦想”为主题的民族舞蹈方式，展示女大学生积极、健康、向上的精神面貌，感悟中华优秀传统文化的内在民族精神，进一步增强文化自豪感、自信心，提升文明素养，激发追梦圆梦的正能量。该舞蹈视频获得了由上海市妇联组织的“海鸥之声”——“巾声有约 致敬百年”庆祝建党100周年声音作品优秀奖。

3月、4月、5月、10月、11月、12月，在德文图书馆组织插花沙龙活动。活动旨在以花感人，以花育人，让同学们在花卉的芳香和美妙中体会经典的东西方文化，并结合自身的创造力和想象力，展现掌控花卉艺术的能力，提高感受美、欣赏美的水平，从而进一步培养实际动手能力和合作精神，有效的提高大学生综合素质。

12月10日，女子学院在创业谷二楼报告厅举办“青春有你”迎新活动。

12月14日，女子学院在西南九女子书院开展“青春在行动”——蛋糕DIY制作沙龙活动。此次活动通过学生组队制作蛋糕，提高了生活品位，增强了动手能力，促进彼此间的合作与交流，增强团队凝聚力、创造力。

党建活动 5月30日，校妇委、女教授联谊会、同济女子学院组织学校30余名师生在德文图书馆报告厅联合举办“我为师生办实事”实践活动——“救在身边 校园守护”急救培训。本次培训邀请红十字会培训员和学校新生院苏娜老师主讲，以理论与现场教学结合的方式将专业的急诊急救知识传授给在场的师生，让师生掌握初级救护知识，提高遇到危险情况下的急救意识，增强急救能力。同时，通过考核的师生获得杨浦红十字会颁发的急救员培训合格证书。

6月30日，在庆祝建党百年之际，校妇委协同女教师联谊会、女优青联谊会、女子学院等，依托女教师成才工作坊平台，组织开展“送上一份诚挚祝福——女教师女大学生同心祝福建党百年”主题活动。女教师和女大学生通过视频的方式共同庆祝建党百年，献上自己的诚挚祝福。

科研工作 2021年，女院学院申请2021年校级教改课题“‘卓越女性成长’涵育模式构建调研”和教改课程“同济女子学院女性艺术领悟素养教育教学体系建设与实践”项目顺利结题。其中，教改课程《同济女子学院女性艺术领悟素养教育教学体系建设与实践》获校级教学成果奖一等奖。

发展规划 面向“十四五”，站在办学二十年的新起点，同济女子学院以《同济大学“十四五”发展规划和2035远景目标纲要》为指南，以《同济大学妇女工作“十四五”发展规划和2035远景目标纲领》为依据，总结办学经验，展望未来发展，于12月制定《同济女子学院“十四五”发展规划和2035远景发展纲要》的初稿。

对外交流 2021年学院领导与社会各界广泛联络，加强对外交流并取得成效。

11月，因疫情管控，2021年度女子学院“河合奖学金”签约通过线上沟通，日本成就公司与同济基金办签约“河合奖学金”，继续资助女子学院对女大学生的培养。

（谢辉）

国际文化交流学院

2021年度，学院长期在校留学生266人，其中本科学历生69人，预科生158人（自费26人，公费132人），进修生25人，硕士学历生14人，学生来自超过67个国家。另有硕士学历生（中国学生）91人。

2021年学院助力学校获批教育部国家语言文字推广基地，结合相关学科优势与特色，完成"十四五"规划，为学校"双一流学科人才培养国际化"做好重要支撑，在培养国际学生"知华、友华、爱同济"、中外学生融合与跨文化教育、中华优秀传统文化传承与海外传播，以及"一带一路"国际人才培养上进行有效的探索和实践。

党建工作 安排教职工理论学习45次（包括自学），支部活动涵盖政治学习18次，主题讲座5次，党日活动6次（参观4次），17名党员教师领学23个专题，非党员教师3人领学教职工理论学习3次。支部发展预备党员1名，1名预备党员按期转正，支部被校组织部推荐申报第三批新时代高校党建示范创建和质量创优工作"样板党支部"。

教学工作

汉语国际教育系 2021级本科培养方案中增加美育、劳动和创新创业课程改革，本研培养过程陆续制定推出各培养环节细则，本科增加创新创业课程。完成全国专业学位评估、学校两院教学状态评估。面向社会推出"长三角'一带一路'文化大讲堂"、同济大学校级"高等讲堂"、"中文＋创新"实践讲座、"'一带一路'国际中文教育与中外人文交流大讲堂"等系列品牌讲座，受众8000多人，提升了学位点在业内的知名度和影响力。为全校本科生首开人文经典与审美类通识选修课"'一带一路'经典文化解读"（中外融合），受到各大媒体报道和关注。举办"后疫情时代国际中文教育人才培养与专业建设"高峰论坛、第二届"同济杯"国际中文教育"立德树人"教学案例大赛。硕士研究生获得第七届"互联网＋"大学生创新创业大赛获国赛铜奖、市赛金奖、2021"知行杯"上海大学生实践活动大赛特等奖。学院汉硕生崔美玲获第三届"一带一路"青少年英语演讲比赛暨中国日报社"21世纪杯"国际英语演讲比赛三等奖。开创校企合作新模式，共同开展中文与中华文化国际传播，联合推出"双强项目"。

预科教育系 2021年度预科系采用多通道教学平台，包括腾讯会议、课堂派、微信、HSK online、Super Chinese等方式组合授课，2021届中国政府奖学金预科生结业考试通过率为96.3%。完成了预科教育十周年活动相关的教研成果统计、论文撰写、精品教学资源录制。完成了CSC结业考试统一命题工作。针对预科自费生开设了ABCD四个级别，理医经文四个专业的预科桥梁课程，开设了5门必修课（包括语言与文化类课程），10门选修课（包括理工、医学、经贸、文科四大类专业基础课），基本适应了所有预科生的学习需求，教学反馈良好。完成9期面向全校留学生的线上汉语角活动。

公共课程 公汉部开设面向全校的汉语、中国概况类课程。2021年建成研究生平台课"中国概况"，完成所有课程视频的拍摄与上线。"价值导向、多元耦合、精准传播：留学生'讲好中国故事'人才培养模式创新"获批2021年同济大学教学成果奖特等奖，并推荐申报上海市教学成果奖。

基地工作 4月基地申请先后进入上海市语委专家实地考察和国家语委专家实地考察环节，顺利通过考核；配合校语委策划组织2021年推普周系列活动；开设"一带一路"文化经典课程；基地中标以后，同济大学国家语言文字推广基地举行揭牌仪式并发布"双强项目"课题指南；策划和组织配合基地揭牌的语言文字中的党史系列展览活动；起草基地2022年和未来五年的规划草案；组织"语言文字助力乡村振兴——云南马关中小学语言文字提升培训班"培训工作；参加上海市教委组织的各期基地沙龙活动；工种汉语编写启动；中国诗词大会上海赛区现场参观学习；成立"长三角语言研究院"等。10月，国家语言文字推广基地成功获批；11月同济大学国家语言文字推广基地举行揭牌仪式并发布"双强项目"课题指；11月语言文字中的党史系列展览活动顺利举行；11月"语言文字助力乡村振兴——云南马关中小学语言文字提升培训班"顺利开班；11月基地2022和未来五年规划通过审核并提交；12月，同济大学成立"长三角语言研究院"。

科研工作 学院教师先后出版6部专著；先后获得教育部中外语言交流合作中心2021年度国际中文教育研究课题、汉考国际2020年度重点科研项目、教育部新文科研究与改革实践项目、教育部中外语言交流合作中心2020年度国际中文教育重点项目、上海市教委语言文字专项；发表教学类论文2篇。

师资队伍 学院共有教师45名。其中，在编教职工35人，教授2人，副教授12人，助理教授2人，讲师14人；学院具有博士学位的教师20名，具有硕士学位的教师23名。

学生工作 完成《国际学生感悟中国》丛书中的《国际学生感知中国大课堂》《国际学生讲中国故事》撰写；熊猫叨叨2021年推出8期视频，项目获得2021年上海市"知行杯"社会实践比赛特等奖、中国国际互联网＋大学生创新创业大赛铜奖等；通过同数学科学学院、物理科学与工程学院等学院合作，为预科生开设学业辅导班，强化留学生基础知识。组建"行走看中国"故事班，聘任30余名学界、文化产业界人士担任导师。打造新媒体矩阵，通过微信公众平台、微信视频号、抖音、B站等媒介丰富留学生“行走看中国”的宣传载体和渠道。

孔子学院 完成4名国际中文储备教师的招聘，派出1名，另外3名进入派出手续流程，按计划明年3月派出。2021年10月派出意大利佛罗伦萨大学孔子学院院长张轮，孔子学院工作有序开展。完成同济大学外派教师合同、语合中心·同济大学外派教师资助协议、语合中心·同济大学教师志愿者资助协议等的拟定，建立外派人员月报制度，进一步规范孔子学院人员管理工作。作为上海国际中文教育工作联盟秘书处单位，完成《2020年度上海国际中文教育工作联盟白皮书》的制作。先后在寒假、暑假举办两期“汉语桥”线上汉语研习营，营员满意度达到100%。

2021年，日本樱美林大学孔子学院学员总数769人，开设汉语课（含线上授课）134门，举办文化活动/讲座（含线上）52场，参与人数741人；德国汉诺威莱布尼茨孔子学院学员总数209人，开设汉语课（含线上授课）28门，举办文化活动/讲座（含线上）24场，参与人数1679人；韩国庆熙大学孔子学院学员总数1181人，开设汉语课（含线上授课）75门，举办文化活动/讲座（含线上）19场，参与人数3260人；意大利佛罗伦萨大学孔子学院学员总数400人，开设汉语课（含线上授课）35门，举办文化活动/讲座（含线上）19场，参与人数160人。

HSK（汉语水平考试） 举办5月15日的线下HSK/HSKK网考；完成汉考国际考试服务费分成补充协议；完成两场线上海内外HSK/HSKK特别讲座，675名国际考生报名。考点负责人应邀作为专家参加了汉考国际在北京召开的“HSK3.0研发咨询会”与“汉语水平考试HSK高等（7－9级）研发专家咨询会议”。

（张志方、刘怡菲）

口腔医学院

口腔医学院全院教职工377人，新增医教师25人。全年全日制学生370人。其中本科生206人（含留学生3人）、硕士生102人（含留学生1人）、博士研究生62人。2021年录取新生95人，其中博士生12人、硕士生25人、本科生58人，毕业学生79人，其中博士生10人、硕士生33人、本科生36人。

学科建设 2021年，在同济大学的大力支持下，聘请了张志愿院士、王松灵院士和俞书宏院士担任同济大学顾问教授，帮助口腔学科进一步谋划发展方向和道路，提升研究水平和综合实力。同时，成立口腔医学发展与改革专家组，为学科建设、人才培养和医院绩效管理等工作提供指导性意见和建议，为学院和医院科学管理、规范运行奠定坚实基础。

师资队伍建设 学院医教师110人，其中正高职称19人、副高级22人、中级职称26人，队伍中博士学位人员占58.2%，硕士学位人员占36.3%。

学院深化搭建具有同济口腔特色的人才和干部培养平台，结合工作实际，先后制定了学位型博士研究生培养方案、医师系列人员留院管理补充规定，进一步提升了全日制博士后人员待遇，从而更好地调动职工工作积极性，深化人才梯队建设；修订了人员岗位和人事关系管理相关制度，完善了卫生系列专业技术职务评聘管理相关规定，建立人员良性循环机制，推动理顺人事管理体制。

教学工作 学院以培养卓越口腔医学人才为目标，不断完善口腔医学实践育人体系，凝练具有同济口腔特色的创新性人才培养模式，出台了研究生导师指导绩效发放办法和研究生助学金发放办法，以制度建设激发工作责任感和积极性，通过学业目标任务的订立，努力推动代表性科研成果的产出，实现人才培养质量的提升。

2021年，学院面向双一流建设，坚持以培养一流口腔医学人才为目标，开展教学改革与创新，“上颌窦提升术虚拟仿真实验”项目荣获上海市一流本科课程——虚拟仿真实验教学课程，“基于信息技术深度融合的口腔医学人才培养体系建设探索”获同济大学教学成果奖特等奖，获校级教改课题8项，发表教改论文1篇。

强化师资队伍建设，促进教师综合素质和教学能力提高，1人荣获同济大学师德师风优秀教师提名奖，1人荣获同济大学首届教师教学创新大赛二等奖，2人荣获同济大学校青年教师讲课比赛优胜奖，1人获优秀硕士学位论文指导教师，1人获同济大学本科生学科竞赛优秀指导老师，1人获同济大学2019级本科优秀新生导师，1人获同济大学大学生暑期实践活动优秀指导教师。

科研工作 学院获得国家自然科学基金面上项目3项，青年项目5项；上海市科委扬帆计划人才1项，上海市科委浦江人才计划1项，上海市自然科学基金项目2项；上海市科委“医学创新”1项；上海市科委生物医药项目1项；上海市科委对于国家重大项目配套2项；中国博士后基金2项；上海市申康发展中心临床研究项目参与2项；上海市卫生健康委员会面上项目2项，青年项目4项；上海市卫生健康委员“医苑新星”人才计划1项，同济大学中央高校基本科研业务费专项——人才项目和学科交叉各1项，中华口腔医学会科研项目2项；共计获得资助29项。发表被SCI收录论文49篇。

学生工作 鼓励大学生自主创新、个性发展。2021年，提高学生综合素质，培养学生创新能力，2021年本科学生获得国家级大学生创新项目2项、上海市大学生创新项目2项、同济大学大学生创新项目以及SITP项目

10 项。

2021 年度本科生共 44 人获校奖学金、7 人获校社会活动奖、13 人获民族班奖、国家奖 2 人、上海市政府奖 1 人、国家励志奖 20 人、郭谢碧蓉奖 2 人、NITORI 国际奖学金 1 人、太原奖学金 1 人、相城高新育才奖学金 1 人、杨咏曼奖学金 1 人。国家助学金 111 人(一等 66、二等 45),成才助学金 76 人(一等 23、二等 53)。本科生中评选出优秀学生标兵 1 名、优秀学生 8 名、优秀学生干部 2 名、五四红旗团支部 1 个。2021 届上海市优秀毕业生 2 名、校优秀毕业生 2 名。

研究生中国家奖学金——博士 1 人、硕士 1 人。校级奖学金——同济大学优秀博士 1 人、优秀硕士 2 人,光华奖学金 2 人,相城高新育才奖学金 1 人,同济大学研究生社会活动奖学金 3 人。团委推优——优秀学生 6 人,优秀学生标兵 1 人,优秀学生干部 1 人。

党建工作　2021 年 3—4 月,院党委接受了同济大学党委第八轮巡察,巡察组对学院在坚持党委领导下的院长负责制、落实立德树人根本任务、创新医院发展思路等方面所做的工作给予了充分肯定,同时,也对工作中存在的一些不足提出整改意见和建议。院党委高度重视巡察反馈意见,对提出的问题清单逐一落实责任领导和责任部门,制定整改方案,对需要长期坚持的整改事项继续完善长效机制,以整改促发展,努力推动学科建设再上新台阶。

2021 年,院党委结合中国共产党建党 100 周年,积极响应中央关于开展党史学习教育的相关要求,组织开展了党员红色之旅、形势教育课、红色电影观影活动等一系列党员思想教育活动,并积极推进"为群众办实事"事项的开展,党委层面完成重点民生项目 2 项,重点推进项目 1 项,其余项目 5 项;各支部完成"办实事"项目 6 项。

2021 年度本单位共发展党员 20 人,其中专任教师 1 名、本科生 10 名、硕士研究生 6 名、博士研究生 3 名。

文化建设　2021 年,学院组织举办了同济大学口腔校友学术研讨会暨第三届浦江研讨会,近 500 名同济口腔校友和全国各地的口腔医师参加了会议。在研讨会上还进行了同济大学奖学金捐赠仪式,三名口腔校友共捐赠 200 万元,设立同济大学"百合""明德"奖学金,用于奖励品学兼优的学子。研讨会不仅为增进校友互动交流提供了良好的平台,也进一步建立了具有同口特色的"浦江"系列研讨会模式,在扩大学科影响力的同时,增强学院凝聚力和向心力,推动深化构建"感恩·诚信"文化氛围。

(倪娜)

职业技术教育学院

学院共有教职员工 36 人,其中行政人员 16 人、教师 20 人。教师中博导、教授 2 人,硕导、副教授 14 人,博士、讲师 4 人。

教学工作　学院在校研究生 292 人(全日制硕士生 97 人、非全日制硕士生 195 人),其中新招"教育学"全日制硕士研究生 10 人(包括高等教育学、成人教育学、职业技术教育学,高等教育管理方向),全日制专业型硕士研究生 8 人(包括职业技术教育、科学与技术教育、现代教育技术方向),非全日制专业型硕士研究生 64 人(教育管理方向)。

全日制毕业硕士生 25 人,非全日制毕业硕士生 35 人(定向就业)。5 名研究生于 2021 年 10 月,赴德国帕特博恩大学开展为期半年的交流。

2021 年,学院首次在全校范围内组织并顺利完成教育类研究生免试认定教师资格工作,并首次开展全日制研究生统考自命题工作。

2020 级全日制教育硕士专业学位研究生牛钰烨同学,在 2021 年"田家炳杯"全日制教育硕士专业学位研究生教学技能大赛中荣获三等奖。

科研工作　学院师生公开发表科研论文 43 篇,出版专著或教材 5 部。学院获得政府资助科研经费为 197 万元,企业及其他教育机构资助科研经费 286 万元。获批国家级课题 1 项(彭贤杰:中国智能制造产业复合型技术技能人才产教共育机理研究,项目号:BJA210093)。省部级重点项目 1 项,省部级一般项目 3 项,浦江人才计划 1 项。

职业教育经济与管理研究所李俊老师的论文《职业教育产教融合的国际比较分析》同时获得了第六届全国教育科学研究优秀成果奖三等奖及上海市教育科学研究优秀成果奖二等奖两个重要奖项。

由学院王继平、李俊、谢莉花、鄢彩玲等老师共同撰写并向教育部提交的专项研究报告《德国职业教育基本情况、领域特征、发展趋势与借鉴启示》,被国际合作与交流司全文采纳。

学生工作　2020 年学院评审研究奖学金 9 人次,评选各类荣誉称号 6 人次,个人 5 人次,集体 1 人次,发展学生党员 15 人。

社会服务　2021 年 10 月 21—23 日,学院作为全国重点建设职教师资培养培训基地在国家教育行政学院成功举办第二批国家级职业教育教师教学创新团队专题研修班。按照《教育部教师工作司关于遴选第二批国家级职业教育教师教学创新团队培训基地的通知》同济大学基地参与申报,并成功获得 2021 年国家级职业教育教师教学创新新能源汽车和智能汽车专业创新团队培训任务。

上海市中等职业学校新进教师规范化培训进入第七期,本年度培训新进教师共计 157 名。

合作交流　12 月 1 日,学院校校合作交流会在四平路校区中德大楼举行。交流会由杨浦区教育局牵线,邀请了杨浦区四所优质中小学的校长参加。经过交流，学院与杨浦区四所中小学达成一致共识：中小学可为教育学研究生提供规范、优质的校外实习指导，各中小学可依托同济大学的支持，进一步提升办学水平，强强联手，合作共赢。会后，经同济大学授权，职业技术教育学院与这四所中小学，分别签订了《研究生校外实践基地合作协议书》。至此，经学校授权，学院已在上海市12所中职院校、中小学建立研究生校外实践基地。

12月24日，同济大学党委书记方守恩、校长陈杰与福建省委常委、福州市委书记林宝金，市长吴贤德，在福州闽都院士村淮安基地举行座谈，双方就深化市校合作、助推教育强市建设深入交流。会后，同济大学与福州市人民政府签署推进职业教育高质量发展合作框架协议。职业技术教育学院作为此次市校合作的主要实施方，将在福州市与同济大学各方的领导下，通过聚焦相关专业领域，对项目的实施主体福州职业技术学院开展为期5年的咨询指导、课程开发、示范教学等活动，支持其培养紧缺技术技能人才，助力福州市教育强市建设。同时，学院还将通过引进德国先进职教师资队伍建设理念、课程体系和教育资源等方式，协助开展福州同济职业教育师资培育基地建设，推动福州市职业院校职教师资双师素质的提升，提高福州市职业教育整体水平。

（李正雯）

设计创意学院
（含同济大学上海国际设计创新学院）

截至2021年12月31日，学院教职员工共计150人。在读本科生396人（含学位学历留学生32人，港澳台学生5人）；在读硕士研究生381人（含学位学历留学生3人，双学位交流生51人）；在读博士生96人。

中共同济大学设计创意学院委员会2021年组织了6次领导班子专题读书班，集体研读《中国共产党简史》等指定学习材料，集中观看习近平同志在庆祝建党100周年大会上的重要讲话，进一步提高思想认识，把自己摆进去、把工作职责摆进去，不忘初心，坚定践行中国人民和中国共产党人的理想。2021年学院大力加强专业青年教师、海外留学归国青年教师政治引导和政治吸纳，有1名专任教师、1名海外留学归国青年教师、1名管理人员递交入党申请书。学生入党申请人54人，入党积极分子79人，发展对象7人。2021年发展本科生党员18人，发展研究生党员7人。

学院在推动同济大学整体人才培养目标建设过程中，始终以“面向产业转型和未来生活的智能可持续设计”为学科定位，设有4个本科专业方向，以及9个硕士学科方向和6个博士研究方向。其中4个本科专业方向，即工业设计、产品设计、环境设计、视觉传达设计，已全部入选国家级一流本科专业建设点名单。

3月，在2021QS全球“艺术与设计”学科排名中，同济大学设计创意学院位列第13位，连续四年领跑亚洲；在教育部首轮双一流建设成效评估中，同济设计学所有建设成效指标（人才培养、教师队伍、科学研究、社会服务、可持续发展能力、整体提升度）全部获评第一档，并进入新一轮“双一流”建设。

4月，作为“三区联动、三全育人”重要载体的设计驱动的社区支持型社会创新实验项目“NICE2035未来生活原型街”拓展至赤峰路段。该项目不是一个传统意义上风貌整治工程，而是支撑上海“四新经济”和“四大品牌”城市名片、向杨浦聚集全球人才、环同济知识经济转型升级的标杆项目。

7月，学院学报《设计、经济与创新学报》（*The Journal of Design, Economic, and Innovation*）期刊被科睿唯安公司旗下的ESCI（Emerging Sources Citation Index）数据库正式收录，标志着期刊在过去六年工作中展现出的创新精神和学术价值已得到国际出版界和学术界的认可。

12月，2021环同济设计周与上海设计周携手，联合环同济知识经济圈和设计产业集群，举办了论坛、展览、讲座、工作坊等30余项精彩活动，推进了世界一流“设计之都”的建设。同月，同济大学“首届创新设计智造高峰论坛”举行，标志着同济大学“创新设计与智能制造学科群”正式成立，同时也意味着同济大学设计学与相关学科深度融合协同发展的同济大设计时代正式开启。

12月，学院入选首批上海市学生（青少年）科创教育基地（2021—2024）。

截至12月，学院图书馆共有馆藏专业外文图书4000余册、中文图书1800余册。按照学院专业和学科发展的需求迫切度，有计划地扩充馆藏资源，均衡藏书结构。2021年新增外文图书100余册、新增中文图书300余册；增订和续订中外文期刊149种，其中中文期刊65种、外文期刊84种，中外文期刊馆藏10800余册。

学科建设 根据教育部和学校关于新一轮“双一流”建设的总体部署，学科提交“双一流”建设学科名称调换申请和论证报告，正式将双一流建设学科“艺术与设计”更名为“设计学”［《学位授予与人才培养学科目录（2011年）》内一级学科］，编制《同济大学设计学一流学科建设方案（2021—2025）》和《同济大学创新设计与智能制造学科群建设方案》。

学科牵头构建同济大学“创新设计与智能制造学科群”（以下简称“学科群”），汇聚了设计学、机械工程、计算机科学与技术、工商管理、力学、电气工程、信息通讯工程、控制科学工程、航空宇航科学与技术、公共管理、智能科学与技术等11个一级学科。

学科群围绕创新设计智造方法与工具、人机智能协同与先进制造系统、智能机器人、智能可持续社区、智慧健康产品和服务、智慧绿色出行等6大领域展开研究，将共同面向“创新驱动”“中国制造2025”“新一代人工智能”“健康中国”等国家重大发展战略，以“设计驱动创新”为引领，开启设计学与相关学科深度融合协同发展的同济大设计时代。12月，学科群发起举办同济大学“首届创新设计智造高峰论坛”，开启同济大学设计学与相关学科深度融合协同发展的新篇章。

学科完成新一轮上海市设计学Ⅳ类高峰学科建设方案申报文本、预算编制工作，并通过上海市教委评审，顺利启动新一轮高峰学科建设，继续协同东华大学、华东理工大学、上海工程技术大学、上海应用技术大学，提升上海设计学整体发展水平。

教学工作 设计创意学院9月入学本科生归由新生院统一管理，入学硕士研究生93人（含学历学位国际学生1人），博士研究生16人。当年接收双学位国际学生5人。

上海国际设计创新学院9月入学硕士研究生45人。当年次接收双学位国际学生15人。

设计创意学院共有116名本科生取得学士学位，其中工学学士59名、艺术学学士57名。共有69名研究生取得硕士学位，其中艺术学硕士25名、工学硕士4名、工程硕士40名。共有4名博士生取得设计学博士学位。

上海国际设计创新学院共有59名研究生取得硕士学位，其中艺术学硕士10名、工程硕士21名（含双学位国际学生3名）、艺术硕士28名。

专业建设方面：2021年，学院视觉传达设计专业入选国家级一流专业建设名单。

课程建设方面：2021年，学院教授徐江负责的课程“设计管理”以及副教授范斐负责的全英文课程“设计、创新与创业”获得上海市重点课程的称号；“设计管理”同时获得上海市一流课程的称号。学院教授邹其昌负责的课程“中国美学史”和教授孙捷负责的课程“时尚与跨界设计”获评同济大学重点课程。此外，徐江教授负责的课程“设计创新与管理”和“中国创新设计案例”获2021年同济大学研究生课程思政示范建设项目立项；徐江教授负责的课程“系统创新设计”获2021年同济大学研究生教育研究与改革线上精品课程建设项目立项。

教师讲课竞赛方面：2021年，学院教师梁靖获得同济大学青年教师讲课竞赛二等奖。

教学成果奖方面：学院教学成果“‘软硬兼施’创新学习生态，浸润培育一流设计人才”（成果完成人：娄永琪、徐江、周洪涛、苏运升、范斐）获得2021年同济大学教学成果奖特等奖；学院教学成果“‘新场景、新路径——新零售模式下的品牌终端设计’课程教学研究与实践”（成果完成人：李咏絮、汪洋、楼乐菲、俞培晃）获得二等奖；学院教学成果“板凳设计与制作”（成果完成人：莫娇、任丽莎、郁新安）和“从‘协同设计’到‘协同育人’——面向交叉融合的环境设计人才培养探索与实践”（成果完成人：吴端、施胤、倪旻卿、朱明洁）获得三等奖。

学院教师郁新安负责的实验教改第15期“基于虚拟仿真技术的失蜡铸造工艺教学”项目结题，获评校级优秀项目。

学院众多教师联合指导，师生共同参与的项目《大学生板凳造型艺术设计实践工作坊》，参展于全国第六届大学生艺术展演活动，并获得国家一等奖，上海市一等奖。

第六届“汇创青春”——上海大学生文化创意作品展示活动中，学院师生作品获：产品设计类，一等奖5项、二等奖6项、三等奖2项；环境设计类，二等奖1项、三等奖3项；工艺美术类，一等奖2项、二等奖1项；视觉传达设计类，一等奖1项、二等奖2项、三等奖2项。

11月，学院创意工坊开展了创意工场系列教学拓展活动：教师潘恺的“3D打印探秘”、教师郑康奕的“机械臂画糖人”、教师王骁雄的“摄影工作坊”、教师张颖的“减材加工体验”、教师赵世笺和Savario的“智能首饰设计与制作”，为新生院的学生系统性的介绍设计造物的相关知识，展示如何将复杂的先进技术融入到日常生活中，从而帮助学生更好的选择未来的专业方向。

12月，学院创意工坊在2021环同济设计中，在NICE2035未来生活原型街里开设了创意工场系列工作坊。周洪涛、潘恺、葛红强、张颖四位教师带领学生进行了为期6天的玩转创意工场活动；教师王骁雄结合了讲座和实践，带领广大师生一同参与“探索光影的奥秘”胶片摄影创意工作坊。教师郑康奕负责的机器臂工作坊向师生展示了“智能制造与人机交互”的创意机械臂在新媒体艺术中的应用。

学院创意工坊教师郑康奕指导学院的学生代表队参加“2021同济大学国际建造节暨2021‘风语筑’塑料中空板建筑设计与建造竞赛”，荣获三等奖。

科研工作 2021年，学院在职教师在国内外期刊及学术会议中共发表论文101篇，其中，国内期刊论文28篇，国外期刊论文32篇，国内外会议论文41篇；出版学术论著5部，其中，专著2本、译著1本、编著2本；授权专利20项，其中发明专利3项、实用新型专利8项、外观专利9项；科研项目立项共82项，其中，纵向课题立项26项、横向课题立项56项，总计科研合同经费2504.41万元；科研获奖14项。

2021年度立项的纵向课题中，含6项国家级项目，分别是：张磊的“中国日常生活设计史研究”获批国家社会科学基金（艺术学）一般项目；徐江的“设计研究学术图谱”获批国家社会科学基金后期资助项目；王昊奋的“基于可解释神经符号推理的多跳知识问答方法研究”获批国家自然科学基金面上项目；张帅的“生态福利绩效的理论、指标和实证”获批国家自然科学基金青年项目;张涛的"农村人居环境综合整治技术模式、智能化运管及标准研究"和"高盐有机废水协同转化因子识别及生物强化反应器集成与优化"获批科技部国家重点研发计划二级课题。

此外,2021年学院获批立项6项省部级项目,分别是:张磊的"中国日常生活设计史研究:以上海为例"获批上海市哲学社会科学规划课题;张帅的"'强可持续'视角下的生态福利绩效指标和实证研究"入选上海市青年科技英才扬帆计划;陈晴的"承传红色基因的数据故事可视化设计研究"入选2021年度"晨光计划"(艺术学专项);陶思旻的"上海传统民居建造技艺的智能生成与传承创新研究"获批上海市艺术科学规划课题;倪旻卿的"新加坡协同治理创新模式案例研究"获批上海市决策咨询研究课题;姚伟伟的"城市更新阶段城市空间艺术季的角色及介入策略研究"获批上海市规划和自然资源局项目。

2021年学院获得学科科研相关奖项9项,学院牵头与华大基因、上海易托邦联合设计研发的"火眼实验室(气膜版)"获得2021德国iF设计奖、第六届中国设计智造大奖产品组金奖、第十届"太湖奖"至尊大奖;学院助理教授Daniel Graff的合作论文《通过任务类型和内容的排序来提高团队思维能力》(*Increasing Team Ideation by Sequencing the Task Type and Content*)获得"Design Studies"最佳论文奖;Aldo Cibic教授设计的作品TIBETAN获得"Design Shanghai Picks"特别大奖;《设计、经济与创新学报》与"当代首饰与新文化中心""火眼实验室(气膜版)""AI Park未来公园艺术装置"入选第二届"上海设计100+"。

学院教师曹楠受邀在国际设计研究大会(IASDR 2021)发表题为"Intelligent Visualization Design"的主旨演讲,是该会议自2005年举办以来第一名受邀发表主旨演讲的中国大陆学者。

师资队伍 截至2021年12月31日,学院共有150名教职员工,其中专技类岗教师90名,行政类岗教职工41名,博士后5名,兼职教师14名。

专技类岗教师有90名,其中讲席教授1名、教授24名、副教授35名、助理教授8名、讲师8名、特聘研究员2名、研究员1名、副研究员2名、助理研究员4名、双聘教授2名、专技类思政岗教师3名,副高/副研究员及以上占比75%。

行政类岗教职工有41名,其中管理岗人员38名(编制6名、院聘22名、项目聘任7名、退休返聘人员3名),工勤人员1名(借调),教辅人员1名(借调),科研助理1名。

学院教职工含荣誉博士学位教职工1名,博士学位教职工67名,硕士学位教职工61名,学士学位教职工16名。

2021年度引进教育部高层次青年学者1人,培育青年教师入选上海市晨光学者(艺术学专项)1人,新增校级长聘特聘教授2人。教师获得国内外重要奖项多项。其中,2人荣获2021年度中国设计产业100强"十佳设计教育工作者";1人入选"十佳设计师";1人获评第十七届光华龙腾奖中国设计业十大杰出青年;1人入选2021福布斯中国最具商业价值智能设计师榜单TOP10;1人入选2021年清华大学AI2000人工智能全球最具影响力学者榜单。

学生工作 学院设立"心理减压角",以学生心理健康为底线,多措施并举,完成全体学生思想动态调研,结合学生需求有针对性地开展活动,新生心理普测工作完成率达100%。

截至2021年11月,学院"以美育人,以文化人"三全育人综合改革试点项目圆满完成。期间开展一系列深入浅出、理论联系实际的心理健康活动,以"自然留声·美育心灵"为主题筹划春悦心理嘉年华。共举办11场美育心理活动,致力打造"以传统文化疗愈心灵"的心理美育特色品牌活动,该项目获同济大学2021年度心理健康教育活动月立项,学院获优秀活动组织奖。指导2名学生分别获2021年度上海学校心理健康教育活动月优秀心理健康主题海报二等奖。学院组织驻楼导师工作站共16期,将学科、第一课堂、专业教师等育人资源向学生社区延伸。依托"以美育人、以文化人"试点项目,凝练总结了"理念同心、系统同构、行动同向"工作方法,探索形成由党委联络协调、多个行政部门共同参与、专业教师群策群力的"1+N"三全育人格局。

学院举行庆祝建党100周年"七一"表彰大会暨"砥砺百年传薪火,初心如磐谱新篇"主题党日活动,对同济大学先锋党员、设计创意学院优秀共产党员、优秀支部书记、先进党支部进行了表彰。参与并完成了11个"对标争先"项目建设,6个项目被评为重点或优秀项目,鼓励并指导学生党员结合专业特长围绕建党百年开拓创新建设项目。本科生党支部"'卷长情深'百米长卷艺术创作活动"项目被评为对标争先十佳项目。

学院牵头运营管理同济大学大学生文创实践基地已有三年,2021年举办"庆祖国华诞72载,致敬伟大征程"文创作品展,展示了大学生文创实践基地课程研发成果、实践活动成果、企业合作研发的文创产品及项目孵化成果,及建党百年、非遗等文化育人成果,总结了大学生文创基地三年的建设成果,致敬伟大祖国。同时召开"文创+思政"育人模式研讨会,分析了"文创+思政"教育模式的现状及未来发展方向,探索"以文创为载体,以思政为内涵"的教育模式,提升思政育人实效。

根据学院学生规模体量较小的特点,学院建立了本研一体的学生委员会(以下简称"学委会")。15名委员来自本、研、博等各年级、各专业班级及学生会、研究生会各级学生组织,构成具有广泛性和代表性。学委会在学院空间设立"D-echo回音筒"权益服务站点,线上线下联动倾听同学心声,搭建以信息传递和反馈为核心的信息沟通渠道,针对教学科研、公共服务、学生管理、校园文化四个方面开展提案调研和解决需求。学委会推动学院工坊准入制度改革、“心理减压角”建设、教室监控设备增设、学院公共空间优化、“天使学堂”再营业及师生座谈会等重要议题，参与学院重大决策，为学院建设贡献了学生智慧。

结合学院学科优势，不断深化第一课堂与第二课堂的融合。辅导员走进第一课堂讲授党史，与专业教师共同辅导红色文化再设计。专业教师走向第二课堂，参与各类“师说”“创谈”“设计徒步”等活动。暑期社会项目方面，娄永琪、苏运升、辛向阳等教授带队组成四支师生队伍践行社会实践项目，聚焦产业创新、沙漠治理、人居环境提升等主题，用设计赋能社会创新。学院组织完成“国创”“上创”项目，立项2组；“SITP”16期项目，立项4组，其中1组团队入选“同思双创”优秀创新项目论坛。在南昌大学举行的第七届中国国际“互联网＋”大学生创新创业大赛中，以学院本科生为核心、教授苏运升指导完成的跨学院项目“Aero－Space低碳离网建筑变革者”获上海市金奖、全国总决赛金奖。

进行疫情常态化防控管理。及时完成海外交流学生群体的出国境流程审批，通报其行程及健康信息，定期与海外学生、因疫情防控留观学生联络，给予关心和指导；在新生教育周内开展遵纪守法和道德规范考试，将积极配合防疫工作等方面纳入学生评优时的考查范畴，在校级荣誉评选时奖励疫情防控方面突出贡献者；加强基础制度建设，修订本科生、研究生奖学金评定实施细则，增加展陈和其他综合素质能力记分点，提高文体竞赛获奖突出表现者给分点；继续依据当前国际化形势修订学院对外交流管理办法，形成从项目介绍、申请、选派（含行前教育）、派出到归国报告的闭环。

企业进校宣讲会改为从业5年以上设计师进校经验交流会，共组织5场，组织线上职业规划沙龙3场、线下职业沙龙2场、线下体验活动2场。

对外交流与合作 2021年，学院外籍专家共34名（其中兼职教师9名）。

7—8月，学院承办了上海市教育委员会的暑期学校欧洲项目。

2021年，学院完成了中外合作办学教育合作协议续签。

2021年内共有37名学生通过线下或线上形式参加了国际交流，根据培养层次统计，其中博士2人次、硕士22人次、本科生7人次；根据出国（境）目的统计，其中参加博士联合培养2人次，双学位联合培养项目15人次，参加非学位交流学习7人次，参加比赛、学术会议等13人次。2021年共接收20名双学位国际学生，10名非学位交流国际学生。

校企校地合作 1月，学院Making Lab联合星巴克中国，在星巴克新天地举办了“就是牛”艺术装置展。展览结合牛年春节和星巴克臻选咖啡·酒坊新天地店全新开业，以公共创意装置与消费者共同喜迎牛年，以此寄寓新一年里牛劲满满，牛气十足。

6月，2021“机械臂喷涂充气膜结构房屋”数字工作营共有20位来自国内外知名大学的学员和12位建造志愿者共同参与，完成了包括聚氨酯材料和加纤混凝土在内的多次实地喷涂实验。

7月，由上海国际汽车城、同济大学、上海清能、上海舜华新能源联合打造的全球首个离网氢能应用展示馆在位于汽车城核心区域的汽车博览公园内落地，填补了国内氢能源应用在建筑领域的空白。同月，学院参与设计了2021世界人工智能大会开幕仪式启动装置，并与上海文广集团合作呈现开场秀。

9月，学院参与举办基于淮海路整体商业提升的上海市设计学Ⅳ类高峰学科五校研究生Studio3课程联合教学计划讨论会。课程自2021年9月10日开始，于12月10日结束，期间安排了“社会、技术、经济、政策”四个方向的讲座共计10余场。

9月，学院Making Lab联合星巴克中国，在位于上海前滩太古里的星巴克“向绿工坊”里呈现咖啡未来艺术的“循环绿·创意坊”中，推出首展“有机繁荣”（Organic Prosperity）。

10月，由同济大学设计创意学院及同济大学上海国际设计创新研究院参与设计策划的上海首家汽车主题邮局——上海国际汽车城邮局正式挂牌。

与博世、特赞、LVMH集团、亚朵酒店集团等企业展开了战略合作、联合课题研究、项目咨询、共建联合实验室等形式多样的校企合作。

（乐艺）

体育教学部

2021年是体育教学部“十四五”规划的开局之年，也是开启新时代高校体育工作改革征程的新起点。体育教学部以提升学生身心健康、培养一流人才为目标，推进体育“课程思政”建设，将“课程思政”融入人才培养全过程。深化体育教学改革，推进“三全育人”综合改革，加强制度建设，保障场馆信息化建设与科学管理，促进科研创新与学科建设同步发展，丰富校园体育活动组织形式，发挥高水平运动队引领作用，进一步完善同济体育与健康人才培养体系，确保体育教学、群体、竞赛、科研、社会服务、国际交流等各项常规工作顺利开展，推动学校体育工作再上新台阶。

教学工作 持续推进体育教育改革，落实《关于全面加强和改进新时代学校体育工作的意见》，构建“4＋1＋N”的本科体育课程体系，建立修满体育学分且体质测试合格方可毕业的同济体育新标准，纳入2021级培养方案并予以实施。

2021上半年度，体育教学部承担9244名学生的体育课教学任务，其中2020级学生4400名、2019级学生2698名、2018级学生1708名、2017级以上年级学生438名，民族预科班学生50名、选修课学生96名、理论课学生39名、重新学习课学生81名。周工作总量为732学时/周。

2021下半年度，体育教学部约承担9410名学生的体育课教学任务，其中2021级学生4336名、2020级学生2867名、2019级学生1547名、2017级以上年级学生446名，民族预科班学生48名、选修课学生55名、理论课学生30名、重新学习课学生81名。周工作总量为748学时/周

11月1日—12月5日、12月11日、12月12日，在四平路校区、嘉定校区和沪西校区同时开展2021－2022学年学生体质测试工作。参加体测的学生总人数为15349人，其中：男生9547人、女生5802人；一年级、二年级、三年级、四五年级参加体测达标率分别为98.42%、93.78%、89.11%、77.68%。本次体测学生整体达标率为90.86%，其中：男生达标率为87.09%、女生达标率为96.38%，女生达标率明显高于男生。

科研工作 2021年体育教学部共发表论文33篇。其中，SCI索引论文3篇、B类核心论文3篇、普通期刊论文28篇，主编出版教材和专著3部。

2021年体育教学部获立项各类课题9项，其中，上海市体育决策咨询研究课题1项、上海市体育局非定向攻关课题1项、上海市体育局雏鹰计划课题1项、同济大学课程思政教改课题2项、同济大学文科青年工作坊2项、同济大学重点课程建设项目1项。顺利结项厅局级以上课题4项。

学科建设与研究生培养 根据研究生培养计划完成各项研究生培养常规工作，包括：完成2021级研究生培养方案修订与录入工作；完成2022年招生专业目录修订工作；完成2021年体育教学部暑期学校活动并完成2022年研究生推荐免试复试及网上录取工作；完成2021年研究生招生复试各项工作，包括复试学生资料审查、复试工作开展和招生总结工作；完成2020－2021学年研究生教学状态评估的数据统计、报告撰写工作；完成2021－2022学年研究生教材审核工作及课程排课工作。

2021年，体育教学部2018级12位研究生通过了硕士学位论文答辩；2020级16名研究生进行了硕士学位论文开题并完成了中期考核工作；2021级18名研究生顺利完成迎新、培养计划制定与选课工作。

对外交流 2021年，体育教学部继续定期与日本、澳大利亚、西班牙、英国等国家和地区以网络方式开展各项活动和交流。

11月，徐贞、崔柠薪、秦瑶三名学生在线参加美国决策科学学会年会并做宣读。

场馆建设 2021年，场馆建设重点在疫情防控、开放保障、信息化建设等方面开展工作。

配合学校疫情防控工作，2021年度为校内疫苗接种（一期、二期）、师生核酸检测工作认真做好场地、人员保障。全年持续做好疫情防控常态化工作，积极落实疫情防控物资，严格制定并执行疫情期间体育场馆开放方案：室内场馆全面采用线上预约制，室外集体活动实施预约报备制度；合理设定开放区域和同时段客流限制，适度有序开放。

体育场馆分布在4个校区，总面积已达18.8万平方米；2021年度周一至周日6:45－21:30（嘉定延迟至22:00），所有场馆设施全天候面向师生免费开放，全年无休，为师生体质健康的提高、学校各项体育工作的开展提供了坚实保障。据不完全统计，保障公共体育教学课约1500学时；学生课外参与体育锻炼累计已达76.7万人次，涉及近30个学院的各类赛事，30余个体育社团每周68个时段的日常活动，近20个代表队每周1～2次的日常训练需要；每周面向全校教工开放各类场馆70余小时，教工参与锻炼累计已达2万余人次，教师锻炼已日趋常态化；为教工足球联赛、教工羽毛球赛、教工篮球赛，羽毛球、网球、游泳培训等提供保障，参与教工约700人次。

2021年度场馆预约系统共上线4个场馆、16片场地，稳定运行近7600小时，累计预订数据29736条。

2021年8月完成沪西校区田径场（人工草坪足球场）修缮并启用，10月完成沪西校区体育馆修缮并启用，全天面向师生进行开放，全年校内新增体育场地17469平方米。2021年度完成四平路校区篮球场面层翻新维修、南校区体育馆墙顶面维修、南校区足球场围栏整修等场地日常维修维护10项，近6000平方米。对各校区体育器材、近130套设施进行全面安全检查、维护，共更换、购置四平路校区爱校路篮球场篮球架、沪西校区羽毛球、乒乓球等体育器材等18台套。

（何琛珏）

国际足球学院

2021年国际足球学院严格执行疫情防控各项管理制度，通过采取领导值班负责制等形式，确保学院各项工作有序、稳定地开展。行政管理上逐步健全各级行政管理组织架构，修订、完善《国际足球学院管理条例》，严格管理各项规章制度；制定学院行政管理岗位设置方案，明确管理岗位及职责；制定学院发展规划，为学院各项工作长效、可持续发展奠定坚实基础。

学院还承担了同济大学福建省本科生招生宣传工作，2020年11月成立

招生小组后，在疫情防控规范的指导下，保证有规律、高频率地前往福建省重点高中及有关部门进行招生宣传。

学科建设 学院严格遵照学校双一流发展理念，结合自身优势，扎实推进学科建设。通过加强与中国足协、上海足协等行业协会和上港集团等单位的交流与协作，打造同济特色足球学科体系；加强线上线下精品课程及微专业等建设，丰富学科建设成果；完善实验室建设规划，启动部分科研仪器设备采购工作，为高水平科研成果产出奠定基础；推进申报体育学专业硕士点建设，逐步完善学院人才培养体系和学科建设体系。

1 月 12 日，嘉定区教育局与国际足球学院就“携手共建嘉定区校园足球的发展”签署合作协议。会议在嘉定区高水平足球队建设，校园足球一条龙课程体系建设，足球专项人才培养等方面展开热烈讨论并达成一致意见。

3 月 16 日，学院大数据中心讨论班开办，邀请同济大学数学科学学院教授和学生共同参与建设，为学院研究生进行分享和授课。

4 月 14 日，中国大学生体育协会（以下简称“大体协”）在同济大学召开京外地区分支机构秘书长座谈会，就 2021 年大体协重点工作任务听取京外地区各分支机构意见与建议。

4 月 23 日，国际足球学院院长游松辉教授出席 2021 年全国青少年校园足球工作研讨活动。

7 月 17 日，学院教师代表赴成都体育学院参加了国家体育总局体育文化发展中心体育文化研究基地会议。

7 月 21 日，学院举办 2019 级运动训练专业本科生认知实习系列讲座，邀请从事足球产业的俱乐部创始人、青训教练等分享创业经历、青训经验。

10 月 11 日、10 月 18 日，国际足球学院在四平路校区和沪西校区开设的“运动医学”研究生课程分别邀请到了扶道急救培训中心的吴红艳老师、林飞老师开展公共急救普及培训。

11 月 11 日，同济大学国际足球学院与上海市足球协会战略合作协议签约仪式在同济大学举行。双方将发挥各自优势，共建足球专业化人才培养体系，合作推进足球科学技术研究，为推动我国足球事业发展贡献力量。

12 月 2 日，同济大学与上海国际港务（集团）股份有限公司（以下简称“上港集团”）签署合作框架协议。校企双方建立产学研长期合作伙伴关系，充分发挥各自优势，在港口前沿技术领域合作开展基础研究及应用技术研发，在女足领域加强人才联合培养和交流培训。

教学工作 认真贯彻落实“立德树人”“三全育人”人才培养理念，积极推进公共体育课程、运动专业课程、通识课程、足球活动和赛事等四个维度课程建设，构建国际足球学院鲜明特征的精品课程体系。

2021—2022(一)学期课程目录

课程类型	开课门数	周开课学时	任课老师人数
研究生专业课程	10	22	8
公共体育课	44	88	14
本科生专业课	18	43	11
通识选修课	2	4	2
总计	74	—	—

2021—2022(二)学期课程目录

课程类型	开课门数	周开课学时	任课老师人数
研究生专业课程	9	19	7
公共体育课	45	90	14
本科生专业课	15	39	12
通识选修课	2	4	2
总计	71	—	—

学院全年共承担校公共体育课 89 门，平均 89 学时/周；校通识选修课 4 门，平均 4 学时/周；研究生专业课程 19 门，平均 20.5 学时/周；本科生专业课 33 门，平均 41 学时/周。

学院全年按照教研工作计划，结合学校教育思想大讨论每月开展一次教研学习和讨论活动，共进行 6 次活动。

学院积极组织广大教师积极申报各类教学改革项目和思政教改课题，共结题 4 项课题，附 2 个子课题；新立项 4 项课题，附 2 个子课题。

由游松辉牵头的项目“以社会需求和行业标准为导向的运动训练专业人才培养模式探索”获得 2021 年同济大学教学成果奖一等奖。

5 月，汪继兵副教授课题“‘十四五’时期足球方向研究生培养质量保障与提升计划”获得 2021 年同济大学研究生教学改革研究与建设项目立项。

7月，游松辉课题"国际足球学院寓德于体课程思政体系建设与实践探索"获得2021年同济大学研究生课程思政研究项目立项。

7月，秋鸣教授课题"足球运动发展概述"获得2021年同济大学研究生课程思政示范课程建设项目立项。

10月，组织进行了线上研究生推免考试和审核。共有5人通过面试并获得推免资格。其中学术型硕士3人，专业型硕士2人。

全年共举办6次研究生院级高等讲堂。

科研工作　学院进一步拓宽科研的发展多样性，构建稳定、高效科研团队，加强实验室、研究中心等的建设，实施目标管理，确保科研工作高质量运行。

2021年，以第一作者或通信作者身份发表论文共20篇，其中SSCI/SCI来源期刊7篇、同济大学A类核心期刊2篇、B类核心期刊1篇、CSCD来源期刊1篇、北大核心期刊1篇、其他来源期刊8篇。出版专著1部，教材2部。共获得项目立项10项，其中上海市教委项目2项。决策咨询成果27篇。

11月24日，同济大学国际足球学院研究生国际学术会议奖励专项基金评审会在新体育馆210顺利举行，出席评审会的有评审委员会主任、国际足球学院院长游松辉，评审委员会委员詹炜副教授、汪继兵副教授、张铖老师以及20余名学院研究生。

师资队伍建设　学院在同济大学发展战略的指导下，凝聚学科发展方向，引入或招聘具有国际化视野的足球领域精英，提升和优化师资人才队伍结构，为学院学科长期稳定发展奠定坚实基础。

意大利博洛尼亚大学教授安东尼奥（Antonio Cicchella）已经完成相关入职手续，预计2022年2月下旬到岗学院开展工作。

2021年度上半年招聘专业教学型师资亚足联B级教练员徐磊、国家级裁判刘宗麒；下半年招聘体育经济管理学方向助理教授胡小丽。

2021年度行政办公室管理人员尚俊颖申报初级管理岗职称；行政管理人员傅婧妍申报双轨制转正式编制。

青年教师王志远借调至"上海自主智能无人系统科学中心"工作1年。

学生工作　截至2021年年底，学院共有本科生62人，研究生82人。

学生党支部先后组织了数次专题党课培训活动。5月25日，体育教学部党委副书记、国际足球学院院长游松辉以"不忘初心之杂交水稻之父——袁隆平，中国肝胆外科之父——吴孟超"为主题为本支部全体党员讲授党课；沈寅豪副院长为支部全体党员讲授"习近平总书记在清华大学考察时的重要讲话精神"党课，从"发展""改革""青年""师德""党建"五个方面为大家解读了习近平总书记的重要讲话精神；6月22日，支部书记张铖以"'百年恰是风华正茂'——庆祝中国共产党建党100周年"主题为支部师生上党课，并带领支部全体党员重温入党誓词，加强了学生思想文化建设，培养学生爱国主义、集体主义家国情怀和乐于奉献、勇于担当的优良品质；在此基础上，丰富校园体育和足球活动，发挥足球运动独特的育人功能。

4月、6月组织两期"同舟·助飞"帮扶计划。"同舟·助飞"是在学校学业发展与指导中心及学院的大力支持下成立的学业帮扶活动，结合学院及学生的特点，充分利用学院现有的研究生资源组建按学科分类的帮扶小组和优秀学长学姐的帮扶团。

4月9日，在2021年度体育学双创项目立项答辩会中，学院2019级本科运动训练专业学生张育源及其团队的项目陈述与答辩获得了评委专家的一致好评，以第一名的成绩在20个项目中脱颖而出，获得2021大学生国家级创业训练项目立项。

8月，军政训练工作以线上、线下相结合的形式进行。

本科生评奖评优工作，学院1人获得本科生国家奖学金、1人获得本科生国家励志奖学金、10人获得同济大学本科生优秀奖学金、1人获得本科生光华奖学金、2人获得同济大学本科生社会活动奖学金。

对外交流　在校疫情防控规定的指导下，受新冠肺炎疫情影响，学院国际合作及对外交流取消或暂缓，留学生招生、学术交流、高层次论坛、足球队竞赛交流等部分工作通过线上、中国代表人来校交流等方式进行。

2021年，引进博洛尼亚大学意大利籍教授安东尼奥（Antonio Cicchella）。

6月，18级研究生陈荣志获得CSC公派留学资格，将前往葡萄牙波尔图进行深造。

6—11月，学院与曼彻斯特城市大学达成合作共识，框架协议已经上报待双方会签。

9月19—30日，学院教师杨璟勇原定于2021年参与2021同济—里昂教席项目，前往里昂一大进行交流，受疫情影响暂时取消。

10月，2019级研究生亓丛丛于2021年10月前往马德里交换。

11月11日，上海市足球协会与同济大学国际足球学院签署战略合作协议。

12月2日，同济大学与上海国际港务（集团）股份有限公司签署合作框架协议。

社会服务　借助中国大学生体育协会足球分会主席单位、上海市校园足球联盟理事长执行单位，中德校园足球联盟理事长执行单位等校园足球建设平台，承担社会责任，积极推动我国校园青少年足球运动的发展。

1月，学院与第一师阿拉尔市教育局签订战略合作协议，并确定塔里木高级中学、阿拉尔中学为同济大学国际足球学院"苗圃计划"试点学校。

3月、10月，由上海市杨浦区足球协会与同济大学国际足球学院共同主办的中国足协三级裁判班分别于2021年3月和10月在同济大学举办，报名参加人数近150人。

12月,国家二级裁判培训班在同济大学举办,参加人数69人。

2021年间,先后举办3期D级教练员培训班,1期E级教练员培训班。

体育活动 在校疫情防控规定的指导下,学院按规范举办和参与2021年校内外学生体育赛事、活动。

2021年间,学院竞赛管理中心制定完成了《国际足球学院竞赛管理办法》《国际足球学院竞赛中心工作职责》《教练员工作岗位职责及考核评价》等各项竞赛规章管理制度。同时,学院进一步完善《同济大学足球代表队管理细则》,强化训练制度管理,建立学校代表队选拔机制和体能测试机制、完善学校代表队伍建制。

11人制男子超级组获得2021年上海市大学生联盟联赛冠军、2021上海市陈毅杯足球赛季军、中华人民共和国第十四届全国学生运动会足球比赛大学男子组第四名、2021年上海足协上海市超级联赛第四名、2021年上海市校园联盟杯赛第五名等成绩。

11人制女子超级组获得2021年中国足球协会女子乙级联赛暨全国青少年校园足球大学生女足联赛第五名、2021年全国青少年校园足球联赛(大学组)高水平组女子甲级联赛亚军、2021年上海市大学生足球联盟联赛季军、第十四届全国学生运动会“海尔斯杯”足球比赛(大学女子组)季军等成绩。

男子校园组获得2021年上海市大学生足球联盟杯赛亚军、2021年上海市大学生足球联盟联赛季军。

女子校园组获得2021年上海市大学生校园女子足球联盟杯赛亚军、2021年上海市大学生校园女子足球联赛亚军。

5人制男子超级组获得2021年“森兰杯”建党100周年五人制邀请赛冠军、内马尔五人制足球赛全国总冠军。

在第二届同济大学足球联赛的决赛当中,启用了专业的直播转播团队,以及首度引入解说的角色,新的赛事运营团队完善了诸多细节。除同济大联赛以外,2021年度的同济足球赛事还包含友谊杯、足协杯和各学院院内赛等多种类型。

10月27日,2021—2022同济大学足球联赛拉开序幕,四平组17支、嘉定组7支队伍参赛。

(宇果)

上海防灾救灾研究所

2021年,研究所招收博士研究生1名,硕士研究生3名,毕业博士研究生1名,硕士生3名。2021年在读研究生共计20人。新立项科研项目19项。

2021年11月18日,中国科学院公布2021年中国科学院院士增选当选院士名单,上海防灾救灾研究所所长李杰教授当选中国科学院院士。

李杰教授长期在结构工程与工程防灾领域从事研究工作。在随机力学、工程可靠性理论与生命线工程研究中取得了具有国际声望的研究成果。包括:建立了随机系统分析的广义概率密度演化方程,解决了复杂结构的整体抗灾可靠度分析问题,建立了以网络拓扑优化为核心的工程网络抗震优化设计理论等。出版学术著作5部,在国内外核心期刊发表论文400余篇;领衔获得国家自然科学二等奖、国家科技进步三等奖各一项。曾被授予全国优秀教师(2001年)、上海市劳动模范(2004年)、全国优秀科技工作者(2012年)等称号。2014年,因在概率密度演化理论与大规模基础设施系统可靠性方面的学术成就、被美国土木工程师学会(ASCE)授予学术成就奖Freudenthal奖章;2017年当选为国际结构安全性与可靠性学会主席。

科研工作 研究所全年新立项科研项目19项,其中各省市委办局项目3项、其他项目16项。

研究所承担的国家自然科学基金项目“钢筋混凝土柱失效模式的随机演化竞争与概率能力模型研究”结题,国家自然科学基金项目“基于磁流变阻尼器多尺度调控的结构半主动随机最优控制”“城市地下管网漏损发声机理及结构风险诊断方法研究”“复杂条件下城市市政管网致灾机理及易损性感知方法”等项目进展顺利。

承担并完成一批国家重点研发项目和课题:李杰所长牵头负责的国家重点研发计划项目“城市市政管网运行安全保障技术研究”顺利结题,科技部“十三五”重点研发课题“多灾种及其耦合作用下复杂建筑和典型基础设施破坏机理”结题。

承担多项与城市公共安全与应急管理相关的科学研究和决策咨询项目:“城市地下大型综合体应对重大突发事故的应急保障关键技术及应用示范”“典型社区多灾害综合风险评估预警技术研究”“城市轨道交通高架桥结构监测预警系统研究与应用”,这些项目为城市灾害应急管理和城市经济社会的持续协调发展、上海城市安全与防灾的科技战略提供了依据和保障。

对外交流 2021年2月4日,上海防灾救灾研究所收到上海市供水管理处发来的感谢信,来函感谢研究所为有效应对近期两次寒潮、全力保障城市供水系统安全运行所提供的决策建议和技术支撑。2020年12月29—2021年1月15日,针对上海两次寒潮防控部署,研究所城市市政管网运行安全与防灾研究团队,在李杰带领下,胡群芳教授组织科研团队全程参加两次寒潮应对工作,结合2016年寒潮以来研究团队开展的寒潮影响风险分析理论、试验研究结论和现场实测数据,应用研发的模型、方法、技术和系统,协助上海市供水管理处等单位开展对两次寒潮会商研判,对每次寒潮发生特征、过程及预测影响进行预测,成功对寒潮可能对供水管网运行带来的安全影响风险进行了预报预警,组织制定了科学、有效的防控对策和应急措施，全程服务上海市城市安全及供水系统保障工作，实现了"应对科学、响应及时、处置高效、安全受控"的预期目标。

2021年4月29日，由国际知名的地震工程与结构优化专家、智利圣玛丽亚理工大学土木工程系教授、中国科技部高端外国专家计划入选者Hector Jensen教授主讲的第225期文远讲坛暨同济高等讲堂学术报告成功举行。Hector Jensen应邀在线上进行了题为"随机动力系统的协同设计"(Compromise Design of Stochastic Dynamical Systems)的学术报告，来自同济大学土木工程学院的近150名师生参加。本次报告由同济大学土木工程学院、上海防灾救灾研究所和土木工程防灾国家重点实验室主办，土木工程学院建筑工程系、工程可靠性与随机力学国际联合研究中心和工程力学研究所共同承办。陈建兵教授和彭勇波教授主持了此次学术报告。

2021年5月12日，由上海市水利学会主办，同济大学水利工程系、上海市堤防泵闸建设运行中心、上海防灾救灾研究所等单位联合承办的"韧性城市·水安全"科普宣传活动成功举办。本次科普宣传活动作为响应第13个全国防灾减灾日暨庆祝建党100周年专题活动，按照习近平总书记在城市水安全尤其是防洪抢险工作中的重要指示精神，坚持"人民至上、生命至上"原则，旨在进一步唤起社会各界对城市水安全的高度关注，增强全民防灾意识，普及推广科普知识，提升城市韧性安全。

(翟永梅)

铁道与城市轨道交通研究院

学院记事　1月18日，嘉定校区F楼212成功举办"IRT－HARTING"联合实验室揭牌仪式。

1月20日，教职工大会在于F102顺利召开。

3月5日，开展校容校貌维护集中清扫行动。

3月5日，招生组老师抵达长沙开始招生宣传工作。

3月8日，在嘉定校区同德楼教师活动中心举办"让生活充满美——插花沙龙甜品会"三八国际劳动妇女节庆祝活动。

3月26日，新型轨道交通技术交流会暨《城市轨道交通研究》杂志社合肥办事处揭牌仪式在合肥成功举办。

3月29日，学院党委在F307召开支部书记会议。

3月31日，学院党委赴龙华烈士陵园开展清明祭扫活动。

4月6日，召集40周岁以下青年教师及在站博士后开展座谈会。

4月13日，召开2020－2021学年春季学期辅导员、班主任培训暨工作会议。

4月13日，上海申通地铁集团有限公司总裁毕湘利开展校级高等讲堂讲座。

4月25日，举办同济大学第六届国际青年学者论坛轨道交通与磁浮分论坛。

4月27日，召开了2021年课程思政建设推进会。

5月14－15日，举办第五届电气化交通前沿技术论坛推动以交通电气化为主的绿色交通技术的发展。

5月13日，磁浮技术铁路行业重点实验室在学院揭牌，同期召开第一届第一次学术委员会会议。

5月25日，康劲松教授获上海市科学技术奖。

4月20日，举办"解读'十四五'及上海发展形势分析"报告及4月全体教职工大会。

5月18日，全国劳动模范张华同志先进事迹分享报告会及5月全体教职工大会

5月28日，轨交院与磁浮中心羽毛球队在同济大学教职工羽毛球比赛获奖。

5月28日，轨交院与磁浮中心于沙家浜红色教育基地，开展"学党史、悟思想、办实事、开新局"党史学习教育。

5月28日，康劲松荣获2021年"曹建猷教育奖"。

6月15日，70名师生参加"永远跟党走"建党成立100周年合唱比赛。

6月20日，学院党委教工第一、二支部赴中共一大纪念馆参观学习。

6月23日，11名老党员获"光荣在党50年"纪念章，院领导上门为部分老党员颁发纪念章。

6月29日，学院党委在嘉定校区同心楼224召开庆祝中国共产党成立100周年表彰大会。

7月1日，全院师生收看庆祝中国共产党成立100周年大会，参加升旗仪式。

7月2日，2021届本科生毕业典礼于同济大学嘉定校区同心楼124顺利举办。

7月6日，第三教工党支部针对磁浮中心科研人员在撰写科技论文中碰到的难题，组织了一次题为"如何提升高水平科技论文写作技巧"的讲座。

7月16日，杨帆老师在*Science*上发表论文*Wafer-Scale Heterostructured Piezoelectric Bio-Organic Thin Films*。

8月29日，开展2021年新生入学教育周系列活动。

9月14日，剑桥大学TengLong老师受邀为同济大学师生作题为《新一代电力电子技术的应用》学术报告。

9月18日，2020级本科生军训圆满结束。

9月28日，召开学习贯彻习近平总书记"七一"重要讲话精神专题讲座暨9月全体教职工大会。

9月30日，学院提供悬浮控制技

术的凤凰磁浮首列车出库试跑成功。

10月19日，开展10月教职工政治理论学习。

10月29日，博士生午餐沙龙在同济大学嘉定校区举行。

11月11日，院党委、嘉定基础教育集团党总支及机关党委第二十八党支部开展联合学习。

11月12日，林国斌教授为新生讲授"磁浮交通技术发展现状与前景"。

11月16日，召开全体教职工大会。

12月2日，中国中车株机樊运新副总工程师进行校级高等讲堂暨同济大学兼职教授颁发仪式于嘉定校区济人楼举办。

12月16日，西南交通大学刘志刚教授在嘉定校区进行2022年度国家自然科学基金交流辅导。

12月24日，举办"创买"奖学金座谈会。

12月28日，举办青年教师午餐沙龙交流活动。

教学工作 2021届学院毕业设计学生共有26名，其中省部级以上课题数10个，毕业设计优秀率为23%。

硕士研究生毕业39人，其中车辆工程专业9人、载运工具运用工程专业9人，以及交通运输工程专业21人。博士研究生毕业3人，其中车辆工程专业1人、载运工具运用工程专业2人。

轨道交通优秀大学生暑期学校活动举办，共评选出优秀学员59人。

2021年博士研究生统考共录取全日制学生4人，其中车辆工程专业1人、载运工具运用工程专业2人、交通运输（专业学位）专业1人；非全日制工程博士交通运输（专业学位）专业录取1人。

学术型博士研究生复试工作，录取学位型博士研究生7人。

2017级和2018级本科生推免复试工作顺利完成。此次推免工作共录取2022级硕士生21人，其中车辆工程专业3人、载运工具运用工程专业6人、交通运输（专业学位）专业12人；录取2022级直博生5人，其中车辆工程专业1人、载运工具运用工程专业4人。

教学获奖 教师左建勇和肖扬指导丁康等学生，组队参加2021年上海市大学生计算机应用能力大赛获得二等奖。

丁康等学生组队参加2021年中国大学生计算机设计大赛获得二等奖。

教师牛刚指导韩艺婷、耿力等学生参加MrchDr－机械传动系统自适应预测性维护边缘智能硬件大赛，获第十八届新加坡陈嘉庚青少年发明奖大学组一等奖。

教师牛刚和张济民获得2021年同济大学育才教育奖励金获奖优秀教师二等奖。

教师宫岛获得2021年同济大学青年教师讲课竞赛优胜奖。

教师钱存元和沈钢获得2021届优秀毕业设计（论文）指导教师称号。

学术讲座 上海申通地铁集团有限公司总裁毕湘利作题为"谈面向城市轨道交通高质量发展的系统思维和底线思维"的校级高等讲堂。

上海能传电气有限公司总经理竺伟在嘉定校区F307为研究生作题为"高性能电传动系统关键技术"的学术讲座。

西南交通大学教授金学松作题为"轮轨滚动接触理论的发展及应用"的学术讲座。

华东交通大学教授冯青松作题为"轨道交通轨道动力学基础理论及工程应用进展"的学术讲座。

英国剑桥大学教授龙腾为作题为"新一代电力电子技术的应用"讲座。

中国科技大学教授孙帅帅作题为"高速列车可控转向架系统动力学性能研究"的讲座。

中车株洲电力机车有限公司副总工程师、兼职教授樊运新作题为"轨道牵引电传动技术应用及发展"的校级高等讲堂。

西安交通大学教授雷亚国作题为"大数据驱动的机械装备智能运维及应用研究"的讲座。

科研工作 2021年科研立项纵向4项（2560万元）、横向62项（2537万元），合计5097万元。

2021年纵向到款683万元、横向到款3148万元，合计3844万元。

获批上海市2021年度"科技创新行动计划"自然科学基金项目1项。（孙文静，"基于振动噪声特性时－频－空变换的复杂线路钢轨粗糙度辨识研究"，30万元）。

授权发明专利19项。

发表论文128篇，其中学院教师以第一或者通讯作者发表的SCI收录34篇，EI收录54篇。

罗雁云参编的国家标准《机械振动 轨道系统产生的地面诱导结构噪声和地传振动 第32部分：大地的动态性能测量》GB/T 33521.32－2021于2021年8月20日发布。

谢维达、钱存元编著的《电力牵引与控制（第2版）》由中国铁道出版社有限公司出版。

蒲琪、樊茜琪主编的《有轨电车安全策略与评估》由中国铁道出版社有限公司出版。

蒲琪、钱存元主编的《城市轨道交通概论（第2版）》由人民交通出版社股份有限公司出版。

获批上海市2021年度"科技创新行动计划"仪器项目1项（左建勇，"基于'实测＋虚拟'的城轨列车动态安全参数测试验证技术与仪器研制"）。

获批同济重点项目，杨帆的"生物可降解的压电生物传感器研究，基础应用研究"。

获批同济项目，宫岛的"高速列车振动模态时变演进及其过程中的模态突变机理研究，基础理论研究"。

外省市协作项目1项（梁海泉，"实验室开放课题_外省市协作"，30万元）；平台建设经费（"上海市多网多模式轨道交通协同创新中心"，上海市教委，2500万元）。

外省市实验室开放课题1项（梁海泉，"列车网络控制单元安全冗余机制研究"，30万元）。

获批上海市教委“上海市多网多模式轨道交通协同创新中心”，2500万元。

蒲琪、左建勇、韩斌获得2020年度市场监管科研成果奖三等奖。

（吴尚）

新农村发展研究院

新农村发展研究院（以下简称“新农院”）在统筹推进现代农业科学与工程研究院、生态园、国家/上海设施农业工程技术研究中心的制度化管理与规范化运行的基础上，坚持两手抓，一方面疫情常态化防控严抓不懈，另一方面职能工作稳步推进，持续提升学科平台建设，强化人才队伍组织与对外合作，加强涉农科学研究、技术应用与成果转化，探索创新乡村振兴人才培养模式，全面服务乡村振兴和农业农村现代化建设，取得显著成效。2021年度，新农院助力同济大学入选全国乡村振兴人才培养优质校，获同济大学教学成果特等奖1项、申报上海市教学成果特等奖1项；获国家农业科技发展战略智库联盟优秀战略研究成果1项；组织实施国家及省部级项目20项，其中重点研发计划课题和子课题10项。同时，新农院作为同济大学生态园日常管理单位，陆续制定并发布了疫情防控、安全监管等系列规章制度，有力配合了学校平安校园、绿色校园的建设。

平台建设 5月，新农院联合继续教育学院组织申报全国乡村振兴人才培养优质校，梳理全校乡村振兴相关机构、科研团队、人才培养、国际合作等工作成效。经农业农村部、教育部联合发布，同济大学成为唯一入选全国乡村振兴人才培养优质校推介名单的非农业类高校，也是上海市唯一入选的单位。

12月，新农院推进同济大学作为联合发起单位与中国农业大学、浙江大学、武汉大学等全国42所具有不同学科及地域特点的高校共同成立“全国乡村振兴高校联盟”。面向全国2800多个县域、近4万个乡镇、60多万个村庄，围绕提供智库服务、培养培训人才、开展乡村振兴实践和搭建成果转化平台等主要任务开展工作。通过教授工作站、教授服务团、科技特派员等解决农业技术“最后一公里”问题。

12月，新农院推进同济大学作为联合发起单位成立“全国乡村建设高校联盟”。同济大学承担“乡村建设高校联盟”理事单位，学校党委副书记彭震伟担任联盟理事，新农院常务副院长张亚雷担任联盟工作同济方总协调。

2021年，新农院进入学校二级实验室管理目录。为加强生态园疫情防控和实验安全管理，新农院制定了系列安全和疫情防控管理制度，包括《新农村发展研究院实验室安全管理制度汇编》《实验安全风险评估细则》等，实施实验前提交风险源清单、实验安全风险评估表等措施，加强出入人员登记管理，制定定期和不定期督查制度，建立与完善生态园安全生产的长效支撑。

学科建设 张亚雷担任科技部“十三五”重点专项“绿色宜居村镇技术创新”总体专家组副组长、“十四五”长江黄河等重点流域水资源与水环境综合治理重点专项总体专家组专家、“十四五”碳中和重点专项总体专家组专家。

新农院将产学研工作与学校“双一流”建设的战略目标紧密结合，深度对接和服务国家区域重大战略，推进长三角地区产学研合作，协助学校建设“长三角可持续发展研究院”，参与筹建上海碳中和技术创新联盟。

2月，新农院联合上海设施农业工程技术研究中心召开工程技术委员会，邀请了上海交通大学、上海农业科学院、浙江农业科学院、南京林业大学、国家蔬菜工程技术研究中心、中国渔机所等专家，以及校内机械与能源工程学院、中德工程学院、土木工程学院、电子与信息工程学院等交叉学科专家，听取2020年工作总结的同时，对2021年平台建设、科技研发与成果转化等工作计划做了指导与建议。

6月，为贯彻落实党的十九大提出的实施乡村振兴战略，新农院积极协助学校推进《贵州省人民政府 同济大学战略合作协议》落地，与贵州省农业科学院联合组建“同济大学贵州乡村振兴研究中心”，主动对接并共建乡村振兴贵州实践基地，搭建资源整合与共享平台，充分发挥双方的优势，为乡村振兴战略积极贡献力量。

10月，张亚雷受邀聘为上海社会科学院绿色数字化发展研究中心零碳校园专委会副主委。

11月，根据中共中央组织部要求，新农院向国家乡村振兴重点帮扶县选派科技特派员，涉及5个省份的规划、种植、养殖、数字农业等领域，共计选派城乡规划学、人工智能、农学、环境工程等领域5名专家。

2021年，新农院作为全国新农村发展研究院协同创新战略联盟单位，提交的“同济大学乡村振兴暨脱贫攻坚典型案例”荣获“全国新农村发展研究院协同创新战略联盟优秀案例”。

科技研究 4月，新农院教授朱洪光主持的国家重点研发计划课题“免水冲农村户厕粪尿收储及资源化利用技术与示范”结合阜南县农业废弃物沼气与生物天然气开发利用PPP项目，实现阜南县燃气供应全覆盖。阜南县“动物植物有机废弃物全利用、利用全循环、循环全覆盖”模式被安徽省全省推广，为全国实施可再生能源替代行动提供了阜阳方案，被《习近平时间》作为碳达峰、碳中和典型案例进行报道。

新农院根据《农业农村部农业机械化管理司关于开展专家包片指导“四分”农业机械化发展目标任务研究工作的函》，积极安排农业经济专家祝华军包片指导上海市、江苏省、浙江省、福建省、山东省、江西省、安徽省和河南省“四分”农机化工作。

11月，新农院吴军辉主持的国家重点研发计划课题“农资农产品在线交易服务平台研发与示范”，破解农业生产经营信息不畅和信息不对称难题，引导跨越“数字鸿沟”实现小农户与大市场有机衔接，选取井冈山拿山镇作为课题首个应用示范点，同时在永新县、屏山县、万年县、奉新县、丰城市、上高县、仙桃市、巢湖市8个村镇应用示范。

11月，新农院参与的联合国教科文组织“世界遗产与可持续旅游项目”——湖南省武陵源世界自然遗产示范研究，荣获中国风景园林学会科学技术奖(科技进步奖)一等奖。

12月，新农院承担的“长三角生态绿色一体化发展示范区‘双碳’战略研究”评为国家农业科技发展战略智库联盟2021年度优秀战略研究成果。

12月，为助力崇明现代新农业发展，推进世界一流的农业科创岛建设，上海市农业农村委员会、上海市科学技术委员会、上海市崇明区人民政府共同举办2021中国崇明农业科创岛揭榜挂帅大会。张亚雷团队挂帅“农田固碳减排与生态循环技术研究与应用”项目。

成果转化 新农院设施农业团队联合上海同魄科技发展有限公司，开展了塑料大棚智慧化生产的研究和示范应用，在上海崇明正禾农业发展有限公司的生产基地推广应用了15亩，在上海乡村果蔬专业合作社和上海金篮子新洁果蔬专业合作社推广应用了20亩，节约了30%以上的人工，提高了塑料大棚生产精准管理的能力和管理效率，做到设施生产的可持续发展。

教学工作 2021年，全院共开设本科生选修课5门：自然生态与景观美学，电脑图像创制技艺，花卉文化学，生态农业与食品安全，食品营养、烹饪与安全。共开设研究生课程8门：农业工程及研究方法、实验设计与数据分析、设施农业、生物质能源工程、农业工程学科进展及趋势、农业生态学、农业工程测量与控制、农业环境工程。

新农院培养19名硕士研究生(18名全日制、1名非全日制)的毕业论文顺利通过答辩；指导38名全日制硕士研究生和8名非全日制专业学位硕士研究生的研究工作。2021届研究生中3名被抽中毕业论文盲审的评分全部达到优良。

为提高专业学位硕士研究生培养质量，新农院制定《专业学位工程硕士培养质量管理办法》，成立同济大学新农村发展研究院专业学位工程硕士培养管理小组，规范研究生培养流程。

2020—2021年度同济大学班主任工作考核中，新农院班主任石惠娴考核优秀，并于2021年9月获优秀荣誉证书。

10月，新农院朱洪光指导的学生论文“稻壳生物炭生物膜对猪场消化液废水的脱氮处理及微生物群落影响”荣获中国沼气学会论文二等奖，“碳布双极板电增强生物反应器(CBEEB)脱氮影响因素及电流响应”和“外循环式碳布双极板电强化生物反应器用于废水脱氮净化的探索”分别荣获中国沼气学会论文优秀奖。

11月，新农院牵头组织校内农业环境、智慧农业、环境控制、城乡规划、农业经济等学科团队共同申报乡村振兴人才培养同济模式的教学成果。以现代农业科学与工程研究院为主体，积极探索“师资队伍多元化”“课程体系多学科深度融合”“实践培养紧密结合高水平平台与基地”的“多元、融合、实践”的人才培养同济模式，经同济大学教学成果奖专家组评审，获得校级特等奖，并推荐申报2021年高等教育上海市优秀教学成果特等奖。

学生工作 2021年，学生获得荣誉情况：国家奖学金1名，校优秀硕士生奖学金3名，校研究生社会活动奖学金2名，华特奖学金1名，华为奖学金1名，雄韬氢雄奖学金1名，校优秀毕业论文1名，2020年“华为杯”第十七届中国研究生数学建模竞赛一等奖1名、三等奖1名，2021年致远杯公益文化进阶挑战赛二等奖1名。在2019—2021届三届学生中，获得各类奖项的学生占学生总数的30%以上。

7月，新农院吴军辉团队指导研究生完成成果《稻花香里说丰年》荣获上海市教育委员会第十七届“挑战杯”特等奖。

合作交流 1月，新农院吴军辉联合环境科学与工程学院教授周雪飞、褚华强、高峰等专家，组建交叉学科团队接待山东莱西市文化旅游局、工信局、农业农村局、供销合作社等地方政府领导，共赴上海市崇明东滩鸟类自然保护区管理处，参观考察长江河口湿地生态系统野外科学观测研究站。

5月，新农院主办2021年度上海科技节活动，邀请上海设施农业工程技术研究中心业务带头人陈杰副教授作主题为“植物工厂”的学术报告。新农院设施农业团队参与中德工程学院研制的新型AI智能植物舱(模块化智能植物工厂)参展2021年上海第十届崇明花博会。

5月，新农院设施农业团队联合中集集装箱板块扬州通利基地、宁波台雄生物质燃料有限公司等多方合作，共同设计建造的“中集花园”展区亮相2021年上海第十届崇明花博会。

5月，新农院生物质能源学科带头人朱洪光受农业农村部科教司邀请，参加农业农村领域双碳战略推进恳谈会，并作“同济大学在发展农业农村领域负碳产业中的实践与展望”专题报告。

6月，新农院邀请铜仁市驻沪办公室张祖叶主任和方正集团多策投资董事长朱宏飞一行前来同济大学生态园进行合作交流，共同探讨关于贵州省铜仁市农产品产地冷藏保鲜设施建设项目，并达成合作意向。

7月，为庆祝建党100周年，新农院协助中国工程院主办建党百年科技创新成果展，特别邀请150名上海高校、中小学校的学生代表参观了此次成果展，展示了建党百年来中国工程院在科技创新方面的成果，也吸引更多的大中小学生关注科学，培养大家对科学的兴趣和热爱。

8月，为充分践行大学、研究机构服务社会的任务职责，新农院与相关企业合作，走进幼儿园、中小学校园，多次组织开展"走入绿色世界，亲近花草树木"的幼儿园、中小学农耕知识教育活动。

9月，新农院设施农业业务骨干陈杰副教授受邀前往杨浦区打虎山路幼儿园开展农耕知识教育活动，现场指导自然常识老师和学生进行整地、施肥和播种的农事操作。播种活动包括爱农思想教育、农业科普知识教育、植物园地建设以及高新农技实践四个方面。

9月，新农院联合继续教育学院组建交叉学科团队，协同西北农林科技大学、北京市农林科学院信息技术研究中心、中化现代农业科技有限公司赴巢湖市开展示范工作对接与调研。结合国家重点研发计划项目"村镇数字化科技信息服务综合示范"，现场考察了中化农业巢湖技术服务中心、巢湖市政府、巢湖市农业农村局和科技局、巢湖市苏湾镇农技推广站、梁帝村村委会等单位。

9月，新农院联合江西农业大学、北京市农林科学院、四川省农业科学院、农芯科技（北京）有限责任公司交叉学科专家前往井冈山市拿山镇深度对接。拿山镇正式成为国家重点研发计划项目井冈山示范应用基地。

10月，新农院生物质能源专家朱洪光应邀参加2021年中国沼气学会学术年会暨中德沼气合作论坛，并作"区域农业有机废弃物生物天然气产业对双碳目标支撑"主题报告。

10月，为深入贯彻落实《福建省人民政府　同济大学深化战略合作框架协议》，发挥同济大学的教学、科研和人才优势，加速科技成果向现实生产力的转化，新农院推进《福建省古田县人民政府 同济大学校地合作协议》签署，促使文化旅游产业建设、生态文明建设、新型农村社会构建与治理等领域合作落地。

10月，新农院吴军辉、陈杰、祝华军组建交叉学科团队，联合中化现代农业科技有限公司赴仙桃市开展示范工作对接与调研，结合国家重点研发计划项目"村镇数字化科技信息服务综合示范"，现场考察了仙桃市农业农村局、张沟镇先锋村、仙桃市MAP现代农业服务中心、仙桃市沙湖原种场犇野农机合作社等单位，推进和仙桃市在现代农业、村镇数字化、农资农产品在线交易服务等领域的合作。

11月，为加强涉农高校间的工作联系，新农院专家赴山东省泰安市参加关于"面向未来农业发展的学科建设和高校发展规划"学术研讨会，促进协作交流。

12月，新农院主办"有机废弃物资源化利用技术沙龙"，参加会议的专家有华东师范大学谢冰教授、何国富副教授，复旦大学张士成教授，同济大学吕凡教授、陈德珍教授、王磊教授、沈峥研究员，上海园林科学研究院崔心红研究员，上海农科院薛永研究员，以及来自行业内重点企业专家，与会人员对有机废弃物资源化利用的方向和路径进行了充分而深入的讨论。

2021年度，新农院与日本ケーコン株式会社开展合作，签署了开发低能耗高效率快速有机肥生产流水线的协议。

（秦同娣）

创新创业学院

2021年，学院共有行政管理人员7人，专职教师1人。学院工作的重点坚持"专创结合、高技术创新，师生共创、高技术创业"的同济大学创新创业教育特色，以国家大众创业万众创新示范基地和环（泛）同济知识经济圈为基础，优化"共生型"创新创业创造生态，完善"三全育人"和实践育人格局，培养敢闯会创的高素质人才。

学科建设　以环（泛）同济知识经济圈为基础，结合政府、产业、社会等资源，建设培养拔尖创新人才的"共生型"创新创业创造生态，形成依托第一课堂的多种人才培养模式。强调思创融合，以"互联网＋"大学生创新创业大赛、"青年红色筑梦之旅活动"为载体，打造"德智体美劳"五育大平台。建设专创结合的通识、专业和实践课程，将项目、竞赛、实践与课程结合。构建"学业、创业、服务"三位一体的导师制度，创新授课方式，加强评估评价、师资发展、思创专创等教学科研。面向以人工智能和大数据为主的智能经济和数字经济对创新人才的要求，深化创新创业教育理念、内容、模式与方法变革，依托同济大学作为教育部创新创业教育指导委员会主任单位的优势平台，实施创新创业教育"供给侧结构性改革"，推进双创教育升级版的打造，形成创新创业教育新经验。

4月7日，创新创业教育研讨会在同济大学瑞安楼807B成功举行。创新创业学院聘请校发展规划部蔡三发，经济与管理学院叶明海，马克思主义学院王滨，医学院任天斌和吕立夏等为教学工作指导委员会委员，就学院双创课程体系建设、"创新创业＋"人才培养实验区培养方案、创新创业微专业培养方案和招生简章逐一进行认真审议和研讨。

6月28日，创新创业教育改革研讨会在同济大学瑞安楼807B成功举办。邀请了来自11个学院和高等教育研究所的专家学者就深化创新创业教育改革，提升创新创业教育质量展开深入地研讨。

9月1日，创新创业学院制定的创新创业教育评审标准，被用于200所示范高校双创教育评审。

10月12日，国务院办公厅印发《关于进一步支持大学生创新创业的指导意见》（国办发〔2021〕35号），创新创业学院参与起草的内容：以"共生型创新创业创造生态"为例的同济大学"校区、园区、社区"联动、"学城、产城、创城"融合的双创经验被写入其中；指导高校示范基地所在城市主动规划和布局高校周边产业，积极承接大学生创新成果和人才等要素，打造"城校共生"的创新创业生态。

10月23日，在全国双创周上海分会场，创新创业学院与上海科创集团共同举办了主题为"同济上海科创联动 智创绿色未来"创新论坛。

科研工作 2021年发表创新创业教育教学论文6篇，出版创新创业译著2本，主持中国工程院院地合作科研项目1项和教育部新文科建设项目1项，荣获同济大学教学成果奖特等奖和二等奖各一项。发起召开线上线下创新创业教育相关会议8场，线上线下参与者数十万人，推动了同济大学创新创业教育经验与模式在全国高校的示范和引领。

教学工作 创新创业学院把创新创业教育融入人才培养的全过程，以"学时""学分(课程)""学程(微专业)""学历(辅修专业)"体系实现各种层次的创新创业教育和人才培养模式探索与实践，使创新创业知识进通识课程、进专业课程、进实践课程，建成"全员覆盖、重点突出、本研贯通"的创新创业教学体系。2021年共开设创新创业通识选修课程57门次，选课人数3065人。2021年学院联合土木工程学院、设计创意学院、环境科学与工程学院和人文学院开展"创新创业＋"人才培养模式实验区，招收本科学生25人。

3月27—28日，同济大学第26期大学生创业培训基础班暨"创业修炼"通识课程在同济大学四平路校区成功举办，130余名同济学子参与本次培训，优秀学员获颁荣誉证书并获赠书籍。课后，联合校团委、中法工程与管理学院、同济创新创业控股有限公司等单位开展2次课程项目路演活动。

10月1日，受教育部高教司委托，教育部高等学校创新创业教育指导委员会(同济大学为主任委员单位，创新创业学院为秘书长单位，牵头落实)编辑出版《敢闯会创 筑梦未来——新时代中国高校创新创业教育发展报告》。

10月30日，"创业修炼"暨第29期大学生创业培训基础班在同济大学嘉定校区成功举办，120余名同济学子参加了本次课程，优秀学员获颁荣誉证书并获赠书籍。课后，联合上海市大学生科技创业基金会同济分基金、校创业指导站和同济科技园嘉定分园开展2次课程项目路演活动。

11月29日，创新创业学院获2021年同济大学教学成果奖特等奖1项、三等奖1项。

12月17日，"创新方法与创业基础"实践课程暨同济大学大学生创新体验竞赛项目路演在教学南楼成功举办，来自11个学院的30支队伍进行了路演展示。

学生工作 学院根据创新创业人才培养目标，对参与创新创业模式培养的学生，组建高质量创新创业指导团队，全程实行学业导师、创业导师、服务导师三位一体的导师制，导师由学院工作小组负责遴选、过程监管及定期考核，并制定本科生导师工作条例及实施细则。

4月2日，创新创业学院副院长殷俊锋带队赴同济科技园嘉定分园以及汽车学院、电子与信息工程学院、机械与能源工程学院创新基地开展调研交流。

4月12日，同济大学大学生创新基地立项申请评审会于4月12—13日在瑞安楼成功举办。经各基地答辩及专家评审讨论后，11家创新基地获评"同济大学A＋级创新基地"，14家基地获评"同济大学A级创新基地"。

4月22日，第六届"汇创青春——上海大学生文化创意作品展示活动(环境设计类)优秀作品展"在同济大学博物馆开幕。同济大学副校长顾祥林，上海市教委高教处副处长赵丽霞等出席。第六届"汇创青春"展示(环境设计类)于3月5日全面启动，共收到上海市30所高校的380件参赛作品，同济大学共有15件学生作品参展，其中4件作品获一等奖。

4月23日，2019级"创新创业＋"实验区学生乘车前往漕河泾科技园进行实践学习。通过讲座、参观、研讨、互动等活动形式，学习世界500强公司先进经验，与创业者们进行深入交流。

4月24日，第六届同济大学大学生创新创业学术论坛在同济大学四平路校区举办，共评选出一等奖17项、二等奖22项、三等奖28项。本届论坛展示了同济大学实施大学生创新创业计划以来的最新成果，项目成果共提交47篇参赛论文，其中已发表的SCI论文有5篇，项目成果涉及专利44项，其中实用型专利30项、发明专利14项。

5月6日，第四届滨江国际人才节在杭州白马湖畔开幕，杭州市市委常委、组织部部长毛溪浩，浙江省省委人才办专职副主任张旭明，浙江省人社厅副厅长陈中等出席，同济大学与杭州市高新区(滨江)签订"5050创业金"合作协议。

6月5日，第四届全国大学生创新体验竞赛总决赛在东南大学九龙湖校区采用网络方式举行。本次比赛共有来自106所高校(包括海外两所)共计10047件作品参与，来自同济大学新生院、交通运输工程学院、测绘与地理信息学院、口腔医学院、电子与信息工程学院、经济与管理学院、土木工程学院和人文学院的学生团队共获得主题一(日新月异)一等奖7名、二等奖5名，主题二(创新价值)一等奖1组、二等奖2组。

6月10日，2021年同济大学大学生创新创业项目管理推进会成功举办，本次活动由创新创业学院、科研管理部、财务处共同主办。2021年同济大学共有877个学生项目成功立项，依托25家大学生创新基地及27个大学生创新分俱乐部对所有在研项目进行项目全流程线上管理。会后，创新创业学院分别在四平和嘉定校区共举办6场大学生创新创业项目管理培训会，本次系列培训会活动是创新创业学院"我为师生办实事"的举措之一。

6月11日，2021—2022年同济大学大学生创新俱乐部换届大会在四平路校区综合楼成功举办。大会投票选举出新一届主席团，对上一届30余名优秀创新俱乐部个人颁发了荣誉证书，并对新一届的创新俱乐部成员颁发了聘书。

6月23日，同济大学2021年创新创业项目申报大数据发布。本次共在线申报SITP、上创和国创项目877项，大一学生申报项目数同比增长32.1%，大二学生申报上创和国创占比分别为72.6%和67.3%，导师推荐课题合计519项（占比59.2%），项目指导教师人数同比增长8.6%，国际文化交流学院加入项目申报，本次双创项目申报共有31个学院。

7月12日，同济大学2021全国大学生暑期创新创业夏令营在逸夫楼正式启动。同济大学副校长顾祥林，中国银行上海市分行资深客户经理杨军，济丽集团董事长刘红等出席。本次共有来自同济大学、上海交通大学、南京大学、中国科学技术大学、北京理工大学、天津大学、山东大学、华东师范大学、湖南大学、南昌大学等14所高校的30余支创业团队、80余位青年创业者汇聚在同济大学参与为期一周的夏令营活动。

7月31日，2021年中美青年创客大赛上海赛区总决赛在浦东新区张江园区微能创投加速器圆满收官，同济大学项目团队获二等奖1项、三等奖2项、优秀奖10项，“EyeNKBT”和“肺部穿刺全自动导航系统”两支团队将代表上海赛区参与8月底全球总决赛的角逐。

8月31日，为期近两个月的杨浦区大学生“男神女神”创业能力训练营圆满落幕，上海市就业促进中心副主任赵晓云，杨浦区委组织部副部长、杨浦区人社局党组书记、局长李金刚等出席，同济大学数学科学学院的袁野同学获得“女神”称号。

10月12日，第七届中国国际“互联网＋”大学生创新创业大赛全国总决赛现场比赛在南昌大学举行。同济大学共获得全国总决赛金奖3项、银奖1项、铜奖3项。同济大学推荐的电子与信息工程学院2016届硕士毕业生黄炳川龙获评第三届“创新创业英才奖”（全国仅10人）。

10月22日，“第七届上海大学生创新创业训练计划成果展”在上海理工大学举行，同济大学获得最佳项目报告奖2项，最佳人气奖1项，优秀项目报告奖1项，优秀创业项目奖1项，优秀创新创业训练计划项目案例3项，优秀展示项目奖3项。

11月9日，创新创业学院与新生院联合举办8期“同思双创”优秀创新创业项目展示之学堂专场活动，活动覆盖新生院所有学堂。

11月22日，中共中央政治局常委、国务院总理李克强在上海考察。作为上海市推荐的14名创业代表之一，同济大学舒强（同驭汽车，第六届“互联网＋”大赛全国金奖，最具商业价值奖）与王群龙（氧隆科技，在读博士生，第四届“互联网＋”大赛全国铜奖）接受了李克强总理的接见。舒强作为4名发言代表之一，从创业企业实际出发，提出了关于对中小企业实体继续减税降费以及对于青年人才招聘、培养、落户相关支持的建议，为中小企业发展献计献策。

12月4日，第七届同济大学大学生创新创业学术论坛在同济大学四平路校区举办。共有76项大学生创新创业训练计划项目参加，最终评选出成长组一等奖28项、成长组二等奖28项，萌芽组一等奖10项、萌芽组二等奖9项。

12月4日，2021年同济大学大学生创新基地总结研讨会顺利举行，来自本科生院、创新创业学院和25家大学生创新基地的项目负责人及主管教师参加会议，评选出8家“2021年同济大学优秀大学生创新基地”。

12月10日，第十四届全国大学生创新创业年会在西北工业大学长安校区举行。同济大学医学院学生团队论文获得“优秀学术论文奖”（全国20篇），指导老师高芙蓉、徐晶莹获得“优秀学术论文导师”奖。

12月15日，2021同济大学创新创业教育成果表彰会暨“中行杯”系列双创竞赛颁奖典礼在逸夫楼成功举办，中国银行上海市分行资深客户经理杨军，同济大学副校长顾祥林等出席。本次共颁发第七届中国国际“互联网＋”大学生创新创业大赛、第三届创新创业英才奖、2021同济大学创新创业优秀指导教师、第十四届全国大学生创新创业年会、2021同济大学优秀大学生创新基地、2021中美青年创客大赛、第六届“汇创青春”上海大学生文化创意作品展示活动、第五届全国大学生创新体验竞赛校内赛、2021同济大学优秀大学生创新俱乐部等9个大赛和活动的奖项，其中共评出第七届“互联网＋”大赛校内赛优秀组织奖10个、优秀大学生创新基地8个、创新创业优秀指导教师10名以及优秀大学生创新俱乐部8个。

12月29日，创新创业学院推荐的项目EyeNKBT获得2021五角场创新创业大赛“创业新芽”奖。

对外交流　秉承“优势互补，互惠互利，创建一流，共同发展”的指导原则，学院依托同济大学对德为主的传统合作基础，继续加强对法、意、芬兰、西班牙等欧洲国家的创新创业相关的交流和合作，并开展“一带一路”国家的创新创业教育和交流，拓展师生创新创业的国际视野和合作交流水平。

5月20日，创新创业学院国际交流合作论坛暨第七届中国国际“互联网＋”大学生创新创业大赛国际赛道启动会在四平路校区举行，来自本科生院、中德学部、中法工程与管理学院、中意学院、中西学院和创新创业控股有限公司等单位的代表参加本次论坛。

获得省部级以上(含省部级)奖励、荣誉称号的情况

省部级及以上先进集体与个人

第七届中国国际“互联网＋”大学生创新创业大赛上海赛区优秀组织奖(个人)　周梦妮

教学、科研成果奖

获奖时间	奖项名称	获奖等级	获奖教师	授奖部门
2021年10月	第七届上海大学生创新创业训练计划成果展优秀创新创业论文	省部级	汉欣慧、沈嘉	市教委
2021年10月	第七届上海大学生创新创业训练计划成果展优秀创新创业论文	省部级	李龙翔、周梦妮、章浩	市教委

其他获奖情况

获奖时间	奖项名称	获奖等级	获奖教师	授奖部门
2021年6月	第四届全国大学生创新体验竞赛优秀指导教师	省部级	沈嘉	中国创造学会
2021年6月	第四届全国大学生创新体验竞赛优秀指导教师	省部级	汉欣慧	中国创造学会
2021年6月	第四届全国大学生创新体验竞赛优秀指导教师	省部级	许涛	中国创造学会
2021年10月	第七届中国国际“互联网＋”大学生创新创业大赛“优秀创新创业导师”	国家级	周梦妮	教育部
2021年12月	第十四届全国大学生创新创业年会	国家级	高芙蓉、徐晶莹	教育部

2021年各类竞赛获奖汇总

第七届中国国际“互联网＋”大学生创新创业大赛

全国金奖　王　伟　张　琪　姜雅婧　余宇霞　陈国玉　刘　静　秦荷杰　汪　磊　常挺震　陈　羿　许飞扬　蒋丞卿　王龙飞　康紫薇　胥迎春　汪杭生　王绍平　刁　萌　潘慧清　韦海云　徐可涵　彭慕遥　郭　跃　冯泗衡　廖泓宇　张法卓　戴逸菲　陈是文　李子祺　刘一樊　杨熙玲　黑静好　程方琦　蒲泽辉　杨子昊　张　刚

全国银奖　张晓明　高　倩　刘成龙　刘　浩　林雨超　吴荻非　蒋盛川　钟　盛　黄前华　戴文涛　张　钊

全国铜奖　邓家骏　仲一凡　孙维言　汪　洋　鄂浩然　何一铭　李盛辉　陈跃威　陈静颖　喻　康　汤　海　赵蒙蒙　杨　鑫　闫　乐　田沐航　陆紫娟　董　旭　路　杨　权宸祺　陈星宇　胡路乔　LIN ZHENG MING　AGOSSOU NOUNDJIOU MAHUTON ROCK　沈林林　辛　旭　TAING PENGLY　NURAN SALOGLU　HOMRUEN MR. WORACHO　徐润苗　张　京　李佳慧　姜智威　李　伟　王茗萱　王慧娟　施　琰

上海市金奖　谢腾辉　李昊洋　潘金海　赵艺博　季嘉蕊　包雨点　陈蓓礽　杨　帆　杨森森　曹正青　杨芝琳　曾晓平　王龙飞　葛韵斐　王　浩　黄重阳　辛　旭　和文宝　陈　森　魏玲娇　桑菲菲　李沁怡　李文瑄　戚　铎　李翔宇

上海市银奖　李玮琦　王泽钜　赵英彤　杨舒涵　徐静怡　林欣然　郭　跃　蒲泽辉　刘浩然　季马泽宇　顾珈静　任梓心　董　涛　陈　阳　戴晗雨　许宇扬　逍　遥　李子文

上海市铜奖　沈　星　何　健　孙　晨　辛　旭　王　浩　陈海潮　韦　琦　袁佳琳　徐　峰

第十四届全国大学生创新创业年会

优秀学术论文奖　陈　羿　汪　磊　康紫薇　常挺震　王龙飞

第七届上海大学生创新创业训练计划成果展

最佳项目报告奖　刘佳琪　王佳樱　曾　琢　何　磊　陶志睿　王博炜

最佳人气奖　李雨晗　任纪媛　廖一燃

优秀项目报告奖　顾珈静　汤　焱　马玉涵

优秀创新创业训练计划项目案例奖　李　左　袁鹤翔　杜　帅　叶子龙　胡　焱　石卓凡　孙一洋　潘湘辉

优秀创业项目奖　龚悦宁　熊　亮　徐英男

优秀展示项目奖　梁宇翾　李宗睿　李明清洋　李雨晗　任纪媛　廖一燃　董昊林　王炳正　史新民　徐宸飞

2021 中美青年创客大赛

上海市二等奖　汪　磊　陈　羿　Anosha　Karen　Sundas

上海市三等奖　杨　鑫　田沐航　仲一凡　鄂浩然　王闻佳　谭丞超　王礼媛

第三届全国大学生创新体验竞赛

全国一等奖(主题:日新月异)　李思为　傅　瑜　程令媛　郭美杉　连柘溪　冯　蕊　李欣鸿

全国二等奖(主题:日新月异)　曾学聪　陈美颐　沈茵石　张紫扬　钟欣茹

全国一等奖(主题:创新价值)　金屹阳　杨子超

全国二等奖(主题:创新价值)　孙苏馨　王若帆　余天一　赵亦凡　曾云驰

第六届"汇创青春"——上海大学生文化创意作品展示活动

一等奖　杨希言　胡嘉伟　任晓涵　张雨阳　赵　迪　阙鑫荣　田　恬　陈思涵　郝　行　王家琪　白寅崧　洪晓菲　涂鸿昌　吴泽恒　吴　畅　王朴淳　徐之阳　鲁思琪　张婧怡　肖绍赜　王艺蒙　康瑜睿　尹文俊　马佳莹　张颖珊　袁　硕　熊天琦　杨惠琪　杨晟玮　陈梦阳　啜世阳　张人元　陈　安　高培中　郑茜予　高培中　郑茜予　陈　安　曾浩然　廖文熙　吴依辰　俞晰涵　李玮琦　王泽钜　李嘉杰　刘雪迪　南雯瑛　林欣然　杨舒涵　黄民奕　洪学思　吕婧婧　吕　男　廖怡伶　贾雨翔　杨雨彤　王　惠

二等奖　刘亦凡　徐浩文　刘小涵　李思静　李梓铭　于成志　史林凡　郭俊儒　徐艺林　刘勇锋　肖绍赜　尹文俊　徐　悦　张婧怡　潘竞轩　郁伊园　刘睿致　贾　烙　梁玥静　曹　峻　邓民柱　陈丹怡　郑雨晴　丁逸敏　任思虹　陈鸣惊　李凡星　万兴凯　梁伊雯　袁新航　丁晨航　袁　硕　黄丹琪　潘静雨　肖一清　陈翔飞　孙文麒　曾　泽　王新宇　伍欣仪　王佳樱　姜懿宸　潘海若　邵春溪　周雯萱　蔡学荣　潘瑞琨　刘桐瑞　陈　曦　高培中　陈　安　郑茜予　林欧诗　范佳暄　曹依果　刘　畅

三等奖　刘知为　梁　妍　林晖虎　陈绍琪　唐　雪　徐　蕾　张浩然　周宇萍　黄　然　刘　畅　吴学平　狄敏毅　吴　鑫　旦增克珠　张冰倩　董昱璨　李雨晗　任纪媛　王旭赟　陈可欣　庞豪桦　邓少峰　梁　爽　刘睿致　王旭赟　唐子燕　张浩然　朱怡霏　高丽虹　刘书彤　王　源　张信妮　朱倍佳　刘华灿　武周扬　黄思轶　张之弦　李子祺　艾心智　李子涵　陈晓雯　戴蓓佳　周子龙　林　滢　巩欣怡　丁逸敏　彭　颖　袁芃凡　王润琼　邢萍黄　偲　蕊　刘嘉楠　陆晨瑶　贾小玉　陈　哲　周楷彬　杜　玫　何　娴　胡　冲　齐小钰　伍欣仪　姜懿宸　王佳樱　李东霖　赵玉麟　王锦琨　张　喆　江　帆　白尚易　邓欣凌　朱子绎　周宇萍　顾乔枫　夏多为　梁宇淇　周　颖　潘静雨　李博阳　陆昱珉

(李龙翔)

德国研究中心/德国学术中心

德国研究中心(以下简称"中心"),作为教育部国别和区域研究基地之一和上海高校智库(一类),在2021年积极探索体制机制创新,服务国家发展和外交战略,开展前瞻性、储备性应用对策研究,在决策咨询与社会服务、实体建设、人才培养、国际合作方面产出成果丰富。

科研工作与学术活动　2021年,中心专兼职研究员向中共中央办公厅、中共上海市委办公厅、上海市教卫党委、教育部机制办、财政部、科技部、国家发改委、国家哲社办总计上报80余篇决策咨询报告,多篇获省部级以上采纳或领导批示。

中心专兼职研究人员2021年在《环球时报》(*China Daily*)《解放日报》《南方日报》《文汇报》《中国社会科学报》和澎湃新闻网站等各类媒体发表署名文章49篇,另接受各类纸媒和网络媒体的多次采访。科研方面,除了推进在研的各类国家级、省部级哲学社会科学课题以外,中心2021年还承担了教育部国别和区域研究年度课题、外交部中欧关系研究"指南针计划"。中心研究人员完成2021年同济大学德国研究智库专项课题9项,研究内容涵盖德国与欧洲政治、外交、社会、经济、法律及中德关系、中欧关系等领域。

中心2021年继续密切关注德国政治、外交、经济、社会、文化、教育及中德关系等领域的发展动态,开展基础研究和应用对策研究,已形成《德国快讯》《德国研究》杂志及《德国发展报告》(德国蓝皮书)、"同济大学欧洲与德国研究丛书"等系列出版物。2021年出版《德国研究》杂志(季刊)4期、《德国快讯》(半月刊)24期、德文版论文集《德国的中国能力与中国的德国能力》(电子版)、《德国默克尔政府外交政策研究(2013－2019):从克制迈向积极有为》(郑春荣 著)、《德国的亚洲政策研究(2013－2019 年)》(陈弢 著)。

中心 2021 年举办各类学术研讨会、报告会 20 多场,中心专兼职研究人员参与的国际和国内学术研讨会达 50 人次以上。

3 月 8 日,应中心邀请,德国联邦国防部前部长鲁道夫·沙尔平(Rudolf Scharping)作“中国、欧洲和德国:国际合作的前景”主题报告。

4 月 7 日,《德国研究》杂志编委会工作会议在同济大学中德大楼 715 会议室举办。会议宣布了新一届编委会成员人选,并对编委会职责、杂志工作方法等事项进行了审定。《德国研究》杂志主编朱绍中教授,中心特别顾问、中国驻德国前大使史明德先后致辞。

4 月 14 日,由中国科学技术发展战略研究院李研副研究员牵头发起、中心承办的“后默克尔时代德国科技政策展望”专家研讨会在同济大学中德大楼 912 会议室举办。来自同济大学上海国际知识产权学院、经济与管理学院以及中心的 5 名专家参加会议,就德国科技政策的趋势及其对中德科技合作的影响进行了研讨。

4 月 15 日,由中心研究员俞宙明博士主持的国家社科基金中华学术外译项目开题论证会在同济大学中德大楼 912 会议室举办。此次会议采取线上会议和线下相结合方式进行,与会的评审专家分别来自上海外国语大学和同济大学中德人文交流研究中心。该项目原著为《当代中国的阶层结构分析》,于 2016 年由中国人民大学出版社出版。

5 月 21 日,“德国大选及新政府内政外交展望”学术研讨会在同济大学中德大楼 715 会议室举行。本次会议由中心与校中德人文交流研究中心、上海欧洲学会联合主办,《德国研究》杂志编辑部协办。来自中国社会科学院、中国国际问题研究院、中国现代国际关系研究院、上海欧洲学会、复旦大学、上海外国语大学、同济大学等研究机构、高校的 40 余名专家学者、师生参会。

6 月 17 日,由中心和政治与国际关系学院欧洲研究中心联合主办的同济大学历史与国际关系论坛第六期第二讲在线上开讲。外交学院国际关系研究所教授、博士生导师、外交学院欧洲研究中心主任、中国欧洲学会理事赵怀普受邀参会,并作“当前美欧关系”主题报告,来自同济大学政治与国际关系学院、外国语学院与中心的 50 余名研究人员、师生参会。

9 月 24 日,由中心与校中德人文交流研究中心、中德学院、德国阿登纳基金会上海代表处、德国波恩大学全球研究中心联合主办的第九届中德论坛“德国联邦议院选举后的中德关系”国际会议在线举行。来自复旦大学、同济大学、中国国际问题研究院、中国社会科学院欧洲研究所、德国波恩大学、阿登纳基金会等高校和科研机构的 40 余名专家学者参会。会议分为“德国联邦议院选举及其对德国内政、外交的影响”“德国联邦议院选举后的中德政治关系”“德国联邦议院选举后的中德经贸关系”和“中美欧三边关系背景下的中德关系”四个单元。与会专家学者对大选后的德国内政、外交形势进行了研判,为推动中德关系向前发展积极建言献策。

9 月 27 日,由中心组织编写的《德国发展报告(2021):迈向“后疫情时代”的德国》(德国蓝皮书)发布会暨“大选后的德国形势”学术研讨会在四平路校区举行。史明德、副校长雷星晖、社会科学文献出版社总编辑杨群、中国欧洲学会德国研究分会会长顾俊礼分别致辞。来自北京外国语大学、上海外国语大学、复旦大学、同济大学、中国社会科学院、上海欧洲学会等高校、科研机构的 90 余名专家学者通过线上、线下方式与会。发布会由中心与校中德人文交流研究中心、《德国研究》编辑部主办,并通过在线会议平台进行了直播。当天下午的“大选后的德国形势”学术研讨会上,来自复旦大学、同济大学、中国社会科学院欧洲研究所、中国国际问题研究院、上海国际问题研究院等科研机构代表 30 余名专家就大选之后的德国内政、外交及中德、中欧关系走势进行了研判。

10 月 15 日,中心与上海国际问题研究院、上海欧洲学会联合举办“德国大选对中欧关系影响”会议。来自上海欧洲学会、上海国际问题研究院、复旦大学、同济大学、华东师范大学、上海外国语大学等学术机构的 16 名研究欧洲和德国问题的专家出席会议。

10 月 17 日,中心主任郑春荣教授担任首席专家的国家社会科学基金“重要国家和区域”重大研究专项开题报告会在中德大楼举行。开题专家组成员包括:中国社会科学院欧洲研究所所长、中国欧洲学会会长冯仲平研究员,中国欧洲学会副会长、上海欧洲学会会长、上海社会科学院世界经济研究所徐明棋研究员,复旦大学欧洲问题研究中心主任、中国欧洲学会副会长、上海欧洲学会副会长丁纯教授,上海欧洲学会副会长、上海国际问题研究院叶江研究员,同济大学外国语学院院长吴赟教授。专家组一致同意该项目通过开题。

10 月 22 日,由中心与上海欧洲学会联合主办的上海市社联第十五届“学会学术活动月”项目——“新发展理念下的中欧合作前景”专题研讨会在同济大学中德大楼举行。会议以线上、线下融合的方式进行。来自同济大学、复旦大学、华东师范大学、上海外国语大学、欧洲政策研究中心、上海欧洲学会、中国欧盟商会、上海社科院国际问题研究所、上海国际问题研究院等高校和科研机构的 30 余名专家学者受邀参会,围绕中欧在经贸、数字化、能源、可持续发展等领域的发展现状及合作前景展开深入研讨。

11 月 7 日,中心与校中德人文交流研究中心、《德国研究》编辑部联合《国际展望》编辑部、《国际观察》编辑部、《国际关系研究》编辑部和《俄罗斯研究》编辑部共同举办的“新发展格局下的国别区域研究”学术研讨会在线举行。常务副校长吕培明、教育部国别与区域研究工作秘书处主任罗林出席会议开幕式并致辞。来自中国社会科学院、上海国际问题研究院、北京大学、复旦大学、南京大学、同济大学、中山大学、华东师范大学等高校和科研机构的120余名专家学者参加了会议。会议设置了大会发言环节和“国别区域研究学科建设与咨政服务”“国别区域研究理论建构与方法创新”和“国别区域研究人才培养与课程思政”三个分论坛。史明德、冯仲平、外交部政策规划司公使衔参赞李南、上海国际问题研究院学术委员会主任杨洁勉、浙江师范大学非洲研究院院长刘鸿武分别作大会主旨发言。

2021年，中心共举办5期研究员沙龙活动。1月4日与4月8日，特邀史明德分别作“中德、中欧关系展望”及“大选年的德国及中德、中欧关系”主题报告；5月24日，邀请中国社会科学院俄罗斯东欧中亚研究所朱晓中研究员作“当前中欧关系的挑战——基于中国一中东欧合作中亟待解决问题的分析”主题报告；11月11日，由中心副主任伍慧萍教授作“浅谈如何撰写决咨报告”主题报告；11月24日，邀请校政治与国际关系学院戴维来副教授作“从决策看决策咨询”主题报告。

课程建设　中心开设有完整的以德国研究为主攻方向的硕士与博士研究生专业课程；2021年，中心为全校开设涉德通识课程，如德国概况、德国电影等。

2021年，作为中心学科支撑之一的外国语言文学学科设有国别与区域研究学科方向。学校在法学一级学科下自设以德国研究、欧洲研究为主攻方向的国际知识产权跨学科专业。

教学工作　中心依托的德国问题研究所2021年招收2名德国研究方向博士研究生、5名德国研究方向硕士研究生，德国问题研究所2021年共有8名博士、12名硕士研究生在读德国研究方向。

队伍建设　中心采取虚实结合的构架，以校德国问题研究所研究人员为实体和核心，加上校内其余专兼职研究人员，共计70余人。此外，中心聘有两名德籍全职研究人员，其中1名为德国前外交官。2021年增聘助理教授一名。

中心实行理事会领导下的主任负责制。理事会聘请德国波恩大学全球研究中心主任辜学武教授担任中心战略顾问，聘请中德友好协会会长、前驻德国大使史明德担任中心特别顾问。

中心通过发布课题、针对时政要点及时向专兼职研究人员约稿等形式进一步充实中心的学术队伍。

人才培养　中心专兼职研究人员来自多个对德研究与合作院系，形成多层次、多学科并进、以涉德课程和科研项目为纽带的人才培养格局，覆盖本科生、硕士研究生和博士研究生和后备科研人员的培养。

信息化建设　中心运营有中、德双语版本的“同济大学德国研究在线”网站，设有“同济大学德国研究中心”“德国蓝皮书”微博和微信公众号，“今日头条”官方账号，与网站相配套，及时发布中心有关德国和欧洲研究方面的成果，微信公众号的信息每周定期更新。

德国学术中心网站发布德语业余培训班招生简章、公告及通知。同时运营德国学术中心微信公众号，发布中心德语培训相关信息和在校内外举行的与德国及德语学习相关的活动，以及介绍德国文化和风土人情，信息多样，每周定期更新。

2021年，中心进一步拓展中欧关系数据库，完善数据库平台基本架构搭建，保证同济大学中德关系一中德人文交流数据库和中欧关系数据库相关数据的日常筛选更新。

对外交流　中心每年与德国、欧洲其他国家和美国高校科研机构（如德国波恩大学全球研究中心、德国达姆施塔特工业大学政治学研究所、德国卡尔斯鲁厄理工大学未来技术研究所、美国霍普金斯大学当代德国问题研究所）以及智库（德国全球与区域研究所GIGA、德国科学与政治基金会SWP、德国对外关系协会DGAP、德国对外文化关系研究所ifa）等开展交流活动，如相互参加学术会议和联合举办会议等。2021年受新冠肺炎疫情影响，交流活动通过线上形式开展。

咨询服务　中心常年为上海欧洲学会提供关于德国内政外交、中德关系、中欧关系的咨询服务。中心研究人员受邀承担国家发展改革委、上海市决咨委、市政府有关长三角与北德合作等的专家咨询，承接教育部、外交部、上海市人民政府决策咨询委员会等政府部门决策咨询课题多项。

非学历教育　德国学术中心组织并管理校内所有的德语业余培训。培训班一年开设五期（寒假、春季、春季二期、夏季、秋季），分别在晚间和双休日开课，设有初级一（上）、初级一（下）、初级二、中级一、中级二。德语业余培训班在2021年共开设15个班，参加培训共341人次，参加考试234人次，考试合格率为68%。此外，中心定向为企事业单位提供德语培训，开设宝隆访学计划医护人员德语初级一和初级二班级，参加培训9人，参加考试9人，考试合格率为100%。

获奖情况　《德国发展报告（2020）》荣获第十二届“优秀皮书奖”一等奖。中心提交的《多形式助力新时代公共外交》案例获评“2021年中国智库参考案例（公共外交）”。

（黄晓）

中德人文交流研究中心

中德人文交流研究中心(以下简称"中心")为教育部国别区域研究备案中心,围绕中德关系、中德/中欧人文交流等领域及时为教育部、相关部委和地方政府提供专报。2021 年,中心围绕后默克尔时代中德关系、新时代中德人文交流等议题向有关单位提供专报,承担 1 项教育部中外人文交流研究委托课题《中国青少年对德交流的现状、机遇与挑战》,中心研究员积极申报上海市 2022 年度高校智库内涵建设项目。

中心长期关注中德两国在教育、文化、青年、体育、媒体等领域的交流与合作,积极利用信息时代各类媒体平台,包括微信公众号"中德人文交流"、微博号"中德人文交流"以及中德双语网站"中德人文交流网",搭建中德人文交流对话的重要信息平台。2021 年,中心继续负责运营同济大学官方网站德文版。

科研工作与学术活动 中心围绕中德两国在中德人文交流各领域的交流与合作,积极开展多种类型的研究,为相关部委提供决策咨询服务,争取各类委托课题,撰写和报送研究报告。

2021 年,中心专兼职研究人员在各大报刊和网站媒体上发表署名文章 21 篇,撰写、递交决策咨询报告 2 篇,积极在媒体平台、资政平台发出智库的声音。中心和校德国研究中心共同在澎湃新闻开设"同观·德国"专栏,2021 年中心研究员在此专栏上发表 7 篇文章。

重要事件与活动 2021 年,为促进中德人文交流领域的相互借鉴与经验共享,收集展示该领域近年来取得的重要成果,为两国人文交流开辟更多渠道,拓宽交流领域,深化合作内容,中心以"民心相通,行稳致远"为主题,面向中德两国,开展中德人文交流优秀案例征集活动。各地区、各企事业单位、民间社会组织与个人积极参与,共收录 41 个在中德人文交流中,作出显著贡献的活动和项目,总结分析成功经验,凝练创新模式,助力中德高级别人文交流对话机制的夯实与完善。

中德汽车职业教育合作项目(SGAVE)是经中国教育部与德国国际合作机构(GIZ)、德国五大汽车制造商(保时捷、宝马、奔驰、奥迪及大众)携手中国高职院校联合启动的"中德汽车机电技能型人才培养培训合作项目"。SGAVE 项目中方秘书处(同济大学),由教育部授牌,2012 年 10 月成立。2021 年,在 SGAVE 项目诞生十周年之际,中心摄制完成"SGAVE 中德职教"纪念短片,通过人物专访、教学展示、车间实拍等素材,对 SGAVE 项目的人才培养方案与体系、项目开展十年以来取得的成效等进行介绍与展示。

2021 年,第七届德国音乐周采用线上形式举办。德国特罗辛根国立音乐学院的音乐家与学院交响乐团及巴洛克管弦乐团的学生们为同济师生准备了精彩纷呈的"线上音乐之旅"视频。音乐会视频于 2021 年 12 月在同济大学官网德文版 Tongji Video 栏目上线,供所有音乐爱好者共同欣赏。

课程建设 2021 年,中心研究人员俞宙明在汉诺威莱布尼茨大学"中国能力学习证书"计划中的研讨课"China mitttendrin — Leben und Alltag in einem Land im Aufbruch"在线讲授了"工作世界"主题。该课程着眼当代中国,帮助德国学生了解了诸如户口、单位、农民工、男女平等、数字化、家庭与工作平衡等方面的历史变迁与当前发展,有助于德国学生更好地了解当代中国。这也是中心为促进中外友好交流、培养知华友华亲华的外国友人所做的努力。

队伍建设 中心实行小机构大网络的运行机制,设主任 1 名、副主任 3 名,日常运营依托德国研究中心现有行政团队完成。中心研究人员网络由骨干人员、校内外专兼职人员、人文高等研究院聘任人员、外籍客座研究员组成。2021 年,中心进一步夯实研究人员队伍建设,2021 年底已汇聚校内外、国内外专兼职研究员近 80 名。

信息化建设 2021 年,中心进一步完善"同济大学中德关系—中德人文交流数据库"平台的建设,同时保证同济大学中德关系—中德人文交流数据库和中欧关系数据库相关数据的日常筛选更新。

2021 年,中心对"中德人文交流网"进行了改版建设,新版网站于 12 月 31 日上线。除了对网站视觉风格进行更新之外,对内容版块、栏目及布局等进行了优化,新增了"记录者""人物"等栏目,以期在丰富内容的同时增强网站的可读性、趣味性,提升展示度。

2021 年,中心继续运营"中德人文交流"两微一端新媒体平台,长期跟踪、梳理中德两国在教育、文化、青年、体育、媒体等领域交流与合作的相关信息,及时传播中德人文交流好声音、讲述中德人文交流好故事,搭建中德人文交流对话的重要信息平台。至今公众号推文超过 3000 余篇,原创文章 800 余篇,打造出了一批有思想深度、有时代热度、有人文温度、有引领力度的原创精品专栏。

对外交流 5 月 12 日,中心主任董琦受邀参加中德友协 2021 年理事大会。

(陈慧兰)

磁浮交通工程技术研究中心

2021年磁浮交通工程技术研究中心(以下简称“磁浮中心”)在做好常态化疫情防控基础上，加强党的建设，以高水平党建引领各项事业发展，以“十四五”发展规划落地为抓手，加大人才引进、优化队伍结构，建设一流团队、承担国家项目，坚持有组织科研，增强合作传统，加强顶层设计，凝练学科方向，提升团队能力。

3月31日，轨交院与磁浮中心党委书记储志刚一行赴上海磁浮交通发展有限公司座谈，磁浮公司党委书记杨雪峰对来访表示热烈欢迎，双方就深化轨交领域合作深入交流。

4月6日，轨交院与磁浮中心在F212召集40周岁以下青年教师及在站博士后开展座谈会。

4月13日，上海申通地铁集团有限公司党委副书记、总裁毕湘利参观高速磁浮试验线。磁浮中心党委书记储志刚、主任陈小鸿陪同参观。

5月8日，举办第六届国际青年学者论坛轨道交通与磁浮分论坛。

6月，邀请德籍客座教授郑清华博士至中心访问，进行“高速磁浮的运行舒适性挑战与展望”学术交流。

8月4日，上海市副市长张为到访高速磁浮试验线，并试乘由中车株洲电力机车有限公司研制的磁浮样车。

9月10日，青岛轨道交通产业示范区管理委员会一行七人访问中心，参观高速磁浮试验线，并座谈交流，双方探讨在青岛产业示范区合作的可能性。

9月16日，南通市副市长王洪涛一行六人访问中心，参观高速磁浮试验线并听取介绍。

10月14日，中国国际工程咨询有限公司一行七人来中心调研高速磁浮技术的发展情况。

11月8日，轨交院与磁浮中心书记储志刚、中心主任陈小鸿代表同济大学应邀考察正在联调联试阶段的凤凰磁浮文旅项目。

由于疫情原因，与国际磁浮与直驱大会执委会委员协商，将第25届国际磁浮系统与直线驱动会议推迟到2022年10月。

管理工作 制定“十四五”学科发展规划分年度实施计划。通过至下而上和自上而下的多轮讨论，分析轨交院与磁浮中心的现状与问题，形成轨交院与磁浮中心中长期与“十四五”规划指导思想和发展目标，制定“十四五”主要任务与具体举措，并进行了可行性分析。

推进制度建设，规范工作流程。修订完善了研究生招生、录取规则，修订研究生招生名额及分配办法及研究生培养质量提升方案，制定《同济大学磁浮交通工程技术研究中心研究生招生名额分配管理办法》和《同济大学磁浮交通工程技术研究中心研究生指导教师招生资格认定办法》；为提升科研实力和创新水平，制定了《同济大学磁浮交通工程技术研究中心基础能力提升实施办法》和《同济大学磁浮交通工程技术研究中心2020－2022年高水平科研能力提升综合奖励办法》。

完成专业技术岗位人员聘期考核和新一轮岗位聘任方案。按照2018年制定的中心专业技术人员岗位聘任办法和考核要求，聘请校内专家完成三年聘期内团队和个人考核。制定《同济大学磁浮交通工程技术研究中心岗位设置暨聘任、考核方案(2021－2023)》，经磁浮中心教职工大会表决高票通过。坚持以团队组织科研、形成队伍，完成2021－2023年磁浮中心全体教职工聘岗工作。

按照《同济大学铁道与城市轨道交通研究院与磁浮交通工程技术研究中心2020－2022年高水平科研能力提升综合奖励办法(执行期2021年1－2023年12月)》，制定磁浮中心奖励发放方案，对中心申报及获批国家自然基金、高水平科研论文、授权专利、获奖等科研成果予以奖励。

完成嘉定实验大楼使用功能和规划使用方案及设备准备，待学校交付使用。固定资产和设备管理工作按规定有序开展，完成中心并入学校时经资产处核实确认后入账的固定资产折旧时间调整等工作。

胡轲珽、黄可、段浦川3名博士后获批上海市超级博士后。

科研工作 “十三五”国家重点研发计划先进轨道交通重点专项之磁浮交通系统关键技术课题的三项分课题高速磁浮交通系统关键技术仿真验证与优化设计研究，高速磁浮交通系统运行环境与影响因素分析及系统服役性能与环境可靠性关键技术，复杂环境下列车－轨道－隧道多元耦合与控制，国拨经费共计2760万元。“十三五”国家重点研发计划先进轨道交通重点专项中速磁浮交通系统集成总体技术方案研究课题的“中速磁浮车辆总体方案等研究”任务，国拨经费858万元。项目科研工作基本完成，验收工作陆续展开。

进一步完善1.5公里高速磁浮试验线，完成中速磁浮牵引供电系统的改造、供配电系统调试与送电，使其逐步具备独立第三方系统测试与评估能力。完成磁浮技术铁路行业重点实验室年度建设任务。5月召开第一届技术委员会会议，完成实验室开放课题发布、评审、任务书签订及拨款；申报国家铁路局资助课题“高速磁浮铁路车通用技术条件研究”并获批。上海市知识服务平台磁浮与轨道交通协同创新中心建设任务圆满完成，2013－2020年，累计到款1562.8万元。

组织完成国家自然科学基金申报工作。有效申报国家自然科学基金面上项目、青年科学基金项目9项，其中青年项目“中低速磁浮牵引逆变器IGBT故障准确检测与高效主动容错研究”和面上项目“双边一配对市场视角下类出租车服务平台算法治理研究”获批。完成2022年磁浮基金重点项目指南。通过基金委申报了拟由同济承办的高速磁浮专题的2022年双清论坛。组织完成基金委交办的磁浮技术关键词梳理和入库准备、磁浮相关的学科百问等工作。

技术服务、技术开发类横向项目立项18项，立项经费总额2747余万元；纵向项目立项9项，立项经费总额190.5万元。横向项目到款2500余万元，纵向项目到款329.5万元。

《高速磁浮交通设计标准》(CJJ/T 310－2021)由住房和城乡建设部正式发布，10月1日起实施。该标准由中心主编、中国铁路设计集团有限公司等15家单位共同编制。

12月，《磁浮铁路技术标准》(TB 10630－2019)英译版发布。

“高精超稳磁力传动技术及应用”项目获中国发明协会颁发2021年中国发明协会发明创业奖创新奖，一等奖，同济大学排名第2。

(高峻)

上海自主智能无人系统科学中心

2018年12月17日，上海推进科创中心建设办公室第八次全体会议召开，会上宣布成立上海自主智能无人系统科学中心(以下简称“科学中心”)，并同时开启“智能科学与技术”学科建设。教育部副部长杜占元和上海市副市长吴清共同为科学中心揭牌。

科学中心以打造人工智能国家战略科技力量为主要任务，聚焦自主智能无人系统重大基础前沿科学难题，强化学科交叉融合，围绕“自主与感知”“智能与涌现”“协同与群智”三大关键科学问题，从“超材料感知、多尺度融合、类自然计算、自主智能体、生机电共融、自主与交互、异构与决策、多体与协同、类脑与仿生”九大研究方向展开科研攻关，创新学科交叉融合建设机制，开展科技创新攻关及人才培养，抢占智能科学与技术前沿基础理论制高点，打造世界一流人工智能研发机构，致力于为新一代人工智能的发展提供智力支撑。目标锚定建设全球有影响力的人工智能科技创新中心，从而推动上海成为人工智能创新策源高地、应用示范高地、制度供给高地和人才集聚高地。

2018年12月18日，学校党委书记方守恩、校长陈杰等赴张江人工智能岛实地踏勘楼宇选址，以人工智能岛16号、17号楼作为科学中心先期启动场地。

2019年1月18日，同济大学参加张江科学城重大项目战略合作签约仪式，标志着科学中心正式入驻张江人工智能岛。

上海市市级科技重大专项 2020年，学校依托科学中心获批上海市人工智能市级科技重大专项“人工智能前沿基础理论与关键核心技术——自主智能无人系统”。专项由同济大学牵头，联合上海交通大学、复旦大学等高校共同实施，重点聚焦自主智能无人系统、机器智能、人机物三元协同与群智涌现等研究，建设人工智能研究开源开放与共享生态研究平台，开发人工智能研究支撑工具与系统，建设面向无人机、建造等场景的应用示范，力求获得颠覆性、变革性和前沿性的理论和关键技术，汇聚培养国际顶级研究人才。

2021年3月25日，上海市人工智能市级科技重大专项启动会顺利召开。2021年9月30日，上海市市级科技重大专项半年进展考核会在张江人工智能岛召开。

截至2021年年底，上海市市级科技重大专项围绕研究任务已开展人员引进和团队组建，以及前沿基础理论研究和关键技术研发。在半年度考核会上，上海市科委、考核会专家组成员一致认为项目进展情况符合预期目标。

重大科技基础设施项目 2019年5月19日，科学中心受教育部委托召开“无人系统多体协同重大科技基础设施项目建议专家咨询会”，21位院士为科学中心牵头建设的重大科技基础设施建言献策。2020年，无人系统多体协同重大科技基础设施经教育部优先推荐参加国家发改委组织的“十四五”国家重大科技基础设施遴选。2021年，该设施被列入国务院颁布的“上海市人工智能行动方案”，并被列为国家重大科技基础设施建设发展“十四五”储备项目，成为上海市落实人工智能国家战略的重要抓手和重要组成部分。

自主智能无人系统上海市重点实验室 2020年，获批自主智能无人系统上海市重点实验室。2021年，推进建设上海市自主智能无人系统重点实验室。2021年12月2日，成立上海市自主智能无人系统重点实验室学术委员会并召开了学术委员会第一次会议。中国工程院钱锋院士担任学术委员会主任，陆军院士、陈杰院士任副主任，共11位专家担任委员。

自主智能无人系统基础科学中心 2020—2021年，获批国家自然科学基金委员会“自主智能无人系统基础科学中心”，基础科学中心是国家自然科学基金委资助力度最大的项目，科学中心是基金委首个人工智能科学中心。

自主智能无人系统前沿科学中心 2020年，自主智能无人系统前沿科学中心建设方案获教育部科技司认可，启动前沿科学中心的立项申报工作；教育部在2021年4月组织专家论证并通过方案；2021年12月23日，依托同济大学建设的教育部自主智能无人系统前沿科学中心正式揭牌成立。

中国(上海)数字城市研究院 2021年7月10日，上海市委副书记、市长龚正为同济大学建设的中国(上海)数字城市研究院揭牌。研究院围绕“城市数字化转型”这一首要目标，开展数字城市前瞻性、综合性和基础性研究，打造数字城市研究的高端智库，培养数字转型和数字治理人才干部，为上海和全国全面数字化转型和数字城市建设提供理论、技术和人才支撑。

队伍建设 2018年12月，学校成立上海自主智能无人系统科学中心建设领导小组和工作小组，领导小组组长为方守恩、陈杰，副组长顾祥林，成员为伍江、吴志强、雷星晖、陈义汉、凌玮。

2019年3月，经学校2018—2019学年第6次校长办公会议讨论决定，成立上海自主智能无人系统科学中心，该机构为校内跨学科、跨院系的学术机构。

2019年10月，经中共同济大学第十一届委员会第30次常委会会议讨论决定，上海自主智能无人系统科学中心建设领导小组办公室为正处级机构。该行政机关下设3个工作中心，分别为综合管理服务中心、科研管理中心和财务管理中心。自2019年起，开通各项工作职能，完善规章制度。

2020年1月，何斌任上海自主智能无人系统科学中心建设领导小组办公室主任。2020年9月，程茜任上海自主智能无人系统科学中心建设领导小组办公室副主任。2021年4月，陈杰任上海自主智能无人系统科学中心主任，何斌任执行主任，洪奕光、陈虹任副主任，陈启军任主任助理。2021年8月，周颖任上海自主智能无人系统科学中心副主任。

2020年8月，成立首届学术委员会，潘云鹤院士担任主任委员，孙优贤院士、郭雷院士和姚期智院士担任副主任委员，共27名国内外院士、专家受聘为科学中心学术委员会委员。2021年12月，上海自主智能无人系统科学中心学术委员会第二次全体会议在上海举行，上海市人民政府副秘书长陈鸣波向科学中心学术委员会新增委员蒋昌俊院士、朱合华院士颁发聘书。

2021年11月18日，科学中心5位教授当选2021年两院院士。其中，李杰
当选中国科学院院士，蒋昌俊、朱合华当选中国工程院院士，奥托·海因里希·赫尔佐格、贝斯科斯当选中国工程院外籍院士。李杰
院士、蒋昌俊院士、朱合华院士、赫尔佐格院士在科学中心分别开展城市智能防灾、网络金融安全、数字地下空间、智能计算与技术等领域的学科交叉研究和人才培养工作。另有科学中心讲座教授乔红研究员当选为中国科学院院士。

学科建设与人才培养 2019年，学校牵头上海四大高校，率先建设上海市"智能科学与技术"Ⅳ类高峰学科，并获教育部单独新增博士生源。2021年，上海市智能科学与技术 IV
类高峰学科第二轮建设获批。

2021年10月，国务院学位委员会批准同济大学自主审核智能科学与技术一级学科博士学位授权点，学校成立智能科学与技术学科委员会。

2021年，科学中心组织召集数学、物理、化学、材料科学与工程、软件工程、信息与通信工程、微电子科学与技术、控制科学与工程、计算机科学与技术、哲学、法学、管理、航力、汽车、交通等各学科代表召开多轮讨论会、论证会，研讨编写形成"智能科学与技术学科群"建设方案和"智能科学与技术"一流学科培优建设方案并上报。

2021年，联合浙江大学、复旦大学、上海交通大学、南京大学、中国科学技术大学共同推出"人工智能微专业"。组织协调城规学院、医学院、设计学院和电信学院等开设人工智能类公选课，内容涵盖智能城市规划前沿、智能医学、人工智能与数据设计、自主智能无人系统、智能机器人和物联网等。

2021年，组织参与"人工智能导论"公选课开设工作，协调各学院参与，建设促进学生知识结构更新、向全校研究生开放的公选课。2021年秋季学期已经上线运行接受选课。

2021年7月12日，科学中心2021年"复杂智能系统分析与设计"暑期学校开营。52名线下正式学员，近千名线上学员参与，10位专家教授作学术报告。线上线下教学相结合，组织参访5个人工智能名企；15个跨学科团队开展课题研究，6个小组作成果汇报展示。

2019—2021年共录取171名博士生开展联合培养，博士生分别来自26个专业领域，导师分布18个专业学院。

对外交流与合作 2019年4月1日，西班牙马德里理工及加泰罗尼亚理工大学校长团访问科学中心，推进双方合作科研、学生联合培养等事宜。

2019年4月15日，召开中国工程院新一代人工智能项目启动会。

2019年5月18日，举办同济大学人工智能青年学者论坛。

2019年7月31日—8月2日，主办第八届中国自动化学会控制理论专业委员会(TCCT)协同控制与多智能体系统学术研讨会。

2019年10月10日，卡尔斯鲁厄大学副校长团来访科学中心。

2019年10月25日，浦东新区人民政府与同济大学签署战略合作协议，浦东新区支持科学中心在浦东建设发展。

2019年11月12日，承办第四届建筑机器人与智能建造大会。

2020年5月30日，上海高校国际青年学者论坛启动仪式暨自主智能无人系统专场在科学中心举行，来自近30个国家和地区的200余名国际一流专家学者和1000余名青年学者线上参会，探讨无人系统前沿问题。

2020年7月8日，科学中心多名院士受聘为2020上海人工智能战略咨询专家委员会委员，其中陈杰院士受聘为副主任委员。

2020年7月16日，与常州市、久翎科技签订数字孪生工业互联三方合作协议。

2020年8月11日，举行图灵奖得主姚期智先生同济大学名誉教授受聘仪式暨学术报告会。

2020年9月16日，承办2020创新与新兴产业发展国际会议(IEID2020)人工智能技术与产业专题会，包含国际视觉、认知和运动控制研究创始人之一的梅尔文·古德尔(Melvyn A. Goodale)院士在内的十名海内外院士专家作专题汇报。

2020年9月27日，同济大学依托科学中心与上海市城市运行管理中心签署合作协议并举行人工智能联合成果发布会，发布7项人工智能研究成果。科学中心首席科学家、中国工程院院士陈杰担任市城运中心人工智能专家组组长，全力支持市城运中心的建设。

2020年11月7日，由中国自动化学会主办，同济大学、科学中心承办的2020中国自动化大会在上海国际会议中心开幕。

2021年2月1日，同济大学与中国信息通信研究院签署战略合作协议。

2021年4月14日，同济大学与百度签署战略合作协议，双方围绕人工智能、智慧交通、重大科技基础设施建设等方面，共同开展高质量科研攻关，并共同致力于培养人工智能领域的高端人才。

2021年5月13日，同济大学与上海人工智能实验室签署战略合作协议，在人工智能科技创新和产业应用等领域通力合作，共同建设国际一流的人工智能实验室。

2021年6月18日，第八届教育部科技委人工智能与区块链技术专门委员会2021年度第一次工作会议在科学中心召开。

2021年6月22日，同济大学与中国航发商发签约共建"商用航空发动机人工智能及大数据应用技术联合创新中心(UIC)"。

2021年7月7日，科学中心多名院士受邀出席上海人工智能战略咨询专家会议。

2021年7月8日，科学中心承办的2021世界人工智能大会国家级学会理事长论坛在上海世博中心圆满举行，近20位院士专家在内的人工智能及相关领域的国家级学会正副理事长参与论坛。

2021年7月8—10日，承办2021人工智能顶尖期刊展。*Science* 和 *Springer Nature* 率旗下主刊和多个子刊参展，中国科学等多个国内主办AI先锋期刊同时展出。

2021年7月8日、10日，承办2021世界人工智能大会之新一代智能无人系统及其应用论坛、可信AI赋能金融科技国际研讨会。

2021年12月2日，科学中心承办2021创新与新兴产业发展国际会议(IEID2021)人工智能技术与产业专题会，全球十位顶尖专家作特邀报告，围绕人工智能领域的世界前沿重大科学问题和关键核心技术，探索人工智能原理性突破所需的支撑点以及对产业创新赋能的发力点。

截至2021年12月底，已与土木工程学院、航空航天和力学学院、海洋与地球科学学院、电子与信息工程学院、艺术与传媒学院、外国语学院等开展互访交流，就共建研究所、交叉人才培养等开展交流讨论。

累计举办六期彰武论坛，主题涵盖智慧城市运行与管理、面向"一网统管"的大数据技术、智慧城市建设、人工智能与法、复杂系统、超材料感知等，吸引师生一千五百余人。

新基地建设 2020年8月28日，占地面积43亩、建筑面积12万平方米的科学中心科研基地正式开工建设。上海市委常委、副市长吴清，教育部科技司司长雷朝滋，市政府副秘书长陈鸣波，市政府副秘书长、浦东新区区长杭迎伟，上海市科委主任张全，孙优贤、郭雷、姚期智等近20位中国科学院、中国工程院院士和专家，市发改委、市经信委、市科委、市教委、市科创办、浦东新区、张江集团等单位相关部门负责人，同济大学党委书记方守恩、校长陈杰，各学院、职能部处负责人等出席了科学中心建设项目线上开工仪式。该项目为上海市2020年重大建设项目，项目建设陆海空天自主智能体及多体集成研究中心、下一代器件和算法研究中心、无人系统应用技术研发平台。截至2021年年底，张江新基地的地下第二层施工基本完成，累计完成项目投资近3亿元，土建工程进展顺利。

(莫伟平、宋佳芸、焦敏晨)

学科建设

学科建设工作

【概况】 2021年，发展规划与学科建设部紧密围绕学校中心工作，坚持党建引领，充分发挥党组织的战斗堡垒作用和党员的先锋模范作用，全面贯彻党的教育方针，认真落实中央巡视整改相关工作，以立德树人为根本，以学科为基础，以创新发展为引领，以支撑科教兴国战略、人才强国战略、创新驱动发展战略、服务经济社会发展为导向，加强统筹，有效协同学校各项建设资源，积极发挥发展规划、政策研究、学科建设、统计与评估等工作职能，全面深化综合改革，统筹推进学校一流大学建设和一流学科建设，促进学校实现高质量内涵式发展。

围绕一流大学建设目标，深入推进“双一流”建设工作。圆满完成首轮“双一流”建设各项任务，在教育部组织的首轮评价中，学校整体建设成效所有的二级指标均获得“显著”评价，首轮建设的7个一流学科也均获得“显著”或“较为显著”评价，新增“生物学”为新一轮“双一流”建设学科。按照一流大学建设目标，结合学校“十四五”规划，经过广泛讨论和研究，组织编制同济大学新一轮“双一流”建设方案，包括学校总体建设方案以及8个一流学科和10个一流学科交叉领域(学科群)的建设方案，获得教育部领导和论证专家高度认可。深入推进新一轮“双一流”建设各项工作，统筹推进并协调好各项建设与改革任务，扎实推进平台建设、学科交叉、资源统筹、绩效管理等相关重点工作，确保新一轮“双一流”建设深入推进。

创新学科建设体制机制，促进学科高质量内涵式发展。加强学科专业顶层设计，制定了《同济大学学科专业设置审核与动态调整办法》;开展学科专业调整专题调研，进一步梳理学科与专业现状与问题，提出未来调整初步建议;进一步优化学科布局，获批2021年度智能科学与技术一级交叉学科博士点和应用心理专业学位类别，申报2022年度增列航空宇航科学与技术、法学2个一级学科博士点和知识产权一级交叉学科博士点。完善专项经费管理制度，进一步加大各类学科经费统筹，细化了学科常规建设项目;制定《同济大学交叉学科专项建设管理办法》，加大了学科交叉和交叉学科平台的建设力度;全面组织启动了新一轮的9个上海市高峰学科建设，此外，组织上海国际知识产权学院一期建设成效验收和二期建设方案立项，组织开展“飞行器力学与控制”四类高峰学科立项申报。认真组织学科评估相关工作，持续跟踪第五轮学科评估，完成41个学术型学科和9个专业学位类别水平评估公示反馈。

【同济大学第五轮学科评估工作启动会召开】 2020年11月17日，同济大学第五轮学科评估工作启动会在逸夫楼二楼报告厅召开，校领导、各学院和学科负责人、学科秘书以及相关职能部门负责人等百余人出席了本次会议。会议介绍了学校对本轮评估的战略部署和组织方案。为协助学科结合本专业学科特色，更好地进行评估材料的填报，学科办详细解读了本轮评估各项评估指标内涵。学校高度重视本轮学科评估工作。会议强调各学院须将本轮学科评估作为近期工作的重中之重。根据学校战略部署和组织方案，各学科全力以赴、积极备战，争取取得好成绩。学科办将全程全力提供各项服务保障支持工作。

【同济大学第五轮学科评估填报工作圆满完成】 同济大学积极响应和全面开展教育部学位与研究生教育发展中心第五轮学科评估工作。本轮学科评估工作按照国家建设世界一流大学的整体战略要求和学校第十一次党代会制定的发展方略，以及国家开展本轮学科评估的价值导向，学校高度重视该轮学科评估，组织召开多轮校内专家评审会，分批分组对所有学科评估材料进行评审，与会专家与各学科负责人进行详细沟通、深入交流，并进行精细化辅导，圆满完成第五轮学科评估填报工作。

【上海高校高峰高原学科建设2018—2020年阶段总结评价工作圆满完成】

同济大学积极响应和全面开展上海高校高峰高原学科建设2018－2020年阶段总结评价工作。本轮总结评估工作按照《上海高校高峰高原学科建设第二阶段(2018－2020年)实施方案》要求和学校第十一次党代会制定的发展方略，以及上海市教育委员会开展本轮总结评估工作的评价要求，学校高度重视该项工作，组织召开多轮校内专家评审会，分批分组对所有高峰学科评估材料进行评审，与会专家与各高峰学科负责人进行详细沟通、深入交流，并进行精细化辅导，圆满完成高峰高原学科建设2018—2020年阶段总结评价工作。

【同济大学新一轮Ⅰ类、Ⅱ类和Ⅳ类高峰学科建设申报工作圆满完成】 按照《关于本市统筹推进一流大学和一流学科建设实施意见》、《关于本市加快推进世界一流大学和一流学科建设实施方案(2021－2025年)》和《上海高等学校学科建设与优化布局规划(2021—2025年)》，同济大学积极响应并全面开展新一轮高峰学科建设申报工作。为协助各学科更全面深入地了解上海市教委新一轮高峰高原学科更加注重内涵建设、更加关注特色发展、更加聚焦服务贡献的要求，学校组织召开了两轮校内专家评审会，对学科建设方案申报书和预算文本等申报材料进行评审，与会专家与各学科负责人进行详细沟通、深入交流，并进行精细化辅导，圆满完成新一轮高峰学科建设申报工作。

(姜洁)

【教育部高等学校建筑类专业教学指导委员会城乡规划专业教学指导分委员会召开2021年第一次工作会议】

教育部高等学校建筑类专业教学指导

委员会城乡规划专业教学指导分委员会2021年第一次工作会议暨一流专业推荐讨论会在线召开。城乡规划专业教指分委主任委员、副主任委员、秘书长及全体委员出席会议。城乡规划专业教指分委秘书长、同济大学建筑与城市规划学院教授孙施文主持会议并传达了教育部关于国家一流专业推荐的相关文件精神，介绍了城乡规划一流专业申报高校的总体情况和推荐办法。全体委员对于开展一流专业推荐工作进行了讨论。城乡规划专业教指分委主任委员、同济大学副校长、中国工程院院士吴志强作会议总结。

【第八届国务院学位委员会风景园林学学科评议组第一次全体会议召开】 4月11日，第八届国务院学位委员会风景园林学学科评议组(第二届)第一次全体会议在建筑与城市规划学院召开。

【第十八届全国外交学学科建设年会——“后疫情时代的外交学和中国外交”学术研讨会举行】 4月22—24日，第十八届全国外交学学科建设年会——“后疫情时代的外交学和中国外交”学术研讨会在同济大学举行。外交学院院长徐坚，上海市国际关系学会会长、上海国际问题研究院学术委员会主任杨洁勉，同济大学党委常务副书记冯身洪出席会议开幕式并致辞。会议由外交学院与同济大学联合主办，同济大学中国战略研究院、政治与国际关系学院承办，上海市国际关系学会、中国国际科技交流中心、四川大学共同协办。来自外交部、北京大学、清华大学、复旦大学、外交学院、同济大学、四川大学、吉林大学、武汉大学、南开大学、北京师范大学、兰州大学、中国政法大学、国防科技大学、中国国际问题研究院、暨南大学、华中师范大学、浙江师范大学、上海外国语大学、上海社会科学院、上海国际问题研究院、中国国际科技交流中心等高校机构的近百名专家学者齐聚同济大学，围绕“后疫情时代的外交学和中国外交”主题，探讨后疫情时代中国外交理论和实践的研究，共谋学科发展，汇聚关于新时代中国外交学发展的学术共识和思想智慧。

【同济大学外国语言文学一流学科建设专家研讨会召开】 5月7日，外国语学院召开外国语言文学一流学科建设专家研讨会，同济大学校长陈杰、副校长娄永琪出席会议。

【上海国际中文教育工作联盟工作研讨会召开】 5月19日，上海国际中文教育工作联盟工作研讨会在同济大学召开。副校长娄永琪，上海市教委国际交流处处长吴英俊、副调研员葛静怡，同济大学外事办公室、国际文化交流学院负责人，以及复旦大学、上海交通大学、华东师范大学、上海外国语大学、东华大学、上海大学等12所高校代表，上外附中等5所中学代表出席会议。

【同济大学主办全国高校知识产权人才培养与学科建设研讨会】 5月27日，全国高校知识产权人才培养与学科建设研讨会在同济大学召开。国家知识产权局副局长廖涛、上海市知识产权局局长芮文彪、同济大学党委书记方守恩出席会议并致辞，中国知识产权研究会高校专委会主任、中南财经政法大学原校长吴汉东通过视频致辞，同济大学副校长雷星晖主持会议。国家知识产权局人事司司长王岚涛，以及来自全国16所高校和科研机构的知识产权专家代表参加研讨会。与会高校作为首批高校知识产权学科联盟成员单位代表共同签署《知识产权学科建设合作备忘录》。

【同济大学承办第一届交通与运载工程学科青年学者论坛】 10月12日，第一届交通与运载工程学科青年学者论坛开幕，本届论坛由同济大学、北京航空航天大学、北京交通大学、北京理工大学、长安大学、大连海事大学、东南大学、吉林大学、南京航空航天大学、清华大学、武汉理工大学、西南交通大学、中南大学等高校共同发起，同济大学承办。论坛为期两天，由同济大学交通运输工程学院、汽车学院相关负责人主持。国家自然科学基金委员会交通与运载工程学科负责人，同济大学副校长童小华，苏州市相城区委副书记、区政府代区长张伟等出席并致辞。交通与运载工程资深学科专家及200余名学科青年学者与会交流。

【国务院学位委员会第八届系统科学学科评议组来校座谈交流】 4月19日，应国务院学位委员会第八届系统科学学科评议组召集人、同济大学电子与信息工程学院教授洪奕光邀请，国务院学位办系统科学学科评议组全体成员访问同济大学，并召开学科评议组座谈会。上海理工大学管理学院，同济大学经济与管理学院、电子与信息工程学院等校内外专家参加了座谈会。

(杨博欣)

教　　育

招生工作

【概况】 学校2021年本科招生计划4450人,实际录取考生4303人,完成招生计划的96.7%;第二学士学位招生计划40人,实际录取0人;录取不占教育部计划的港澳台考生61人,本科合计录取4364人;少数民族预科录取48人,共录取新生4412人。

计划内考生中:理工或首选物理考生2908人,占67.6%;文史或首选历史考生280人,占6.5%;综合改革考生897人,占20.8%;艺术类考生142人,占3.3%;体育类考生76人,占1.8%。农村考生877人,占20.4%。往届考生232人,占5.4%。男生2680人,占62.3%;女生1623人,占37.7%;少数民族考生476人,占11.1%;上海考生515人,占12%。

2021年除上海和浙江,理工或首选物理省份(综合改革省份为物理组)录取分数线均高出当地第一批普通本科控制分数线100分以上;高出当地第一批普通本科控制分数线150分以上的省份有12个,比去年减少4个(湖南、广西、重庆、宁夏)。

2021年是实行强基计划招生第二年,新增工程力学专业招生。普通高考强基计划批次录取考生58人,其中录取分数线上考生17人、录取分数线下20分以内考生35人、录取分数线下30分以内考生3人、录取分数线下50分以内考生3人。2021年是"强基计划"招生第二年,学校新增"工程力学"专业开展招生,结合上一年度招生分析和兄弟高校调研,学校批准将入围学校考核的比例从2020年的三倍提高至五倍。

高校专项计划(筑梦计划)录取入选资格考生248人,招生省区共计28个,其中录取分数线上考生25人、录取分数线下20分以内考生175人、录取分数线下30分以内考生42人、录取分数线下50分以内考生4人、录取分数线下更低分值考生2人。

国家专项计划共计录取考生333人(含南疆单列计划3人),招生省区共计21个,其中录取分数线上考生74人、录取分数线下20分以内考生210人、录取分数线下30分以内考生36人、录取分数线下50分以内考生11人、录取分数线下更低分值考生2人。学校明确高校专项的招生政策做适当调整,即传统高考模式省份的录取最低分由原来的一本线上70分调整为模拟投档线(不含中外办学)线下30分。

2021年本科招生工作政策变化大,复杂度提升。河北、辽宁、江苏、福建、湖北、湖南、广东、重庆"3+1+2"高考改革落地,高考招生省份中"3+1+2"模式、"3+3"模式和传统模式并行。各省份严格限制提前批次的招生专业,在政策研究和数据分析基础上,通盘考虑招生目标、政策变化、各招生批次的计划数以及各招生省份的计划数,以有利于提高本科生源质量为出发点开展招生计划编制工作,针对各省不同的招生模式制定相应的专业投放策略。首次尝试医学试验班按单列模式招生(高考改革省份按单独的院校专业组招生)。同时,为更好地吸引优质生源,首次针对各省制定不同的录取政策。

继续落实苗圃计划2.0;开设先修课程,创新中大衔接模式;将衔接培养延伸到课外,组织形式多样的中学生科技节、木结构建造节、全国中学生结构赛等活动;组织高中师生进大学活动,感受大学氛围,了解专业方向。

学校整体生源质量位列全国高校第10位,其中理科招生浙江省第8名,文科招生青海省第8名,取得较大突破;理科前9省份为6个,新增浙江、上海2个省(市),22个省份进入前10,理科整体生源质量位列全国前10;文科24个省(市)中8个省(市)进入前10,文科整体生源质量位列全国前14。

(孙冬梅)

【研究生招生概况】 博士招生学科专业数84个,包括电子信息、机械、材料与化工、资源与环境、能源动力、土木水利、交通运输七个招收工程类博士专业学位研究生和微电子科学与工程、城市交通、知识产权、智能科学与技术四个交叉学科,报名人数5958人,其中应届硕士毕业生2600人。共录取1677人(学术学位1274人,专业学位403人),按入学方式:普通招考997人(其中免初试800人,非全日制工程博士73人),硕博连读303人,直接攻博379人;按录取类别:非定向就业学生1554人,定向就业学生123人(含:定向培养少数民族高层次骨干人才计划博士生5人,定向培养对口支援高校7人,部省共建5人,援疆师资1人,思政专项13名),联合培养29名,张江实验室4名。2021年,举行春秋两次博士招生,招收140名科研经费博士,79名智能科学技术专项博士。

硕士招生专业数136个,报名人数22572人。共录取5793人(全日制学术学位2026人,全日制专业学位1731人,非全日制学术学位33人,非全日制专业学位2003人),按入学方式为:推免生1598人,统考生(含联合考试)4155人,单考生40人;含少高计划42人(含喀什医学班10人),住院医师192人。

54人报名参加港澳台研究生入学考试,经复试,共录取32人。2021年在同济大学设立面向港澳台地区招收研究生上海报考点,报名人数为710名。

另外,招收学位型博士233名。

(黄建业)

本科教育

【概况】 围绕一流大学建设中心任务和中央巡视整改任务，以构建高质量教育体系为目标，扎实推进各项教育教学改革，进一步提高学校教育教学水平和人才培养质量，全力推动中国特色世界一流大学建设进程。开展同济大学2021教育思想大讨论，全面总结并深刻剖析人才培养面临的问题和挑战。大力推进课程思政和教材管理工作，强化立德树人根本任务。加强新时代体育、美育、劳动教育，推进五育并举。以教学成果奖评审为契机，推进成果凝练。大力推进拔尖人才培养体系构建和优质教学资源要素建设。

【教学思想大讨论】 全面组织开展同济大学2021教育思想大讨论。通过召开推进会、研讨会、报告会、培训会、教育观点征集等活动，发动全校师生、广大校友、产业系统、离退休系统、统战系统等各条战线，全面总结并深刻剖析人才培养面临的问题和挑战，研究探索系统性、建设性的改革新理念、新思路、新举措，在全校范围内营造了热烈的研讨氛围。结合教改工作，系统思考学科专业、师资队伍、课程思政、教学方式、课程体系、教材建设、管理制度、条件保障等构成的人才培养工作大体系建设，制定《同济大学关于全面提升人才培养质量的若干意见》，开展一流人才培养专项行动计划，全面树立新时代教育思想观念，切实增强立德树人根本任务的使命意识和责任担当。

【课程思政】 全面提升全校教师课程思政教学的育德意识与育才能力，培育高水平的课程思政示范课程、教学团队和名师。获批2个教育部课程思政教学研究示范中心(分属普通高等教育、职业教育和继续教育)，以及《工程伦理》等4门课程思政示范课程(含4位课程思政名师和4个课程思政示范团队)。交通运输工程学院牵头的高校交通运输类专业课程思政研究联盟，被教育部列为十大课程思政资源库建设单位之一。

【五育并举】 编制加强新时代体育、美育、劳动教育的实施方案，将体美劳评价指标纳入人才培养质量保障体系2.0。构建本研全覆盖的体育课程体系，将"体质健康测试"纳入本科生毕业标准；完善课程教学、实践活动、校园文化、艺术展演“四位一体”的大学美育教育体系，推进线上《大学美育》通识课程建设；构建知行合一的劳动育人体系和理论、实践相结合的必修环节，建成《劳动教育》MOOC课程并辐射全国，出版融合教材《大学劳动教育》，制定《同济大学劳动育人工作指南》，面向2021级新生院全体学生开展全覆盖劳动教育。

【专业建设】 “双万计划”启动以来，同济大学已有41个专业入选国家级一流本科专业建设点，位列上海市高校第二位。全面优化学科专业布局，专业内涵升级改造和新专业建设并举。统筹考虑学校学科、专业的调整与本研一体化培养工作，加强全英语专业的建设规划和核心课程群建设。积极谋划，遴选推荐了24个本科专业申报2021年国家级一流本科专业建设点，17个专业申报上海市一流本科专业建设点。在2021年新专业申报中，申报了1个基础医学国控专业和人工智能等10个第二学士学位专业。

【课程建设】 在首批54门获批国家级一流本科课程的基础上，学校继续加大课程建设力度，取得显著成效。2021年，23门课程获批2021年度上海高等学校一流本科课程，居沪上高校并列首位。此外，新增29门课程获批2021年度上海高校市级重点课程；推荐68门课程申报第二批国家级一流本科课程。

【教学成果】 凝练教改成果，“以评促建”“以评促改”。校级教学成果奖共有30项特等奖、35项一等奖、39项二等奖和34项三等奖。2021年同济大学获批9项教育部首批新文科研究与实践项目，获批项目总数名列高校并列第7位。此批项目根据国家教学成果奖要求持续建设，为下一轮教学成果奖申报打好基础。

【学科竞赛】 通过产学合作、校企协同、课赛结合等多种模式培养学生的学术科技创新能力。本科生参与国际、国家级赛事130余项，参赛学生超过12000人次。获国际级奖项300余人次，国家级奖项800余人次，省部级奖项1000余人次，其他奖项900余人次。在全国大学生物联网设计竞赛(华为杯)全国总决赛中，电子与信息工程学院2支队伍获全国一等奖，1支队伍获全国二等奖，1支队伍还同时获得鸿蒙(HarmonyOS)特别创新奖。同济医学学子在第十届中国大学生医学技术技能大赛华东分区赛中斩获一等奖。

【强基计划】 理工交叉引领，持续推进强基计划人才培养模式改革。全面梳理强基计划人才培养工作。5个强基计划实施学院与各交叉学院密切沟通协作，落实国豪学堂“2＋1＋X”拔尖人才培养方案，制定强基计划分流退出机制，在2020级、2021级强基计划中推进“主修＋辅修”培育模式，持续改进强基计划人才培养工作。

【制度建设】 本年度着重开展本科生实践教学相关制度编制，进一步健全和完善校级和院级实践教学的管理工作。制定了《同济大学本科毕业设计(论文)检测及处理办法(试行)》《同济大学本科毕业论文(设计)抽检实施细则(试行)》《同济大学本科生实习工作管理办法》《同济大学分散实习实施细则》《同济大学本科生实习安全管理工作实施细则》《本科生创新创业成果记录及课程认定实施细则》《同济大学各学院本科毕业设计(论文)检测及处理办法汇编》，为本科实践教学工作做好制度保障。

【语言文字】 紧抓发展契机，积极开展语言文字工作。加强体制机制建设，同济大学语言文字规范化工作委员会更名为同济大学语言文字工作委员会。广泛发动全校师生积极开展第三届中华经典诵写讲大赛，共获得18个上海市级奖项，5位师生获得国家级奖项。在第24届推普周活动期间积极开展普通话宣传和推广工作，收到了较好的教育宣传效果。经历了上海市和国家语委的两次专家现场考察，我校顺利获批第二批国家语言文字推广基地，并完成基地2年工作计划和5年规划，基地将致力于打造特色文化品牌，推动语言文字产学研一体化，推动国家语言文字的传承与推广。

【教材建设工作】 《高等数学》等15本教材获首届全国教材建设奖优秀教材，其中作为第一完成单位的教材有12本，《高等数学》获得全国优秀教材（高等教育类）特等奖，土木工程学院、建筑与城市规划学院董鉴泓教授分别获首届全国教材建设奖先进集体和先进个人。进一步完善教材管理制度，制定《同济大学教材建设规划（2021—2025年）》《同济大学教材建设管理办法》，修订《同济大学教材建设委员会章程》《同济大学教材选用管理实施细则》等文件，对教材的组织管理、研究规划、编写、审核监督、选用、支持保障等方面提出了明确要求。

【虚拟教研室建设】 学校组织开展同济大学虚拟教研室建设及申报教育部虚拟教研室试点工作。教育部办公厅公布首批虚拟教研室建设试点名单，同济大学9个虚拟教研室名列其中，包括3个课程（群）教学类虚拟教研室、5个专业建设类虚拟教研室、1个教学研究改革专题类虚拟教研室，获批虚拟教研室数量位居全国高校并列第六、上海第一。

【新增2个基础学科拔尖人才培养基地】 力学和化学获批教育部第三批基础学科拔尖学生培养计划2.0基地。至此，同济大学已获批建设6个教育部基础学科拔尖学生培养计划2.0基地，获批基地总数在卓越联盟高校中位列第1，获批理科基地在全国高校中位列并列第6。

教育部“新文科”研究与实践项目名单

获批类型	项目名称	负责人	单位
首批新文科	大数据驱动的设计学建设与发展研究	徐江	设计创意学院
首批新文科	在交叉融合中创新培养马克思主义理论人才战略研究	徐蓉	马克思主义学院
首批新文科	基于“新时代中国与世界”主题的政治学专业课程体系和教材体系建设	门洪华	政治与国际关系学院
首批新文科	基于学科交叉的金融科技政产学研协同育人机制创新与实践研究	阮青松	经济与管理学院
首批新文科	“一带一路”土木、交通专业复合型人才培养与创新模式构建	孙宜学	国际文化交流学院
首批新文科	“五融·四化·三优”模式的高素质行业人才多语能力与全球胜任力培养模式创新与实践	吕培明	外国语学院
首批新文科	基于学科交叉融合的新文科创新创业人才培养探索与实践	许涛	创新创业学院
首批新文科	新文科背景下“法学＋工程”复合型人才培养模式创新与实践	蒋惠岭	法学院
首批新文科	文化遗产保护再生新文科建设与实践	常青	建筑与城市规划学院

2021年度上海高等学校一流本科课程

课程名称	课程负责人	学院	课程类型
上颌窦底提升术虚拟仿真实验	王佐林	口腔医学院	虚拟仿真实验教学课程
智慧高速主动管控虚拟仿真实验	孙剑	交通运输工程学院	虚拟仿真实验教学课程
大型饮用水源地水体生态改善动态演化虚拟仿真实验	徐斌	环境科学与工程学院	虚拟仿真实验教学课程
汽车整车风洞空气动力学测试虚拟仿真实验	陈力	汽车学院	虚拟仿真实验教学课程
演讲学	薛念文	马克思主义学院	优质在线课程
职业生涯规划与职场能力提升	石建勋	经济与管理学院	优质在线课程
交通科技创新竞赛	杜豫川	交通运输工程学院	社会实践
作品制作实习	王冬冬	艺术与传媒学院	社会实践
生产实习（桥梁工程）	刘超	土木工程学院	社会实践
项目管理（Project Management in China）	施骞	经济与管理学院	示范性全英语
环境工程概论（Introduction to Environmental Engineering）	李咏梅、谢丽	环境科学与工程学院	示范性全英语
画法几何	吴杰	土木工程学院	线上线下混合式课程

课程名称	课程负责人	学院	课程类型
建设工程法规	鲁正	土木工程学院	线上线下混合式课程
数字电子技术	万国春	电子与信息工程学院	线上线下混合式课程
医用物理学	谢双媛、倪忠强	物理科学与工程学院	线上线下混合式课程
眼科学	毕燕龙	医学院	线上线下混合式课程
汉英翻译	董琇	外国语学院	线下课程
城乡规划原理 ABCD	张尚武	建筑与城市规划学院	线下课程
人文科学通论	朱崇志	人文学院	线下课程
新时代的中国与世界	门洪华	政治与国际关系学院	线下课程
物理化学	赵国华、刘梅川	化学科学与工程学院	线下课程
桥梁工程、科技与文化	孙利民	土木工程学院	线下课程
设计管理	徐江、范斐	设计创意学院	线下课程

2021年度上海高校市级重点课程

课程名称	课程负责人	学院	课程类型
材料研究方法	林健	材料科学与工程	线下课程
数字电子技术	万国春	电子与信息工程学院	线上线下混合式课程
模拟审判	袁秀挺	法学院	线下课程
理论力学(线上线下)	王华宁	航空航天与力学学院	线上线下混合式课程
工程力学 I	吴艾辉	航空航天与力学学院	线上线下混合式课程
富营养化水体生态修复原理与工程应用虚拟仿真综合实验	徐斌	环境科学与工程学院	虚拟仿真实验教学课程
工程设计方法与实践	李峥嵘	机械与能源工程学院	线上线下混合式课程
城市社会学	杨贵庆、戴晓晖	建筑与城市规划学院	线下课程
景观规划设计实践	金云峰、刘悦来	建筑与城市规划学院	社会实践课程
道路规划与几何设计	张兰芳	交通运输工程学院	线上线下混合式课程
“同路人”国际暑期讲堂 Tonglu Ren International Summer Course	朱兴一	交通运输工程学院	社会实践课程
铺面工程	孙立军	交通运输工程学院	线上线下混合式课程
轨道交通列车运行智能管理与动态调度	徐瑞华	交通运输工程学院	线下课程
铁道工程施工虚拟仿真实验	王长丹	交通运输工程学院	虚拟仿真实验教学课程
管理信息系统	王洪伟	经济与管理学院	线上线下混合式课程
电子商务:数字中国的探索与创新	刘义理	经济与管理学院	线上线下混合式课程
设计管理	徐江	设计创意学院	线下课程
设计、创新与创业(Design,Innovation and Entrepreneurship)	范斐	设计创意学院	全英语课程
复变函数与积分变换	周羚君	数学科学学院	在线课程
桥梁全过程课程设计	阮欣	土木工程学院	线下课程
画法几何	吴杰	土木工程学院	在线课程
生产实习(桥梁)	刘超	土木工程学院	社会实践课程
建筑混凝土结构与砌体结构设计	高向玲	土木工程学院	在线课程
电磁学 Electromagnetism	张建卫	物理科学与工程学院	全英语课程
设计导论	徐甘	新生院	线下课程
眼科学	毕燕龙	医学院	线上线下混合式课程
分子遗传学	王娟 李思光	医学院	线上线下混合式课程
交互设计	由芳	艺术与传媒学院	在线课程

课程名称	课程负责人	学院	课程类型
以乡村振兴文化建设实践体悟习近平新时代中国特色社会主义思想的虚拟仿真实验	王冬冬	艺术与传媒学院	虚拟仿真实验教学课程

2021年国家级虚拟教研室建设试点总名单

类型	所在学院	教研室名称	带头人
课程(群)教学类	数学科学学院	同济大学高等数学课程虚拟教研室	周朝晖
课程(群)教学类	土木工程学院	混凝土结构课程虚拟教研室	顾祥林
课程(群)教学类	创新创业学院	创新创业教育课程群虚拟教研室	殷俊锋
专业建设类	土木工程学院	土木工程专业虚拟教研室	赵宪忠
专业建设类	建筑与城市规划学院	历史建筑保护工程专业虚拟教研室	常青
专业建设类	建筑与城市规划学院	城乡规划专业(智能城市与智能规划方向)虚拟教研室	吴志强
专业建设类	交通运输工程学院	交通工程专业虚拟教研室	杨晓光
专业建设类	外国语学院	德语专业虚拟教研室	赵劲
教学研究改革专题类	交通运输工程学院	交通运输类专业课程思政研究虚拟教研室	吴兵

基础学科拔尖学生培养计划2.0基地(2021年度)名单

序号	类别	基地名称
1	力学	力学拔尖学生培养基地
2	化学	化学拔尖学生培养基地

(孙冬梅)

研究生教育

【概况】 2021年,深入贯彻落实全国研究生教育会议精神,围绕人才培养"十四五"规划和高质量发展要求,落实"立德树人"根本任务,严格招生、培养、管理和学位授予等环节管理,着力提升研究生培养质量。

【制度建设】 制定《同济大学学位论文选题评阅答辩工作规范》《同济大学研究生变更导师工作细则》,修订《同济大学科研经费博士管理细则》。

【学位授权学科、专业】 自主审核新增"智能科学与技术"一交叉级学科博士硕士点、"应用心理"专业学位硕士点,完成智能科学与技术学科委员会、应用心理专业学位教指委组建。现有目录内一级学科博士点33个、一级学科硕士点44个,专业学位博士点9个,专业学位硕士点26个;目录外一级学科博士硕士点1个。

【指导教师】 17个学位评定分委员会共认定招收博士生导师1822名,含在职学术博士生导师1533名,专业博士生导师1210名(仅专业型69名),高研院学术博士生导师82名,兼职学术博士生导师138名。招收硕士生导师2799名,其中,在职学术硕士生导师2178名、专业硕士生导师1709名(仅专业型483名)、高研院学术硕士生导师108名、兼职学术硕士生导师50名。

【培养方案】 完成2021级研究生培养方案修订工作,培养方案强调培养德智体美劳全面发展的社会主义建设者和接班人,培养引领未来的社会栋梁和专业精英;强调深入推进思政课与课程思政同向同行;强调课程和培养中间环节的质量保证、研究生培养分流退出机制、学院和导师的主体责任。全日制培养方案共185份,其中,学术型博士培养方案46份、专业学位博士培养方案3份、直接攻博培养方案36份、工程博士培养方案7份,学术学位硕士培养方案65份、全日制专业学位硕士培养方案28份、非全口制培养方案共66份,其中,学术型博士培养方案31份、专业学位博士培养方案8份,学术学位硕士培养方案2份、专业学位硕士培养方案25份。

【课程】 2021年,开设全日制研究生课程2555门,其中硕士课程1991门、博士课程564门,公共课程54门、专业课程2501门。开设非全日制研究生课程926门,其中硕士课程637门、博士课程289门,公共课程23门、专业课程903门。研究生课程原则上均由具有副高及以上职称的教师主讲。

全日制研究生学位论文选题:学术学位硕士研究生应选题2282人,实际开题2224人;全日制专业学位研究生应选题1811人,实际选题1774人;博士研究生应选题1863人,实际选题1725人。非全日制研究生学位论文选题:学术学位硕士研究生实际选题37

人、缓选题5人；专业学位研究生实际选题1995人，缓选题46人；学术学位博士研究生实际选题59人、缓选题3人；专业学位博士研究生实际选题142人，缓选题27人。

【中期(综合)考核】 2021年研究生中期(综合)考核工作：学术学位硕士研究生应考核2220人，实际考核2259人；全日制专业学位研究生应考核1689人，实际考核1733人；非全日制专业学位研究生实际考核581人，缓考核26人；博士研究生应考核2074人，实际考核1661人。硕士研究生实际考核人数多于应考核人数原因是部分学生提前考核。

同济高等讲堂开设校级高等讲堂119讲，其中线上62讲，线上线下融合31讲，41641人次参加；开设院级高等讲堂567讲，43720人次听讲。

【实践教育】 与上海建工集团等24家单位签署《同济大学产教融合研究生联合培养基地合作协议》。在第十八届中国研究生数学建模竞赛中，学校共215支队伍成功参赛，其中3支队伍获一等奖、49支队伍获二等奖、48支队伍获三等奖。在第七届中国研究生智慧城市技术与创意设计大赛中，学校共30支队伍成功参赛，其中1支队伍获一等奖、1支队伍获二等奖。

国际交流国家建设高水平大学公派研究生项目录取218人，其中录取联合培养博士研究生191人、攻读博士学位27人。艺术类特别人才培养项目录取联合培养硕士生7人、攻读硕士3人。国别区域问题研究项目录取联合培养博士生3人、联合培养硕士生4人、高级访问学者1人、访问学者1人。博士生导师短期出国交流项目录取3人。

设立研究生重要国际学术会议奖励基金，136名优秀研究生获得资助资格，以在线方式在国际学术会议上进行口头报告及交流。

学校在校全日制研究生参与境外访学交流人次为450人次，其中硕士生163人次、博士生287人次。

【隐名评审】 博士、硕士研究生学位论文通过教育部学位与研究生教育发展中心学位论文网上送审平台隐名评审，完成2720篇次网上送审。

【教改研究】 42本研究生教材获研究生教材建设项目资助；立项133个2021年研究生教育教改项目；开展2020年68项研究生教育改革与创新项目中期检查工作；完成2019年立项的176项研究生教育改革与创新项目结题验收工作，共评选出15项结题优秀；立项研究生线上精品课程建设项目60项；立项研究生课程思政示范课程建设项目32项、研究生课程思政研究项目29项。

开展2019－2020学年研究生教学状态评估工作，32个研究生培养单位参加评估。经评审，授予环境科学与工程学院、交通运输工程学院、医学院、建筑与城市规划学院、土木工程学院、汽车学院、化学科学与工程学院、生命科学与技术学院、电子与信息工程学院、经济与管理学院10个单位“2019－2020学年同济大学研究生教学工作先进单位”称号。

【毕业结业】 博士研究生毕业863人，结业95人，共958人；硕士研究生毕业4695人，结业266人，共4961人；国际学生博士毕业7人，结业4人，共11人；国际学生硕士毕业169人，结业32人，共201人。

【学籍异动】 休学241人，复学81人；硕博连读转硕士、直接攻博转硕士14人；退学处理437人，其他原因退学155人，开除学籍3人；放弃入学资格90人，取消入学资格36人；恢复学籍3人，保留入学资格4人。

研究生奖助学业奖学金发放16282人，发放金额12885.5万元，其中国家拨款6111.36万元、学校统筹6774.14万元。

助学金中导师配套经费共计收取6268万元。人文学院、政治与国际关系学院、法学院、马克思主义学院、外国语学院、数学科学学院、职业技术教育学院、上海国际知识产权学院等8所学院共评审出83名博士研究生导师和222名硕士研究生导师获得扶持基金资格。

“三助”酬金中的助管和助教岗位酬金由学校拨款，发放标准为800元/月/岗，共发放1818.44万元。导师助研酬金共计发放2.1亿元。

评审新生优秀博士奖学金获得者139名，发放金额69.5万元。

15个学院、27个专业的156名研究生获得非全日制专业学位优秀研究生荣誉称号。

信息化建设本研一体化教学管理系统(一期)建设完成并通过验收，启动二期建设。项目二期建设范围包括现有功能的优化、与外部系统的对接、探索性的主动推送服务等。系统英文界面上线使用。建设完成在学校一网通办平台上的研究生学位管理、导师管理、毕业管理、基金管理四大功能模块，并通过验收。建设完成“同学堂”线上课程平台，并通过验收，平台通过二级等保评测；同济高等讲堂、研究生公共平台课、研究生专业精品课等在平台上线，供研究生学习；平台与本研一体化教学系统实现数据对接，实现课程成绩的同步。优化升级自助打印服务，自助服务软件版本升级至4.0版本。

【召开第十二届学位评定委员会第四次和第五次会议】 2021年1月14日，召开第十二届学位评定委员会第四次会议。会议审议2020年校优秀博士硕士学位论文名单，审议并投票表决通过撤销孙卫华软件工程领域工程硕士学位，审议2021年新增与调整学位点建议方案等。2021年10月15日，召开第十二届学位评定委员会第五次会议。会议审议并投票表决2021年新增学位点；审议并投票表决撤销一名硕士学位；审议学位点合格评估工作方案等。

【落实巡视整改任务，开展导师育人责任专题教育】 结合2021教育思想大讨论，组织各学院开展研究生导师育人责任感讨论，通过高等讲堂、专题讲座和宣传等形式开展导师育人责任感专题教育，树立正确育人导向，组织开展学院、学校和上海市等多层次培训，引导将导师的育人工作与日常的科学研究紧密结合起来。11月9日和10日，分别承办环境科学与工程学科和土木工程学科上海市“导师专业能力提升工作坊”，全市有7000多名导师在线上参加。11月12日，举办校级导师培训交流会，近两年新任导师在主会场参会，各学位评定分委员会组织其他导师在分会场同步参会，共约2400位导师参加。

【启动第二轮学位点合格评估(2020—2025年)工作】 根据国务院学位委员会、教育部、上海市学位委员会关于开展2020—2025年学位点合格评估工作通知要求，制定学校学位点合格评估工作方案并经校学位评定委员会审议通过后全面开展。

【同意设立中德博士生院】 经2021年9月1日人事安排小组会议研究，同意研究生院设立同济大学中德博士生院，为辅助人才培养管理与学术交流机构，实行院长负责制，院长副院长为兼任，其管理服务工作由中德学院行政管理团队承担。

（袁媛）

【学校8位专家入选国务院学位委员会全国专业学位教指委委员】 学校共有8位专家入选，分布在7个全国专业学位教指委，分别为：城市规划教指委(2位)、风景园林教指委、艺术教指委、翻译教指委、医学教指委、工程管理教指委、公共管理教指委。

（谢永生、徐剑）

【评选校优秀博士硕士学位论文】 根据《同济大学优秀博士硕士学位论文评选和奖励办法》评选出87篇校优秀博士学位论文(含认定全国一级学会“中国汽车工程学会”优博2篇、“中国公路学会”优博2篇、“中国岩石力学与工程学会”优博1篇、“中国复合材料学会”优博1篇)；237篇校优秀硕士学位论文(含认定全国一级学会“中国公路学会”优硕3篇)。对每位优秀博士硕士及导师颁发荣誉证书；对每位优秀博士学位论文获得者颁发人民币1万元奖励。

（赵璞）

教学质量管理

【概况】 2021年，教学质量管理办公室以学校“双一流”建设、“十四五”规划、“三全育人”综合改革试点和落实立德树人根本任务为主线，坚持立德树人、高质量发展，推进教育治理体系现代化，改革创新教学督导、专项评价和数据监测三大职能工作，全力推进实施“同济大学人才培养质量保证体系2.0”，坚持承前启后、开拓创新、务求实效、追求卓越，有序推进各项工作开展，持续深化大学质量文化建设。

修订完善《同济大学思想政治理论课课堂教学质量评价表(试行)》《同济大学本科课程教学质量要求》《同济大学研究生课程教学质量要求》等制度文件，加强思政理论课课堂评价的针对性，切实保证本科和研究生课堂教学质量。

组织全校人才培养各单位高质量完成2021年高等教育质量监测国家数据平台数据填报工作。编制发布《同济大学2020—2021学年本科教学质量报告》《同济大学2019—2020学年本科教学基本状态数据分析报告》，做好学校本科教育教学质量常态监测与分析。

2020—2021学年第二学期本科线上教学督导听课共1061人次，听课覆盖率为19.12%(听课750门，总开课3923门)，优良率为99.24%；完成指定听课226门次，优良率为99.63%。研究生线上教学听课共137人次，覆盖率为8.73%，优良率为99.27%。2021—2022学年第一学期本科课堂教学督导听课共1179人次，听课覆盖率21.22%(听课887门，总开课4180门)，优良率为98.70%；完成指定听课242门次，优良率为94.80%。研究生课堂教学督导听课共133人次，听课覆盖率6.37%，优良率为100%。

持续推进工程教育专业认证辅导、自评报告审核工作。完成土木工程、测绘工程专业再认证的专家组进校现场考查；港口航道与海岸工程专业首次接受专业认证专家组线上集中考查；能源与动力工程专业完成认证申请。在CANVAS平台上继续推进工程教育认证状态保持和持续改进工作，提交年度报备材料和中期检查报告。组织召开专业认证校长专题会，组织专业认证辅导报告和线上培训工作，赴机械与能源工程学院、电子与信息工程学院进行调研，编写《专业认证(评估)文件资料汇编》，帮助受理专业做好专业认证自评自荐工作。

联合本科生院、研究生院、新生院、学(研)工部、校友会等职能部门，开展“招生—培养—深造—就业—校友”全链条评价，关注学生从“入口”到“出口”全过程及成长发展的核心指标，深化完善多主体、全链条的评价模式，探索增值评价、健全综合评价。针对人才培养的不同阶段，评价内容各有侧重。利用现代信息技术创新评价工具，以事实材料搜集、数据统计分析和多种形式调查等为基础，通过横向、纵向比较分析，总结阶段性成果，查找结构性短板，最终形成《2021年全链条人才培养质量调查与评价报告》。

按照“突出教育教学实绩，强化一线学生工作”，积极“强化过程评价、改进结果评价、注重多元评价、健全综合评价”等要求，进一步完善“三全育人、本研贯通人才培养质量保证体系2.0”。争取多方面的支持和配合，分步实施新的质保体系。“从质量控制走向质量文化：同济大学人才培养质量保证体系2.0”获2021年同济大学教学成果特等奖，并推荐申报上海市教学成果奖。

对接高等教育质量监测国家数据平台，进一步优化学校各部门的数据采集工作，为学校及相关部门科学管理提供数据信息服务。完成“教学质量常态监测平台"项目验收和实际运行，继续做好相关的定点、定期监督工作，完善预警、反馈机制。结合学校信息化系统和智慧教室、教学观摩评价中心建设，积极探索智慧督导和智能评价，提升同济特色质保体系的信息化水平。

利用CIQA联盟秘书处设在同济大学的优势，主动争取教育部高教司和评估中心等部门的重视和支持，积极组织开展相关活动，探索和推行"同济经验""同济方案"，进一步扩大在国内外相关领域的话语权和影响力。组织宣传解读和贯彻落实《深化新时代教育评价改革总体方案》《普通高等学校本科教育教学审核评估实施方案(2021—2025年)》主题培训活动，发布《中国高校质量文化建设指南(试行)》，推进联盟成员单位质量文化建设，编辑出版《CIQA线上教学质量报告》《CIQA线上教学优秀案例》。

【出版《大学人才培养质量保证体系研究》一书】 同济大学人才培养质量保证体系2.0研究项目组编写的《大学人才培养质量保证体系研究》一书于2021年5月由高等教育出版社正式出版。新质保体系在理念上坚持"学生中心、产出导向、持续改进"，更加重视支持和服务于学生的全面发展与教师的专业发展；在体系上覆盖"三全育人""本研贯通"立体型人才培养；在目标上从培养引领未来的社会栋梁和专业精英出发，以立德树人和教书育人为根本标准，完善学科、专业、课程、教学等各项质量要求；在内容上覆盖人才培养教育教学活动的核心要素和关键环节。学校在全国高校质量保障机构联盟(CIQA)会议上作大会报告，提供同济经验和同济方案，在全国高校中积极发挥示范引领作用。

获奖情况

序号	获奖时间	奖项名称	获奖等级	授奖部门
1	2021-12-22	上海市教育评价改革典型案例——同济大学探索质量保证视角下体美劳育课程评价改革	未评等级	上海市教育委员会

(洪蕾洁)

学位授予与撤销

【概况】 学校授予博士学位957名，其中：学术学位820名，专业学位137名。专业学位中，临床医学134名，工程3名。授予硕士学位5418名，其中：学术学位1919名，专业学位3499名。专业学位中：工程1478名，工商管理615名，公共管理274名，临床医学161名，工程管理157名，法律149名，建筑学146名，高级管理人员工商管理98名，艺术88名，会计74名，金融64名，翻译51名，护理49名，教育35名，城市规划30名，风景园林24名，口腔医学6名。

(徐剑、李霞)

就业工作

【概况】 同济大学2021届各学历层次毕业生总数为10135人。其中，全日制毕业生8202人，非全日制毕业生1933人；博士生692人，硕士生5248人，本科生4195人。

7月6日，同济大学2021届毕业典礼在四平路校区一·二九运动场隆重举行，校党委书记方守恩、校长陈杰率全体校领导出席典礼并为现场每一名毕业学子拨穗。校党委常务副书记冯身洪主持毕业典礼。

截至2021年11月30日，同济大学2021届毕业生总体毕业去向落实率为97%，毕业生赴重点领域就业比例69.82%，1532人赴基层就业，254名2021届毕业生被录用为各地区选调生(其中2人赴西藏基层就业)，年度增幅27%。668名毕业生赴QS世界排名前100的高校继续深造。16名在校学生获得国际组织实习任职offer。

同济大学入选教育部"国际组织青年人才培训项目"，担任建筑地产行业就业创业指导委员会秘书单位，学生就业工作案例入选教育部"全国普通高校毕业生就业创业工作典型案例"。同济大学创业指导站连续5年获得上海市院校创业指导站A级评估。4名学生就业工作人员获得"2021年上海高校毕业生就业工作优秀工作者"称号。在2022QS毕业生就业竞争力排名中，同济大学继续位列中国大陆高校第8位。

【首届国际组织储备人才训练营】 1月9日，校学生就业指导中心、经济与管理学院主办的同济大学首届"国际组织储备人才训练营"在校举行。校党委副书记徐建平，经济与管理学院、联合国环境规划署－同济大学环境与可持续发展学院、外事办公室、学生就业指导中心、政治与国际关系学院等单位负责人及全体120名训练营营员出席开营仪式。

【毕业生就业创业工作"一帮一"行动】 1月18日，校学生就业指导中心、土木工程学院赴同济大学与湖北高校毕业生就业创业工作"一帮一"行动高校——长江大学调研。长江大学学生工作部、城市建设学院等负责人出席调研座谈会。

【上海市学生事务中心调研】 1月21日，上海市学生事务中心副主任周红星来校调研，就毕业生就业创业相关工作进行交流和指导。

【毕业生就业创业工作"一帮一"行动】 3月8日，同济大学与长江大学以视频会议形式举行2021年"一帮一"行动工作协调会，两校就业工作负责人、对口联系学院学生工作负责人等参加会议。

【校领导赴江西省看望慰问选调生】 3月13日，校党委副书记彭震伟赴江西看望在赣工作的选调生并召开选调生座谈会。江西省委常委、组织部部长刘强，省委组织部副部长、省人大常委会选任联工委主任徐忠，省委组织部部务委员、省委人才办副主任刘光会见了彭震伟一行，并就人才输送事宜进行交流。

【年度学生就业创业工作会议】 3月25日，同济大学2021年学生就业创业工作会议在四平路校区召开。上海市教育委员会学生处副处长吴能武线上参会并讲话，校党委副书记彭震伟，中建八局人力资源部相关负责人，校党委办公室、校长办公室、党委学研工部等就业工作领导小组成员单位负责人，各学院党委书记、院长和分管学生就业工作负责人等出席会议，各学院就业工作负责人、毕业班班主任、辅导员等线上参会。

【教育部"24365校园招聘服务"】 4月1日，教育部"24365校园招聘服务"土木建筑行业专场招聘会在同济大学四平路校区举行。活动由教育部高校学生司和全国高等学校学生信息咨询与就业指导中心指导，同济大学学生就业指导中心主办，上海市住建委人才服务中心支持，112家单位参会，提供岗位超500个。

【华虹集团来访】 4月21日，华虹集团一同济大学校企座谈会在四平路校区举行。华虹集团党委副书记、纪委书记黄新宇，校党委副书记彭震伟，华虹集团及下属各公司相关负责人，校学生就业指导中心、材料科学与工程等学院相关负责人参加座谈会。

【国聘行动】 4月22日，由中央广播电视总台偕同教育部、人社部、国资委、团中央发起，央视频与国投人力共同主办的"国聘行动"第二季——"春华秋实 国聘行动"大型融媒体招聘活动"一带一路"专场暨"上海建工走进同济大学校园专场招聘会"在校举行。

【毕业生就业创业工作"一帮一"行动】 4月22日，湖北省教育厅高校学生处处长段旭辉、湖北省高校毕业生就业指导服务中心、长江大学学生工作部负责人一行来校调研毕业生就业创业"一帮一"行动开展状况。校党委副书记彭震伟会见了段旭辉一行。

【校领导赴四川省看望慰问选调生】 5月6日，校党委副书记彭震伟、原校党委副书记徐建平带领校党委学研工部、校团委、校学生就业指导中心相关负责人赴四川省委组织部调研走访，并实地看望在川工作的基层就业毕业生。四川省委组织部副部长、公务员局局长(兼)、一级巡视员陈冠松会见了彭震伟一行，四川省委组织部人才工作处、公务员二处、干部队伍建设规划办负责人参加会见。

【全国高校毕业生就业创业指导委员会成立】 5月17日，全国高校毕业生就业创业指导委员会成立大会暨2021届高校毕业生就业促进周启动仪式在北京举行。中共中央政治局委员、国务院副总理孙春兰考察高校毕业生就业促进周并发表重要讲话。教育部党组书记、部长陈宝生出席会议并讲话，教育部党组成员、副部长翁铁慧主持会议。来自高校、政府机关、行业协会、用人单位的近500名就业指委委员参加启动仪式，校党委副书记彭震伟受聘为建筑地产行业就业创业指导委员会主任委员。

【"基层就业毕业生"论坛周】 5月18日，以"同溯百年初心 济扬报国青春"为主题的同济大学2021年"基层就业毕业生"论坛周在四平路校区开幕。云南省委组织部干部队伍建设规划办主任王爱平，广西壮族自治区党委组织部干部规划办副主任吴立堂，广西建设职业技术学院副院长、学校土木工程学院2013届毕业生柏挺，校党委副书记彭震伟出席开幕式。校党委学研工部、武装部、校学生就业指导中心负责人，各地区基层就业校友，2021届拟录用基层就业毕业生和2022届"扬帆成长营"营员等近200人参加。

【陆家嘴金融城2021年春季名校直通车最佳合作院校】 6月2日，陆家嘴人才金港举办陆家嘴金融城2021春季名校直通车校企交流会并颁发"陆家嘴金融城2021年春季名校直通车最佳合作院校"奖，同济大学等10余所上海高校和50余家重点企业获奖。

【同济大学职业规划大赛决赛】 6月4日，同济大学2021年职涯规划分享会暨职业规划大赛决赛在四平路校区举行，来自上海大学、上海理工大学、杨浦区就促(人才)中心、校学生就业指导中心等的多位专家学者出席并担任评委。

【校企合作】 6月17日，同济大学与中交公路规划设计院有限公司举行校企合作交流会，签署人才输送工作合作协议。中交公规院、校学生就业指导中心、土木工程等学院相关负责人出席会议。

【全国普通高校毕业生就业创业工作典型案例】 7月15—16日，2021年高等学校毕业生就业工作交流研讨会暨高校毕业生就业创业工作优秀成果及典型案例发布仪式在北京举行。同济大学等87个院校和13个企业共计100个案例入选2020年高等学校毕业生就业创业工作优秀成果及典型案例。

【中交集团来访】 9月26—27日，中国交通建设集团有限公司党委副书记、董事、工会主席刘翔一行来校调研，并开展中交集团同济大学2022届毕业生专场招聘系列活动。校党委常务副书记冯身洪、党委副书记彭震伟出席相关活动。

【广西选调生招录宣讲】 10月13日，广西壮族自治区2022年定向同济大学选调应届优秀毕业生宣讲会在四平路校区举行。玉林市委常委、组织部部长马克兵等来校现场介绍2022年广西选调生政策。会前，校党委副书记彭震伟会见马克兵一行，双方就近年来选调生招录培养、人才输送等方面进行了沟通交流。

【上海选调生招录宣讲】 10月20日，上海市2022年度选调应届优秀大学毕业生宣讲会在四平路校区举行。上海市委组织部副部长杨佳瑛、上海市委组织部相关部门、部分用人单位有关负责人以及选调生代表参加宣讲会。会前，杨佳瑛与校党委副书记彭震伟进行了会面，双方就进一步深化选调生输送校地合作等方面进行了深入交流。

【中兴集团来访】 10月21日，中兴通讯副总裁、人力资源部主任尹刚带队赴同济大学交流调研。校党委副书记彭震伟接待了尹刚一行，校学生就业指导中心、电子信息与工程学院、软件学院、汽车学院等相关负责人出席座谈会。

【云南选调生招录宣讲】 10月26日，云南省面向选定高校招录2022年定向选调生宣讲会在四平路校区举行。云南省人力资源和社会保障厅党组成员、副厅长张金涛等一行来校介绍2022年云南省定向选调生政策。校党委副书记彭震伟会见了张金涛一行，双方就近年来校地合作、选调生招录以及人才输送工作进行了沟通交流。

【同济大学模拟求职大赛决赛】 11月16日，同济大学2021年大学生模拟求职校内赛决赛在线上线下举行。上海建工集团、上海财经大学、中国银行杨浦支行、普华永道相关负责人受邀担任评委，来自土木工程学院、新生院等学院的近80人参会观摩。

【参加2022届全国普通高校毕业生就业创业工作网络视频会议】 11月19日，同济大学在四平路校区组织收看2022届全国普通高校毕业生就业创业工作网络视频会议。校党委副书记彭震伟，校党委学研工部、学生就业指导中心及各学院就业工作负责人线下参会，学生就业工作领导小组成员单位负责人、建筑地产行业就业创业指导委员会委员和各学院主要负责人、全体毕业班班主任、辅导员线上参会。

【举办第二届国际组织储备人才训练营】 11月27—28日，同济大学第二届国际组织储备人才训练营在线上举办。训练营由学生就业指导中心主办，外事办公室、外国语学院、联合国环境署—同济大学环境与可持续发展学院和研究生院国家留学基金委员会联络点提供课程支持。同济大学120名学生与来自上海交通大学、华东师范大学、华东理工大学等上海地区其他高校的187名学生一同参训。

【校领导线上看望慰问西藏基层就业毕业生】 12月14日，同济大学日喀则市基层就业毕业生座谈会在线上召开。校党委副书记彭震伟出席会议，并看望慰问基层就业毕业生代表。日喀则市委常委、组织部部长张思，日喀则市委组织部副部长、老干部局局长米玛，日喀则市委组织部副部长、编办副主任徐海山，学校历届日喀则基层就业毕业生代表，校党委学研工部、学生就业指导中心、机械与能源工程学院以及日喀则市委组织部相关负责人出席会议。

（马阳平）

【校领导赴江西慰问选调生】 3月，彭震伟带队赴江西看望慰问选调生，召开选调生代表座谈会。

【开展系列校园招聘活动】 3月，学校举办“行·择·济生涯教育季”“职场直通车春季招聘月”“24365校园招聘”等一系列校园招聘活动。

【开展生涯教育与就业活动】 4月，举办“群面模拟训练营”“职业素养提升训练营”4期，与杨浦区人力资源和社会保障局协作，依托同济大学乐业空间，开展杨浦校园微分享精品课程1期。

【举办华虹集团校企座谈会】 4月21日，举办华虹集团校企座谈会，彭震伟会见华虹集团党委副书记、纪委书记黄新宇一行。同日，黄新宇以“弘扬华虹520精神，开启芯征程”为题，开启校园首场“名企高管话生涯”主题讲座。

【学校担任建筑地产行业就业创业指导委员会主任委员单位】 5月17日，教育部2021届高校毕业生就业促进周启动仪式暨全国普通高校毕业生就业创业指导委员会成立大会和重点领域校企供需对接大会举行，宣布成立2021—2025年全国普通高校毕业生就业创业指导委员会，学校担任建筑地产行业就业创业指导委员会主任委员单位。

【召开全国高校建筑地产行业就业创业指导委员会第一次全体委员会议】 6月16日，全国普通高校毕业生建筑地产行业就业创业指导委员会第一次全体委员会议在线上召开。建地就指委主任委员彭震伟，住房和城乡建设部人事司二级巡视员何志方，北京林业大学副校长李雄，沈阳建筑大学副校长张珂，华东建筑集团股份有限公司人力资源部（组织部）主任王玲等副主任委员以及来自机关、高校和企业的委员参会。

【校领导出席广西定向选调生及引进高水平大学博士座谈会】 8月24日，应广西壮族自治区党委组织部邀请，校党委书记方守恩、彭震伟出席广西2021年定向选调生及引进高水平大学博士座谈会，并与同济大学在桂选调生代表交流。

【开展学生生涯规划和就业指导工作】 9月，面向全体2021级新生开展新生职业生涯发展现状调研和新生职业测评，开展研究生新生生涯教育讲座。设计并发布《生涯规划服务指南》《新鲜TJers的生涯规划导航》视频、《同济大学2021级新生生涯规划服务手册》，发放《2021同济学子生涯访谈录》近5000册、《新生生涯规划服务手册》超10000册。

【开展毕业生校园综合招聘系列活动】 11月，举行2022届毕业生校园综合招聘会，近500家用人单位入驻，提供万余个岗位。印发《新生生涯规划教育教师工作手册》，提高新生班主任、辅导员和本科生导师生涯指导能力。

（徐瀚阳）

【第二期“校一企一协云端实习”课程开讲，30多所高校2600余名环境学子同上毕业实习大课】 3月8日，由同济大学牵头建设的上海市环境与生态Ⅳ类高峰学科创新创业人才培养团队组织的第二期“校一企一协云端实习”课程开讲。来自全国23个省、市、自治区的30多所高校的2600余名环境学子参与了“云端实习”。

【第二期“校一企一协云端实习”课程已成功举办9场讲座，辐射面拓展至全国52所高校】 3月19日，“校一企一协云端实习”课程第九讲在同济大学举行，来自全国52所高校的环境学子通过集中学习、分散学习的方式开展了毕业实习课程的云端学习。自3月8日由同济大学牵头建设的上海市环境与生态Ⅳ类高峰学科创新创业人才培养团队组织的第二期“校一企一协云端实习”课程开讲以来，同济大学环境科学与工程学院徐祖信院士，中国市政华北院郑兴灿总工，上海市政总院一院芮旻总工、蒋怀德高工，上海化学工业区中法水务公司王缘总经理以及升达废料处理公司夏志云经理等多位主讲老师，通过现场授课、在线教学和远程连线相结合的授课方式，已经为环境专业毕业生带来了精彩讲座。内容涵盖了中国水污染形势、城镇水环境整治的工程实践等宏观内容，还包括园区工业废水处理技术、智慧水务建设、危废焚烧处置等具体技术。

【第二期“校一企一协云端实习”课程结业，全国1883名环境学子获实习课程认证】 3月29日，由同济大学牵头建设的上海市环境与生态Ⅳ类高峰学科创新创业人才培养团队组织的第二期“校一企一协云端实习”课程结业式在线举行。同济大学副校长黄翔峰，三峡集团上海勘测设计研究院有限公司、国际水协会（IWA）全球水务科技信息、同济大学环境科学与工程学院相关负责人等出席结业式。同济大学、喀什大学、天津大学、西安建筑科技大学、山东建筑大学和合肥工业大学共设有6个分会场进行集中学习，并与全国其他40多所高校学生一同见证了结业式。

【暑期“校一企一协云端实习实践”课程启动】 7月12日，同济大学牵头的上海市环境与生态Ⅳ类高峰学科创新创业人才培养团队，联合全国30所高校、10多家知名环保企业共同开展的暑期“校一企一协云端实习实践”课程启动仪式暨第一讲在校举行。来自清华大学、复旦大学、华中科技大学、南开大学、哈尔滨工业大学（深圳）等全国30多所高校的2300余名环境学子以及环保领域社会学习者线上线下参与了“云端”实习。

（杨博欣）

留学生教育

【概况】 留学生办公室作为学校国际学生教育职能管理部门，根据上级主管部门政策与规定，结合同济大学实际工作情况和双一流建设的发展需要，制定并提出学校国际学生教育的发展目标，统筹学校国际学生的招生与管理工作。

2021年，学校国际学生总数3254人（其中本科生1255人、硕士研究生991人、博士研究生282人、预科生184人、汉语言生122人、普通进修生419人、高级进修生1人）。国际学生生源国分布面广。2021年度国际学生来自159个国家和地区。

【国际学生招生】 线上招生宣讲常态化，招生宣传影响力进一步扩大。留学生办公室积极参加各类平台线上宣讲活动，联合各学院一同开展系列招生宣讲直播活动，实现线上宣讲常态化。2021年共组织开展26场在线宣讲会，让更多海外学子及家长通过宣讲了解同济大学。

开展国际学生招生队伍建设，助力“留学同济”招生服务。留学生办公室积极推动建立“以留办招生专员为主，学院教师广泛参与、国际学生及校友为有益补充”的招生队伍。在留学生办公室招生工作人员不足的情况下，开发国际学生资源，利用学生自身优势，组建国际学生招生顾问团队。建立多语种“国际学生申请咨询群”，开展多语种宣讲，提高宣传、咨询服务质量。

奖学金项目成果突出。在2021年中国政府奖学金“丝绸之路”项目评选中，学校“丝绸之路”项目获评“优先支持”。此外，学校还获批“高校研究生”“中非友谊”等十个中国政府奖学金项目。

2021年学校新增“同济大学一中国银行全球菁英奖学金”，在各类奖学金总规模缩减的情况下，留学生办公室协助专业学院设立院系奖学金，把握优质生源，减少生源流失。

多措并举“引进来”，实现国际学生提质增量。“同济大学国际本科生高中校长直推项目”合作高中已增至12所，为学校输送了优秀的国际学生；深化与佛罗伦萨孔子学院招生合作，挂牌“同济大学海外招生基地（佛罗伦萨）”；推进预科项目与学院对接新模式，打通人才培养通道。

【国际学生管理】 2021年是疫情常态化防控的第二个年头，学校国际学生管理工作积极面对新冠疫情带来的挑战，努力融入学校国际化大战略，在年初举办的学校外事工作大会和《同济大学关于加快推动新时代教育对外开放的若干意见》中明确了今后学校国际学生工作的发展方向与发展路径。

国际学生“知华、友华”教育形成特色。全校范围内遴选国际学生，组建国际学生中国故事宣讲团。发挥国际学生的语言优势，结合Z世代的特点，通过融媒体等方式，分区域、有重点地传播中华文化，向世界展示真实、立体、全面的中国。

国际学生趋同化管理推进取得新成果。留学生办公室主动参与学校“同济大学人才培养质量保证体系2.0”拟定工作，将国际学生培养系统完整地纳入学校人才质量保证体系。此外，留学生办公室还与相关职能部门共同草拟了《同济大学招生领导小组工作职责与议事规则》《同济大学招生工作管理规定（草案）》，首次将国际学生招生工作与中国学生招生工作整合在一起，在制度上为国际学生招生工作趋同化的实现提供了支撑。

依据国内防疫防控政策与学校相关要求，留学生办公室针对国际学生的特殊情况，分别制定了“疫情常态化防控下的新学期开学学生返校方案”“有关2021年暑假和秋季开学国际学生的防疫工作安排”“同济大学国际学生新生录取文件发放方案及申请入校报到相关流程”“同济大学国际学生申请修改入境状态业务流程”等措施。

【国际学生活动】 4月，留学生办公室开展“感知中国——我的留学生活”短视频征集，进一步促进国际学生了解中国国情，感知中国文化，展现在校学习、生活状况，讲好中国故事，充分展示“十三五”以来中国经济社会发展和来华留学教育的成果。

6月，留学生办公室联合中西学院、欧美同学会同济分会等校内多部门开展综合版画“技”与“艺”文化体验交流日活动，国际学生们现场体验“丝网印刷”和“综合版画”制作技巧，感受传统技艺魅力。

6月，国际学生参加第七届中国国际“互联网＋”大学生创新创业大赛，斩获上海赛区金奖。

10月，国际学生参加2021年“知行杯”上海市大学生社会实践大赛，荣获特等奖。

11月，留学生办公室组织承办国家留学基金委“感知中国”主题活动，国际学生们来到杨浦滨江、四行仓库以及观摩传统紫砂壶制作，感受百年工业遗存形成的独特城市肌理和地区风貌，体验中国在推进中国经济社会建设、国家治理体系和治理能力现代、文明建设进程中，“人民城市人民建，人民城市为人民”的重要理念。

12月，留学生办公室联合上海日报开展“相聚上海”征文活动，国际学生们通过文字描述自己眼中的上海特色，与上海的故事，在上海亲身经历的抗疫故事，对中国文化及其对世界的影响和看法。

（刘淑琳）

继续教育学院/网络教育学院

【概况】 2021年继续教育学院在职教职工57人，其中学校编制职工34人，人才派遣员工21人，外聘劳务员工2人。学院设有夜大教育科、医学教育科、函授教育科、继续教育科、自学考试办公室、教务科、招生办公室等教学管理科室，以及学院办公室、财务科、学生工作办公室、信息技术科等行政机构。同济大学现代远程教育研究所、建筑教研室为学院主要教学研究机构，共有专职教师13名。学院正教授1名，副研究员5名，副教授5名；硕士生导师6名；博士学位人员15名。

继续教育学院高等学历继续教育各学习形式的本（专）科共设有19个专业。其中函授专科起点本科专业1个，函授高中起点专科专业1个；业余高中起点本科专业2个，专科起点本科专业14个，高中起点专科专业1个。其中开展招生工作的有10个专业，不再招生的存量专业9个。

2021年12月，学院在校生共6198人。其中，函授学生共469人（专升本341人、高起专128人）；业余学生共5729人（高起本33人、专升本5696人）。

2021年3月，学院招入新生1834人，其中，函授学生173人（专升本124人、高起专49人）。业余学生1661人（专升本1661人）。

2021年学院毕业生2066人，其中，函授学生188人（专升本144人、高起专44人）；业余学生1878人（高起本45人、专升本1828人、高起专5人）。毕业生中获得学位证书的有136人，其中函授专升本10人；业余高起本7人、业余专升本119人。

2021高等教育自学考试设有“土木工程”和“工程管理”2个专升本专业；年度新生总数为696人；课程报考总门次数为3564门；实践课报考总门次数为68门；年度毕业生人数为14人。

2021年设有黄浦、嘉定、静安（原闸北点）3个校外学习点，设有上海铁路局函授站。其中静安校外学习点不再招生。

2021年学院非学历培训对外合作方共8家，其中新增上海维顶教育科技有限公司、上海水树信息科技有限公司、上海适聚企业咨询管理有限公司等3家合作单位。截至2021年12月31日，与其中7家合作到期的合作单位终止合作关系，2022年5月15日与合作未到期的“上海水树信息科技有限公司”签订终止合作协议，终止合作关系。

继续教育学院非学历培训主要设有城市建设与管理类、党政干部类、企业管理类、建筑工程类、交通工程类、装备制造类、建筑设计类、景观规划类、语言类等项目，2021年学院举办各级各类项目培训班60个班次，培训人数近6000人次。其中面向西部干部培训等帮扶项目3个班次，军转干培训班1个，学校新进教师培训281人次，高访学者培养68人。

2021年承担上海市终身教育学分银行高校网点管理员职责，完成2021届成人教育学生的成绩信息存入工作等，总计存入54009条成绩信息。

实施“十四五”规划。面临学历教育办学条件不足和非学历培训发展落后的困境，学院背靠同济大学契合社会需求的学科优势和深厚的历史积淀，围绕国家战略变化适时调整办学结构和目标。学院"十四五"时期将进一步强化组织领导，加大改革力度，聚焦资源投入，优化政策环境，谋求外部支持，践行立德树人根本任务，服务中央和地方重大战略需求，以供给侧结构性改革推进学历教育和高端培训双轮驱动发展，做大做强高端培训，做优做精学历教育。构建高质量的人才培养体系，进一步提升学校的社会影响力、服务学校的双一流建设。在未来的10—15年，通过着力构建有全球影响力的一流继续教育教学体系，做好终身教育服务社会。

学院完成两份学历教育年度报告《2020年度同济大学继续教育发展报告》《现代远程教育试点高校网络教育自查自评报告》。

2021年学院继续深入梳理各部门工作流程，细化岗位描述，制定岗位职责和绩效考核办法，提高工作效率。加强管理人才队伍建设，重视能力培养，强化激励措施，提升学院自身市场开拓能力。

加强学院制度建设，进一步完善学院"三重一大"决策制度，提高学院决策的科学性、民主性和规范性。加强学院制度体系建设，全面梳理学院制度文件。2021年制定、修订或整合文件26份，梳理工作职责和流程7份，各类测评表（反馈表）和告知书（承诺书）5份。建立了会议决策督办机制并开始运转，学院纪委与办公室联合开展跟踪督办，促进落实党委会和党政联席会决策事项。

获教育部考试中心及上海市教育考试院批准，2021年学院增设全国英语等级考试（PETS）新考点。

完善合作方审批流程，严格审核合作方办学资质并实施评估淘汰机制。梳理高端培训部门文件和工作流程，完善日常监管机制，注重项目实施过程的精细化管理，提升办班品质。2021年高端培训项目90%以上由学院自主独立承办，在疫情反复的情况下，实现高端培训25%以上的增长。

【教学科研】 牵头申报并获批农业农村部、教育部"乡村振兴人才培养优质校"，探索建立"乡村运营师"培训品牌及相应的课程体系，与多个企业、乡村确立现场教学与课程开发的合作关系，打造乡村振兴教育的"同济模式"。

扎实推进课程思政建设，2021年被授予"教育部继续教育课程思政教学研究示范中心"。围绕中心建设，学院编制了中心建设方案，邀请兄弟院校同行举办课程思政研讨会、组织课程思政项目结题验收和新项目立项、组织新教材编写等，构建"知识传授、能力培养、价值引领"三位一体的可复制、可推广的应用型人民城市人才培养体系。

【教材建设】 宗轩、赵晓芳、张峥合著的《图说建筑设计丛书》获得全国优秀教材建设二等奖（系列教材三本）；朱勍编写的《城市规划原理》获得上海市高等学历继续教育"课程思政"优秀项目特等奖，《城市规划设计分析方法》获得上海市高等学历继续教育"优秀教材"一等奖；宗轩、赵晓芳设计的"当代著名建筑师与优秀建筑作品赏析"获得上海市高等学历继续教育"优秀在线课程"一等奖。

【信息平台建设】 新信息系统平台建设进展顺利，开始服务于学院的学历教育和高端培训。新平台集教学、学习、管理、测评、资源、质量保障、服务等功能于一体，同时面向学生、任课教师及教学管理人员，提供教学、教务全过程支持服务；增加学生移动端网上缴费、学业进展及查询各类信息功能，并与学校统一身份认证、学生网上缴费等系统的集成，为推动学院继续教育的转型发展提供了技术保障。

全面对师生开展学院新系统平台的使用培训，及时反馈新平台存在的问题，督促开发方改进；逐步完成新旧平台系统数据割接的核查和校对工作。

完成360门高等学历继续教育在线直播课程教学技术支撑工作，探索并形成了技术人员、助教、班主任、班干部于一体的在线教学和技术支撑体系；建设完成"管理学概论""马克思主义哲学原理"等2门精品网络课程、7门普通网络课程，启动"中国近现代史纲要"精品网络课程、13门普通网络课程建设。完成近40门高端培训直播课程录制。

【社会服务】 学院成功承办上海市第17届终身学习活动周开幕式，组织精干力量，全面参与活动周开幕式的策划、组织工作。

【学生工作】 学院制定《同济大学继续教育学院"三全育人"建设方案》，积极探索基于成人学生特点的思想政治教育工作机制方法，形成全员全过程全方位育人格局。重构学历继续教育管理体系，整合各管理科室职能，按照"招生—教务—学务—考务—毕业"为核心的业务构架，重新核定各岗位工作职能，以促进学历继续教育学生的培养。

为发挥学生党员和学生骨干在班级建设和管理中的中坚作用，学院将成人学历教育学生党员编成党小组。为进一步了解夜大、函授学生在线学习情况，促进学风建设；增加爱校荣校意识，学院开展了2次夜大、函授学生代表进校园活动。安排学生党员和班长代表座谈会入校召开座谈会，了解学生对疫情发生以来线上教学与管理的意见。

完成了《基于德育大数据的继续教育大学生党建引领思想政治教育的协同融合机制研究》《同济大学基层党组织政治功能发挥研究》两项党建专项研究课题。

朱燕、夏鑫等10名学生被上海市成人教育协会院校教育专业委员会评为"2021年上海市成人高校优秀学员"。其中朱燕被评为"十佳学习标兵"；徐绩同学荣获2021年（第十三届）上海市大学生计算机应用能力大赛"Web网站设计"类别三等奖；胡长鑫、崔宏建同学荣获"Web网站设计"类别"优胜奖"。

在上海市成人教育协会与上海高

等学历继续教育服务平台共同举办的“学党史、铭历史、庆百年、弘精神”百年党史知识竞赛活动中，2019级护理学专业谢秋捷、2020级土木工程专业陈铁林、2019级工程管理专业章霞获得了“优秀个人奖”，学院获得“优秀组织奖”。

在2021年同济大学大学生廉洁文化作品征集活动中，学院2021级工商管理专业（黄浦）韩新元同学获得了“书画类三等奖”，2019级土木工程专业（校内）郭睿同学获得了“海报类优胜奖”；学院获得了“优秀组织奖”。

组织开展2020年度优良学风班、优秀学生、优秀学生干部及2021届优秀毕业生评选工作，表彰了2020年度优良学风班10个，优秀学生151名、优秀学生干部44名、2021届优秀毕业生15名。

（周宇芳）

出国培训学院/留德预备部

【概况】 同济大学出国培训学院/留德预备部为同济大学下属正处级单位。在学校成立二级党委后，出国培训学院/留德预备部与德国问题研究所、国际文化交流学院等单位一起隶属外国语学院党委领导。

学院拥有14名中国籍德语教师，2名德籍教师，以及4名教辅人员。

学院每年培训的学生有国家公派生、学校学士和硕士双学位项目生和来自全中国的社会生，共计约1200人次。

【教学工作】 2021年，学院完成中德学院、中德工程学院的德语培训任务，共培训学生约240人，德语培训课程从初级、中级、高级到德福备考，同时，学院为学生进行跨文化培训和求职培训，为日后赴德留学打下语言基础和跨文化沟通基础。

学院全力配合国家高等教育对外交流项目的开展，为国家留学基金委“高水平项目”的46名赴德语国家的博士奖学金生进行了行前语言培训，学生们均以良好的成绩通过了终期语言考试。

在德语普及推广领域，出国培训学院/留德预备部本着“服务社会”的宗旨，面向全社会开办各级别的语言培训班和德福备考班，并由留德预备部的德意志学术交流中心专家向所有赴德的中国学生开设文化培训模块课程，以总体提升学生在德国高校学习生活的适应能力。2021年共培训社会生约885人。

【高校合作】 学院为华东理工大学的近60名赴德交流项目生进行跨文化培训。

【中德合作/留德咨询】 学院与德意志学术交流中心（DAAD）、德福考试院（TestDaF Institut）、留德审核部（APS）及德语区国家的几所高校持续保持合作，并与同济大学外事办公室合作，为同济大学春季及秋季学期赴德语区交流学生举办德国留学注意事项讲座。

德福考试院（g. a. s. t）首席顾问阿拉斯（Ulrike Arras）博士在留德预备部工作，她参与学院德福课程的同时，还为学院全体老师进行定期的德福考试培训。同时，阿拉斯博士与德意志学术交流中心驻学院外教专家共同承担学生咨询工作。

【教学研讨】 在学院“德福能力培训中心”（Kompetenzzentrum）的框架内，阿拉斯博士为学院全体老师进行了德福考试系列培训讲座，分别就“德福考试框架及评价体系”和“2021德福新机考”等话题及德国高校实际会使用到的语言能力与学院老师展开了互动性的讨论交流，并就未来德福考试的走向作了积极的探讨。

（曹珊）

中德学院

【概况】 中德学院有在编教职工8人，其中管理岗6人，思政岗1人，教辅岗1人；外籍长聘专家4人；各中德中心共有教席教授、助理教授和科研人员56人；德国模块化教授34人，在线开设了23门德语/英语授课的模块化课程。

学院在读2017－2018级中国籍硕士研究生129人，2017－2021级双学位硕士国际学生39人。受新冠疫情影响，2021年度学院及各中德中心新接收国际交流生31人（含7名双学位生）。通过相关学院中德中心招收2021级中德项目学生95人。学院及各中德中心年度新派出19名中国学生赴德国攻读硕士双学位，1名学生赴德交流，中德联合培养博士8人。

学院116名中国学生顺利毕业，其中36人获中德双硕士学位；9名德国双硕士学位生顺利毕业。学院有6人荣获市级优秀毕业生（徐天一、赵瑞涵、刘栎、口尧、王尧、朱鸿志）。学院2021届毕业生就业率达99.17%，为黑龙江等地输送选调生等基层工作人员8名。

【深化学院平台化转型】 为高质量服务学校构建教育对外开放新格局，学院积极配合学校国际化战略，统筹利用德国优质教学科研资源与国内教育资源，在2021年度继续深化“小核心、大外围、高层次”平台化转型成果，通过中德联合创新例会等形式与机械与能源工程、汽车、电信与信息工程，及经济与管理四个学院紧密合作，继2020年底与汽车学院签署合作协议后，1月18日与机械与能源工程学院、3月22日与电信与信息工程学院分别签署《关于未来在科研、教学与实践领域内合作的协议》，和经济与管理学院就加强合作进行多轮商讨，为各中德中心提供对德合作新动能，进一步拓展相关学科与德国合作的广度与深度。4月26日，学院支持中德汽车联合研发中心举办中心启动会；7月12—16日，协同波鸿鲁尔大学参加中德机械工程中心莱茵书院暑期学校项目；9月6—10日，协同组织柏林工大国际学生暑期学校项目；积极引进外方高层次人才，协助中德智能科学与技术研究中心引进来自慕尼黑工大的德方副主任哈德（Harder）博士；2021年度各中德中心共新增7项中德合作科研项目。

【制定学院"十四五"规划】 确立"十四五"期间以中德博士生院建设为依托，以学科交叉国际平台建设为牵引的发展思路，坚持改革创新，强化跨国协同、跨学院合作、跨学科融合，更好吸引对接优质资源，打造高精尖国际人才培养高地、创新科技研发基地、产教融合实践服务基地，树立同济国际合作新标杆，有力支撑学校中国特色世界一流大学建设迈上新台阶、构建后疫情时代高等教育对外开放新格局。

【筹建中德博士生院】 学院贯彻落实学校决策部署，以积极推进中德博士生院建设为抓手，与各中德中心紧密合作，创新"人才培养－科学研究－国际交流"联动发展的世界一流学科建设新机制。组织完成国际博士生招生方案中英文版、中德博士生2020级培养方案中英文版、铭牌设计制作等工作，切实做好中德博士生院挂牌的各项先期准备。

【教学工作】 与四个中德中心共享国际合作办学资源，妥善安排好2020级、2021级各中德中心学生德语课程授课事宜并协调德国教授在线开展模块化专业课程教学；积极探索校园疫情防控常态化下留学生管理新模式，有序推进线上注册、教学和答辩工作，制作留学生申请临时离校承诺书中德文对照版，指导双学位留学生办理毕业手续，帮助全体在籍留学生做好远程注册、选课等工作；召开德籍教师座谈会，加强教材引进和使用审核，规范中国地图使用等。

【延续一个基金教席，新建一个基金教席】 学院积极克服新冠疫情和全球经济衰退等不利影响，成功与TUEV南德续签"技术系统可靠与安全性"基金教席、与格陆博科技有限公司成立"智能驾驶汽车先进控制"基金教席、与上汽大众谈妥新建"人机交互"基金教席，在进一步推进与重点行业龙头企业产学研共建的同时，加强与高新技术类民营企业合作；继续巩固与保时捷、英飞凌、采埃孚等近15家跨国企业在人才培养和科学研究方面的密切合作；年度受企业直接资助经费近百万欧元。

【校友活动】 密切联络校友，凝聚校友力量，积极引导校友助力"三全育人"，促进学院发展，服务学校"双一流"建设。1月9日，举办新能源智能网联汽车论坛；5月22日，召开学院电气系校友班级联络人座谈会；6月26日，举办校友值年返校和校友职业发展论坛；12月11日，召开同济校友会中德学院分会第一届理事会第四次会议。为校友构建分享行业前瞻、职业发展、创新创业信息和终身学习的平台；为各中德中心学生提供向优秀校友学习的机会，搭建职业生涯教育和朋辈教育平台，全力支持高质量就业。

【外事接待活动】 3月18日，德国驻沪总领馆科教领事孔瑞超（Richard Cuntz）、领馆科技处代表曾红萍、易棠铭（Thomas Elz）等一行来访学院，旨在了解学院"小核心、大外围、高层次"平台化转型成果和下一阶段工作设想。雷星晖副校长在中德大楼会见孔瑞超领事一行，中德学院党委书记、中方副院长吴志红及教师代表参加会见。

7月15日，德国伍尔特集团（Würth China）代表一行3人来访学院，洽谈院企合作事宜。吴志红接待来访。

10月18日，奥地利驻上海总领事蓝海睦先生（Helmut Rakowitsch）与副领事瓦格纳女士（Alexandra Wagner）一行2人来访学院。吴志红、外事办公室主任陈翌等接待来访。

10月19日，新任德国驻上海总领事贺德满先生（Pit Heltmann）率代表团一行5人访问学校。陈杰校长在逸夫楼会见了贺德满总领事一行。中德学院吴志红、魏思（Thomas Willems）等陪同会见。

【德国企业日活动】 11月9日，中德学院联合中德工程学院，与基金教席资助企业共同举办线上"德国企业日活动"，全力支持学生就业。4家中德学院基金教席资助企业（拜耳、保时捷、莱茵金属汽车、安永）及3家中德工程学院资助企业（费斯托、科世达和吉泰）参加活动并分别作公司介绍和实习、就业机会推介。随后，参加活动的学生与企业代表进行了深入交流。

【中德学院第二十三次咨询委员会会议】 11月11日，线上线下同步召开中德学院咨询委员会第二十三次会议，教育部原副部长、中德学院咨询委员会理事长吴启迪，校长陈杰，副校长雷星晖、娄永琪，德国驻沪上海总领事馆文化领事马克西米利安·哈伦斯莱本（Maximilan Hallensleben），德国学术交流中心项目司司长克劳斯·比尔克（Klaus Birk），校长办公室、外事办公室、中德学院、中德机械工程中心、中德汽车联合研发中心、中德智能科学与技术研究中心和中德经济与管理研究院的负责人及资助企业、德国合作高校代表等中德嘉宾60余人参加会议。

（杨瑞帆）

中德工程学院

【概况】 2021年,学院招收机械类(中外合作办学)本科生145人,德国高校国际合作联合会(DHIK)成员高校校际交流生37人(双学位生32人、非学位生5人、中国国家留学基金委奖学金获得者20人)。2018级本科生中74人前往19所德国合作高校开始第四年课程学习。2021年德意志学术交流中心(DAAD)奖学金获得者30人,巴登符腾堡州奖学金获得者1人。2021年共有84名学生获得毕业证书,其中47名中国学生、39名德国学生获得双学士学位证书。

【师资队伍】 教职工人数48人,专业理论和实验教学人员32人,其中博导、教授2人,硕导、副教授13人,博士、讲师(含助理教授)4人,工程师、高级工程师13人。管理人员16人。

【重大事件】 1月21日,德国高校国际合作联合会主席、萨尔兰工程与经济应用科技大学校长迪特尔·莱昂哈德(Dieter Leonhard)教授在德国联邦教科部中国高校合作问题会议上从管理、财务、教学自由度以及质量保证方面介绍了80多位德国伙伴高校代表与中德工程学院近20年的成功合作经验,指出中德工程学院是中德高校长期合作的成功典范。

2月6日,学院首次组织“云拜年”活动,向在德的17级同学们致以美好的新春祝福,院领导及部分教师出席了此次活动。院长冯晓在致辞中称赞2017级赴德交流的同学们是全球新冠疫情下逆行的勇者,并希望大家保持乐观积极的态度来应对疫情的挑战。参会教师们也为留德同学送出了自己的新春祝福。

3月2日,《人民日报(海外版)》刊登了对学院工业4.0—智能工厂实验室的专访报道,题为“让机器人‘生’出‘匠心’教自动化学会‘上网’——‘未来工厂’什么样?”。学院副院长、实验中心负责人谢楠老师接受了专访。

3月30日,由学院德方副院长欧力·希尔默(Oliver Schirmer)联合企业顾问论坛其他成员共同组织的中德工程学院企业顾问论坛会议在上海大众召开,此次参会代表20余人。会议就企业与学院的长期合作发展以及在学院举办讲座报告等事项展开了讨论。

4月27日,第一届嘉定校区“同德济遇”德国文化节启动。本次活动由共青团同济大学委员会主办、共青团中德工程学院与职业技术教育学院承办。同济大学副校长雷星晖、同济大学各职能部处、嘉定校区各学院领导老师出席了本次活动。

5月,围绕德国联邦教育与研究部、德国高校联合会(DHIK)和同济大学之间商定目标的执行情况。专家委员会对学院进行了持续数周的在线检查,采访了与学院相关的公司代表、德国驻上海总领事馆代表和许多其他项目合作伙伴并形成评估报告。

6月3—4日,学院三组学生参赛队赴南京参加第四届菲尼克斯智能技术创新与应用大赛。经过激烈角逐,最终,学院2019级机械电子工程专业龚浏权、宋昊泽、汤文豪同学组成的参赛队展示的“基于手势跟踪的分拣机器人"项目脱颖而出,荣获智能工厂类别一等奖;2018级建筑电气与智能化专业王以沫、陈子玮、张思凝同学的参赛项目“智能新风床”获得智能生活类别三等奖;2018级张仕祥、余越尧、高可嘉同学的项目“智能应变建筑”获得智能设施类别三等奖。

6月10日,学院与德国高校国际合作联合会(DHIK)合作举办了第一期关于中国文化的在线培训会。本次培训主要面向有中国工作经历或对中国文化感兴趣的合作高校教师,目的是让合作高校的教师对中国文化有更深入的了解,为将来德方学生在中国的交换学习及完成双学位课程提供建议和支持。本次活动得到了德国合作高校教师的积极反馈和热烈响应,共有55人参加了培训。

学院2017级机械电子工程专业张浩威同学的“基于生产岛和中央仓库升级纳诺斯通水务公司的生产物流系统的设计与仿真”项目荣获德国萨克森—安哈尔特州科技奖。

国家自然科学基金委员会8月份发布公告,学院机械电子工程专业教授王玉的“增材制造零件基于力流的非均匀异构介观结构设计及其宏观性能调控”课题获批立项。王玉教授组建的增材制造研究室自2019成立以来,以连续碳纤维复合材料、混凝土材料增材制造技术展开研究,并承担了两项国家自然科学基金面上项目。团队围绕该研究方向,共发表SCI/EI论文10余篇,国际会议论文4篇,授权国家发明专利7项,软件著作权1项。

11月,德国联邦教育与研究部(BMBF)专家委员会对学院的评估报告出炉,报告认为:同济大学中德工程学院是应用科学领域国际高等教育合作的一个充满活力、组织良好、表现出色的灯塔项目。它能灵活地应对挑战,与当地(德国)企业持续保持广泛的合作,并与德国高校联系紧密、合作深入。专家委员会成员还强调了中德工程学院对中德学术交流的巨大意义。

11月2日,德国高校国际合作联合会(DHIK)召开在线联盟会议,来自德国联邦教研部(BMBF)、德国学术交流中心(DAAD)、成员大学、乌兹别克斯坦大使馆和教育部、南非高等教育协会(THENSA),以及中德工程学院子项目评估委员会主席在内共计60余名专家学者与会。本次会议新推选海尔布隆应用科技大学(HHN)、弗伦斯堡应用科技大学(HS Flensburg)和西弗莱大学为联合会的正式成员。学院的德语国家合作高校已增至37所。

12月26日下午,同济大学校友会中德工程学院分会成立大会顺利召开。会议采取线上线下相结合的方式举行，会议审议通过《同济大学校友会中德工程学院分会工作办法》，选举产生同济大学校友会中德工程学院分会第一届理事会理事41名，选举王继平为会长、曹永焘为执行会长，选举王琪、容玮悦为常务副会长，选举林钢等15名院友为副会长、郭婧为秘书长。

（李正雯）

中法工程和管理学院

【概况】 作为同济大学对法国及法语国家和地区开展合作交流的重要国际化平台，中法工程和管理学院积极服务于学校的人才培养、科学研究、国际合作交流与校园文化建设。

2021年，虽受新冠肺炎疫情持续影响，学院与国外合作伙伴高校、组织机构和企业等仍然保持良好沟通，积极协调校内各职能部门和专业学院，以线上线下相结合的方式顺利开展相关工作。

【中法双文凭项目】

1. 举办在线项目宣讲会和工作研讨会

4月，学院以在线方式组织举办中法理工类双文凭项目招生线上宣讲会。为提升宣传效果，邀请11所法国合作学校国际处或院系项目负责人进行4场线上宣讲会，80余人次参会。

学院还组织了项目工作研讨会，邀请相关专业学院参加，共同讨论后续工作安排。

2. 项目招生及在读学生情况

中法理工类双文凭项目预录取2人（分别由南特中央理工学校、巴黎高等理工化工学校预录取）。项目在读学生21人，其中：9人完成在法学业，已返回同济大学继续完成毕业论文；7人在法学习；5人将于2022年赴法国学习。

学院举行3场项目师生座谈会（两次线上、一次线下），了解双文凭项目的学生近况以及他们在学习和生活上的收获、面临的困难与未来的规划等。此外，还线下举办了新老学生交流会、迎新晚会等活动。

3. 更新项目协议

同济大学与法国里昂应用科学学院（INSA Lyon）签署了关于继续延长中法双文凭项目合作的补充协议（有效期延至2022年12月11日）。

【国际学生接收和交流】 2021年度，校际交流国际学生的接收工作主要在线上进行。因受疫情影响，国际学生无法入境学习，多人最终退出项目。

本年度，申请来同济大学学习的校际交流国际学生共16人。其中：法国高等公共工程学校（ESTP）7人、法国国立高等工程技术学校（ENSAM）5人、法国里昂应用科学学院（INSA Lyon）2人、法国巴黎高科－生命与环境科学学校（Agro ParisTech）1人、上法兰西应用科学学院（INSA HDF）1人。最终被录取且完成注册报名的国际学生共4人（1名双学位学生、3名非学历交流学生），均来自法国高等公共工程学校（ESTP），均参加土木工程学院开设的线上课程学习。

申请2022年春季学期的非学历交流的国际学生3人，其中2人为2021年秋季学期延期入学学生。

学院协调接收的国际学生申请情况及在读情况（2021—2022学年）

	法国学校	申请人数	在读人数	接收院系	备注
双学位	ENSAM	5	1	航空航天与力学学院（1人）、汽车学院（3人）、机械与能源工程学院（2人）	1名在读学生为2019年入学学生，在汽车学院学习，即将完成论文答辩
	INSA HDF	1	0	航空航天与力学学院	
	ESTP	3	1	土木工程学院	
非学历	INSA Lyon	2	0	土木工程学院（1人）、电子与信息工程学院（1人）	1人延期至2022年春季学期入学
	Agro ParisTech	1	0	医学院	
	ESTP	4	3	土木工程学院	1人延期至2022年春季学期

【巴黎高科“50名工程师”项目】 学院继续协助法国巴黎高科及巴黎高科驻华办公室做好“50名工程师项目”的本校学生推荐工作、中法双边联络沟通工作。2021年，同济大学无学生报名该项目。

【第十四届国际可持续发展城市交通系统研讨会（THNS2021）召开】 本届会议由同济大学主办，由中法工程和管理学院协同5个专业学院承办，并得到法国国立桥路学校、国立高等工程技术学校、里昂国立应用科学学院、上法兰西综合理工大学、上法兰西应用科学学院、古斯塔夫·埃菲尔大学、奥地利格拉茨工业大学、法国UR-

BA2000协会、上海电气泰雷兹交通自动化系统有限公司等单位的大力支持。会议首次设立了大会奖项，大会联合创始人让一弗朗索瓦·贾宁(Jean-François Janin)受聘为“THNS终身名誉主席”。

【同济大学与上海电气泰雷兹有限公司签署合作协议】 同济大学和上海电气泰雷兹“智慧轨道交通联合工程技术研究中心”签约揭牌仪式于6月16日在同济大学举行。副校长雷星晖和上海电气轨道交通集团总裁贾廷纲共同揭牌。电子与信息工程学院副院长尹学锋、上海电气泰雷兹交通自动化系统有限公司首席执行官沈洪签署合作协议。

【中法创新创业空间】 学院协助创新创业学院，大力推广中国“互联网＋”大学生创新创业大赛。

学院还协调同济创业谷、创新创业学院、双创控股公司与同法国里昂大学联盟下属的里昂与圣太田地区创新创业中心(BEELYS)工作团队举行了多次线上会议。6月，双方合作举办两场创新创业主题线上讲座。此外，学院还与里昂大学联盟下属的里昂与圣太田地区创新创业中心讨论了“同济大学中法创新创业空间”框架下开展的中法创业者交流项目的筹备工作，并确定了后续工作计划。

【执行与世界法语大学各类合作】 2021年，学院继续执行同济大学与世界法语大学联盟(AUF)各类合作项目。

一是新型法语大学空间(CNEUF)项目。2021年是该项目执行期的最后一年。

4月，学院协助土木工程学院完成去年获批的AUF“支持亚太地区成员机构全部或部分开展线上教学”项目的总结报告和财务报告。该项目报告已通过AUF的审批，项目顺利结题。

5月，作为同济大学114周年校庆系列活动之一，在外事办公室及校内三十余个学院和部门的支持下，学院成功举办了首届“中法交流合作沙龙”。副校长娄永琪、巴黎高科(ParisTech)驻华主任劳拉·维莱特(Laura Villette)、里昂国立应用科学学院(INSA Lyon)驻华代表叶丹、法能集团(ENGIE)中国高级对外事务经理王歌、Stellantis集团电气电子部总监徐洋以及多个学院和部门的教师以及中法工程和管理学院校友代表参加了此次活动。

二是法语世界就业竞争力促进中心(上海)(CEF Shanghai)项目。在世界法语大学联盟(AUF)成立60周年大背景下，基于双方多年合作的丰硕成果，AUF执行主席斯利姆·卡尔布斯(Slim Khalbous)教授致函陈杰校长，希望与同济大学合作开展“法语世界就业竞争力促进中心(上海)(CEF Shanghai)”项目。

7月，双方签署项目合作协议。9月，亚太区CEF项目集体揭幕仪式在线举行。副书记彭震伟提前为集体揭幕仪式录制视频，并为设立在学院中法中心的CEF Shanghai项目揭幕。全球共300余人参加仪式，外事办公室、就业指导中心和中法工程和管理学院代表出席。

【《法国建筑在上海》正式出版】 5月，《法国建筑在上海》一书正式出版。郑时龄院士在法国驻上海总领事馆主办的“上海的欧洲印记”建筑文化主题交流活动上，向法国驻华大使罗梁(Laurent BILI)赠书。

项目于2014年中法建交55周年期间由中法工程和管理学院倡议发起，该书于2015年开始筹备，由郑时龄院士团队领衔、同济大学出版社出版，中法工程和管理学院团队全程参与翻译、校对和综合服务工作。

【“中法百校交流计划”调研工作】 受中国教育国际交流协会委托，学院工作团队开展“中法百校交流计划”调研工作并形成高质量调研报告。

“中法百校交流计划”是第三次中法高级别人文交流机制对话的成果，在中法两国教育部的支持下，由中国教育国际交流协会和法国驻华大使馆合作开展。项目旨在支持中法两国在中小学层面开展合作交流，促进两国基础教育合作和互学互鉴，增进两国青少年的理解与友谊。项目于2016年正式启动，四年执行期内共遴选150所有意愿和能力开展中法校际交流的中方项目学校。

(陈钰、张波)

中意学院

【概况】 截至2021年年底，同济大学对意合作高校21所，含4所对意重点合作伙伴高校，中意合作办学项目覆盖10多个学科专业。本年度全校共有38名中国学生和100名意大利合作高校学生参加同济大学中意双学位项目。

在人才培养方面，中意学院在3个中意本科双学位项目基础上，拓展和建设新的中意联合人才培养项目，同时发挥平台作用，服务同济大学中意联合人才培养。

2021年，中意本科双学位项目共招收来自都灵理工大学、博洛尼亚大学的41名留学生(线上)，22名中、意学生获得同济大学与都灵理工大学或同济大学与博洛尼亚大学本科学位，完成16名项目在籍中国学生培养。

协同机械与能源工程学院、电子与信息工程学院、新生院开展中意本科双学位项目调研及招生，协助完成与都灵理工大学的本科双学位项目培养方案、培养模式和协同管理模式更新。协同国际文化交流学院与佛罗伦萨大学在“对外汉语教学”学科方向拓展新的硕士双学位项目合作。协助外事办公室及校内专业学院开展与意大利高校的联合人才培养。

在外事与外联方面，学院积极构建和拓展对意合作高校网络，引入意大利企业资源，做好中意校友服务与对接，为学校人才培养和产学研合作搭建平台。

协助学校邀请博洛尼亚大学成为同济大学新一届董事会董事单位。协助专业学院，成功获批1个外国高端专家项目和1个“一带一路”创新人才交流外国专家项目。1月，同济大学与都灵理工大学召开战略合作会议；同月，中意学院协助法学院与比萨大学签署合作备忘录。5月，举办中意学院校友值年返校活动，召开同济大学校友会中意学院分会筹备会议。7月，同济大学与都灵理工大学签署中意本科双学位项目补充协议。8月，学院与中国意大利商会达成战略合作，签署战略合作备忘录。

2021年共接待境外来宾总计117人次（含线上接待和会议），其中包括都灵理工大学副校长米凯利·博尼诺（Michele Bonino）教授，比萨大学副校长米莱拉·帕萨拉奎（Michela Passalacqua）教授，意大利驻沪总领事陈琪等。

在科学研究方面，积极推进意大利研究中心、可持续发展中心、设计创新中心建设，搭建中意合作科研平台，依托中心开展科研合作；发挥平台学院优势，推进和协助校内专业学院与意大利合作伙伴的国际联合科研合作。

2021年，意大利研究中心共有专兼职研究人员25名。7月，中心加入中国欧洲学会；12月，中心成为上海全球治理与区域国别研究院理事会成员。6月，与法学院、中意学院、意大利比萨大学法学院联合举办“2021中意司法论坛——民法典与罗马法传统”活动。11—12月初，举办2021中意创新论坛、“上海的城市与建筑发展”讲座、中意创意周·蒙塔莱诗歌沙龙等活动。本年度，意大利研究中心组织选拔并报送2021年教育部高校国别和区域研究课题选题征集2项，申报年度课题1项。中心研究人员完成外交部欧洲司委托课题1项，在期刊发表阶段性研究成果、论文或评论文章4项，撰写并翻译出版专著1本。

可持续发展中心与上海市供水行业协会、上海城建市政工程（集团）有限公司等政府部门、社会组织、国企事业单位等达成合作，完成5次相关非学历教育培训，共计参训390人次；与上海城投水务（集团）有限公司达成科研项目合作，新开展3个四技课题。

中意基金支持项目，李国强、刘东、黄赟等著作责任者的《中国建筑能效提升技术丛书》入选“十四五”时期国家重点出版物出版专项规划。

在文化交流方面，中意学院联合意大利合作伙伴，与校内20多个部门和学院合作，积极开展中意文化交流活动。

6—11月，与同济大学艺术中心、设计创意学院合作举办“大学生板凳艺术造型设计展”和四期“大学生板凳艺术造型设计实践工作坊”。11—12月，在学研工部、外事办公室指导下，与校内21个部门和学院联合开展“同心·互鉴·共进”同济大学生跨文化交流创新系列活动。11月，与中国意大利商会合作举办同济大学中意创新周活动。12月，与同济大学劳动教育实践基地共同举办国际化劳动教育特色实践系列活动。

在平台建设方面，中意学院加强平台建设，完善学院核心团队架构，激活学院空间，推进学院品牌文化建设，加强学院治理能力建设，持续推进工作作风建设。

2021年，学院共有在职教职工3人；规范和优化学院行政、人事、财务等管理制度7项；完成中英文网站、宣传视频制作等学院品牌提升项目8个；完成运筹楼空间基础维修和空间提升改造项目6个；拓展运筹楼内空间和屋顶花园使用功能，服务校内师生，空间支持1000余人次校内师生在运筹楼开展各类教学科研和文化活动28场。

【同济大学与都灵理工大学战略合作会议召开】 1月15日，同济大学与都灵理工大学战略合作会议通过线下线上形式举行。雷星晖副校长、都灵理工大学副校长米凯利·博尼诺（Michele Bonino），以及机械与能源工程学院、电子信息与工程学院、设计创意学院、外事办公室、中意学院的中意项目负责人、代表等参加会议，聚焦中国和意大利师生互学互访与学科领域国际合作拓展，共商面向未来的中意教育发展新思路。

【中意校友值年返校活动开展】 5月30日，中意学院举办2006级、2007级校友值年返校活动，共计50余名校友返校，同期举办同济大学校友会中意学院分会筹备会议。米兰理工大学、都灵理工大学教师代表在线上参加本次活动。

【意大利研究中心中意司法论坛系列活动开展】 6月4日，法学院、中意学院、意大利研究中心与意大利比萨大学法学院联合举办“2021中意司法论坛——民法典与罗马法传统”活动，同济大学副书记彭震伟出席并致辞。意大利研究中心中意司法研究中心名誉主任、北京大学法学院教授薛军受邀参加“同济天下·法治系列讲座”，同济大学副校长雷星晖出席并致辞。

【2021中意创新论坛举办】 11月19日，在校文科办支持下，中意学院与意大利学者协会、中国意大利商会合作举办“可持续创新”为主题的“2021中意创新论坛”，娄永琪副校长出席论坛并致辞。

【同济大学中意创新周活动开展】 11月19—20日，中意学院与中国意大利商会合作举办同济大学中意创新周活动，11家校内外单位、院系共同参与，在四平和嘉定校区举办13个工作坊、1场论坛、1个展览、1次演出、2次影片放映、1个讲座、1场沙龙以及1场互动游戏等校园文化共创活动，吸引近千名师生参加。

【同济大学首个劳育实践基地落地运筹楼】 11月，中意学院协助党委学研工部和本科生院，在运筹楼建设同济大学首个劳育和美育结合的国际化劳育实践基地，并依托实践基地，开展“同济梦想花园节”“意式皮革手作劳动工坊”等国际化文化交流与劳育实践活动，服务学校人才培养工作。

【“国际胜任力”系列讲座举办】 12月，中意学院联合外事办公室、外国语学院合作主办教育部中外人文交流中心高层次国际化人才培养创新实践基地“一流大学建设背景下大学生国际胜任力培养”系列讲座，邀请联合国粮农计划署、法学院、政治与国际关系学院等校内外专家授课，推进具有全球竞争力的国际化人才培养。

（李真、余宙）

中芬中心

【概况】 同济大学中芬中心致力于在创新教育、研究和实践方面打造战略性成功范例，打造内容覆盖产品设计、创意、可持续与城市规划和商业管理的课程与工作坊，提升学生学习体验，助力同济大学和阿尔托大学的深度合作，为两校共同发展为世界级高校的愿景贡献力量。

【承办上海市青少年创意设计院第二届骨干教师培训班】 5月13日—7月14日，上海市青少年创意设计院第二届骨干教师培训班顺利举行。培训班由上海市科技艺术教育中心和同济大学设计创意学院共同主办，同济大学中芬中心承办，腾讯游戏作为支持单位。本次培训班共有32名来自全市中小学、青少年活动中心、少年宫的一线教师作为学员参与。培训以“青少年美育课程创新”为主题，内容聚焦“设计思维驱动下的美育教学实践”。通过名师讲座交流、教学工作坊体验和创新课程设计等课程形式，使学员深入了解了“设计思维＋美育”的教育创新思想及实践路径，熟练掌握了设计思维驱动的PBL项目教学方法和展演技巧，有效提升了在青少年群体中策划、开展和实施创意设计课程的能力。同济大学副校长、上海市青少年创意设计院院长娄永琪，上海市科技艺术教育中心主任陆晔，上海市科技艺术教育中心副主任田磊，上海市科技艺术教育中心艺术教育部副主任柏云，同济大学设计创意学院设计教育教学研究中心主任张磊，同济大学中芬中心设计工厂主管、上海同济天地创意设计有限公司总经理施胤，同济大学Fablab实验室主任丁峻峰等领导出席结业仪式。7月14日下午，上海市青少年创意设计院第二届骨干教师培训班在同济大学中芬中心圆满落幕。

【开设2021年上海市青少年创意设计院夏季学期课程】 2021年7月，2021上海市青少年创意设计院夏季学期报名启动。上海市青少年创意设计院是教委领导下，上海市科艺中心与同济大学设计创意学院共同成立、服务于全市中小学生的纯公益性校外教育平台。暑期训练营设立多种形式的创意设计教学活动，课程主题包括“会跳舞的机械臂”“玩中学，学中玩”“最好玩的社区，口袋电影”“创意手造书”“纸上建筑”“哆啦A梦的新一集”和“社区探探案”等，通过“做中学”推动个性化学习，激发创造力，实现综合能力发展，提升青少年的设计能力和创新素养。

【举行“当我们在一起”芬兰校友会】 11月25日下午，“当我们在一起”芬兰校友会在芬兰驻沪总领事官邸顺利举行。活动邀请芬兰驻沪总领事、芬兰驻华大使馆教育与科学参赞致辞，并设计“当我们学在芬兰－我与芬兰不得不说的故事”“当我们吃在芬兰－传统芬兰美食”等项目。芬兰校友会为上海地区的优秀校友提供了交流平台，同时保持与芬兰领事馆的联络，获取芬兰相关的更多信息。

【开展上海国际设计创新学院中芬合作课程】 2021年秋季学期，上海国际设计创新学院中芬合作课程顺利举办。芬兰阿尔托大学与同济大学面向学院一年级研究生联合开设“概念设计”“系统创新与设计”和“面向可持续的社会技术转型”三门必修课程。在为期6周的“概念设计”课程中，授课教师维瑞普（Virpi）以疫情中的“远距离交流”为主题，通过完整的交互式产品设计项目，引导同学们学习探索在概念设计中围绕“Human－centered Design”（HCD），将最初的用户研究逐步发展至原型，并有效利用各种相关的方法与工具；也向同学们展示了在全设计流程中，“概念设计”这一阶段的过程与其角色所在。“系统创新与设计”课程的核心概念、理论和方法，是“系统思维”“创新”“设计”，以及这三者所支撑的目标——“消费者价值”，分析战略在全球市场中取得成功的设计中的作用，并将相关的概念、框架和方法应用于现实生活中的系统性问题，以识别创新的动力、层面和陷阱。《面向可持续的社会技术转型》课程立足于“为可持续校园的转型实验而设计”的概念，以同学独立阅读、理论学习、开展授课与班级活动、小组作业等方式进行，根据课程需求组织选课同学在中芬中心及周边进行调研活动，把中芬中心当作一个社会技术系统进行分析，基于分析的结果创造一个未来的可持续愿景，并构思具有社会性、技术性的创新方式。

（程希寒）

中西学院

【概况】 学校对西班牙及西班牙语地区合作高校共计21所。中西学院下设学位及交流项目派出学生共计派出6名;其中与马德里理工大学、加泰罗尼亚理工大学联合开展的“20+20”学生交流项目,共计派出6名学生,涉及建筑与城市规划学院及国际足球学院;现有建筑城规、土木、设计、经济管理、电信、材料、软件专业硕士双学位项目8个,与马德里理工大学签署联合博士/博士双学位合作项目1个。

截至2021年年底,与加泰罗尼亚理工大学(西班牙)、墨西哥蒙特雷科技大学(墨西哥)签署合作协议共2份。

参与加泰罗尼亚理工大学主导申请的“Erasmus+Welcome”项目,为学校教工培训及高校管理研究提供平台,项目顺利结题。加入加泰罗尼亚理工大学主导申请的“Erasmus+aTM”项目,为学校人才管理提供交流平台,项目运行顺利。

与马德里理工大学的“种子基金”科研合作项目正常运行。完成首批4组(建筑专业、机械工程、软件工程、艺术传媒)科研合作配对与落地。

2021年1月,墨西哥蒙特雷科技大学与同济大学创新创业学院进行工作会议,并就未来如何在创新创业方向的合作发挥联合互动展开了探讨。

3月,墨西哥驻沪总领馆总领事柳若兰(Lorena Larios)女士等代表团一行来访。

4月,哥伦比亚驻沪总领馆代总领事丹尼尔. 科鲁兹先生(Daniel Cruz Cardenas)代表团来访。

4月,学校与墨西哥蒙特雷科技大学签署合作协议。

6月,为庆祝同济大学建校114周年,6月4—5日,在墨西哥驻沪总领馆、墨西哥蒙特雷科技大学的支持下,2021同济“墨西哥日”系列活动在四平路校区和嘉定校区同步举行,其中3场学术研讨会进行了线上直播。

10月,“BETWEEN之间”西班牙低成本改造策略展暨中西国际交流项目成果展系列活动在建筑与城市规划学院开幕。

11月,中西学院代表作为圆桌论坛嘉宾,线上参加上海—巴塞罗那友城20周年大学论坛系列活动。

12月,与马德里理工大学开展诺邓火腿非遗保护开发项目讨论会。同济大学副校长娄永琪、校办代表、马德里理工大学校助维吉尼亚·迪亚兹(Virginia Díaz)教授等就项目背景、产业发展现状、项目发展展望、项目合作内容及机制进行了深入探讨。

【墨西哥驻沪总领馆代表团一行来访】 3月17日,墨西哥驻沪总领事柳若兰(Lorena Larios)率团来访。副校长娄永琪会见了柳若兰一行。双方围绕“抗击疫情形势及展望”等主题,共同探讨了未来在人才交流、国际研讨会开展、主题文化日举办等相关工作的具体合作事宜。柳若兰表达了墨西哥与同济大学的深厚友情,以及两国在疫情防控期间深厚的互助之情,希望通过多个议题的讨论,深化墨西哥知名高校与同济大学的合作交流。双方表示,将就会议讨论的具体议题加强沟通,拓宽思路,及时共享经验和信息,共同推进各项活动有序开展。

【哥伦比亚驻沪总领馆代表团一行来访】 4月20日下午,应哥伦比亚驻沪总领馆请求,同济大学副校长娄永琪在逸夫楼与哥伦比亚驻上海总领事馆代总领事丹尼尔. 科鲁兹先生(Daniel Cruz Cardenas)(参赞)、哥伦比亚驻华使馆负责教育及文化外交官员梅丽莎·穆尔西亚女士(Melisa Murcia)(二秘)代表团一行进行了交流。外事办及中西学院相关负责同志参与接待。双方就学科交流合作、在校的哥伦比亚籍学生情况、西语教学支持设想进行了交流。双方希望加强两国高校学生交流、教师科研交流,并将来在上海城市建设发展相关的研讨会上加强具体合作。会后,代表团对建筑与城市规划学院创新实践基地进行了参观。

【与墨西哥蒙特雷科技大学签署合作协议】 4月22日,同济大学与墨西哥蒙特雷科技大学签署合作协议。继墨西哥蒙特雷科技大学2017年首次访问同济大学以来,通过国际创业者暑期学校(GESS)等品牌活动,不断稳固两校合作基础。学校副校长娄永琪、墨西哥蒙特雷科技大学副校长帕埃斯(José Manuel Páez)代表双方签约。墨西哥驻沪总领事柳若兰(Lorena Larios)、副总领事范逸鑫(Carlos Valera)、墨西哥蒙特雷科技大学副校长帕埃斯(José Manuel Páez)分别以线上、线下的方式出席签约仪式,并分别致辞。签约根据协议,双方将秉持作为中墨双方的教育、文化、科研交流平台,加强学生交流及两校校际间的各类交往。

柳若兰(Lorena Larios)总领事女士对两校为促进墨中两国文化、科技交流所作出的贡献表示感谢。同济大学是其就任以来访问最多的中国高等院校之一,同济大学一直以来在对西班牙语国家及地区的交流中起到了很积极的作用。希望两校通过协议的签署,深化墨西哥知名高校与同济大学的合作交流。

墨西哥蒙特雷科技大学副校长帕埃斯(José Manuel Páez)就多年来与同济大学的交往进行了回顾,对各位在墨中交流及西语国家地区与中国交流作出贡献的同仁表示了感谢,并希望通过协议签署加强沟通,拓宽思路,及时共享经验和信息,共同推进各项活动有序开展。

娄永琪副校长对各方的对学校西语国家及地区工作的支持表达了感谢,并表示会一以贯之,以人为本,使中墨、中西教育、文化、科研交往走向更美好的未来。

会后娄永琪副校长向柳若兰女士

和墨西哥蒙特雷科技大学驻沪代表赠送了学生作品作为留念。

【2021 同济“墨西哥日”系列活动举行】 6月4—5日，为庆祝同济大学建校114周年，在墨西哥驻沪总领馆、墨西哥蒙特雷科技大学的支持下，2021同济“墨西哥日”系列活动在四平路校区和嘉定校区同步举行，其中3场学术研讨会进行了线上直播。此次活动由学校外事办公室主办，中西学院协调建筑与城市规划学院、经济与管理学院、医学院、附属上海市肺科医院、图书馆、嘉定校区管委办等单位承办，旨在通过生动多样的形式，从学术、文化、艺术等多方面，向师生展现一个丰富多元、真实独特的墨西哥。6月4日上午，“激活后疫情时代”2021中墨可持续创新研讨会暨2021同济“墨西哥日”四平路校区开幕式在经济与管理学院举行。常务副校长吕培明通过视频致辞，副校长雷星晖、娄永琪，墨西哥驻沪总领事柳若兰(Lorena Larios)，墨西哥蒙特雷科技大学外事副校长帕艾斯(José Manuel Páez)，及墨西哥驻沪总领馆各领事官员、墨西哥蒙特雷科技大学驻沪代表和学校代表等出席开幕式并签字留念。在随后召开的以“医疗和经济”为主题的中墨可持续创新研讨会上，上海市新冠肺炎诊治高级别专家组成员、同济大学附属上海市肺科医院党委副书记、呼吸与危重症科主任徐金富，墨西哥蒙特雷科技大学基础科学系教授、墨西哥国家医学健康研究所预案部首席、墨西哥城Salvador Zubirán医院医生Juan Gutiérrez，同济大学经济与管理学院副教授韩政等中墨两地近10名专家学者，分享了中墨双方在医疗和经济领域的研究成果和实践经验，并探讨了后疫情时代下双方的合作机遇等。当天下午，墨西哥壁画艺术家贝蒂·加西亚·蒙提霍(Bettsy García Montijo)和学校学生在建筑与城市规划学院一起完成了一幅大型拱形艺术壁画。画中，一面是中国特色建筑，另一面是墨西哥特色建筑，中国龙和墨西哥羽蛇神在上空盘旋，拱内中国腊梅和墨西哥国花互相辉映，表达了两国友谊长存的美好愿景。当晚，“墨西哥建筑：路易斯·巴拉甘(Luis Barragán)专题建筑主题对谈”及纪录片展映在建筑与城市规划学院举行。在观看了介绍墨西哥建筑师路易斯·巴拉甘(Luis Barragán)生平的纪录片《所有的窗都面向天空》后，学校建筑学博士后流动站宋玮博士和旅居上海的墨西哥建筑师佩涅·罗佩瓦尔德斯(Penélope Valdéz)，分别以“色彩的维度：巴拉甘的建筑与我的实践”和“建筑乡愁：巴拉甘的大师遗产”为题进行了对谈。6月5日，2021同济“墨西哥日”系列活动嘉定校区相关活动在图书馆文槯堂举行。学生们在墨西哥壁画艺术家贝蒂·加西亚·蒙提霍(Bettsy García Montijo)的指导下，合作或独自创作了多幅丙烯画作品，通过色彩的强烈对比来表现中墨两国之间的深厚友谊。

【“BETWEEN之间”中西国际交流项目成果展开幕】 10月12日，由20余名校友参展、3名校友组织策展的“BETWEEN之间”西班牙低成本改造策略展暨中西国际交流项目成果展系列活动在建筑与城市规划学院开幕。因受疫情影响，开幕式活动采取了线上线下相结合的模式，同济大学战略合作伙伴加泰罗尼亚理工大学(UPC)副校长路尔德斯·莱格(Lourdes Reig)及外事办负责人在线上参加了开幕式并致辞。同济大学常务副校长吕培明出席开幕式并致辞。他表示，友校加泰罗尼亚理工大学与同济大学在长期合作中结下了深厚情谊。随后，策展人利用多媒体平台为大家线上线下进行了实时展览导览。此次展览的内容为历届同济大学与加泰罗尼亚理工大学建筑双学位项目中学生的学习成果，围绕“更新”这一主题，从不同角度展现了学生们所阅读的城市与建筑，充分体现了学生扎实、丰富的学习成果。参观者不仅可以体验到西班牙多彩的自然环境和别样的民俗风情，还可从中深层次了解西班牙的优秀建筑与城市实践理念。在当晚举行的成果展开幕论坛上，多位旅西建筑师、建筑师校友与学校教师围绕展览课题进行了深入探讨。相关负责人介绍，同济—加泰罗尼亚理工建筑双学位项目自2015年春启动至今，已有6年历史，累计培养学生40名，其中包括中方学生30名、外方学生10名(含西班牙籍5名、玻利维亚2名、委内瑞拉1名、多米尼加1名、墨西哥1名)。

(俞吉恩)

浙江学院

【概况】 2021年，同济大学浙江学院有全日制在校生7897名，招生703人，毕业生2527人，截至12月底，毕业生就业率为91.2%，在浙江省就业的占比达66.81%，主要集中在杭州、嘉兴、宁波三地，分别占到23.71%、15.77%、8.27%，有13.26%的毕业生在上海市，在其他省外就业的学生有19.93%；另有出国出境64名；考取国内研究生104名；自主创业12名。学校设有土木工程系、建筑系、交通运输工程系、机械与汽车工程系、电子与信息工程系、经济与管理系、珠宝系、会计系、外语系、中德学院、基础教学部、体育教学部、社会科学部13个教学单位。学校共有本科专业33个，国际经济与贸易专业获批2020年度浙江省一流本科专业建设点。学校继续加强师资队伍建设，用好用足区域政策，高层次人才队伍有亮点，2021年2名教师拟入选“创新嘉兴·精英引领计划”，1名入围“省千”答辩，3名教师拟入选浙江省高校领军人才。学校与多家平台合作，继续探索在线教育。

【确保学校转设过程平稳有序】 加强组织领导，全面压实责任。学校成立了由校长、书记任组长的转设工作组，下设七个工作小组。校长与各部门负责人签订《同济大学浙江学院转设期间部门工作责任书》，要求把校园安全稳定作为当前压倒一切的政治任务，织密防止各类风险安全网，形成校园安全稳定“人人有责、事事有责、时时有责、处处有责”的网格化管理格局。凝聚共识，防范化解隐患。学校分别召开了学校党委扩大会议、中层干部会议和教职工大会，传达市委关于同济大学浙江学院转设路径的专题会议精神，听取教职工的想法，对教职工关心的问题作了回应。在学生方面，通过主题班会、座谈会、寝室走访、个别谈话、电话联系、发放问卷调查等形式向学生传达了相关信息。层层传达的过程中，及时发现、梳理各种维稳漏洞，有效防范化解风险隐患。全面征集师生诉求。学校专门设立转设接待处，倾听每位教职工想法和诉求，在征集诉求的时候，积极做好正面引导工作，尽量缓解教职工焦虑心态。对于学生的诉求，主要是通过全体辅导员通过个别谈话方式征集。征集到全体教职工的诉求近千条及部分学生的诉求。

【新冠肺炎疫情防控常态化管理】 “疫情防控工作领导小组”定时召开专题会议，分析研判学校防控形势；学校领导践行一线原则，严格落实领导带班、干部值班制度；加入省、市、区、街道、社区等各级各类疫情防控工作群组，24 小时接收最新上级文件，第一时间上报学校相关统计数据；同时向下及时传达上级会议及文件精神，及时调整、细化防控措施，各类应急预案和防控方案运作有序。坚持“日报告”“零报告”制度，做好排摸工作，精准掌握师生活动轨迹、健康状况；严格校门管控，发挥哨点作用；设立防控专项资金，防疫物资储备充足；严格公共区域通风消毒，落实公共场所防护要求。多次开展疫情防控走流程式大检查和应急演练，有效建立了联防联控机制；抓好大规模核酸筛查工作。在收到嘉兴市疾控中心有关学校存在涉疫密接者的紧急通知后，学校立即启动一级应急响应，第一时间实行校园紧急封闭管理，做好全体师生核酸检测工作，严格校园准封闭安全管理状态，确保了正常有序教育教学秩序；坚持加强科学防控知识宣传和教育，积极推进加强免疫接种。

【大力推进落实《加快建设高水平国际化应用型本科教学行动计划（2020—2022年）》】 进一步细化、落实《加快建设高水平国际化应用型本科教学行动计划（2020－2022 年）》第二阶段的实施方案，重点以“新工科”“新文科”升级改造传统专业，整合优质资源，推动已有专业的交叉复合，将学校 33 个本科专业整合成为以打造可持续发展智慧城乡建设类、人工智能和智能制造为引领的机电类、紧贴经济社会发展需求的经管类三大专业（学科）群等相关举措和目标定位，构建与此相适应的基础知识体系支撑平台，加快形成和强化在省内外同层次同类型专业中的影响力和竞争力，教学单位分步骤、按年度落实相关指标，各职能部门全力提供政策保障。三年行动计划第二年指标落实初见成效，各项工作推进入主流、上层次、重建设、出成果，系（部、院）总体发展水平稳步提升。

【开展庆祝中国共产党成立 100 周年系列活动】 7 月 1 日，学校采取集中和分散相结合的方式组织全体师生收看庆祝中国共产党成立 100 周年大会，收看直播后，组织了庆祝大会观后感交流会暨”强信念、跟党走，争做新时代有为青年”主题座谈会，以特殊的形式致敬伟大的党，致敬未来，明志守初心。各基层党组织也都通过“三会一课”、主题党日、集体研讨、专题辅导等形式，统筹抓好党支部的学习，抓好党小组的学习，确保把“七一”重要讲话精神及时传达到每一个支部、每一名党员。学校还开展了“红船起航之旅”和“庆祝建党 100 周年文艺晚会”，各系的活动也丰富多彩，如土木系的红色电影配音大赛，交通系的百名校友大回访活动，机械系的红色之旅系列活动，经管系以“红色岁月，青年传承”为主题的微视频大赛，外语系和中德学院紧密结合专业实际开展红色翻译活动和外语诵读活动等等，自开学以来，累计共开展了近 40 场次的活动，约有 16000 人次参与。

【扎实推进党史学习教育】 学校始终对标对表上级部署要求，及时明确任务、压实责任，做到“中层以上党员干部带头学，全体党员扎实学，老师学生全覆盖”。组织党员师生打卡红色地标、观看建党百年系列展览，举办党史知识竞赛、红色记忆创意微视频大赛、“唱支歌儿给党听”教职工合唱大赛和“红船颂”大学生合唱比赛，征集迎建党百年主题书法作品和“红船精神＋”课程思政教学案例，设立“忆百年・阅读红色”图书专柜等。在嘉兴市党史知识大赛中，学校有 3 支队伍进入全市 50 强。各基层党组织积极创新学习方式，如开展重温“六个一”追光之旅、党史故事 100 讲、红色书籍诵读接力、“画船票”“红船蛋画”“忆百年・鹿鸣公益行”等活动，举办红色记忆老物件展、红色诗文朗诵比赛、“人民币中献百年・招行红里映初心”红色故事设计大赛等；各教学单位揭榜挂帅地方、校企合作单位项目 12 个，其中 9 项已办结；机关党总支开展“服务师生、结对共建”，各职能部门为师生解难题办实事 142 项，其中 132 项已办结；为基层减负担 12 项，其中 12 项办结。

【进一步推进教育教学改革】 组织开展 2020 年度“一流本科专业”建设、“金课”建设、第九届教改立项和中期检查工作；通过国内主流课程平台开展混合教学工作；试行 3 门双语课程的教学工作，进一步推进与规范学校的双语课程的教学；积极推进量大面广课程的“统一出卷”，基本覆盖了单门考试超过 300 名学生的课程，涉及学生 6057 人次，占基础课考试总人次的 84％；2021 年共开设公选课 67 门，有 8338 人次选择。积极推进教学质量保障体系建设，全年组织督导听课238门次，教学督导组除日常听课外，还参与期末巡考、青年教师讲课竞赛评选、教改立项、学生创新课题立项等评审工作；将"督改"纳入教学督导职能，努力构建教学督导的闭环监督体系。组织开展2021年学校"最佳教师讲坛风采"的比赛。获批2020年度产教融合三类实践项目立项共4项。完成嘉兴市2021年产教融合"五个一批"项目、2021－2022年度浙江省产教融合"五个一批"（产学合作协同育人项目）申报工作。2021年度共新增合作单位22家，截至2021年，学校有长期合作关系企业275家。实验中心继续优化服务，主动配合各系开展实验室建设与实验教学，完成学校21个专业实验教学服务，完成工作量约36.8万人时数。

【进一步拓展创新创业教育】 学校联合嘉兴名博文化传媒举办两期"同浙.名博互联网直播训练营"，筹建"同浙大学生创新创业直播实训基地"；联合杭州娃哈哈集团、浙江弘安纸业举办两期创业实践大赛；与杭州市滨江区白马湖生态创意城共建"同浙大学生创新创业杭州孵化基地"；联合嘉兴人力资源社保局完成第四期浙江省能力建设项目"创业你的企业"授课任务；联合兴业银行嘉兴市分行、嘉兴信一会计师事务、嘉兴信业税务师事务所等企事业单位开设专创融合类课程5门次；联合嘉兴精创教育科技申报教育部产学合作协同育人项目1项。深耕课程体系，升级课程内涵，"创新创业基础"成功被认定浙江省本科高校2020年度省级一流课程。学校土木系获"互联网＋"大学生创新创业大赛省级铜奖，获2021年度第七届中国杭州大学生创业大赛全国二等奖；经管系获2021年全国大学生商科综合能力大赛全国总决赛一等奖，学校获优秀组织奖。

【学科竞赛成绩】 学校继续完善学科竞赛管理机制和分类导向，促进学生高水平竞赛的参与度。全年共参加全国及省内的各类竞赛参赛项目72个，其中省A类竞赛24项，截至12月底，获得各级各类一等奖19项、二等奖93项、三等奖120项，其中省A类竞赛奖项46项，中华经典诵读竞赛晋级国家赛并获得团队三等奖，这是省A类竞赛首次获得国赛奖项。

【课程思政改革创新】 落实《关于进一步加强课程思政建设工作的实施方案》，开展课程思政大讨论、课程思政专题征文、优秀教学微课和优秀教学案例的征集活动，开展"红船精神＋"课程思政系列活动暨征集"红船精神＋"课程思政教学案例活动，召开"推进课程思政，助力立德树人"等3次课程思政专题讲座。参与浙江省高校课程思政教学建设项目申报工作，4个项目获第一批省级课程思政教学项目建设立项，包括1门课程思政示范课程、2项课程思政教学研究项目和1个课程思政示范基层教学组织。外语系两个教师团队在2021年全国外语课程思政优秀案例征集与交流活动中分别获得特等奖、二等奖。

【重点实施"红色名片"工程】 学校按照"一总支一品牌""一支部一特色"建设要求，将各基层党组织的党建品牌实施项目化管理，召开了项目评审会，通过投票评选、党委审定、公示环节，最终评选出12个党建品牌作为重点培育项目，并给予专项经费支持。重点支持电信系电子与计算机学生联合党支部创建"全国党建工作样板支部"，建成了"全国党建工作样板支部创建示范间"；2021年度，电子与信息工程系党总支入围"第二批浙江省党建工作标杆院系"创建名单。财务管理第一学生党支部的"小棉袄"志愿服务项目和经济与管理系、珠宝系教工联合党支部的"呦呦鹿鸣"获嘉兴市教育系统第二批红色名片·优秀支部党建品牌。紧扣"信仰"与"初心"主题，提升改造了学校党建馆，较为完整地展示了学校十数载党建成果。

【科研工作】 学校正式获批成为国家自然基金依托单位，标志学校具备了独立申报和承担国家自然基金项目的资格。全校发表科研学术论文123篇，其中SCI 13篇、EI 25篇、CSSCI 2篇、A&HCI 1篇、A类7篇；出版学术著作8本，译著1本；纵向科研项目共计立项21项，合同经费123.1万元，省部级项目立项稳步发展，共计立项5项，其中浙江省基础公益研究计划项目3项、国家重点实验室开放课题2项；横向科研项目合同签订15项，合同经费234.68万元；全年纵向科研项目结题11项，横向科研项目结题41项；授权实用新型专利18个，外观设计专利1项，计算机软件著作权9个，集成电路布图设计3个；科研成果获奖2项，艺术类作品获奖17项。2021年度学校与同济大学历史建筑保护研究实验室以及合作单位联合成立"长三角（嘉兴）历史建筑保护研究中心"，已经开展科研和对外服务工作；在完成现有市级重点实验室"土木与环境高性能功能材料实验室"的2020年度工作总结评价的同时，积极申报2021年嘉兴市重点实验室，推荐嘉兴市智能制造与工控安全重点实验室参与2021年度申报。

【持续加强校园安全稳定】 2020年学校各类事件案发数量持续下降，治安环境持续向好发展。以防范电信诈骗为抓手，与辖区政府和相关单位共同成立了"反诈联盟"，建设了全市首个"校园反诈工作室"，开展反诈宣讲237场，提升师生反诈防骗意识。成立全市首支"校园交通辅警"队伍，进一步加强校园交通安全治理。继续守好校园大门，持续做好常态化下的校园疫情防控工作。从师生的角度出发，开展各类喜闻乐见的安全教育活动，努力提升师生安全素养。开展安全整顿专项行动，全年多次开展全校排查安全隐患化解工作，提升校园安全系数。

（盛羽洁）

科学研究与
科技开发

科学研究

【概况】 2021年度学校科技活动总经费42.37亿元，在研项目6946项。其中国家重点研发计划364项，经费40339万元；国家自然基金项目1355项，经费33332万元。

加强顶层设计，机制体制建设持续完善。始终坚持以科技创新高质量发展为中心任务，加强顶层布局，以机制体制建设营造良好科技创新生态。推动实施《同济大学"十四五"及中长期科学研究和社会服务发展规划》，制修定《同济大学关于全面提升科技创新质量的若干意见》(30条)、《同济大学科技成果转化管理办法》《同济大学学术委员会章程》《同济大学学术道德委员会章程》《同济大学科技伦理委员会章程》等系列科研政策。完成校学术委员会、学术道德委员会换届，成立同济大学科技伦理委员会，进一步明确校学术委员会及下设专委会的定位与职责，不断完善学校学术治理体系建设。

注重原始创新，基础研究与关键核心技术不断取得突破。强化有组织科研与服务，获批国家自然科学基金567项，其中基础科学中心2项、重点类项目18项、杰青6项、优青11项，获批重大项目1项，这是1999年以后学校再次从项目层面主持该类型项目，获批国家重点研发计划12项，基础研究能力和技术攻关能力显著增强。取得一批重大原创性成果，获省级及其他政府科技成果奖15项，主持获得学会协会科技成果奖50项，在顶级学术期刊上发表高水平论文成果近百篇。启动2021年度学科交叉联合攻关首批示范项目，充分发挥基础研究对科技创新的源头供给和引领作用。

深度融入上海科创中心建设，科研平台建设取得重大进展。积极对接学科发展，全面落实学校战略布局，以科创中心建设为牵引，打造战略科技力量，科研基地工作取得重大进展。城市污染控制国家工程研究中心通过优化整合评估，入选首批新序列国家工程研究中心，获批建设又一教育部前沿科学中心——自主智能无人系统前沿科学中心。结合上海科创中心建设要求，打造上海深海科学研究中心、中国(上海)数字城市研究院、长三角可持续发展研究院、上海新城建设研究中心等一批特色交叉研究平台。新增上海市的重点科研基地等10余个省部级科研平台，持续优化科研布局，基本完成学科全覆盖。

强化科技成果转化服务能力，构建全链条全要素转化体系。逐步建立包含谋划组织、知识产权情报服务、评价运营、培育孵化、资本支持的全要素工作体系，覆盖知识产权成果披露、申请保护、运用推介、转化实施全周期。获批科技部、教育部首批高校专业化国家技术转移机构建设试点单位和上海高校技术转移中心，加快推动成果转化应用。积极与民航总局、成都市、福州市、中国商飞、中车集团、上港集团、成都设计咨询集团等开展对接，加强校企合作，助力校地合作，有组织推进与部委、地方和各类重要企业开展多层级科技合作交流。

（杨博欣）

【文科建设概况】 2021年，文科办公室坚持以习近平新时代中国特色社会主义思想为指导，深入学习贯彻党的十九大和十九届历次全会精神，树牢"四个意识"，坚定"四个自信"，做到"两个维护"。把学懂弄通做实习近平新时代中国特色社会主义思想放在突出位置，重点组织学习习近平总书记在庆祝中国共产党成立100周年大会上的重要讲话、党中央指定党史学习教育材料。根据中央巡视工作要求和学校党委巡视整改工作部署，认真学习《同济大学党委巡视整改方案》，领会文件精神，贯彻工作要求，扎实做好巡视整改工作。加强部门政治理论学习和业务学习，进一步提高全体人员政治能力和业务能力，更好地为学校哲学社会科学繁荣发展服务，为推进学校扎根中国大地建设世界一流大学贡献力量。

【学科建设与科研管理】 制定《新时代中国特色社会主义理论与实践学科群方案》，推进文科"双一流"建设。坚持"控规模，调结构，重交叉，提质量，树精品"的精品文科发展方略，谋划学科群的总体建设内涵和重点建设任务，凝练"习近平新时代中国特色社会主义思想、依法治国与中国特色法治体系、中外文明互鉴与欧洲思想文化研究、城市(群)创新发展与治理、新时代话语体系建构与国际传播、人类命运共同体与大变局下的多层次治理"六大交叉研究方向，不断优化学科布局，做精、做强重点学科、重要平台和重大项目，提升科研人才的竞争力，产出一批重大原创性成果，加快推动文科"双一流"建设。

加强对重大项目的谋划与辅导，立项数创历史新高。2021年度共获得国家社科基金重大项目7个、重点项目2个，创造历史最好成绩。一是加强前期培育，设立人文社科国家重大培育项目和高水平科研培育项目，为教师争取国家级项目培育新的增长点。二是加强前瞻谋划，在国家级重大项目申报动员与组织协调下大功夫，一对一主动联系潜力申报人选，深度动员相关学院教授申报国家社科基金重大项目。三是加强申报辅导，邀请校内外专家采取线上与线下相结合的方式，进行多场次的专题辅导，帮助老师把握申报重点，提高申报质量。

积极组织科研报奖，省部级文科重要奖项获奖取得佳绩。做好相关成果的前期分析，有针对性的组织动员我校教师申报2014—2020年上海市教育科学研究优秀成果奖、第六届全国教育科学研究优秀成果奖，邀请教育界权威专家进行评审把关；主动加强后期辅导，一对一的帮助申报者修改申报文本，不断进行打磨提炼。最终我校获得2项上海市教育科学研究优秀成果奖、4项全国教育科学研究优秀成果奖(其中二等奖1项、三等奖3项,立项数居全国第18位),取得较好成绩。

【智库与平台建设】 加强智库建设的制度保障,出台了《同济大学新型智库建设实施意见》。文件明确指出同济大学新型智库建设以建设国家高端智库为目标,按照"国家亟需、特色鲜明、制度创新、引领发展"的总体要求,立足同济大学学科优势和咨政研究基础,坚持问题导向的多学科深度融合,围绕国家和上海的战略需求,聚焦"城市"与"德国(欧洲)"主题,重点打造若干基础扎实、实力雄厚、特色鲜明、开放合作的具有同济风格的新型智库,使之成为在国内外有重大影响的重要思想库和创新源,切实服务国家。

加强智库管理的体制机制改革,推进了智库机构的建设。在城市领域智库建设方面,定期召开工作联席会和研究计划讨论会,全年共召开3次会议。在德国(欧洲)领域智库建设方面,积极推动同济大学欧洲与德国研究院建设工作,召开了建设论证会议,形成了欧洲与德国研究院建设方案。

加强有组织的决策咨询研究,形成了一批高水平成果。文科办公室积极谋划,邀请决策咨询专家就决策咨询研究选题、写作技巧、注意事项等方面进行校内指导,共举办"决策咨询研究能力提升计划"讲座3期,并设立了中央基本科研业务费校内智库研究培育专项。根据2021年上级部门反馈结果,决策咨询报告获国家领导人批示20篇,获省部级及以上采纳及批示101篇。出色完成了上海市重点智库的年度考核,在现场调研中获得了上级部门的充分肯定。获批首届"上海市优秀智库报告"3份,获批数量名列上海市高校第一;1人获评上海市"十四五"规划研究编制工作先进个人。文科办公室还通过主办的《同济观点》(2021年共12期)积极宣传智库研究成果和智库活动,扩大了同济大学智库成果的社会影响力。

加强对重大科研平台的谋划与申报,已逐步形成人工智能社会治理研究的新高地。牵头组织协调由法学院、人文学院、经济与管理学院、电子与信息工程学院、上海市资助自主无人系统科学中心共同申报上海市协同创新中心,开展申报书的撰写工作、申报答辩工作,立项财务审核工作。上海市人工智能社会治理协同创新中心已正式获批,并已进入实质性建设阶段。牵头组织协调经济与管理学院、法学院、人文学院、电子与信息工程学院、上海市自主智能无人系统科学中心、中国(上海)数字城市研究院,协同上海市杨浦区共同申报国家智能社会治理综合实验基地,已正式获批,并与上海市杨浦区共同制定完成具体建设落实方案,报送中央网信办审核确认。

【其他重要工作】 组织学习习近平法治思想,重点推进法学院、上海国际知识产权学院深入开展学习培训研讨活动,以习近平法治思想指导法学领域人才培养、学科建设、科学研究和教材体系建设等工作。在重点学院,分别于9月28日、10月26日、11月12日组织整改工作推进及习近平法治思想集体学习。9月28日,组织召开法学院落实中央巡视整改工作部署会暨习近平法治思想集体学习会;10月26日,组织召开法学院党委落实巡视整改工作推进会暨党委中心组(扩大)学习会;11月12日,组织召开上海国际知识产权学院党委落实巡视整改工作推进会。11月9日,学校成立习近平法治思想研究中心,为全校范围内进一步深入学习宣传贯彻习近平法治思想,为把习近平法治思想更好地融入教学和科研之中夯实基础。通过学习,教职员工对习近平法治思想认识进一步提高,法学领域政治意识进一步增强。

形成校院两级法学领域意识形态风险排查与防范机制。学校层面,11月16日,学校常委会听取了相关工作汇报,并进行了专题研究;11月19日,文科办公室、本科生院、研究生院、党委宣传部组成专项检查组,听取各相关学院汇报关于落实"防范法学领域错误思潮的政治意识不强"整改工作情况,常态化组织开展对法学教育课程、教材和课件的专项检查。学院层面,法学院作为重点学院,通过教师自查、互查、学院检查,加强教材、课件管理,提高政治意识,进一步做到习近平法治思想进教材、进课堂,新制定关于教材、课件的院级制度性文件一个,修订培养方案1个,增设《习近平法治思想概论》必修课1门,学习资料1套。通过整改,在教材、课堂中进一步宣传贯彻了习近平法治思想,做到马工程教材应用尽用,剔除了问题教材及课件。

在建党100周年的重要时间节点,就高校哲学社会科学工作者如何深刻总结中国共产党带领全国各族人民开辟中国道路的光辉历程,进一步讲好中国共产党为人民谋幸福、为民族谋复兴、为世界谋大同的故事,更好地用党的创新理论引领推动新发展阶段高校哲学社会科学的高质量发展组织进行了深入研究讨论。5月17日,由文科办公室、党委办公室、宣传部牵头,学报编辑部参加,召开了繁荣发展哲学社会科学专家学者座谈会,深入学习5月9日习近平总书记给《文史哲》编辑部全体编辑人员的重要回信精神,进一步贯彻落实总书记5·17重要讲话等关于哲学社会科学的系列重要论述精神,推动学校哲学社会科学高质量繁荣发展。7月月初,经文科办公室推荐、中组部评审,仇华飞教授携关于建党百年主题论文赴北京参加中央领导出席的高级别研讨会。

《同济大学学报》(社会科学版)紧密围绕学校重大决策和各项部署,尤其是围绕学校"双一流"建设、"十四五"规划工作重点,积极贯彻学校文科发展的总体规划,引领学校文科各学科的学术研究,呈现我校文科学术研究的成果,促进我校文科特色学科和优势学科的形成。学报策划完成了"庆祝中国共产党成立100周年""尼采论坛""精神分析专题""黑格尔伦理学研究""数字经济与文化产业新业态"等多个专题。马专栏重点围绕建党百年历程和伟大建党精神两个重要主题深入展开，出版两期，共 6 篇文章。《藏雅与守拙：北宋文人园美学精神》《基于网络平台的动画产业集群创新网络再造与虚拟化转型——以美日中为例》《全球数字创意产业集聚的城市图谱与中国创新路径研究》《文创人如何在工作中“如鱼得水”？——“个体—情境”互动机制下创造性人格对绩效的影响研究》《在线新经济与中国文化产业新业态：主要特点、国际借鉴和重点任务》《云游戏的源流、运营机制与商业伦理》等篇被《新华文摘》《人大报刊复印资料》全文转载。

加强高水平交叉研究课题策划与培育。一是组织申报首批学科交叉联合攻关首批示范项目(专题 10：人工智能伦理、法律与治理专题)，共资助 14 个项目。二是发挥学校多学科协同优势，加强优势学科与马克思主义理论的交叉，在人民城市理论、乡村振兴战略、生态文明建设、人工智能与社会治理、全球治理等方面前瞻谋划布局一批高水平课题，面向全校教师征集“习近平新时代中国特色社会主义思想理论创新课题选题”，通过评审的 10 个选题将作为文科重点项目加以培育。

加强文科领军人才和青年人才培育。组织教师申报“四个一批”文化名家暨万人计划哲学社会科学领军人才计划、中宣部青年文化英才计划，加大申报辅导力度，所推荐的人选均进入第二轮答辩环节。组织上海市曙光计划、晨光计划申报与后续辅导，入选曙光计划 1 名。

组织申报上海市第十五届哲学社会科学优秀成果奖。广泛动员我校教师参与评奖活动，共有文科学院和相关理工科学院教师的 97 项成果申报参与评奖。在借鉴兄弟高校的做法以及总结历届评奖经验的基础上，本届评奖校内初审首次采取学院审核排序加学校专家评审相结合的方式。坚持学术质量、学术贡献、学术创新优先，推出最能代表同济学术水准、在市级层面最有竞争力的成果。

提升人文社会科学学术影响力。实施“人文社科青年工作坊资助项目”，鼓励我校青年老师面向学术前沿开展前瞻性和创新性的研讨，共支持个项目；实施“人文社科类高水平学术会议资助项目”，支持各单位通过各种形式举办有影响力的高水平学术会议，共资助 16 个学术会议。实施文科“精品力作”培育计划，努力推出具有学术传承创新价值的精品力作，培养一批优秀学者，提升我校哲学社会科学研究的学术影响力。

落实学校机关党委“我为群众办实事”的要求和部署，文科办积极组织科研宣讲服务进学院。先后走进人文学院、法学院、经济与管理学院等，为学院教师带来了以“入主流、有特色、攀高峰”为主题的科研政策、管理和申报宣讲与交流会。

(黄蓉)

【海底项目建设概况】 工程建设取得新进展，各项工作稳步推进。5 月 16 日，生态环境部印发《关于国家海底科学观测网项目东海海底观测子网工程环境影响报告书》(环审〔2022〕55 号)。7 月 18 日，自然资源部办公厅印发《自然资源部办公厅关于国家海底科学观测网项目东海海底观测子网工程用海的函》(自然资办函〔2022〕1448 号)。11 月 2 日，自然资源部、财政部下印发《关于批复同意国家海底科学观测网项目东海海底观测子网工程免缴海域使用金的通知》(财综〔2022〕88 号)。

(计惠文)

科技开发

【具有肾再生潜能的 SOX9＋肾前体细胞类群为肾脏的再生医学疗法带来新希望】 1 月 9 日，同济大学医学院左为教授团队与解放军总医院肾脏病医学部陈香美院士、蔡广研教授团队合作，首次系统绘制了尿液单细胞图谱，成功地从健康人和慢性肾病患者的尿液中分离并长期培养具有自我更新和分化潜能的 SOX9＋肾前体细胞，将其标记后移植到损伤小鼠的单侧肾脏中，在小鼠肾内观察到大面积外源性人源细胞整合，成功构建出了“人—鼠嵌合肾”。相关成果 *Single-cell RNA-Seq analysis identified kidney progenitor cells from human urine* 在线发表于期刊《蛋白质与细胞》(*Protein & Cell*)(影响因子 14.870)。

【窦房结起搏细胞研究取得进展】 同济大学医学院和同济大学附属东方医院陈义汉院士、同济大学医学院薛志刚教授，同济大学附属东方医院梁丹丹研究员等学者，借助起搏细胞分离技术、单细胞转录组测序和分析技术、细胞影像学技术、基因修饰技术、细胞诱导分化技术和系列电生理学技术，从单细胞分辨率水平解析出了窦房结起搏细胞的核心基因调控网络，同时发现了窦房结起搏细胞的潜在重要前景的生物标志物。2 月 12 日，相关成果 *Cellular and molecular landscape of mammalian sinoatrial node revealed by single-cell RNA sequencing* 在线发表于《自然·通讯》(*Nature Communications*)(影响因子 14.919)。

【绿色高效气体分离材料研究方向取得新进展】 同济大学环境科学与工程学院李风亭教授团队与日本学士院院士、京都大学 Susumu Kitagawa(北川进)教授团队合作，在绿色高效气体分离材料研究方向取得进展，首次提出了孔道中“反作用”原理，实现了常温常压下二氧化碳(CO_2)/乙炔(C_2H_2)选择性吸附、气体的绿色高效分离，可节省大量能源。2 月 17 日，该研究工作发表于国际化学领域著名学术期刊《德国应用化学》(*Angewandte Chemie International Edition*)(影响因子 15.336)，并被选为 VIP 论文。

【脊髓损伤治疗取得新进展】 同济大学附属同济医院程黎明教授团队研究发现 LDH 可构建适合脊髓损伤修复

的免疫微环境,并可负载各类神经营养因子,揭示了材料改善微环境的膜受体靶点和促神经再生的关键分子机制,为脊髓损伤治疗提供生物材料免疫调控新策略。2月2日,相关研究论文 *Immunomodulatory Layered Double Hydroxide Nanoparticles Enable Neurogenesis by Targeting Transforming Growth Factor-β Receptor 2* 在线发表于《纳米技术》(*ACS Nano*)(影响因子15.881)。

【污染水体邻苯二酯类目标污染物同步去除取得新方法】 同济大学化学科学与工程学院赵国华教授、赵红颖教授团队在研究工作中,采用模板法修饰的具有光子晶体结构的三维二氧化钛作为光阳极,构建了一种针对邻苯二甲酸酯类目标污染物的选择性识别表面,并通过光电催化产生的羟基自由基对富集在表面的邻苯二甲酸酯类进行氧化去除,并最终实现了对其内分泌干扰活性和水生毒性的消除。在10mgL-1其他低毒性有机物共存下,能够有效将9种30μg L-1邻苯二甲酸酯类一并优先选择性完全去除,水生急性毒性和雌激素活性几乎100%消除。这一选择性光电催化策略减少了光电能量在低毒害有机物上的无效消耗,从而极大减少了运行成本,具有良好的应用前景。1月6日,相关研究成果 *Selective Photoelectrocatalytic Removal for Group-Targets of Phthalic Esters* 发表在《环境科学与技术》(*Environmental Science & Technology*)(影响因子9.028)。

【过渡金属催化的不对称成键取得新方法】 同济大学化学科学与工程学院徐涛教授课题组发展可见光/镍催化的不对称还原反应用于有机硼化合物高效合成。3月12日,相关研究成果发表于国际权威期刊《自然·通讯》(*Nature Communications*)(影响因子14.919)上。

【弹性波宽频和超高能量密度的超分辨率聚焦首次实现】 同济大学航空航天与力学学院仲政教授和赵金峰副教授与多家单位联合,首次在实验和理论上实现了弹性波宽频和超高能量密度的超分辨率聚焦。2月9日,相关成果发表在国际固体力学权威期刊《固体力学与固体物理学杂志》(*Journal of the Mechanics and Physics of Solids*)(影响因子5.471)。

【水处理技术取得新方法】 同济大学化学科学与工程学院赵国华教授、赵红颖教授团队研究提出以分子氧为绿色氧化剂,3电子选择性电催化还原原位产生羟基自由基,可用于环境污染物的快速、高效去除,突破了传统芬顿方法中以过氧化氢为氧化剂的经典反应概念,无需投加过氧化氢和铁盐试剂,为绿色、高效水处理技术提供一种崭新的方法。2月19日,相关成果 *Selective electrocatalytic reduction of oxygen to hydroxyl radicals via 3-electron pathway with FeCo alloy encapsulated carbon aerogel for fast and complete removing pollutants* 发表于《德国应用化学》(*Angewandte Chemie International Edition*)(影响因子15.336)。

【先进热管理织物实现找到新途径】 同济大学物理科学与工程学院声子学与热能科学中心任捷教授团队与东华大学和科罗拉多大学研究团队合作,从物理角度揭示了实现先进热管理织物的本质是对人体与其周围环境热量传输途径的调控,并对当前的散热、保温和可在散热—保温之间动态切换的双功能先进织物的发展进行了总结和展望。2月19日,相关成果 *Designing Heat Transfer Pathways for Advanced Thermoregulatory Textiles* 发表于《今日材料:物理》(*Materials Today Physics*)(影响因子9.298)。

【稀土金属铈氟代硫酸盐二阶非线性光学晶态材料研究取得重大进展】 同济大学化学科学与工程学院张弛教授研究团队与中科院北京理化技术研究所和中科院福建物质结构研究所合作,以具有环境友好化学组成、宽光学透过范围和易于晶体生长的非p共轭硫酸盐为研究对象,提出了一种通过引入非二阶姜泰勒效应氟代稀土金属中心多面体以期提高晶态材料结构畸变的策略,设计创制了一例具有强倍频效应和巨大双折射率的高价稀土金属铈氟代硫酸盐晶态材料。2月24日,相关成果 *Large Second-Harmonic Response and Giant Birefringence of CeF2(SO4) Induced by Highly Polarizable Polyhedra* 发表在《美国化学会志》(*Journal of the American Chemical Society*)(影响因子15.419)。

【同济学者研究发现网约车对城市交通可持续发展影响尚不显著】 同济大学建筑与城市规划学院刁弥教授通过建立一个在美国大都市区水准上,包括城市交通趋势、社会经济变化和网约车运营情况在内的面板数据集,从道路拥堵程度、公共交通载客量和私家车拥有量这三个维度上,系统研究了网约车对美国的城市交通状况的影响程度。2月1日,相关成果 *Impacts of Transportation Network Companies on Urban Mobility* 发表于《自然·可持续发展》(*Nature Sustainability*)(影响因子19.346)。

【碳酸二甲酯参与的串联甲基化反应研究取得重要进展】 同济大学化学科学与工程学院张扬会教授课题组实现了基于碳、碳-环钯配合物的高效芳烃甲基化反应,该反应使用环境友好的碳酸二甲酯为甲基源,在钯催化下,实现了2-碘苯甲醚衍生物在碘原子的原位以及间位的甲基化。3月22日,相关研究成果 *Pd-Catalyzed ipso,meta-Dimethylation of ortho-Substituted Iodoarenes via a Base-Controlled C - H Activation Cascade with Dimethyl Carbonate as the Methyl Source* 发表在《美国化学会志》(*Journal of the American Chemical Society*)(影响因子15.419)。

【3D手性螺环结构薄膜材料领域获得新进展】 同济大学化学科学与工程学院博士研究生袁嘉男在路庆华教授指导下,将外源性手性分子掺杂液晶嵌段共聚物复合膜,然后进行热退火处理的相分离,成功构筑了一种微米

尺寸的手性三维立体(3D)螺环结构。这种手性3D螺环结构可以在紫外光照射下被擦除，热退火后可重新形成，有望实现手性结构的信息存储。3月21日，相关研究成果 *Reversible Micron - Scale Spiral Self - Assembly in Liquid Crystalline Block Copolymer Film with Controllable Chiral Response* 发表于《美国化学会志》(*Journal of the American Chemical Society*)(影响因子15.419)。

【心房心肌细胞和窦房结起搏细胞研究取得新发现】 同济大学陈义汉院士团队发现心房心肌细胞和窦房结起搏细胞存在内源性的谷氨酸递质系统，该系统以类似大脑谷氨酸能神经元的兴奋和传导模式在心房心肌细胞中行使功能，并且作为起搏细胞内在固有模件显著性地调控心脏起搏活动和心跳频率。4月6日，相关研究成果 *Identification of an endogenous glutamatergic transmitter system controlling excitability and conductivity of atrial cardiomyocytes* 在线发表于《细胞研究》(*Cell Research*)(影响因子25.924)，*Sinoatrial node pacemaker cells share dominant biological properties with glutamatergic neurons* 于2月6日在线发表于《蛋白质与细胞》(*Protein & Cell*)(影响因子14.87)。

【超临界浊流地貌底栖塑料垃圾控制提出新观点】 同济大学海洋与地球科学学院教授钟广法与中科院深海科学与工程研究所研究员彭晓彤合作，揭示了利用载人深潜技术研究南海西北部一条海底峡谷内底栖塑料垃圾的分布规律及成因，提出了超临界浊流地貌控制底栖塑料垃圾搬运和沉积的新观点。1月26日，相关研究成果 *Transport and accumulation of plastic litter in submarine canyons—The role of gravity flows* 发表于《地质学》(*Geology*)(影响因子5.412)。

【免疫检查点抑制剂在EGFR突变型晚期非小细胞肺癌中的应用取得系统总结】 同济大学附属上海市肺科医院周彩存教授团队系统总结了免疫检查点抑制剂在EGFR突变型晚期非小细胞肺癌中的应用进展和困境。4月26日，相关成果长篇综述文章 *Immune checkpoint inhibitors in EGFR-mutated non-small cell lung cancer: Dusk or Dawn* 发表于《胸肿瘤学期刊》(*Journal of Thoracic Oncology*)(影响因子15.609)。

【晚期非小细胞肺癌肿瘤研究取得重大进展】 5月5日，同济大学附属上海市肺科医院周彩存教授团队该研究利用单细胞测序技术全面解析了晚期非小细胞肺癌(NSCLC)的肿瘤图谱，分别从肿瘤细胞异质性、基质和免疫细胞表型、浸润以及相互作用微环境等多个方面全面表征了晚期非小细胞肺癌患者的疾病特征。研究还首次发现了肿瘤异质性和肿瘤相关中性粒细胞之间的关联性，为中性粒在非小细胞肺癌中的功能研究及其在免疫治疗疗效中的潜在预测作用打开了新的视角。相关论文 *Single-Cell Profiling of Tumor Heterogeneity and Its Microenvironment in Advanced Non-small Cell Lung Cancer* 在线发表在《自然·通讯》(*Nature Communications*)(影响因子14.919)。

【干细胞治疗CNS的研究应用取得新进展】 5月10日，同济大学附属同济医院脊柱脊髓损伤再生修复教育部重点实验室程黎明教授、朱融融教授研究构建了一种基于高通量流式单细胞成像技术的NSCs分化命运预测系统，并验证了其对于不同形式、不同作用机制诱导剂的作用下NSCs命运的预测效果，可以大幅度简化和加快NSCs分化相关新型诱导方式的鉴定，在干细胞治疗CNS的研究方面有极高的应用价值。相关研究成果 *Deep learning-based predictive identification of neural stem cell differentiation* 在线发表在国际知名学术期刊《自然·通讯》(*Nature Communications*)(影响因子14.919)上，论文入选该杂志“干细胞”领域编辑推荐文章。

【锰基氧化物电催化剂取得新研究进展】 5月25日，材料科学与工程学院车用新能源研究院马吉伟教授、黄云辉教授团队利用质子交换的策略有序调控锰基材料的不稳定氧浓度和层间距，提升材料的催化活性和稳定性。分别从材料的结构转变、电子特性和电化学性能等多个方面全面表征了调控前后锰基氧化物电催化剂的各项特征。发现了不稳定氧浓度和层间距对锰基材料催化稳定性和活性之间的关联性，同时该策略可以应用于其他含碱金属的层状金属氧化物材料，为构筑高性能氧还原反应非贵金属氧化物提供了新的设计思路。相关成果研究论文 *Boosting oxygen reduction activity and enhancing stability through structural transformation of layered lithium manganese oxide* 在线发表于《自然·通讯》(*Nature Communications*)(影响因子14.919)。

【磷酸盐二阶非线性光学晶态材料研究又获重大进展】 欧洲科学院院士、化学科学与工程学院张弛教授研究团队以传统的磷酸盐为研究对象，发展了一种复合有机π共轭阳离子的合成策略，设计创制了一例在紫外日盲区有潜在应用价值的胍磷酸盐二阶非线性光学晶态材料$[C(NH_2)_3]_6(PO_4)_2 \cdot 3H_2O$(GPO)。5月17日，相关成果《紫外日盲区具有相位匹配非线性光学效应和光学各向异性的π共轭阳离子基磷酸盐》(*UV Solar-Blind-Region Phase-Matchable Optical Nonlinearity and Anisotropy in a π-Conjugated Cation-Containing Phosphate*)以通讯的形式发表于国际化学领域最重要的学术期刊《德国应用化学》(*Angewandte Chemie International Edition*)(影响因子15.336)上，并因研究工作的重要创新性和同行专家的高度认同而被 *Angewandte Chemie* 编辑委员会遴选为 Hot Paper 和期刊最新一期的封面文章。

【稀土功能化氢键有机框架基水凝胶薄膜材料应用研究取得重要进展】
化学科学与工程学院闫冰教授课题组以氢键有机框架材料为功能化对象，

制备了一种铕离子功能化的氢键有机框架水凝胶薄膜，该薄膜具有长达1.99秒的长余辉，可用于两种喹诺酮（氧氟沙星和氟甲喹）的荧光检测，并且可以通过利用对两种喹诺酮独特的荧光响应实现信息的加密、解密和解码。6月25日，相关研究成果 *Facile Fabrication of Luminescent Eu(Ⅲ) Functionalized HOF Hydrogel Film with Multifunctionailities: Quinolones Fluorescent Sensor and Anticounterfeiting Platform* 在线发表于国际知名期刊《先进功能材料》(*Advanced Functional Materials*)(影响因子18.808)。

【氮气活化研究方面取得重要进展】 同济大学化学科学与工程学院王雪峰、许兵课题组利用在低温基质隔离条件下原位产生无配体的自由硼烯BF，在氮气基质中和 N_2 分子反应。N_2 既作为反应气体，也作为隔离基质。在线采集红外光谱和量子化学理论计算证实，该反应得到三种产物，分别为 $FB(\mu\text{-}N)_2BF$(A)、线型异构体 FB＝N－N＝BF(B)和环状 FB(h2-N_2)(C)。主要稳定产物 FB(μ-N)2BF 中NN键长达到1.847Å，表明BF将 N_2 分子完全裂解，这为利用卤代自由硼烯催化N2分子在工业化应用方面奠定了一定的理论基础。6月11日，相关研究成果 *Cleavage of the N≡N Triple Bond and Unpredicted Formation of the Cyclic 1,3-Diaza-2,4-Diborete $(FB)_2N_2$ from N_2 and Fluoroborylene BF* 发表于《德国应用化学》(*Angewandte Chemie*)(影响因子15.336)。

【脑特异性lncRNA参与调控神经细胞DNA损伤修复揭示新机制】 7月1日，中国科学院生物与化学交叉研究中心王文元、同济大学徐俊、华山医院王坚团队首次报道并命名了一个新的大脑特异性非编码核糖核酸(lncRNA)BS-DRL1，并且揭示了其参与调控神经细胞DNA损伤应答和基因组稳定性的机制。相关研究成果 *Long noncoding RNA BS-DRL1 modulates the DNA damage response and genome stability by interacting with HMGB1 in neurons* 在线发表于《自然·通讯》(*Nature Communications*)(影响因子14.919)。

【术后辅助靶向EVIDENCE研究取得新成果】 7月17日，同济大学医学院肿瘤研究所所长、附属上海市肺科医院周彩存教授领衔开展“埃克替尼对比标准辅助化疗用于Ⅱ-ⅢA期伴EGFR敏感突变非小细胞肺癌术后辅助治疗的多中心、随机、开放、III期临床研究(EVIDENCE研究)”，研究结果显示埃克替尼用于EGFR基因敏感突变的非小细胞肺癌(NSCLC)患者术后辅助治疗的疗效明显优于标准辅助化疗，术后辅助靶向治疗显著地延长了患者无病生存期，且安全性更优。相关成果 *Icotinib versus chemotherapy as adjuvant treatment for stage Ⅱ-Ⅲ EGFR-mutant non-small-cell lung cancer (EVIDENCE): a randomized, open-label, phase 3 trial* 在线发表于《柳叶刀·呼吸医学》(*The Lancet Respiratory Medicine*)(影响因子30.143)。

【肺部疾病超声诊断取得重要原创研究成果】 7月21日，同济大学附属上海市肺科医院超声科王茵教授团队聚焦现有国际指南中肺部超声造影诊断指标存在的缺陷，基于目前所见报道中最大的数据量(902例)，原创设计并验证了“超声造影剂到达时差比”(US Contrast Agent Arrival Time Difference Ratio)这一指标的有效性，在胸膜下肺部病灶良恶性鉴别中获得了高达91%的诊断准确率，尤其是对于垂直径大于3厘米的肺病灶，诊断准确率达到了97%。相关原创成果《超声造影剂到达时差比鉴别诊断胸膜下肺部良恶性病灶》(*US Contrast Agent Arrival Time Difference Ratio for Benign versus Malignant Subpleural Pulmonary Lesions*)在线发表于《放射学》(*Radiology*)(影响因子11.105)。

【电化学调控材料三阶非线性光学性能研究取得系列重要研究成果】 化学科学与工程学院黄智鹏教授、欧洲科学院院士张弛教授研究团队发展了一种“后合成”调制策略，通过电化学调控实现多种材料非线性吸收性能的显著提升和动态调控。在系列研究中，该研究团队通过电化学处理动态、连续地改变材料能级结构、便捷地转换各种光学状态，高效实现材料性能调控和最佳性能的探索。4月12日，相关成果发表于《先进光学材料》(*Advanced Optical Materials*)(影响因子9.926)。

【百万次无损超折叠导电材料取得突破】 同济大学化学科学与工程学院吴庆生教授和吴彤特聘研究员领衔的研究团队在通过化学键理论创建本征导电材料不可折原理基础上，应用超材料设计思想和仿生设计思路，使用改进的静电纺丝/梯度碳化技术，首次仿生制备了一种可承受100万次乃至无限次真折叠而无任何损伤的超折叠导电碳材料(SFCMs)。8月27日，其相关成果 *A biomimetic conductive super-foldable material* 发表在 *Matter* 上。

【中红外过渡金属亚碲酸盐二阶非线性光学晶态材料研究再获突破性进展】 欧洲科学院院士、化学科学与工程学院教授张弛研究团队以d0过渡金属亚碲酸盐为研究对象，提出了一种通过在部分过渡金属中心八面体中进行部分氟代结构调控的策略，设计创制了一例在可见和中红外区具有巨大倍频效应的碱金属氟代钼氧亚碲酸盐晶态材料 $RbTeMo_2O_8F$，同时实现了光学带隙同步增益的研究目标。8月9日，相关成果 *Giant Second-Harmonic Generation Response and Large Band Gap in the Partially Fluorinated Mid-Infrared Oxide $RbTeMo_2O_8F$* 发表于《美国化学会志》(*Journal of the American Chemical Society*)(影响因子15.419)。

【密集旋涡反离心集群运动合作研究取得新进展】 9月22日，同济大学物理科学与工程学院钟锦强教授团队与南方科技大学夏克青教授团队观察发现在精密调控的旋转平台上旋涡呈现的反离心运动规律，通过对旋涡运动的关联性进行统计分析，揭示了旋涡反离心运动的内在机理。基于旋涡间流体相互作用机制，从统计力学的角度，为揭示密集旋涡的运动演化普遍规律提供了新的途径。相关合作研究成果《旋转热对流中旋涡的反离心集群运动》(*Inverse centrifugal effect induced by collective motion of vortices in rotating thermal convection*)在线发表于《自然·通讯》(*Nature Communications*)(影响因子 14.919)。

【表面共振结构调控弹性波发表综述文章】 同济大学航空航天与力学学院研究员金亚斌系统性总结了表面共振结构发展历史和最新进展，详细介绍了共振结构的基本物理模型，综述了共振体在不同尺度下与表面弹性波的相互作用机理，在多场耦合下与电磁波、等离子体、热等耦合现象及机理，叙述了该领域现有挑战并展望其全场建模、无序诱导特性、人工智能赋能、高鲁棒性波动功能、力热电耦合器件等方面发展趋势。9月6日，相关论文 *Physics of surface vibrational resonances: Pillared phononic crystals, metamaterials, and metasurfaces* 发表于《物理学进展报告》(*Reports on Progress in Physics*)(影响因子 17.264)。

【脊髓内中间神经元取得新发现】 同济大学医学院宋建人教授课题组研究发现脊髓内新中间神经元逃逸 V2a 神经元，并通过实验证明脊髓逃逸 V2a 神经元可以将 Mauthner 细胞产生的躲避命令在脊髓内进一步放大，并且与 Mauthner 细胞一起共同激活局部甘氨酸能神经元/初级运动神经元，完成躲避行为。10月19日，相关研究成果 *A specialized spinal circuit for command amplification and directionality during escape behavior* 发表在《美国科学院院报》(*PNAS*(*Direct submission*))(影响因子 11.205)。

【二阶非线性光学氧化物晶态材料研究再获重要进展】 同济大学化学科学与工程学院院长、欧洲科学院院士张弛研究团队基于金属钒酸盐的溶液化学方法，提出了一种准刚性层结构调制晶态材料光学性能的策略，设计构建了一例中红外钒酸盐二阶非线性光学晶体 $Cs_4V_8O_{22}$，探讨并阐明了该晶态材料红外吸收截止边红移与倍频性能同步增益的新机制。8月4日，相关成果 *A Congruent-Melting Mid-Infrared Nonlinear Optical Vanadate Exhibiting Strong Second-Harmonic Generation* 发表于《德国应用化学》(*Angew. Chem. Int. Ed.*)(影响因子 15.336)。

【缺血性脑卒中取得重要研究成果】 同济大学附属东方医院李刚教授团队联合澳大利亚新南威尔士大学 Mark Parsons 教授等学者，通过对全球最大的急性脑卒中灌注影像数据库(INSPIRE)的分析，发现了新的影像学提示指标，即“梗死核心增长速度”对于脑卒中血管再通治疗方式的选择具有潜在作用，为急性缺血性脑卒中早期血管开通策略的选择提供了新思路。9月29日，该研究成果 *Stroke Patients With Faster Core Growth Have Greater Benefit From Endovascular Therapy* 发表于《卒中》(*Stroke*)(影响因子 7.914)。

【固态锂电池电极微结构研究取得新成果】 同济大学航空航天与力学学院赵莹研究员与英国剑桥大学合作者 Norman Fleck 教授、Vikram Deshpande 教授针对现阶段锂电池陶瓷电解质僵硬易脆的问题，提出了一种电极微结构，提高其力学柔性，探索了陶瓷固态电解质与活性材料在充放电过程中力学兼容的可能性。10月22日，相关成果 *A compliant and low-expansion 2-phase micro-architectured material, with potential application to solid-state Li-ion batteries* 发表于《固体力学与固体物理学杂志》(*Journal of the Mechanics and Physics of Solids*)(影响因子 5.471)。

【自组装碳超结构材料应用研究取得重要进展】 同济大学化学科学与工程学院刘明贤教授研究团队从材料的微结构与表面设计角度出发，提出了一种自组装策略设计层状碳超结构材料，实现了亲质子活性位点的高效利用和低扩散能垒的快速离子迁移，赋予碳基超级电容器超稳定和快速质子耦合电荷存储动力学和高达上百万次充放电循环。10月7日，相关成果 *Self-Assembled Carbon Superstructures Achieving Ultra-Stable and Fast Proton-Coupled Charge Storage Kinetics* 在线发表于材料科学领域著名国际学术期刊《先进材料》(*Advanced Materials*)(影响因子 30.849)。

【超折叠导电材料研究获得新突破】 在与多方合作实现导电材料超折叠的基础上(Matter, 2021, 4(10): 3232-3247)，同济大学化学科学与工程学院特聘研究员吴彤在超折叠导电材料的厚度极限和比表面极限两个方面同时再获新突破，吴彤团队使用价格低廉且完全水溶性的聚乙烯醇(PVA)为原料，通过水溶胶静电纺丝，结合水管理的温度梯度脱水/碳化的联合仿生技术，制备出一种逼近超折叠极限厚度(～10微米)和极限比表面(～1370平方米/克)的且能够承受 100000 次以上无损真折叠的碳纤维膜材料(PVA-SFCNFMs)。11月17日，相关成果论文 *Approaching Superfoldable Thickness-Limit Carbon Nanofiber Membranes Transformed from Water-Soluble PVA* 发表于《纳米快报》(*Nano Letters*)上。吴彤团队近期还与美国加利福尼亚大学洛杉矶分校(UCLA)陈俊等专家合作在超折叠电极上取得了突破性进展，相关成果论文 *Bioinspired Nanocomposites with Self-Adaptive Stress Dispersion for Super-Foldable Electrodes* 在线发表于《尖端科学》(*Advanced Science*)(影响因子 16.807)。

【弹性波声子自旋实验取得新发现】 同济大学物理科学与工程学院和航空航天与力学学院联合团队用精巧设计的弹性波手性自旋源，实现了选择性激励的单向弹性表面波，观察到了两类标准弹性波体系(瑞利波和兰姆波)中的自旋－动量锁定效应，并首次测量了对应的自旋角动量。11月29日，

相关研究成果 *Observation of Elastic Spin with Chiral Meta-Sources* 发表在《自然·通讯》(*Nature Communications*)(影响因子 14.919)。

【脊髓损伤后神经环路重建研究取得新发现】 12月7日,同济大学宋建人团队系统解析了脊髓中央模式产生器在脊髓损伤后的修复规律,揭示了脊髓内源性的五羟色胺参与的促进神经轴突再生修复的机制,并找到了参与该修复机制的靶受体,为脊髓损伤的基础研究和治疗提供了新思路。相关研究成果 *An injury-induced serotonergic neuron subpopulation contributes to axon regrowth and function restoration after spinal cord injury in zebrafish*,发表在《自然·通讯》(*Nature Communications*)(影响因子 14.919)。

【深紫外/中红外二阶非线性光学晶态材料研究获系列重要研究进展】 欧洲科学院院士、同济大学化学科学与工程学院张弛研究团队以经典的硼酸盐为研究对象,提出了一种共价键调制策略,设计创制了一例具有三维共价框架的深紫外无铍二阶非线性光学晶体 NaSr3(OH)(B9O16)[B(OH)4](NSBOH),探讨并阐明了该深紫外晶态材料实现大倍频效应的机制。10月11日,相关成果 *Strong SHG Responses in a Beryllium-Free Deep-UV-Transparent Hydroxyborate via Covalent Bond Modification* 发表在《德国应用化学》(*Angew. Chem. Int. Ed.*)(影响因子 15.336)。

【高性能二维非线性光学纳米材料研究取得新进展】 同济大学化学科学与工程学院黄智鹏教授、张弛院士研究团队首次提出了一种电化学离子插层策略以便捷高效调控二维材料的非线性吸收性能,该团队对层状 SnS2 纳米片进行系列碱金属离子(Li+,Na+,K+)的电化学插层,发现离子插层产物均体现出显著提升的非线性吸收性能。该项研究不仅显示了离子插层材料可作为新型高性能非线性光学材料,还提供了一种构建高性能非线性光学材料的有效策略。9月4日,相关成果 *Giant Nonlinear Optical Absorption of Ion-Intercalated Tin Disulfide Associated with Abundant In-Gap Defects* 发表在《先进功能材料》(*Advanced Functional Materials*)(影响因子 18.808)。

【上海市母胎医学重点实验室落户同济大学附属第一妇婴保健院】 2月25日,上海市母胎医学重点实验室在同济大学附属第一妇婴保健院东院揭牌成立。同济大学副校长陈义汉及医学院负责人等出席揭幕仪式。

【同济大学上海新城建设研究中心成立】 4月10日,同济大学上海新城建设研究中心揭牌成立。揭牌仪式后,同济大学举办以"面向未来的人民城市"为主题的上海新城建设论坛。该研究中心将整合多学科力量,联合国际国内多方资源,主要围绕"新城发展理论、新城规划设计、大数据与智能新城"三个方向开展研究,着力破解上海新城建设中亟待解决的难点痛点堵点,全面服务上海新一轮新城战略。

【同济大学附属皮肤病医院揭牌】 4月18日上午,同济大学附属皮肤病医院揭牌仪式暨卓越皮肤健康人才建设高峰论坛在附属皮肤病医院保德路院区举行。上海申康医院发展中心党委书记、主任王兴鹏,上海市教委副主任毛丽娟,上海市卫健委二级巡视员张勘,同济大学党委常务副书记冯身洪,副校长、中国科学院院士陈义汉,同济大学生物医学工程与纳米科学研究院院长、中国科学院院士施剑林出席,共同为同济大学附属皮肤病医院揭牌。

【上海首个特应性皮炎诊疗中心落户附属皮肤病医院】 3月11日,上海首个特应性皮炎诊疗中心在同济大学附属皮肤病医院挂牌成立。该诊疗中心旨在为更多特应性皮炎患者提供规范化诊疗,加强公众对特应性皮炎疾病的知晓率和规范治疗率。

【同济大学马克思主义学院"思想政治影视教育基地"揭牌】 4月27日晚,同济大学马克思主义学院、中教华影全国校园电影院线共同打造的"思想政治影视教育基地"揭牌。中教华影全国校园电影院线董事长于春迟、校党委副书记吴广明出席思政影视教育基地揭牌暨启动仪式并分别致辞。校党委宣传部、马克思主义学院负责人出席。

【"同济科技园·链空间"揭牌成立,上海区块链技术研究中心创新基地启动运营】 5月11日,由上海区块链技术研究中心、同济大学科技园和同济大学区块链研究院三方合力共同建设的"同济科技园·链空间"揭牌成立,上海区块链技术研究中心创新基地同日启动运营。

【同济大学智能康复临床研究中心揭牌成立】 同济大学整合附属医院资源,以附属养志康复医院为主体建设的同济大学智能康复临床研究中心于5月13日在附属养志康复医院(松江院区)正式揭牌,旨在打造国际一流的康复医学科学研究基地,助力健康上海、健康中国建设。上海市残疾人联合会理事长、党组书记王爱芬,同济大学副校长、中国科学院院士陈义汉,以及来自市残联、市科委、各研究分中心、全国各科技医企及同济大学的专家学者出席。

【磁浮技术铁路行业重点实验室在同济大学揭牌,第一届第一次学术委员会会议召开】 5月13日,磁浮技术铁路行业重点实验室由国家铁路局与同济大学共同揭牌,并召开了第一届第一次学术委员会,标志着该重点实验室在2020年底获批后开始进入规范化运行。该重点实验室是国家铁路局深入贯彻党中央、国务院创新科技发展决策部署,顺应铁路行业发展需要,首批认定的7家铁路行业重点实验室之一。该实验室将围绕国家重大战略需求,聚焦磁浮交通系统的磁力耦合与车轨关系、智能运维与安全保障、磁浮装备与环境的相互作用、磁浮系统集成验证等交通领域科技创新的前沿技术与工程应用的热点方向。

【依托同济大学建设的中国(上海)数字城市研究院揭牌成立】 7月10日,在2021世界人工智能大会闭幕式上,依托同济大学建设的中国(上海)数字城市研究院揭牌成立。研究院将围绕“城市数字化转型”这一首要目标，开展数字城市前瞻性、综合性和基础性研究，打造数字城市研究的高端智库，培养数字转型和数字治理人才干部，为上海和全国全面数字化转型和数字城市建设提供理论、技术和人才支撑。上海市委副书记、市长龚正为研究院揭牌，市委常委、副市长吴清，同济大学党委书记方守恩、校长陈杰出席闭幕式，相关环节由上海市政府副秘书长陈鸣波主持。研究院由上海市经信委和市教委共同指导。

【上海市第四人民医院庆祝建院100周年并揭牌成为同济大学附属医院】 9月17日，上海市第四人民医院建院100周年庆典暨附属医院揭牌仪式举行，正式挂牌成为同济大学附属医院。

【同济大学牵头建设的长三角可持续发展研究院揭牌成立】 9月23日下午，长三角生态绿色一体化发展示范区开发者大会在苏州举行。会上，作为一体化示范区重点项目，由同济大学牵头建设的长三角可持续发展研究院揭牌成立，助力长三角生态绿色一体化深入发展。上海市委常委、常务副市长陈寅与同济大学常务副校长吕培明共同为长三角可持续发展研究院揭牌。

【阮仪三文化遗产保护与传承研究中心(平遥)、山西历史遗产数字化平台建设项目基地揭牌】 阮仪三文化遗产保护与传承研究中心(平遥)和山西历史遗产数字化平台建设项目基地在平遥古城揭牌，旨在促进以世界文化遗产平遥古城为代表的文化遗产的保护和活化利用等各项文化事业发展。中国工程科技发展战略山西研究院执行院长吕明，中国工程院院士、同济大学原副校长吴志强出席并致辞。山西省住房和城乡建设厅一级巡视员李锦生，同济大学名誉教授、德国工程科学院院士奥托·海因里希·赫尔佐格出席，山西省文物局、晋中市和平遥县等相关部门负责人以及建筑与城市规划学院专家教授参加。阮仪三文化遗产保护与传承研究中心(平遥)将按照世界遗产的先进理念和科学标准而建设，依托同济大学的专家团队和文化遗产保护经验，开展平遥世界遗产城市的保护与发展状况评估，创新世界文化遗产保护与管理长效机制，搭建国际化学术与技术交流平台，逐步探索并形成“世界遗产”保护与发展的“中国方案”。

【同济大学国家语言文字推广基地揭牌】 11月23日，同济大学国家语言文字推广基地揭牌仪式暨同济大学国家语言文字推广基地“双强项目”课题指南发布会、“文字中的党史”之“钱钟仪烈士全面抗战爆发前家书手迹展”揭幕仪式、“后疫情时代国际中文教育人才培养与专业建设”高峰论坛在四平路校区举行。

【中建集团与同济大学合作交流座谈会举行，中国建筑—同济大学智能建造工程技术研究中心揭牌】 12月21日，中国建筑集团有限公司(以下简称“中建集团”)党组成员、副总经理赵晓江一行到访同济大学，深入推进校企合作。会上，中国建筑—同济大学智能建造工程技术研究中心揭牌成立。

【土木信息技术教育部工程研究中心第二届技术委员会第二次会议在同济大学举行】 1月5日，土木信息技术教育部工程研究中心第二届技术委员会第二次会议线下线上同步召开。技术委员会主任、中国工程院院士龚晓南，技术委员会副主任、中国工程院院士崔俊芝，中国工程院院士冯夏庭等10余名来自高校、科研机构和工程领域的专家参加会议。土木信息技术教育部工程研究中心主任、土木工程学院教授朱合华汇报了研究中心工作、共性关键技术研发、技术成果转化、专业人才培养和研究中心近中期未来发展。与会技术委员会委员一致认为，土木信息技术教育部工程研究中心一年多的工作卓有成效，研究成果成功应用于一批国家重大工程，促进了我国土木工程信息技术相关产业的发展。研究中心的近中期规划方向明确，建议加强共性与特殊关键技术的研发，注重土木信息学科的人才培养。

【海洋地质国家重点实验室第六届学术委员会第四次会议在同济大学举行】 1月8日，海洋地质国家重点实验室第六届学术委员会第四次会议在同济大学举行。汪品先院士、王成善院士、杨文采院士、李家彪院士、丁抗研究员、林间研究员、赵美训教授、高抒教授、杨胜雄研究员、翦知湣教授、周怀阳教授、朱伟林教授和刘志飞教授等委员在现场，以及焦念志院士和郭正堂院士在线上共15名委员出席会议。卫星海洋环境动力学国家重点实验室主任柴扉教授、热带海洋环境国家重点实验室主任王春在教授，同济大学科研管理部相关负责人、实验室主要骨干及青年教师50余人参加了会议。学术委员会副主任焦念志院士和主任王成善院士分别主持了上午的报告交流与下午的实验室发展研讨。

【上海高校产教融合工作推进会在同济大学召开】 1月16日上午，上海高校产教融合工作推进会在同济大学召开。上海市政府副秘书长虞丽娟出席会议并讲话，上海市教委主任王平、上海市发展和改革委员会社会发展处处长王俊，自贸区临港新片区、市教科院、智慧新工科产教联盟、59所高校、包括商飞公司在内的8家企业等共计93名相关领导和同志参加线下会议，各高校相关同志参加线上分会场，上海市教委副主任毛丽娟主持会议。

【上海自主智能无人系统科学中心与德国卡尔斯鲁厄理工大学开展线上学术研讨】 1月18日，依托同济大学建设的上海自主智能无人系统科学中心与德国卡尔斯鲁厄理工大学(KIT)联合举办以“机器人”为主题的线上学术研讨会。双方与会教授分别介绍了各自领域的相关研究内容，并进行了学术探讨。

【同济大学牵头的国家社科基金艺术学重大项目“中国建筑艺术的理论与实践研究(1949—2019)”开题论证会举行】 1月21日，同济大学牵头的2020年国家社科基金艺术学重大项目

“中国建筑艺术的理论与实践研究(1949-2019)”开题论证会在校召开。全国艺术科学规划项目管理中心主任邱邑洪、上海市文化与旅游局艺术处副处长张悦，同济大学原常务副校长伍江及文科办负责人等出席会议。

【同济大学提出长三角一体化示范区碳达峰碳中和战略研究设想】 2月19日，长三角生态绿色一体化发展示范区建设重大项目对接会在沪召开，对示范区建设重大项目进行全面对接，对下一步工作进行部署。同济大学原常务副校长、联合国环境署—同济大学环境与可持续发展学院院长伍江教授在会上介绍了长三角一体化示范区碳达峰碳中和战略研究初步设想，受到了各方关注。同济大学环境科学与工程学院负责人和教师代表参会。

【道路交通安全与环境教育部工程研究中心召开2020年度技术委员会会议】 3月6日，道路交通安全与环境教育部工程研究中心2020年度技术委员会会议线上线下同步召开。同济大学党委书记、道路交通安全与环境教育部工程研究中心主任方守恩教授，及同济大学杨东援教授、孙立军教授、凌建明教授4名校内委员，和严新平院士、王长君研究员、王云鹏教授、王炜教授、关积珍教授、马林教授、王笑京教授、温学钧教授、姜廷顺教授和魏朗教授10名校外委员出席会议。会议由技术委员会主任、公安部道路交通安全研究中心主任王长君主持。副校长童小华，同济大学科研管理部、交通运输工程学院负责人及道路交通安全与环境教育部工程中心教师代表参加了会议。

【“绿色建造与碳达峰”论坛召开】 3月12日，“绿色建造与碳达峰”论坛暨同济大学土木工程学院建筑工程系“绿色建造研究中心”成立仪式在土木工程学院举行。清华大学江亿院士，西安建筑科技大学刘加平院士，同济大学肖绪文院士、吕西林院士，副校长顾祥林，以及来自中建集团、上海建科院、同济大学土木工程学院、建筑与城市规划学院、经济与管理学院、机械与能源工程学院等多领域的专家学者出席会议。

【首届“智能无人系统与内生安全”学术会议举办】 3月19日，由中国网络空间内生安全技术与产业联盟人工智能专委会、中国通信学会车联网专委会联合主办，同济大学、上海大学、北京理工大学、重庆邮电大学共同承办的首届“智能无人系统与内生安全”学术会议在同济大学举办。

【专家学者共同研讨“知识产权与中国经济高质量转型发展”】 3月21日，“知识产权与中国经济高质量转型发展”主题论坛在同济大学举行，副校长雷星晖出席并致辞。论坛由同济大学经济与管理学院和上海国际知识产权学院主办，同济大学知识产权实验室和同济大学MBA/EMBA中心承办。国务院发展研究中心、中国科学与科技政策研究会、国家知识产权局、上海市知识产权局相关负责人，以及来自同济大学和厦门大学的师生线上线下参加了论坛。

【同济大学联合主办第八届中国(上海)地下空间开发大会】 3月26-27日，由同济大学、深圳大学、中国土木工程学会市政工程分会、国际地下空间联合研究中心共同主办的第八届中国(上海)地下空间开发大会在上海举行。来自全球地下空间领域的院士、专家学者、工程技术人员、管理人员和企业代表，围绕全球气候变化带来的影响，深入探讨如何绿色安全高效利用城市地下空间。

【同济大学建筑与城市规划学院主办2021年第一期UP论坛】 近日，由建筑与城市规划学院主办的2021年第一期UP论坛在线举行，主题为“国土空间规划引领‘未来之城’”。自然资源部国土空间规划局副局长李枫、同济大学党委副书记彭震伟，各地自然资源部门和相关研究机构人员，规划行业学会、协会人员，以及规划编制单位人员等相关领域专家学者4万余人参会。

【“第三届韧性城乡与防灾减灾论坛”在上海召开】 “第三届韧性城乡与防灾减灾论坛”4月10-11日在上海召开。此次论坛由中国地震学会可恢复功能防震体系专业委员会、中国灾害防御协会城乡韧性与防灾减灾专业委员会联合主办，上海韧性城市与智能防灾工程技术研究中心(建设单位为同济大学)、中国地震局工程力学研究所和《建筑结构》杂志社共同承办。13名中国工程院院士及多名全国防灾减灾领域的权威专家出席了本届论坛，来自全国各地196家单位的700余名学界、业界专家学者参加了此次论坛，共话我国防灾减灾事业的发展，共谋韧性城乡建设的未来。

【同济大学牵头的国家重点研发计划“智能机器人”重点专项“基于视觉的机器人环境建模与定位导航”项目中期检查会召开】 4月7日，科技部高技术研究发展中心在上海组织对国家“十三五”重点研发计划“智能机器人”重点专项“基于视觉的机器人环境建模与定位导航”项目进行中期检查。该项目由同济大学牵头，武汉大学、中山大学、中国科学院空天信息创新研究院和上海交通大学等共同参与。

【高密度人居环境生态与节能(同济大学)教育部重点实验室召开学术委员会换届会议】 4月10日，高密度人居环境生态与节能(同济大学)教育部重点实验室在同济大学建筑设计研究院(集团)有限公司召开学术委员会换届暨2021年度会议。

【中国民航局—同济大学合作交流座谈会举行】 4月15日，中国民用航空局—同济大学合作交流座谈会在嘉定校区举行。中国民用航空局副局长董志毅，发展计划司司长韩钧，安全监察专员兼机场司司长刘春晨、机场司副司长张锐，人事科教司副司长陈朝霞，校党委书记方守恩、校长陈杰，副校长童小华、黄翔峰及民航总局下属各单位、同济大学职能部门和院系有关负责人30余人与会。

【民航机场智慧发展与科技创新研讨会召开】 4月15日，在中国民航局指导下，由民航飞行区设施耐久与运行安全重点实验室(同济大学)主办,民航华东地区管理局、上海机场集团和上海民航新时代机场设计研究院共同协办的“民航机场智慧发展与科技创新研讨会”在同济大学嘉定校区召开,主题为“以智慧与科技赋能四型机场建设”。

【“高等学校校园3060双碳目标与路径”论坛在同济大学举办】 4月17日,“高等学校校园3060双碳目标与路径”论坛在同济大学召开。论坛由中国建筑节能协会绿色大学工作委员会主办,联合国环境署—同济大学环境与可持续发展学院承办。论坛在中国对世界作出2030年前碳达峰、2060年前碳中和的承诺背景下,聚焦高等学校碳中和校园的实现路径,汇集各方智慧展开交流和探讨。论坛发布了《中国高等学校校园碳中和行动宣言》,得到来自全国包括中国科学技术大学、浙江大学、西安交通大学、同济大学、天津大学、东南大学等在内的44所院校积极响应,并共同签署《中国高等学校校园碳中和行动宣言》。论坛以网络直播方式同步举行,在线参会2400多人。

【同济大学与耶鲁大学开展可持续发展专题学术交流会】 4月16日,同济大学和耶鲁大学组织的“可持续发展专题学术交流会”在线举行。耶鲁大学城市生态中心主任、环境化学讲席教授 Gaboury Benoit(加博里·贝努瓦)就“土地可持续发展”主题开展专题讲座。同济大学环境科学与工程学院、耶鲁大学东亚系负责人分别致辞。来自同济大学、复旦大学、华东师范大学、上海大学等沪上多所高校的130余名师生在线参会。

【国务院学位委员会第八届控制科学与工程学科评议组第一次工作会议在同济大学召开】 4月22日,应国务院学位委员会第八届控制科学与工程学科评议组召集人、同济大学校长陈杰院士,哈尔滨工业大学段广仁院士的邀请,学科评议组全体成员访同济大学,并召开学科评议组第一次工作会议。评议组成员分别为西安交通大学郑南宁院士、中国航天科技集团包为民院士、东北大学唐立新院士、哈尔滨工程大学校长姚郁、北京工业大学副校长乔俊飞等。

【城市智库举办超大城市社区营造“微基建”案例研讨会】 4月25日,由同济大学城市发展与管理研究基地、同济大学城市交通研究院、同济大学文科办联合主办的“同济城市智库论坛·人民城市人民建系列”之“超大城市社区营造‘微基建’案例研讨会”在同济大学举行。来自同济大学、复旦大学、大连理工大学、华东理工大学、上海外国语大学、浦东干部学院、上海市委党校、上海市民政局、杨浦区长白新村街道等多个院校及实践单位的专家学者,和同济大学师生共同分享了超大城市社区微基建的优秀实践案例,交流研讨了“人民城市人民建”的中国经验,畅想了“人民城市为人民”的发展愿景。

【联合举办《深圳经济特区社会信用条例》(征求意见稿)专家研讨会】 5月10日,由浦江法治论坛、北京信用学会、同济大学法学院、重湖书院联合发起,深圳市社会信用体系统筹小组办公室支持指导,深圳市信用促进会配合实施的《深圳经济特区社会信用条例》(征求意见稿)(以下简称《条例》)专家研讨会以网络会议的形式举行。

【同济大学联合主办第五届电气化交通前沿技术论坛】 5月14-15日,第五届电气化交通前沿技术论坛在上海召开。论坛聚焦地面交通工程领域,包括高铁与城市轨道交通、磁浮列车、电动汽车等运载工程领域交通与能源融合技术、新一代电力电子技术、新型电机技术、牵引供电与电驱动技术、储能科学与技术,研讨数字化、智能化时代背景下电气化交通技术的发展,推动以电气化交通为主的绿色交通技术的发展。此次论坛由中国电源学会交通电气化专委会、同济大学、中车株洲电力机车研究所和清华大学联合主办,同济大学铁道与城市轨道交通研究院、磁浮技术铁路行业重点实验室、同济大学国家大学科技园和《城市轨道交通研究》杂志社联合承办,IEEE电气化交通委员会 & 车辆技术协会、同济大学电子与信息工程学院、中车研究院、同济中车创新研究中心联合协办。中国工程院院士、香港大学荣誉教授陈清泉和中国工程院副院长、同济大学原校长钟志华院士联合担任大会荣誉主席。同济大学铁道与城市轨道交通研究院院长陈小鸿教授和磁浮技术铁路行业重点实验室常务副主任康劲松教授联合担任大会主席。国家铁路局党组成员、副局长安路生,中国工程院院士、中车首席科学家丁荣军,中国电源学会副理事长汤天浩,上海市嘉定区副区长李峰,同济大学副校长童小华等500余名专家学者出席了论坛。

【同济大学举办“同济天下法治论坛”】 5月28日,同济大学举办以“在法治轨道上推进国家治理体系和治理能力现代化”为主题的首届“同济天下法治论坛”,深入学习贯彻习近平法治思想,培养德法兼修的高素质法治人才,推动中国特色社会主义法治理论创新发展,提高依法治校水平。全国政协常委、全国政协社会和法制委员会主任沈德咏出席论坛并发表主旨演讲。上海市法学会党组书记、会长崔亚东和同济大学党委书记方守恩出席论坛并分别致辞。上海市全面依法治市委员会、上海政法系统有关人士,上海和全国各地法学界知名学者、法律实务界人士、同济大学师生等200余人出席论坛。

【建筑类学科重点实验室联盟筹备工作会议在校召开】 建筑类学科重点实验室联盟筹备工作会议在校召开,副校长童小华出席。来自清华大学、同济大学、东南大学、天津大学、华南理工大学、西安建筑科技大学、哈尔滨工业大学、重庆大学的“建筑老八校”重点实验室代表汇聚一堂,共商建筑类学科重点实验室联盟的筹备事宜。

【同济大学联合主办中国建筑学会城市设计分会年会暨中国建筑学会城市设计论坛】 5月29—30日,2021中国建筑学会城市设计分会年会暨中国建筑学会城市设计论坛在同济大学建筑设计研究院(集团)有限公司召开。校党委副书记彭震伟、中国建筑学会秘书长李存东、上海市建筑学会理事长曹嘉明出席论坛开幕式并致辞。此次活动由中国建筑学会城市设计分会和同济大学共同主办,同济大学建筑与城市规划学院、上海市建筑学会城市设计与规划专业委员会承办,同济大学建筑设计研究院(集团)有限公司协办。

【第九届金经昌中国青年规划师创新论坛在线举行,第五届金经昌中国城乡规划研究生论文揭晓】 以“新发展格局与空间治理”为主题的第九届金经昌中国青年规划师创新论坛在线举行。中国城市规划学会常务副理事长石楠、中国工程院院士吴志强、校党委副书记彭震伟等为论坛开幕式致辞。十几位来自规划学界、院校和研究机构的专家学者出席了论坛开幕式。此次论坛共有35家院校和机构参与投稿,共收到59篇文章,经专家评选,文章将编辑成论文集择时出版。

【同济大学举办“中国乡村振兴(同济)高层论坛”】 6月6日,同济大学举办以“乡村振兴:迈向共同富裕的新征程”为主题的“中国乡村振兴(同济)高层论坛”,以进一步学习贯彻乡村振兴相关中央精神,聚焦乡村人才振兴需求,统筹科技教育资源,充分发挥高校学科人才资源优势和示范引领作用,汇聚更多智慧和力量,为全面推进乡村振兴、加快农业农村现代化提供有力的人才和科技支撑。同济大学党委书记方守恩、上海市农业农村委员会副主任徐惠勤出席并分别致辞。原农业部党组副书记、副部长,国务院参事室特约研究员,中央农办、农业农村部乡村振兴专家咨询委员会委员尹成杰,农业农村部农村经济研究中心原主任,中央农办、农业农村部乡村振兴专家咨询委员会委员宋洪远,中国农业发展银行乡村振兴部副总经理吴敏,上海市乡村振兴研究中心主任杜小强,以及同济大学有关专家在论坛上分别作主旨演讲。同济大学党委副书记彭震伟主持开幕式并作会议总结。

【同济大学联合主办“生态系统恢复”国际学生环境与可持续发展大会】 在6月5日世界环境日到来之际,由联合国环境规划署和同济大学共同主办的“生态系统恢复”国际学生环境与可持续发展大会(ISCES)在同济大学举行。联合国环境规划署亚太办公室主任德钦·次仁,同济大学副校长娄永琪,新华社上海分社社长姜微,中国农业银行上海市分行党委副书记、副行长王蓓分别为会议致开幕辞。中国工程院院士丁一汇、联合国环境规划署科学司司长刘健、世界自然基金会(国际)全球政策与倡导主任李琳、中科院新疆生态与地理所客座研究员杨有林作大会报告。同济大学财务处、学研工部、环境科学与工程学院负责人等参加峰会。此次大会包括同济大学四平路校区主会场和福建师范大学、四川西华师范大学两个连线分会场,来自全球30多个国家的400余名青年参加了大会。

【同济大学联合承办2021浦江创新论坛,论坛主题为“创新,为了人类美好生活”】 6月3日,以“创新,为了人类美好生活”为主题的2021浦江创新论坛在上海开幕。中共中央政治局委员、上海市委书记李强,科技部部长王志刚,上海市委副书记、市长龚正,上海市政协主席董云虎,上海市委副书记于绍良,科技部副部长徐南平、李萌出席论坛开幕式。浦江创新论坛主席、中科院院士徐冠华主持论坛开幕式。校党委书记方守恩、校长陈杰、副校长童小华等出席论坛相关活动。

【自然资源部国土卫星遥感应用中心—同济大学合作交流座谈会举行】 6月9日,自然资源部国土卫星遥感应用中心—同济大学合作交流座谈会在四平路校区举行。自然资源部国土卫星遥感应用中心主任王权、总工程师唐新明,中国工程院院士、原副校长吴志强,副校长童小华,以及有关负责人与会。

【同济大学与上海市人民检察院签约,加强知识产权法学教育和司法实践的合作】 6月11日,由同济大学和上海市人民检察院联合主办、主题为“高质量发展下的知识产权司法实践与应对”的2021年知识产权发展论坛在同济大学召开,双方共同签署《关于加强知识产权法学教育和司法实践的合作协议》。上海市人民检察院党组书记、检察长张本才,校长陈杰出席论坛并分别致辞。上海市人民检察院党组成员、副检察长龚培华主持,副校长雷星晖出席。上海市政法机关、行政机关相关负责人,高校专家学者,部分企业代表等参加论坛。

【第八届教育部科技委人工智能与区块链技术专门委员会2021年度第一次工作会议在同济大学召开】 6月18日,第八届教育部科技委人工智能与区块链技术专门委员会2021年度第一次工作会议在同济大学牵头建设的上海自主智能无人系统科学中心召开。会议由人工智能与区块链技术专门委员会主办,同济大学、上海自主智能无人系统科学中心(以下简称“科学中心”)承办。专委会主任、同济大学校长陈杰院士,专委会常务副主任陈纯院士,专委会副主任于起峰院士、顾敏院士、唐立新院士及专委会委员王耀南院士等38名相关领域专家学者共同参加会议。会议由陈杰主持,教育部科学技术与信息化司一级巡视员、科技委秘书长高润生出席会议并讲话。副校长童小华致欢迎辞。

【同济大学—山西省校地合作座谈会召开】 6月23日下午,山西省委组织部部务委员张敏,太原市委常委、组织部部长赵忠保,市委常委、小店区委书记刘振华率代表团来校推进省校合作工作,校党委书记方守恩会见了张敏一行,校党委常务副书记冯身洪出席座谈会。

【机械与能源工程学院承办中国环境科学学会室内环境与健康分会热舒适学组和睡眠环境与健康学组第二届学术论坛】 7月3—4日,由中国环境科学学会室内环境与健康分会主办、同济大学和上海交通大学共同承办的中国环境科学学会室内环境与健康分会热舒适学组和睡眠环境与健康学组第二届学术论坛在同济大学建筑设计研究院举行。来自全国 19 个省市 74 个单位的 200 余名专家学者、研究人员和企业代表参加会议。

【同济大学承办 2021 世界人工智能大会国家级学会理事长论坛】 作为 2021 世界人工智能大会的重要组成部分，由世界人工智能大会组委会办公室主办、同济大学承办，以“人工智能赋能城市数字化转型”为主题的国家级学会理事长论坛，7 月 8 日下午在上海世博中心举行。上海市委常委、副市长吴清出席并致辞。论坛特邀计算机、数学、自动化、控制、仿真、图象图形等人工智能及相关领域国家级学会正副理事长，含 15 位院士和多位资深专家学者。

【同济大学联合举办“院校研究与教育评价”学术研讨会暨中国高等教育学会院校研究分会 2021 年学术年会】 7 月 10—11 日，由中国高等教育学会院校研究分会、同济大学共同举办的“院校研究与教育评价”学术研讨会暨中国高等教育学会院校研究分会 2021 年学术年会在上海召开。来自近 200 所高校和科研机构的 400 余名代表参加会议。

【同济大学联合主办第六届地球系统科学大会】 7 月 7—10 日，由中国大洋发现计划专家咨询委员会、国家自然科学基金委员会地球科学部和同济大学海洋地质国家重点实验室联合主办的第六届地球系统科学大会在上海举行。来自全国 185 家单位的 2000 余名专家学者和青年学生齐聚松江，交流地球系统科学研究最新进展，共话未来发展方向。

【联合国世界知识产权组织(WIPO)与同济大学共同举办以“智慧城市和知识产权”为主题的国际知识产权论坛】 7 月 14 日下午，由联合国世界知识产权组织（WIPO）与同济大学共同举办、以“智慧城市和知识产权”为主题、为期两天的国际知识产权论坛在同济大学开幕。论坛开幕前，联合国世界知识产权组织（WIPO）与同济大学签署联合培养知识产权法硕士项目第二期谅解备忘录。上海市副市长陈群、国家知识产权局国际合作司副司长刘剑、WIPO 学院执行院长谢里夫·萨达拉（线上）、同济大学校长陈杰出席签约仪式并分别致辞。

【同济大学承办首届高校知识产权年会】 7 月 15—16 日，由教育部科学技术与信息化司指导、教育部科技发展中心主办、同济大学承办的首届高校知识产权年会举行。教育部科学技术与信息化司一级巡视员高润生，教育部科技发展中心主任罗方述，上海市教育委员会巡视员蒋红，同济大学副校长雷星晖、童小华出席，来自全国数百所高校的 350 余名会议代表与会。本届年会主题为“加快推动高校知识产权工作高质量发展”，旨在深入探讨“十四五”时期高校知识产权工作的发展趋势，进一步推动落实《关于提升高等学校专利质量 促进转化运用的若干意见》。

【“规划教育 2001—2021—2041”纪念首届世界规划院校大会 20 周年大会在同济大学举行】 7 月 10 日，纪念首届世界规划院校大会 20 周年大会在同济大学举行。大会以“规划教育 2001—2021—2041”为主题，回顾首届世界规划院校大会举办以来全球规划教育的发展历程，并围绕未来规划教育发展方向展开了研讨。

【同济大学举办“全球大变局中的中国与世界”国际学术研讨会】 7 月 24 日，由同济大学主办、同济大学马克思主义学院承办的“全球大变局中的中国与世界”国际学术研讨会以线下线上相结合的方式在四平路校区举行。国际价值与哲学学会执行理事长胡业评，上海市教卫工作党委副书记、市教委副主任闵辉，同济大学常务副校长吕培明出席并分别致辞。来自中国、美国、加拿大、越南、印度尼西亚、印度、肯尼亚、乌克兰、比利时等国的高校和科研院所的数十名专家学者与会，围绕主题展开广泛深入的研讨。

【同济大学与奥地利维也纳工业大学合作举办“土木工程科学中的交叉学科研究国际研讨会”】 9 月 16 日，由同济大学与奥地利维也纳工业大学合作举办的“土木工程科学中的交叉学科研究国际研讨会”在线开幕。此次研讨会为期两天，来自奥地利维也纳工业大学、德国波鸿鲁尔大学、瑞典林奈大学、美国麻省理工学院、上海交通大学、中国矿业大学、北京航空航天大学、重庆大学等多所高校的 140 余名师生代表参会。

【同济大学举办第 18 届国际驻极体研讨会】 9 月 24 日，由 IEEE 电介质和电气绝缘协会（IEEE DEIS）支持、同济大学主办的第 18 届国际驻极体研讨会（The 18th International Symposium on Electrets，“ISE18”）在线开幕。中国科学院院士、同济大学教授姚熹在开幕式上作了题为“Electrets in China at a Glance”的精彩报告。同济大学副校长童小华、IEEE DEIS 技术副主席 Davide FABIANI、中国物理学会静电专业委员会副主任欧阳吉庭出席开幕式并致辞。同济大学物理科学与工程学院教授张晓青与中国科学院深圳先进技术研究院研究员方鹏担任会议共同主席。此次研讨会为期 5 天，来自中国、德国、日本等 19 个国家和地区的百余名知名学者参会并分享 61 个学术报告，就驻极体领域的最新进展进行深入交流和讨论。

【同济大学德国研究中心联合主办第九届中德论坛国际会议】 9 月 24 日，第九届中德论坛“德国联邦议院选举后的中德关系”国际会议在线举行。来自同济大学、复旦大学、中国国际问题研究院、中国社会科学院欧洲研究所、德国波恩大学、阿登纳基金会等高校和科研机构的 40 余名专家学者参会。本届会议由同济大学德国研究中心、同济大学中德人文交流研究中心、中德校园、德国阿登纳基金会上海代表处、德国波恩大学全球研究中心联合主办。

【高廷耀教授治水人生 70 载暨环境学科发展研讨会举行】 10 月 6 日，同济大学老校长高廷耀教授治水人生 70 载暨环境学科发展研讨会举行。多名中国工程院院士,生态环境部总工程师张波,上海市生态环境局党组书记、局长程鹏,校党委书记方守恩,常务副校长吕培明,副校长童小华、黄翔峰,老领导周家伦、顾国维、朱绍中等出席活动,学校相关职能部门负责人、环境科学与工程学院领导班子、老领导及教师代表、高廷耀教授的学生代表参加了此次活动。在学科发展研讨会上,环境科学与工程学院院长戴晓虎作了同济大学环境学科发展报告。

【"BETWEEN之间"中西国际交流项目成果展开幕】 10月12日,由20余名校友参展、3名校友组织策展的"BETWEEN之间"西班牙低成本改造策略展暨中西国际交流项目成果展系列活动在建筑与城市规划学院开幕。此次展览的内容为历届同济大学与加泰罗尼亚理工大学建筑双学位项目中学生的学习成果,围绕"更新"这一主题,从不同角度展现了学生们所阅读的城市与建筑,充分体现了学生扎实、丰富的学习成果。参观者不仅可以体验到西班牙多彩的自然环境和别样的民俗风情,还可从中深层次了解西班牙的优秀建筑与城市实践理念。在当晚举行的成果展开幕论坛上,多位旅西建筑师、建筑师校友与同济大学教师围绕展览课题进行了深入探讨。

【同济大学承办的全国应用符号学与多模态研究论坛暨中国符号学基地联盟会议在线召开】 10月15—17日,由中国逻辑学会符号学专业委员会主办,同济大学外国语学院、同济大学语言学与多模态符号学研究所承办的"全国应用符号学与多模态研究论坛暨中国符号学基地联盟会议"在线举行。副校长娄永琪出席论坛开幕式并致辞。此次论坛围绕应用符号学与多模态等议题展开,倡导学科交叉融合,瞄准世界研究前沿。来自全国各地的近400位符号学与多模态领域专家学者和学生参加了论坛。论坛上,来自中国符号学基地联盟及其他单位的12位学者围绕符号学理论在多个领域的应用研究作了主旨报告,百余位参会者直接参加8个平行分论坛的讨论。与会人员聚焦于探讨如何把符号理论应用于不同学科以解决实际问题。

【第二届国际道路安全创新论坛暨智慧交通安全驾驶论坛在同济大学举行】 10月21日,第二届国际道路安全创新论坛暨智慧交通安全驾驶论坛在同济大学建筑设计研究院举行,采用线上与线下相结合的方式进行。论坛是"2021上海汽车文化节"的重要项目之一,由国际汽车联合会、上海市嘉定区人民政府和同济大学共同主办,中国汽车摩托车联合会给予大力支持,同济大学建筑设计研究院、同济大学建筑设计研究院汽车运动与安全研究中心、上海智慧交通安全驾驶工程技术研究中心共同承办。来自国内十余家高校、行业协会、相关单位的代表千余人通过线下或线上方式参会。

【第十八届上海知识产权国际论坛分论坛暨第三届同济中欧创新与竞争论坛在同济举办】 10月22日,以"数字经济时代的知识产权与竞争"为主题的第十八届上海知识产权国际论坛分论坛暨第三届同济中欧创新与竞争论坛在校召开。此次分论坛由上海市知识产权局主办,同济大学上海国际知识产权学院、慕尼黑大学法学院、同济大学中欧创新政策与法律研究中心、上海市法学会知识产权法研究会承办。上海市知识产权局副局长余晨,上海市法学会党组副书记、专职副会长施伟东,慕尼黑大学副校长叶翰(Hans van Ess),同济大学党委副书记吴广明出席论坛开幕式并致辞。同济大学上海国际知识产权学院相关负责人、教师代表和在读国内外硕士、博士及部分国内外校友等200余人参加了会议。

【2021年房地产学术研讨会暨第14届中国高等院校房地产学者联谊会在同济大学召开】 10月24日,2021年房地产学术研讨会暨第14届中国高等院校房地产学者联谊会在校召开。副校长顾祥林、中国房地产估价师与房地产经纪人学会会长柴强、清华大学房地产研究所所长刘洪玉、华东师范大学经济与管理学部终身教授张永岳出席会议开幕式并致辞。与会人员前往房地产院长(系主任)圆桌高峰论坛、国际顶级期刊发表高峰论坛和8个平行分论坛,以线上线下相结合的方式进行深入学术交流。

【同济大学联合主办第19届亚洲建筑师大会】 作为亚洲地区建筑界的最大盛会,第19届亚洲建筑师大会(Asian Congress of Architects)于北京时间11月1日下午1时整,在上海市奉贤区九棵树未来艺术中心开幕。本届大会以"共享·更新"(sharing & regeneration)为主题,由亚洲建筑师协会、中国建筑学会和同济大学联合主办,由上海市建筑学会、同济大学建筑与城市规划学院、同济大学建筑设计研究院(集团)有限公司和奉贤区人民政府共同承办。亚洲建筑师协会副主席、同济大学原常务副校长伍江是本次大会的召集人和主持人。

【同济大学联合主办科技创新与信息犯罪防控2021年高峰论坛】 10月30日,由中国犯罪学学会与同济大学上海国际知识产权学院联合主办、上海靖予霖律师事务所协办的科技创新与信息犯罪防控2021年高峰论坛召开。与会专家围绕"网络安全与网络犯罪防控""大数据安全应用与相关犯罪防控""知识产权保护与相关犯罪防控"及"人工智能安全发展与相关犯罪防控"等议题展开讨论。

【外国语学院承办第九届全国认知神经语言学大会】 11月5—7日,第九届全国认知神经语言学大会通过线上方式在校举行,副校长娄永琪出席并致辞。会议由中国认知神经语言学研究会主办,同济大学外国语学院、同济大学言语—语言加工研究中心及同济大学老龄语言与看护研究中心承办,邀请了17位专家作主旨报告。来自全国各地的600余名师生参加会议。

【同济大学主办第十四届国际可持续发展城市交通系统研讨会】 10月28日至11月5日,由同济大学主办的第十四届国际可持续发展城市交通系统研讨会(THNS 2021)在线举行。会议由同济大学中法工程和管理学院协同

5个专业学院承办，并得到法国国立桥路学校、国立高等工程技术学校、里昂国立应用科学学院、上法兰西综合理工大学、上法兰西应用科学学院、古斯塔夫·埃菲尔大学、奥地利格拉茨工业大学、法国URBA2000协会、上海电气泰雷兹交通自动化系统有限公司等单位的大力支持。来自中国、法国、美国、奥地利、日本、新加坡、塞内加尔等国的200余人参会。

【"百国之木"雕刻艺术展在校博物馆展出】 11月4日，"命运与共——高公博'百国之木'雕刻艺术展"在校博物馆开幕。展览由同济大学设计创意学院、温州博物馆、同济大学博物馆主办，同济大学设计创意学院非物质文化遗产研究中心承办，温州特殊教育学校协办。上海市文化和旅游局非遗处、同济大学设计创意学院、温州博物馆、上海华东理工学院、温州特殊教育学校、上海市嘉定博物馆、上海工艺美术馆相关负责人出席开幕式。

【"新发展格局下的国别区域研究"学术研讨会在线举行】 11月7日，"新发展格局下的国别区域研究"学术研讨会在线举行。常务副校长吕培明、教育部国别与区域研究工作秘书处主任罗林出席会议开幕式并致辞。来自中国社会科学院、上海国际问题研究院、北京大学、复旦大学、南京大学、同济大学、中山大学、华东师范大学等高校和科研机构的120余名专家学者参加了会议。

【同济大学国际韧性基础设施联合研究中心成立，首届韧性基础设施国际学术研讨会召开】 11月14日，同济大学国际韧性基础设施联合研究中心成立大会暨首届韧性基础设施国际学术研讨会在校召开。会议通过线上线下相结合的方式吸引了来自全球高校和学术研究机构的2400余名专家学者，累计参会交流人数5600余人次。国际韧性基础设施联合研究中心（International Joint Research Center for Resilient Infrastructure，ICRI），由同济大学牵头，联合世界多所一流高校和科研机构共同建立。60余名中心顾问委员、学术委员会委员出席了中心成立大会，其中包括欧洲科学院院士D. M. FRANGOPOL、新加坡工程院院士K. K PHOON、中国工程院院士谢礼立、中国工程院院士陈湘生，中国工程院院士、同济大学土木工程学院教授吕西林，同济大学土木工程学院教授李杰、教授朱合华，同济大学副校长童小华，美国马里兰大学教授B. M. AYYUB、香港科技大学土木工程系系主任L. M. ZHANG，同济大学土木工程学院教授黄雨、土木工程学院院长周颖、交通运输工程学院院长凌建明、联合研究中心（ICRI）主任黄宏伟等。谢礼立院士和童小华共同为"国际韧性基础设施联合研究中心"揭牌。

【长三角可持续发展大学联盟第二次环境学科院长会议召开】 11月21日，长三角可持续发展大学联盟第二次环境学科院长会议以及上海市环境与生态Ⅳ类高峰学科负责人会议，在由同济大学牵头的长三角可持续发展研究院召开。东南大学能源与环境学院、复旦大学环境科学与工程系、华东师范大学生态与环境科学学院、南京大学环境学院、上海交通大学环境科学与工程学院、浙江大学环境与资源学院、中国科学技术大学环境科学与工程系、华东理工大学资源与环境工程学院、东华大学环境科学与工程学院、上海电力大学环境与化学工程学院以及同济大学工程产业研究院、同济大学环境科学与工程学院相关负责人等参加会议。

【《高等学校校园碳排放核算及评价指南》开题会在线召开】 11月30日，中国建筑节能协会绿色大学工作委员会召开了《高等学校校园碳排放核算及评价指南》开题视频会议。绿色大学工作委员会秘书长、课题牵头单位同济大学教授谭洪卫代表编制组介绍了编制工作计划。编制组经过前期工作，初步形成了指南框架，今后将围绕指南编制中的关键问题展开专题研究，并聚焦"校园碳排放核算边界问题"与"核算清单及数据获取"等核心问题，以参编单位为核心展开试行研究。

【"上海市前沿科学研究基地和协同创新中心"建设研讨会召开】 12月2日，依托同济大学建设的"上海市前沿科学研究基地和协同创新中心"建设研讨会召开。上海市教委巡视员蒋红、科技处处长许开宇，同济大学常务副校长吕培明、副校长顾祥林，研究生院、文科办、人事处、财务处等职能部门代表，特邀专家及各基地中心有关负责人参加会议。

【同济天下·法治论坛暨第七届浦江法治论坛·上海峰会在校举行】 11月27日，由同济大学法学院、中国生产力学会和浦江法治论坛组委会共同举办的"同济天下·法治论坛暨第七届浦江法治论坛·上海峰会"在校举行。此次论坛的主题为"学习习近平法治思想与企业平等保护"。来自同济大学、中国人民大学、华东政法大学、南京大学、浙江省社会主义学院等高校，以及中国生产力学会、全国工商联、浦江法治论坛、上海市委统战部、上海市工商联商会部、温州市工商联、无锡民营经济和民间组织研究所、同心济世工程技术公司等部门机构和企事业单位的专家学者、实务人员，围绕主题展开深入研讨。论坛还举行了"同济大学法学院经济法治研究中心"揭牌仪式及浦江法治论坛主席团和专家委员会成员聘任仪式。

【同济大学联合承办2021创新与新兴产业发展国际会议——人工智能技术与产业专题会、现代交通工程技术与产业专题会】 2021创新与新兴产业发展国际会议（IEID2021）由中国工程院、上海市人民政府、工业和信息化部、国家发展和改革委员会、科学技术部、商务部、中国科学院、中国国际贸易促进委员会、联合国工业发展组织等部门联合主办。会议包括8场平行专题会，其中"人工智能技术与产业专题会"由同济大学、中国工程院信息与电子工程学部、机械与运载工程学部、工程管理学部共同承办，于12月2日在同济大学举行。专题会汇聚全球十名顶尖专家作特邀报告，围绕人工智能领域的世界前沿重大科学问题和关键核心技术，探索人工智能原理性突破所需的支撑点以及对产业创新赋能的发力点。专题会旨在通过跨界融合，整合资源促进人工智能技术创新和相关产业的发展。

12月26日，“创新与新兴产业发展(2021)国际会议”现代交通工程技术与产业专题会在上海召开，以“智慧、绿色、交通发展”为主题。会议由中国工程院、上海市人民政府、工业和信息化部、国家发展和改革委员会、科技部、商务部、中国科学院、中国国际贸易促进委员会、联合国工业发展组织共同主办，专题会由中国工程院土木、水利与建筑工程学部联合机械与运载工程学部、信息与电子工程学部、工程管理学部、同济大学共同承办。会上发布了《2021中国城市地下空间发展蓝皮书》，同时聚焦“现代交通工程技术与产业”专题设立了院士专家自主创新科技成果的展示与交流内容。来自中国、美国、瑞典、英国、日本、澳大利亚等国家和地区的27位海内外院士通过线上线下方式参加了本次会议，另有40余名特邀专家学者现场参会。

【上海市城市更新及其空间优化技术重点实验室学术委员会会议及学术论坛召开】 12月7日，上海市城市更新及其空间优化技术重点实验室2021学术委员会会议及第二届上海城市更新及其空间优化技术学术论坛在同济大学建筑设计研究院(集团)有限公司召开。委员们对近两年来实验室的建设成果给予充分肯定，认为实验室建设方向定位准确，紧扣国家及上海市的重大需求和关键技术，取得了丰硕成果，为推动上海城市更新的健康发展，为我国超大城市现代化治理的系统化解决方案与关键技术方案提供了重要学术支撑。

【第九届光华学术论坛在同济大学举办】 12月10-12日，第九届光华学术论坛(The Ninth Kwang-Hua Forum)在同济大学成功举办。本次会议由同济大学土木工程学院、土木工程防灾国家重点实验室、地震工程国际合作联合实验室、中国地震学会地震可恢复功能委员会、上海韧性城市与智能防灾工程技术研究中心联合主办，共邀请24名国内外地震工程领域知名专家作大会报告(其中国外15人、国内9人)。论坛采用线上直播与线下大会相结合的方式。本次论坛的主题为“地震工程研究的创新与实践：工程韧性”(Innovations and Implementations in Earthquake Engineering Research: Engineering Resilience)。24位专家作了精彩的大会报告，内容涵盖可恢复功能防震结构研究与技术、结构隔震技术与进展、结构健康监测最新进展、基于性能抗震设计与评估方法、桥梁抗震韧性研究进展、非结构构件抗震设计等。参会代表还围绕城市抗震韧性、可恢复功能结构体系、结构抗震控制、抗震新材料、新技术、新结构体系等展开了深入而广泛的学术研讨与交流。

【同济大学承办上海市大学生生命教育课程建设研讨会】 12月10日，由上海市教育委员会德育处、上海学生心理健康教育发展中心主办，同济大学心理健康教育与咨询中心承办的“来自真实生活的‘心’关切”上海市大学生生命教育课程建设研讨会召开。会议聚焦大学生生命教育课程建设中的重点难点，来自上海市大中小学心理专业教师200余人线上线下参加会议。

【同济大学承办第十九届全国容错计算学术会议】 由中国计算机学会(CCF)主办，CCF容错计算专业委员会、同济大学共同承办的第十九届全国容错计算学术会议线上线下召开。大会以“容错助推科技自立自强发展”为主题，汇聚了一批重量级演讲嘉宾，为学术界、工业界的专家学者们搭建了良好的学术交流平台，共商容错技术发展的新方向和新机遇。

【章明领衔设计的“绿之丘——杨浦滨江原烟草公司机修仓库改造项目”获亚洲建筑师协会建筑奖】 2020年亚洲建筑师协会建筑奖获奖名单揭晓。同济大学建筑与城市规划学院教授、同济建筑设计研究院集团有限公司原作设计工作室主持建筑师章明领衔设计的“绿之丘——杨浦滨江原烟草公司机修仓库改造项目”获得亚洲建筑师协会建筑奖荣誉提名奖(Honorable Mention，综合类建筑)。

【同济创新创业控股有限公司、同济大学建筑设计研究院(集团)有限公司入选“科创中国”榜单】 1月18日，中国科协在京召开2020“科创中国”年度工作会议，发布了2020年度“科创中国”系列榜单。同济创新创业控股有限公司入选2020年“科创中国”产学研融通组织榜单，同济大学建筑设计研究院(集团)有限公司入选2020年“科创中国”新锐企业榜单。

【电子与信息工程学院齐鹏团队设计研发全自动静脉采血机器人】 同济大学电子与信息工程学院教师齐鹏领衔的师生科研团队在医工交叉领域设计研发了全自动静脉采血机器人，为疫情防控增添了一项全新的科技利器。

【医学院结核菌免疫逃逸机制重要研究成果入选健康报社组织评选的2020年度中国十大医学科技新闻】 1月26日，由健康报社组织评选的2020年度中国十大医学科技新闻和国际十大医学科技新闻揭晓，同济大学医学院结核病重点实验室在结核菌免疫逃逸机制研究方面取得的重要研究成果入选2020年度中国十大医学科技新闻。

【新型防疫移动医院亮相】 1月29日，由同济大学附属东方医院整建制承建的中国国际应急医疗队(上海)携新型防疫移动医院亮相。在车载移动医院、帐篷医院的基础上，增设了火眼实验室(翼舱版)、充气膜结构模块化负压隔离病房两项核心技术模块。

【同济大学荣获2020年度“产权交易组织金奖”】 同济大学荣获2020年度“产权交易组织金奖”。该奖项是上海产权市场为参与主体颁发的最高奖项，是依据交易数据、运行质量等客观维度，以及市场贡献、工作难度、改革创新等主观维度，综合评选得出。

【城市风险管理研究院牵头编撰的"城市安全风险管理丛书(第三期)"入选2021年度国家出版基金资助项目】 国家出版基金规划管理办公室发布《2021年度国家出版基金资助项目评审结果公示》,决定对405个项目给予国家出版基金资助,同济大学城市风险管理研究院牵头编撰的"城市安全风险管理丛书(第三期)"名列其中。

【上海市经济和信息化委员会来函感谢同济大学为上海"设计之都"十周年主题活动成功举办作出的突出贡献】 2月4日,同济大学收到上海市经济和信息化委员会发来的感谢信,来信感谢同济大学为上海"设计之都"十周年主题活动成功举办作出的突出贡献。

【上海市供水管理处来函感谢同济大学为科学应对两次寒潮、保障城市供水安全提供重要科技支撑】 2月4日,同济大学收到上海市供水管理处发来的感谢信,来函感谢同济大学为科学应对近期两次寒潮、全力保障城市供水系统安全运行所提供的决策建议和技术支撑。

【国家发展和改革委员会价格司来函感谢程国强教授为做好价格工作积极建言献策】 2月5日,同济大学收到国家发展和改革委员会价格司发来的感谢信,来函感谢同济大学对价格司工作的大力支持,特别是经济与管理学院程国强教授为做好价格工作积极建言献策。

【建筑设计研究院两项目获美国国际设计大奖建筑照明类银奖】 第14届(2020年)美国国际设计大奖(International Design Awards,简称IDA)获奖名单揭晓。同济大学建筑设计研究院(集团)有限公司建筑照明团队完成的"泉州市公共文化中心"项目、"外滩29号光大银行照明设计改造"项目榜上有名,同时斩获该奖建筑照明类银奖。

【同济大学教授为工程技术人员国家职业标准制定贡献力量】 2月22日,人力资源和社会保障部、工业和信息化部联合颁布智能制造工程技术人员、区块链工程技术人员和大数据工程技术人员3个国家职业技术技能标准,是国内首次从国家层面统一对专业技术人员新职业的人才培养培训和评价体系进行规范引导,为将要制定的其他工程技术人员标准提供示范和参考。同济大学机械与能源工程学院陈明教授担任《智能制造工程技术人员国家职业技术技能标准》的编写组长,同济大学区块链研究院院长马小峰担任《区块链工程技术人员国家职业技术技能标准》的主笔人。

【生态环境部来函感谢同济大学对水专项实施管理的大力支持】 2月25日,同济大学收到生态环境部科技与财务司、住房和城乡建设部标准定额司联合发来的函件,来函对同济大学环境科学与工程学院徐祖信院士、戴晓虎教授在水专项总体专家组的工作表现给予肯定,感谢同济大学对水专项实施管理工作的大力支持。

【国家乡村振兴局来函感谢同济大学为脱贫攻坚作出的突出贡献】 3月15日,同济大学收到国家乡村振兴局发来的感谢信,来函感谢同济大学为如期完成脱贫攻坚目标任务作出的突出贡献,希望同济大学为全面推进乡村振兴、巩固拓展脱贫攻坚成果接续奋斗。

【附属东方医院与斯微生物合作研发的mRNA新冠肺炎疫苗Ⅰ期临床试验启动】 3月25日,由斯微(上海)生物科技有限公司、同济大学附属东方医院合作研发的针对预防新冠肺炎的mRNA疫苗Ⅰ期临床试验正式启动。此次启动"mRNA新型冠状病毒肺炎疫苗在18岁及以上健康易感人群中接种的安全性及免疫原性的随机、双盲、安慰剂对照Ⅰ期临床试验",标志着上海自主研发mRNA新冠肺炎疫苗进入了预防新冠肺炎疫情的临床试验行列。

【材料科学与工程学院蒋正武教授主持完成的"绿色机制砂高性能混凝土成套关键技术及应用"项目,获中国建筑材料联合会·中国硅酸盐学会科技进步奖一等奖】 2020年度中国建筑材料联合会·中国硅酸盐学会建筑材料科学技术奖近日揭晓,同济大学材料科学与工程学院蒋正武教授、陈庆副教授、王培铭教授、朱洪波副教授等,联合江苏苏博特新材料股份有限公司、贵州省公路工程集团有限公司、贵州成智重工科技有限公司、贵州高速公路集团有限公司、贵州省交通规划勘察设计研究院股份有限公司、贵州大学,共同完成的"绿色机制砂高性能混凝土成套关键技术及应用"项目荣获科技进步奖一等奖。

【同济大学与广州海洋地质调查局、中国科学院深海科学与工程研究所签约,共建深海科学与技术联盟】 3月27日,同济大学、中国地质调查局广州海洋地质调查局、中国科学院深海科学与工程研究所在广州签约共建深海科学与技术联盟。中国地质调查局广州海洋地质调查局党委书记、副局长张光学,同济大学党委副书记彭震伟,中国科学院深海科学与工程研究所所长丁抗代表三方签约并讲话。

【同济大学控制科学与工程学科教师获多个中国自动化学会重要奖项】 4月9-10日,2020年度中国自动化学会(CAA)颁奖盛典在苏州举行,同济大学控制科学与工程学科教师荣获多个学会重要奖项。其中,获自动化与人工智能创新团队奖1项、青年科学家奖1项、优秀博士学位论文导师奖1项、优秀博士学位论文奖1项、青年人才托举工程1项、科技进步奖一等奖1项(兼职教授领衔完成)。

【国家知识产权专家咨询委员会主任肖兴威一行来同济大学调研】 4月9日,国家知识产权专家咨询委员会主任肖兴威、国家知识产权局运用促进司副司长李昶、中国知识产权研究会副秘书长(主持工作)谢小勇、国家知识产权局人事司人才处处长伊直等一行访问同济大学,调研同济大学知识产权学科和上海国际知识产权学院建设发展情况,听取同济大学对"十四五"期间国家知识产权发展规划等的意见建议。

【施剑林院士加盟同济大学将在催化医学领域开展合作研究】 4月13日

上午，同济大学柔性引进中国科学院院士施剑林的仪式暨专题报告会在同济大学沪西校区举行。

【吉林省自然资源厅、建筑与城市规划学院签署合作协议】 4月13日，吉林省自然资源厅和同济大学建筑与城市规划学院签署合作协议，双方将在国土空间规划专业人员培训等方面开展合作。

【同济-HIST风景遗产与文化景观保护创新联合团队获世界遗产数字化保护全球竞赛二等奖】 4月11日，“我们的世界遗产——信息科技的变革效应”全球大会(OUR WORLD HERITAGE - Transformational Impacts of Information Technology Globinar 2.0)在线上举行。大会公布了为期四个月的“世界遗产数字化保护全球竞赛”结果。同济大学风景遗产与文化景观保护创新团队与联合国教科文组织国际自然与文化遗产空间技术中心(HIST)联合团队提交的“武陵源自然文化透镜——基于增强现实的世界遗产解说系统”竞赛方案，作为唯一入围的中国项目荣获二等奖。

【同济大学主导研制的超精密纳米光栅获批两项国家一级标准物质】 国家市场监督管理总局正式发文批准了同济大学、中国计量科学研究院、中国科学院上海应用物理研究所联合研制的两种超精密纳米光栅成为国家一级标准物质。标准物质填补了我国300纳米尺度以下有证光栅标准物质的空白，为实现我国在纳米长度计量方面自主溯源提供了标准物质支撑。

【同济大学中德汽车联合研发中心启动】 4月21日，作为同济大学对德合作新平台之一的同济大学中德汽车联合研发中心正式启动。德国驻上海总领事馆领事、科技处处长、经济处副处长孔瑞超(Richard Cuntz)，德国学术交流中心(DAAD)秘书长凯·西克斯(Kai Sicks)，德国布伦瑞克工业大学校长卡提亚·科赫(Katja Koch)，同济大学校长陈杰、副校长雷星晖以线下或线上方式出席联合研发中心启动会，并分别致辞。

【由同济大学等“华东八校”组建的长三角可持续发展大学联盟成立】 4月23日，由同济大学提议，东南大学、复旦大学、华东师范大学、南京大学、上海交通大学、同济大学、浙江大学、中国科学技术大学（按拼音排序）“华东八校”共同发起组建的“长三角可持续发展大学联盟”(以下简称“大学联盟”)成立。联盟将发挥长三角高校优质资源的优势，服务长三角高质量一体化可持续发展。成立仪式上，联盟发布《促进碳达峰碳中和高校行动倡议》。

【汪品先院士的科普著作《深海浅说》一书入选2020年度“中国好书”】 4月23日是世界读书日，当晚，在中宣部指导下，由中国图书评论学会组织专家评选的2020年度“中国好书”，在中央广播电视总台承制的2020年度“中国好书”盛典上揭晓，共有33种图书入选。同济大学海洋与地球科学学院汪品先院士的科普著作《深海浅说》名列榜单。

【同济大学和瑞典皇家理工学院联合主办中国科协中国—北欧青年科学家交流论坛】 4月23日，由同济大学、瑞典皇家理工学院主办的中国科协中国—北欧青年科学家交流论坛在上海国际会议中心举行，来自同济大学和瑞典皇家理工学院的多名师生以线上线下相结合的方式参加了论坛。

【陈翰馥院士一行访问上海自主智能无人系统科学中心，并出席复杂系统学术论坛】 4月23-24日，应上海自主智能无人系统科学中心副主任洪奕光教授邀请，中国科学院数学与系统科学研究院陈翰馥院士、程代展研究员、齐洪胜副研究员，北京大学王龙教授和西北工业大学张利军教授一行来访，并出席复杂系统学术论坛。

【同济大学5名青年科学家入选“上海科技青年35人引领计划”，1位青年科学家获提名奖】 4月28日晚，2021“上海科技青年35人引领计划”颁奖典礼在上海音乐厅举行，35名获奖者以及15名提名获奖者名单现场正式揭晓。同济大学5名青年科学家入选该计划，1名青年科学家获得提名奖。

【国家知识产权局运用促进司、专利局专利审查协作江苏中心领导来校调研】 国家知识产权局知识产权运用促进司司长雷筱云、国家知识产权局专利局专利审查协作江苏中心主任韩爱朋一行来校调研。调研组来到同济大学上海国际知识产权学院，了解同济大学国家知识产权示范高校建设情况，并组织召开上海市高校院所知识产权转移转化工作座谈会。上海市知识产权局局长芮文彪、副局长章永忠，国家知识产权局知识产权运用促进司运营体系建设处处长饶波华等参加调研。同济大学副校长雷星晖、童小华参加了相关调研活动。

【《建筑遗产》学刊入选“中文社会科学引文索引”(CCSSCI)扩展版来源期刊目录】 据南京大学中国社会科学研究评价中心公众号CSSCI消息，同济大学《建筑遗产》学刊入选“中文社会科学引文索引”(Chinese Social Science Citation Index)(2021－2022)扩展版来源期刊目录。

【同济大学与上海人工智能实验室签署战略合作协议】 5月13日下午，同济大学与上海人工智能实验室签署战略合作协议，双方本着“优势互补、资源共享、战略协同、共同发展”的原则，集聚与培养一批国际顶尖人才，在人工智能科技创新和产业应用等领域通力合作，共同建设国际一流的人工智能实验室。

【数学科学学院梁进教授荣获“第十三届上海市大众科学奖提名奖”】 5月19日，第十三届上海市大众科学奖颁奖典礼举行，同济大学数学科学学院教授梁进荣获“第十三届上海市大众科学奖提名奖”。

【“纪念宝隆”同济医院发展论坛举行，附属同济医院无人系统智能医院建设启动】 5月18日，以“无人系统科学与智慧医院建设”为主题的第五届“纪念宝隆”同济医院发展论坛，在附属同济医院举行。论坛上，同济大学附属同济医院无人系统智能医院建设正式启动。由同济大学牵头建设的上海自主智能无人系统科学中心将附属同济医院作为实现智能医疗的场景落地和示范应用的试点。

【设计创意学院举办 aai 艺术与人工智能国际论坛,国内首个艺术与人工智能实验室成立】 5 月 20—21 日,aai 艺术与人工智能国际论坛 2021 在同济大学设计创意学院暗房报告厅举行。论坛上,同济大学设计创意学院艺术与人工智能实验室正式成立,这是国内首个探索 ai 艺术领域的实验室。

【同济大学讲座教授受邀参加中奥建交 50 周年科技论坛并作报告】 5 月 21 日,中奥建交 50 周年科技论坛在线拉开帷幕。中国工程院外籍院士、2019 年中国国际科学技术合作奖获得者、同济大学讲座教授 Herbert Mang 受邀参加论坛并作报告,同济大学土木工程学院袁勇教授、张冬梅教授、张姣龙博士等参加论坛。

【同济大学牵头完成的 31 项成果(人)获上海市科学技术奖】 5 月 25 日,2020 年度上海市科学技术奖公布,一共授奖 281 项(人)。以同济大学为第一完成单位的 31 项成果(人)获奖,其中,青年科技杰出贡献奖 2 项、国际科学技术合作奖 1 项、一等奖 10 项、二等奖 18 项。土木工程学院冯世进教授、附属上海市肺科医院徐金富教授分别荣获"青年科技杰出贡献奖"。此次共有 10 人获得这一荣誉。

【上海市软科学研究基地第二季度沙龙在同济大学召开】 5 月 25 日,上海市软科学研究基地 2021 年第二季度沙龙在同济大学经济与管理学院召开。此次沙龙由上海市科学技术委员会主办,同济大学上海市产业创新生态系统研究中心承办,主题为"创新型经济赋能高质量发展"。同济大学原副校长、民盟中央副主席、上海市产业创新生态系统研究中心主任郑惠强教授出席会议并致辞。上海市科委副主任朱启高、市人民政府研究室副主任郭宇、市科委战略规划处处长汤东英、市发改委国民经济综合处副处长于王捷,市科技党委办公室、人才工作处、综合发展处、社会发展科技处、创新服务处等相关处室负责人,全市 10 家软科学研究基地、市科学学研究所、市科技管理干部学院、华略智库、上海科技发展研究中心等机构负责人及代表 80 余人参加了会议。

【同济大学入选全国乡村振兴人才培养优质校】 5 月 26 日,农业农村部、教育部在江苏联合发布全国乡村振兴人才培养优质校推介名单,全国共有 101 所高校、职业院校和科研院所入选,其中高校 16 所。同济大学成为唯一入选的非农业类高校,也是上海市唯一入选的单位。

【上海市副市长张为实地调研城市道路数字化智能管养系统】 5 月 29 日上午,上海市副市长张为一行实地调研了徐汇区龙华烈士陵园周边道路系统改造工程和数字化智能管养工作。上海市交通委副主任刘斌、市道运局副局长戴敦伟等参加调研。徐汇区副区长毕桂平等陪同调研。张为在现场观看了由同济大学与徐汇市政管理中心共同打造的城市道路数字化智能管养系统及核心装备演示,听取了同济大学交通运输工程学院杜豫川教授关于市政道路设施数字化应用场景设计、轻量化检测装备创新特点以及系统平台与业务流程结合实际效果的介绍。他充分肯定了同济大学在城市市政管理数字化转型中作出的技术贡献,指出要以数字化手段推进城市精细化管理,助力交通基础设施全寿命管养,实现城市运营的降本增效。

【国家知识产权局来函感谢同济大学为我国知识产权人才工作作出的重要贡献】 同济大学上海国际知识产权学院收到国家知识产权局人事司来函,来函通报了同济大学落实知识产权人才"十三五"规划有关情况,感谢同济大学为我国知识产权人才工作作出的重要贡献。

【同济大学携手嘉定区启动编制智慧交通"嘉定标准",嘉定新城智慧车列交通系统示范线开通】 6 月 16 日,由中国工程院、同济大学、嘉定区政府共同主办的嘉定新城智慧交通论坛暨智慧车列交通系统示范线开通仪式在嘉定举行。在嘉定新城智慧交通论坛上,同济大学参与的智慧交通"嘉定标准 1.0 版"编制正式启动;嘉定区交通委与同济大学交通运输工程学院签订合作共建协议书和 2021 年嘉定新城综合交通发展战略研究备忘录。中国工程院副院长、中国工程院院士、同济大学原校长钟志华,嘉定区委书记陆方舟,同济大学党委常务副书记冯身洪,上海市交通委副主任于波,嘉定区副区长钱志刚等出席仪式。

【建筑与城市规划学院参与编写的《2021 年城市可持续移动性观察报告》发布】 6 月 17 日,国内首个回归价值本源解读城市交通内涵、观察城市移动性的行业报告——《2021 年城市可持续移动性观察报告》在世界交通运输大会(WTC2021)上正式发布。该报告由深圳市城市交通规划设计研究中心、同济大学建筑与城市规划学院、广州市交通规划研究院、中国城市规划设计研究院、浙江云合数据科技有限责任公司联合编制。

【由交通运输工程学院主导的智能跑道技术和沥青复合隔离层技术助力成都天府国际机场】 6 月 27 日,成都天府国际机场正式投运。由交通运输工程学院主导的智能跑道技术和沥青复合隔离层技术均在成都天府国际机场场道工程中得到了良好的示范与应用。

【同济大学智能汽车交互设计实验室联合发布《车载智能机器人技术白皮书》】 同济大学、澳门科技大学、华为、科大讯飞、地平线、中科创达等联合发布了《车载智能机器人技术白皮书》,为行业共同探索车载智能机器人相关技术的发展与应用提供了重要参考。

【同济区块链产品"梧桐签"获上海国资国企数字化转型创新大赛数字底座赛道"数字创新先锋奖"】 7 月 15—16 日,2021 上海国资国企数字化转型创新大赛数字底座赛道举办线下决赛,来自全国 20 个项目团队展开角逐,成为本次大赛首个打响决赛的赛道。同济区块链研究院参赛的“梧桐签2.0——数字签名生态”方案获得了数字底座赛道“数字创新先锋奖”,并与上海信投签署了数字化转型生态合作伙伴战略框架协议。

【同济大学与上海国际汽车城等联合打造全球首个离网氢能应用展示馆】

7月22日,由上海国际汽车城、同济大学、上海清能、上海舜华新能源联合打造的全球首个离网氢能应用展示馆在位于汽车城核心区域的汽车博览公园内落地,填补了国内氢能源应用于建筑领域的空白。该项目是中国工程院院士专家成果展示与转化中心的落地项目之一,旨在贯彻绿色低碳的新发展理念,积极推动我国能源结构转型,助力氢能在更多领域、更丰富的场景中实现创新应用。

【凝聚同济智慧的时速600公里高速磁浮交通系统下线】 7月20日,由中国中车承担研制、具有完全自主知识产权的我国时速600公里高速磁浮交通系统在青岛成功下线。2020年1月14日,中车青岛四方机车车辆股份有限公司研制的时速600公里高速磁浮样车运抵同济大学高速磁浮试验线。克服新冠肺炎疫情带来的不利影响,同济大学配合开展了高速磁浮样车的动车测试并对其相关功能进行验证,参与了系统集成调试与试验。2020年6月21日,试验样车在试验线上成功试跑,标志着我国高速磁浮研发取得重要新突破;2020年11月16日,在完成所有测试内容后,试验样车运离同济大学。

【广东省交通运输厅来函感谢同济大学为虎门大桥涡振处置做出的贡献】

7月29日,同济大学收到广东省交通运输厅、广东省交通集团有限公司发来的感谢信,来信感谢土木工程学院葛耀君教授团队在虎门大桥涡振处置工作中作出的突出贡献,希望同济大学继续大力关心支持虎门大桥运营管养工作,更好助力广东交通运输事业高质量发展。

【同济大学牵头的“国土空间智能规划技术重点实验室”获批为自然资源部重点实验室】 自然资源部公布了重点实验室建设名单,同济大学牵头的“国土空间智能规划技术重点实验室”名列其中,获批为自然资源部重点实验室。

【依托同济大学建设的城市污染控制国家工程研究中心纳入首批国家新序列管理】 国家发展改革委公布了第一批纳入国家新序列管理的国家工程研究中心名单,依托同济大学建设的“城市污染控制国家工程研究中心”名列其中。此次全国共有89家工程研究中心(工程实验室)参与优化整合重组,最终有38家纳入新序列管理,其中新材料领域18家,节能环保领域20家。以高校为依托单位入选的仅10家。

【同济大学磁浮交通工程技术研究中心主编的《高速磁浮交通设计标准》发布】 由同济大学磁浮交通工程技术研究中心主编、中国铁路设计集团有限公司等15家参编单位共同编制的《高速磁浮交通设计标准》(CJJ/T 310—2021)由国家住房和城乡建设部正式发布,并将于2021年10月1日起实施。该行业标准的发布对促进我国高速磁浮交通技术工程化应用、支撑高速磁浮交通行业发展具有重要意义。

【《全球环境展望6》亚太青年报告中文版上线发布,同济教授为首席作者】 联合国环境署旗舰报告《全球环境展望6》亚太青年报告中文版正式上线,联合国环境署—同济大学环境与可持续发展学院王颖教授为该报告首席作者。报告全面清晰地描述了当代青年和非环境背景的青年专业人员所面临的环境挑战,为想要更好理解亚太地区的环境趋势和挑战并为地球做出更多贡献的人提供了一个起点。

【中国中车与同济大学联合研制的国内最大功率氢燃料电池混合动力机车完成牵引等系列性能试验】 中国中车与同济大学联合研制的国内最大功率氢燃料电池混合动力机车完成牵引等系列性能试验,其中氢燃料电池系统功率为400kW,目前在轨道交通领域功率最大。自今年6月该机车在中车戚墅堰公司组装下线后,双方团队经过3个月的试验线调试,先后完成了氢燃料电池系统400kW静态测试和整车混合动力牵引试验等20多项系列性能测试。

【诸大建教授受聘为上海市政府第九届决策咨询特聘专家】 9月26日,上海市政府召开特聘专家经济形势座谈会。上海市委副书记、市长龚正为市政府第九届决策咨询特聘专家代表颁发聘书,并与专家学者座谈交流,听取大家对当前经济形势的研判和做好上海各方面工作的建议。同济大学可持续发展与管理研究所所长诸大建教授受聘为上海市政府第九届决策咨询特聘专家

【土木工程学院胡向东教授事迹被收入《弘扬科学家精神——走近100位科技工作者》一书】 《弘扬科学家精神——走近100位科技工作者》一书由中共中央党校出版社出版发行。该书是由中国科协信息中心从科协系统、高校、科研院所及企业推荐的234件作品中精选出100件作品,编纂而成。由上海科技报记者撰写的反映同济大学土木工程学院胡向东副教授感人事迹的报道《把最深沉的爱献给祖国》被收入该书。

【同济大学德国研究中心组织编写的《德国发展报告(2021)》发布】 9月27日,由同济大学德国研究中心组织编写的《德国发展报告(2021):迈向“后疫情时代”的德国》(德国蓝皮书)发布会暨“大选后的德国形势”学术研讨会在四平路校区举行。中国原驻德国大使、中国德国友好协会会长史明德,副校长雷星晖,社会科学文献出版社总编辑杨群,中国欧洲学会德国研究分会会长顾俊礼分别致辞,同济大学中德人文交流研究中心主任、浙江学院校长、原副校长董琦等出席会议。来自北京外国语大学、上海外国语大学、复旦大学、同济大学、中国社会科学院、上海欧洲学会等高校、科研机构的90余名专家学者通过线上、线下方式与会。发布会由同济大学德国研究中心、中德人文交流研究中心、《德国

研究》编辑部主办，并通过在线会议平台进行了直播。

【章明、张姿共同主持设计的“杨树浦电厂遗迹公园”项目首获罗莎·芭芭拉国际景观奖】 第11届罗莎·芭芭拉国际景观奖(Rosa Barba International Landscape Prize)11个入围作品经过为期五天的全球线上公开汇报、演讲，于10月2日国际景观双年展闭幕式上公布了最终评选结果。同济大学建筑与城市规划学院教授章明、同济大学建筑设计研究院(集团)有限公司原作设计工作室设计总监张姿共同主持设计的“杨树浦电厂遗迹公园”项目，摘得本届罗莎·芭芭拉国际景观奖三项大奖之一“罗莎·芭芭拉大众奖”(WINNER OF THE ROSA BARBA AUDIENCE PRIZE)，这也是国际景观双年展举办22年来，中国团队首次荣获该奖项。

【同济大学国家创新发展研究院、国家现代化研究院2项研究成果入选2021年中国智库参考案例】 中国社会科学评价研究院主办的“第四届中国智库建设与评价高峰论坛暨《中国智库AMI综合评价研究报告(2021)》发布会”在京举行，会上公布了第二轮“中国智库综合评价研究项目”智库建设特色案例评价结果，同济大学国家创新发展研究院《构建“十四五”时期国家科技新生态研究》、同济大学国家现代化研究院《新冠病毒疫情防控风险评估及应对策略》两项研究成果从651份申报成果中脱颖而出，入选2021年中国智库参考案例。

【同济大学在2020/2021中国城市规划年会上获颁多项荣誉】 2020/2021中国城市规划年会暨2021中国城市规划学术季全体大会上，同济大学个人和集体获多项荣誉。其中，中国城市规划学会副理事长、中国工程院院士、上海市人民政府参事、同济大学原副校长吴志强荣获第二届全国创新争先奖；中国城市规划学会山地城乡规划学术委员会副主任委员、同济-黄岩乡村振兴学院执行院长、建筑与城市规划学院教授杨贵庆荣获“2021年中国城市规划学会最美科技工作者”称号；中国城市规划学会乡村规划与建设学术委员会秘书长、建筑与城市规划学院教授栾峰荣获“2020－2021年度优秀党员科技工作者”称号；建筑与城市规划学院教授赵民、周俭荣获“2019－2020年度杰出学会工作者”称号。建筑与城市规划学院和上海同济城市规划设计研究院有限公司荣获2020/2021中国城市规划年会暨2021中国城市规划学术季优秀组织奖。

【同济大学入选首批高校专业化国家技术转移机构建设试点单位】 科技部成果转化与区域创新司、教育部科学技术与信息化司联合发布了《关于首批高校专业化国家技术转移机构建设试点启动的通知》，全国20所高校入选首批高校专业化国家技术转移机构建设试点单位，同济大学名列其中。

【同济大学代表参加第二届文化与共生教育国际会议暨欧盟伊拉斯谟加LEAD2项目研讨会】 10月15-17日，第二届文化与共生教育国际会议暨欧盟伊拉斯谟加LEAD2项目研讨会在广西桂林举行。来自参与欧盟伊拉斯谟加LEAD2项目的中欧各高校的教育专家学者通过线上线下的方式参会。同济大学中欧LEAD2项目团队及“LEAD2青年学术领导力线上培训班”学员代表应邀参加论坛。

【《城市交通与法治》新书首发】 10月24日，由同济大学城市交通研究院主办的《城市交通与法治》研讨暨新书发布会在上海国际设计中心召开。《城市交通与法治》一书的策划人及主编、原建设部部长汪光焘，副校长顾祥林出席并致辞。参与本书编著的专家学者，校相关部门、出版社负责人，以及城市交通交叉学科的学生代表出席发布会，围绕该书的内容进行了研讨交流。该书也是《城市交通交叉学科系列丛书》之一。

【上海市委书记李强实地调研同济大学牵头建设的长三角可持续发展研究院】 上海市委书记李强10月27日下午实地调研长三角生态绿色一体化发展示范区建设情况。其中，同济大学牵头建设的长三角可持续发展研究院是李强此次调研的第一站。市领导陈寅、诸葛宇杰，同济大学党委书记方守恩、常务副校长吕培明参加相关调研。同济大学原常务副校长、长三角可持续发展研究院院长伍江介绍了研究院工作进展情况。

【“碳中和世界大学联盟”成立，同济大学为创始成员单位】 10月27日，“碳中和世界大学联盟”成立大会举行。该联盟是全球首个聚焦碳中和技术领域人才培养和科研合作的世界大学联盟，由东南大学和英国伯明翰大学发起，全球近30所高校和科研院所组成，同济大学为创始成员单位。校长陈杰应邀线上出席会议。

【“上海指数”、2021版《上海手册》发布，“同济智慧”为世界城市日添彩】 10月31日，在以“应对气候变化 建设韧性城市”为主题的2021年世界城市日中国主场活动暨首届城市可持续发展全球大会开幕式上，上海市委副书记、市长龚正宣布发布“上海指数”综合指标体系框架和2021版《上海手册》。《上海手册》由联合国人居署、国际展览局和上海市人民政府共同主编。同济大学多个专家团队参与手册部分章节的编写和修改工作，并且同济大学专家主持完成的2个城市实践案例入选其中。“上海指数”由经济与管理学院诸大建教授和陈海云博士作为领衔专家，与联合国人居署及德国、法国、美国、日本、韩国等多国专家学者一道根据《联合国2030年可持续发展议程》《新城市议程》《全球城市监测框架》等权威国际文件共同研发。

【同济大学两位教授获“亚洲建筑师协会建筑奖”】 10月31日晚，2021年“亚洲建筑师协会建筑奖”(Asian Awards for Architecture 2021)颁奖典礼在上海市奉贤区举行。同济大学建筑与城市规划学院景观学系系主任章明教授的作品杨浦滨江泵坑艺术空间获可持续类特别奖、燕罗体育公园获社会与文化类荣誉提名奖。同济大学建筑与城市规划学院建筑系客座教授庄慎的作品永嘉路口袋公园同时获得了社会与文化类金奖和社会责任建筑特别奖两项大奖。

【同济大学5项科技成果荣获2020年度国家科学技术奖】 11月3日上午，2020年度国家科学技术奖励大会在北京人民大会堂隆重召开，同济大学共有5项重要科技成果获奖。其中，以同济大学为第一完成单位、同济大学教授为第一完成人牵头完成的2项目分获1项国家自然科学奖二等奖、1项国家科学技术进步奖二等奖，以同济大学为主要完成单位、同济大学教授为主要完成人合作完成的3项目分获2项国家科学技术进步奖二等奖、1项国家技术发明奖二等奖。

【上海市教委副主任毛丽娟一行来同济大学调研指导上海国际知识产权学院建设工作】 11月3日，上海市教育委员会副主任毛丽娟来同济大学调研指导上海国际知识产权学院建设工作。上海市教委高教处、财务处、规划处、科技处负责人随同来校调研。常务副校长吕培明参加了调研活动。校发展规划与学科建设部、财务处、文科办公室、研究生院、上海国际知识产权学院等单位主要负责人参加了调研座谈会。

【同济大学附属皮肤病医院皮肤病学荣登2020年度中国医院科技量值排行榜榜首】 10月31日，2020年度中国医院科技量值(STEM)排行榜发布。同济大学附属皮肤病医院的皮肤病学位居榜首。

【同济大学老龄语言与看护研究中心对上海市老年认知障碍友好社区建设试点项目进行工作汇报】 为督导评估上海市认知障碍友好社区建设成效，由上海市老龄研究中心原主任、上海市养老产业协会首席专家殷志刚带队，督导评估专家谭秋玉、左登霞以及杨浦区养老服务发展中心张晨嘉前往四平路街道，对由同济大学老龄语言与看护研究中心承接的上海市老年认知障碍友好社区建设试点项目进行督导检查。同济大学老龄语言与看护研究中心相关负责人对项目进展及建设成果进行了汇报。督导组对建设成果给予高度肯定，并就同济大学老龄语言与看护研究中心自主研发的干预服务产品推广及未来建设方向进行了讨论。

【同济大学主持设计第4届中国国际进口博览会上海馆】 第四届中国国际进口博览会11月4日晚开幕，本届进博会上海展馆“上海馆”正式亮相。“上海馆”位于国家会展中心中央广场西侧入口，4、5号馆之间，面积540平方米，为历届之最。上海馆由同济大学副校长、设计创意学院院长娄永琪主持设计，同济大学建筑设计研究院(集团)有限公司都市建筑设计院“智能环境设计工作室”完成。

【同济大学携手闻泰科技联合发布全球首例面向手机的室内北斗定位导航系统】 11月5日，在第四届中国国际进口博览会上，同济大学—闻泰科技空间信息联合实验室发布全球首例面向手机的室内北斗定位导航系统，并推出系列产品和相关标准。

【同济大学国家海底科学观测系统项目办公室获“长三角区域高质量一体化建设百项重点工程劳动竞赛组织奖”】 在长三角区域高质量一体化建设百项重点工程劳动竞赛中，同济大学国家海底科学观测系统项目办公室获“组织奖”，海底办工程师陆海荣获“先进个人”称号。

【国际足球学院与上海市足球协会签署战略合作协议】 11月11日，上海市足球协会与同济大学国际足球学院战略合作协议签约仪式在同济大学举行。双方将发挥各自优势，共建足球专业化人才培养体系，合作推进足球科学技术研究，为推动我国足球事业发展贡献力量。

【交通运输工程学院教授受聘为上海市智能交通标准化技术委员会副主任委员、观察员】 11月7日，在第四届中国国际进口博览会上，上海市交通委员会举办了“第一届智能交通上海论坛暨上海市智能交通标准化技术委员会成立大会”，上海市智能交通标准化技术委员会正式成立。同济大学交通运输工程学院涂辉招教授受聘为副主任委员，肖飞鹏教授受聘为观察员。

【国际期刊*Resilient Cities and Structures*编委会启动会召开】 11月9日，由同济大学主办国际期刊*Resilient Cities and Structures*(RCS)编委会启动会在线召开，来自亚洲、美洲、欧洲、大洋洲的19位编委等出席编委会会议。

【同济大学与上海市地震局签署合作框架协议】 11月24日，同济大学与上海市地震局签署合作框架协议，双方将深化合作层级，拓展合作领域，通过发展地震科学基础研究、地震行业关键技术和共性技术，着力解决防震减灾中的地震技术科学问题和防震减灾任务支撑的技术问题，做好科技成果推广和技术社会服务。

【交通运输工程学院师生在第十六届中国智能交通年会上获多项荣誉】 在12月6—8日召开的第十六届中国智能交通年会(ITSAC 2021)暨2021年度中国智能交通大会上，授予交通运输工程学院教授、同济大学智能交通运输系统研究中心主任杨晓光“2021中国智能交通年度人物”称号，以表彰其在智能交通领域的卓越成就和贡献。交通运输工程学院孙剑、倪颖、李克平等作为主要完成人合作完成的项目“交通系统微观建模与仿真关键技术及应用”荣获中国智能交通协会技术发明奖一等奖。董德存、欧冬秀、张雷、汪小勇、施莉娟、黄世泽等师生作为主要完成人合作完成的项目“轨道交通高可信运控系统关键技术及应用”荣获中国智能交通协会科技进步奖二等奖。王雪松荣获2021年度中国智能交通协会“优秀科技创新领军人才奖”。

【同济科技园在国家大学科技园绩效评价中获评“优秀”等级】 按照《关于开展国家大学科技园绩效评价工作的通知》部署，科技部会同教育部委托第三方专业评估机构对115家国家大学科技园进行了绩效评价。科技部、教育部公布了2020年度评价结果，同济大学国家大学科技园获评“优秀”等级。

【住房和城乡建设部来函感谢同济大学对水专项实施管理工作的大力支持】 同济大学收到住房和城乡建设部标准定额司发来的函件，来函对同济大学环境科学与工程学院尹大强教授在水专项实施推进工作表现给予肯定，感谢同济大学对水专项实施管理工作的大力支持。

【建筑与城市规划学院韩锋团队荣获“2021中国风景园林学会科技进步奖”一等奖】 12月22日，中国风景园林学会公布了年度科学技术奖获奖名单，同济大学建筑与城市规划学院韩锋教授领衔的《联合国教科文组织世界遗产与可持续旅游项目——湖南武陵源世界遗产示范研究》荣获“2021中国风景园林学会科技进步奖”一等奖，团队师生张琳、杨晨、寇怀云、杨学军、郭光普、王溪、李婧、程安祺、郭晓彤、陈俐、庄安頔同获殊荣。

【海洋与地球科学学院翦知湣教授当选国际过去全球变化计划科学指导委员会联合主席】 据国际过去全球变化计划(PAGES)官网消息，同济大学海洋与地球科学学院翦知湣教授在2020年12月举行的PAGES工作会议上，当选为PAGES科学指导委员会联合主席，自2021年1月开始，任期3年。这是该国际科学计划成立以来，首次由中国科学家担任这一职务。

【生命科学与技术学院高绍荣教授荣获中国细胞生物学学会“杰出成就奖”】 我国细胞生物学领域的盛会——中国细胞生物学学会2021年全国学术大会在重庆举行。开幕式上，同济大学生命科学与技术学院院长高绍荣教授被授予2021年中国细胞生物学学会“杰出成就奖”。高绍荣还作了大会特邀报告。

【刘儿兀教授担任电气与电子工程师协会(IEEE)区块链全球社区联席主席】 根据电气与电子工程师协会(IEEE)网站，自今年5月起，同济大学电子与信息工程学院刘儿兀教授担任IEEE Blockchain Initiative(IEEE区块链)全球社区联席主席，负责IEEE区块链亚太区建设。

【吴志强、施剑林入选上海“最美科技工作者”】 7月16日，2021年上海“最美科技工作者”名单揭晓，共10人上榜。2位同济人名列其中，分别是中国工程院院士、同济大学原副校长、中德学部主任吴志强，中国科学院院士、中国科学院上海硅酸盐研究所研究员、同济大学生物医学工程与纳米科学研究院院长施剑林。10位上海“最美科技工作者”将作为上海地区候选人参加2021年(全国)“最美科技工作者”的遴选。

【吴志强院士荣获上海2021年度“科普杰出人物奖”】 12月17日，2021年上海科普教育创新奖颁奖典礼举行，中国工程院院士、同济大学原副校长、建筑与城市规划学院教授吴志强荣获本年度“科普杰出人物奖”。

【同济大学与申通地铁集团共建的“上海市轨道交通结构耐久与系统安全重点实验室”项目通过验收】 5月26日，上海市科学技术委员会组织专家组对依托同济大学与申通地铁集团有限公司共同建设的上海市轨道交通结构耐久与系统安全重点实验室进行了验收。专家组对实验室的建设情况给予充分肯定，在轨道交通工程建设安全、结构服役安全、智能维养和系统网络化运营安全等方面均取得突破进展，达到了预期目标，符合验收要求，一致同意通过验收。

【国家社科基金重大项目“我国市场导向的绿色技术创新体系构建研究”开题论证会举行】 7月2日，由经济与管理学院解学梅教授担任首席专家的国家社科基金重大项目“我国市场导向的绿色技术创新体系构建研究”开题论证会举行，副校长雷星晖出席并致辞。项目的子课题负责人及经济与管理学院部分师生代表出席会议。

【国家社科基金重大项目“新形势下进一步完善国家科技治理体系研究”通过开题论证】 7月23日，由同济大学经济与管理学院教授陈强担任首席专家的研究阐释党的十九届五中全会精神国家社科基金重大项目“新形势下进一步完善国家科技治理体系研究”开题论证会举行。副校长雷星晖，上海市哲学社会科学规划办公室副主任吴诤，同济大学经济与管理学院、文科办公室负责人等出席会议。经评议，专家组一致同意，该项目通过开题论证，并建议课题组按照计划任务书要求推进研究工作。

【同济大学附属同济医院牵头的“人源神经干细胞治疗早发型帕金森病伴运动并发症的安全性与初步有效性评价”临床研究进入收官阶段】 由上海安集协康生物技术股份有限公司申办，同济大学医学院神经内科专家靳令经教授牵头的“人源神经干细胞治疗早发型帕金森病伴运动并发症的安全性与初步有效性评价”临床研究完成数据锁库和盲态审核，这标志着同济大学附属同济医院通过国家卫健委备案审查的干细胞临床研究课题正式进入收官阶段。该项研究是我国首个完成的神经干细胞备案临床研究项目，也是世界上首个完成的干细胞经鼻腔给药治疗早发帕金森病的临床研究。

【“脊柱脊髓损伤再生修复教育部重点实验室(同济大学)”建设项目通过验收】 9月28日，受教育部科技司委托，上海市教委组织召开了“脊柱脊髓损伤再生修复教育部重点实验室(同济大学)”建设项目验收会议。验收专家组由暨南大学苏国辉院士、上海科技大学罗振革教授、第九人民医院汤亭亭教授、南开大学杨志谋教授、上海交通大学崔大祥教授、东南大学柴人杰教授、复旦大学他得安教授组成，由苏国辉院士担任评审专家组组长。脊柱脊髓损伤再生修复教育部重点实验室由附属同济医院程黎明教授牵头，附属同济医院承建。专家组成员认真听取了实验室建设汇报，讨论了实验室的建设进展，实地考察了实验室的建设情况。专家组表示，脊柱脊髓损伤再生修复教育部重点实验室全面完成了项目建设任务，达到预期目标，一致同意通过验收。

【上海市市级科技重大专项“人工智能前沿基础理论与关键技术——自主智

能无人系统”半年进展考核会召开】 9月30日，由同济大学牵头，上海交通大学、复旦大学参与承担的上海市市级科技重大专项“人工智能前沿基础理论与关键技术——自主智能无人系统”半年进展考核会在张江人工智能岛召开。上海市科委高新技术处调研员沈蕴婕，上海投资咨询公司、上海科技创业投资(集团)有限公司有关代表出席会议。会议邀请了清华大学孙富春教授、山东大学李贻斌教授、浙江大学周晓巍教授、西北工业大学胡劲文教授作为专家组成员，对各任务进展情况进行评审考核。专家组成员听取了各任务的汇报内容，对项目牵头单位及承担单位的阶段性科研成果表示肯定，认为该重大专项将“无人系统”作为牵引，是发展具有上海特色的机器人制造业的重要前提。

【科技创新战略研究专项项目“促进高质量发展的科技评价体系改革研究”通过开题论证】 10月28日，由经济与管理学院周文泳教授担任首席专家的科技部科技创新战略研究专项项目“促进高质量发展的科技评价体系改革研究”开题研讨会在校举行，以“促进高质量发展的科技评价体系改革研究”为主题。上海市科学技术委员会副主任朱启高、副校长童小华出席会议并致辞。来自同济大学、上海交通大学、复旦大学、中国科学院大学、上海科学院、中国科技发展战略研究院等高校和科研院所的专家学者，承担单位课题组成员，项目合作单位中国工程院战略咨询中心、上海社会科学院，以及上海科委科技监督与诚信建设处和战略规划处、上海科技发展研究中心、校科研管理部等单位相关负责人，线上线下参会。专家组一致同意项目通过开题论证，表示课题研究团队在科技评价领域具有丰富经验，能够准确把握课题研究方向，稳步推进课题研究工作，预期课题组有能力按照进度顺利完成课题研究。

【同济大学附属同济医院血液内科获批国家临床重点专科建设项目】 国家卫生健康委办公厅、财政部办公厅公布2021年医疗服务与保障能力提升项目(国家临床重点专科建设项目)名单。由同济大学附属同济医院血液内科梁爱斌教授牵头开展的“基于多学科合作的难治复发血液系统恶性肿瘤的CAR-T治疗体系的建立和应用”作为市级医院项目成功入选。

【国家重点研发计划“政府间国际科技创新合作”重点专项“‘新奥法’隧道工程的集约化升级及城市高质量发展示范应用”项目启动】 11月25日，由土木工程学院袁勇教授牵头的国家重点研发计划“政府间国际科技创新合作”重点专项“‘新奥法’隧道工程的集约化升级及城市高质量发展示范应用”项目启动暨实施方案评审会在线召开。项目专家组由来自高校、科研、工程装备、建设和设计等方面的中外专家组成。实施方案的审查由项目专家组组长、中国工程院院士陈湘生教授主持，专家们对实施方案提出了积极建议。相关负责人表示，该“十四五”规划项目将积极服务于“一带一路”等国家战略，以“高质量发展”为理念，依托中奥双方坚实的合作基础，研发“新奥法”隧道工程智能建造技术，推动“新奥法”的集约化技术升级。

【同济大学产业系统14个项目获教育部产学合作协同育人项目立项】 12月14日，2021年教育部第二批产学合作协同育人项目立项名单公布，同济大学产业系统申报的14个项目全部获得立项。

(杨博欣)

教职工队伍建设

教职工队伍

【概况】 截至2021年年底,学校共有在编教职员工5620人,其中具有初级专业技术职务的334人,占教职工总数的5.9%;具有中级专业技术职务的1761人,占教职工总数的31.3%;具有副高级专业技术职务的1419人,占教职工总数的25.2%;具有正高级专业职务的1201人,占教职工总数的21.4%。师资队伍中,专任教师3051人,其中具有正高级专业技术职务的1082人,具有副高级专业技术职务的1106人;具有博士学位的2502人,具有硕士学位的393人。35岁以下的专任教师332人,36岁至45岁的教师996人,46岁至55岁的教师1134人,55岁以上的教师589人。

截至2021年年底,学校高层次人才572人次。其中,中国科学院院士15人(含双聘),中国工程院院士25人(含双聘),教育部"长江学者奖励计划"特聘教授43人,国家杰出青年科学基金获得者67人,国家"万人计划"科技创新领军人才22人,国家"万人计划"哲学社会科学领军人才4人,国家"万人计划"教学名师3人,教育部"长江学者奖励计划"青年学者25人,优秀青年科学基金获得者72人,国家"万人计划"青年拔尖人才23人,同济特聘教授100人,同济讲座教授27人。

2021年共制定、修订12项人事人才相关制度规范,其中,制定2项,修订10项:制定《同济大学机构编码管理规程》《同济大学关于教职工校外兼职和离岗创业的暂行规定》;修订《同济大学"青年百人计划"实施办法》《同济大学"同济特聘(讲座)教授"计划实施办法》《同济大学专业技术职务评聘实施办法》《同济大学专业技术职务岗位聘期考核及续聘办法》《同济大学人事合同管理实施细则》《同济大学派遣员工薪酬管理实施规定》《同济大学选拔优秀派遣人员纳入学校编制工作的实施细则》《同济大学教辅岗招聘管理办法》《同济大学教职员工处分暂行规定》及《同济大学教职员工处分暂行规定实施细则》《同济大学党政管理科级干部聘任工作实施办法》。

2021年度印发《同济大学专业技术职务评聘实施办法》和《同济大学专业技术职务岗位聘期考核及续聘办法》,进一步完善专业技术职务评聘制度,建立科学合理的教师评价体系。并指导各学科在学校制定的任职必备条件基础之上,完成《各学科专业技术职务岗位聘任要求》《各学科专业技术职务岗位聘期考核要求》的修订,进一步破除"五唯"倾向,树立正确专业技术职务评价导向。为鼓励学科交叉,推动形成新的学科增长点和科技创新突破口,培育新兴交叉领域的重大原创突破,学校在2021年专业技术职务评聘中试点交叉学科评审工作,首批吸引了来自6个学院的7名教师申请。

2021年度开展两大体系职称评审,及校内正高级职务人员转聘为长聘教授岗位工作。审定通过3人为荣誉讲席教授、24人为长聘特聘教授、14人为长聘教授青百A岗、23人为长聘教授。引进27人为预聘副教授、103人为预聘助理教授。审定通过校内评聘长聘体系副高级2人,现有体系正高级56人,副高级102人,卫生中初级172人,党务管理思政等中初级59人。任期考核续聘正高级235人,副高级442人,中级555人,初级22人(上述统计数据包含附属医院)。

2021年度共组织14场公开招聘,其中涉及科级岗(含按科级管理的正、副主管)招聘11场,共计完成67个岗位招聘;涉及管理岗(一般管理岗)招聘7场,共计完成14个岗位招聘;涉及教辅岗8场共计完成43个岗位招聘。

2021年度共聘任115名科级干部,其中机关56名,学院59名。对科级干部和优秀青年骨干开展常态化培训,以网络培训班、线下专题沙龙、线上主题报告、考察学习等形式实施分类培训,提升队伍能力素质,共计9场次,98学时,覆盖2210人次科级干部及优秀青年骨干。

2021年各类新进校人员聘用合同审核、签订,总计210人;人事聘用合同到期审核、续签总计85个部门,740人;按人才派遣方式管理的双轨制人员聘用合同到期审核、续签,总计62人。2022年接收新进校人员档案210份,转递离校人员档案67份;博士后人员进站出站档案的接收、转递225人次;接收、整理、登记、分类归档各种零星归档材料3240余份。整理装订并编目新进人员档案210份。接待全校组织员及外调人员查阅人事档案710份,接受各类电话信息查询咨询1300人次。整理各类别人员人事档案相关资料总计395人。完善人事档案使用工作,完成干部晋升相关人事档案审核工作。完成年度考核表整理入库约5220份。依据中组部要求,开展副高及以上人员人事档案审核专项工作,总计涉及约2200人,包括制定实施方案、强化人员配置、落实场所和设备等,确保专审工作顺利完成。协同各学院完成教职员工申报重点科研项目所涉及人事档案的相关核查工作。整理人事档案库房,核对档案数据库相关名单总计约5220人。

2021年度完成新进入职起薪398人,正常考核晋升薪级工资核定5544人;上海市岗位津贴满工作年限进档1067人;岗位聘任兑现工资494人;办理事业社保新进248人,企业及新进150人 ;事业社保转出70人,企业社保转出60人;办理户籍变更60余人;办理社保终止2人;办理企业信息采集和招工150人,企业退工60人;办理外国人社保延期、转出、证件变更多人;市管干部保健卡新办2人,续办4人,变更3人;办理拟退休人员申报修改工龄80余人,办理退休手续

196人。

根据教育部及上海市教委疫情防控工作要求，制定学校教职工春、秋季学期开学疫情防控工作方案，组织实施教职工开学防疫演练，切实做好教职工疫情防控应急处置工作；按照“应种尽种”原则组织教职工有序接种第三剂新冠肺炎疫苗接种；加强疫情防控期间教师管理教育提醒，引导广大教师牢固树立大局意识和底线思维，严格遵守学校各项防控政策要求。

【组织开展各类人才项目申报】 2021年组织了“长江学者奖励计划”“国家海外高层次引进人才”“万人计划青年拔尖人才”“上海市海外高层次引进人才”“上海市浦江人才计划(C、D)类”等推荐申报工作，最终“长江学者奖励计划”特聘教授入选4人、特设岗位入选1人、青年学者入选2人、国家海外高层次引进人才入选18人、万人计划青年拔尖人才入选10人、上海市海外高层次引进人才入选141人、上海市浦江人才计划(C、D)类入选15人。

【构建一门式高层次人才服务体系】 着力构建“一门式”高层次人才服务体系，梳理人才服务全流程相关事项，召开人才工作部门协调会，依据学校学术分委员会情况，明确人才工作专员对接学院分工，加强对人才专员的内部培训。打通人才引进、培育、服务、评价全流程，简化服务环节，提高响应速度，改善服务质量。

【组织开展各类师资项目申报】 组织开展2021年“上海市育才奖”候选人选拔推荐工作，最终艾自胜、蔡三发、高绍荣、花虹、黄立鹤、马国丰、马万经、钱建固、邱军、谢欢、许新华、袁烽、张海平、周彩存、周宏武、方雅静、王凯文、王鹏等18名教师入选2021年“上海市育才奖”。

【开展第八届同济大学“追求卓越奖励基金”教师奖、服务奖评选】 牵头开展2021年第八届同济大学“追求卓越奖励基金”评选工作（教师奖、服务奖），收到追求卓越教师奖推荐人选18位，追求卓越服务奖推荐人选4位。4月27日，经学校奖教金评审委员会初评会议审议投票，汪品先、戈宝学、周俭、张德禄入选教师奖终评候选人，石振明、徐云霞入选服务奖终评候选人。4月30日，通过学校追求卓越奖评审委员会终评，最终汪品先、戈宝学获得教师奖，周俭、张德禄获得教师奖提名奖，石振明获得服务奖，徐云霞获得服务奖提名奖。

【开展2021年同济大学社会捐赠教育奖励金的评选】 牵头开展2021年同济大学社会捐赠教育奖励金的评选工作，经个人申报、各单位初评、学校奖教金评审委员会审定、公示等程序，刘颂等136名教职工获得2021年同济大学社会捐赠教育奖励金。

【组织开展军队转业干部培训、安置工作】 扎实做好军转干部安置工作，2021年落实3名军转干部的安置。

【组织开展2021年度教职工考核】 2021年共有4787名在编教职工人参加了人事处组织实施的年度考核（不含组织部考核），303名双轨制及校聘派遣员工参加了360度绩效考评。

【机械与能源工程学院在线举办国际青年学者论坛】 4月29日，机械与能源工程学院在线举办2021年国际青年学者论坛。学院负责人及师生代表参加论坛，与14名海内外优秀青年学者在线交流讨论。

【5位同济大学教授当选院士】 中国科学院、中国工程院2021年院士增选结果11月18日正式揭晓，同济大学5位教授当选院士，其中，土木工程学院李杰教授当选中国科学院院士，电子与信息工程学院蒋昌俊教授、土木工程学院朱合华教授当选中国工程院院士，奥托·海因里希·赫尔佐格、贝斯科斯两位教授当选中国工程院外籍院士。另有校友王明洋等当选院士。

【吕西林教授当选日本工程院外籍院士】 5月17日，同济大学土木工程学院教授、中国工程院院士吕西林收到日本工程院院长小林喜光的来函，祝贺他当选为日本工程院外籍院士。

【伍江教授、邵甬教授被授予法国艺术与文学骑士勋章】 法国文化部授予建筑与城市规划学院伍江教授、邵甬教授艺术与文学骑士勋章，表彰两位教授在城市遗产保护、中法交流中作出的突出贡献。授勋仪式在法国驻上海总领事馆举行，法国驻上海总领事纪博伟，副校长娄永琪，外事办、建筑与城市规划学院负责人及教师代表出席仪式。

【环境科学与工程学院李风亭教授当选非洲科学院院士】 12月17日，同济大学环境科学与工程学院李风亭教授收到非洲科学院（The African Academy of Sciences，AAS）代理执行主任Catherine Ngila教授来函，她祝贺李风亭教授“当选为非洲科学院院士”。李风亭教授主要从事水处理技术、环境政策的教学和研究。他带领团队自主研发出一系列水处理技术成果，并积极推动成果转化应用，特别是适用于非洲的高效且低价的清洁水技术，取得了巨大的社会效益和经济效益，帮助数以百万计的非洲居民用上了清洁饮用水。

（杨博欣）

2021年博士后招录、在站、出站人员及学科分布一览

序号	流动站名称	进站人数	出站人数	退站人数	全年在站人数
1	土木工程	53	20	4	118
2	地质资源与地质工程	5	4	1	16
3	建筑学	7	4		21

序号	流动站名称	进站人数	出站人数	退站人数	全年在站人数
4	城乡规划学	5	6		27
5	风景园林学	6			10
6	交通运输工程	11	12	5	30
7	海洋科学	6	3	1	22
8	地球物理学	5	2		17
9	物理学	5	6	1	25
10	环境科学与工程	29	13	1	76
11	机械工程	16	9	3	42
12	管理科学与工程	5	4	1	15
13	工商管理	5	10		22
14	应用经济学	1			2
15	材料科学与工程	16	17		49
16	力学	3	3		14
17	数学	2	1		5
18	测绘科学与技术	6	1	2	8
19	化学	4	5	1	13
20	计算机科学与技术	3	2		11
21	控制科学与工程	11	2	1	28
22	生物学	4	8	2	19
23	生物医学工程	7	12	1	33
24	临床医学	71	33	13	152
25	口腔医学	1		1	9
26	马克思主义理论	1	4	1	5
27	哲学	6	3		14
28	设计学	4			7
29	外国语言文学	2		1	4
30	政治学	1			2
	合计	301	184	40	816

（黄琼）

【双轨制人事管理工作】 截至2021年12月，学校各类双轨制员工264人在岗，其中管理岗77人，教辅岗161人，思政岗25人，教师岗1人。2021年度新进双轨制员工33人。

11月启动双轨制及校聘派遣员工竞聘事业编制岗位工作，经个人申报、单位考核推荐等程序后上报学校，2022年1月6日，人事处组织专家对候选人进行了综合测评，测评结果上报学校人事安排小组进行审议。经选拔，本次共计34人纳入事业编制，其中管理岗9人，教辅岗25人。

12月启动双轨制及派遣员工的年度考核工作，双轨制员工及校聘派遣员工采用360度绩效考评。本次360度绩效涉及学校66家学院或机关职能部处，共计280余人。

【劳动合同制人事管理工作】 为丰富学校多种形式用工机制，强化制度建设，提升用工规范性，有序推进劳动合同制度建设和有效落实，人才中心于2021年启动了相关管理制度的制定工作。人才中心在深入全面的校内外调研讨论基础上，经过多轮讨论和修订，《同济大学劳动合同制用工管理办法（试行）》拟定完成，12月已经过学校制度小组会议审议，于2022年度正式实施。截至12月，通过劳动合同机制招录各类人员已有200余人。

【科研助理招录工作】 为积极推进国家和上海市关于科研助理岗位的相关政策，人才中心协同学生处、科研管理部等相关部门，落实2021年度科研助理岗位工作。本年度共发布各类科研助理岗位近280个，涉及20多家学院及科研机构，经审核获批科研助理138人。本年度科研助理实行了劳动合同制度，与学校签订劳动合同，按照企业性质缴纳社会保险。根据工作方案，协同财务处向各用人单位100多个科研项目结算科研助理经费219万元。

【派遣制度人事管理工作】 派遣员工队伍稳步建设，已成为学校各项业务的重要辅助力量，截至2021年12月，学校各类在岗派遣员工1100余人，其中校聘派遣人员尚有75人，2021年度新进各类派遣员工172人次。2021年上海黄渡同济人力资源有限公司因业务关停，学校与其终止合作。同时，为优化引进派遣服务资源，经学校采招引进上海中智科创服务外包有限公司为新的派遣服务供应商。

【挂靠、借用人员人事管理工作】 截至2021年12月，人才中心各类挂靠人员63名，其中事业编制事业人员7人，产业人才交流中心管理的学校事业编制因改制关停并转企业各类人员56名。产业人才交流中心人员中待退休人员14名，长病假1人，零工资人员3名，借用在学校各单位的上岗人员38名。

（江慧）

博士后流动站

【概况】 2021年度博士后科研流动站数30个；新招收博士后301名，在站博士后数达到816名，其中外籍博士后37名。2021年博士后申请国家自科基金、博新计划、博士后基金、上海市“超博”、国际交流派出计划等各类项目与计划共计1152人次。7名获“博士后创新人才支持计划”，连续三年居全国高校前10。57名博士后获上海市超级博士后资助计划资助，2021年博士后获批的自然基金总数84项（青年83项，面上1项）。

（黄琼）

对外合作与交流

校地合作

【概况】2021年度，学校落实与10个地市、单位的校级合作并签署相关协议11份。包括与黑龙江省人民政府签署《战略合作框架协议》，与长沙市人民政府签署《全面合作协议》，与福州市人民政府签署《推进职业教育高质量发展合作框架协议》，与上海市虹口区人民政府、杨浦区人民政府分别续签《战略合作协议》，与奉贤区人民政府签署《关于加快奉贤新城建设的战略合作框架协议》，与中国信息通信研究院签署《战略合作协议》，与上海市地震局签署《合作框架协议》，与上海国际问题研究院签署《合作协议》和《合作进行研究生培养工作的协议》，与上海人工智能实验室签署《战略合作协议》。推进与湖北、山西、云南、海南，上海市静安区、宝山区等单位会商和洽谈合作。

协调相关部门推进与贵州、广西、陕西、重庆、成都、郑州、许昌、苏州、常州、嘉兴、淮安、海安、泉州、东莞等地，以及上海市杨浦、虹口、普陀、浦东、崇明在战略决策咨询、产学研转化、人才交流培养、干部培训等方面的系列合作。其中，与贵州省合作共建的“三中心一基地”工作实现常态化、职能化；与长沙市开展的水处理项目和干细胞项目取得积极进展；与福州市共建“福州同济职业教育师资培育基地”“福州同济技术转移创新中心”“福州同济跨企业技术服务中心”。与虹口区启动共建同济大学虹口基础教育集团，筹建北外滩联合研究平台，为同济大学附属上海市第四人民医院揭牌；与杨浦区共同成立同济大学杨浦基础教育集团理事会；为奉贤区编制“数字化转型规划建设导引”；发挥学校在人工智能技术、城市运行管理上的学科优势，为上海市“两网建设”提供技术和理论支撑。

全年召开校级推进会6次；与合作单位召开视频推进会2次；接待合作单位来访31批次343人次；组织校外工作访问12批次91人次。2021年7月起实施《同济大学国内合作管理规定（试行）》，进一步加强国内合作工作的规范管理和校内统筹。

【国内合作交流工作校长专题会召开】

2月4日，常务副校长吕培明在逸夫楼103会议室主持召开国内合作交流工作校长专题会，校长办公室、科研管理部、工程与产业研究院、财务处、审计处、同济大学创新创业控股有限公司相关负责人参加。会议听取了国内合作交流工作情况汇报，并对下一步建立工作架构、梳理执行情况、规范制度流程、管理职责分工等工作进行部署。

【党委书记方守恩、校长陈杰赴虹口区调研】 2月22日，党委书记方守恩、校长陈杰率队赴虹口区调研，与虹口区委书记郭芳，区委副书记、区长胡广杰等座谈。双方对合作重点领域和内容进行交流与讨论，包括共同推进基础教育与高等教育紧密衔接、协同培养足球人才、推动社区数字化转型、共建设计大学、打造智能设计区域、提升区域医疗服务水平等。虹口区委副书记洪流，区委常委、副区长张伟，副区长张雷、郑宏，校领导吕培明、童小华、黄翔峰陪同调研。会前，方守恩一行参观了北苏州河滨河公共空间、凯德北外滩来福士广场、5G全球创新港和虹口区城市运行管理中心。

【学校与重庆市两江新区商讨同济大学重庆研究院转型事宜】 3月15日，重庆两江新区党工委委员、管委会副主任李洁，两江新区科技创新局副局长董涛等来校就同济大学重庆研究院转型改制、合作内容深化等进行交流，校长助理刘润及校长办公室、科研管理部、工程与产业研究院、同济大学创新创业控股有限公司、上海自主智能无人系统科学中心相关负责人出席会议。双方商定，进一步研究和梳理研究院转型的现有政策、路径和模式，为后续工作提供决策参考。

【党委书记方守恩、校长陈杰赴湖北省访问】 3月28日，党委书记方守恩、校长陈杰率队赴湖北省武汉市访问，拜会省委主要领导，就省校战略合作事宜进行洽谈。湖北省委书记

应勇对方守恩、陈杰一行赴鄂推进省校合作表示欢迎。他指出，湖北省与同济大学有着深厚渊源和情谊。长期以来，双方合作交流密切，为湖北省经济社会发展作出了积极贡献。湖北省正加快建设科技强省，深化包括与同济大学在内的高水平大学的战略合作，这也是湖北省推动科技强省建设的重要举措。同济大学“环同济知识经济圈”建设为湖北省深化产学研结合提供了重要借鉴，希望双方在人才培养、学科建设、产业发展等方面继续加强合作，共同为国家科技自立自强贡献力量。方守恩、陈杰介绍了同济大学近期学科建设、大科学装置建设等情况，并表示学校将进一步发挥学科优势，在长江大保护、乡村振兴、城市更新等方面加强与湖北省的合作，更好地服务湖北省经济社会发展。湖北省副省长肖菊华，省委秘书长董卫民，省委副秘书长、政研室主任吴庆华，省委副秘书长丁利民，省教育厅厅长陶宏，校领导顾祥林、童小华，吴志强院士等参加座谈。

【中国民用航空局—同济大学合作交流座谈会召开】 4月15日，中国民用航空局—同济大学合作交流座谈会在嘉定校区济人楼召开。中国民用航空局副局长董志毅、发展计划司司长韩钧、安全监察专员兼机场司司长刘春晨、机场司副司长张锐、人事科教司副司长陈朝霞，校领导方守恩、陈杰、童小华、黄翔峰，中国民用航空局下属相关单位及学校职能部门、院系相关负责人30余人与会。双方在“2实验室—1基地—1研究院”建设方面达成合作意向。会后，董志毅作客同济高等讲堂，为300余位与会嘉宾和同济师生作题为“以科技赋能助力四型机

场建设”的主题报告。

【湖北省教育厅厅长陶宏来校访问】 4月27日，湖北省教育厅党组书记、厅长陶宏一行来访，商洽战略合作事宜，顾祥林副校长会见来宾。双方就加强省校合作达成共识。会前，陶宏一行参观了学校创新教学空间及国家大学科技园图片展。

【淮安市市长陈之常来校访问】 5月27日，淮安市市长陈之常，市委常委、组织部部长孙虎，副市长王向红等一行来校访问。校党委书记方守恩会见来宾，党委常务副书记冯身洪、原常务副校长伍江及党委组织部、校长办公室、工程与产业研究院等职能部门负责人出席座谈。双方就深入推进市校合作进行商洽并达成共识。

【同济大学—山西省校地合作座谈会召开】 6月23日，山西省委组织部部务委员张敏，太原市委常委、组织部部长赵忠保，市委常委、小店区委书记刘振华率代表团来校推进省校合作工作。校党委书记方守恩会见来宾，党委常务副书记冯身洪出席座谈会。张敏介绍了省校合作设想及对接内容，希望双方共同努力全力推进山西省高质量转型发展。与会人员就建立省校合作基地事宜进行了交流。山西大学、山西省产教融合促进会、山西省商务厅，太原市科学技术局、太原市教育局、太原市人力资源和社会保障局、太原市文物局、太原市委人才办、中国共产主义青年团太原市委员会、太原市轨道交通发展有限公司以及同济大学校长办公室、党委组织部、科研管理部、人事处、学研工部、学生就业指导中心相关负责人参加座谈。

【学校推进与虹口区战略合作】 7月14日，同济大学与虹口区人民政府战略合作框架协议签约仪式在同济大学建筑设计研究院举行。虹口区委书记郭芳、同济大学党委书记方守恩出席并讲话，区委副书记、区长胡广杰与同济大学校长陈杰分别代表双方签约。虹口区领导周嵘、张雷、郑宏、关也彤，校领导冯身洪、雷星晖、娄永琪出席会议。根据协议，双方将在医疗要素配置、科技产业支撑、规划设计研究、教育资源提升、区校党建联建、城市治理数字化转型、体教融合发展七个领域开展合作，共同把北外滩打造成新时代都市发展新标杆、核心功能重要承载地、新发展理念实践区，为上海建设成为具有全球影响力的长三角世界级城市群的核心引领城市作出贡献。签约前，郭芳一行先后参观了校史馆、设计创意学院创意工场和同济大学国家大学科技园图片展。

8月19日，虹口区与同济大学区校合作座谈会在虹口区人民政府召开，虹口区委书记郭芳、区长胡广杰，副区长张雷、郑宏，党委书记方守恩、校长陈杰、常务副校长吕培明出席座谈。双方就深入推进优质教育资源共享、共同助推北外滩数字化转型、助力高端人才落户虹口等工作进行交流与讨论。11月19日，常务副校长吕培明率校长办公室、基础教育办公室、体育教学部、上海自主智能无人系统科学中心、同济大学创新创业控股有限公司等相关负责人赴虹口推进区校合作工作，虹口区委常委、副区长关也彤，副区长陈筱洁出席座谈。双方就推进体育合作、共建基础教育集团，科技园虹口分园、数字北外滩建设等工作进行交流与讨论。

【学校与崇明区开展紧密交流合作】 8—11月，崇明区委书记李政3次率队来校商洽区校合作事宜，探索人才、技术、项目合作交流，深化高质量发展，并深入探讨了“碳中和”、生态环境保护等方面的合作方向与模式。11月，副校长黄翔峰及相关部门负责人赴崇明调研，与崇明区领导及中化集团负责人围绕碳中和学院、碳中和研究院的建设目标、实现路径和存在问题进行交流和讨论，商定进一步细化工作方案，并起草相关合作协议。

【学校与黑龙江省签署战略合作框架协议】 8月6日，学校与黑龙江省线上签署战略合作框架协议，常务副校长吕培明，黑龙江省委常委、组织部部长沈莹分别代表双方签约，合作内容涉及城建咨询与服务、科研合作、招生—培养—就业联动、干部人才交流等。黑龙江省省长胡昌升、教育部发展规划司晁桂明及40所合作高校领导线上参会。

【普陀区—同济大学区校合作座谈会召开】 8月19日，普陀区区长姜冬冬，副区长王珏、徐树杰来校推进区校合作工作，党委书记方守恩、校长陈杰、常务副校长吕培明出席座谈。双方就同济大学沪西校区建设、医学院搬迁、附属普陀区人民医院(筹)建设、环同济大学医学院生命健康产业总部基地建设、校区周边环境提升等内容进行深入交流与讨论，普陀区相关委办局负责人、同济大学相关部门和学院负责人陪同座谈。

【学校与长沙市人民政府签署全面合作框架协议】 9月6日，同济大学与长沙市人民政府全面合作框架协议签约仪式在中法中心举行。湖南省委常委、长沙市委书记吴桂英，校长陈杰出席并讲话。长沙市市长郑建新，市委秘书长谭勇，副市长邱继兴、刘拥兵，市政府秘书长张能峰，常务副校长吕培明、副校长黄翔峰出席。根据协议，校地双方将在战略决策与咨询服务、科研攻关与成果转化、教育合作与人才引进、干部交流与专题培训、文化创意领域合作交流等方面携手，通过不断完善合作机制、加大合作投入，推动各项工作落地见效。会前，吴桂英一行参观了校史馆，了解学校百余年发展历程与办学成就。

【学校国内合作工作小组2021年第1次工作会议召开】 9月26日，学校国内合作工作小组2021年第1次工作会议在逸夫楼召开。小组组长、常务副校长吕培明，成员单位党委办公室、校长办公室、党委组织部、团委、本科生院、研究生院、科研管理部、学研工部、审计处、财务处、同济大学创新创业控股有限公司负责人出席，与会人员对2项校地合作协议、1项校企合作协议进行审议。会议的召开标志着国内合作校内联商和审核机制的建立及正式运行。

【学校与杨浦区签署全面战略合作协

议】 9月30日，学校与杨浦区人民政府全面战略合作协议签约仪式在杨浦区人民政府举行。杨浦区委书记谢坚钢、校党委书记方守恩出席仪式并讲话，区长薛侃、校长陈杰分别代表双方签约，区领导周海鹰、徐建华、王浩、李长毅，校领导冯身洪、雷星晖、童小华出席。根据协议，双方将在原有合作基础上，着力在深化党建联建品牌、提升创新发展优势、促进AI赋能城市、实现教育资源共享、打造医疗科研高地、加强人才服务保障六个方面深化合作。签约前，方守恩、陈杰先后参观了秦皇岛路码头初心驿站、杨浦滨江公共空间以及杨浦滨江人民城市建设规划展示馆，实地感受杨浦百年厚重的红色文化底蕴，全面了解杨浦区推进人民城市建设的生动实践。

【福州市副市长孙晓岚来访】 10月28日，福州市副市长孙晓岚、福州职业技术学院校长李秋斌、福州市政府副秘书长魏善庆、福州市教育局副局长念琪等来校就进一步推进校地合作进行商洽，常务副校长吕培明及校长办公室、科研管理部、外事办公室、职业技术教育学院、同济大学创新创业控股有限公司负责人出席会议。与会人员就职业教育领域合作目标和路径进行了交流和讨论。

【成都市—同济大学市校合作视频推进会召开】 11月5日，成都市—同济大学市校合作视频推进会召开。成都市科学技术局、东部新区、龙泉驿区、温江区相关负责人介绍合作需求，同济大学科研管理部、上海自主智能无人系统科学中心、汽车学院、附属东方医院干细胞资源库相关负责人介绍学校科技成果、人才及平台建设等情况，双方就合作路径和内容进行了探讨交流。

【福建省委组织部副部长陈炎标来访】

11月10日，福建省委组织部副部长陈炎标来校推进省校人才交流工作，校长陈杰、副校长黄翔峰会见来宾。双方就进一步发挥学校人才资源优势，为福建省经济社会发展提供智力支持等事宜进行深入交流。

【宝山区委书记陈杰、区长高奕奕来访】 11月17日，宝山区委书记陈杰，区委副书记、区长高奕奕，副区长郑益川一行来访，校党委书记方守恩、校长陈杰、党委常务副书记冯身洪会见来宾。双方就发挥各自优势，在大学科技园建设、智能建造、城市更新等领域深挖合作潜能，实现互动发展等事宜进行交流与讨论，并商定起草合作协议。

【嘉兴市委书记张兵来访】 12月9日，嘉兴市委书记张兵，市委副书记、市长李军，市委副书记、教育工作领导小组组长马永良，浙江省教育厅党委委员、副厅长陈峰一行来访，校党委书记方守恩、校长陈杰、常务副校长吕培明会见来宾。双方就同济大学浙江学院转设后的建设目标、未来发展方向、具体操作路径等进行商讨并达成共识。

【学校与上海市地震局签署合作框架协议】 11月24日，同济大学与上海市地震局合作框架协议签约仪式在中法中心举行。上海市地震局党组书记、局长李红芳，同济大学常务副校长吕培明出席并讲话。上海市地震局副局长李平、陈乃其，纪检组长王志俊，同济大学副校长童小华参加。根据协议，双方将着力解决防震减灾中的地震技术科学问题和防震减灾任务支撑的技术问题，合力做好科技成果推广和技术社会服务。

【学校与福州市人民政府签署合作协议】 12月24日，同济大学与福州市人民政府《推进职业教育高质量发展合作框架协议》签约仪式在福州举行，福州同济技术转移创新中心、福州同济职业教育师资培育基地、福州同济跨企业技术服务中心、同济大学—福州智慧地铁与人工智能联合实验室同时揭牌。福建省委常委、福州市委书记林金宝，校党委书记方守恩出席并讲话。福州市市长吴贤德、市委秘书长张定锋、副市长孙晓岚，同济大学校长陈杰，副校长雷星晖、黄翔峰参加会议。根据协议，双方将在技术技能人才培养、产教融合协同发展、中外合作办学等方面加强合作，共同推进福州市职业教育的高质量发展。

（王习珍）

定点帮扶

【概况】 2021年度，学校坚持产业、人才、文化、生态和组织“五位一体”的多措并举，致力于从根本上、长远地推动云龙县的高质量发展，实现乡村各项事业的全面振兴。2021年，共召开2次同济大学定点帮扶领导小组会议，发布《同济大学2021年定点帮扶工作计划》，并将定点帮扶工作纳入年度重点督办事项，推动各项帮扶任务落细落实。本年度，学校高质量完成各项帮扶任务，直接投入资金342万元、引入资金486.64万元、购买脱贫地区农产品410.68万元、帮助销售农产品587.80万元、培训乡村基层干部1645人次、培训技术人才767人次。

一是确保有效衔接，全面落实“四不摘”。完成机构调整，成立“同济大学定点帮扶工作领导小组”；完成干部接任，由学研工部副部长徐迅挂职云龙县副县长、经济与管理学院辅导员吴凯凡挂职永安村第一书记；同济大学附属同济医院、附属东方医院分别与云龙县人民医院签订为期五年的结对帮扶协议；校地双方签署《同济大学云龙县人民政府2021年定点帮扶项目资助协议》《同济大学定点帮扶云龙县2021年基层党建项目资助协议》，投入328万元支持党建、规划、产业、教育、人居环境提升等项目。

二是规划统筹施策，推动云龙县高质量发展。接续“规划引领”思路，以永安村为例，探索为西南山区构建一条有特色、有方向、有计划、有成效、有影响的乡村振兴之路。积极探索“两山”理论转化路径。召开7次云龙项目推进会，来自4个学院、2所附属企业的师生、专家集思广益、共谋良策，研讨包括人畜分离、下村永安学堂、厕所革命（二期）、村口桥头空间提升、村落小微空间改造在内的一批示范建设方案；开展新一轮国土空间规划，并将规划工作由县城向乡村延伸，从国土空间规划层面研究解决当地生态地区“散”“弱”“贫”的问题，减免各类规划费用327万元，完成《云龙县永安村整治与提升规划》编制工作。促进乡村文明新风。7月，学校在云龙召开村民座谈会，引导村民积极参与村庄治理，为村庄建设建言献策。11月，开展第三期梦想家园活动，由建筑师引领永安村儿童一起探索村庄、观察村庄环境问题，开展安全大普查、环保微行动等实践活动。

三是创新援助方式，扩大定点帮扶示范效应。集聚多方力量。1月，举办同策慈善之夜——2021同济新年音乐会，募集到的36万余元全部注入同济大学云龙发展基金。11月，牵头开展“六校携手心连心，乡村振兴共奋进”首届在沪直属高校对口帮扶地区农特产品联展。来自复旦大学、上海交通大学、同济大学、华东师范大学、华东理工大学、东华大学对口帮扶地区的40余种农特产品在四平路校区和嘉定校区展卖，联展还同步进行线上直播销售，吸引4000余人次观看。拓展合作领域。启动“盐马古道”遗产保护与利用项目，并将宝丰古村列入同济大学定点帮扶村，研究探索一条文化引领的特色发展道路。11月，同济大学建筑与城市规划学院邵甬教授团队及规划师团队组成“盐马古道”调研队，完成对“盐马古道”沿线10个村镇的实地调研，形成“盐马古道”沿线聚落基本情况报告、宝丰历史建筑活化选点报告、“盐马古道”历史研究初步报告等工作成果。12月，法学院通过共建云龙县生态法治廊道、举办“生态环境司法保护（天池）论坛”、开展青少年法治意识讲座等举措，拓展“法治定点帮扶”实践。

【帮扶调研】　强化组织领导，夯实定点帮扶责任。1月24日、7月7日、11月10日，校党委书记方守恩，党委副书记彭震伟、吴广明，副校长黄翔峰4位校领导，分别前往云龙考察调研，围绕干部、产业、医疗、教育等乡村振兴重点领域进行专项调研。2021年，校地双方召开座谈会4次，校内12批次104人次赴云龙考察交流；召开7次定点帮扶项目研讨会，汇集不同学科专家团队、连线云龙挂职干部、协同校内职能部门，为全面助力乡村振兴谋良策、铸新篇。

【产业帮扶】　激活内生动力，赋能产业转型发展。以在沪门店的转型发展为契机，撬动云龙龙头企业——丰农公司对自身产品定位的认识，引导企业以主动回应市场需求的姿态，真正激活寻求发展的内生动力。签订《关于支持“大理云龙高原农产品展销中心项目”建设的帮扶协议》，继续无偿提供在沪临街门店，扶持企业的产品营销和在沪发展，年内门店销售额为223.76万元。在此基础上，着力升级在沪门店的营销功能，邀请同济大学特聘教授、意大利著名设计师奥多·西比克执掌门店的功能改造和设计；依托中西学院科研平台，启动同济—马德里理工大学诺邓火腿非遗保护联合开发项目。

【智力帮扶】　做活智力帮扶，巩固人才帮扶成效。6月、7月，以“深入学习贯彻党的十九届五中全会精神”“乡村振兴与乡村规划”为主题，在云龙举办2场“同济·云龙大讲堂”，覆盖2041人次。7月、11月，举办2次“同济医疗活动周”，来自2家附属医院9个科室的13名医生赴云龙开展诊疗和医疗培训；在沪举办2期“云龙县党性教育暨党史学习教育专题培训班”，73位云龙县管理干部完成为期一周的考察培训。11月，组织3场乡土教育专题培训，覆盖当地教师102人次。12月，举办首届“乡村规划人才培训班”，来自3所高校的专家围绕“乡村规划怎么做”这一命题，展开了从理念澄清到实践案例的生动讲述，来自5省11个县的近3000名管理干部和乡村规划人才参训。

【帮扶育人】　做细同行实践，探索乡村振兴育人模式。3月，在建党百年倒计时百日之际，策划以“脱贫攻坚，同济人的使命与担当”为主题的思政大课。大课以同济师生为笔、以同济精神为墨，融合视频展示、情景表演、亲历者陈述等多种形式，营造沉浸式体验场景，将同济人奋勇投身脱贫攻坚伟大事业的群体形象生动呈现于师生面前，大课获师生的广泛好评，成为学校思想政治教育教学改革的新范式。“探索乡村振兴育人模式”获批“2021年同济大学教师思想政治建设项目”重点项目，推动5个学院30余位师生开展多项乡村振兴实践；在云龙发展基金中设立“同行实践资助金”，引导和支持不同学科团队赴云龙开展工作。其中，土木工程学院师生以团队“一种轻型装配式人行贝雷桥”专利为指导依据，在云龙搭建完成一座34米的“同安心桥”，使4个村组400余位村民到达村委会、村卫生室的时间从40分钟缩短至1分钟，切实改善村民的日常生活。该团队在建桥的实践基础上，撰写完成《乡村人行桥建造手册》，为桥型的推广应用提供了较大便利。清华大学、浙江大学、重庆交通大学、四川大学、西安交通大学等高校相关实践团队已与团队达成合作，拟采用该桥型在各地乡村开展人行桥建设。该项目获2021年上海市“知行杯”特等奖。5月，学校入选农业农村部、教育部联合发布的全国乡村振兴人才培养优质校推介名单。

【教育帮扶】　做实柔性帮扶，推进乡土教育试验项目。“同济大学美丽乡愁乡土教育创新试验项目”立项以来，一是启动同济大学乡土教育创新示范校建设。选定诺邓完全小学、宝丰完全小学为2所乡土教育创新示范校。示范校将成为云龙乡村教育的有力抓手，推动建设1支乡村教师队伍、研发1门乡土特色校本课程、打造1个乡土教育特色示范活动。全县7所学校申报了乡土教育课程推进计划。二是组织云龙县返乡大学生创建志愿队。6月中旬,举办赋能工作坊,引导在校大学生参与策划家乡行动。8月,学生团队顺利返乡开展调研,围绕诺邓村的家风家训、红色文化、非遗文化,形成“别样视角游诺邓”家乡文化传播视频。三是举行青少年乡土教育云课堂。通过线上线下举办“家园特色路线共创工作坊”“家园导览视频共创工作坊”活动,引导儿童重识家乡特色文旅资源,创造儿童视角的古村导览词,最终总结出关于家乡古建民艺、风物美食、声音景观三条路线。云课堂以儿童行动激发古村活力,不但提升古村儿童关于家乡的文化知识与传承意识,也让古村文化以生动新颖的面貌展示传播。此外,继续派驻6名研究生赴云龙民族中学开展支教活动,支教团通过做好教学工作、营造品牌活动、联动校外资源、发挥辐射作用,成为当地学子认识世界、拓展眼界的“望远镜”。机关教工第9支部引入校外企业,向宝丰乡中心完小捐赠4.5万元,用于改善基础办学设施。联系企业向云龙县多所学校捐赠爱心物资144.64万元,不断提升云龙县基础教育设施水平。

【同济医疗活动周】 7月、11月,举办2次“同济医疗活动周”,来自2家附属医院9个科室的13名医生赴云龙开展诊疗和医疗培训。

【高校组团帮扶】 做深组团帮扶,形成高校协同示范样本。2021年度,“城乡规划帮扶联盟”11所成员高校围绕宗旨目标和乡村振兴工作要求,积极探索地域群、组团式、联盟化的高校精准帮扶新模式和新机制,形成“三个面向”的基本工作思路,开展了多项帮扶合作。一是面向在校师生,确立“以规划实践反哺乡村振兴人才培养”的工作思路。联盟协办2021年全国高等院校大学生乡村规划实践及学术交流活动。活动共设置陕西西安、北京密云、江苏常州三个指定基地和全国若干个自选基地,每个基地设立三个活动单元,分别为乡村规划方案单元、乡村调研报告单元、乡村设计方案单元。来自全国158所高校(含一所境外高校)的711个团队报名参加,报名学生3595人,教师1607人。其中,联盟高校共有50个团队参与,涉及学生235人,教师113人。最终,根据赛制评选出117个奖项,其中联盟高校共获得15个奖项(重庆大学9个、华南理工大学3个、同济大学2个、合肥工业大学1个)。二是面向联盟高校,提出“以共识凝练铸就高质量组团式帮扶模式”的工作思路。将“做好规划的衔接、制定适度超前的规划”作为当前脱贫地区规划发展的基本原则,坚持规划要让乡村生产、生活、生态三方面空间得以舒展。围绕这一命题,联盟11月在西安举办高校城乡规划帮扶经验交流专题研讨会,以“全面推进乡村振兴”为主题,设立“高校帮扶实践与经验分论坛”,聚集行业领军人物、高校专家学者及联盟专家委员会成员,共同探讨和交流规划帮扶路径和经验,共商共享一批可复制、可推广的规划帮扶经验。三是面向脱贫地区,提出“以高校智慧服务乡村振兴发展”的工作思路。在资源共享方面启动了“一批基地、两支队伍”的专项建设。12月27日,召开高校“城乡规划帮扶联盟”线上年会,发布首批9个特色各异的实训基地和19个有志于服务脱贫地区乡建的技术支撑团队。一批基地,是指从凝练做法、总结经验的角度,整合一批由高校参与规划的乡村振兴示范村作为实训基地,为脱贫地区提供基于真实问题情境的实训基地。两支队伍,是指从发挥学科、人才优势的角度,在联盟内部并逐渐扩大到联盟外的范围,集聚和组织一支有志于服务乡村规划的专家团队、一支具备在脱贫乡村开展专业实践经验的技术支撑团队。联盟拥有由50名专家学者组成的高校“城乡规划扶贫联盟”专家委员会,以及具备在乡村开展专业实践经验的技术支撑团队。

(胡静)

校企合作

【概况】 2021年度,学校落实与百度集团、中国商飞、上港集团、中建集团4家大型企业的校级合作,并签署协议4份;与上海电气自动化集团成立同济大学—上海电气泰雷兹智慧轨道交通联合工程技术研究中心,与中国航发商发签约共建商用航空发动机人工智能及大数据应用技术联合创新中心,与中国建筑集团成立中国建筑—同济大学智能建造工程技术研究中心;积极与中国银行、交通银行、民生银行、国铁集团、山东港口等单位接洽和商谈合作领域、内容和工作机制。

【新希望集团与学校签署捐赠协议】 1月21日,新希望集团捐赠仪式在校举行。集团董事长刘永好,集团华东区域副总裁、四川省绿领公益慈善基金会监事李佳,上海蓝生脑科医院投资股份有限公司董事长卓立强,校领导方守恩、陈杰、冯身洪、雷星晖、陈义汉出席捐赠仪式。李佳、雷星晖代表双方签署协议。根据协议,集团向学校捐赠人民币1亿元,用于设立同济大学脑科医学发展基金,专项支持中德脑科学临床研究和转化医学中心的科研工作与平台建设。此次捐赠标志着新希望集团与学校在脑科医学发展方面建立了全面战略合作关系。

4月25日,新希望集团与同济大学合作座谈会在校召开。上海蓝生脑科医院投资股份有限公司董事长卓立强、执行总裁刘轶永,校长助理刘润及校长办公室、人事处、医学院等部门负责人出席会议。双方就推进合作和共建同济—蓝生脑科医学研究院等事宜进行了协商并达成共识。

【中国银行上海分行党委书记张守川来校调研】 3月22日,中国银行上海分行党委书记张守川、副行长王琛,中国银行上海分行杨浦支行行长姜志祥、副行长柏莉华等来校调研，党委常务副书记冯身洪及校长办公室、财务处、外事办公室、信息化办公室、医学院相关负责人参加座谈。双方就进一步推进银校合作进行了商议。

【学校与百度签署战略合作协议】 4月14日，学校与百度在逸夫楼签署战略合作协议。百度首席技术官王海峰、副总裁徐菁、技术委员会理事长陈尚义，校领导方守恩、陈杰、童小华、黄翔峰出席签约仪式。根据协议，双方将围绕国家重大战略需求，在人工智能领域协同开展科研攻关，力争在基础科学研究、关键核心技术方面取得原始创新性突破，破解重点领域"卡脖子"技术难题，推动人工智能、大数据、自动驾驶等与交通行业的深度融合，加速智能产业升级。

【学校推进与中国商飞战略合作】 1月13日，中国商飞人力资源部、上海飞机设计研究院大飞机创新谷推进办、上海飞机制造有限公司复合材料中心相关负责人一行来校调研，与副校长童小华及校内相关单位负责人就校企具体合作事宜进行协商并达成共识。

4月22日，副校长童小华率校办、科管部、航力学院等单位负责人赴中国商飞商讨战略合作推进事宜。会后，童小华受邀为商飞拔尖技术人才班授课，作题为"从地球测绘到地外天体测绘"的专场报告。

11月18日，同济大学与中国商飞战略合作框架协议签约仪式在嘉定校区举行。中国商飞党委书记、董事长贺东风，校党委书记方守恩出席并讲话。中国商飞党委副书记、总经理赵越让，党委副书记、董事谭万庚，党委常委、副总经理魏应彪，同济大学校长陈杰、常务副校长吕培明、副校长童小华参加。根据协议，双方将致力于加强大飞机产业基础前沿研究和基础能力建设，携手攻克制约高端装备制造业发展的重大科学和关键共性技术难题，为推动中国民用航空事业发展、助推航空强国建设贡献力量。

【交通银行上海分行党委书记、行长徐斌来校访问】 6月8日，交通银行上海分行党委书记、行长徐斌一行来校访问。校长陈杰及校办、财务处、信息办相关负责人参加座谈。双方商定在20余年互信互助合作的基础上，继续扩大合作范围，拓宽新的合作领域，并就以建设数字化专项为核心，在科技金融、人才培养、数字化转型等方面开展战略合作达成共识。

【同济大学—上海电气泰雷兹智慧轨道交通联合工程技术研究中心成立】

6月16日，"同济大学—上海电气泰雷兹智慧轨道交通联合工程技术研究中心"签约及揭牌仪式在逸夫楼举行。上海电气自动化集团总裁贾廷纲，上海电气泰雷兹交通自动化系统有限公司首席执行官沈洪、首席运营官刘进、市场总监王忠斌，副校长雷星晖及工程与产业研究院、外事办公室、电子与信息工程学院、中法工程和管理学院相关负责人出席。根据协议，双方将联合进行前瞻性产品和技术研发，共同开展轨道交通技术装备和标准等相关研究和孵化。

【山东省港口集团有限公司领导来访】

6月17日，山东省港口集团有限公司党委副书记、董事、总经理李奉利，山东港口科技集团党委书记、执行董事、总经理徐振和一行来校访问，党委书记方守恩，副校长顾祥林、雷星晖及校长办公室、科研管理部、同济大学创新创业控股有限公司等相关部门负责人参加座谈。双方就建立战略合作关系，推进全方位、多领域的务实合作达成一致意见。

【学校与中国航发商发签约共建商用航空发动机人工智能及大数据应用技术联合创新中心】 6月22日，学校与中国航发商用航空发动机有限责任公司共建"商用航空发动机人工智能及大数据应用技术联合创新中心(UIC)"签约仪式在逸夫楼举行。中国航发商发党委书记、董事长李军，校长陈杰共同为联合创新中心揭牌。中国航发商发副总经理曾海军、副校长童小华分别代表双方签署合作协议。上海市科学技术委员会高新处、上海市经济和信息化委员会重大装备产业处、上海市教育委员会科技处相关负责人出席。根据协议，双方将致力于以人工智能与大数据赋能航空发动机的设计、制造及运营，共同为我国民用航空事业发展、助推航空强国建设贡献力量。

【民生银行上海分行副行长郑智军来访】 7月21日，民生银行上海分行副行长郑智军、战略客户部经理蔡军一行来访，校长助理刘润及财务处、基金会秘书处相关负责人参加座谈。双方明确在人才培养与员工培训、科研合作与成果转化、金融服务、校友资源建设等方面开展全面合作，并就2000万资金捐赠项目达成意向。

【学校与上港集团签署合作框架协议】

12月2日，同济大学与上海国际港务(集团)股份有限公司合作框架协议签约仪式在中法中心举行。上港集团党委书记、董事长顾金山，校党委书记方守恩出席并讲话。上港集团总裁严俊，副总裁方怀瑾、张敏，同济大学校长陈杰、常务副校长吕培明、副校长顾祥林参加。同日，双方还签署了《建设智慧港口合作协议》《合作共建上海海港同济大学女子足球队协议》。根据协议，校企双方将建立产学研长期合作伙伴关系，充分发挥各自优势，在港口前沿技术领域合作开展基础研究及应用技术研发，在女足领域加强人才联合培养和交流培训。

【上海飞机设计研究院—同济大学视频交流会召开】 12月9日，上海飞机设计研究院—同济大学视频交流会召开，双方围绕飞机技术研发等展开深入交流。会后，双方签订《关于"国产民机零组件优化设计研究"保密协议》，以保障校企合作中科研项目的策划推动。12月28日，双方再次召开视频会，就具体合作方向进一步对接与研讨。

【学校推进与中国建筑集团战略合作】

12月21日，中国建筑集团有限公司党组成员、副总经理赵晓江，中国建筑首席专家、中国工程院院士肖绪文一行来访，常务副校长吕培明，副校长顾祥林、童小华会见来宾。双方就进一步深化校企合作，在绿色建造、智能建造等领域开展全方位合作，共同推动校企高质量发展，实现合作双赢进行交流。会上，中国建筑—同济大学智能建造工程技术研究中心揭牌。

12 月 28 日，同济大学与中国建筑集团有限公司新一轮战略合作框架协议签约仪式在中建集团举行，中建集团党组书记、董事长郑学选，校党委书记方守恩，校长陈杰出席并讲话。中建集团党组副书记、董事张兆祥，党组成员、副总经理赵晓江，中国建筑首席专家、中国工程院院士肖绪文，同济大学常务副校长吕培明，副校长顾祥林、童小华参加。根据合作协议，双方将发挥各自专业、行业优势，在创新型校企联合研究平台建设、创新联合实验室建设、科技成果转化、个性化人才培养、互动式队伍培育等方面加强系统谋划、精准施策，实现互利双赢，共同推进中国建筑行业跨越式发展。

【党委书记方守恩、校长陈杰赴国铁集团调研】 12 月 28 日，校党委书记方守恩、校长陈杰率队赴国铁集团调研。国铁集团董事长、党组书记陆东福，总经理

杨宇栋，副总经理王同军、郭竹学，总工程师郑健，总经济师韩江平，同济大学常务副校长吕培明，副校长顾祥林、童小华等参加。双方围绕川藏铁路、智能铁路、磁浮交通、高铁经济等领域的人才培养、项目合作和平台建设等深入交流，共同探讨未来合作方向。

（王习珍）

校校合作

【对口支援工作概况】 2021 年，学校根据教育部对口支援工作要求，围绕井冈山大学、新疆大学、大理大学、宜宾学院、九江学院 5 所受援高校的发展规划与实际需求，克服疫情影响，精心筹划、多措并举，扎实推动对口支援工作的开展。一年来，与 5 所受援高校开展校级、院级领导互访 30 余人次，接收挂职干部 11 名、进修教师 23 名，录取定向培养博士生 7 名，联合培养本科生 62 名，选派 30 余位专家学者为受援高校开展线上或线下学术讲座。

【井冈山大学工作情况】 在干部挂职与师资培养方面，医学院陈建军教授继续挂职井冈山大学校长助理；接收井冈山大学 21 名教师来校挂职进修；录取 5 名定向培养博士。在学生联合培养方面，继续接收井冈山大学 18 个专业 52 名本科生来校进行为期 2 年的联合培养，至今两校联合培养本科生达 614 名。在医疗合作方面，学校推动吉安东方医院成为井冈山大学附属医院，同济大学附属第十人民医院与井冈山大学附属医院签署帮扶合作协议。学校还与井冈山大学联合举办了“山海医院管理论坛”。在学术交流方面，12 月，两校成功举办第十二届井冈山大学“同济学术周”。

1 月 8 日，井冈山大学附属东方吉安医院揭牌仪式在上海市东方医院吉安医院举行。井冈山大学党委书记胡春晓、校长曾建平，同济大学附属东方医院院长、上海市东方医院吉安医院党委书记、院长刘中民出席揭牌仪式。上海市东方医院吉安医院由同济大学附属东方医院管理，医院将依托井冈山大学的优质资源，强化吉安地区医学教育与医疗服务共同体意识，聚集吉安最优秀的医学教学资源，共建高水平医学科研团队，通过提高医学科研成果转化水平来提升医疗服务质量，为建设“健康吉安”，打造“健康江西”的“革命老区示范地”作出更大贡献。

3 月 17 日，同济大学附属第十人民医院与井冈山大学附属医院帮扶合作协议签订仪式在井冈山大学附属医院举行。同济大学医学院党委书记张军、同济大学附属第十人民医院院长秦环龙，井冈山大学副校长黄俭根、井冈山大学附属医院副院长谭立宇等出席签约仪式。秦环龙、谭立宇分别代表双方签约。根据协议，双方将通过管理帮扶、技术指导、学术交流、进修学习等方式，重点在品牌建设、医疗服务、学科建设、人才培养、公益性活动及媒体宣传等方面开展全方位合作，共同推动吉安市医疗服务能力的不断提高。签约仪式后，同济大学附属第十人民医院眼科、皮肤科、急诊科、整形外科的专家与井冈山大学附属医院医务人员联合举行了义诊活动。

6 月 16 日，井冈山大学校长曾建平、副校长吕玉华一行来校出席年度对口支援工作会议。党委副书记彭震伟及两校相关职能部门负责人出席会议。双方就井冈山大学“十四五”规划、优势学科群建设、下一轮硕士学位授权点建设、高层次人才培养等事宜进行了深入交流。15 日，井冈山大学校领导与在同济大学挂职进修、联合培养的井大师生座谈。

6 月 25 日，为促进井冈山大学附属医院的现代化管理水平，探讨新医改下医院运营管理机制，提升其核心竞争力，学校组织附属第十人民医院、瑞金医院、华山医院知名医师和管理专家赴井冈山大学举办“山海医院管理论坛”。井冈山大学党委书记胡春晓、副校长顾祥林出席开幕式并致辞。当日，相关专家在吉安市天虹广场举行了大型义诊活动，同济大学附属第十人民医院还联合企业代表为当地医院捐赠了医疗器械及药品。

8 月 18 日，国家自然科学基金委员会公布 2021 年度国家自然科学基金集中受理期申请项目评审结果，在同济大学帮助指导下，井冈山大学共有 19 个项目获批立项，包括面上项目 1 项、青年项目 3 项、地区项目 15 项，其中生命科学学院 9 项、医学部 4 项、化学化工学院 4 项、机电学院 1 项、数理学院 1 项。

11 月 5 日，国务院学位委员会发文，井冈山大学进入 2020 年审核增列

的博士、硕士学位授予单位及其学位授权点名单，获批马克思主义理论一级学科硕士学位授权点，生物与医药、社会工作2个硕士专业学位授权点。

12月，井冈山大学第十二届“同济学术周”以“支持井冈山大学硕士学位点的建设及培育，启动对口支援井冈山大学‘十四五’工作”为主题，采取线上线下相结合的方式在井冈山大学举行。在12月2日的开幕式上，井冈山大学党委书记胡春晓、同济大学党委副书记彭震伟分别致辞，井冈山大学全体校领导、各单位及学院主要负责人出席，同济大学校办、发展规划与学科建设部

相关负责人线上参加。学术周期间，同济大学10个单位的20位专家开展系列“云讲座”、现场报告和座谈会。

【新疆大学工作情况】 2021年度，学校与新疆大学继续贯彻落实教育部对口支援、部省合建等决策部署，按照两校签署的年度备忘录要求，全面推进对口支援包建协议目标落地，各项工作取得积极进展。4月，新疆大学副校长蒋海军率发展规划处、建筑工程学院、机械工程学院等单位负责人一行来校推进对口支援工作，双方就协助指导博士点申报、夯实包建

架构体系、高层次人才引进等方面的工作进行深入讨论并达成共识。7月，对口支援办、本科生院负责人分别出席2021年度对口支援新疆大学高校办公室主任视频会和教务处处长视频会。

在队伍建设方面。选派交通运输工程学院吴志周教授作为中组部第21批博士服务团成员担任新疆大学机械工程学院副院长。接收1名教师在建筑与城市规划学院进修，录取2名定向培养博士。11月，环境科学与工程学院廖振良教授申报新疆维吾尔自治区“天池特聘教授”。学校选派至新疆大学工作的钱建固、张冠增、淡丹辉3位天山学者在教学、科研、学科建设和学科队伍培养等方面开展了全方位工作。

在教学水平提升方面。3月，接收受援学院4名本科生到建筑与城市规划学院开展毕业设计；9月起，接收6名研究生分别到环境科学与工程学院和交通运输工程学院联合培养。3月，受援学院本科生参加由同济大学承办的“上海污染控制与生态安全研究院”云端实习联盟讲座。4月，廖振良教授作题为“智慧水务的发展－数学模型与可视化及深度学习技术的结合”的学术报告。5月，选派土木工程学院硕士生谢津宝赴疆为受援学院研究生作题为“掌握文献查阅方法与了解专业学术前沿的路径”的讲座。

在科研服务能力提升方面。学校协助受援学院组建14个科研创新团队。参与并承担受援学院市政工程实验室建设工作，完成“双一流”二期仪器设备项目招标。指导获批1项国基项目；申报2项自治区科技厅重大项目。

此外，在挂职干部推动下，同济大学民革委员会捐助新疆大学建筑工程学院7名特困孤儿本科生3.35万元；在援疆干部中发起并设立“红湖奖学金”，用于奖励新疆大学的优秀学生党员，首次募集金额7万余元；两校建立研究生管理工作的常态联系机制。

2021年度，两校继续通过加强线上、邮件、电话等联络方式克服疫情影响，推进各项工作进程，保障包建任务落实落地。土木工程学院孙建渊教授继续挂职新疆大学建筑工程学院副院长，并作为对口包建前方总指挥；淡丹辉、廖振良、钱建固3名教授分别作为桥梁工程、市政工程、岩土工程方向的学术带头人，分别组建了桥梁及结构检测科研团队、给水排水科研团队和岩土及地基工程科研团队；组建土力学、高等结构动力学2个授课团队，通过线上线下相结合的方式接力到新疆大学建筑工程学院支教。同时，以土木工程学院院长周颖教授为组长的专家组团队，充分发挥后方优势，全力支持受援学院发展。

3月，学校组织专家为新疆大学建筑工程学院国基申报书评审把关，助力该院基金申报工作。两校联合申报的科研项目——“新疆绿色宜居乡村关键技术研发及应用示范”和“新疆天山典型区域多重地质灾害风险防控研究”获批自治区科技厅重大研发项目。此外，援疆干部孙建渊成功申报1项国家自然基金项目、1项自治区专家顾问团决策研究与咨询项目。

4月30日，土木工程学院联合新疆大学建筑工程学院共同组队参加“2021世界大学生桥梁设计大赛”，提交6组作品，最终取得1个优秀奖，2个入围奖的佳绩。

7月8日，为提升新疆大学研究生课程思政建设水平，学校与新疆大学以“课程思政建设的探索与实践——以同济大学交通运输工程学院为例”为主题召开线上经验交流会。交通运输工程学院邹晓磊、滕靖、黄世泽等专家分别作报告。会议由研究生院副院长章小清教授与学校派至新疆大学研究生院挂职副院长的卢鹏教授联合主持。

【部省合建工作概况】 在对口帮扶部省合建高校方面，学校根据教育部深化部省合建工作的统一决策部署及广西大学、郑州大学相关学科的发展战略和切实需求，加强沟通、认真组织，推进各项工作任务落地实施，不断取得新进展和新成效。

【广西大学工作情况】 招收广西大学2名部省合建类别博士研究生，选派黄茂松、刘滨谊、赵林3位教授赴广西大学开展学术交流。7月，土木工程学院党委副书记陈隽教授作为教育部第六调研组成员，赴广西大学开展部省合建工作专项调研，主要负责对广西大学土木工程一流学科群积极服务广西经济社会发展主战场、带动学校优势学科发挥对地方主导特色产业的对接服务方面工作的检查，并在超高速冲击动态测试系统建设目标以及人才引进方面给出了具体指导意见。11月，土木工程学院葛耀君教授、孙利民教授赴广西大学参与平南三桥建造关键技术创新研讨会。年内，土木工程学院积极协助广西大学开展长大桥梁复杂受力试验系统建设工作，国际桥梁

与结构工程协会主席、同济大学葛耀君教授担任该试验平台设备系统专家论证组组长。两校还共同开展了“GNSS监测分区组网解算技术与软件开发”项目的研究。此外，两校还在教育教学改革、项目绩效管理、党员活动经费使用等管理工作方面进行了沟通交流。

【郑州大学工作情况】 在人才培养方面，学校招收郑州大学2名部省合建类别博士研究生，2名本科生攻读硕士研究生。在科研合作方面，材料科学与工程学院李文教授和郑州大学材料科学与工程学院关绍康教授团队共同开展镁基生物材料中纳米银第二相的可控制备及抗菌性研究；李文教授还与该学院胡俊华教授开展学术合作，定期开展线上讨论并指导研究生课题。

（王习珍）

产学研合作

【概况】 2021年，工程与产业研究院（以下简称“产业院”）立足于以往的产学研合作经验，从多方面深化产学研融合。积极推进校地校企合作布局，搭建校地、校企创新平台；同时，做好研究院、联合实验室、研发中心等各类平台管理工作，以合作平台为载体，落实重大科研项目合作，发挥桥头堡作用。在长三角地区开展广泛合作，成立昆山市同济智能制造产业发展协同中心、同济余杭产业发展协同中心，与上海浦东路桥建设股份有限公司、中国人民财产保险股份有限公司上海市分公司签署协议共建同济大学一浦发人保城市建设与管理人工智能联合研究中心。同济大学重庆研究院积极开展与重庆两江新区战略合作，担任重庆市两江新区科创联盟首任轮值主席单位，搭建多个省部级校地合作科研平台，联合学校多名教授策划与申报多项省部级科研课题，深化校地校企合作。同济中车创新研究院中心，推动学校与中国中车合作项目总数146个，合同金额21106.69万元；同济大学中车捷运研究院持续推进新能源商用大轿车关键技术研究及工程化、新型智能自装卸式压缩环卫运载车辆关键技术研究与工程化等重大产业化科研项目工作，落实学校、政府、企业三方合作。

【同济大学重庆研究院积极开展与重庆两江新区战略合作】 重庆研究院搭建多个省部级校地合作科研平台，充分发挥智库作用，助力重庆发展，包括：重庆市高端研发机构、中德国际技术转移中心（重庆）、新型科技智库重庆同济绿色技术创新发展研究中心、长江水环境智能监测科创中心与长江水环境教育部重点实验室重庆研发基地、重庆市博士后工作站、重庆市高校毕业生就业见习基地；担任两江新区科创联盟首任轮值主席单位，组织、策划多项产学研活动；联合学校多名教授策划与申报多项省部级科研课题，建言协同创新区发展。2021年5月8日，重庆研究院作为引进高校院所代表，向中央政治局委员、重庆市委书记陈敏尔汇报研究院的产学研工作进展、规划，以及研究院立足学校学科优势与重庆战略需求开展的各项工作。

【成立昆山市同济智能制造产业发展协同中心】 6月，同济大学与昆山市周市镇人民政府签署协议共建昆山市智能制造产业发展协同中心。7月24日，中心于2020中国昆山创业周周市专场活动暨首批工改MA项目蒲公英周市科创产业园启动仪式上正式揭牌成立。中心积极发挥周市镇产业集聚优势和同济大学科创资源优势，在创新平台建设、人才引进、关键共性技术研发、科技成果应用转化及产业园、高新技术企业孵化、创新创业项目落地、人才培养培训等方面开展了全方位合作。

【成立同济余杭产业发展协同中心】 8月，同济大学与杭州市余杭区未来科技城（海创园）管理委员会签署协议共建同济余杭产业发展协同中心。8月30日，中心于2020生命健康未来峰会暨中国（杭州）数字·健康小镇开园仪式上揭牌成立，同济大学校长助理刘润出席仪式并为中心揭牌。结合未来科技城发展需求，中心积极围绕产学研合作及创新载体建设、成果转移转化及产业化、产业发展咨询、创新创业活动、人才培养培训等领域开展合作。

【成立同济大学浦发人保城市建设与管理人工智能联合研究中心】 12月1日，同济大学与上海浦东路桥建设股份有限公司、中国人民财产保险股份有限公司上海市分公司签署协议共建同济大学一浦发人保城市建设与管理人工智能联合研究中心，并于12月18日举行签约揭牌仪式。中心以科技合作、产学研结合、高科技创新创业投资、人才培养与交流等形式，开展校企长期合作。通过人工智能技术、IOT以及大数据等对工程安全、质量以及风险管理提供新手段，全面提高城市建设与管理水平。

【中国工程院战略咨询中心委托同济大学承担十堰市产业发展“双百行动”项目】 12月22日，中国工程院战略咨询中心委托同济大学承担十堰“现代新车城、绿色生态市”创新驱动发展合作项目中的十堰市产业发展“双百行动”工作方案及推进实施工作（以下简称“‘双百行动’项目”）。工程与产业研究院牵头实际执行，梳理十堰市104家优质企业，实际对接85家，共组织近20名专家前往十堰市开展现场调研。2020年9月22—24日开展集中调研，学校9名专家教授前往十堰调研24家企业、地方高校和创新创业孵化器。项目促成30家企业与学校19名专家教授签订技术合作合同30份。

【深化落实同济大学与中车集团合作】 同济中车创新研究中心推动学校与中车集团科研合作取得重要进展，中车青岛四方股份承担的国家磁浮专项600公里高速磁浮列车在同济首次试车、燃料电池系统开发应用项目350kW氢燃料电池系统开展台架测试工作；同济大学中车捷运研究院新能源商用大轿车项目第一阶段关键系统研究工作基本完成，分布式驱动系统样机、增程器系统样机、主动安全系统样机基本完成相关测试工作。

【同济大学与深圳市水务局、深圳市建筑工务署合作】 学校与深圳市水务局水务大讲堂、深圳市建筑工务署大美回声公益讲座展开合作，先后组织建筑与城市规划学院多名教授赴深圳开展讲座。承担深圳市建筑工务署“政府公共工程建设高质量发展研究”“全过程工程咨询管理指南”“深圳市区两级工务部门协同发展需求研究”3项课题；积极参与建筑工务署“深圳市建筑工务署精品工程评价标准（房建项目）”“深圳市建筑工务署项目后评价指引”“深圳市建筑工务署顶层设计研究”3项课题的研究工作。

（周韶华）

国际及中国港澳台地区合作

【概况】 国际交流与合作实施“聚焦重点，做强主场，布局全球”新战略，紧密围绕国家和区域发展战略，发挥学校国际合作特色传统和优势，着力推动以“国际办学有品质，国际平台有特色，国际师生有规模，国际科研有地位，国际组织有任职，国际会议有声音，国际期刊有文章，国际奖励有名次”为主要内涵的国际学术影响力提升工作，对标世界一流，扎根中国大地，通过“教师队伍国际化、学生结构国际化、学科专业国际化、‘铁杆朋友’国际化、宣传推广国际化、管理服务国际化”，深化国际合作的深度与广度，紧扣高质量、内涵式发展主线，稳固和提升同济大学国际化办学的传统优势，全面支撑学校建设中国特色世界一流大学。

进一步加强顶层设计，完善国际交流战略布局。完成国际合作顶层设计，建立国际合作新模式、新机制，服务学校双一流建设。实施“聚焦重点、做强主场、布局全球”的国际合作新战略，在区域布局上强化对德对欧合作优势，拓展美英合作内涵，工作内容上与学校教学、科研、社会服务等工作重点同频共振，主动服务学校一流大学建设；结合上海和同济发展，推出一批标杆性重点国际合作科研和工程项目，作为国际引智、联合科研和国际合作主场，在共创过程中聚朋友、出成果、拓影响；结合海外校区、平台学院、孔子学院基础，布点建设“全球分布式校区”，分布互联、云上云下，共享共创，形成全球布局，产生全球影响。

继续强化中德合作优势，拓展国际交流合作网络。11月，同济大学中德学部指导委员会第十二次会议成功召开，立足新发展阶段，探讨中德学部及其分支机构的未来发展战略，保障中德学部更高效地发挥顶层协调性作用，推动各机构间协同合作，激发中德创新合作的热情和潜力。同月，同济大学中德学院咨询委员会第二十三次会议召开，陈杰校长出席会议并表示，中德学院未来将继续肩负推动高质量、高层次中德交流的重要使命，进一步提升同济大学中德合作品牌的内涵和品质，全力推动中德合作向更深、更广领域进发，取得更大成就。当月，第九届德国周成功举办，获得了众多校内外中德合作伙伴机构和企业的支持，吸引了近千人次的参与。

进一步深化中德合作，实施“两硬一软”，积极打造中德合作2.0版。以“中德联合研究中心”为载体，进一步优化和提升对德合作，发挥智能科技和绿色发展学科优势，开展交叉研究；配套筹备成立中德博士生院；推动成立“同济大学欧洲与德国研究院”，进一步厘清欧洲与德国研究院与校内机构的协同关系，围绕中德、中欧之间重要议程，持续组织研究人员在媒体发表评论文章、接受媒体采访，并向有关决策部门报送决策咨询报告。

在疫情防控常态化的新形势下，进一步巩固合作伙伴友谊，加强与“铁杆朋友”互动，巩固与战略伙伴高校等的实质性合作，进一步加强科研合作。当年，共签署协议100份，其中校际协议47份；召开线上、线下会议40余场。全年，教师出境24人次，另有126人次参加线上各类境外相关活动；选派学生552人参与各类长短期出国（境）交换项目。

增强学校在国际大学联盟的参与度、展示度和影响力。加入环太平洋大学联盟（APRU）和碳中和世界大学联盟；维护巩固世界法语大学联盟（AUF）、青年与教育联盟（YEA!）、世界知识产权国际教育联盟、中欧工程教育联盟（SEEEP）等合作网络；参加2021“一带一路”高校联盟论坛；受邀承办国内唯一的“法语世界就业竞争力促进中心”项目。

推进国际平台建设与改革，进一步发挥平台学院功能。中德学院与汽车学院、机械与能源工程学院和电子与信息工程学院分别签署合作协议。中德工程学院、中德校园顺利通过德国联邦教研部的评估。中意学院成功转型，逐步建设学院文化；与意大利高校、企业、相关政府机构的合作；初步焕活运筹楼空间。

外籍专家喜获多项奖项，硕果累累助推学科发展。持续加大国际化引智力度，提升对境外教师吸引力，强化精细化服务，学校外籍专家喜获多项奖励。学校名誉教授、人工智能领域著名科学家、德国工程科学院院士奥托·海因里希·赫尔佐格，土木工程专业雅典科学院院士、欧洲科学院院士、欧洲科学与艺术院院士贝斯科斯当选中国工程院外籍院士。学校建筑与城市规划学院教授奥托·海因里希·赫尔佐格、同济大学附属东方医院中德东方魏尔啸联合病理研究所德方所长曼弗雷德·迪特获2021年上海市白玉兰纪念奖。学校名誉教授布鲁斯·瑞特曼获得2020年度唯一的上海市科学技术合作奖;学校特聘教授马克·汉弗莱(Mark G. Humphrey)当选2021年度欧洲科学院院士;设计创意学院助理教授丹尼尔·格拉夫(Daniel Graff)的论文获2020年度《设计研究》最佳论文;设计创意学院教授奥多·西比克获Design Shanghai Picks特别大奖。

新设立校级"同济大学外国青年人才引进计划"及"同济大学海外名师计划"。2021年度成功获批科技部"生物医用高分子纳米材料临床转化学科创新引智基地"。2021年共申报科技部外国专家项目62项,包括"一带一路"创新人才交流外国专家项目、高端外国专家引进计划、外国青年人才引进计划等,获批57项。

应对疫情防控常态化新形势,多措并举实现学生结构国际化。主动对接,多部门协同发力,助推师生赴国际组织实习和任职,助力学校国际化高层次人才培养。上半年,学校获批教育部人文交流中心"高层次国际化人才培养创新实践基地"、下半年成立"中欧高素质工程人才全球胜任力培训中心";邀请国际组织(含政府间国际组织、境外非政府组织、跨国大型企业)代表为师生作讲座、授课。本年度累计19名学生获得赴国际组织实习录取通知。

针对港澳台学生,构建1个国情教育教学模块,建设"中国历史概论""中国文化概论"和"中国科技与社会"国情教育课程,其中两门获得"沪港大学联盟-港澳台学生国情教育精品课程"。

加强国际传播能力建设。搭建平台,立体传播,讲好中国故事。2021年度恰逢中国共产党建党100周年,对中国、对同济大学怀着深厚情感的5位外籍专家参加科技部举办的"庆祝中国共产党成立100周年,100名国际友人寄语中国"视频征集展示活动,这些视频是芬兰索达曼教授(Yrjo Sotamaa)的《见证中国设计教育的十年飞跃》;芬兰苏雅默教授(Jarmo Suominen)的*In / With / For China*;联合国前副秘书长、德国克劳斯·托普弗教授(Klaus Toepfer)的致辞;德国魏德曼教授(Jochen Wiedemann)的《上海——我的第二故乡》;荷兰埃里克·科内尔(Erik Jan Cornel)博士的《埃里克·科内尔在同济》,视频讲述了他们与中国、与同济一起奋斗和创新的故事,并通过多种途径宣传报道。

(卜恒春)

【与德国达姆施塔特工业大学视频工作会议举行】 1月13日,副校长吴志强与德国达姆施塔特工业大学副校长延斯·施奈德(Jens Schneider)视频连线,就两校合作事宜进行交流。

双方就两校战略伙伴关系的现状与未来、技术转移战略、对初创企业的支持、共同开发线上课程、举办线上"同济日"活动等内容交换了信息。此外,双方约定定期开展线上工作会议,有效推进各项合作事宜。

【与都灵理工大学举行战略合作伙伴线上视频会议举行】 1月15日,同济大学与都灵理工大学举行战略合作伙伴线上视频会议,中意双方聚焦师生互学互访与学科领域国际合作拓展,共商面向未来的中意教育发展新思路。

会上,雷星晖副校长就两校的整体合作进行了回顾和展望,都灵理工大学副校长博明凯(Michele Bonino)副校长对此予以积极反馈。双方均强调了两校合作的重要性以及数十年来取得的人才培养成果,期许共同推动同济大学与都灵理工大学的全面合作进入新阶段。

【召开同济大学外事工作会议】 1月19日,学校召开外事工作会议,以"新形势·新任务·新突破"为主题,全面回顾"十三五"国际化办学成就,谋划部署"十四五"国际交流与合作,努力构建后疫情时代高等教育对外开放的新格局。会上下发了《同济大学国际交流"十四五"专项规划(讨论稿)》和《同济大学加快推动新时代教育对外开放的若干意见(讨论稿)》,听取与会人员意见。

德国学术交流中心(DAAD)秘书长吕兰特、教育部国际合作与交流司副司长、一级巡视员方军发来视频致辞,上海市人民政府外事办公室副主任刘光勇、上海市教育委员会副主任李永智、校党委书记方守恩和校长陈杰出席会议并讲话,常务副校长伍江主持。在校校领导、学校职能部门和直属单位主要负责人、各学院主要负责人出席会议。会议还收到了来自世界各地近50所合作高校、联盟伙伴、驻外使领馆和相关上级单位通过视频方式发来的祝福。

【澳大利亚悉尼大学中国中心代表团来访】 3月26日,副校长娄永琪会见了来访的澳大利亚悉尼大学(The University of Sydney)中国中心主任宓迈克(Michael Milne)和执行副主任邓朱迪(Judy Deng)一行。航空航天与力学学院、法学院、经济与管理学院、建筑与城市规划学院、电子与信息工程学院、艺术与传媒学院和外事办公室相关负责人参加。

【同济大学中德汽车联合研发中心启动】 4月21日,作为同济大学对德合作新平台之一的同济大学中德汽车联合研发中心,继2019年10月成立后正式启动。联合研发中心主要围绕汽车学科中"能源与动力转型、材料与结构转型、信息与智能转型、人机关系转型"的核心主题,努力建设成为具有世界一流水平和影响力的中德汽车前沿科学研究和核心技术开发的中心、高层次人才的聚集地、高科技成果的发源地和高水平国际交流的窗口。

德国驻上海总领事馆领事、科技处处长、经济处副处长孔瑞超(Richard Cuntz),德国学术交流中心(DAAD)秘书长凯·西克斯(Kai Sicks),德国布伦瑞克工业大学校长卡提亚·科赫(Katja Koch),同济大学校长陈杰、副校长雷星晖以线下或线上方式出席联合研发中心启动会,并分别致辞。

启动会上,还举行了联合研发中心2个新教席教授聘任签约仪式。这2个新教席分别为莱茵金属新型动力系统教席、保时捷汽车控制与网联自动驾驶教席。

【与英国谢菲尔德大学召开线上会议，续签校际合作协议】 5月6日，学校与英国谢菲尔德大学（University of Sheffield）在线召开合作讨论会。娄永琪副校长与谢菲尔德大学外事副校长马尔科姆·巴特勒（Dr. Malcolm Butler）代表两校续签校际合作协议。

【与德国达姆施塔特工业大学召开线上合作讨论会，共商即将举行的线上“同济日”活动】 5月10日，副校长娄永琪与德国达姆施塔特工业大学副校长延斯·施奈德在线召开合作讨论会。中德学院、汽车学院、环境科学与工程学院、研究生院和外事办公室代表参加了会议。

会上，双方就6月即将举行的线上“同济日”活动的相关筹备工作进行了协商，希望通过此次活动进一步加强双方间的战略伙伴关系。

娄永琪表示，同济大学愿意与达姆施塔特工业大学一起引领人工智能、绿色发展领域的科研合作，共同建设一个国际化联合研究、跨学科交叉、国际化人才培养的开放体系。施奈德表示，达姆施塔特工业大学与同济大学有超过40年的合作伙伴关系，两校已在环境、建筑、城市规划、土木、材料、物理、机械、汽车、职业教育、经济与管理、人文等领域有着深厚的合作基础，相信双方一定能在未来取得更加丰硕的合作成果。双方达成一致意见，将在6月举行的线上“同济日”活动中签署相关合作协议。

【与德国慕尼黑工业大学召开线上合作讨论会，续签校际合作协议】 5月12日，学校与德国慕尼黑工业大学在线召开合作讨论会。副校长娄永琪与慕尼黑工业大学高级副校长尤丽安娜·温克曼（Juliane Winkelmann）分别代表两校续签校际合作协议。

会上，双方互相介绍了两校近期最新的发展动态和战略目标。娄永琪表示，同济大学与慕尼黑工业大学在未来发展战略上有许多共通之处，建议通过人工智能赋能各个学科领域的方式来促进双方跨国、跨校、跨学科的科研合作，同时结合上海的城市发展战略，以同济大学校园为试验区，开展新型城市建设的原型建设，为人类城市化进程中遇到的全球性挑战提供解决方案。温克曼表示，慕尼黑工业大学与同济大学在电子与信息工程、建筑与城市规划、汽车、经济与管理、测绘与地理信息、人文领域均有着良好的合作基础，十分期待与同济大学在未来开展更深入、广泛的学术交流与合作。

【中德工程学院和中德校园项目评估会在线举行】 5月12日，同济大学中德工程学院和中德校园项目评估会在线举行，校长陈杰、副校长雷星晖出席会谈。此次会谈是德国联邦教育与研究部委托德国学术交流中心（DAAD）对其资助的同济大学中德工程学院及中德校园项目进行例行评估的重要组成部分。德方评估小组成员包括德国航空航天中心项目管理主任克里斯蒂安·甘泽尔（Christian Ganseuer）、德国工商大会上海职业培训部主任白丽塔（Britta Buschfeld）、维尔茨堡大学副校长费多丽（Doris Fischer）、汉堡应用科技大学教授莱茵哈德·福乐（Reinhard Völler）及卡尔斯鲁厄应用科技大学教授迪特·霍普菲尔（Dieter Höpfel）。德国学术交流中心、学校中德工程学院及外事办公室代表参加了会谈。

会上，陈杰感谢各位专家对评估工作的辛勤付出，肯定了中德工程学院为学校对德合作交流及探索中国应用科技大学的办学模式发挥的重要作用。他表示，以实践为导向的工程教育是对中国本科教育的重要补充，中德工程学院18年来的办学成果、学生培养质量得到了中外高校和中德企业的广泛认可，培养了一大批符合中德双方工业界需求的人才。陈杰也肯定了中德校园项目对于促进同济大学校内各对德机构之间的合作、提高同济大学对德合作的展示度和知名度所作出的贡献。

【为同济生日献祝福：中法交流合作沙龙成功举行】 5月19日下午，同济大学114周年校庆系列活动之一，中法交流合作沙龙在同济大学中法中心举行。同济大学副校长娄永琪教授、巴黎高科驻华主任劳拉·维来特（Laura Villette）、里昂国立应用科学学院驻华代表叶丹以及多个学院和部门的教师、中法学院校友代表参加了活动。

娄永琪在致辞中指出，同济大学一直十分重视国际合作，也是中国对欧合作最紧密的高校。后疫情时代，全球经济面临重大转型，逆全球化的思潮露出端倪，但与此同时国际合作在新的经济形式下扮演着重要的角色，我们应当在相互交流和理解的基础上，发挥人类共同的创造天性，为世界创造新的价值。

本次中法交流合作沙龙由中法工程和管理学院发起，邀请全校所有具有对法合作经验或意愿的教师参加。活动得到外事办公室及校内三十余个学院和部门的支持。

【同济大学名誉教授获2020年唯一上海市国际科技合作奖】 5月25日，2020年度上海市科学技术奖今日揭晓，学校名誉教授、同济大学国际科学家工作室外方主任布鲁斯·瑞特曼喜获唯一上海市国际科技合作奖。

布鲁斯·瑞特曼为美国工程院院士、美国科学促进会会士、国际水协会会士、亚利桑那州立大学校董教授，是环境工程领域特别是水处理研究方面的国际著名专家及权威学者。

【与德国德累斯顿工业大学召开线上合作讨论会】 5月26日，副校长娄永琪与德国德累斯顿工业大学（Technische Universität Dresden）首席技术转移及国际化总监罗纳德·泰茨拉夫（Ronald Tetzlaff）在线召开合作讨论会，以加强两校在智能科技以及绿色发展领域的科研合作，并在此基础上促进双方高层次人才的联合培养。学校中德学院、机械与能源工程学院、汽车学院、环境科学与工程学院、研究生院及外事办公室代表参加会议。

娄永琪表示，人工智能赋能传统学科已成为高等教育和科技创新的最新发展趋势，后疫情时代的世界将更加注重人与自然的和谐相处。在这方面，同济大学勤于探索、勇于领跑，已经制定了详细的规划方案，希望能够同德累斯顿工业大学一起强强联合，共同为全球性挑战提供解决方案。对此，泰茨拉夫十分赞同，并表示德累斯顿工业大学与同济大学在相关科研领域有许多契合点，合作前景广阔。双方就更新续签校际合作框架协议，以及签署相关科研合作协议达成初步共识。

【与德国卡尔斯鲁厄理工大学召开线上合作讨论会】 5月31日，副校长娄永琪与德国卡尔斯鲁厄理工大学（Karlsruhe Institute of Technology）副校长托马斯·赫尔特（Thomas Hirth）在线召开合作讨论会，学校中德学院、外事办公室代表参加会议。

会上，双方就非学位学生交流、机械领域双学位项目、先进制造技术中心（AMTC）、中德汽车联合研发中心（CDZA）以及中德政府在中国制造2025与德国工业4.0合作框架下的首个启动的科技合作项目“I4TP”等合作项目进行了信息交换和意见交流。随后，与会双方共同梳理了未来合作的重点：进一步促进建筑土木、能源环境、化学工程、电气工程、生物工程以及人工智能领域的联系与合作；积极拓展两校与企业间的三方合作项目（如联合实验室）；合力加强两校的知识转化和技术转移能力，让广大社会从科技进步中收益更多。最后，双方就签署相关科研合作协议达成初步共识。

【与德国柏林工业大学召开线上合作讨论会】 6月4日，副校长娄永琪与德国柏林工业大学（Technische Universität Berlin）副校长安格拉·伊特尔（Angela Ittel）在线召开合作讨论会，学校经济与管理学院、机械与能源工程学院、研究生院、外事办公室代表参加会议。

会上，娄永琪表示，同济大学与柏林工业大学自1995年签署首个校际合作框架协议以来，在建筑城规、经济管理、机械工程等领域开展了形式多样、内容丰富的合作。2020年，两校更新了校际协议，正式将双方的合作关系升级为战略伙伴关系。2021年，柏林工业大学受邀成为学校第四届校董会的职务校董，进一步加强了两校在战略层面的信息共享。伊特尔教授感谢同济大学的邀请，表示非常高兴代表柏林工业大学出席了学校第四届校董会第一次全体会议。

【同济大学与德国达姆施塔特工业大学庆祝两校伙伴关系40年十——“2021年线上同济日”隆重举行】 学校与德国达姆施塔特工业大学（Technische Universität Darmstadt）共同举办的“2021年线上同济日”活动于6月8日正式揭开帷幕。达姆施塔特工业大学校长塔妮娅·布吕尔教授（Tanja Brühl）、副校长延斯·施耐德教授（Jens Schneider）、物理学教授盖尔哈特·塞斯勒（Gerhard Sessler）、德国学术交流中心（DAAD）秘书长凯·西克斯博士（Kai Sicks）、博世力士乐（Bosch Rexroth）人力资源高级副总裁迪克·多伊斯特先生（Dirk Deuster）以及学校党委书记方守恩、副校长雷星晖、娄永琪出席开幕式并分别发言。

布吕尔与方守恩分别代表达姆施塔特工业大学和同济大学签署了关于在智能科技和绿色发展领域开展科研合作的谅解备忘录。两校将在此备忘录的框架下依托在众多领域的现有合作基础，充分发挥多学科交叉、多技术集成、多单位协同的优势，承担重大需求科研任务，成长为国际学术高地。

【与德国亚琛工业大学在线召开合作讨论会】 6月10日，副校长娄永琪与德国亚琛工业大学（RWTH Aachen）副校长乌特·哈博尔（Ute Habel）在线召开合作讨论会。中德学院、汽车学院、土木工程学院、研究生院、外事办公室代表参加会议。

娄永琪首先感谢亚琛工业大学在2020年新冠肺炎疫情暴发之初致信学校给予慰问、鼓励和支持。他表示，两校自2006年建立合作伙伴关系以来，一直保持着积极活跃的人员交流，双方的师生通过交流互访加深了彼此的了解和信任，建立了广泛且深厚的合作基础。下一步，希望双方可以加强科研领域的互动和合作。对此，哈博尔表示赞同，并指出两校应当创造更多机会让双方的学者互相交流、切磋，在智慧的碰撞中产生协同创新的火花。

【与德国波鸿鲁尔大学在线召开合作讨论会】 6月25日，校长陈杰与德国波鸿鲁尔大学（Ruhr-Universität Bochum）校长阿克塞尔·施美里希（Axel Schölmerich）在线召开合作讨论会。副校长娄永琪、中德学院、机械与能源工程学院、外事办公室代表参加会议。

会议上，陈杰首先回顾了两校长达40余年的伙伴关系。展望未来，陈杰希望两校能够进一步加强在跨学科科研和跨学科高端人才培养方面的合作，尤其是在智能科技和绿色发展等领域。

施美里希表示波鸿鲁尔大学十分重视与同济大学的战略合作伙伴关系。面对当今世界面临的主要挑战，如气候变化和环境保护，各个国家必须携手合作才能共同应对。波鸿鲁尔大学也想为此贡献一份力量，而同济大学是他们在跨国合作中的不二之选。另外，施美里希望双方继续加强年轻学者的交流与合作，为中德两国的未来培养互信互助的中坚力量。

随后，与会双方就未来合作具体内容进行了细节商讨，并就签署相关合作协议达成初步共识。

【校长陈杰会见图灵奖获得者约翰·霍普克罗夫特教授】 6月25日，校长陈杰在四平路校区亲切会见了图灵奖获得者、中国政府友谊奖获得者、中国科学院外籍院士约翰·霍普克罗夫特（John Hopcroft）教授。

陈杰表示，霍普克罗夫特教授发起的“高校计算机专业优秀教师奖励计划”，对推动中国高校计算机本科专业课程建设和提高课堂教学质量起到了积极作用，通过奖励优秀授课教师，引导高校教师潜心投入本科教学，改革和探索教学方法，从而推动中国计算机专业本科教学质量的整体提升。本科教育是大学教育的根本，建设高水平本科教育对实现新时代“双一流”大学内涵式发展有着重要意义。

【与奥地利格拉茨工业大学在线召开合作讨论会】 6月30日，校长陈杰与奥地利格拉茨工业大学(Technische Universität Graz)校长哈拉德·凯恩茨(Harald Kainz)在线召开合作讨论会。副校长娄永琪、外事办公室代表参加会议。

陈杰指出，同济大学在2021年1月召开外事工作会议，全面回顾同济大学“十三五”国际化办学成就，谋划部署“十四五”国际合作与交流。面向“十四五”，学校将紧密围绕国家和区域发展战略，发挥学校国际合作特色传统和优势，继续深化对德语国家的合作，升级相关合作战略，强化跨学科的科研合作和高端人才联合培养。他强调，格拉茨工业大学是学校重要的战略合作伙伴，也是在奥地利的唯一战略合作伙伴，希望双方在未来不断深化合作，共同搭建跨国界、跨学科、开放多元的科研和人才培养平台。

凯恩茨感谢同济大学对格拉茨工业大学的重视和支持。他表示格拉茨工业大学非常愿意与同济大学开展面向未来的、多领域、跨学科的科研与人才培养合作。凯恩茨还指出，格拉茨工业大学不仅与同济大学拥有良好的合作基础，且在奥地利国内多个前沿科技领域发挥领头羊作用。

【副校长娄永琪参加环太平洋大学联盟新成员欢迎会】 7月8日，副校长娄永琪代表学校参加环太平洋大学联盟(Association of Pacific Rim Universities, APRU)召开的新成员欢迎会(Orientation for New APRU Members)，与联盟秘书处作充分交流，校发展规划部和外事办公室相关代表参加会议。

娄永琪介绍了学校的基本概况、国际化进程和发展近况。他表示，国际化是同济大学的办学特色。近年来，学校聚焦学科发展，以人工智能赋能传统学科，打造绿色可持续发展学科生态系统，积极践行大学人才培养的教育责任、科学研究的创新责任及社会发展的服务责任。

联盟秘书长楚明伟(Dr. Christopher Tremewan)对同济大学的加入表示欢迎。秘书处介绍了联盟机制、相关活动以及计划于2021年8月召开的校长年会。与学校同期入会的中山大学校领导作了介绍交流，南京大学分享了与联盟合作的各项活动和最新的国际化战略。

【德国工程科学院院士奥托·海因里希·赫尔佐格受聘为同济大学名誉教授】 7月10日，德国工程科学院院士、国际人工智能领域著名科学家奥托·海因里希·赫尔佐格受聘为同济大学名誉教授。校党委书记方守恩为赫尔佐格院士颁发同济大学名誉教授聘书，为他佩戴同济大学校徽。中国工程院院士、原副校长、中德学部主任吴志强，校党委副书记彭震伟出席授证仪式。

【以色列驻上海总领事访问学校】 7月13日，副校长娄永琪会见了来访的以色列驻上海总领事爱德华(Edward Shapria)、副总领事茉馨(Mor Ben Moshe)代表团一行。联合国环境署—同济大学环境与可持续发展学院、建筑与城市规划学院、设计创意学院和外事办公室相关负责人参加会谈。

爱德华介绍了以色列的高等教育体系。他表示，以色列是一个教育大国，希望以色列大学和学校在多个领域展开合作。

娄永琪介绍了同济大学的办学历史、发展近况和国际化情况。他表示，国际化是同济大学的办学特色。近年来，学校聚焦学科发展，以人工智能赋能传统学科，打造绿色可持续发展学科生态系统，以创新驱动引领，以助力城市现代化建设为出发点，主动对接国家重大需求，与祖国同行，以科教济世。

【与德国布伦瑞克工业大学签署科研合作谅解备忘录】 7月15日，副校长娄永琪与德国布伦瑞克工业大学(Technische Universität Braunschweig)副校长彼得·海克尔(Peter Hecker)在线召开合作讨论会，学校中德学院、机械与能源工程学院、电子与信息工程学院、汽车学院、环境科学与工程学院和外事办公室代表参加会议。

娄永琪与海克尔分别代表同济大学和布伦瑞克工业大学签署了关于在智能科技和绿色发展领域开展科研合作的谅解备忘录。

【副校长雷新晖、娄永琪线上参加环太平洋大学联盟2021年校长年会】 8月25—27日，环太平洋大学联盟在线召开主题为“大学共同塑造新常态”(Shaping the New Normal in Higher Education)的2021年校长年会(Annual Presidents' Meeting 2021)。副校长雷星晖、娄永琪参加系列会议，围绕大学重新定义、重塑其社会责任和联盟作为平台网络为社会发展作出贡献等内容，与成员高校作充分交流。

【同济大学两位外籍教授荣获2021年上海市“白玉兰纪念奖”】 9月15日，2021年上海市“白玉兰纪念奖”颁授仪式举行，来自15个国家的50位杰出外籍人士获此殊荣。同济大学两位外籍教授榜上有名，分别是同济大学名誉教授、德国工程科学院院士奥托·海因里希·赫尔佐格，同济大学附属东方医院中德东方魏尔啸联合病理研究所德方所长曼弗雷德·迪特。

【副校长娄永琪参加第18届世界法语大学联盟(AUF)全员大会开幕仪式】 9月21日晚，第18届世界法语大学联盟(AUF)全员大会开幕仪式在罗马尼亚举行。副校长娄永琪线上出席开幕仪式。

罗马尼亚布加勒斯特理工大学校长米赫内亚·科斯蒂乌(Mihnea Costiu)先生代表大会承办方致欢迎辞。世界法语大学联盟主席索林·肯佩亚努(Sorin Cimpeanu)先生、执行主席斯利姆·卡尔布(Slim Khalbous)先生先后致辞，对所有参会者表示感谢，对AUF成立60年来的发展历史进行了回顾。罗马尼亚总统顾问塞尔吉·尼斯特尔(Sergiu Nistor)先生宣读了罗马尼亚总统克劳斯·约翰尼斯(Klaus

Iohonnis)先生的贺信,法语国家组织(OIF)秘书长路易丝·穆希基瓦博(Louise Mushikiwabo)女士和欧盟委员会代表玛丽亚·加布里埃尔(Mariya Gabriel)女士先后致辞,对第18届世界法语大学联盟全员大会的成功举办表示祝贺,并期待大会取得丰硕成果。之后,AUF执行主席斯利姆·卡尔布(Slim Khalbous)先生作过去四年的AUF工作报告,介绍了《法语世界科学行动白皮书》和2021—2025年AUF发展战略等。

本次全员大会期间选举产生了新的AUF主席和新一届理事会成员,并举行了法语国家高教研究部长会议、"法语世界科学周"、AUF成立60周年系列庆祝活动。

【奥地利驻上海总领事蓝海睦先生一行来访】 10月18日上午,奥地利驻上海总领事蓝海睦先生(Helmut Rakowitsch)与副领事瓦格纳女士(Alexandra Wagner)访问学校。校长陈杰在逸夫楼会见了总领事一行。副校长雷星晖、娄永琪、土木与工程学院袁勇教授和汽车学院周苏教授等陪同会见。

陈杰对蓝海睦总领事一行的到来表示欢迎,他表示,同济大学长期以来与奥地利高校和企业开展丰富的合作,目前已和11所奥地利高校建立有校级或院级的伙伴关系,其中,格拉茨工业大学是学校的战略合作伙伴。

蓝海睦在回应中表示,同济大学是他2021年6月上任以来访问的第一所中国高校。他很高兴看到同济大学与格拉茨工业大学、维也纳工业大学、AVL李斯特公司等开展了成果丰硕的合作。

【学校与美国加州大学伯克利分校在线召开合作会议,续签"3+1+1"本硕项目协议】 10月19日,同济大学与美国加州大学伯克利分校(University of California, Berkeley)两校在线召开合作会议,加州大学伯克利分校副校长丽莎·阿尔瓦雷斯-科昂(Lisa Alvarez-Cohen)与学校副校长娄永琪出席。双方代表续签合作协议,吹响第二个十年合作的新号角。学校土木工程学院、交通运输工程学院、环境科学与工程学院、设计创意学院和外事办公室相关代表参加会议。

在娄永琪和丽莎·阿尔瓦雷斯-科昂的见证下,双方代表正式续签"3+1+1"合作协议,标志新的十年合作正式启航。

【法国驻上海总领事纪博伟先生一行来访】 10月19日上午,法国驻沪总领事纪博伟(Benoît Guidee)先生、教育领事白丽娜(Séverine Boue)女士一行来访学校,与副校长娄永琪举行工作会谈。外事办公室、设计创意学院代表陪同会见。

娄永琪对纪博伟总领事一行来访表示欢迎,感谢法国驻沪总领馆长期以来对学校对法合作交流工作的大力支持,希望其今后继续支持学校开展更多对法、对欧创新项目。纪博伟总领事表示,同济大学在国际合作方面取得的成果有目共睹,而且是上海地区开展对欧合作最紧密的中国高校,非常愿意支持同济大学发起和倡议的各类合作项目。双方就支持上海设计周和中法设计周、合作策划中法互派设计师项目和中欧学术研讨会等重要议题进行了深入探讨,并随即成立工作组,以制定项目方案并负责推进落实。

【德国驻上海总领事贺德满先生一行来访】 10月19日下午,新任德国驻上海总领事贺德满先生(Pit Heltmann)率代表团一行5人访问学校。校长陈杰在逸夫楼会见了贺德满总领事一行。副校长雷星晖、副校长娄永琪等陪同会见。

陈杰对贺德满总领事一行的到访表示欢迎,并指出同济大学作为对德交流窗口,始终以促进中德两国友好,加强中德文化交流、科教合作作为学校的特色及重要任务之一。面向未来,同济大学还将进一步巩固对德合作的传统优势,进一步拓展对德合作交流的深度与广度,希望德国驻上海总领事馆能在未来继续对同济大学的对德合作事业提供支持与帮助。

贺德满在回应中表示,他对同济大学在对德合作方面取得的卓越成绩早有耳闻,非常荣幸有机会亲自来访,实地了解同济大学在相关领域的最新发展动向。他期待同济大学在未来继续深化对德合作,鼓励中德青年人才开展更多的交流与互动,促进两国友好关系向前发展。

作为此次访问的最后一个环节,贺德满总领事在中德大楼作了题为"德国大选后的中德关系"的报告,同来自学校德国研究中心和中德人文交流研究中心的听众就中德经济关系、中德人文交流、疫情下中德民间人员交流前景、欧盟及欧洲一体化前景、欧盟的国际角色、欧美关系等话题进行了交流与探讨。

【同济大学中德学部指导委员会第十二次会议成功召开】 11月9日下午,同济大学中德学部指导委员会第十二次会议在逸夫楼与线上平台同时召开。中国教育部国际合作与交流司副司长方军、中国外交部欧洲司三处处长周敏、中国科技部国际合作司欧洲处处长石玲、中国国家留学基金委副秘书长田露露、德国学术交流中心秘书长兼中德学部副主席凯·西克斯(Kai Sicks)、德国驻上海总领事贺德满(Pit Heltmann)、德国联邦教研部国际事务司司长福里约夫·麦讷(Frithjof A. Maennel)、德国研究联合会国际合作局副局长顾英莉(Ingrid Krüßmann)以及来自德国伙伴高校和中德企业界的指导委员会成员出席会议。校党委书记方守恩出席会议并致辞。副校长雷星晖、娄永琪参加会议。中德学部指导委员会秘书长吴志强主持会议。

作为会议的重要议程之一,吴志强代表中德学部主任委员会汇报了中德学部2020/2021年工作总结与2021/2022年工作计划。

指导委员会审阅了关于中德学部分支机构(中德学院、中德工程学院与职业技术教育学院、德国研究中心、中德校园、中德机械工程中心、中德汽车联合研发中心、中德经济与管理研究院和中德智能科学与技术研究中心)

的2020/2021年工作汇报与2021/2022年工作计划；由于职务变动，指导委员会一致同意由同济大学副校长雷星晖担任中德学部主任。

【外籍教授受邀参加“外国人才在上海”国际沙龙开幕活动】 11月12日，学校苏雅默(Jarmo Suominen)教授受邀参加“外国人才在上海”国际沙龙开幕活动。该活动由上海市科学技术委员会(上海市外国专家局)指导，上海市研发公共服务平台管理中心(上海市外国人来华工作服务中心)主办。以“爱上海的理由，我与上海共发展”(Love Shanghai for a Shared Future)为主题，邀请来自十多个国家的三十余名在沪外国专家共同参加了这场申城金秋时节的“智慧”盛宴。

【同济大学第九届德国周成功举办】 11月15—21日，同济大学第九届德国周成功举办。德国周系列活动由中德学部发起，由中德学部中德校园组织举办，为期一周，包含了展览、讲座、文化研讨会、企业参观、朗读大赛等20个形式多样的活动，获得了众多校内外中德合作伙伴机构和企业的支持，吸引了近千人次的参与。

此外，德国周也通过一系列线上讲座、企业参观等活动带领师生们了解德国经济的隐形冠军、德国足球以及德奥留学的方方面面。在“听见你的声音”——第三届上海高校德语朗读大赛决赛中，同济大学土木工程学院的本科学生蒋沃林斩获冠军。

【学校与德国汉诺威大学在线召开合作讨论会】 11月16日，副校长娄永琪与德国汉诺威大学(Leibniz Universität Hannover)副校长克里斯蒂娜·冯哈伦(Christina von Haaren)在线召开合作讨论会。

会上，娄永琪介绍了同济大学最新发展动向，重点强调学校将以强势学科为基础，以机制建设为手段，促进跨学科、跨国界的高层次人才培养和科技创新。娄永琪指出，城市发展蒸蒸日上，社会需求日新月异，为了更好地应对全球性挑战，大学必须打破传统学科间学科壁垒，突破不同文化间的隔阂，调和科技创新与社会需求之间的错位。为此，他希望与汉诺威大学在未来开展更多以科研为导向的人才交流与科研合作，携手并进，为上海和汉诺威的城市发展提供助力。

对此，冯哈伦表示十分赞同并指出，两校在土木工程、机械工程、哲学和法学等领域均有合作，建议从这些领域开始加深合作。此外，汉诺大学为迎接2031年的200周年校庆，正在积极开展可持续校园建设，希望能与同济大学在未来加强这一领域的互动与交流。

【同济大学两位教授当选中国工程院外籍院士】 中国科学院、中国工程院2021年院士增选名单11月18日正式揭晓，同济大学建筑与城市规划学院奥托·海因里希·赫尔佐格教授、土木工程学院贝斯科斯教授当选中国工程院外籍院士。

【上海德国外籍人员子女学校董事长及校长一行访问同济大学】 12月7日，上海德国外籍人员子女学校(以下简称上海德国学校)董事长杜布拉芙卡温娜(Dubravka Wenner)博士和校长苏珊娜·霍斯(Susanne Hess)女士一行人访问同济大学。校长陈杰会见了代表团一行，副校长娄永琪和外事办公室代表陪同会见。双方就在未来开展毕业生求学指导、外籍专家子女服务等合作交换了意见，并达成了初步合作共识。

【中国驻法国使馆前公使衔教育参赞马燕生来访】 12月9日，中国驻法国使馆前公使衔教育参赞马燕生先生来访学校，与学校党委副书记彭震伟举行工作会议，并先后参加“外语学科建设与高层次国际化人才培养座谈会”“高层次国际化人才培养学生座谈会”“高层次国际化人才培养教师座谈会”3场座谈会。

在工作会谈中，彭震伟向马燕生介绍了学校师生在国际组织实习和任职的总体情况以及同济大学对国际组织人才培养工作的思考和实践，马燕生对学校相关工作的开展和成果的取得表示赞赏，建议学校充分利用学校理工科强的背景优势，培养专业复合、语言复合的“双复型”国际化人才，向国际组织(包括政府间国际组织、非政府国际组织、跨国大企业等)输送更多具有国际胜任力的优秀人才。

马燕生向学校外国语学院的师生代表就外语专业学科的定位、外语学科建设对于国际化人才培养的重要作用、高层次国际化人才的必备素养、公共外语的综合教学改革等提出了自己的建议。

【“青春聚力‘十四五’同心筑梦新征程”线上座谈会】 3月8日，学校港澳台事务办公室组织部分澳门籍学生参加由中央政府驻澳门特区联络办公室北京联络部举办的“青春聚力‘十四五’同心筑梦新征程”座谈会。澳门全国人大代表何敬麟、施家伦，澳门全国政协委员孙恩光、吴志良与来自北京、天津、上海、江苏等高校的120多名澳门学生以视频会议形式进行座谈。10多所内地高校教师及澳门特区驻京办、中央政府驻澳门特区联络办公室教育与青年工作部有关负责人参加座谈。

座谈会上，与会嘉宾、高校教师和学生围绕澳门在国家十四五规划和2035年愿景目标中的战略定位、中央支持澳门发展的政策措施、粤澳合作前景、青年人成长成才以及澳门人大代表、政协委员产生办法和履职形式等话题座谈交流，共同探讨并思考澳门特区在融入国家发展大局、实践“一国两制”进程中如何进一步发挥积极作用。此外，会议传达了全国两会精神，帮助师生正确理解人民代表大会制度和政治协商制度，了解国家和澳门经济社会发展，树立爱国爱澳情怀。

中央政府驻澳门联络办、北京联络部、澳门特别行政区驻京办有关人员共同出席本次活动。

【在校港澳台学生文化实践考察活动之“走进嘉定，探访传统文化公共空间”顺利举办】 5月15日，在校港澳台学生文化实践考察活动之“走进嘉定，探访传统文化公共空间”顺利进行。本次活动由学校港澳台事务办公室主办，同济大学学生会国际与港澳台学生事务项目组承办。港澳台学生《中国文化概论》课程授课老师、人文学院朱崇志教授与近20名2020级港澳台同学一同走访传统文化公共空间，细数殿庙楼阁的文化符号。

【港澳台学生文化实践考察系列活动之“探访杨浦滨江公共空间”顺利举行】 6月19日，在校港澳台学生文化实践考察系列活动之“探访杨浦滨江公共空间”顺利举行。本次活动特别邀请参与杨浦滨江设计的同济原作设计工作室秦曙设计师为同学做现场讲解。

【澳门科技大学副校长林志军教授一行来访】 7月14日上午，娄永琪副校长接待了来自澳门科技大学副校长林志军教授一行二人来访，学校港澳台办、教学质量办公室和教师工作部负责人及代表出席了会谈。

娄永琪向来宾介绍了学校基本情况、学科发展特点、国际化进程等；林志军副校长介绍了澳门科技大学的发展历史、学科发展以及该校在教育质量保障方面的做法等。双方初步达成建立框架合作意向，今后在设计、海洋、法律等领域搭建科研合作平台，推动两校师生学术交流。随后，双方就两校教育评估体系、教育认证、教学质量保障、教师培训以及合作培训等方面进行了交流。

【“秋日城市漫步”2021级港澳台学生迎新活动顺利举行】 9月25日，学校港澳台事务办公室与同济大学学生会学生综合素质发展中心联合举办了“秋日城市漫步”港澳台学生迎新活动，近二十位港澳台新生和志愿者一同参加活动。

【副校长娄永琪出席2021年沪港大学联盟年会(线上)】 12月22日上午，娄永琪副校长出席2021年沪港大学联盟年会线上活动。学校港澳台事务办公室负责人和学生处相关负责人出席了活动。

通过理事会会议表决，确定同济大学作为第三届理事会副理事长单位；娄永琪代表同济大学感谢沪港联盟成员高校对同济大学的信任和支持，同济大学将与沪港联盟高校共同推动沪港两地之间的师生交流，推进沪港两地高层次人才培养，做好沪港两地的人文交流，推动沪港两地优势学科做好对接，积极推动人文交流基础上的科研合作。

2021年度沪港联盟的主题是“疫情期间学生心理健康”，香港教育大学、香港理工大学、复旦大学及上海理工大学代表做了主题发言，成员高校代表参加了讨论。教育部港澳台事务办公室常务副主任舒刚波、香港中联办刘懋洲、香港教育局及上海市教委相关负责人出席了线上活动并致辞，沪港联盟高校近百位代表出席了线上活动。

（高珮）

【葡语片概况】 学校对葡萄牙及葡萄牙语地区合作高校共计3所。现有建筑城规、环境工程等科研项目合作。

截至2021年年底，与葡萄牙高等理工学院有效校际合作协议共2份。

2021年12月，葡萄牙驻上海总领事馆与同济大学、联合国教科文组织亚太地区世界遗产培训与研究中心(上海)(WHITRAP)合作举办了“文化遗产与城市风貌的中葡经验”研讨会。

12月，巴西驻沪总领馆乐思哲总领事(大使衔)(Gilberto Moura)及马安文(Mário Araújo)副总领事兼文化处主管等一行率团来访。

【“文化遗产与城市风貌的中葡经验”研讨会顺利举办】 葡萄牙驻上海总领事馆与同济大学、联合国教科文组织亚太地区世界遗产培训与研究中心(上海)(WHITRAP)合作举办了“文化遗产与城市风貌的中葡经验”研讨会。葡萄牙驻上海总领事伊萨瓦(Israel Saraiva)、同济大学副校长娄永琪、中葡文化遗产和城市历史风貌专家，以及年轻的建筑师、设计师和城市规划师一同参加了此次活动。研讨会在同济建筑设计集团举行。

【巴西驻上海总领馆乐思哲(大使衔)(Gilberto Moura)一行来访】 12月20日上午，巴西驻沪总领事乐思哲(Gilberto Moura)率团访问学校，校长陈杰会见了乐思哲一行。副校长娄永琪及外事办公室、建筑与城市规划学院负责人等参加会见。

（俞吉恩）

教育设施与保障

发展规划

【概况】 2021年8月28日，中共同济大学第十一届委员会第88次常委会议讨论决定，撤销发展规划部和学科建设办公室两个部门，成立发展规划与学科建设部，经过部门整合，进一步优化相关管理体制机制，形成合力，服务学科建设与学院发展。

聚焦"十四五"发展，全面完成学校五年规划的制定。进一步开展学校"十四五"规划的征求意见与修改，进一步统筹和衔接学校"十四五"总体规划、专项规划和院系规划，经过教育部组织专家评审、学校修改完善，学校党委全委会审议通过了《同济大学"十四五"发展规划和2035年远景目标纲要》，面向全校发文并向社会公布，并向教育部、上海市报备。编制相关校内实施计划，加强规划任务分解与发展状态监测，进一步推动总体规划、专项规划与学院规划实施。推动学校相关重大专项规划编制，进一步完善校区功能定位研究与校园建设总体规划编制，落实沪西校区控规方案编制，推进浙江学院转设与嘉兴校区筹建。

深化新时代教育评价改革，推进学校改革与政策研究落实。按照新时代教育评价改革要求，制定《同济大学贯彻落实〈深化新时代教育评价改革总体方案〉的工作清单》并报教育部备案。结合学校实际情况，推进学校、教师、学生等三个方面的评价改革，全面落实各项整改任务。完成对全校29家专业学院的"破五唯"具体方案及制度清理进展情况的检查，并督促整改到位。对学校五年以来的综合改革和校院两级管理改革进行全面总结，对32项改革任务进行逐一梳理，并召开同济大学综合改革与校院两级管理改革总结研讨会，进一步推进新发展阶段的学校综合改革。围绕学校长远发展、章程修订、学科专业调整、外部评价、资源配置、后勤管理等方面的重大问题，开展相关专题政策研究，深入推进学校相关工作。

加强统计与评估工作，深化数据分析与应用。进一步加强学校统计与数据管理，完成综合统计及相关专项统计工作，编制《同济大学统计资料汇编》，推进院校研究数据中心二期数据库建设，推动数据分析及应用。组织参加上海市高校分类评价以及相关第三方评价，保障学校在各类外部评价中取得进步，QS世界大学排名从256提升至211，US News世界大学排名从251提升至224，THE世界大学排名从401～500名提升至301～350，ARWU世界大学学术排名从201～300名提升至151～200名。跟踪与分析各类第三方评价，编制《同济大学社会影响力蓝皮书》，加强对学校发展状态的分析与研究；开展学院办学质量评估，编制《同济大学一流大学建设白皮书——学院办学质量绩效评估》。

服务学校发展大局，推进高等教育理论研究。发挥同济大学高等教育研究所及上海高校智库（同济大学教育现代化研究中心）作用，服务国家、上海及学校教育发展。翻译出版《院校研究手册》《院校研究的发展与应用》《美国高等教育规划与质量提升》《高校问卷调查研究方法与实践》等系列院校研究丛书，举办"院校研究与教育评价"学术研讨会暨中国高等教育学会院校研究分会2021年学术年会，引领国内院校研究发展。出版"同济教育研究"系列丛书，总结学校办学经验。编辑《发展动态》，提供校内外高等教育理论与实践前沿动态信息。加强高等教育研究，2021年获批国家自然科学基金、全国教育科学规划项目、教育部人文社科基金、上海市决策咨询项目、上海市教育科学等各类纵向项目近20项；发挥智库作用，服务教育部、上海市教委和学校各方面需求，参与教育部和市教委相关重要文件起草，参与学校教学、科研、人事、外事等相关工作理论与应用研究；相关成果获得全国教育科学成果奖。

【同济大学综合改革与校院两级管理改革总结研讨会召开】 4月13日，同济大学综合改革与校院两级管理改革总结研讨会召开，总结改革阶段性成果经验，共同探讨未来进一步深化改革的思路。校党委书记方守恩出席并讲话，校长陈杰主持会议。副校长娄永琪，各职能部门、各学院负责人出席会议。发展规划与学科建设部汇报了5年来学校综合改革总体情况、六大改革任务实施与取得的成效，以及下一步工作思路。本科生院、研究生院、科研管理部、人事处、财务处、资产与实验室处、文科办公室7个职能部门负责人，先后就本科人才培养与两级管理改革、研究生人才培养与两级管理改革、科研管理与两级管理改革、人事制度与两级管理改革、财务管理与两级管理改革、资产管理与两级管理改革、文科管理与两级管理改革作了发言；土木工程学院、交通运输工程学院、设计创意学院、上海国际知识产权学院负责人，先后就各自学院综合改革进行了交流。

【"高质量大学教育体系建设"校庆学术研讨会召开】 5月18日，同济大学高等教育研究所的师生们齐聚一堂，在同济大学迎来114年华诞之际，于逸夫楼113会议室召开了"高质量大学教育体系建设"校庆学术研讨会，共同回顾与展望了同济大学发展与改革的历程与未来，从学术的角度展开了对新时代高等教育研究前沿与热点的深入探讨。此次会议由高等教育研究所副所长张端鸿主持，中国成人教育协会副会长兼学术委员会主任江波、同济大学发展规划部部长兼高教所所长蔡三发以及高教所全体教师参与了这次研讨会并带来了自己最新的研究成果汇报。

【"院校研究与教育评价"学术研讨会举行】 7月10日至11日，由中国高等教育学会院校研究分会、同济大学共同举办的"院校研究与教育评价"学术研讨会暨中国高等教育学会院校研究分会2021年学术年会在上海召开。来自近200所高校和科研机构的400余名代表参加会议。会议由开幕式、会议主题报告、分论坛报告和会议闭幕式四部分组成，共计54场学术报告，各位报告人分享了在不同领域的最新学术成果与研究探索。

（姜洁）

【第一届交通与运载工程学科发展战略论坛举办】 3月27-28日，由同济大学、北京航空航天大学、清华大学等十三所国内高校共同发起，由同济大学承办的第一届交通与运载工程学科发展战略论坛在同济大学嘉定校区举办。来自中国工程院、中国国家铁路集团有限公司、同济大学等综合交通相关行业、高校等二十余名权威专家受邀出席本次论坛活动，并作精彩演讲。来自近百所高校逾300名交通与运载工程相关学科领域的学界、业界专家学者与会交流。首届论坛以"瞰前沿、聚共识、谋布局、求发展"为主题，历时一天半，聚焦交通与运载工程学科的内涵与外延、学科核心科学问题与科学难题、学科发展趋势研判及重大项目凝练等焦点议题展开研讨。

（杨博欣）

法律事务管理

【概况】 2021年，学校深入学习贯彻党的十九大、全国教育大会等会议精神，根据教育部《全面推进依法治校实施纲要》精神及要求，按照学校第十一次党代会确立的"与祖国同行，以科教济世，建设成为中国特色世界一流大学"发展愿景，紧密围绕学校的中心工作，统筹推进依法治校和学校治理体系与治理能力现代化建设，为学校的世界一流大学建设提供法治保障。基于多年理论和实践探索，学校已形成具有同济特色的依法治校工作路径，建立以党委领导下的治理体系与治理能力现代化建设为引领，制度体系建设为核心，工作规程系统为平台，内部控制管理为抓手，法治宣贯体系为助力，二级单位制度体系为基础的依法治校工作推进机制。

依法治校 在获评上海市依法治校示范校的基础上，梳理汇报学校依法治校工作经验并获得上海市高等学校依法治校创建成果一等奖；贯彻落实《同济大学全面推进依法治校工作的实施意见》，将法治工作纳入学校长期发展规划，促进"统一领导、分工负责、专业支持"的法治工作机制的有效运行；由书记、校长任双组长的依法治校工作领导小组，全面领导依法治校工作，下设依法治校工作办公室专职人员，具体统筹协调依法治校工作，组建包含专业律师和校内法律专家在内的特邀法律顾问团队支持处理学校法律事务。

制度管理 坚持科学、高效、实用的原则，通过制度层级的科学设计和动态管理，进一步完善学校建立以《同济大学章程》为统领的，结构合理、要素完备、编制规范、相互协同的学校制度体系及总体框架；结合管理制度总体框架全面升级"同济大学工作规程查询系统"，为实现学校规章制度的全生命周期运行夯实基础。由常务副校长任组长、各相关职能部门负责人任成员的"制度体系建设工作小组"实现常态化运行，每月定期召开制度工作小组会议审议学校制度，截至12月，学校制度体系工作小组累计召开会议11次，审议制度文件和相关议题94项；修订《同济大学规范性文件编制暂行规定》，并结合"同济大学工作规程查询系统"开展培训，落实年初立项、年中发文的要求，严格按照规范性文件的"立、改、废、释"的程序执行，确保文件发布程序合规并且不与上位法相悖。

依法治院 启动并完成第二批依法治校标准（示范）学院创建工作，涉及学院组织架构、建章立制、内部治理、规范管理、权益保护、法治宣传等方面；学校所有职能部门全面参与创建评估工作，实现多部门、跨院系深度交流、互通有无、协同共建，将"依法治校"理念深入学院建设各个方面，创新校院二级管理和运行模式，不断提升学院法治建设和内部治理水平；2021年度牵头开展学校依法治校示范学院建设与评估工作，先后召开培训交流会5场，实地宣讲3次，组织12个参评学院现场评估，对学院依法治校工作情况进行全方位的体检。

合同管理 统筹加强学校合同的两级管理，修订《同济大学合同管理办法》，出台《同济大学国内合作管理规定》等学校重要管理制度，持续推进行政决策法治化，推进专家论证、风险评估、合法性审查、集体讨论决定的重大行政决策法定程序全面履行；组织开展合同规范性专项自查工作，完成"同济大学合同管理信息系统"一期建设；优化学校合同授权委托、法律事务处理等法治工作流程；进一步加强合同的合法性审核，请学校法律顾问对重大合同进行审核，学校法务及法律顾问多次参与重大基建工程合同谈判、采购招标讨论、学校重大事项决策等会议，最大限度防范合同签订和管理中的风险。

法律事务 充分发挥学校校长办公室法务的职能，联合学校法律顾问，为校领导决策提供咨询意见、出具法律意见书，为校内单位及师生提供法律事务咨询服务；全年累计妥善处理法律事务50件及提供公务法律咨询服务36次，其中处理涉诉案件8件，非诉案件42件，诉讼案件涉及基建工程合同、民事合同、民事侵权、交通事故责任等纠纷。

商标管理 学校发布《同济大学标识管理办法》，协助控股公司制定标识管理实施细则；组织申请成为上海市商标品牌协会会员，组织申报第42类第3574866号"同济大学"获得"上海好商标"称号；完成学院标识排摸和商标初步申请，组织学院开展标识梳理及商标注册申请工作；全年商标维权8起，申请注册商标46件，完成商标续展2件，处理商标许可事宜2件，应对他人撤销同济大学连续三年不使用的注册商标申请3件。

法治培训 学校以继续推进"上海市依法治校示范校"创建、同济大学依法治校示范（标准）学院工作为契机，探索普法新形式，线上线下同步开展"与法同行"法治培训，分享"新媒体运营侵权案例分析及风险防范"；撰写发行《同济大学法务案例参阅》1期，涉及著作权（信息网络传播权）；多部门联合开展法治依法治校宣传，潜移默化推动法治管理与服务意识入脑入心，为学校领导、各单位提供借鉴和指导，全面提升学校师生法治意识和水平。

其他事务 根据上级主管部门要求撰写相关法治报告或处理事务，就全国高校法治工作会议起草并提交学校法治工作经验等。配合做好关于合同管理、无形资产（商标）的内控工作，审核修订《环境控制》《合同管理》《资产管理—无形资产》等相关文本。

【完善学校制度体系总体框架】 学校以章程为大学内部治理体系的基本准则，按照《同济大学章程》（以下简称《章程》）要求进行治理。坚持和巩固党委领导、校长负责、教授治学、民主管理、依法治校的现代大学制度。按照系统完善、构架清晰、定位明确、动态优化的总体框架设计要求，以现代大学"人才培养、科学研究、社会服务、文化传承与创新、国际交流合作"的职能出发，按照学校管理业务职责，制定指标要素，明晰制度层级，覆盖"党的建设、学科建设、人才培养、科学研究、队伍建设、对外合作、服务保障"各个系统，构建出学校制度体系总体框架。2021年度坚持科学、高效、实用的原则，通过制度层级的科学设计和动态管理，进一步完善学校建立以《章程》为统领的，结构合理、要素完备、编制规范、相互协同的学校制度体系及总体框架，并借助科技赋能，结合制度总体框架全面升级"同济大学工作规程查询系统"，为实现学校规章制度的全生命周期运行夯实基础。

【制度体系建设工作小组会议常态化运行】 在同济大学推进治理体系和治理能力现代化建设工作组下，学校设立制度体系建设工作小组并出台《制度体系建设工作小组会议议事规则》，常务副校长任组长，各相关职能部门负责人任成员，办公室挂靠在校长办公室。制度小组负责校内制度体系建设的统筹协调、审议决策、监督落实等工作，对照学校制度体系总体框架，明确议事范围、职责权限、议事程序，结合学校管理工作实际，把控制度编制过程中立项、审核、决策等重要环节，致力于解决系统考量缺失、研究指导不足、决策层级模糊等问题，本年度召开制度小组会议11次，审议制度文件和相关议题94项。

【第二批"依法治校示范（标准）学院"创建】 学校牵头开展第二批学校依法治校示范学院建设与评估工作，先后召开培训交流会5场，实地宣讲3次，组织12个参评学院现场评估，对学院依法治校工作情况进行全方位的体检。秉持"逐年推进、选特选优、普遍达标"的工作原则，本年度完成11个学院完成依法治校示范（标准）学院创建工作。通过启动建设、规范培育、自查整改、自主申报、指标核查、专家评审等步骤，以评促建，以评促改，形成一批高标准的依法治校示范学院，切实提高学院依法决策、民主管理和民主监督的水平，增强广大师生员工的法治观念和依法办事的能力，形成符合法治精神的育人环境，有效落实立德树人的根本任务。

【信息赋能法律事务一体化平台建设】 2021年度，学校推出"同济大学工作规程查询系统3.0"升级工作，新版系统实现界面、功能、信息的进一步优化和扩展，根据学校机构调整定期清理和更新相应制度，加入各单位工作流程，链接部分依法治校示范学院的制度查询网站或系统，规范性文件全面上载、实时更新，使师生查阅学校规范性文件更便捷、更高效。启动开发一体化"合同查询平台"，通过数据共享平台（自动化办公系统、采购与招标管理系统、科研合同系统）实现原有三大合同系统的信息共享和对接，使师生查阅学校合同更便捷、更高效，实现合同的统一监测、管理和风险防控，为创建法治校园提供硬件支撑。

【加强法治宣传营造法治文化育人环境】 2021年度推出"与法同行"系列法治培训、"新媒体运营侵权案例分析及风险防范"及"依法治校标准（示范）学院创建工作"培训会、"沟通困境中的情绪与需求策略"专题培训会，并多次组织开展依法治校示范学院建设启动会、培训会、交流会等；学校的统一部署、组织规范性文件的解释部门分级分层地宣贯专项工作制度和规范；各职能部门通过线上普法、线下实践、管理培训班、全员培训班、专题学习会、法治研讨会、制度解读会、知识竞赛、题库测试、教师午间沙龙法律专题系列培训等线上线下相结合的方式开展制度宣贯。

【依托标识管理体系夯实学校品牌规范管理】 为维护学校标识的合法权益，维护学校品牌和声誉，本年度相继开展系列品牌宣传和维权工作：出台相关标识和商标管理制度《同济大学标识管理办法》《同济创新创业控股有限公司标识管理办法》《同济大学校友会标识管理办法》等文件，为学校筑牢标识和品牌管理的内部基础；扩展注册学校和产业系统商标，夯实权利基础；加入上海市商标品牌协会，同济大学校标图文注册商标于2021年12月获评"上海好商标"。6月，梳理汇总各学院现有标识信息，以经济与管理学院、汽车学院为代表的部分学院完善学院商标注册和规范管理，各单位标识管理意识得以大幅提升。

（方思越）

图书情报工作

【概况】 2021年，图书馆以习近平新时代中国特色社会主义思想为指导，全面贯彻党的十九大及十九届二中、三中、四中、五中、六中全会精神，落实习近平总书记重要指示批示精神，立足"十四五"规划新起点，加强顶层设计和系统谋划，扎实在文献保障与共享、创新体验与学习支持、文化传承创新与交流、情报服务与研究支持、人才和条件保障等方面推进工作，努力为学校建设成为中国特色世界一流大学提供支撑。

着力构建服务长效机制，推进规范性文件立改废工作。制定《同济大学图书馆岗位招聘初审工作管理办法》《同济大学图书馆电子资源使用管理办法》等制度，完成《同济大学图书馆读者须知》《同济大学图书资料类采购合同管理细则》《同济大学图书资料采购管理实施细则》《同济大学图书馆财务管理办法》等制度的修订。

优化文献资源配置 。2021年购置图书1627108册，其中中文纸质图书66365册、外文纸质图书9847册、中文电子图书1390625册、外文电子图书160271册。当年购置报刊119518份。在资源利用方面，2021年书刊外借238753册次，比上一年增加114277册次；馆际互借221册次；文献传递1926篇次；电子资源下载57029276篇次，比上一年增加25939187篇次；外文电子图书总下载次数超过159万次/年，较上一年增加了26%；外文电子期刊总下载量超过1037万次/年，较上年增加了32%，外文电子期刊总引用次数超过25万次/年，较上一年增加18%；完成信息咨询服务6612项（比上一年增加1057项），其中查新210项、定题服务1342项、查收查引5060项。完善院系图书分馆的管理和服务，举办"2021年度院系图书资料管理及人员培训交流会"，全校24家院系图书资料管理人员参会。持续推进全校文献资源整合项目，材料工程与科学学院图书分馆文献回溯、设备配置进入收尾阶段。实地走访院系分馆，了解分馆在人员、馆舍、设备、图书资产、经费、开放时间、受赠图书等方面情况，为院系完成各类评估提供文献资源统计数据及咨询。

优化服务质量，满足读者需求。图书馆全年开馆5449.5小时(法定节假日正常开馆)，累计入馆4142044人次。各校区读者服务部做到当天归还的图书当天上架，严格执行图书盘点制度，提高图书找到率。嘉定校区图书馆试点推出"送书上门"服务。开设考研专用阅览室，在原531个座位的基础之上增开388个考研座位。开放四平路校区图书馆研习室。优化选座系统使用规则，满足不同读者的个性化需求。图书馆主页访问量8737775次，日均访问量23939次，图书馆各类新媒体平台(微信、微博等平台)关注人数逾89388人；通过"同济大学图书馆"微信服务号和"同济大学图书馆信息服务"等多个平台共发布信息1699篇。依托新媒体平台，传递图书馆的最新服务动态，解答读者关切的问题，回应读者诉求，全年共完成在线咨询7029条。

改造升级设备设施，打造舒适阅读环境。加强对设施设备维保单位工作的监督和管理，对接近使用年限的设施设备做好维修情况跟踪记录，根据设施设备实际使用情况及维修记录，配合相关职能部门制定相应大修或改造计划，完成嘉定校区图书馆空调改造教育部改基专项申报工作。完成嘉定校区图书馆外立面修缮。加强对空调等设施设备冬季和夏季使用前的提前测试检修，各校区图书馆建立空调温湿度每日检测台账，根据检测数据实时调整适宜的温度，为读者提供舒适的阅览环境。

围绕"三全育人"和"立德树人"中心工作，加强信息素养教育。2021年开设本科生通识选修课《科技文献检索与利用》、医学必修通识《文献检索》、医学留学生必修 *Medical Information Retrieval and Application*，研究生课程综合选修"信息检索""医学文献检索"，全年度完成42个班级1224课时教学，共有1601名学生必修或选修相关课程。除通识课程外，采用"点面结合"的方式，以系列讲座将信息素养教育覆盖全校师生，形成"信息素养一小时"系列讲座。全年组织讲座21场，累计参与3059人。结合同济大学本科生、研究生培养目标，形成线上学习、线下参观、看展、体验等形式多样的"从'新'开始"的新生入馆教育体系。2021年度，共有10000余人次参与活动，新生院本科生新生学习覆盖率100%。活动吸引了新生广泛使用图书馆资源，新生在9月份借出9882册图书，占9月总借书量近40%。

围绕校区学科特色和读者需求，以闻学堂、文槯堂、德文图书馆、博物馆为平台，推广文化教育活动。闻学堂着力通过参与式、多元化的体验活动，加强师生互动，打造知行合一的实践育人平台，开展各类活动376场。从4月起，以党史为主线，以传统文化为内涵，以纸、墨、石、瓷为载体，举办系列展览、知行体验、讲座、革命诗词吟诵及红色经典诗词鉴赏等，弘扬红色文化，传承红色基因。闻学堂全年累计服务师生16000人次，通过主动服务和原创项目，为师生提供了传统文化学习、交流、体验的场所。文槯堂发挥嘉定校区的区位优势，立足师生需求，围绕"五育并举"，举办文化展览、主题书展、"礼敬中华 名家讲坛"、文化沙龙、文化雅集、"端午雅韵""中秋雅赏"等活动85场，服务师生5000余人。德文图书馆在做好各项读者服务的基础上，充分挖掘德国特色文化资源，注重对学生德智体美劳多方面核心素养的引导和培育，主办活动12

场，活动参与人数899人。博物馆利用校友苏邦俊先生专项基金，制作“何园”等三个模型，接受热心观众和学校老师捐赠的历史建筑构件48件。博物馆全年举办展览12场，其中《纪念昆曲申遗成功20周年：盛世元音——中国昆曲艺术文化展》等展览吸引大量观众；上海市文旅局发布的2021年上海博物馆影响力评估中，同济大学博物馆位列高校博物馆第四名；2021年7月，中央电视台科教频道“解码科技史”栏目专题报道同济大学博物馆“中国古代机械复原模型展示厅”的“汉代水排”和“宋代风车”展品，并请博物馆工作人员为观众讲解“汉代水排”和“宋代风车”。2021年《新民晚报》等媒体对同济大学博物馆的馆藏及展览进行报道。

加强机构知识库的建设与维护，全年回溯34185条元数据，578条全文数据。面向研究生开展学位论文查重服务，给予师生及时反馈，完成查重9153项。持续深化情报分析，完成《同济大学各单位SCIE/SSCI/A&HCI论文统计及对ESI学科贡献情况分析报告(2021版)》《2016－2020年同济大学高水平研究成果分析报告》《同济大学经济与管理学相关期刊及学院发文分析》，完成人才评估报告66份、情报分析报告12份。为同济大学学者承担的中国工程院、国家自然科学基金委和科技部等机构委托的课题，提供文献支持和数据支撑。落实落细学科服务工作，深化知识产权信息服务，推出2.0版的“创业竞赛进阶与实践”课程。参与中国工程院“全球工程前沿战略咨询研究”重大咨询项目(土木、水利建筑工程领域)，提供开发前沿热点提取方法，并进行数据分析。围绕环同济知识经济圈的建设目标，从知识产权的角度，以GIS地图的形式评估环同济知识经济圈的创新现状以及创新竞争力，为同济大学与杨浦区、嘉定区等政府间的合作提供科技情报支撑。为上海市构建便民利民的知识产权公共服务体系贡献同济智慧。为同济周边的中小企业等创新主体和知识产权从业人员，开展创新点挖掘、专利撰写及申请、专利检索分析工具等方面的专题培训。

建立健全安全工作机制，推进落实安全制度、安全检查、安全教育等工作。制定“安全生产工作任务清单”“领导班子成员安全生产工作职责清单”；落实安全检查工作，每部门均设置安全管理员，图书馆与各部门、安全管理员签订安全承诺书和安全告知书以确保安全工作落实到人，各部门每天进行安全巡查并建立工作台账，以督促安全工作的落实；启动安全培训，开展实地安全演练活动；遇台风、暴风雨等气候异常天气，班子成员24小时在各校区图书馆不间断现场轮值。对入馆人数实时监控，实行入馆人数总量控制、体温检测、刷卡入馆，对公共空间定期消毒。

加强知识产权联盟建设，促进资源共建共享。同济大学图书馆作为全国高校知识产权信息服务中心联盟理事长单位，致力于业界沟通交流平台建设，通过“2021年高校知识产权信息服务中心联盟年会暨研讨会”“首届高校知识产权年会”“第二届涉农高校知识产权信息服务研讨会”等会议，以共享促发展，提高业务水平和业务质量，服务高校知识产权管理，促进高校科技成果转移转化。加强与联编中心的合作共享，作为中国高等教育文献保障系统(CALIS)成员馆，参与CALIS联合目录共建共享项目，共上传CALIS联机编目5559条，其中CALIS库中文原编数据上传4599条，CALIS库西文原编数据上传960条。共上传国家图书库数据1423条，其中上传学位论文1412条，中文原编数据上传11种。中、西文书目数据上载量分别在CALIS联合目录2020－2021年度排名第8和第16名。配合教育部高等学校图书情报工作指导委员会、学校教学质量管理办公室等单位，提交《同济大学图书馆2020年教育部图工委数据填报》《2020－2021学年人才培养质量报告》《高校教育质量监测国家数据平台》等相关数据资料。

【立足“十四五”规划新起点，加强顶层设计和系统谋划】 调整图书馆下设机构，加强对嘉定图书馆、医学图书馆(沪西、沪北)的服务功能布局。从职能和校区两个维度梳理图书馆管理架构，加强空间、资源和服务方面的协调：增设文榷堂为图书馆下设部门，提升嘉定校区图书馆文化品质；在嘉定校区增设咨询服务和学科服务岗位，为嘉定校区各学科提供查新咨询、学科服务和知识产权信息服务；以沪西校区图书馆和沪北校区图书馆为基础成立医学图书馆。结合国内外一流大学图书馆空间布局现状和趋势，参考现行国家标准，完成图书馆空间规划整体方案、嘉定校区图书馆空间布局调整规划方案，完善四平路校区图书馆大修设计任务书。根据学校学科建设的发展规划，进一步完善文献资源建设保障体系。聚焦同济大学学科建设目标，加强学科服务团队建设，聚焦学习科研全过程，开展文理工医学科精准服务计划，扩大服务覆盖面。

【开通同济大学高影响力论文收引证明自助服务系统】 系统具有服务时间全覆盖以及论文动态信息实时更新的特点，满足全校师生在线自助开具高影响力论文收引证明的需求。系统自2021年10月中旬开通，到2021年底系统收录论文9678篇，开具证明73份。

【提升信息基础设施，加快智慧图书馆建设】 推进智慧楼宇建设，为沪西校区书库提供除湿设备、新风系统、检测温湿度指标；在沪西和嘉定校区试点建设智慧厕所，对厕所环境进行监测。推动沪西智慧教室建设，部署实施联想超融合和HPE以及DELL数据存储网络打通方案，为图书馆关键应用提供硬件基础，为图书馆电子资源本地保存提供空间支持，实现空间的多重利用。实施新型信息发布系统，解决了原有系统存在的重大安全隐患问题，保障图书馆信息安全。

【开拓创新，推出“同心汇采”服务】 “同心汇采”借助学校与京东慧采的合作基础，通过流程优化和平台服务搭建“读者线上选采—物流配送到家—阅后归还”的图书荐购新模式，缩短了传统荐购模式下读者的等待时间，为读者开启“你选书，我买单；送到手，看完还”的极速服务新体验。“同心汇采”服务自2021年10月推出以来，参与读者人数超过千人，订购图书数量1378册。

【庆祝建党百年，赓续红色血脉】 同济大学图书馆以建党百年为契机，以传统文化为内涵，举办了“百年峥嵘筑梦行”系列活动。从4月开始，举办系列展览、讲座、革命诗词吟诵及红色经典诗词鉴赏等活动。6—10月，举办“恰同学少年——革命诗词书法篆刻师生作品展”，展出在校师生、校友及馆藏手稿等书法作品47幅和122枚印章形式的篆刻作品。结合“百年峥嵘筑梦行”主题，举办“革命诗词金句印章篆刻创作”“毛泽东诗词诵读与线装书体验”“东方红——庆祝建党百年手绘瓷盘”“红梅赞——庆祝建党百年手绘瓷盘”“红岩——庆祝建党百年石头画手绘”等系列活动，并邀请李雅茹老师作了题为“从毛泽东诗词中学党史”的专题讲座，了解诗词背后的历史，同时在微信公众号上连续推出45期“百年峥嵘筑梦行｜红色经典诗词鉴赏”线上专栏。6月，“红映同济——庆祝中国共产党百年华诞琥珀雕刻艺术作品展”在嘉定校区文榷堂揭幕。

（刘庆庆）

出版工作

【概况】 2021年度出版社新进员工12人，续签员工15人。截至12月，出版社共有从业人员116人，其中在职员工102人，劳务及派遣员工14人。高级职称12人，中级职称48人。博士3名，硕士45名，本科48名。

2021年出版新书654种，较上年增长22种，增加3.48%；重印图书633种(次)，较上年度增加62.72%；总出版品种1287种(次)，较上年增加26.05%。全年收入8356.36万元，较上年增加20.59%。出版社单体实现利润789.77万元，归母公司利润737.38万元。

2021年度获得教育部社会效益评估优秀。获批2项国家出版基金项目、4项获上海市促进文化创意产业发展财政扶持资金资助、4项获批上海文化发展基金；获得省部级及以上各类奖项6项，其中，《胰腺整合介入治疗学》获得第五届中国出版政府奖，“图说建筑设计丛书”获首届全国教材建设奖，《胰腺整合介入治疗学》在第十六届上海图书奖的评选中获荣誉奖，“城市风险管理丛书”、《上海近代建筑风格》获二等奖，“城市地下空间出版工程·运营与维护管理系列”获提名奖。

【做好疫情常态化防控】 出版社在学校党委领导下，贯彻落实习近平总书记关于防控新冠肺炎疫情的系列重要指示，坚定信心、同舟共济、科学防治、精准施策，树立安全底线思维，强化风险意识，加强安全教育培训和安全隐患排查，遵章有序严格地做好新冠肺炎疫情的防控工作，确保防疫、生产两不误。

【扎实开展“我为群众办实事”】 2021年内完成2项重点民生项目，包括改善办公卫生环境、优化文化空间。扎实开展“我为联系支部办实事”工作。邀请学校发展规划部部长蔡三发教授作“同济大学学科建设与学科发展”专题报告，为编辑对接学校优势学科、进行选题策划开发提供指导支持；邀请学校附属肺科医院中西医结合科王丽新主任开展讲座，为退休教工普及生活中的健康知识；邀请华东政法大学王迁教授为编辑开展著作权专题讲座，为准确理解行业政策、把握正确的出版导向给予指导；根据实际工作需要，优化重印书流程；提高“编、印、发”三方在书展活动中的协同，提高工作效率。

【加强廉政建设和阵地管理】 2021年度召开党委会28次，修订出版社“三重一大”决策制度的实施办法、党委会议事规则、社务会议事规则、董事会议事规则等4项文件，修订《出版社党支部工作任务清单》，加强对支部主题党日活动的指导，开展了10余次特色活动。落实支部书记工作例会制度，组织出版社党务干部赴遵义开展党史学习教育专题培训班。党委对廉政风险点进行梳理分析，并督促班子成员切实履行“一岗双责”；编制出版社领导班子成员党风廉政建设责任承诺书和部门负责人廉政责任书，并逐级完成责任书签订，加强责任传导；编制《出版社廉洁风险防控手册(2021版)》，加强关键岗位廉洁风险防控；编制《出版社领导班子成员全面从严治党责任分工》《出版社全面从严治党“四责协同”责任清单》，明确责任主体，完善出版社全面从严治党及反腐败工作制度；修订采购管理、合作出版方面的4项制度，建立健全供应商入库遴选、日常管理和考核评价机制，加强流程管理，防范财务风险。党委重点对出版业务密切相关的意识形态风险进行分析研究，修订《出版社意识形态工作责任制实施细则》，进一步加强和改进出版社意识形态工作；编制《出版社编辑工作手册》，加强意识形态前置把关；修订《出版社活动审批表》，各类活动均按照学校党委和出版社党委的相关规定，落实报批程序；编制《出版社网络信息发布管理办法》，健全网络平台的信息审核、发布流程，严格遵循“先审核、后发布”原则，严格落实内容发布审核流程，完善纠错和整改机制，确保网络意识形态安全。

【开展党史学习教育】 2021年度召开党委理论学习中心组专题学习9次，结合出版工作实际，专题学习习近平总书记致人民出版社成立100周年的贺信精神、习近平总书记在全国国有企业党的建设工作会议上的讲话、中央关于加强和改进出版工作的意见、中宣部副部长张建春"坚定出版信念做好出版工作"讲话精神等。组织策划专题辅导报告，邀请校党委常委、副校长雷星晖教授、上海市委党史学习教育专家宣讲团成员万立明教授、校党委宣传部副部长运迪副教授、学校十九届六中全会精神宣讲团成员、人文学院副院长解学芳教授主讲，实现党政班子成员、教工党员、中层干部、职工全覆盖宣讲。围绕党史学习教育书目，在全社范围内进行为期一个月的线上线下相结合的阅读分享活动，通过出版社新媒体平台发布"党史学习主题书单"，在"同济书房"电子书服务平台推出"党史学习教育"专栏，上线6种本社出版的党史相关图书电子书。同时配合学校党委宣传部，出版了《先驱诗人殷夫》《同济英烈》(第二版)等图书；组织开展党史知识竞赛，组织全体党员、发展对象、青年员工60余人赴上海淞沪抗战纪念馆参观学习，开展党史学习教育电影党课4次。

【完成"十四五"出版规划】 在"十四五"开局之年，出版社制定《同济大学出版社有限公司"十四五"发展规划(2021—2025)》和出版社"十四五"重点图书规划，将工作目标落实到重点出版物等具体工作中，申报"十四五"国家重点出版物专项规划17项，最终9项入选，在全国大学社中排名第7、上海地区大学社第2、卓越九校出版社第1。

【推进"三全育人"综合改革】 出版社积极推进产教融合，入选教育部产学合作协同育人项目2项，首届全国教材建设奖二等奖1项；承接96门研究生网络课程；组建"同学堂"研究生线上教学平台；与科研管理部开展2期学术专著出版基金项目评审，立项支持17个图书项目。

【实现出版"走出去"】 出版社近年来努力探索，开始形成了由社部主导、各编辑部配合，既能根据输出版权合作方的需求来自主策划选题又能整合全社资源的出版走出去平台。力求业务多元化发展的同时走出具有鲜明同济特色的品牌发展之路。

2021年度同济大学出版社输出版权46项，其中英语类38项、小语种类8项。输出的图书学科涵盖了城市规划与建筑设计、城市与建筑文化、土木工程与交通、艺术设计与设计教育、经济管理等板块，已与十余家国际知名出版社达成了长期的战略合作。2021年，同济大学出版社入围2020中国图书海外馆藏影响力出版100强；获国家社科基金中华学术外译项目3项，列选数量位居大学社前列；年度出版输出版权图书8种，输出版权签约12种。

【持续推动融合出版工作】 出版社积极探索"品牌出版＋数字教育/专业数据库"服务，力求实现出版社协同创新、转型升级，助力学校"双一流"建设。出版社"融合出版中心"2021年第二期项目共承接21门课程和平台课程的拍摄制作任务，建设内容覆盖理、工、医、文、艺术等多学科，融入课程思政元素，注重多学科交叉，建设形式多元化，提供多模式全方位教学支撑服务。出版社力图在融合出版的新领域服务好学校，同时为完成自身的战略转型积蓄力量。

(谢惠云)

档案、史志工作

【概况】 截至2021年12月8日，学校档案馆全年归档入库案卷23853卷，OA纸质公文11341件。档案馆服务窗口调阅档案448人、3905卷；远程服务系统网上受理办证12559次、18212份；学信学位网档案认证1602人。校史馆全年参观接待10378人。

积极推进各部门的归档工作，指导部门做好档案收集及预立卷工作。持续跟进"三重一特"档案资源建设，加大专题档案征集力度，使一批具有重要历史价值的图片、文书、视频、实物等珍贵素材得以纳入档案范畴，并完成归档。2021年度，征集到汪品先院士2021年荣获全国道德模范奖章、参加中华人民共和国成立70周年盛典纪念章；汪品先、孙湘君捐赠人民币贰佰万元整助同济大学教育事业发展捐赠证书；周均时烈士档案；与郑文道、郑香山烈士校友密切相关的珍贵档案《郑雍陌祖房谱》；校友毕业50周年纪念文集等。

围绕学校各职能部门重要工作，及时准确地提供大批量的档案查阅和信息服务；协助教委学位认证工作提供集中查档服务；在钱钟仪烈士宣传片拍摄、上海市档案馆红色珍档展览等诸项工作中做好配合和查档工作。辅助做好退休人事档案工作，共接待利用者279人次，调阅档案770卷次。为更好服务校友需求，当年继续为校友制作"学籍纪念卡"，并向校友提供学籍卡片纸质版46人次、学籍卡片上标准照电子版288人次。

树立"制度为先"的理念，不断完善运行机制。2021年度，拟定《同济大学陈列品管理办法》，建立全校范围内的陈列品管理机制；拟定《同济大学档案管理办法》(修订稿)，推动档案管理工作流程的制度化、规范化。持续推进2021年度的陈列品管理工作，确保国有资产的安全管理。同时，完善库房安全检查制度，定期对库房进行安全巡检并登记台账，做好电梯、门禁、消防定期安检维保。落实年度全馆人员安全责任书签约，定期开展安全检查，并开展了消防知识专题培训。

为充分发挥档案校史的育人作用，2021年度共举办3个专题展览。校史馆持续推进学生讲解员队伍建设，秋季学期新招并培训学生讲解员17人，组建起一支由43名学生组成的校史讲解员团队，其中本科生36人、硕士研究生6人、博士研究生1人，并为2021级新生的入学教育提供校史讲解服务。

【档案文化建设】 5月13日，档案馆承办的“跨越时空的井冈山精神”主题展开幕，方守恩书记、陈杰校长、吴广明副书记和井冈山革命博物馆党总支书记刘宇祥出席开幕式并共同为展览揭幕。为了更好地展现以毛泽东为代表的中国共产党人在井冈山开辟中国革命新道路的伟大实践，弘扬井冈山精神，档案馆联合校团委组织、培训同济大学寻迹宣讲团的优秀学生志愿者为展览作专题讲解。

6月30日，档案馆承办的“夯实根基 引领发展——庆祝中国共产党建党100周年主题展”开幕，方守恩书记出席展览揭幕仪式并讲话展览期间，档案馆组织馆员于每周二下午为各基层单位提供现场讲解。

7月1日，档案馆承办的“同济世奔小康——全面建成小康社会中的同济贡献主题展”开幕，吴广明副书记出席展览揭幕仪式并致辞。

【校史文化传播】 档案馆(校史馆)积极挖掘档案资源，完成“校史回眸”系列之“同济英烈”主题推送活动，并在“国际档案日”之际推出推送回顾活动。7月5日，《同济英烈》(第二版)首发仪式在校友之家举行，吴广明副书记、雷星晖副校长出席仪式并向师生代表赠书。此书以同济大学1997年编写的《同济英烈》一书为基础，对同济英烈的事迹进行了整理和挖掘，补充了一些新发现的珍贵史料，并在深入考证的基础上新增6位同济英烈。

【档案信息化建设】 推进档案服务数字化转型，为师生和校友提供线上线下全方位、零距离的高品质服务。在2020年工作的基础上，档案馆建立了“PC＋移动端＋现场自助终端”三位一体的业务办理模式，针对原有的现场办理现金收费、开具纸质发票、退款审批流程复杂等情况，升级后的档案服务系统将微信小程序和微信支付有效结合，实现全方位线上支付；其次，灵活运用“财付通”账户内的当日收款余额，实现了“一键”实时退款；再次，对接国税系统，实现了电子发票自动开具，有效降低了内部管理成本，彻底解决纸质定额发票效率低下且极易出现差错的弊端；同时，实现了系统自动对账，切实保证了资金安全，提高了工作效率。为了落实为师生“办实事”要求，11月16日，“档案借阅”申请服务正式上线学校“一网通办”，优化了借阅方式，方便了校内单位借阅档案。

(张静)

校园信息化建设

【概况】 2021年，围绕国家和上海市对教育数字化转型的相关要求和工作部署、《同济大学信息化建设“十四五”规划》《2021年同济大学行政工作要点》、中央巡视整改要求、同济大学内控缺陷整改计划、学校作风建设问题整改要求、“学党史办实事”主题实践活动等，开展了信息化工作。

信息基础设施进一步完善，校园网络和计算平台能力得到根本性提升。继2020年完成各校区红线内光纤到楼覆盖之后，2021年完成了跨校区(红线外)光缆建设工程，建成校区间环网架构的48芯裸光纤链路，实现四平路、沪西、嘉定、沪北校区间总里程100km的光缆互联互通，为各类高速高质量应用和服务提供了坚实基础。建设了数据中心超融合服务器集群，大幅提升校内计算资源和服务能力；结合云网融合策略，为后疫情时代急剧增加的线上线下融合教学、视频会议、高并发业务开展提供了有力支撑。

结合沪西校区布局调整，新建智慧教室(含PBL教室)20间，有力支撑了医学院搬迁。对四平路校区和嘉定校区的10余处会议场馆进行了升级改造，完成“教学观摩和智慧评价中心”一期建设。线上学习平台进一步完善，服务范围和服务质量进一步提升。云课堂、线上学习空间、录课和巡课系统、云视频会议系统、云媒体平台有力支撑学校教学和管理。新增加视频点播、课程录播、大数据展板、在线批阅等功能，服务教学一线的2486名教师、5117个课程班的教学，并扩展到服务于工程认证、暑期学校、研究生线上复试、学科竞赛、住院医师选拔、转专业特色测评等多个领域。为学校杰出人才答辩、院士答辩、开学典礼、国际会议等各类线上线下重要活动提供技术保障150多次。

结合“学党史办实事”主题实践活动，围绕“提升师生信息化服务体验”，上线一网通办门户、教师主页平台、海外学术资源访问加速服务，切实解决了广大师生反映强烈的部分“急难愁盼”问题。本研一体化教学管理信息系统全面替代原有的三个教务系统，彻底解决浏览器兼容性问题和选课不畅的问题，并在功能覆盖全面的基础上，不断优化内部功能设计和师生服务体验。科研管理系统在不断优化四技项目管理系统的基础上，完成纵向项目管理系统的需求、研发和测试，并于11月初上线运行。上线以来系统运行平稳，解决了教职工对信息化支撑科研工作的基本需求，正在进行科研大平台的建设工作。

网络安全保障方面，根据“十四五”规划全面推进零信任的校园网络安全防护体系构建。一是加强制度规范建设，修订《同济大学网络安全事件应急预案》，并纳入学校应急管理体系。二是完善纵深防御体系，部署威胁感知系统、零信任运维VPN、数据防火墙及审计系统等，提升网络安全防护能力。三是构建安全运营基座，建设信息资产管理系统和网络安全运营管理平台，为后续梳理信息资产及脆弱面、进而进行日常安全运营提供体系化平台化支撑。四是坚持风险通报治理，通报信息系统网络安全问题290个、僵尸网站88个、僵尸主机560个、虚拟货币挖矿142个，绝大多数问题得以整改，师生网络安全意识进一步增强。经过努力，2021年重要时期(“建党100周年”“六中全会”等10次共计101天)网络安全事件零发生,全年重大网络安全事件零发生。

在锐意改革进取、夯实基础能力建设、研究新技术提升效益方面,完成工信部教育部“5G+智慧教育”应用试点项目《人工智能赋能的5G+三全育人智慧校园构建及应用试点》申报工作。教育技术和计算中心内部顺利完成了大规模的机构和人员调整,优化了体制机制,建立了IT服务、质量监督的闭环管理机制。结合巡视整改要求,改进现有工作机制、引入新技术,不断改善数据共享效率,提升数据管理和服务能力。同时预研和试用移动平台、RPA技术、SaaS平台、人脸管理及识别等新技术或新平台方面持续投入。

【为全校师生提供高速、免费的校园无线网络】 新建无线接入点约14000个,覆盖学生宿舍13000余间。实现全校所有室内场所无线网全覆盖,涵盖全校所有教学办公楼宇和16000余间学生宿舍,校园网接入终端峰值达9万个,出口带宽流量提升至约30Gbps。实现免费校园WiFi服务延伸至学生学习、生活的每个场景。同时,采用多运营商与校园网合路部署的“3+1”模式,破除了原先宿舍区由运营商垄断的局面,实现同一账户的多运营商出口认证。

【上线教师个人主页系统】 完成教师个人主页系统建设并上线运行。系统对接了人事系统、科研系统、专利系统、教学系统等核心业务系统数据,为学校教职工提供了统一、便捷、个性化的个人主页平台,成为教师展示科研成果、扩大学术影响力的重要工具。2021年11月,信息办配合网信办、宣传部、外事办等多部门开展全校正式推广,发布操作手册,培训相关管理人员,提供技术支撑。

【推出海外学术资源加速服务,助力教学、科研发展】 2021年10月,面向全体师生推出了海外学术资源加速服务。该服务旨在解决国内环境访问部分海外学术资源速度慢、连接困难、网络质量不稳定等问题,也为学校采购的大量海外学术数字资源提供线路优化和保障。该服务账号总注册人数超3800人,账户活跃率50%,整体使用带宽最大峰值为44Mbps。使用学术加速服务后,用户体验明显优于没有加速效果的网络环境,资源访问整体性能提升50%以上。

【校园网基础设施和应用建设】 完成校际光缆系统建设工程。新建光缆系统采用环网架构,四平—沪西、沪西—嘉定、嘉定—沪北、沪北—四平之间,构建48芯裸光纤链路,实现上述校区之间总里程约100公里的光缆互联互通,形成了全校区的光路物理连通,为校园网各类应用和服务的开展和部署提供了有力的保障。依照国务院、工信部等单位印发的贯彻落实IPv6规模部署行动计划要求,校园网已完成全网IPv6地址用户接入改造,校园IPv6出口带宽已扩容至12Gbps。

在此基础上,完成学校重大会场、会议室直播专网建设。在四平路校区逸夫楼、大礼堂、一·二九操场、嘉定体育中心建立跨校区直播互联光纤,提供高码率直播、视频会议、4G/5G融合图传等多套会议解决方案。四平至嘉定跨校区150M码率直播互动延时低于200毫秒。为开学典礼、国庆典礼等重要场合提供服务。

【校园运行支撑和服务安全保障工作】

教学和行政工作保障:通过云课堂、CANVAS学习平台、线上巡课系统、录课系统、云视频会议平台、云媒体平台等教学支撑体系的运行保障,使覆盖课前、课中、课后、教学督导等全部教学环节的线上线下融合教学和管理成为教学工作的常态。

2021年支撑了2486名教师、1820门在线课程、69289人次的在线教学;Canvas教学平台累计发布线上课程5117门,公告12533次,线上作业12073次,共提交作业229871份,线上测验2145次,上传视频5309个,保存学习资料555183份。“云视频会议”、平台线上会议11778次,累计会议时间50967小时,使用人次201732。“云媒体”平台上传视频18496,超过23946人次通过“云媒体”观看了学校各类重大活动的视频直播。为151场次的学校各类线上线下重要活动提供技术保障,其中有三分之一是在节假日或双休日。

疫情管控:充分利用一卡通的门禁功能助力学校疫情防控工作。配合职能部处,全年无休,每天在线16小时进行保障,第一时间开启和关闭进校权限。2021年共开通或关闭校园一卡通进校权限累计达20万人次。同时每日进行数据分析,发现问题,采用日报和周报进行数据上报。

网络和一卡通服务:服务大厅窗口服务三个校区的窗口总接待量达12000人次,接受电话咨询数万次,用户总接待量和用户满意率名列服务大厅前列。截至11月底,学校所有教职员工和学生通过人工接待、自助设备、云平台等方式对校园一卡通进行如领取补助、换卡、代扣代缴、挂失、解挂、冻结、解冻、卡片校正等37万次。年内分批打印制作新录取本科生(含留学生)和研究生(含留学生)校园卡12871张。

【提升师生信息化服务体验】 持续推进一网通办各项工作,提升师生使用体验。一网通办门户于2021年4月上线,进驻服务事项198项、可在线办理事项130项,累计服务师生36431人次、办理完成事项21335件。

本研一体化教学管理信息系统于2021年6月整体上线,功能覆盖原本研一体化系统(4M3系统)、本科教务系统及研究生系统,原有系统的整体下线,彻底解决了教务相关系统的浏览器兼容性问题,达到一期建设目标。积极推进二期建设工作,已经完成了双语功能,优化了部分系统功能,重构了学籍模块、增强了系统的安全设计。

科研纵向项目管理系统于2021年11月完成开发并上线运行,彻底解决了多年来教职工反映的科研系统浏览器不兼容、系统不好用的问题。积极推进科研大平台建设,持续打通科研和财务的对接,汇聚多个科研相关系统的数据,形成统一的科研门户,支撑教职工对科研管理工作的需求。

【结合巡视整改，强化信息化建设和服务的顶层管控能力】 完成《同济大学校园卡管理细则》修订，并对校园卡工作的所有环节进行自查自纠。根据管理细则，完成将系统中办卡专员设置为各单位正式工作人员、审批人设置为各单位负责人等工作。完善校园卡管理流程，加强了审批流程管理和监管，形成了闭环监管机制。整理分析现存校园卡情况，对现存不符合要求的校园卡统一清理和销户，整改期间共销卡24589张。

加强了学校信息化规划建设和执行力度。对照上级文件精神，结合“5G+”智慧教育、校园数字化转型等专项任务，进一步完善校级层面信息化“十四五”规划。联合网信办、财务处、采招办等部门制定针对性的措施，引导各单位做好本单位的业务信息化规划设计。

通过引入新平台和新技术推动治理信息化建设小散乱，提升数据共享效率。启动并持续实施“迁移展示类网站至网站群平台”工作。已对接17个部门，完成65个网站的业务梳理，已迁移网站15个。引入华为ROMA平台，提高了数据共享工作的效率。针对数据共享不畅存在的技术难题，分别与华为公司、IBM公司召开了技术研讨会，探讨新技术应用赋能数据治理和共享问题。

【建立通报机制，专项治理网络安全风险问题】 对安全漏洞和事件、网页暗链和黑链、僵尸主机和网站、虚拟货币挖矿等网络安全风险及问题进行多渠道常态化的监测预警。全年通知相关单位限期整改信息系统网络安全问题290个、僵尸网站88个、僵尸主机560个、虚拟货币挖矿问题142个。2021年9月，经网络安全和信息化委员会批准，建立二级单位网络安全问题通报机制，每月对网络安全事件、系统漏洞、虚拟货币挖矿等网络安全风险及整改情况予以通报，通报问题整改率提升至99%，进一步提升了学校的网络安全防范能力。

（邵炜晖）

基础建设

【概况】 2021年在学校的总体部署和坚强领导下，基建处在落实中央巡视整改任务、推进工程项目建设、做好廉政风险防控、强化规章制度建设、开展课题研究、加强队伍建设等方面都较好完成了各项任务和要求。作为基建与修购工作领导小组秘书单位，协助校领导召开领导小组会议，加强与校内各部门之间的协同合作，共同完成好学校的基建与修购修缮工作。

新建项目方面，共10项基建项目同时推进，其中6项全面开工建设、1项开展财务决算、2项完成财务决算、1项已完成校内资产验收手续；计划总投资490666万元，建设及开工面积504119平米。2021年完成基建总投资62871万元，其中主要包括生命科学与创新创业大楼约8190万元、工程教育及科创中心约3112万元、自主智能无人系统科学中心约31895万元、上海国际设计创新学院大楼约4000万元、四平路校区彰武路研究生公寓（三期）约4434万元、嘉定校区学生活动中心约3632万元、土木工程抗火科研综合楼约7300万元。

修缮项目方面，围绕修缮项目管理2.0版本要求，通过科学规划、超前准备、严格规范、合理安排等措施，圆满完成了学校的各项任务。完成工程项目850余项，其中完成20万元以下零小修约750项、20万元以上100项。按经费来源统计，完成教育部修购项目5项，约4030万元；校控项目50项，约2.4亿元；常规与其他维修项目800多项，约3581万元；合计完成投资超3.07亿元。

课题研究方面，由石振明牵头承担的上海市科委“数据驱动的建筑楼宇群设备自控及运管系统研制及应用示范19DZ1202800”结合各新建项目有序推进，初步形成了同济大学基建项目BIM验收标准、楼宇群设备编码系统、基于BIM模型搭建了嘉定工程实践中心智慧运管平台等阶段成果，钢栈桥及扶栏等绿色施工技术正在生命科学大楼等项目中推广应用。发表论文3篇，送审4篇，6项专利已被受理审核。

推进实施中央高校科研课题“基于全寿命成本的屋面防水技术方案优化及应用”，课题研究成果“基于更高效的屋面防水技术”成功应用于运筹楼屋顶花园改造项目中。

【上海自主智能无人系统科学中心项目正式进入主体工程施工阶段】 完成桩基工程、基坑围护灌注桩及加固工程和地下室底板浇筑，提前完成上海市重大办年度计划。与同济大学上海自主智能无人系统科学中心，通力合作推进无人系统多体协同重大科技基础设施选址工作。主动与相关政府职能部门沟通，选址踏勘，协调设计单位，研究选址方案，匹配选址区域城市设计，提交选址意向建议，推进选址落地事宜。

【四平路校区东区3号、4号楼项目】 创新学院塔楼主体结构施工至11层（总16层），人才交流中心塔楼施工至9层（总13层）。幕墙、电梯完成招标，消防、暖通、弱电、精装修等专业持续深化对接中。全年安全生产零事故、质量管理零事故。项目获评2021年上海市文明工地。

【四平路校区东区1号、2号楼项目】 南塔大屋面板13层板封闭，塔楼消能减震黏滞阻尼墙全部安装完成，完成北塔结构封顶任务，比原计划提前20天。项目顺利通过第一段优质结构验收。

【四平路校区彰武路研究生公寓（三期）及创新创业中心】 完成A、B塔楼及裙房主体结构封顶及二结构施工，完成2号出入口施工，完成室内初装修，机电安装同步施工。项目获评上海市文明工地、上海市建设工程项目施工安全生产标准化工地、上海市工程建设优秀QC小组成果二类成果奖、中建一局市级考察观摩样板工地、中建一局集团CI金奖。

【嘉定校区学生活动中心项目完成结构验收、嘉定区优质结构工程评审和上海市优质工程(结构工程)评审】 幕墙工程完成裙房、主楼所有立面玻璃和HPC板的安装,消防工程完成消防管道、设备安装,水电安装工程完成桥架安装、电线电缆穿管、给排水管、雨水管安装,装饰装修工程完成墙面、顶面、地面、门窗、卫生洁具安装、灯具安装,通风空调工程完成空调通风管道、设备安装,弱电工程完成弱电穿线施工、设备安装,舞台钢结构完成音乐厅及礼堂钢梁、吊柱、格栅板、马道施工,舞台机械座椅完成设备安装,景观绿化完成主楼屋面土方回填。

【嘉定校区土木工程抗火科研综合楼桩基工程、基坑围护工程、大底板浇筑等主要关键节点工作完成】 各项专业深化有序推进。全年安全生产零事故、质量管理零事故。项目申报2022年上海市文明工地评选。

【嘉定校区工程教育及科创中心项目完成五方责任主体验收】 项目竣工备案完成全部准备工作。项目获评上海市白玉兰工程、上海市申安杯工程、上海市优质结构安装工程等奖项。

【确保学校年度实事工程顺利完成,不断提升校园环境品质】 完成嘉定校区人行道绿色安全改造示范工程和嘉定校区学生公寓灯光改善示范工程。人行道绿色安全改造解决了人行道雨天湿滑、路段破损影响美观等问题。对嘉定校区友园学生公寓(2-6号楼、12-20号楼)楼内灯具进行升级更新,解决了楼内灯光昏暗问题。

【稳步推进医学院搬迁沪西校区战略】 完成桃浦西路开门、沪西校区学生公寓、食堂、操场、体育馆修缮工作,保障师生日常生活需求。全力推进沪西校区如故楼、落飞楼、电信楼、三教、四教、行政楼等改造项目,为医学院整体搬迁沪西校区提供保障。

【完成学校重点专项任务"长三角可持续发展研究院"空间改造项目】 为服务长三角一体化发展国家战略、紧扣落实碳达峰碳中和总体目标,学校在上海市政府和长三角绿色生态一体化示范区执委会的指导下和青浦区的支持下,牵头成立了"长三角可持续发展研究院"。基建处负责研究院室内装修优化、节能低碳环保设备建安、室外景观绿化建设等工程的实施。

(凌椿成)

资产与设备管理

【概况】 资产与实验室管理处根据同济大学贯彻落实习近平总书记"学党史、悟思想、办实事、开新局"具体行动要求,积极筹措外部房源,推进市场化租赁教师公寓,按照实际需求增加教师公寓30套,顺利落实完成学校"2021年十大实事"。

改善公用房存在的用房不足和用房空置并存的现象,推动全额成本核算工作,12个学院开展试点,完成2021年出租出借合同和收入管理,共收到房屋资源费约112320345元。

完成教师公寓费用结算,2021年教师公寓租金共收入490万元,博士后公寓租金收入297万元。整理及发放符合提前退寓住寓奖励发放条件的教职工合计105人,共发放奖励88万元。做好2020年度一次性住房补贴1542.54万元、升职补贴619.9万元及按月补贴2103.41万元的各类住房补贴发放工作。完成学校托管公寓全年租金约754.7万元结算。

通过学生宿舍改造及修缮,增加和优化校内住宿资源,完成校内学生宿舍修缮计划,包含四平路校区彰武学生宿舍楼修缮工程(三期)项目、沪西校区生乐、桃李学生宿舍楼改造及嘉定校区朋园3号和5号楼修缮项目,按时完成2021年学生宿舍调整和搬迁工作。

完成中央高校改善基本办学条件专项资金及校级预算修缮项目申报,2021年改基专项项目19个,预算约为1.54亿元;校控项目25个,预算约2.23亿元。围绕学校沪西医学园区发展战略,开展沪西基础设施建设及学生宿舍修缮等重点项目,沪西校区医学院一期搬迁装修安装及市政配套工程1.07亿元。

加强仪器设备管理工作,2021年组织完成新增验收设备总计34335台件,总额达3.77亿元,试点盘亏赔偿方案工作。优化设备管理系统,增加办事流程指引,并与财务处完成验收设备报账对接功能。本学年共完成设备报废处置22批次,处置17035台件,总额1.02亿元,报废设备拍卖所得上缴学校收入103.4万元(同比增长25%)。完成2021年大型仪器设备开放测试基金工作,组织专家评审后最终评出申报项目142项,经费总额695万元,已结题135项。

积极落实《上海市生活垃圾管理条例》,制定《同济大学垃圾分类管理办法》(试行),设立"垃圾分类管理工作领导小组"和工作机构,建立制度保障。2021年,学校获得上海市垃圾分类"百佳学校"称号。

组织各学院按照《本科培养方案》落实实验教学任务,2020—2021学年开设实验项目2601个,累计76.42万人时数;组织各学院充分利用实验室资源,培养学生创新精神和实践能力,2020—2021学年全校实验室累计开放34.35万人时数;加强对实验教学质量的监督,聘请具有高级专业技术职务的教师全学年听课141门,实验项目190个,听课总体平均分92.97分。

进一步推进虚拟仿真实验金课建设,组织完成2021年度市级一流课程申报评审工作,经过学校专家评审确定4个项目上报上海市教委,最终4

个项目全部认定为上海市级项目。

配合学校人事制度改革，坚持实验系列岗位的特点、目标和标准，优先推荐各级实验教学中心、重点实验室技术支撑平台的一线人员晋升聘任，2021年度实验系列共有5人晋升正高、8人晋升副高。

修订《同济大学实验室安全管理规定》和《同济大学实验室安全事故应急预案》，会同安全生产办公室制定《同济大学实验室安全工作手册》，开设了实验室安全研究生公共平台课程，开展了危险化学品、实验室特种设备安全事故应急演练，开展了多层次实验室安全检查，牵头建设了嘉定校区易制爆危险化学品集中储存点，并投入使用。

升级改造南校区和四平路校区的水务系统，提升用水管理效率，实现智慧水务系统全覆盖。

【开拓教师公寓外部房源】 与杨浦区公租房公司、上海城方公司、嘉定区公租房公司签订整租协议，整体租赁30套房源。双创公司书香居44套人才公寓已启动装修。

【推进学校公用房全额成本核算试点】 根据党委常委会、校长办公会决策部署，统筹房屋资源配置、房屋有偿使用、房屋维修立项、实验室建设等工作，与学院、财务等各部门联动，多措并举，推进全额成本核算工作，在12个学院开展试点，共收取房屋资源调节费1840652元。

【优化学生社区条件】 多方协调制定学生宿舍调整和搬迁方案，完成校内学生宿舍修缮计划，其中包含嘉定校区朋园3号和5号楼修缮、友园宿舍屋顶渗漏维修、友园宿舍室内灯光增亮、友园人行道修缮、友园室外污水改道工程；四平路校区彰武学生宿舍楼修缮工程(二期)；沪西校区生乐、桃李学生宿舍楼修缮等。

【改善办学基本条件】 完成2021年度中央改基专项资金项目支出绩效目标执行监控及预算执行进度跟踪等工作，安排实施项目19个，预算为1.54亿元。完成2021年校内各类常规修缮项目立项、修缮工程申购、合同及验收初步审批等工作。2021年校级预算修缮项目共安排25个项目(不含上年结转)，涉及资金2.23亿元。

【开展大型仪器设备开放测试基金工作】 收集申报项目411项，专家评审立项142项，经费总额695万元，结题135项。

【制定垃圾分类管理办法】 制定《同济大学垃圾分类管理办法》(试行)，设立“垃圾分类管理工作领导小组”和工作机构。环境科学与工程学院面向全校本科生开设了公共选修课《垃圾分类与社会治理》。针对教学南、北楼和图书馆垃圾分类典型问题和相关成因，环境科学与工程学院师生开展调研，依据“因地制宜，简便易行，动态调整”的基本原则，对现存的垃圾分类体系进行改造，该课题获得同济大学本科教学成果二等奖。

【推进虚拟仿真实验金课建设】 组织完成2021年度市级一流课程申报评审工作，4个项目全部认定为上海市级项目。具体项目为：汽车学院的"汽车整车风洞空气动力学测试虚拟仿真实验"、交通运输工程学院的"智慧高速主动管控虚拟仿真实验"、环境科学与工程学院的"大型饮用水源地水体生态改善动态演化虚拟仿真实验"、口腔医学院的"上颌窦底提升术虚拟仿真实验"。

【健全实验室安全责任体系】 完成《同济大学实验室安全管理规定》修订，修订了包括《同济大学实验室安全事故应急预案》在内的6个实验室安全事故应急预案，制定了实验方案风险评估工作流程。组织对各学院签订实验室安全责任书，会同安全生产办公室制定《同济大学实验室安全工作手册》，督促指导各学院落实实验室安全五级责任，实施实验室安全积分制考核。

【智慧水务系统全覆盖】 2021年对南校区、2022年对四平校路区北部的供水网络系统进行升级改造，将各校区老旧水表更换为智能水表，统一纳入同济大学智慧水务平台，集成SAAS软件智慧用水管理系统2.0。通过智慧水务管理平台，运用IoT大数据分析技术，及时发现管网漏损和收到用水异常报警提醒，挽回损失的同时实现了用水精细化管理。

(刘美婷)

采购与招标

【概况】 2021年度采购与招标管理办公室深入贯彻党的十九大和十九届历次全会精神，立足新发展阶段，坚持新发展理念，服务新发展格局，根据同济大学2021年工作要点，结合学校采购工作实际和部门工作计划，进一步完善制度建设，规范管理秩序，优化管理流程，强化信息化建设，加强部门协同，深入服务基层，努力推进学校采购招标管理工作规范有序、提高效率、便利师生，保障教学科研顺利进行。

校内提交采购申请共计35705项，总金额16.76亿元。其中货物项目24367项，金额6.22亿元；服务项目9951项，金额5.93亿元；工程项目1387项，金额4.61亿元，其中新建施工工程项目54项，金额8696万元，修缮项目1333项，金额3.74亿元。

货物项目中仪器设备、家具14639项，金额4.66亿元；材料与图书9728项，金额1.56亿元；服务项目9951项，金额5.93亿元；其中申购总额100万元(含)以上的项目110项，金额3.15亿元，并在教育部政府采购计划管理系统中完成了相关备案手续。

审签采购合同共计7977项，总金额22.43亿元。其中货物项目2821

项，金额 4.42 亿元；服务项目 4033 项，金额 4.35 亿元；工程项目 1123 项，金额 13.66 亿元，包括新建工程项目签订合同 49 项，金额 10.26 亿元，同济大学上海自主智能无人系统科学中心（不含桩基工程）建安合同金额为 9.89 亿元。修缮工程项目签订合同 1074 项，金额 3.4 亿元。

组织或者委托代理机构组织的采购项目 469 项，总金额 8.18 亿元。按照项目类型分类，货物项目 195 项，金额 2.45 亿元；工程项目 143 项，金额 4.09 亿元，其中新建项目相关专业工程、货物服务项目共 24 项，金额 0.89 亿元；服务项目 131 项，金额 1.64 亿元。按照项目采购方式分类，通过竞争性磋商（包括快速磋商）方式采购 222 项，金额 1.34 亿元，通过公开招标方式采购 122 项，金额 5.99 亿元，通过单一来源方式采购 125 项，金额 0.85 亿元。

办理进口货物采购项目 147 项，合同金额 7444 万元。其中已获得海关保证金认定并已进口的货物合同 80 份，合同金额 4621 万元，支付保证金 460 余万元，该批货物保证金将根据政策申请免税后办理退保。根据合同实施进度，共申请海关免税合同 67 份，合同金额 2823 万元，其中已获得免税认定的合同 30 份，合同金额 939 万元，免税税款金额 127 万元。

完成 2020 年度部门行政办公文件、2019 年度采购项目招标资料及合同文本的归档移交任务，其中采购招标项目 192 项，非招标采购类合同文件 4000 余份（根据学校管理需要，采购档案次年整理归档，第三年移交档案馆），整理 2020 年度招标采购项目 50 项，非招标项目合同文本 2000 余份。

【完善制度建设，夯实管理基础】 完善采购代理机构与协议供应商库管理的配套方案，与管理办法形成完整配套体系。强化权力制约和监督，对采购过程的各个重要环节严格把控，进一步落实采购人员主体责任，明晰校内各部门在代理机构与供应商管理中的职责和任务分工，达到决策权、使用权、监督权既相互制约又相互协调的目标。年内制定了《同济大学采购代理机构管理细则》和《同济大学采购供应商库管理细则》。

为进一步优化营商环境，营造诚信守法的市场环境，强化投标企业诚信情况审查，解决学校工程建设项目施工招标过程中存在的突出问题，维护招投标各方当事人的合法权益，修订了《同济大学工程建设项目施工招标资格预审投标人入围比选实施细则》。

为完善现有采购限额标准对应的采购方式的采购实施细则，确保所有采购方式均有法可依、有规可依，形成较为完备的采购管理制度体系，制定了《同济大学比价采购管理实施细则》。

【持续优化采购系统功能】 研究开发采购管理系统自动审查提醒功能模块完善风险防控机制，并增设提醒信息推送范围。完成零星修缮项目备案公示表的系统生成、打印功能设置，优化了使用院系自筹经费的零星修缮项目的采购程序，简化了零星修缮项目的采购程序、明晰了学院采购管理的权责。增加发布招标补充公告审批节点，增设中标候选人公示、中标结果公告审批节点，完善公告发布的流程，规范招标采购程序。采购管理系统采购代理机构评价模块试用版拟上线，通过对特定服务供应商的履约评价，有效提高管理水平，为师生提供更加精准的服务。

【优化京东采购平台，提升服务质量】 协助图书馆在京东采购平台中增加图书采购专项模块建设，师生可在平台上荐购图书，图书馆审核通过后采买，并由快递直接送达师生手中，看完后再返还图书馆。

【制定工作程序，推动制度落地】 根据财政部《关于开展政府采购意向公开工作的通知》的要求，针对采购意向公开的内容包括采购项目名称、采购需求概况、预算金额、预计采购时间等，编制学校政府采购意向信息登记表，进行信息汇总及采购意向公开，便于供应商提前做好参与采购活动的准备。

为有效贯彻财政部《政府采购需求管理办法》的制度要求，编制项目采购需求表，制定学校采购需求审查工作程序。通过对采购标的描述不完整，采购文件存在歧义等问题的审查和纠正，使得采购需求表述更加清晰完整，避免需求不明确造成采购失败的风险。

【制作格式模板提高工作效率，规范采购程序】 学校采购项目类别众多，项目立项决策程序相应不同，制作采购项目立项文件格式模板，可以直观、快速指导采购人根据该项目的类别，查找到立项文件并提交采购申请。

根据比价采购程序，修订了《同济大学货物项目比价评审表》《同济大学服务项目比价评审表》《同济大学科研仪器设备比价评审表》《同济大学工程项目施工比价评审表》，其中明确了对"符合条件的供应商"的解释说明，规定了合格供应商的必备条件，对采购人与供应商之间存在利害关系、供应商之间存在关联关系等情形规定限定性条款，保证比价活动合理合规。

【深入基层广泛宣传】 根据政府采购相关政策和配套制度的不断更新，对学校采购管理制度进行相应修订。部门不断加强校内采购工作的宣传力度和宣传广度，加大深入院系、基层单位宣传频次，加强与职能部门之间宣传沟通深度。通过召开宣讲会、制作《同济大学采购政策宣传册（二）》等方式不断加强校内采购工作的宣传力度和宣传广度，加大深入院系、基层单位宣传频次，加强与职能部门之间宣传沟通深度。提高采购工作质量效率，保障采购工作顺利开展。

（李晓娇）

财务工作

【概况】 2021年,财务处按照学校党政发展任务和工作目标,在学校党政班子领导下,紧紧围绕学校一流大学建设的中心任务,从财政视角谋划学校财务工作,落实中央过紧日子的精神,增收优支,加强统筹,学校各单位努力开拓财源、筹措办学经费、增加经费收入。加强和完善财务处内部控制,按照学校发展任务目标和预算使用经费,

2021年,按教育部决算报表口径,学校年度收支情况及年末财务状况如下:

学校总收入为705850.17万元,比上年总收入增加了13784.72万元,增长了1.99%。其中,财政补助收入209441.68万元,占总收入的29.67%,比上年减少了3389.74万元,下降了1.59%;教育事业收入91215.04万元,占总收入的12.92%,比上年增加了12990.00万元,增长了16.61%;科研事业收入251243.81万元,占总收入的35.60%,比上年减少了1106.57万元,下降了0.44%;其他事业收入3475.95万元,占总收入的0.49%,比上年减少了3458.96万元;其他收入150473.69万元,占总收入的21.32%,比上年增加了8749.99万元。

学校总支出为757181.69万元,比上年总支出增加了51814.91万元,增长了7.35%。其中,工资福利支出253979.87万元,占总支出的33.54%,比上年增加了23805.79万元,增长了10.34%;对个人补助支出45522.01万元,占总支出的6.01%,比上年增加了493.52元,增长了1.10%;商品和服务支出350189.98万元,占总支出46.25%,比上年增加了4979.17万元,增长了1.44%;设备、图书等资本性支出42174.68万元,占总支出的5.57%,比上年减少了4381.08万元,下降了9.41%;基本建设支出(含大型修缮)65315.15万元,占总支出的8.63%,比上年增加了26917.51万元,增长了70.10%。

学校资产总额为2136276.17万元,比上年增加了50713.36万元,增长了2.43%;负债总额334936.95万元,比上年增加了13740.71万元,增长了4.28%;净资产总额为1801339.22万元,比上年增加了36972.64万元,增长了2.10%。

2021年调整后当年度基建投资计划为62871万元,资金来源主要有教育部基建资金拨款6271万元,学校自筹资金56575万元,其他资金25万元。具体项目有彰武路研究生公寓三期及创新创业中心4434万元、设计创意学院改扩建25万元、嘉定校区土木工程抗火科研综合楼7300万元、上海自主智能无人系统科学中心31895万、智能网联汽车测试评价基地283万元、嘉定校区学生活动中心3632万元、生命科学与创新创业大楼8190万元、上海国际设计创新学院大楼4000万元、嘉定校区工程教育及科创中心3112万元。

【加强大财务统筹】 落实中央过紧日子的精神,在上级下拨财政资金较大幅度减少的情况下,加强统筹谋划和管理,提升预算管理绩效。积极拓展资金来源,利用外部资金为学校智慧教室建设、信息化建设、留学生专项奖学金等提供支持;大力推进校内人员经费、人才引进经费、双一流引导专项及教育教改专项经费的统筹,优化资金配置,提升财政资金和自筹资金的使用绩效,为学校年度中心工作任务的完成提供有效支持和保障。

【深入推进预算绩效管理】 落实各条块经费预算绩效管理实施细则的完善并发文,开展了2次预算绩效管理宣讲培训。

【深化"放管服"改革】 持续改进和完善学校财务有关"放管服"工作,加强业财融合的科研经费管理,积极应对疫情,与时俱进,推出财务服务只跑一次清单、智能财务机器人、智能客服等措施,横向科研经费实现线上全过程"一站式"服务和管理,

【加强财务信息化建设】 推进财务资料电子化、会计凭证影像化工作,部分会计凭证已实现线上可查询,银行电子回单机器人进行自动入账,建立了预付款催款短信平台,督促项目负责人及经办人及时核销冲账,优化缴费平台,各项缴费更顺畅。差旅平台新接入飞扬差旅系统,优化票据系统,完成服务器集群,改善硬件条件。

【加强落实内控责任】 编制并实施新版《同济大学内部控制管理手册》,推出分系列内控管理手册。

【学校国有资产管理】 在前期出台《同济大学国有资产管理绩效考评暂行办法》基础上,拓展国有资产管理绩效考评范围,规范学校所属企业国有资产评估项目备案工作,有力支持和推进学校所属企业的体制机制改革。

【财会队伍建设】 打造学习型研究型财会队伍,完善新入职审核人员的培训方案,形成标准化、规范化三个"一"培训模式:新进员工由指定专人单独一对一业务带教;新进员工带教学习时间不低于一个月;新进员工正式上岗前至少组织一次业务理论考核。同时对财务人员进行全方位培训,聘请专家进行技能讲座;组织开展财务数据处理与分析竞赛;四平路校区与嘉定校区审核人员定期交流互换等。

【学校财务制度建设】 2021年学校新修订和制定财务管理制度,包括《同济大学科研差旅住宿费标准包干及上浮实施细则》《同济大学国有资产管理暂行办法》《同济大学基本科研业务费专项资金管理实施办法》《同济大学差旅费管理细则》《同济大学预算绩效管理办法(试行)》《同济大学财务支出票据报销管理实施细则》《同济大学专家评审费发放管理细则》;编制《2020年度行政事业单位内部控制报告》。

(邹小岗)

审计工作

【概况】 2021年，审计处共完成各类审计项目250项，其中：中层领导人员经济责任审计21项，预算执行和决算审计1项，内部控制评价1项，专项审计3项（国内合作项目、重大科研专项、小额工程抽审专项），建设工程结算审计69项，基建工程决算审计2项，500万元以上修缮跟踪项目12项，科研结题审计、审签141项；实施基建跟踪审计项目9项，做到了审计全覆盖。

健全和完善审计制度，加强审计监督。完成修订《同济大学科研经费审计办法》，并印发了《关于〈同济大学科研经费审计办法〉的解读》；修订《同济大学领导人员经济责任审计规定》，修订稿已经学校制度建设工作小组审议通过；通过科研审计办法、经济责任审计规定的修订，成为落实中央巡视整改、加强对科研经费的监督、主动服务重大项目管理、完善领导人员经济审计、强化干部监督的有力举措之一。同时，修正《同济大学建设工程项目审计办法》，做好与其他制度的衔接。

推动重大政策落实和重大风险防控。完成国内合作交流项目管理专项审计，专项审计结果得到学校有关部门的运用，推动了《同济大学国内合作管理规定（试行）》等制度的制定，推动科研管理部健全制度和管理流程，加强横向科研外拨的风险控制。完成国家重点研发计划项目经费使用情况专项审计，发现科研经费在管理中存在的薄弱环节以及经费使用管理中突出问题，促进学校规范管理。科研专项审计受到了相关校领导和项目负责人的好评，发挥了审计为教学科研发展服务提供支撑的作用。

建设工程审计咨询与监督并重，做好国有资金的守护者。做好重大工程的全过程审计，紧跟项目进程实施审计咨询和监督。在项目立项阶段及时提供咨询意见，在项目建设过程中，提示发生的偏差，及时预警，动态监控建设资金预算执行情况，提醒和揭示项目实施中存在的问题和资金管理上的薄弱环节，促进完善相关基础管理制度和办法，确保资金使用管理的安全性。建设工程结算审计项目审减节约资金1238万元。

持续开展内部控制评价，以评促建。完成对同济大学附属同济医院分院（校医院）内部控制评价工作，对校医院内部控制体系和执行情况进行评价，发现20项内控缺陷，其中一项为重大缺陷，并对前次内控评价整改情况进行了跟踪，指出其整改工作的不足。本次内控评价和校医院领导人员经济责任审计工作同步开展。

探索推动落实审计整改工作机制，提升监督合力。试点将内控评价缺陷整改纳入重点工作督办，建立督办"一张表"，一体化推动审计整改与部门日常工作的结合，提升整改效果。参与纪委监察机构、组织部等部门建立的联席会议、将审计发现问题提供给校内巡察、与财务部门共同开展收费工作整改督察，形成了多项整改工作校内协同机制。

完成领导交办的重要工作。完成中央巡视、教育部和上海市教委委托审计等其他重要工作。审计处1名副处长全过程参加了中央巡视现场配合工作，完成内部审计报告等8批次资料提交和6项巡视整改任务。协调完成教育部对学校财政财务收支专项审计整改工作。受教育部委托，完成上海外国语大学主要领导人员经济责任审计。审计处处长作为副组长，代表教育部完成浙江大学和厦门大学一些领域腐败风险核查工作。审计处1名科长作为上海市特约审计员，完成市教委委托的工程项目专项审计。

广泛开展审计宣传，增强规矩意识和风险防范能力。落实学校审计工作领导小组会议的要求，加大审计宣传力度，在全面从严治党暨警示教育大会、校办企业联组会议、二级纪委书记培训会议等工作会议中讲解审计案例，推动广大干部和教职员工自觉廉洁从政、主动防范风险的意识。主办"红色审计，百年经典——庆祝中国共产党成立100周年巡展"，展现中国共产党领导下审计事业的百年光辉历程。

（尤其美）

后勤工作

【概况】 根据2021年各类信息平台、座谈会和满意度测评，共收集933条师生建议和意见，其中来自信访、电话、平台的意见建议324条；在嘉定、四平路校区分别召开后勤服务学生座谈会，现场答复、书面回复学生代表提出的涉及后勤的意见建议62条；网上满意度测评收集开放性建议547条；5月、10月开展优质服务月活动，分别在四平路校区、嘉定校区举办"为您服务日"活动，提供西点展销、失物招领、自行车修理、眼镜免费清洗、校园纪念品展示展销、网络咨询、花卉养护咨询及花卉盆景出售、住宿服务咨询、手提电脑清洁等各项便民服务；组织170名员工参与以"礼仪之美"为专题的服务培训，提升员工服务意识与工作能力；加强各类检查、抽查29次，抽查窗口电话礼貌用语点位89个。采用网上扫码进行后勤服务满意度测评，搜集问卷2148份，整体满意率86.03%，整体满意度85.7%；邀请28名学生对27个食堂、餐厅进行实地暗访体验测评，平均暗访满意度91.59%。

完成自主招生、高考阅卷、军训就餐、迎新送餐、学生年夜饭等专项餐饮服务工作。校庆期间保障食堂推出3套校庆怀旧套餐；毕业季期间开展“我为毕业生做一餐”活动，来自复旦大学等五所兄弟高校以及同济大学的大厨们共济一堂，为同济学子送上多达68种共4800份菜品，推出七款毕业季套餐、七款毕业季团餐，邀请毕业生品尝同济美味；接待600人次高考阅卷用餐保障；军训期间特设军训专用食堂5个，全力为军训教官、师生提供用餐服务；开设了以“食粗茶淡饭，铭艰苦岁月”为主题的“红军饭专窗”；开学季推出同济美食地图，3套迎新套餐，重磅推出粤菜和徽菜专窗，共20种精品菜肴，完成学校迎新送餐560人次。每月调整菜品供应，结合传统二十四节气菜肴、冬日暖心等活动全年调整升级42个新菜档口，推出500余道新菜品、6款新品西点、10款特色炒粉、5款新品面条、10款新品青团、10款新品粽子和36款新品月饼；以时令节气为契机，开展手作活动和烘焙课程，以“同济×端午安康”为主题结合校园景观和校徽等同济元素设计出六款帆布袋，以劳育课程为主题深化“三全育人”。

制定《2021年学生住宿调整和搬迁方案》，完成2021年共计4849人次的学生搬迁工作；完成6959人次的毕业生离校工作，清退超期博士生390人；完成2021级新生的住宿接待工作，共计9591人；新生床上用品发放1358套；发放托运行李3741件，寄存行李3088件；完成其他学生接待共计265人(海军大65人、交流生83人、插班生11人、中冶研究生10人、港澳台交换生45人、退伍学生51人)。打造“一站式”学生社区建设，从空间建设、管理队伍、思政教育等多方面打造新社区，包括学三四楼“暖居”庭院、彰武3号楼“济云居”共享空间、西南八楼锻炼空间，沪西多功能党建空间等。举办“一路芬芳、前程似锦”插花活动、“爱满重阳，心暖社区”学生活动、“劳入人心，美进宿舍”收纳活动，推进“三全教育”综合实践。

做好各校区水电的保障和维修工作，全年承接工程、零星维修项目共计7163项，其中四平路校区3735次、嘉定校区3628次、沪北校区206次、沪西校区44次。完成各校区101.0266万平方米绿化面积的日常管理工作，包括花草树木的适时修剪、浇水、施肥、病虫害防治、清除杂草及枯枝落叶等；校庆、迎新期间中心绿化部加强各校区部分绿地改造，对校园内部分花坛、花境、花箱进行改造，更换彩叶草、比格海棠、杜鹃、紫罗兰、三色堇等植物约1225平方米，全年更换植物64500余株；迎新期间在逸夫楼南侧与西北侧摆放花境1750余株；在学三楼与学四楼之间改造原有绿地460平方米，营造新中式绿化庭院，改善学生居住环境；配合宣传部搭建庆祝建党百年立体绿雕2座；与杨浦区绿化管理事务中心合作举办“以爱作舟、同心共济，一路芬芳、前程似锦——庆祝中国共产党百年华诞插花活动”，参加学生人数60余人。完成学生网络全年维护工作，电信服务部共处理网络维修2800次。完成学校办公电话的全年新装、移机及维护工作，电话新装及移机280门、拆机128门，处理电话维修387次，接听同济大学问询电话约13200次，收取学校各学院电话账单13398张。收发室共完成杂志收发10800份，报纸收发28800份，印刷品21600件，挂号信收发12600封，EMS收发36000件，明信片5400封，寄信约5000封；机要室共完成档案文件的收发件21100套，发密件2000件，收密件1500件，引进人才进出800件。

共开展10项“我为师生办实事”项目，在南北楼为奋战教学第一线的老师们打造舒适的课间休息空间，在教学楼部分区域增加饮水机，安装零星物品的失物招领处，在女卫生间安装小厨宝，24小时提供温暖的热水等；对嘉定教学A楼的中庭绿化带进行改造；完成学校重大活动的后勤服务保障工作，包括校庆、高考阅卷、开学迎新、军训、四六级考试、研究生招生考试、大型招聘会等，四平路校区校容拆迎新棚149顶，搬运桌70张、椅子128张；新生行李收取与发放511件，服务学生258人次发放行李469件，观光车送四平路校区和南校区各寝室的出车86次，货运车送彰武路校区各寝室的出车12次，研究生行李3900余件。

全年共接待会议3386场，茶歇368场，与去年同期相比，会议接待总次数增加32%，茶歇次数增加33%。其中，职能部门会议2483场，学院会议730场，外场的会议173场；礼堂部会议共计495场，其中一·二九礼堂会议242次，大礼堂会议253次，比去年同期增长41%，干训楼共接待观察人员590余人；迎宾馆共接待中低风险地区返校师及教职工942人，配合校医院完成85场8442人核酸检测相关服务保障工作。做好防疫物资采购及发放工作，共采购了15批防疫物资。共发放了27次防疫物资，发放口罩454830只、手套77300只、消毒片1456瓶、免洗手液1032瓶、消毒液1002瓶和5L消毒液405桶等。物资供应坚持优质优价原则，大宗物资价格70%平于上海教育超市，30%低于上海教育超市。全年采购商品共计14132559箱，纪念品商店采购商品共计118032箱，西北购物中心采购商品共计155233箱，教育一店采购商品共13859294箱。共引进新品255种，调价商品199个，淘汰商品200个，促销商品207个。做好学校各校区报废设备委托回收服务工作，共回收报废设备件数11670件。

根据2021年年初确定的安全检查计划，对管辖区域进行了全覆盖检查，包括消防通道、消防设施、消防器材、灭火器月检和更新情况等；电梯、厨房设施设备、宿舍教学办公楼宇内的电气设备、水泵房设备、消防泵房设备、监控室设备等；配电间、不规范用电等；防汛防台设施设备和应急抢险物资准备情况等。做好一线岗位员工安全知识应知应会掌握情况检查；各中心三级安全教育情况检查；危化品仓库专项安全检查；食品留样记录、原材料(蔬菜等)保存、清洗情况、冷库/冰柜食品摆放、食品添加剂使用等食品卫生专项检查。9月,安监部根据后勤集团安全风险现状,加强对学生宿舍不规范用电和防火专项检查,进一步督促社区中心落实学生寝室安全管理。全年共开展安全培训176次,各类安全演练73次,共计10554人次参加安全培训,3100人次参加安全演练。开展消防安全、食品安全、特殊工种操作技能、突发事件应急处理措施等各项安全知识培训和考试;在师生员工中开展消防疏散演练、灭火器操作演练、防汛抗台应急预案演练、电梯困人演练等突发安全事件应急预案演练。4月29日,邀请校安全生产办公室韩飞对集团下属各中心的安全管理人员和新进员工进行消防安全管理培训,共有111名员工参加本次培训。5月8日,邀请杨浦区应急管理局原危化科科长张卫平开展安全生产专项培训,并组织集团和各中心负责人和安全管理人员参加经营单位负责人和安全管理人员安全培训及持证考试,共有51名员工参与本次培训及持证考试。9月29日—11月16日共组织102名员工参加消防设施操作员中级(四级)应知应会培训;10月30日邀请清大东方教育科技集团有限公司讲师计荣才对集团下属各中心管理人员及安全检查人员开展消防安全专项培训,共有100名员工参与本次培训。

2021年度积极配合学校完成中央高校改善基本办学条件项目的调整与实施,主要完成西北五楼修缮学生家具采购223万元;配合学生社区中心做好修缮项目的现场监管和设施设备安装的协调工作。完成申报2022年改基专项经费项目,西南一楼修缮、彰武路校区东苑食堂修缮、一·二九礼堂修缮、校区绿化改造等13项。完成2021学校修缮经费修缮项目及2022年项目申报工作,完成彰武路校区研究生公寓修缮(三期)学生家具采购,电热淋浴器采购;沪西校区生乐公寓修缮电淋浴器采购,纱窗纱门、功能房设备采购,家具维修;沪西校区学子食堂修缮厨房设备、空调、餐桌椅采购;彰武路校区新建学生公寓家具采购。完成申报2022年校级修缮经费项目,校区中央厨房建设、西南七、八、九楼学生宿舍家具采购、彰武路校区研究生1-3号楼、5-6号楼二人间改三人间修缮、四平路校区逸夫楼修缮工程等8项。完成后勤集团限额5万元以下零星修缮工程项目备案66项,并全部委托审价单位对项目决算金额进行审计,平均核减率为8.5%。上半年完成后勤自筹类、公司类固定资产盘点工作,累计盘点自筹类设备数4360台件;公司类设备数375件。下半年完成校管类固定资产盘点工作,累计盘点校管类设备数33534台件。全年新增固定资产累计2517件(其中校管类2500件、公司类17件)。报废及转出固定资产累计498件(其中校管类报废93件、公司类报废11件)。

(杨彬彬)

医院管理

【概况】 按照疫情防控常态化时期卫生健康工作方针,贯彻落实教育部、国家卫生健康委的相关工作安排,医院管理处发挥医口职能部门的职责,规范附属医院管理,推动医院高质量发展,打造同济医学特色品牌。

推动落实《中共同济大学委员会关于加强直属公立医院党的建设工作指导意见》,健全现代医院管理制度。在上海市卫生健康委医政医管处的指导下,加强医疗技术临床应用和医疗安全管理,防范医疗领域重大风险,开展医疗行业作风建设,整治行业不正之风。完成第十届花博会、建党100周年相关重大活动、第四届进博会等重要时间节点的医疗卫生保障工作及信访系统稳定工作,信访办结率100%。完善医疗纠纷处理制度,修订《同济大学医疗事故争议处置工作管理办法》。推进医院临床专科建设和人才队伍培养,持续加强区域医疗中心建设和临床重点专科建设。指导附属医院做好援摩、援滇、援藏、援疆等帮扶工作,巩固脱贫攻坚成果。

根据学校党委工作部署,配合完成中央巡视准备工作和整改工作,协调附属医院和相关学院完成4项整改任务。参加学校巡察组,对附属口腔医院、附属同济医院开展巡察工作,督促医院健全采购招标等工作制度,监督重点领域和关键环节廉洁风险点。

按照教育部要求,于2021年下半年开展一系列附属医院专项治理工作,并顺利通过教育部现场核查。

2021年,上海市教育委员会、上海市卫生健康委员会正式批复同意2家医院成为同济大学非直属附属医院。截至2021年底,同济大学共有附属医院11家,其中2家为直属附属医院,9家为非直属附属医院,另有4家筹建中的附属医院。

在新冠肺炎疫情防控特殊情况下,开展同济大学住院医师规范化培训基地相关人员临床能力测评。完成同济大学附属医院住院医师规范化培训基地督导工作;专科医师规范化培训病例评审工作;组织评审优秀住院医师、优秀带教老师、优秀规培管理者等;协助举办2021年上海市住院医师规范化培训师资培训班。

2月25日,参加2021年上海市卫生健康工作会议。

3月13日,协助筹备同济大学医学创新发展研讨会。

3月16日,按教育部要求,统计同济大学生命科学科研机构情况。

3月24日,同济系统22名优秀青年医学人才入选2020年上海市"医苑新星"青年医学人才培养资助计划。

4月8日,组织附属医院申报上海市卫生系统第十八届"银蛇奖"。

4月13日,召开蚌埠市第三人民医院申报同济大学教学医院专家评审会。

4月18日，参加同济大学附属皮肤病医院揭牌仪式暨卓越皮肤健康人才建设高峰论坛。

5月，组织附属医院申报第四届“仁心医者·上海市仁心医师奖”。

6月，组织附属医院申报上海市第二届医德之光、医德楷模奖项。6月9日，上海市教育委员会、上海市卫生健康委员会正式批复同意将上海市第四人民医院中心列为同济大学非直属附属医院。

8月，协助印发《同济大学关于提升附属医院创新发展水平的实施意见》。召开同济大学住院医师规培年限减免预审会。

9月17日，参加同济大学附属上海市第四人民医院建院100周年庆典暨附属医院揭牌仪式。

9月，协助组织部开展附属医院优秀人才挂职工作，共选拔附属第十人民医院、东方医院、精神卫生中心、第四人民医院、同济医院、杨浦医院、皮肤病医院的陈磊磊等9人参与校内挂职。根据《教育部办公厅关于开展高校一些领域腐败风险专项清理整顿工作的通知》通知要求，开展附属医院腐败风险专项整治工作。根据《教育部办公厅 国家卫生健康委办公厅 国家中医药局办公室关于开展高校附属医院专项治理整顿工作的通知》，开展附属医院专项治理整顿工作。根据《关于开展医学科研诚信与作风学风建设专项教育整治活动的通知》文件精神，在附属口腔医院、附属同济医院开展医学科研诚信专项教育整治活动。

10月18日，上海市教育委员会、上海市卫生健康委员会正式批复同意将上海市浦东新区精神卫生中心列为同济大学非直属附属医院。

11月11日，附属第一妇婴保健院成为上海市产科临床质量控制中心。

11月25日，参加2021年上海市专科医师规范化培训结业总结大会暨专家委员会会议。

11月，组织附属医院申报2021年度上海市“医苑新星”青年医学人才培养资助计划。

12月，根据上海市卫生健康委员会要求，协助做好附属同济医院对口帮扶云南县级医院（麻栗坡县人民医院）工作。协助开展第五届上海市名中医推荐工作。根据《教育部高等教育司关于开展中管高校直属附属医院管理工作专项调研的通知》要求，完成同济大学直属附属医院管理工作情况报告。

（宋媛媛）

附属学校管理

【概况】 基础教育合作办学管理委员会办公室（以下简称“基教办”）围绕学校“双一流”建设目标，服务人才队伍发展需求，完善人才贯通培养体系，坚持立德树人，稳步有序推进基础教育合作办学各项工作。持续完善杨浦区合作机制，成立杨浦基础教育集团理事会；继续强化做好嘉定基础教育集团的发展工作；深入推进虹口区基础教育合作协商，在学校与各区战略合作框架之下，基础教育合作办学格局稳步发展，合作机制与内涵建设进一步优化。牵头落实学校“为群众办实事”三项：幼儿园学额扩容、附属实验中小学分校开办、实质性推进附属新江湾学校建设，按时保质保量完成；成立“同济大学基础教育研究中心”，深入开展附属学校师资队伍建设，学科支撑与赋能效应进一步强化，附属学校师生同济认同感得到较大提升；深化大中小学思政一体化试验区建设，工作体系建设逐步完善，承办上海市大中小学思政一体化现场推进会，充分展示了我校开展大中小学思政一体化工作成效，协同推进思政课和教师一体化建设，示范效应与育人效果进一步彰显。

【同济幼儿园学额扩容】 配合后勤集团、资产与实验室管理处等部门研究空间改造方案，与杨浦区教育局协商制定容量不足工作方案，明确在招生大年协调周边学额补充同济幼儿园学额不足问题，同时与虹口区协商合作共建附属幼儿园，进一步拓展教育资源。

【实质性推进附属新江湾学校建设】 以柔性引进校长人选、校内遴选管理干部、杨浦区推荐等方式完成新江湾附属学校筹备组架构，完成第一轮办学方案制定，初步形成学校育人理念、“一训三风”和办学特色，持续跟踪基础设施建设，协调建筑设计研究院等参与校园空间方案优化，落实首批师资招聘储备，在区校战略合作协议明确班额数的基础上初步制定同济教工入学方案，并积极争取社会资源支持办学，确保学校于2022年秋季高起点办学。

【举办科技夏令营】 7月17日，会同科学技术协会共同主办附属学校青少年科技夏令营活动，以“发现城市之美”与“人工智能科技魅力”两大主题探索大中小学科学素养贯通人才培养，各附属学校80余位学生参加活动。

【附属实验中小学分校开办】 9月完成同济大学附属嘉定实验中小学分校第一批学生招生，与嘉定区教育局、汽车城集团沟通，提升分校校园基础设施、美化校园环境、建设校园文化等工作。

【举行附属学校校长联席会议暨附属学校联合招聘会】 10月29日上午，同济大学附属学校校长联席会议于四平路校区瑞安楼举行，常务副校长、基础教育合作办学管理委员会主任吕培明出席。市教育评估院副院长陈滔宏、市教委人事处相关负责人张瑾以及学校发展规划与学科建设部、人事处、基础教育合作办学管理委员会办公室、学生就业指导中心等校内职能部处负责人与各附属学校校长就基础教育师资队伍建设展开专题研讨。会后，各附属学校进行了招聘宣讲与展示，面向报名参与的两百余位应届毕业生开展现场面试，并对有志于从事基础教育的在校生提供了职业咨询与建议。

【举行大中小贯通课程研讨会】 11月1日，基教办牵头的大中小贯通课程研讨会在四平路校区瑞安楼举行。各学院贯通课程建设负责人、各附属学校负责人和附属学校教师代表共同参与研讨。

【推进虹口区基础教育合作的协商】 12月10日下午，同济大学—上海市复兴高级中学“同济实验班”揭牌仪式在复兴高级中学大礼堂举行。虹口区委书记郭芳、同济大学校长陈杰共同为实验班揭牌。在学校与虹口区人民政府区校战略框架下，双方就基础教育合作办学开展协商，初步形成了同济大学虹口基础教育集团合作共建方案。完成集团龙头校复兴高级中学的合作方案制定。

【同济大学杨浦基础教育集团理事会成立】 12月17日，同济大学杨浦基础教育集团理事会成立大会暨第一届理事会第一次会议在同济大学建筑设计研究院举行。成立理事会是在2019年杨浦区人民政府与同济大学共同签署《合作共建同济大学杨浦基础教育集团协议》后，区校落实第四轮全面战略合作协议内容，进一步推进高等教育与基础教育有效衔接，深度打造同济大学杨浦基础教育集团的重要举措。会议通过了理事会章程及理事长、理事名单，王浩、吕培明共同担任同济大学杨浦基础教育集团第一届理事会理事长，杨浦区、同济大学各有5位代表担任理事。会上，同济大学基础教育研究中心揭牌成立。

（张敏）

所属企业

创新创业工作

【概况】 同济创新创业控股有限公司(以下简称"同济控股")及其所投资企业全年累计实现营业总收入655121万元;实现营业总收入同比增长的企业有15家,实现营业总收入过亿元的企业有5家。

企业累计实现净利润69325万元,归属于母公司净利润49973万元,净资产收益率10%,同比提高的企业有7家。实现净利润同比增长的企业有12家;净利润超过1000万元的企业有6家。企业缴纳各类税金44940万元。

企业资产总额1487617万元,净资产553046万元,归属于母公司权益446350万元。资产负债率63%,剔除预收款项因素影响,实际资产负债率为40%。

从各企业经营计划完成情况分析,有8家企业营业总收入超过年度预算,8家企业净利润超过年度预算。

(刘青哥)

【党建引领企业发展】 同济大学科技产业共有学校二级党委5家,包括同济控股党委、同济建筑设计院党委、同济规划院党委、同济出版社党委和同济后勤党委。其中,同济规划院党委于2021年10月成立。产业系统所属二级党委通过产业党委联组学习方式,开展党建学习交流和信息通报。

同济控股党委3月开展"巾帼先锋人物"表彰会,4月开展"学习强国党史专题比拼赛",5月开展"寻访优秀党员,撰写强国故事"活动,6月开展"VLOG我的一天"活动。6月24日,同济控股党委举行"百年征途,强根固魂"主题演讲比赛。7月1日,同济控股党委组织全体党员收看庆祝中国共产党成立100周年大会,举行庆祝中国共产党成立100周年暨"七一"表彰大会,现场为党员代表颁发"光荣在党五十年"纪念章,为同济控股党委2021年"两优一先"获奖者颁奖。9月,组织与同济大学马克思主义学院党委开展党建共建。

【同济大学荣获2020年度产权交易组织金奖】 1月,继2019年获得上海联合产权交易所授予的产权交易资本运营金奖后,同济大学再次荣获2020年度产权交易组织金奖。该奖项是上海产权市场为参与主体颁发的最高奖项,是依据交易数据、运行质量等客观维度,以及市场贡献、工作难度、改革创新等主观维度,综合评选得出。同济控股在2020年度得到监管机构和资本市场的一致好评,为其他中央企业组织产权交易提供了宝贵经验。2020年,同济控股积极深化校办企业体制改革,持续推进企业转型发展,结合所属企业实际情况,通过产权交易平台发布各类股权转让信息,采取各种创新方式以市场化手段处置存量资产,实现对资源配置的动态优化。2020年度,同济控股及所属企业共完成各类产权交易逾10亿元,实现了国有权益最大化效应。

【召开同济大学2020年度"十大最具转化潜力科技成果"颁奖大会】 3月25日,同济控股召开同济大学2020年度"十大最具转化潜力科技成果"颁奖大会,为"十大最具转化潜力科技成果"获奖团队颁发10万元奖金,为"十大最具转化潜力科技成果"入围团队颁发5万元奖金。十大科技成果涵盖了工程制造、绿色环保和生物医药等多个领域。十大科技成果中,4项成果属于工程制造领域,分别是土木工程学院周颖教授团队研发的"带刚度自适 应特性的三维震振双控装置",机械与土木交叉学科团队简小刚、王伟团队研发的"封闭截面构件高强单边连接技术及装备",交通运输工程学院杜豫川教授团队研发的"路面多维高频检测装备和智能养护技术及应用",以及电子与信息工程学院康琦教授团队研发的"面向工业系统智能优化与决策的边缘计算平台"。环境科学与工程学院3项绿色环保领域的科技成果,分别是戴晓虎教授团队研发的"高浓度复合粉末载体生物流化床技术",李风亭教授团队研发的"工业废酸资源处置与在水处理中的应用",以及柴晓利教授团队研发的"基于微生物调控的水体原位生态修复技术"。还有3项科技成果属于生物医药类成果,它们分别是医学院光医学研究所、附属上海市皮肤病医院王秀丽教授团队研发的"新型无痛光动力治疗皮肤病关键技术及转化——新型实时可控无痛光动力治疗智能系统",医学院、附属东方医院陈炳地副教授联合刘中民教授和崔征教授团队研发的"新型循环肿瘤细胞检测纳米技术",以及附属上海市肺科医院粟波研究员团队研发的"新型血液自身抗体的肺癌早期诊断试剂盒及应用"。

【同济大学科技产业14个项目获得2021年教育部产学合作协同育人项目立项】 6月4日,同济控股召开教育部产学合作协同育人项目宣讲会,正式启动2021年项目发布工作。8月31日,组织2021年教育部产学合作协同育人项目立项评审会。12月14日,2021年教育部产学合作协同育人项目公布第二批立项名单,同济大学科技产业申报的14个项目全部获得立项,项目总金额240万元。教育部产学合作协同育人项目由教育部高等教育司组织实施,已连续举办8年,项目旨在通过政府搭台、企业支持、高校对接、共建共享,调动好高校和企业的两个积极性,实现产学研深度融合。2021年同济大学科技产业首次参加项目申报,同济控股联合建筑设计院、规划院、出版社、同济大学科技园杨浦园、嘉定园等企业与同济大学的相关师生团队积极开展对接,建立产学研合作,最终申报的14个项目顺利通过立项。

2021年教育部产学合作协同育人项目汇总

序号	项目名称	负责人	所在院系(部门)
1	新型轨道交通系统关键技术实验和实践基地(高效节能同步磁阻电机牵引系统试验平台)	孙友刚	铁道与城市轨道交通研究院
2	城市健康监测实验平台建设	张其林	土木工程学院
3	产教融合模式下的人工智能实践基地建设探索与实践	余有灵	电子与信息工程学院
4	新型永磁直线电机交通系统试验平台研发	赵元哲	交通运输工程学院
5	大推力直线感应电机试验台	韩鹏	磁浮交通工程技术研究中心
6	数字化设计与建造教学实验平台	袁烽	建筑与城市规划学院
7	产教融合模式下的同济大学线上教学空间建设与实践	王宁	教育技术与计算中心
8	基于线上线下融合教学模式的《反馈控制理论》课程建设	赵霞	电子与信息工程学院
9	智慧城市系列课程项目案例库建设——智慧能源:面向“双碳”目标的区域综合智慧能源规划实践和案例	阮应君	机械与能源工程学院
10	智慧城市系列课程项目案例库建设 ——数字孪生城市案例	沈尧	建筑与城市规划学院
11	智慧城市系列课程项目案例库建设——智慧交通促进城市绿色出行的规划建设案例	卓健	建筑与城市规划学院
12	智慧城市系列课程项目案例库建设——智能规划	周新刚	建筑与城市规划学院
13	智慧城市系列课程项目案例库建设——智慧韧性城市规划理论与实践	赫磊	建筑与城市规划学院
14	智慧城市系列课程项目案例库建设—智慧社区	刘超	建筑与城市规划学院

【同济大学科技产业完成中央巡视整改工作】 2021年上半年同济大学科技产业接受十九届中央第七轮巡视。根据中央巡视组反馈问题,同济控股党委牵头组织产业联组学习会5次,专题研究讨论中央巡视反馈意见中校办企业相关问题的整改方案及深化整改方案。各产业党委多次召开党委会、总经会等会议,专题研究各产业党委中央巡视整改方案,扎实推进各项中央巡视整改工作。截至2021年11月,中央巡视集中整改期各项整改任务全部完成。

【同济大学科技产业完成校属企业体制改革及教育部验收工作】 截至12月,同济大学涉及体制改革的305家企业中有294家企业完成了改革任务,除教育部已同意延期处置的4家PPP项目公司外,剩余企业正按照相关管理程序有序推进。校属企业体制改革,理顺了学校所属企业的管理体制,在确保稳定的前提下,清理退出一批与学校教学科研不相关且发展无望的企业,使校属企业的不良资产大幅减少,资本结构得到优化。

【同济大学科技产业服务学校“双一流”建设,协同建设产学研用实体平台】 截至12月,同济大学科技产业已与学校12个学院和直属单位共建各类产学研用平台近120个,覆盖8个一流学科,其中,省部级以上平台24个,企业主导的平台13个。

(王琳)

产学研用平台类型分布

产学研用平台类型	国家级	省部级	地市级	校级	院级
研发与转化功能型平台	—	10	2	—	—
研究院	—	—	1	1	14
研发(研究)中心	1	1	—	17	14
中试平台	—	2	—	1	—
教授工作室	—	—	—	—	31
学科学术平台	—	9	—	2	—
战略联盟	—	1	—	—	4
校地成果转化平台	—	—	—	11	—
临床基地		—	—	1	—
小计	1	23	3	33	63

同济大学国家大学科技园

【概况】 同济科技园各分园(基地)全年累计实现营业总收入12180万元,各分园(基地)均实现营业收入同比增长,其中1家单位实现营业收入同比增长超25%;全年累计实现净利润3501万元,其中3家单位实现净利润同比增长。整体经营业绩情况较上年略有下降,主要是因疫情影响。全年新引入企业390家,其中师生及校友企业206家,占比53%,各分园办公用房平均出租率达89%以上。

同济科技园持续深化建设人力资源、财税法律、市场推广、项目申报、创业培训全方位企业服务平台。同济科技园与同济大学联合共建4个实验室,其中3个为新建实验室。各园区举办双创主题活动60余场,累计线下参与8861余人,线上参与及观看33万人;各园区共组织投融资专场对接会20余场,为园区不同成长阶段创业企业开展26场一对一企业资本规划服务,累计帮助140余家次企业引进直接投资和间接融资近5.8亿元;推荐150余家企业申报政府科技项目园区企业,共计获得政府科技专项资助3140万元。

(丁嘉伟)

【同济科技园参加教育部产学合作协同育人项目】 2021年是同济大学科技园首次参加项目申报,同济大学科技园依托同济大学独特的学科和人才优势、丰富的科研成果资源,联合同济大学共同探索建设同济大学科技园杨浦分园产教融合模式下的人工智能实践基地以及同济大学科技园嘉定分园高效节能同步磁阻电机牵引系统试验平台、永磁直线电机直驱交通系统试验平台、大推力直线感应电机试验台,从而更好地推动了产学研合作。12月14日,2021年教育部产学合作协同育人项目第二批立项名单公布,同济大学科技园申报的4个项目全部获得立项。

【同济科技园与同济大学联合共建4个实验室】 通过搭建校企、校地产学研公共实验室,推动产业、学校、科研院所的协同创新,园区与同济大学联合共建4个实验室,其中原有实验室1个,新建实验室3个。完成了5000平方米的科技成果转化基地建设,签约入驻同济大学优质项目38个,入驻率达93%。

实验室	共建合作方	实验室介绍	服务成效
智能新能源汽车公共研发服务平台	同济大学 汽车学院	主要从事锂离子电池高低温充放电性能测试	2021年完成2项国家/省部级项目,1项企业委托项目。通过项目培养研究生10余名。仍在进行2项国家/省部级,2项企业委托
铁路车站计算机联锁检验站	同济大学 电子与信息工程学院	国家铁路产品质量监督检验中心签约实验室,是我国该领域唯一的第三方实验室	完成高铁TIS系统功能测试2项,目标控制器功能测试2项,列控中心功能测试2项
磁浮控制系统实验室	启喆科技、同济大学磁浮研究中心	专注于在各种条件下保证系统的稳定悬浮,并具有较强的抗干扰能力的测试与检验	设备调试中
“电源系统智能管控”实验室	同济大学 汽车学院	针对动力电池的智能车载应用,开发与新能源汽车需求高度融合的新型电池和“智能电池”产品	进行2项国家自然科学基金项目实验,通过项目培养研究生4名

【“同济科技园·链空间”正式揭牌成立】 5月11日,“同济科技园·链空间”正式揭牌成立。该众创空间是园区与上海区块链技术研究中心、同济大学区块链研究院合作共建的专业化公共服务平台,空间业态以区块链技术开发、“区块链技术+应用场景”等类型企业为主。该平台依托区域科教产业优势资源,致力于为入驻创业企业和项目团队提供一体化、开放式的高质量服务,促进科技成果转化。2021年累计吸引15个项目入驻,并入选中国房地产业协会全国区块链园区榜单(全国仅6家)。创新中心运营稳步推进,全年累计有28个项目团队入驻,涉及领域包括:智能编程、数字仿真、桥梁工程、建筑科技等。

【同济科技园20周年庆品牌宣传系列活动】 同济科技园在9—12月组织了20周年品牌宣传系列活动。各园区积极响应号召,共组织了117场冠名20周年庆的宣传活动,如职工文体活动、业务讲座、创新创业大赛等;策划了活动主题标语和20周年logo,两款针对校内人群和校外人群的同济科技园宣传展板、宣传片以及20周年庆的纪念品等。12月,完成了3个校区和杨浦分园的宣传展板巡回展出及线上和线下宣传活动,线上新闻宣传稿的阅读量达到了公司本年度阅读量的前三(3346人次)。为了加大宣传力度和品牌影响力,邀请新华社记者、同济大学宣传部相关人员实地调研科技园,并撰写新闻稿,做好学校及社会媒体宣传工作。

(叶青)

【同济科技园举办人才能力提升主题培训】 科技园管理公司在学校针对中层干部开展专题培训及科技园高质量发展指导文件出台的背景下,以人才专业能力提升为切入点,以大学科技园"五大功能"为核心,组织举办了6期专业主题培训,课程包括财务管理实务、项目申报服务、人力资源服务、企业合规管理、双创政策解读、项目实施控制与财务管理。全体科技园各业务板块员工,共计140余人参与课程培训。

(丁嘉伟)

2021年度同济科技园荣誉资质一览

等级	序号	名称	认定/立项时间	认定单位
国家级	1	2020年度国家众创空间备案	2021年1月	中华人民共和国科学技术部
	2	第五批全国创业孵化示范基地认定	2021年5月	中华人民共和国工业和信息化部
	3	2020年科技部火炬统计	2021年2月	中华人民共和国科学技术部
	4	国家小型微型企业创业创新示范基地(复评)	2021年10月	中华人民共和国工业和信息化部
	5	中小企业志愿服务工作站认定	2021年11月	中华人民共和国工业和信息化部
	6	工信部一中小企业志愿者服务工作站	2021年8月	中华人民共和国工业和信息化部
	7	工信部中小企业志愿者服务工作站	2021年11月	中华人民共和国工业和信息化部
上海市级	8	2020年度上海市中小企业服务机构考评优秀	2021年3月	上海市经济和信息化委员会
	9	上海市第一批知识产权运营服务集聚区(2021—2023)	2021年	上海市知识产权局
	10	上海市退役军人就业创业园地	2021年4月	上海市退役军人事务局
	11	2020年度"创业在上海"国际创新创业大赛"年度优秀服务机构"	2021年4月	上海市科学技术委员会
	12	园区知识产权托管试点项目	2021年5月	上海市知识产权局
	13	上海市先进基层党组织	2021年7月	中国共产党上海市杨浦区委员会
	14	2020年度"创客中国"中小企业创新大赛上海赛区"优秀组织机构"	2021年7月	上海市经济和信息委员会
	15	2021年全球技术转移大会卓越组织奖	2021年7月	上海市科学技术委员会
	16	2020年度上海市创业孵化示范基地工作成效评估"A级"认定	2021年8月	上海市就业促进中心
	17	2021年"创客中国"上海市中小企业创新创业大赛决赛优秀对接服务机构	2021年9月	上海市经信委、上海市促进中小企业发展协调办公室
	18	2020年度上海市科技创新创业载体绩效评价优秀	2021年11月	上海市科学技术委员会
	19	上海市科技企业孵化器	2021年11月	上海市科技创业中心

(冯晓晓)

上海市大学生科技创业基金会同济基金

【概况】 截至2021年年底,同济创业基金资金规模为2780万元,累计资助学生创业企业310家,累计资助金额7384.4万元,大学生创业企业注册资金达9.9亿元。2021年度,同济创业基金新立项项目33个,立项资金1170万元;资助项目29项,资助金额940万元;退出项目23项,退出金额475万元。

2021年度同济创业基金资助的1家企业入选上海市2021年度优秀学术/技术带头人计划;5家企业入选杨浦区企业技术中心;3家企业入选杨浦区区块链企业;4家企业入选上海市2020年第三批科技型中小企业名单;1家企业获2021年上海市促进文化创意产业发展财政扶持资金拟支持项目立项;3家企业获选"杨浦区政协共青团界别和青联界别协商活动室";2家企业获同济创新创业日暨第六届"中国创新挑战赛"长三角新一代信息技术专场启动仪式——创新创业企业导师称号;1家企业获国家级专精特新"小巨人"认定;1家企业获上海市"新锐型"青年企业家称号;8家企业获2020年度杨浦区创业启动资金;3家企业获"上海市和谐劳动关系达标企业"称号;1家企业被授予2021年全国"巾帼文明岗"荣誉称号;3家企业入选上海市"专精特新"中小企业名单;26

家企业入选2021年入库型中小企业名单;3家企业获选"上海市和谐劳动关系达标企业";3家企业获杨浦区科技小巨人工程项目验收;5家企业获得高新技术企业;9家企业获杨浦区"专精特新"中小企业认定;16家企业被评为2021年博士后立项企业;1家企业获评"2021年度创新创业英才奖";1家企业获全国"互联网+"大赛金奖;1家企业获全国"互联网+"大赛铜奖;1家企业获上海首届博士后创新创业大赛一创新组优胜奖。

同济创业基金分别组织开展了第26期、第27期、第28期、第29期创业培训基础班暨《创业修炼》课程,近500名学生参加;组织第15期、第16期同济创业者拓展训练营活动;举办创业企业座谈交流会5场,沟通交流创业企业发展情况;为93家大学生创业企业解决创业过程中遇到的问题;推荐创业企业参与2021(第15届)创业周暨全球创业周中国站天使基金"雏鹰奖"评选,2家创业企业获得了该项荣誉。

【同济创业基金获年度"特优分会"表彰】 在上海市大学生科技创业基金会2021年度分会工作总结会上,会议通报23家分基金和专项基金综合考核情况,同济创业基金在23个分基金和专项基金中综合指数排名第一,获得年度"特优分会"表彰。

(丁攀)

上海同济检测技术有限公司

【概况】 上海同济检测技术有限公司研发立项3项,2020年度延续项目5项,共实施研发项目8项,均为公司内部立项项目。其中,3项2021年结题验收,5项按计划延续至2022年继续实施。直接参与研发技术人员有42名,研发支出费用共1044.86万元,占总收入比例5.5%。

2021年申请6项,其中发明专利2项、实用新型专利1项、软件著作权登记3项;授权专利知识产权8项,其中发明专利4项、实用新型专利1项、软件著作权3项。公司拥有有效知识产权项目68项,其中发明专利19项、实用新型专利29项、软件著作权登记20项。2021年内共组织参加技术标准编制5项,其中国家标准2项、地方标准1项、团体标准2项;参加交通运输部《见证——交通建设质量监督30年》专著编制。2021年发布的参编行业标准5项,其中国家标准1项、地方标准1项、团体标准3项。

2021年共发表期刊技术论文27篇,其中核心期刊论文25篇,行业期刊论文2篇。"装配式建筑构件连接套筒内部缺陷的检测方法"项目获得"首届工程建设行业高推广价值专利大赛"一等专利奖。

2021年研发项目一览

序号	课题名称	完成部门	项目时间
1	装配式混凝土结构安装质量自动化监测与预警技术研究	消防工程所	2019年2月—2021年12月
2	高支模自动化监测系统开发与应用	地基室	2019年9月—2021年12月
3	基于区块链技术的BIM桥梁智能监控技术研究	桥梁室	2020年1月—2022年12月
4	再生沥青混合料混合效果研究	工程技术中心 道交室	2020年3月—2021年12月
5	轻量化路面病害智能识别系统的产业化应用研究	工程技术中心 交通工程所	2020年10月—2022年12月
6	公司信息数据管理平台评估与治理	工程技术中心	2021年1月—2022年12月
7	知识产权信息化管理平台建设	研发部 工程技术中心	2021年1月—2022年12月
8	泡沫混凝土试验方法研究	材料所	2021年4月—2022年12月

2021年公司知识产权项目统计

	发明专利	实用新型专利	软件著作权登记	合计
申请受理	2	1	3	6
授权/登记	4	1	3	8
现拥有有效总数	19	29	20	68

2021年申请受理知识产权项目

编号	名称	类型	申请日期	申请号
1	用于超大荷载锚桩横梁反力装置的模拟试验设备及方法	发明	2021年2月8日	202110180527.7
2	一种基于影响线原理的连续梁桥主动加固方法	发明	2021年11月25日	2021114146615.0
3	用于超大荷载锚桩横梁反力装置的模拟试验设备	实用新型	2021年2月8日	202120352402.3
4	桥梁拉索磁通检测分析软件v1.0	软件著作权登记	2021年5月31日	—
5	同济检测一检测设备全生命周期管理平台软件v1.0	软件著作权登记	2021年12月29日	—
6	同济检测一检测设备全生命周期管理微信小程序v1.0	软件著作权登记	2021年12月29日	—

2021年授权知识产权项目

编号	名称	类型	授权公告日	授权号/登记号
1	含有环保再生玻璃砂的沥青混合料	发明	2021年3月30日	ZL201710010329.X
2	一种基于动态红外热像图处理的地下管廊渗漏检测方法	发明	2021年2月12日	ZL201780053176.5
3	用于并置T梁横向联系的预加应力张拉式加固方法	发明	2021年10月1日	ZL 201810829254.2
4	混凝土超声波角测法检测检测的校正方法	发明	2021年6月29日	ZL 201810982517.3
5	用于灌注桩孔底沉渣厚度的检测装置	实用新型	2021年10月1日	ZL 202022660308.2
6	同济检测来样检测流转单管理系统v1.0	软件著作权	2021年1月18日	2021SR0095938
7	同济检测中央空调系统节能运行仿真模拟软件V1.0	软件著作权	2021年1月27日	2021SR0153495
8	桥梁拉索磁通检测分析软件v1.0	软件著作权	2021年7月14日	2021SR1034587

2021年参编技术标准制修订项目统计

	国家标准	地方标准	团体标准	合计
组织参编技术标准	2	1	2	5
已发布参编标准	1	1	3	5

2021年已发布参编技术标准项目

序号	标准名称	级别	标准编号	公司参编人
1	预制混凝土构件用金属预埋吊件	团体标准	T/CCES 6003—2021	王勤、楼国彪
2	结构混凝土抗压强度检测技术标准	上海市地方标准	DG/TJ 08—2020—2020	童寿兴
3	透水路面养护技术规程	团体标准	T/CECS 876—2021	毛菊良
4	缝隙透水路面技术规程	团体标准	T/CECS 875—2021	毛菊良
5	水泥胶砂强度检验方法(ISO法)	国家标准	GB/T 17671—2021	赵红

（王秋蓉）

上海同济科技实业股份有限公司

【概况】 为贯彻落实党中央、国务院关于高等学校所属企业体制改革的重大决策部署，按照财政部、教育部关于推进高校所属企业体制改革的政策要求，完成校企改革，优化国有资产配置，推进杨浦区政府与高校之间深入合作，促进上市公司持续健康发展，2021年4月30日，同济创新创业控股有限公司与同济大学、上海杨浦滨江投资开发有限公司签订了《关于上海同杨实业有限公司之国有产权无偿划转协议》，拟对同济控股持有的同济科技股份进行划转。

截至2021年7月20日，上述无偿划转已全部完成，同济科技控股股东变更为上海同杨实业有限公司，实际控制人变更为杨浦区国资委。同济控股持有上海同杨实业有限公司19%股份，将继续深化区校合作，支持上市公司发展。

（张荷萍）

同济大学建筑设计研究院(集团)有限公司

【概况】 截至2021年年底,同济大学建筑设计研究院(集团)有限公司共有5656名员工,其中设计院4013人。设计院注册执业人员1264人,包括注册建筑师512人(一级注册502人、二级注册10人),注册结构工程师287人(一级注册276人、二级注册11人),注册土木工程师(岩土)43人,注册公用设备工程师186人,注册电气工程师65人,注册城市规划师45人,注册造价工程师34人,注册咨询工程师(投资)67人。设计院专业技术人员3709人,其中高级职称人员803人、中级职称1500人、初级职称951人。2021年集团新获得正高职称3人,新获得副高职称70人。

集团召开第三次党代会,完成“两委”换届工作。举办党委理论中心组专题学习9次,开展党建共建交流活动,组织专题报告会,开办音乐党课,举办红色专题展览3场,开展庆祝中国共产党成立100周年系列活动,出版“庆祝新中国成立100周年”专题内刊、专著,完成“我为员工办实事”10项。

集团完成30个支部换届工作,1个支部获批学校第三批“双带头人”教师党支部书记工作室。开展年轻干部挂职锻炼,举办青年干部能力提升培训班。

集团开展党风廉政建设专题研判2次,意识形态风险研判2次,制定《设计院加强意识形态阵地管理及信息发布安全管理办法》,签订《党风廉政建设责任书》,开展警示教育。

集团配合中央巡视及认真迎接学校巡视工作,积极落实各项整改任务。

集团完成营业收入48亿元(含控股子公司)。

集团在2021年度美国《工程新闻记录》ENR“全球工程设计公司150强”位列第59位,较上年上升6个名次。

集团牢牢把握国家政策方向,研判市场发展趋势,2021年共签订项目1757个,涵盖咨询、规划、建筑、市政、桥梁、轨道、交通、环境、景观、室内、数字等多个类别,进一步展现集团多专业集成的综合优势。2021年集团获众多具有社会影响力的项目,其中办公建筑有前海之窗前海金融总部大厦、温州市档案中心及行政中心、甬江实验室启动区等;医疗建筑有沪东区域医疗中心、上海市第一人民医院南部二期扩建工程、佛山市新社会福利院、自贡市第四人民医院等;教育建筑有安徽医科大学新医科中心等;体育建筑有深圳国际大学园综合训练中心等;主题乐园项目有乐高乐园深圳度假区、上饶野生动物园等;交通建筑有西安东站等;桥梁项目有惠州市鹅城大桥、长湖申线黎里大桥等;市政项目有吉首市高铁新城片区路网等;景观项目有台州湾新区花园绿环、云湖公园工程等;环境项目有贵阳市南明区红岩污水处理厂等;规划项目有沈阳市于洪区平罗湾新城总体城市设计等;智慧城市项目有上海金鼎“聪明城市”顶层设计及相关数字化应用等。

集团承担及参与设计的北京环球度假区、浦东美术馆、宛平剧院、前滩太古里、上海久光中心、上海音乐厅修缮工程、上海轨道交通18号线、14号线、山西临汾洰河桥、涝河桥等一批重点工程顺利竣工,其中嘉兴火车站作为献礼建党百年的重要项目之一,更是在“七一”前顺利启用,赢得社会各界的广泛好评。

集团紧跟国家城市群、都市圈建设战略,紧抓上海新一轮开放机遇,深耕长三角(新签合同额占比37%),聚焦大湾区(新签合同额占比8%),投身京津冀及雄安新区(新签合同额占比6%),有层次、有选择地拓展市场,取得新的突破。

集团深入人才梯队建设,进一步申报国家、地方专项人才计划,2021年1人入选上海市优秀技术带头人计划、2人入选上海市青年科技启明星计划、1人入选上海市青年科技英才扬帆计划。

集团在编正式员工中有博士生导师5人,硕士生导师18人,已培养毕业研究生497人,在读研究生68人。年内定聘教师189人,接纳实习262人次。进站博士后1人。

集团“TJAD培训学院”更名为“TJAD培训中心”,2021年开设课程147门、共计731学时、聘请内部讲师100多位,升级优化“数字影像”系统、邀请11位讲师录制建筑专业网络课程,发布微课堂270条、每周点击量近2500人次,开设现场参观课程14门。

集团优化科技创新体系框架,划分体系层级并明确各级分工,确定体系基本运行模式。成立科研管理部,为体系运行提供组织保障。完成国家企业技术中心的维护,并通过国家企业技术中心年度运行评价考核。

集团积极响应国家和地区的政策牵引,在绿色低碳、数字智慧、安全韧性等领域实施创新布局,获批国家住建部和上海市科委纵向课题6项。

集团发布《2021年度集团内部自主立项课题申报指南》,并组织分专业课题评审。自主立项课题58项,其中设计研究类占比76%,重点专项类占比24%。

集团积极推进科技成果转化落地,赋能工程项目,形成有效闭环。示范工程有西安丝路国际会议中心、上音歌剧院、郑州南站、昆山足球场等。获得授权专利共计186项,荣获各级各类科技进步奖12项。

集团在省部级、学会及其他各类评选中共斩获306项大奖,扩大了行业影响力和话语权。包括上海市优秀设计奖91项,其中一等奖20项;教育部优秀设计奖92项,其中一等奖27项;中国建筑学会建筑设计奖36项,其中一等奖10项;上海市建筑学会建筑创作奖48项,其中优秀奖10项;亚洲建筑师协会建筑奖2项;BIM设计类奖项22项;照明类奖项16项。

集团荣膺产学研百佳创新示范企业。开展教育部产学合作协同育人工作,年内对接建筑与城市规划学院,搭建数字化设计与建造教学实验平台,梳理了数字技术条件下从设计到建造的产学协同人才培养体系,提供了新技术条件下我国建设多学科、开放式学习平台的参考模型。对接土木工程学院搭建城市健康监测实验平台,开发了超高层和大跨空间结构健康监测实践体系,构建了健康监测项目体验库和实践资源库。

集团汇集建筑、结构、设备等多专业8位中青年骨干设计师作为企业导师,和建筑与城市规划学院教师结对,全过程加盟到研究生设计教学活动中,课程以集团标志性作品上海棋院项目作为选题,在双导师指导下兼顾理论性与实践性,共计133名2021级专业型硕士研究生发掘出了“上海棋院的133种可能”,其中24名表现优异的同学获得了集团2024校招“免试特招卡”。

集团荣获“上海市文明单位”称号。举办第四届职工篮球赛、第四届网球公开赛、“迎春送福送春联”“女神节”专题系列讲座、“健身挑战嘉年华”“六一”亲子数字建造、中秋午间音乐会等丰富多彩的文体活动。开展爱心献血、助力云龙发展、宣传劳模事迹等公益活动。参加学校“永远跟党走”师生合唱比赛,蝉联冠军。

集团官网年度总计访问约50万人次,同比增长59%,创历史新高,排名国内同行业第一、国际同行业前三;官微全年共发布160条推送,同比增长54%,总阅读量53.6万次,同比增长37.5%,连续两年荣获“全国建筑业最具影响力微信公众号”称号。上线“上海建筑地图”并推出“为上海而设计”系列文创。主办、承办、参与相关地区学术会议、展会10余次。

集团2021年顺利通过质量管理体系升级版分级认证审核,获得质量管理体系升级版AAA级认证证书。

集团深入推进体制改革工作,年内完成下属4家企业体制改革、并配合控股公司落实8家相关僵尸企业清理,至此集团相关体制改革工作全面完成。

集团积极配合并完成控股公司及第三方会计师事务所的3项专项检查以及6项自查自纠工作,完成下属2家分、子公司2020年度财务状况及中央关于“三重一大”、内部控制、八项规定等方面的内部专项审计报告,完成集团及下属控股子公司廉洁风险防控手册编制及关键岗位责任落实签订工作。

集团积极落实内控评价及巡视整改要求,持续推进制度体系建设,年内新增、修订、宣贯一系列内部管理制度及内控手册,实现了“强内控、防风险、促合规”的管理目标。

集团切实落实各项防疫措施。积极推进新冠疫苗接种工作和加强免疫接种工作,2021年离沪报备员工超过1.5万人次,组织“家门口”一站式疫苗接种16次,全年累计接种8459人次,接种率为91%。

集团完成三、四级安全生产责任签约,更新升级监控、消防等基础设施,组织火灾自动报警系统联动测试和开展玻璃幕墙第三方检查等工作,采取线上线下结合方式,组织开展防灾减灾、防汛防台、道路安全、消防疏散逃生演练和灭火器使用操作演练等各项安全宣传教育,提高员工安全意识和自救互救能力。

(曹维益)

上海同济城市规划设计研究院有限公司

【概况】 2021年,上海同济城市规划设计研究院有限公司(以下简称“同济规划院”)成立了中共上海同济城市规划设计研究院有限公司委员会、纪律检查委员会。学校党委组织部召开宣布机构成立及干部任免会议,宣布同济规划院党委成立,童学锋任党委书记。院办制定或修订管理文件8项。发布疫情防控相关通知22条。

2021年共获批省部级课题7项;出版资助和科研奖励资助13本专著和编著;获得专利授权49项,其中发明专利授权数11项、实用新型专利授权数27项、外观设计专利授权数11项;软件著作权登记19项。

2020年、2021年度省级优秀城乡规划设计奖25项;2021年度在勘察设计、风景园林、科技进步等各级奖项中获得7个奖项。

同济规划院持续参与“雄安新区规划建设”。1月,容东片区市场化开发项目设计方案的规划进入预审阶段。12月,容东片区安置房完成交付,第一批回迁居民入住。持续推进“海南省国土空间规划”工作,同济规划院完成了《海南省国土空间规划(征求意见稿)》,面向社会公示,征求省人大、省政协意见,并向自然资源部进行多轮汇报。持续推进云龙帮扶工作,落实同济大学云龙县定点帮扶工作要求。

2021年同济规划院资助教师出版专著4本;资助教师科研项目11项;与学校联合举办学术活动6项;协办学术期刊5本;同济大学上海新城研究中心课题资助1项;减免同济大学云龙县定点帮扶规划经费8项。

2021年,新编ISO三合一《管理体系文件A0版》,围绕学院“城乡规划编制、旅游规划设计、土地规划编制”的业务范围,除质量管理体系外,新增了环境、职业健康安全管理体系。

1月20日,西北分院成立。3月10日,颁布“西北分院管理细则”;公布“一岗双责”分工。5月18日,颁布“领导干部选拔任用工作办法”。5月19日,组织召开了第二届第一次职工代表大会。6月30日,颁布《空间规划研究院管理细则》《规划设计部门项目全过程质量责任管理规程》。11 月 10 日，颁布《国土空间总体规划项目管理流程及配套措施暂行规定》。11 月 12 日，院行政部门组织架构调整为：党总支办公室、发展部、质控部、项目部、财务部、产教协同部、学科建设支撑基地办公室。11 月 18 日，成立“健康城市规划与治理研究中心”；成立“社区规划与更新设计所”。12 月 6 日，设立党委办公室，原党总支办公室撤销。12 月 28 日，颁布《院管项目管理办法》。

2021 年获批省部级课题

序号	来源	课题名称	课题负责人	委托方
1	中国土勘测规划院 2021 外协项目	国土空间规划前沿理论与国际经验研究	张立、李雯骐	中国国土勘测规划院
2	国土空间规划体系重大问题补充研究课题	新型城镇化空间优化策略研究 子项分包 支撑西部大开发的国土空间格局优化研究	王颖	自然资源部国土空间规划局
3	住建部 2021 软科学研究项目	超大型居住区修补更新模式探索	杨辰	住房和城乡建设部
4	住建部 2021 软科学研究项目	补短板视角下县城城镇化的特征、动力与县域城乡统筹发展模式研究	张立	住房和城乡建设部
5	住建部 2021 软科学研究项目	乡村人居环境评价指标体系研究	宋代军	住房和城乡建设部
6	住建部 2021 科研开发项目	多源大数据下的特大城市中心城区数据采集、融合、分析与更新研究	刘超	住房和城乡建设部
7	住建部 2021 国际科技合作项目	空间共享对推进城市更新的作用机制研究——以中国上海和法国里昂为例	卓健	住房和城乡建设部

2021 年出版资助和科研奖励资助专著和编著

序号	书名	作者	出版社	类型
1	《高质量发展的雄安之道——雄安新区容城县城片区规划设计》	河北雄安新区规划研究中心、上海同济城市规划设计研究院有限公司	同济大学出版社	出版资助
2	《高质量发展的雄安之道——雄安新区容城组团规划设计》	河北雄安新区规划研究中心、上海同济城市规划设计研究院有限公司	中国建筑工业出版社	出版资助
3	《政府驱动型空间开发的中国实践》	汪劲柏	中国建筑工业出版社	出版资助
4	《走向现代、和美的中国城市设计》	罗志刚	海南出版社	出版资助
5	《新发展格局与空间治理：第 9 届金经昌中国青年规划师创新论坛文集》	金经昌中国青年规划师创新论坛组委会	中国建筑工业出版社	出版资助
6	《历史城市保护学导论——文化遗产和历史环境保护的一种整体性方法》	张松	同济大学出版社	出版资助
7	《乡村设计：理论探索与上海实践》	上海市规划和自然资源局、同济大学	中国建筑工业出版社	出版资助
8	《遗珠拾粹：中国古城古镇古村踏察》	阮仪三	东方出版中心	科研奖励
9	《水乡美境》	周俭	中国建筑工业出版社、中国城市出版社	科研奖励

序号	书名	作者	出版社	类型
10	《城乡规划毕业生就业指导手册：国土空间规划为导向》	郁海文、胥建华、开欣、朱盼、魏旭红、张瑜、陈栋菲、李乐、王颖、郑国栋、刘学良、程相炜	中国建筑工业出版社	科研奖励
11	《全球城市发展报告2020——全球化战略空间》	周振华、张广生（王颖、刘学良、朱盼、符婷婷、林杰、赵雅璇 参编）	格致出版社、上海人民出版社	科研奖励
12	《全球城市发展指数2020》	周振华、刘江会（王颖、开欣、魏旭红 参编）	格致出版社、上海人民出版社	科研奖励
13	《中国城市状况报告（2020－2021）：可持续城镇化与高质量转型》	国际欧亚科学院中国科学中心、中国市长协会、中国城市规划学会（奚慧 参编）	中国建筑工业出版社	科研奖励

2020年、2021年度省级优秀城乡规划设计奖

序号	项目名称	奖项	备注
1	常州市中心城区城市更新规划	2020年度江苏省优秀国土空间规划一等奖	增补
2	大连市特色乡镇战略性发展规划	2020年度辽宁省优秀城乡规划设计奖一等奖	增补
3	伊春市全域旅游发展规划（2019－2035年）	2020年度黑龙江省优秀城乡规划设计奖一等奖	增补
4	温榆河公园控制性详细规划	2021年度北京市优秀城乡规划设计奖一等奖	—
5	太原市城市发展战略规划（2018－2050）	2021年度山西省优秀城市规划设计奖一等奖	—
6	太原市政基础设施发展战略研究	2021年度山西省优秀城市规划设计奖一等奖	—
7	太原市长风城市发展与更新示范区整体规划	2021年度山西省优秀城市规划设计奖一等奖	—
8	太原市总体城市设计	2021年度山西省优秀城市规划设计奖一等奖	—
9	金兰同城专项规划	2021年度浙江省优秀国土空间规划设计奖　一等奖	—
10	杭州市滨江区总体城市设计	2021年度浙江省优秀国土空间规划设计奖　一等奖	—
11	东方市本廉村村庄规划	2021年海南省实用性村庄规划竞赛优秀成果一等奖	—
12	北京大兴区生物医药基地控制性详细规划（街区层面）	2021年度北京市优秀城乡规划设计奖二等奖	—
13	山西转型综改示范区潇河产业园区太原起步区"五大中心"概念性城市设计	2021年度山西省优秀城市规划设计奖二等奖	—
14	太原市生态修复、城市修补专项规划	2021年度山西省优秀城市规划设计奖二等奖	—
15	大厂县县城南部地区城市设计	2021年度河北省优秀城市规划设计奖二等奖	—
16	江阴市城市抗震防灾规划（2017－2030年）	2021年度江苏省优秀国土空间规划奖三等奖	—
17	太原市现状空间资源要素评价研究	2021年度山西省优秀城市规划设计奖二等奖	—
18	白沟新城总体城市设计	2021年度河北省优秀城市规划设计奖三等奖	—
19	平原水网城市水上交通规划策略——以嘉兴中心城区为例	2021年度浙江省优秀国土空间规划设计奖三等奖	—
20	温州市国土空间总体规（2021－2035） 专题十：以产业强镇为支点的空间发展策略	2021年度浙江省优秀国土空间规划设计奖三等奖	—
21	温州市国土空间总体规划（2021－2035） 专题九：从国土空间总体规划到详细规划的传导机制与管控要求研究初探	2021年度浙江省优秀国土空间规划设计奖三等奖	—

序号	项目名称	奖项	备注
22	玉林市高铁枢纽站周边区域概念性规划及城市设计	2021年度广西优秀工程勘察设计成果(城市规划设计)三等奖	—
23	防城港市江山半岛控制性详细规划	2021年度广西优秀工程勘察设计成果(城市规划设计)三等奖	—
24	河池市宜州新区一期控制性详细规划及核心区城市设计	2021年度广西优秀工程勘察设计成果(城市规划设计)三等奖	—
25	大厂回族自治县民族特色村寨保护振兴规划	2021年度河北省优秀城市规划设计奖表扬奖	

2020年、2021年度其他类型奖

序号	项目名称	奖项	备注
1	四川城市职业学院眉山新校区规划设计	教育部2021年度优秀勘察设计奖一等奖	—
2	连州市新农村示范片规划	2020年度第六届上海市风景园林学会优秀风景园林规划设计奖二等奖	—
3	上海市奉贤区绿地系统规划	2021年度第七届上海市风景园林学会优秀风景园林规划设计奖二等奖、2021年度中国风景园林学会科学技术奖三等奖	—
4	上海历史文化风貌整体保护的规划体系研究与实践	2020年度中国城市规划学会科技进步奖三等奖	增补
5	复杂山区地震灾后城乡重建规划关键技术及应用	2020年度中国城市规划学会科技进步奖一等奖	增补
6	兰溪市国土空间总体规划水利水生态专题——基于韧性城市理论的水域空间协同提质规划研究	2020年度浙江省规划科学技术进步奖二等奖(浙江省国土空间规划学会)	增补

(董雷)

上海同济工程咨询有限公司

【概况】 2021年6月9日,上海同济工程咨询有限公司完成了公司章程修订,并根据修订后的公司章程,由各家股东重新委派董监事成立第九届董事会。同济控股对同济工程咨询公司具有绝对控制权,同济工程咨询公司作为同济大学保留企业,自2021年纳入同济控股的合并报表范围。

2021年7月15日,经同济大学党委组织部批准同意,上海同济工程咨询有限公司第一党支部、第二党支部从上海同济科技实业股份有限公司党委转入同济控股党委管理。截至2021年12月31日,公司人数645人,其中学校事业编制人员6人。

(曹晓虹)

2021年企业荣誉一览

序号	获奖时间	获奖情况
1	1月	公司获中国招标投标协会"行业先锋"荣誉称号
2	7月	公司获上海市节能环保服务机构能力等级—节能服务五星级机构(咨询类)
3	11月	公司获2021年上海市住宅修缮行业招标代理推优单位
4	12月	公司申报的《"1+X"全过程工程咨询服务体系构建和实践》获2021年上海市企业管理现代化创新成果二等奖;中共上海同济工程咨询有限公司第一党支部委员会雄安发展中心党小组获上海市建设工程咨询行业基层党组织示范点"建设先锋"

2021 年获奖项目一览

序号	获奖时间	项目名称	所获奖项
11	3 月	上海大歌剧院项目可行性研究报告	全国优秀工程咨询成果奖一等奖
2	3 月	临港新城老年养护院新建工程代建	上海市文明工地
3	3 月	同济大学新建四平路校区彰武路研究生公寓(三期)	上海市文明工地
4	3 月	创新创业中心项目监理	上海市文明工地
5	5 月	轨交 16 号线周浦东站 07—05 地块配套小学新建工程监理	上海市文明工地
6	5 月	杨浦大剧院改扩建工程(暂名)监理	上海市文明工地
7	6 月	同济大学新建嘉定校区工程教育及科创中心项目	上海市第三届 BIM 技术应用创新大赛项目案例奖房建类提名奖
8	6 月	无锡市太湖新城(和畅片区)睦邻中心项目	上海市第三届 BIM 技术应用创新大赛项目案例奖房建类提名奖
9	8 月	新开发银行总部大楼	上海市建设工程“白玉兰”奖
10	8 月	上音歌剧院	上海市建设工程“白玉兰”奖
1	10 月	深圳市药品检验研究院光明分院 BIM 设计阶段应用	第十二届“创新杯”建筑信息模型(BIM)应用大赛医疗类 BIM 应用一等成果奖
12	10 月	容东片区 C 组团安置房及配套设施项目监理	2020 年度河北省结构优质工程
13	11 月	深圳市药品检验研究院光明分院 BIM 设计阶段应用	第四届“优路杯”全国 BIM 技术大赛工业与民用建筑设计类铜奖、“龙图杯”第十届全国 BIM(建筑信息模型)大赛设计组三等奖
14	11 月	唐河河谷郊野公园一期工程可行性研究报告	上海市优秀工程咨询成果一等水平
15	11 月	乌梁素海全流域系统综合治理实施方案	上海市优秀工程咨询成果一等水平
16	11 月	上海自主智能无人系统科学中心可行性研究报告	上海市优秀工程咨询成果二等水平
17	11 月	海南省新闻中心项目可行性研究报告	上海市优秀工程咨询成果二等水平
18	11 月	虹口区 110、111、112、113、114、115 街坊旧城区改建房屋征收与补偿社会稳定风险评价报告	上海市优秀工程咨询成果三等水平
19	11 月	南宁高新技术产业开发区营商环境配套设施提升工程 PPP 项目	上海市优秀工程咨询成果三等水平
20	11 月	娄山关路 445 弄综合项目可研调整报告评估报告	上海市优秀工程咨询成果三等水平
21	11 月	灵石县水污染防治总体规划	上海市优秀工程咨询成果三等水平
22	11 月	雄安新区 2019 年植树造林项目(秋季)可行性研究报告	上海市优秀工程咨询成果三等水平
23	11 月	马鞍山市长江大保护(一期)特许经营项目投融资咨询服务	上海市优秀工程咨询成果提名水平
24	12 月	杨浦大剧院改扩建工程(暂名)监理	上海市杨浦区优质结构工程

2021 年助力国家重大战略项目

序号	承接时间	项目名称
1	1 月	“长三角一体化示范区碳达峰碳中和战略研究”“长三角一体化示范区碳达峰行动方案”等课题研究
2	2 月	雄安新区至北京大兴国际机场快线招标代理
3	2 月	长安书院全过程工程咨询
4	3 月	南方科技大学附属医院(校本部)全过程工程咨询
5	8 月	河北自贸区雄安综合保税区项目招标代理
6	9 月	雄安国贸中心综合体项目可行性研究
7	10 月	光明区委党校新校区全过程工程咨询
8	12 月	雄安创新研究院科技园区项目造价评审、监理

2021 年科创板块情况

序号	项目类型	项目名称
1	分中心	2021 年 10 月 21 日，上海同济工程咨询有限公司与同济大学设施管理研究院合作成立设施管理(CER&FM)咨询发展中心
2	分中心	2021 年 10 月 22 日，成立同济咨询风险管控咨询中心
3	出版图书	《建筑工程管理与实务(2021 年版全国一级建造师执业资格考试辅导教材)》
4	出版图书	《建筑工程管理与实务(2022 年版全国二级建造师执业资格考试辅导教材)》
5	出版图书	《建设工程施工管理(2022 年版全国二级建造师执业资格考试用书)》
6	出版图书	《生态修复工程——乌梁素海流域山水林田湖草生态保护修复试点工程法律法规文件汇编》
7	出版图书	《工程造价咨询作业手册》
8	编制标准	《工程监理企业发展全过程工程咨询服务指南》
9	编制标准	《施工阶段项目管理服务标准》
10	编制标准	《业主方委托监理工作规程》
11	编制标准	《园林绿化工程施工招投标数据标准编制服务开发项目》
12	编制标准	《施工(通用)和材料设备电子招标投标数据标准编制服务》
13	外部课题	八、九排干人工湿地修复与构建工程课题研究项目
14	外部课题	东、西侧湖区湿地治理及湖区水道疏浚工程课题研究项目
15	外部课题	乌梁素海湖区底泥处置试验示范工程课题研究项目
16	外部课题	浦东新区乡村建设项目审批流程梳理的研究
17	外部课题	促进全过程工程咨询数字化其他政策支持专题研究
18	外部课题	长三角一体化示范区碳达峰行动方案
19	外部课题	长三角一体化示范区碳达峰碳中和战略研究
20	外部课题	基于数据管理和新技术整合的工程咨询服务能力建设项目
21	外部课题	深圳市龙华区建筑工务署项目管理标准化
22	外部课题	深圳市建筑工务署项目后评价指引课题研究

2021 年发表论文名录表

序号	作者姓名	论文题目	期刊名称	日期
1	房钰君	《创业失败态度、创业失败学习与连续创业》	《技术经济》	2021 年 12 月 25 日
2	陈笑月	《海洋城市如何实现海洋三产融合发展探析》	《建筑科技》	2021 年 12 月 25 日
3	熊志杰、胡怡彰	《工程总承包项目联合体承包方式研究》	《中国勘察设计》	2021 年 11 月 15 日
4	郭乔堃	《侧向荷载作用下公路隧道衬砌损伤演化分析》	《地下空间与工程学报》	2021 年 10 月 15 日
5	杨卫东	《招标代理在开展全过程工程咨询服务招标工作中的业务创新》	《招标采购管理》	2021 年 9 月 25 日
6	张沛良	《住宅超低能耗建筑中装配式夹芯保温一体化施工管控研究》	《住宅与房地产》	2021 年 9 月 5 日
7	杨楠、方奇、胡怡	《“新基建”背景下的经济开发区创新升级策略研究》	《智能建筑与智慧城》	2021 年 8 月 25 日
8	熊志杰、陈迪波、胡怡彰	《新基建领域投资模式的分析与研究》	《智能建筑与智慧城》	2021 年 7 月 25 日
9	刘华	《基于数据管理和新技术整合的工程咨询服务能力建设研究》	《建设监理》	2021 年 4 月 20 日

序号	作者姓名	论文题目	期刊名称	日期
10	倪晓静、王甜	《保水渔业应用于水环境治理的现状及前景探讨》	《中国渔业经济》	2021年4月15日
11	周方明	《全过程工程咨询服务在乌梁素海流域生态修复工程中的应用实践》	《建设监理》	2021年3月20日
12	秦浩	《生态保护修复工程实施推进方法的探索与实践——以乌梁素海流域为例》	《中国工程咨询》	2021年2月10日
13	左希	《绿色经济下的建筑经济可持续发展策略探析》	《现代营销》(经营版)	2021年1月1日

（王琳）

校园文化与体育活动

校园文化

【概况】 2021年,学校以习近平新时代中国特色社会主义思想为指导,以开展党史学习教育、庆祝中国共产党成立100周年、学习贯彻党的十九届六中全会精神和迎接中央巡视及落实整改为主线,紧紧围绕学校中心工作,抓好师生理论武装,牢牢把握意识形态工作主动权,弘扬新时代同济文化,做好新闻舆论工作,为统筹做好疫情防控和学校改革发展营造了良好的氛围。

在"七一"建党一百周年庆祝大会和十九届六中全会召开等重大历史节点,积极组织学习会议精神,引导专家学者积极参与对党的最新理论成果的研究阐释。录制完成"七一重要讲话精神"系列宣讲微视频,在学习强国、微信视频号等多个平台推出。学校资源库已建立包括党史学习、师德师风建设等多个宣讲主题12个宣讲视频。制定《中共同济大学委员会关于加强讲师团建设的意见》,修订《中共同济大学委员会贯彻党委(党组)网络意识形态工作责任制实施细则》《同济大学突发舆情应急预案》,撰写《关于十九届中央第七轮巡视第四巡视组对同济大学党委落实意识形态工作责任制专项检查反馈意见整改工作进展情况的报告》,并赴二级单位开展政策宣贯指导和检查督促。

评选2020—2021年度学校"文明单位标兵"及文明文化建设单项奖。制定《大学文化建设"十四五"规划》。在嘉定校区宣传栏联合推出4期"学院十三五建设成就展",开展新一轮嘉定校区楼宇命名。举办"跨越时空的井冈山精神主题展""夯实根基引领发展——庆祝中国共产党建党100周年主题展""永远跟党走"师生大合唱、"庆祝建党100周年主题音乐会""丰碑"等一系列文艺活动和"中国精神"等一系列讲座。成功举办2021年度艺术节系列活动。

举办全国高校中华优秀传统文化(戏曲类)传承基地建设工作经验交流研讨会,共话"新时代戏曲育人的传承与创新",与上海京剧院联合举办第三季"梅韵久传"暨校园京昆师生展演,与上海昆剧团成功联袂打造全国首部学生版《长生殿》以及品戏·实景版《艺术课堂》昆曲进校园雅集活动。打造"闻学堂"和"文権堂"两个文化高地,举办11期"礼敬中华·名家讲坛"及3期"文脉中华·嘉园风雅"活动,建成嘉定图书馆"中国智慧"艺术长廊。持续推进"送艺术进楼宇",举办"江山如画 育美于行——于澎教授写生作品展""同舟共济 振兴中华——陈志宏书画作品展""俄罗斯绘画与雕塑艺术特展"等10余场高水平艺术展。开展"二十四节气"传统文化育人系列品牌活动。

积极探索新兴媒体与传统媒体的融合。同济大学融媒体中心在教育部中期考核中获评优秀,官方微信4组新闻画面入选央视新闻2021年相册(4/100),社会媒体正面报道同济大学10余万条次,其中新华社、《人民日报》、中央电视台(含新闻联播)等中央媒体报道万余条次。学校师生陆续登上中央广播电视台10余次,参与了"天宫课堂"、中秋晚会、央视面对面、央视新闻周刊、央视直播间、央视24小时等节目录制。

(李霞)

【职工活动】 共举办羽毛球、乒乓球、足球、篮球、网球、教职工书画培训、庆祝建党百年书画作品展等100余项文体活动。举办同济大学第四十八届教工运动会,举办首届"同二代"声乐比赛,开展技能培训25场,先后培训600余人次,发放各类门票2000余张。嘉定校区教职工活动中心全年组织各类培训等171场,接待5703人次。

9—12月,承办2020—2021"同济设计杯"上海市教工足球联赛和上海市第九届教工运动会八人制足球赛事。

5月30日,在上海教工庆祝中国共产党成立100周年合唱比赛获一等奖。

6月,组队参加上海市第九届教工运动会获龙舟赛、趣味比赛跳绳高校A组冠军;11月7日获上海市教工象棋团体赛冠军。

在学校党政总体部署下,继续支持同济大学对口支援对象云南省云龙县等贫困地区农产品销售,2021年完成帮扶采购任务365余万元。

(李宗徽)

【承办全国大学生艺术展演上海市活动高校美育改革创新优秀案例点评报告会】 由上海市教育委员会、上海市艺术教育委员会主办,同济大学艺术中心承办的全国第六届大学生艺术展演上海市活动高校美育改革创新优秀案例点评报告会在四平路校区创业谷及线上同步举行。

【同济大学两节目和一设计实践入围全国第六届大学生艺术展演活动】 同济大学民乐合奏节目《楼兰意象》、群舞节目《终将见我微笑》和《大学生板凳造型艺术设计实践工作坊》入围全国第六届大学生艺术展演活动艺术表演类节目和大学生艺术实践工作坊。入围项目数量为上海市高校第一名。

【同济大学学生动画作品获大学生新媒体创意大赛三等奖】 同济大学艺术与传媒学院广播电视学专业学生姜懿宸、金灿,动画专业学生张铭轩和电子与信息工程学院计算机科学与技术专业学生赵旭豪、王家祺的动画作品《短视频来势汹汹,拿什么留住孩子的乡愁?》(指导教师:梅明丽、徐翔)荣获第八届大学生新媒体创意大赛三等奖。

【艺术与传媒学院学生获第三届澳门国际青少年长笛比赛暨长笛艺术节(线上季)高级组三等奖】 在第三届澳门国际青少年长笛比赛暨长笛艺术节(线上季)上,同济大学艺术与传媒学院音乐表演专业大二学生侯欣聆荣获高级组三等奖(一等奖空缺)。

(张一卉)

【传承同济精神和弘扬新时代同济文化】 依托同济大学丰富的红色资源创作并打磨完成“同济三部曲”收官之作话剧《铸诗成剑》,编创首演民族实验歌剧《志丹,志丹》和同济版《霓虹灯下的哨兵》,出版《同济英烈》(第二版),制作“同济红色记忆”系列视频,生动展现同济人在党的领导下投身革命斗争的伟大历程。通过开学典礼、干部培训、教育思想大讨论以及校内各种宣传平台对新时代同济文化进行阐释宣介;在嘉定校区图书馆建成“同济荣誉堂”,展现同济院士风采。

(李霞)

体育运动

【概况】 2021年,体育教学部不忘育人初心,充分发挥体育课程思政功能,开展阳光系列赛、上海市锦标赛、全国锦标赛等多主题、多形式的体育创新课外课程和活动,实现学校体育的育人价值,也为推动校园体育文化的建设和发展,搭建了体育育人及展示的平台,助力校园体育文化建设与传承。

【校园群众体育】 体育教学部及各学生体育协会团体组织开展了丰富多彩的校园群众体育赛事及活动,校级赛事33场,院级赛事80余场,其中包括篮球、足球、排球、羽毛球、网球、乒乓球、趣味运动会等,参与群众体育活动学生及教职工超12000人。

5月14日,同济大学第48届校运会开幕(运动与健康知识竞赛、田径、健美操、游泳、健康万步走、划船器、龙舟)。

10月6日,举办同济大学第六届“新生杯”定向越野挑战赛。

10月7日,举办同济大学“友谊杯”网球比赛。

10月17日,举办同济大学第一届“新生杯”院际攀岩比赛。

10月27日,举办同济大学“新生杯”羽毛球比赛。

10月29日,举办同济大学“新生杯”篮球比赛。

10月30日,举办同济大学“新生杯”网球比赛。

11月20日,举办同济大学“新生杯”乒乓球比赛。

11月22日,举办同济大学“友谊杯”羽毛球比赛。

11月30日,举办同济大学第二届“友谊杯”舞龙比赛。

12月7日,举办同济大学“友谊杯”篮球比赛。

12月14日,举办同济大学体育达人挑战赛。

12月17日,举办高尔夫“嘉园杯”嘉年华基本功挑战赛。

【群体赛事】 组织普通大学生参加上海市学生阳光体育大联赛及上海市和全国大学生单项锦标赛。共参赛37场,参与学生近1500人。

参加全国比赛获得奖项如下。

5月20日,参加中国大学生水球锦标赛暨第31届世界大学生夏季运动会男子水球项目选拔赛,获得第一名。

5月25日,参加第二十三届中国大学生篮球二级联赛,获得南区第七名。

6月4日,参加第二十五届中国大学生网球锦标赛(华东区),获得女团第六名、男团第七名。

6月5日,参加2021年中国名校水上运动公开赛暨吴兴“十漾连珠”第三届水上嘉年华,获得第八名。

6月17日,参加“相约幸福成都”第三届中国大学生阳光游泳比赛,获得个人1个第三名、2个第四名、2个第六名、1个第八名。团体1个第六名、1个第七名、1个第八名。

7月17日,参加第二十五届中国大学生网球锦标赛,获得男双第七名。

7月25日,参加第13届全国大学生龙狮锦标赛,获得第六名。

7月27日,参加中国大学生棒垒球联赛总决赛,获得第一名。

10月28日,参加第6届中国大学生赛艇锦标赛,获得4金、5银、1铜的成绩。

参加上海市比赛获得奖项情况:

4月24日,参加第三届UniTri上海大学生校园铁人三项赛,获得男子个人第六名、女子个人第八名,团体二等奖。

5月16日,参加上海市大学生排球杯赛,男女队均获得第三名。

6月5日,参加2021年上海市大学生田径联盟杯赛,获得2个第二名、3个第三名、1个第四名、5个第五名、2个第六名。参加上海苏州河城市龙舟比赛,获得第八名。

6月14日,参加上海市学生龙文化比赛,获得舞龙三等奖。参加上海市学生龙文化比赛,获得龙舟第五名。

6月23日,参加上海市大学生篮球杯赛(女子组),获得第三名。

9月23日,参加上海市学生阳光体育大联赛在线团体智能趣味挑战赛,获得个人赛第二名、双人赛第四名、团体一等奖。

10月11日,参加上海市学生阳光体育大联赛在线体育舞蹈比赛,获得单人项目1金、1银、1个第六名、1个第八名;六人恰恰恰第七名,团体舞第四名。

10月17日,参加上海市城市业余桨板联赛,获得第二名。

10月20日,参加上海市阳光学生阳光体育大联赛线上桨板比赛,获得线上技能个人赛第二名、200米个人竞速第三名。

11月3日,参加上海市大学生排球联赛,获得女队第二名、男队第四名。

11月6日,参加上海市大学生羽毛球锦标赛,获得混双第二名、男子团体第二名、男双第七名、男单第三名、男单第六名、女单第七名。参加上海市学生阳光体育大联赛在线团体棋牌比赛，获得团体第七名。

12月4日，参加上海市学生阳光体育大联赛空手道在线比赛，获得2个第一名、3个第二名、2个第三名。参加上海市学生阳光体育大联赛健身操在线比赛，获得1个第一名，1个第二名。

【高水平运动队】 2021年学校高水平运动队在全国性赛事中获得10金、6银、5铜、3项第四名、1项第五名、2项第六名、1项第七名、1项第八名；上海市赛事中获得7金、3银、3铜、4项第四名、1项第五名、2个第六名、1项第七名。

羽毛球队2021年参加3次比赛。

5月27—28日，在第24届中国大学生羽毛球锦标赛丁组(超级组)获得男子双打第二名。

7月14—17日，在中华人民共和国第十四届学生运动会羽毛球(大学组)获得1金、1银、1项第五名、1项第六名、1项第八名。

11月6—7日，在上海市大学生羽毛球锦标赛中获得4金、1银、2铜、2项第四名、1项第五名、2项第六名。

田径队2021年参加3次比赛。

6月5—6日，在2021年上海市大学生田径联盟杯中获得3金、2银、1铜、2项第四名、1项第七名。

7月14—17日，在中华人民共和国第十四届学生运动会田径(大学组)中获得1铜、1项第四名、1项第五名、1项第六名。

7月28日—8月6日，在2021年全国大学生田径锦标赛中获得1金、3铜、1项第四名。

游泳队2021年2次比赛。

5月30日—6月5日，在第20届中国大学生游泳锦标赛中获得1银、2铜、4项第四名、2项第五名、3项第六名、1项第七名。

7月14—17日，在中华人民共和国第十四届学生运动会游泳(大学组)中获得5金、3银、1铜、1项第四名。

手球队2021年1次比赛。

7月19—26日在第34届中国大学生手球锦标赛暨第2届中国大学生沙滩手球锦标赛中获得3金、1银。

健美操队2021年参加1次比赛。

7月14—17日，在中华人民共和国第十四届学生运动会健美操(大学组)获得1金。

【竞赛组织】 承办上海市比赛3项。

11月6日、7日，承办上海市教委主办的2021年上海市大学生羽毛球锦标赛，39所支高校代表队500名运动员参加本届赛事。

12月4日，承办2021年上海市学生阳光体育大联赛在线空手道比赛，本次比赛共有来自沪上的17所高校，139名运动员参加。

12月4日，承办2021年上海市学生阳光体育大联赛在线团体健身操比赛，本次比赛共有来自沪上的16所高校，182名运动员参加。

【社会服务】 作为中国大学生体育协会手球分会的主席单位，配合中国大学生体育协会，组织、开展全国大学生手球赛事、会议、培训等相关工作。作为上海市板球协会的主席单位承办了相关赛事和活动。

6月，协办上海中职学校板球锦标赛。

7月19—26日，承办第34届中国大学生手球锦标赛暨第2届中国大学生沙滩手球锦标赛。

9月，组织参加亚运会出征倒计时一周年主题活动。

(何琛珏)

校 区 管 理

沪西校区

【概况】 同济大学沪西校区位于上海市普陀区真南路500号，校舍占地面积405.9亩（含生乐、桃李公寓，不含家属区土地面积），建筑总面积23.36万平方米。

2021年，沪西校区以安全稳定为目标，以确保二期修缮工程顺利实施为重点，以团结协作为抓手，在校区建设和运行、常态化疫情防控、做好师生服务和安全稳定方面取得较好成效。

【校区动态】 1月14日，校区召开食堂一楼餐改造方案现场会议，基建处、后勤集团、管委办、设计公司参加。

2月3日，校党委副书记彭震伟带队对沪西校区进行了实地调研和考察，并在校区帘青楼会议室召开交流座谈会。会议对校区建设和发展以及近期疫情防控和安全工作提出了新的要求。

3月2日，校党委副书记吴广明带队来到校区开展文明校园环境检查，针对卫生保洁、垃圾分类和校园僵尸车、非机动车规范停放、实验室安全规范等方面提出具体要求，要求各部门深化落实校园公共区域及环境责任包干制，共同维护好校园环境。

3月4日，校区召开关于教学班车安全行驶的专题会议。会议指出教学班车安全问题是关系到学生出行安全的大事，建立教学班车管理机制刻不容缓。会议明确校区、学院、公司三方加强联动，密切配合，齐抓共管，形成合力，共同做好教学班车安全管理工作。

3月4日，校党委书记方守恩、常务副书记冯身洪一行来校区调研，了解医学院开学以来运行情况，并深入考察沪西校区教学用房。

3月5日，校区开展校容校貌环境整治活动，各部门（单位）积极参加。校区环境面貌得到有效改善，进一步巩固了同济大学"全国文明校园"成果。

3月11日，副校长黄翔峰来校区调研，进一步考察校区用房情况，谋划校区发展布局。

3月18日，管委办、保卫办和医学院开展为期一周的教学班车安全宣传，向师生和驾驶员发放"沪西校区教学班车安全注意事项"宣传单，提醒乘车师生上车系好安全带，佩戴口罩。督促驾驶员严禁疲劳驾驶，注意行车安全。

3月23日，沪西校区2021年第2次工作例会在行政楼500会议室举行。会议对寒假及新学期开学以来的工作情况做了回顾。会议听取了各部门（单位）近期工作开展情况，重点采集了医学院学生在学习生活方面的建议和诉求。会议就常态化疫情防控、构建大安全校区、做好师生服务、强化环境治理等方面做出工作布置。

3月31日，校党委副书记彭震伟在沪西校区帘青楼226会议室主持召开2021年度沪西（北）校区第1次工作联席会议。会议听取了近期各部门在沪西沪北校区各项工作的情况汇报。会议就各部门近期在校区需开展的重点工作以及突出问题形成议题展开讨论，相关部门就学生对校区服务保障方面提出的22项意见作出了回应。会议要求各部门积极推进落实相关工作，对于学生提出的意见要抓紧落实，满足学生的合理需求。

4月9日，保卫处处长杨正宏带队来校区调研。

4月13日，校党委书记方守恩，副校长陈义汉、黄翔峰，中科院院士裴钢来校区参加施剑林院士入职仪式暨专题报告会。

4月14日，沪西校区管委办胡少卿、资产与实验室管理处谈兴卓、保卫处刘灿阳等一行走访了桃浦镇镇政府，与桃浦镇党政负责人开展交流座谈。此次走访以加强沟通交流，推进校地协作为主要目的。桃浦镇党委书记吴晨海、副书记方维吾、龚燕凌等接待。

4月26日，沪西校区召开关于二期修缮相关工作现场办公会议。管委办胡少卿主持会议。会议重点就工程期间开通供施工车辆进出的"临时出入通道"进行研讨，初步形成三个方案，并报送校领导审批。会议还就校园二期修缮期间的疫情防控、交通规划、临舍安排、人员就餐、电力施工、电信设备移位、相关行政部门（人员）搬迁等问题进行了沟通。会议要求相关部门做好前后工程的衔接和安全保障工作，使校园二期修缮工程平稳开展，最大程度上降低修缮工程对沪西校区正常教学生活秩序的影响。

5月6日，桃浦镇派出所副所长朱洪跃、贺云一行来校区管委办共商警校合作相关事项。双方共同探讨校园宣传、防诈骗等共建项目，重点就如何防范二期修缮工程给校区带来的安全隐患展开讨论。

5月12日，沪西校区召开二期修缮启动会。会议要求各施工单位做好"四个确保"。确保符合校园疫情防控要求，确保校区施工安全，确保校区环境卫生，确保将对师生学习生活的影响降到最低。

5月12日，桃浦镇副书记方维吾、桃浦派出所副所长贺云等一行来访。管委办、基建处、保卫处、资产处相关负责人参加座谈。双方就校区发展与规划、二期修缮进展、临时通道开设等方面进行洽谈。

5月12日开始，为协助普陀区迎检国家卫生区复审，管委办联合后勤综合管理部开展"门前三包"志愿者服务活动，并配合做好相关校园宣传。

5月13日，为巩固学校全国文明校园成果，保持校区优美、整洁环境，校区开展校园环境卫生整治活动。

5月13日，沪西校区召开关于二期修缮相关工作第二次现场办公会议。会议由校党委副书记彭震伟主持。会上基建处汇报了沪西二期修缮项目推进进度，与会人员就本次二期修缮工程的开展和校区管理方面的重点问题进行了讨论。最后彭震伟在加强各项施工的协调和校区管理等方面做出四点指示。

5月19日，中国科学院院士、同济大学副校长陈义汉教授走进驻楼导师工作站，在沪西校区1号宿舍楼党建活动室与医学院研究生共话“基础研究”。

5月20日，校党委副书记彭震伟在逸夫楼113会议室主持召开沪西校区二期修缮工程协调会议。基建处在会上汇报了沪西校区二期修缮工程项目的推进情况。与会人员就各项修缮工程的衔接与协调问题着重进行了讨论。会议决定，由基建处统筹规划所有校园施工项目建设，从最大程度上降低修缮施工对师生正常教学生活秩序的影响。其他事务性管理工作由管委办和医学院共同协调，相关部门协调配合，各部门应充分考虑师生的正常教学、科研和生活需求，避免矛盾激化，避免引起舆情。最后彭震伟就保障二期修缮项目开展及校区安全稳定作出十四项指示。

6月7日，普陀交警支队来沪西校区调研桃浦西路(开设临时出入口周边)道路情况，管委办陪同并介绍相关情况和诉求。

6月25日，普陀区行政管理中心来沪西校区调研临时出入口设置基本情况，管委办、基建处相关人员陪同。

6月28日，校党委副书记彭震伟、副校长陈义汉在逸夫楼113会议室主持召开关于医学院搬迁沪西校区工作专题会议。相关职能部门负责人参加会议。会议听取了医学院关于2021年暑期共计980名学生搬迁方案的汇报，并就医学院搬迁过程中的衔接与协调工作，以及如何保障医学院搬迁至沪西校区后教学科研活动的有序开展进行了讨论。会议要求各部门要高度重视并积极配合，以师生为本，做好各项服务保障工作。

7月1日上午7点，沪西校区隆重举行庆祝“中国共产党成立100周年”主题升旗仪式，向中国共产党百年华诞送上美好祝福，沪西校区医学院约100名学生参加了升旗仪式。校区还设置了大会观影服务点，供师生自愿前往观看。

7月13日，校区召开2021年第3次工作会议。会议指出，各部门(单位)应按照“关于医学院搬迁沪西校区工作专题会议纪要”记录的时间节点推进落实相关工作，会议听取了医学院关于师生搬迁、新学期排课以及研究生迎新等工作方案。会议要求各部门(单位)通力配合，确保搬迁工作顺利完成，维持校区安全稳定，做好新学期服务保障工作。

7月21日，顾祥林副校长来校区视察二期修缮项目实施进展及第二教学楼和图书馆等使用情况。基建处、管委办相关负责人陪同。

7月30日，管委办牵头召开校区疫情防控协调会(线上会议)，医管处、医学院、保卫处、信息办及各附属医院相关负责人参加，会议通报学校最新疫情防控相关要求。

8月10日，校党委副书记彭震伟带队来沪西校区对在岗保卫人员开展高温慰问，同时检查了校区的疫情防控工作和安全工作。彭震伟要求校园值守员工在守好疫情防控第一道防线的基础上，加强劳动保护，合理安排作息时间，保持身心健康。

8月12日，副校长黄翔峰一行来校区检查医学院行政搬迁及开学准备工作。资产处、管委办、医学院相关负责人陪同。黄翔峰要求医学院加快相关搬迁进度，学生返校及迎新工作要落实、落细，确保万无一失。

8月22日，副校长陈义汉来校区检查医学院开学准备情况，医学院相关负责人陪同。

8月23日，沪西校区医学院搬迁工作推进会在沪西校区图书馆召开。校党委书记方守恩、校长陈杰出席会议并讲话。常务副校长吕培明、副校长陈义汉、校党委副书记彭震伟、副校长黄翔峰出席会议并对相关工作提出要求。学校有关职能部门、沪西校区管委办和医学院负责人参会，并汇报了相关工作进展情况。会议强调，医学院整体逐步搬迁到沪西校区，是学校党委着眼于科学布局校区规划和加快医学学科发展而作出的重大决策，学校各部门要通力合作，全力保障医学院搬迁到沪西校区这项工作按时、圆满完成。经过前段时间各部门的辛勤努力，校区的面貌发生了较大的变化，各有关部门要进一步深入做好工作，确保新学期教学工作顺利开展。

8月23日，校区召开迎新准备工作会议。会议商讨研究新学期学生返校具体工作流程，要求做好疫情防控，志愿者服务等环节。

8月28日，上海国际问题研究院工作人员来沪西校区与管委办接洽联合培养进驻校区相关事宜。后续管委办就学生的报到、住宿、一卡通和图书馆资源使用等一揽子问题与相关部门对接协调，会议确定初步方案。校党委彭震伟副书记来校区检查开学准备情况，走访教学楼及宿舍区，慰问一线后勤员工，布置相关防疫工作。

8月29日，校党委常务副书记冯身洪来校区检查迎新工作。

9月15日，沪西校区2021年第4次工作会议在行政楼召开。会议通报了近期校区各项工作开展情况，本学期开学初学生进校及教学工作开展顺利，防汛抗台工作有条不紊。会议围绕校区安全、师生服务等重点事项展开讨论。会议要求各部门(单位)、学院进一步做好安全风险防控工作，协同推进各项事业顺利开展。

9月，校区开展普陀区人大代表选举选民登记及选举宣传等相关工作。9月23日上午区人大常委会副主任姚军来校区调研，管委办、医学院相关人员陪同，徐纪平作选民登记工作汇报。

10月9日，沪西校区二期修缮工程开工协调会议在行政楼举行。基建处、学生处、能源管理、网络中心、后勤集团及相关承建公司代表参加会议。沪西管委办徐纪平主持会议。会议听取基建处关于沪西校区二期修缮工程施工安排的介绍，预计沪西校区行政楼、电信北楼、如故楼、落飞楼、沿街店面房、第三教学楼、第四教学楼将进入施工工期。会议要求相关职能部门、学院、施工方通力配合，遵守疫情防控要求，保障施工安全。

10月13日，校党委副书记彭震伟带队对沪西校区开展现场工作调研，先后对即将开工的行政楼、电信北楼、落飞楼、第三教学楼、第四教学楼等施工现场以及新建成的桃浦西路一号门、体育馆、食堂一楼进行调研。调研过程中，彭震伟对各施工工地提出了具体的要求，在保质保量的情况下，坚持安全文明施工底线，并尽可能减少对校区的教学和科研产生影响，对新建成的场所要加强安全规范管理。随后在竹喧楼二楼会议室主持召开联席工作会议。会议听取了医学院近期的教学和学生工作开展情况汇报，相关部门就学生反映较多的生活和服务保障方面的重点问题开展讨论和回应。会议要求校区近期工作的开展要以学生成长为中心，提高师生服务水平，保障施工安全，最大程度地降低对师生正常教学和生活秩序的影响。

10月，沪西校区开展普陀区人大代表选举选民登记及选举宣传等相关工作。10月21日上午，在普陀区镇城运中心召开区、镇两级人大代表换届选举工作中期推进会。会议通报了前阶段换届选举工作情况，并重点围绕下阶段的公告张榜、候选人推荐酝酿、选举日前期准备等选举事务开展业务培训，徐纪平参加会议。10月22日，区人大财经委副主任张会杰等来校区考察上榜工作安排、选民看榜组织等准备工作，要求后续工作明确分工，落实责任，做好相关预案。10月25日，进行选民名单张榜公告。

11月3日，沪北校区召开2021年第3次工作会议。会议围绕校区安全、师生服务等重点事项展开讨论，并就进一步做好校区安全风险防控等工作形成意见和建议。会议强调，校区全体师生要增强主人翁意识，爱惜校园文化环境，各部门始终要把安全意识放在首位，明确服务师生主体责任，提高管理服务水平，以提升师生满意度为核心，为学校“双一流”建设作出贡献。

11月4日，同济一天佑医学教育思想研讨会在同济大学附属天佑医院(筹)召开。会议由同济大学沪西校区管委办徐纪平主持。天佑医院院长蔡剑飞回顾了天佑与同济的历史渊源，展示了医院在积极探索医教研协同发展、核心特色打造、人才引进与培养以及创建成为同济大学附属医院过程中做出的努力和取得的成效。随后，同济大学医学院院长郑加麟对沪西校区医学院发展以及未来规划进行详细介绍。最后，双方达成共识，期望合作共赢，一起将沪西校区打造成拥有一流医学学科品牌、一流特色医院的医学园区。

11月5日，管委办召开如故楼行政楼机房调整方案通气会议。会议决定移动通讯、铁塔公司在如故楼的机房与施工单位协商搬迁至如故楼或沿街商铺楼顶合适位置。移动通讯在行政楼的机房位置不动，进行线路规整，要求防水、美观。

11月24日，沪西校区2021年第5次工作会议在帘青楼召开。医学院及校区各职能部门、学院、实验室和相关单位负责人出席。徐纪平主持会议。会议重点通报了校区“119”消防宣传月相关检查和活动开展情况。并指出，校区安全工作乃是重中之重，进入冬季，防火安全尤为重要，疫情防控要“毫不放松”，相关政策都要抓实抓细。会议就师生员工近期关心的生活服务问题进行讨论。

11月份，沪西校区开展普陀区人大代表选举相关准备工作，选举工作小组依照选举法规定，精心组织、广泛动员、通力协作，各学院、职能部门细化责任、密切配合，积极稳妥地为选举工作提供全方位保障。11月15日，区人大常委会副主任姚军、财经委副主任张会杰等来校区指导协调换届选举工作，要求疫情防控和换届选举两不误。11月16日，沪西校区2个投票站同时举行上海市普陀区人大代表换届选举投票活动，共计2292名选民通过现场投票和委托投票的方式参与投票，参选率达99.8%，从3名正式代表候选人中产生普陀区第十七届人名代表大会代表2人，经过普陀区选举委员会审查后确认选举结果，于11月19日正式发布公告。校区圆满完成人大代表换届选举。

12月3日，副校长黄翔峰协同沪西管委办、资产处、能源中心负责人调研校区能源用房。随后现场考察天佑医院宿舍、食堂用房情况，并与天佑医院及有关部门商讨相关置换方案。

12月9日，保卫处胡少卿一行来校区调研疫情防控、门岗执勤、及桃浦西路一号门的管理情况，就相关安全隐患要求即查即改。

12月10日，资产处、基建处、管委办就校区地下管网及雨污分流管道情况开展调研。12月16日，又对天佑医院的管网设置及排污情况进行检查。

12月22日上午，校党委书记方守恩、常务副书记冯身洪一行到沪西校区在建工地现场调研，查看工程建设项目进展和医学院搬迁情况。调研现场，校领导听取了基建处负责人对各工地建设情况、施工特色和施工难点的介绍。方守恩在调研中充分肯定了学校相关部门的工作成效，指出在抓好质量的同时要严把安全关。他强调，学校“双一流”建设中硬件的配套需要更高的起点，希望各部门和校区各单位继续同舟共济、艰苦奋斗，努力打造一流的医学与生命科学园区。实地调研后，校领导参加了校区2021年第3次联席会议。针对各部门在会上提出的沪西校区建设管理具体问题，方守恩表示，学校高度重视沪西校区的建设发展，校区管委会和有关部门要尽可能解决师生学习工作生活中遇到的共性问题，同时也要加强思想引领，带领广大师生共同艰苦创业，为学校医学生命科学的发展开辟新天地。党委办公室、资产与实验室管理处、基建处、沪西校区管委办、后勤产业发展有限公司和医学院相关负责人参加调研。

12月23日，沪西管委办徐纪平，

基建处李翔，资产处薛辉，医学院陈海滨赴普陀区生态环境局向黄昌平局长，朱靖琼副局长，周超科长汇报校区雨污分流阶段性改造成果，共商区校合作。朱靖琼副局长在对沪西桃浦河八字桥支流水系统综合整治工程及校区雨污分流阶级性整改成果给予肯定的同时，希望学校高度重视，加强环境基础设施建设，并继续跟进完善地下管网改造方案，尽早推进方案落地。黄昌平局长对医学院搬迁带来的校区新发展寄予厚望。双方就下一步在地下管网改造，医学院实验室环评等事项上的密切对接、加强指导，达成共识。

12月23日，校纪委副书记杨正宏、徐莹琳、陈雄一行到沪西校区现场调研，查看施工工地以及其他校园配套设施。在现场调研过程中，纪委领导听取了基建处负责人对各工地建设情况的介绍。杨正宏在调研中肯定了相关部门的工作成效，特别强调要切实做好施工期间的安全生产工作，希望通过校园二期修缮改造工程，更好更快地改变沪西校园面貌，构建一流的医学与生命科学园区。基建处、沪西校区管委办和后勤产业发展有限公司相关负责人参加调研。

【疫情防控】 2月9日，基建处组织力量加紧施工，迅速完成天佑医院隔离围栏重建并安装门禁系统。

2月18日，校党委副书记彭震伟来到校区检查学生返校以及疫情防控工作。

2月24日，在校区学生社区、帘青楼（办公楼）、临时留观点等处举行疫情防控应急演练。副校长陈义汉现场指导应急演练工作。

根据学校防疫接种安排，11月17—19日沪西校区共计628人完成疫苗加强针接种。

8月5日，保卫处胡少卿来沪西校区开展疫情防控工作检查，要求把疫情防控作为当前头等大事来抓，进一步提高工作责任感，克服松懈麻痹思想，从严从紧落实各项疫情防控措施，坚决守住校园疫情防控第一道防线。

12月20—22日，管委办、医学院、继续教育学院、后勤集团、保卫处联合开展志愿者服务活动。

12月15日，沪西（北）校区召开疫情防控工作会议。沪西（北）校区各职能部门和相关单位分管疫情防控工作负责人参加会议。会议由沪西（北）校区管委（理）办主任徐纪平主持，校党委彭震伟副书记出席会议并作重要指示。会议要求校区各部门坚定信心做好常态化疫情防控工作，从严从紧落实常态化疫情防控应急处置措施，切实落实相关责任，慎终如始，守住底线。提出具体落细十项防疫要求，最后彭震伟副书记指示各单位要提高政治站位，充分认识当前疫情防控工作的重要性，按照常态化防控要求，继续坚持“防疫三件套”，牢记“防护五还要”，要熟悉疫情防控各项预案，按规定推进相关工作。同时要提高服务水平，做好宣传引导，减少师生焦虑情绪。

【校园安全】 1月9日夜晚，桃浦西路鸳鸯楼一户居民发生火情，无人员伤亡。1月10日下午，校党委副书记徐建平和常务副校长吕培明在校区行政楼召开此次火情专题安全会议，各相关职能部门参会，会上通报了火情事故具体情况，并进一步明确鸳鸯楼的管理办法。同时会议就疫情防控、校园安全、假期校区公共设施开放办法等布置近期工作重点。

2月10日，管委办牵头安全督查小组进行寒假期间的校区安全工作和疫情防控工作巡查，重点检查了学生、职工宿舍、食堂和实验室的消防安全和用电安全。

3月19日，沪西校区安全督查小组开展安全督查。重点对宿舍、食堂和实验室的用电安全、消防设施、消防通道等方面进行检查，同时对前期的安全隐患进行了复查。

4月20日，沪西校区安全督查小组开展安全督查。重点检查了实验室、工地、学生宿舍的用电安全、消防安全，同时对前期检查出的安全隐患进行了复查。

4月30日，沪西安全督查小组组织开展五一节前安全检查，着重检查了实验室操作安全、危险品安全管理、用水用电安全、实验室操作规章制度以及消防防火设施安全等方面，对发现的问题和隐患责令责任单位及时认真做好整改，确保安全管理抓实抓细，安全制度落实落地。

5月21日，沪西校区安全督查小组以防汛为重点开展安全督查，重点检查了物资准备，校区的泵房、泵站和监控室运行等情况。督促相关部门进行抢险设备申购，确保物资储备尽快到位。同时对铁道工程实验室和物理实验室进行了安全隐患整改落实情况的回头看。

6月10日，保卫办、管委办牵头在校区小礼堂举行消防安全教育讲座。校保卫处消防科专门人员为校区部分师生员工及天佑医院医护人员讲解消防安全知识，通过一些典型的火灾案例，使大家在如何消除火灾隐患，如何进行火场自救逃生方面有了进一步的认识。会后还开展了灭火现场演练。

6月15日，为落实学校关于各部门（单位）安全风险排查和隐患治理要求，沪西校区安全督查小组组织对校区各实验室、宿舍、建筑工地以及防汛防台物资准备情况进行检查。重点是各部门安全自查落实和台账记录情况，现场对发现的安全隐患即查即改。

6月29日，沪西管委办、保卫办对校区各附属医院宿舍、施工工地和人员住宿区进行安全突击检查，所查问题即查即改。

7月7日，校保卫处（安生办）牵头，联合资产与实验室管理处、基建处、后勤集团以及沪西校区管委会办公室等部门采取“四不两直”的方式，对沪西校区在建工地（生乐宿舍、运动场馆和学子食堂等地）进行安全生产突击检查。检查过程中要求各施工单位严格落实疫情防控和安全生产两不误。疫情防控不放松；守牢安全生产底线，严格规范施工管理，落实责任意识，强化安全责任，确保校园施工安全有序推进，为校区迎接学子到来做好充足准备。

7月15日，沪西校区安全督查小组对天佑医院、科技园、学校沿街商铺、宿舍和实验室开展督查。就消防安全、用电安全、台账记录和危化品管控等方面进行重点检查。对检查中发现的问题提出相应整改意见，要求责任单位限期落实。

7月24日，校党委宣传部朱大章部长到沪西校区检查防汛抗台工作。重点检查了校区各教学办公楼宇和学生宿舍，查看了防汛排水口和泵房情况。

7月25日，陈义汉副校长到沪西校区巡查指导工作，并与社区楼长、食堂经理、实验室门岗师傅以及管委办同志等亲切交流和慰问。

7月26日，雷星晖副校长、黄翔峰副校长来到沪西校区查看防汛抗台情况，走访查看校园路面、防汛泵房等多处地点。雷星晖要求切实做好校园中倾倒树木的清理工作，严防发生安全问题。黄翔峰校长要求进一步抓好防台风工作的落实，加强重点区域及道路的巡逻管控，切实把防台安全保障工作落到实处。

8月12日，根据市教委文件精神和学校要求，沪西校区安全督查小组对两校区实验室、施工工地和学生宿舍等重点部位开展安全督查。

9月9日，沪西校区安全督查组协同资产与实验室安全管理办公室对沪西校区的物理、土木、轨交及医学院实验室开展重点检查，发现的问题主要是实验室普遍台账不规范，危化品处置不符合标准等。督查组将发现的安全隐患及时告知责任人，要求立即整改。

9月13日，沪西校区安全督查组开展防汛抗台专项督查，检查校区楼宇外立面悬挂物、排水沟、施工工地和学生宿舍等重点部位，同时在检查中叮嘱相关单位加强夜间值守和巡视，有情况及时汇报。

9月18日，沪西安全督查组开展“双节”专项安全督查，重点督查相关通知落实情况，现场指出未落实或落实不细不实之处，已将检查出的安全隐患和整改落实情况经汇总上报校安全生产办公室。

9月23日，管委办协同实验室安全管理办公室对物理实验室进行复查，同时对危化品存储间的安全规范重新提出整改要求。

10月21日，沪西校区安全督查小组开展安全督查。重点检查了鸳鸯楼、学生宿舍和施工工地工人宿舍，安全隐患主要集中在规范用电和消防安全等方面，督查组要求责任单位对检查出的问题进行整改，隐患问题无法自行解决的上报上级部门并尽快消除，对施工单位提出加强工人的施工安全教育，发现隐患坚决制止，强调安全防范工作责任重大，要坚决守住安全生产底线。

10月26日，普陀交警支队五大队和上海市消防救援总队万里消防救援站的教员走进沪西校区，为师生开展了一次交通安全和消防安全知识宣传讲座。

10月29日，沪西校区管委办、保卫办牵头召开沪西校区实验室安全工作会议。会议要求各实验室立即组织开展实验室风险排查和隐患治理，完善实验室安全风险清单。会后督查组前往实验室实地指导规范流程。

11月4日，沪西校区安全督查小组对前期实验室开展的风险排查、隐患治理和完善安全风险清单工作进行抽查。要求实验室落实落细安全责任，开展整改消除隐患，相关情况经汇总上报学校安全生产办公室。

11月15日，沪西校区安全督查小组对校区行政楼、三教、四教等二期修缮项目开展施工安全督查。就检查出的问题要求施工单位进行安全教育，加大管理力度，由基建处督促落实整改。

11月23日，资产处、保卫处联合医学院开展消防安全和实验室安全培训讲座，配合灭火器消防演练，进一步丰富了师生员工的消防安全知识，提升了消防灭火技能。

12月1日，管委办、基建处、保卫处联合医学院师生代表，来到第三教学楼的施工现场开展安全教育实践活动。通过参观工地，了解修缮进度、建筑物结构改造计划和技术难度等等施工细节，同学们有了直观的感受，并加深了对施工工程的理解。

12月17日，沪西校区安全督查小组和普陀区消防支队联合开展沪西校区安全督查，消防支队对于学生宿舍的用电安全、消防设施和疏散通道规范以及施工工地临舍安全给予专业指导。通过“回头看”，对隐患仍整改落实不到位的单位，安全督查小组约谈责任单位负责人并开出《沪西校区安全隐患整改建议书》，要求限期整改，做到闭环管理。

（曹霞）

沪北校区

【概况】 同济大学沪北校区位于上海市静安区中山北路727号，校舍占地面积67.64亩，总面积5.3526万平方米。截至2021年12月31日，校区有职能部门派出机构6个，常驻单位7个，教职员工188人（在编71人），住宿学生938人。

2021年，沪北校区管理办公室履行“服务、管理、协调、检查和督办”职能，把握“安全与稳定、管理与服务、协调与保障”任务目标，促进校区发展。

根据教育部、上海市教委和学校疫情防控要求，沪北校区把常态化疫情防控作为全年重点工作之一，落细落实各项疫情防控措施，严格管控校门，强化宿舍区门禁管理，加强公共场所的消杀、保洁和卫生工作，要求校区师生严格执行学校疫情防控部署，做到疫情防控不放松，思想意识不松懈。

沪北校区将创建平安和谐校园列为重点基础工作，严格落实压实五级责任制度，落实落细安全防范措施，修订《沪北校区安全督查小组督查制度》，进一步完善校园巡查制度和安全督查制度，明确校园安全督查小组的工作职责和要求。沪北安全督查小组全年共开展安全督查18次，加强了校园重点区域的安全管理，排除了潜在的安全隐患。开展“安全生产月”以及“消防安全月”等系列活动。根据教育部和学校防汛防台工作的最新要求，《沪北校区防汛抗台应急实施预案》重新得到修订，防汛抗台小组组织力量做好应急响应，加强校区巡查，监控重点区域，排除安全隐患，规范值班值守，确保校区平稳度过汛期。

【疫情防控】 2月3日，彭震伟副书记带队对沪北校区进行实地调研和考察，对校区疫情防控和安全工作提出新要求，并关心假期留校师生的生活保障工作。

2月18日，彭震伟副书记来到沪北校区检查学生返校及疫情防控工作。彭震伟要求各部门疫情防控工作不放松，为返校学生提供良好服务。

2月24日，根据学校疫情防控领导小组要求，沪北校区管理办、学生处、人事处牵头组织，校区多部门共同参与，依据组织分工明确、应急流程清晰、管理控制闭环、校内单位协同的原则，成功开展疫情防控现场应急演练。

12月15日，沪北校区管理办配合共和新路街道完成沪北校区全员核酸检测网格化管理信息的登记，街校共同筑牢疫情防线。

【校园安全】 7月24—26日，台风“烟花”对上海造成外围影响，校领导高度重视沪北校区防汛抗台工作，方平副书记、娄永琪副校长、校办郑晓蕾副主任轮流坐镇沪北校区，监督指导防汛抗台工作。吕培明副校长、黄翔峰副校长分别带队来到沪北校区开展防汛检查。

11月10日下午，沪北校区开展实验室以及消防安全专题讲座，共计134名师生员工参加。会后，参与讲座的师生开展了实验室模拟灭火演练以及灭火器现场操作演示活动。

【党庆献礼】 6月24日，沪北校区国旗台和国旗杆施工项目完工。

7月1日清晨，沪北校区隆重举行庆祝“中国共产党成立100周年”主题升旗仪式，向中国共产党百年华诞送上美好祝福，口腔医学院约100名学生参加了升旗仪式。

【环境建设】 3月2日，吴广明副书记来到沪北校区检查文明校园建设情况。吴广明要求各部门协同合作，对校区内部建筑垃圾堆放、隐蔽角落脏乱以及僵尸车停放等问题进行集中清理整治。

【其他动态】 6月10—13日，沪北校区举行2021年上海市医师资格实践技能操作考试（医学院承办），总计超700名考生参加考试。校区各部门严格执行疫情防控措施，确保考试安全、有序进行。

6月22日，沪北校区管理办与静安区旧改办、规划资源局、房管局、土储中心与共和新路街道在静安区行政服务中心召开土地权籍调整商讨会。会议就共和新281街坊零改项目涉及土地权籍范围调整的可能性进行了初步讨论。

9月30日中午，口腔医学院学生和校团委艺术中心演职人员在沪北校区饮食广场前开展“济梦百年新征程——同济大学2021艺术节开幕式”庆祝活动。

（沈海燕）

嘉定校区

【概况】 2022年，嘉定校区有入驻学院12个、国家级科研基地6个、省部级科研平台24个、国家级人才培养基地21个；有全日制在校学生12741人，其中本科生6253人、硕士研究生4171人、博士研究生2317人；有教职工1402人，其中专任教师894人，另有兼任教师40人。校区初步构建起以地面交通为核心、以汽车为龙头的现代装备制造学科群。

【疫情防控】 统筹协调，切实做好校区疫情防控、安全稳定工作，确保校区教学、科研正常秩序。完成了师生返校、疫苗接种、研究生入学考试等疫情防控统筹、协调、保障工作。做好与当地镇政府的沟通、协调，完成校区与嘉实公司有关的疫情防控工作。抓落实，切实维护校园安全稳定，做好校区教学、科研正常秩序的保障工作。

【校园安全稳定】 聚焦学校核心工作，做好校区安全、有序的保障工作。组织、落实校区防汛抗台工作，及时做好预防、处置等工作。组织校区安全督查组及时进行安全检查，遇到问题及时督办，督促整改。组织、落实消防安全、危化品、冬季防火、违章用电检查等专项检查工作。加强沟通，协调政府相关部门，开展对嘉实商业一条街及商户安全隐患的检查。

【实事项目开展】 学党史、办实事，协同推进、解决师生关注的热点问题近12项，进一步改善校区综合育人环境，包括校区友园学生公寓楼内灯光改善工程与墙面粉刷修缮、人行道绿色安全改造工程、电子与信息工程学院和交通运输工程学院电梯更换、学生宿舍无线网络覆盖与校区网络设施改造提升、师生候车点增设候车亭建设、核酸检测场所建设、学生成长中心建设、“梦想嘉园“友园青年社区中心建设、图书馆13楼与14楼卫生间改造、新增非机动车摆放场地、减速带和划线与新装简易隔离路障、汽车学院和风洞中心空调更换等，进一步改善了校区综合育人环境，提高了师生的满意度。

【师生服务保障】 持续推进落实“不忘初心 牢记使命”主题教育活动，建立为师生办实事的长效机制。建立校区工作报告机制，及时汇总、处置相关部门每月开展本部门业务范围内校区师生诉求调研。通过发布师生意见征集邮箱，与校区学院主要领导、院办主任以及师生代表座谈交流等方式建立了解师生诉求的机制，拓展校区师生诉求反映渠道。建立、推进校区事务落实督办机制，推进相关事宜解决。针对难点、重点卫生环境问题，协同相关部门，建立"嘉定校区综合育人环境整治长效机制"，明确包括建筑垃圾、楼宇无固定资产丢弃物及毕业季大批量丢弃物等处理的规范和流程，极大提升校园综合育人环境。

做好疫情防控工作，完成师生出行的班车服务保障工作。根据学校的整体安排与部署，持续加强和落实好对车辆、驾驶人员、候车场所、乘车人员的疫情防控措施，确保师生的平安出行。加强与师生的沟通、交流，根据师生的实际需要和诉求，在广泛征求意见的基础上，科学决策，及时增加班车数量、调整班车运行时间，更好地完成了校区教学科研、师生出行班车的服务保障工作。年内校区师生班车刷卡总数为 212724 人次。

强化服务师生理念，持续推进综合服务大厅各项工作。认真做好大厅的协调保障工作，持续提升机关服务效能。年内大厅共受理业务 22933 人次，师生满意度达 99%。协调梳理大厅业务办理流程，为师生提供更加便捷的服务。做好新常态下的大厅疫情防控工作，做好大厅公共部位的频次消毒，配备消毒用品，加强疫情防控相关宣传工作。

做好教学、人才培养的其他保障工作。认真做好校区教学设施安全可靠运行的协调、督促和保障工作。认真做好国家重要考试的协调保障工作，包括四、六级考试以及研究生入学考试等。在做好疫情防控工作的前提下，全力做好支撑附属实验中小学幼儿园开展的业务工作。

【校地联动合作】 持续做好与地方政府的沟通、协调工作，支撑校区疫情防控、安全稳定工作有效开展。持续做好与区、镇政府的沟通、协调工作，在政府的大力支持下，做好与嘉实公司有关的校区疫情防控工作，特别是包括嘉实公司及嘉实商业一条街的疫情防控工作。继续开展与安城社区党支部共建，推进、落实嘉实商业一条街的疫情防控、安全等相关工作。协同区、镇政府认真开展嘉定区创城复查工作，完成了政府希望校区所承担的各项工作，为嘉定区完成创城复查做出了同济贡献。认真组织，完成嘉定区人大代表换届选举工作。校区选民近 15500 名，认真组织、落实、做细换届选举工作各个阶段、各个环节工作，完成好区人大代表换届选举工作。

【校区文化建设】 做好校园文化建设的协调、协同、参加、保障等工作。认真落实党代会部署，协同宣传部、学生工作部、校团委、体育部等部门，持续推进校园文化建设，提升校园文化建设内涵和品质。坚持党建引领，推进高品质校园文化建设。年内楼宇文化、景观文化持续推进，传统文艺表演、品牌文化活动、艺术进楼宇活动有序开展。"同济荣誉堂"和"中国智慧"艺术长廊相继落成。举行高雅艺术进校园 3 场、"丰碑"同济大学庆祝建党 100 周年主题音乐会、"济梦百年新征程"同济大学 2021 年艺术节开幕式晚会以及同济改编版《霓虹灯下的哨兵》展演等。举办庆祝中国共产党成立 100 周年"永远的长征 · 舒同舒安书画巡展""同舟共济 振兴中华—陈志宏书画作品展""同济世 奔小康——全面建成小康社会中的同济贡献主题展""夯实根基 引领发展——庆祝中国共产党建党 100 周年主题展"等 12 余场大型展览。"文脉中华 · 嘉园风雅""女教师文化沙龙""礼敬中华 · 名家讲坛"等系列活动在"文権堂"文化新地标有序开展，让中华优秀传统文化在校园落地生根。举办"中国精神"大讲堂系列讲座，《中国精神》系列动画短片在"学习强国"平台发布，传承红色基因，赓续红色血脉，弘扬伟大精神。举办"星期音乐会""龙舟赛""枫林节"等各类主题文化活动，以文化人、以文育人成效显著。举行庆祝建党百年"嘉园杯"龙舟赛、第九届耐克高校精英公路接力跑总决赛选拔赛、"嘉园杯"冬季长跑、"健康万步走"、陆上划船器比赛、"同舟杯"龙舟赛等大型校园体育文化活动。围绕建党百年、党史学习、传统文化等主题组织不同规模校园二课堂活动 20 余次，参与人数超 2000 余人。举办博士生午餐沙龙、嘉课行、同舟讲坛、科创盛典等大型学生学术活动 31 项。开展教师书法、瑜伽、舞蹈培训、心理沙龙、书画展等系列丰富多彩的教职工文体活动。"梦想嘉园"友园青年社区中心启动，成立学生社区志愿服务队。举行首届嘉定校区"同德济遇"德国文化节。

【上海市委书记李强调研同济大学，寄语当好攀登者、参与者、践行者】 8 月 9 日下午，中共中央政治局委员、上海市委书记李强调研同济大学，寄语当好攀登者、参与者、践行者。李强到新能源汽车工程中心，察看测评基地车路云一体数字交通系统演示，详细了解学校在智能型新能源汽车研发与转化等方面的创新探索，与专家团队就新能源汽车最新发展趋势作了深入交流。到地震工程馆，察看多功能振动台地震模拟系统。调研期间，李强主持召开座谈会，听取同济大学党委书记方守恩、校长陈杰关于学校改革发展和服务上海科创中心、"五个新城"建设等工作汇报。

（饶露）

校董事会、
基金会及校友会

校董事会、基金会

【概况】 2021年,基金会共签署各类捐赠协议120份。

1月5日,李月中与基金会签署协议,捐赠人民币0.5万元,注入同济大学环境科学与工程学院教职工爱心基金,用于环境科学与工程学院离退休及在职教职工经济特殊困难补助。1月18日,广联达科技股份有限公司与基金会签署协议,捐赠人民币380万元,设立同济大学广联达智能建造教育发展基金,资助土木工程学院实施智能建造人才培养与技术发展项目。1月19日,上海东虹实业(集团)有限公司与基金会签署协议,每年捐赠人民币6万元,年限3年,共计人民币18万元,设立同济大学东虹集团爱心助学金,资助土木工程学院优秀的本科生、研究生。1月21日,四川省绿领公益慈善基金会与基金会签署协议,捐赠人民币7000万元,设立同济大学脑科医学发展基金,支持学校脑科医学的建设。

2月25日,上海海同拍卖有限公司与基金会签署协议,捐赠人民币4万元,注入同济大学机关退休党员的特困补助及机关退休支部党务活动基金。

3月5日,唐仲英基金会(美国)江苏办事处与基金会签署协议,捐赠人民币32.3719万元,设立"同济大学唐仲英德育奖学金"及"同济大学仲英公益促进协会的建设及活动基金",奖励优秀的本科生并支持仲英公益促进协会的建设及活动。3月10日,苏州市相城区元和街道科技人才局与基金会签署协议,每年捐赠人民币20万元,年限3年,共计人民币60万元,设立同济大学相城高新育才奖学金,奖励学校优秀的本科生、研究生。3月11日,芜湖美的厨卫电器制造有限公司与基金会签署协议,每年捐赠人民币2万元,年限3年,共计人民币6万元,设立同济大学美的厨热奖学金,奖励机械与能源工程学院优秀研究生。3月16日,上海廷亚冷却系统有限公司与基金会签署协议,每年捐赠人民币2.5万元,年限3年,共计人民币7.5万元,设立同济大学廷亚奖学金,奖励机械与能源工程学院优秀本科生。3月21日,张家港大裕橡胶制品有限公司与基金会签署协议,捐赠人民币6万元,设立同济大学IESD企业社会责任与可持续发展活动基金,资助在同济大学举办的企业社会责任与可持续发展论坛。3月24日,上海晶众信息科技有限公司与基金会签署协议,捐赠人民币100万元,设立同济大学Whales TransLab发展基金,资助交通运输工程学院实验室建设、人才培养和创新创业等活动。3月30日,中国青年创业就业基金会与基金会签署协议,捐赠人民币10万元,资助第四届东风梦想车活动项目。

4月1日,交控科技股份有限公司与基金会签署协议,每年捐赠人民币20万元,年限5年,共计人民币100万元,设立同济大学交控科技教育发展基金,用于资助交通运输工程学院师资建设及学生培养工作。4月6日,上海熠达光电科技有限公司与基金会签署协议,每年捐赠人民币2万元,年限5年,共计人民币10万元,设立同济大学熠达光电奖学金、奖教金,奖励机械与能源工程学院优秀的本科生、研究生、教师。4月8日,上海美特幕墙有限公司与基金会签署协议,每年捐赠人民币2万元,年限5年,共计人民币10万元,设立同济大学美特幕墙助学金,资助土木工程学院家庭经济困难的优秀学生。4月9日,上海开艺设计集团有限公司与基金会签署协议,捐赠人民币10万元,注入同济大学校友工作发展基金。4月13日,孙亚琪先生与基金会签署协议,每年捐赠人民币1万元,年限4年,共计人民币4万元,设立同济大学一路同行助学金,资助交通运输工程学院家庭经济困难的优秀学生。4月14日,上海唐源装潢有限公司与基金会签署协议,每年捐赠人民币6万元,年限3年,共计人民币18万元,设立唐源奖学金,奖励同济大学第一附属中学的高中生。4月15日,上海浩颖科技有限公司与基金会签署协议,每年捐赠人民币20万元,年限5年,共计人民币100万元,设立同济大学浩颖科技环保发展基金,资助环境科学与工程学院的学科建设和发展,人才师资队伍的建设培养。4月21日,上海司誉尔丘资产管理有限公司与基金会签署协议,每年捐赠人民币2万元,年限10年,共计人民币20万元,设立同济大学司誉尔丘人文奖学金、奖教金,奖励人文学院优秀的本科生、研究生、教师。4月27日,郭谢碧蓉基金与基金会签署协议,捐赠人民币25万元,用于支持同济大学郭谢碧蓉助学金项目。4月28日,上海轰堂信息技术有限公司与基金会签署协议,捐赠人民币100万元,注入同济大学邦信阳中建中汇知识产权基金。4月29日,上海德能机械设备有限公司与基金会签署协议,每年捐赠人民币2万元,年限5年,共计人民币10万元,设立同济大学"8236"化学创新奖学金,奖励化学科学与工程学院优秀的本科生、研究生。4月30日,塞拉尼斯(上海)聚合物有限公司与基金会签署协议,每年捐赠人民币5万元,年限2年,共计人民币10万元,设立同济大学塞拉尼斯奖学金,奖励材料科学与工程学院优秀的本科生、研究生。4月30日,光华教育基金会有限公司与基金会签署协议,捐赠人民币40万元,设立同济大学光华奖学金,奖励同济大学优秀的本科生、研究生。

5月10日,鲁育宗先生与基金会签署协议,捐赠人民币1000万元,设立同济大学光华创新教育基金,支持同济大学开展德国与欧洲研究、外语专著出版,以及人文传承与教育创新。5月12日,上海晋柏贸易有限公司与基金会签署协议,捐赠人民币1200万元，设立同济大学柏丽俞峰设计创新教育发展基金，资助同济大学设计创新领域人才培养和学科建设。5月21日，广州蚁量网络科技有限公司与基金会签署协议，每年捐赠人民币5万元，年限2年，共计人民币10万元，设立同济大学环境科学与工程学院毕业季与迎新季活动基金，资助环境科学与工程学院毕业季与迎新季活动。

6月9日，上海国泰君安社会公益基金、国泰君安证券股份有限公司上海分公司与基金会签署协议，每年捐赠人民币10万元，年限3年，共计人民币30万元，设立同济大学国泰君安奖助学金，用于支持和帮助同济大学全日制在读且家庭经济困难的环境科学与工程学院、材料科学与工程学院、测绘与地理信息学院、海洋与地球科学学院、化学科学与工程学院、物理科学与工程学院以及医学院等学院学生顺利完成学业。6月11日，周剑平校友与基金会签署协议，捐赠人民币10万元，设立同济大学材料科学与工程学院同材发展基金，用于资助材料科学与工程学院实施学院发展项目。6月22日，上海同济高廷耀环保科技发展基金会与基金会签署协议，捐赠人民币13万元，注入同济大学全国研究生环境论坛活动基金。6月22日，上海泓济环保科技股份有限公司与基金会签署协议，捐赠人民币3万元，注入同济大学全国研究生环境论坛活动基金。6月22日，圣戈班（中国）投资有限公司与基金会签署协议，每年捐赠人民币36.4万元，年限5年，共计人民币182万元，设立同济大学圣戈班奖学金、校园十大歌手比赛基金，奖励学习成绩优秀的学生并资助同济大学举行的年度校园十大歌手比赛。6月29日，超凡知识产权服务股份有限公司与基金会签署协议，每年捐赠人民币30万元，年限10年，共计人民币300万元，设立同济大学超凡知识产权教育发展基金，资助同济大学上海国际知识产权学院的教学、科研和学生工作等学院建设活动。6月30日，安徽汉先智能科技有限公司与基金会签署协议，每年捐赠人民币2万元，年限5年，共计人民币10万元，设立同济大学汉先奖学金、奖教金，奖励机械与能源工程学院教师及学习成绩优秀的学生。

7月1日，上海恒锐知识产权服务有限公司与基金会签署协议，每年捐赠人民币20万元，年限5年，共计人民币100万元，设立同济大学恒锐知识产权教育发展基金，资助上海国际知识产权学院的教学、科研和学工等学院建设。7月12日，上海屹尧仪器科技发展有限公司与基金会签署协议，捐赠人民币10万元，设立同济大学倪晨杰奖学金、助学金，同济大学屹尧科技奖学金、助学金，奖励材料科学与工程学院、化学科学与工程学院的学生。7月12日，景瑞地产（集团）有限公司与基金会签署协议，捐赠人民币10万元，注入同济大学云龙发展基金。7月15日，BAC大连有限公司苏州分公司与基金会签署协议，每年捐赠人民币2.4万元，年限3年，共计人民币7.2万元，设立同济大学BAC奖学金，奖励机械与能源工程学院的学生。7月15日，同济大学常青院士与基金会签署协议，将其荣获的追求卓越教师奖奖金人民币10万元捐赠注入同济大学风土保护奖学金。7月15日，91级口腔医学专业校友郭波、谭进与基金会签署协议，每年捐赠人民币10万元，年限10年，共计人民币100万元，设立同济大学明德奖学金，奖励口腔医学院的学生。7月15日，85级口腔医学专业校友王丽娟与基金会签署协议，每年捐赠人民币10万元，年限10年，共计人民币100万元，设立同济大学百合奖学金，奖励口腔医学院的学生。7月28日，上海宝悦房地产开发有限公司与基金会签署协议，捐赠人民币25万元，设立同济大学宝业建筑碳中和发展基金，用于资助同济大学长三角可持续发展研究院在建筑碳中和研究领域的建设和发展。

8月4日，丁雷与基金会签署协议，捐赠人民币4.36万元，注入同济大学云龙发展基金。8月26日，科顺防水科技股份有限公司与基金会签署协议，捐赠人民币10万元，设立同济大学科顺股份教育基金。用于同济大学土木工程学院建筑工程系的学科建设和发展。

9月1日，上海博效环境科技发展有限公司与基金会签署协议，捐赠过氧化氢雾化消毒机两台及消毒液32L，价值为50.768万元，用于同济大学疫情防治工作。9月1日，高沃信息技术（上海）有限公司与基金会签署协议，每年捐赠人民币2万元，年限2年，共计人民币4万元，设立同济大学Discover奖学金，奖励数学科学学院的本科生、研究生。9月7日，上海依工塑料五金有限公司与基金会签署协议，每年捐赠人民币25万元，年限3年，共计人民币75万元，设立同济大学ITW创新奖学金，奖励汽车学院的本科生、研究生。9月10日，伊尔庚（上海）环境科技有限公司与基金会签署协议，捐赠人民币26万元，支持共青团同济大学委员会开展梦想教室公益项目。9月13日，新奥公益慈善基金会与基金会签署协议，捐赠人民币30万元，设立同济大学新奥新能源奖学金，奖励学校成绩优秀本科生、研究生。9月15日，汪品先院士、孙湘君教授与基金会签署协议，捐赠人民币200万元，设立同济大学海洋奖学金，奖励海洋与地球科学学院或其他学院就读、从事与海洋相关研究的本科生、研究生。9月24日，华为技术有限公司与基金会签署协议，捐赠人民币10万元，设立同济大学华为奖学金，奖励电子与信息工程学院、软件学院成绩优秀的本科生、研究生。9月24日，华东建筑集团股份有限公司与基金会签署协议，每年捐赠人民币10万元，年限5年，共计人民币50万元，注入同济大学建筑与城市规划学院“学院奖”奖学金。9月27日，上海市上规院城市规划设计有限公司与基金会签署协议，每年捐赠人民币10万元，年限5年，共计人民币50万元，注入同济大学建筑与城市规划学院“学院奖”奖学金。9月28日，航天宏图信息技术股份有限公司与基金会签署协议，每年捐赠人民币10万元，年限3年，共计人民币30万元，设立同济大学航天宏图奖教金、同济大学航天宏图师生活动基金，奖励测绘与地理信息学院在教书育才、管理以及科研项目方面表现突出的教师及支持学院举办的各项师生活动。9月28日，何敏娟教授与基金会签署协议，每年捐赠人民币10万元，年限5年，共计人民币50万元，资助在学校主办的全国高等学校木结构设计竞赛。9月28日，桂馥华校友与基金会签署协议，捐赠人民币10万元，注入同济大学沈荣芳奖学金。9月30日，慧鱼（太仓）建筑锚栓有限公司与基金会签署协议，每年捐赠人民币3万元，年限3年，共计人民币9万元，设立同济大学克劳斯·费舍尔（Klaus Fischer）奖学金，奖励中德工程学院、职业技术教育学院的学生。9月30日，慧鱼（太仓）建筑锚栓有限公司与基金会签署协议，每年捐赠人民币2万元，年限3年，共计人民币6万元，设立同济大学克劳斯·费舍尔（Klaus Fischer）奖教金，奖励中德工程学院、职业技术教育学院的教师。

10月9日，公益财团法人似鸟国际奖学财团与基金会签署协议，捐赠人民币10万元，设立同济大学NITORI国际奖学金，奖励学校的优秀学生。10月11日，南京高科环境科技有限公司与基金会签署协议，每年捐赠人民币5万元，年限3年，共计人民币15万元，设立同济大学高科环境—济源奖学金，奖励环境科学与工程学院的学生。10月15日，中国宋庆龄基金会与基金会签署协议，捐赠人民币7.5万元，设立中国海油大学生助学基金，资助家庭经济困难的学生。10月15日，浙江金卡智能公益基金会与基金会签署协议，每年捐赠人民币10万元，年限3年，共计人民币30万元，设立同济大学金卡智能奖学金、奖教金、学生竞赛及教学活动基金，奖励机械与能源工程学院建筑环境与能源应用工程专业的优秀本科生和燃气方向研究生；奖励从事燃气方向教学、科研工作的优秀教师；资助机械与能源工程学院建筑环境与能源应用工程专业的优秀本科生和研究生举办学生竞赛和相关的实践活动。10月21日，中交第二公路勘察设计研究院有限公司与基金会签署协议，捐赠人民币10万元，设立同济大学中交二公院志业精英奖学金，奖励学校优秀的研究生。10月22日，日本JOUJU股份有限公司与基金会签署协议，捐赠127万日元（约为人民币7万元），设立同济大学河合奖学金，奖励女子学院优秀的学生。10月25日，上海华测导航技术股份有限公司与基金会签署协议，捐赠人民币30万元，用于同济大学测绘馆门厅改造与文化建设项目。10月29日，上海潘朵广告有限公司与基金会签署协议，捐赠人民币2万元，设立同济大学泛亚活动基金，用于汽车学院的创新人才培养及学院文化建设。10月29日，上海布施医药科技有限公司与基金会签署协议，捐赠人民币3万元，设立同济大学薇光助学金，资助生命科学与技术学院家庭经济困难的学生。

11月10日，蒋震工业慈善基金（香港）有限公司与基金会签署协议，计划6年内捐赠人民币100万元，设立蒋震奖学金，奖励化学科学与工程学院、物理科学与工程学院的一年级或二年级硕士研究生。11月10日，上海燃气有限公司与基金会签署协议，每年捐赠人民币15万元，年限3年，共计人民币45万元，设立同济大学上海燃气奖学金、奖教金、学生活动竞赛及教学活动基金，奖励机械与能源工程学院建筑环境与能源应用工程专业的本科生和燃气方向的研究生，从事燃气方向教学、科研工作的教师及相关学生竞赛、实践教学活动。11月13日，天津大学北洋教育发展基金会向基金会捐赠人民币0.6万元，用于奖励经济与管理学院李玮婷同学荣获的“第九届天津大学—何伯森国际工程管理教育发展基金奖学金”。11月18日，上海天华建筑设计有限公司与基金会签署协议，捐赠人民币10万元，设立同济大学天华艺术活动基金，资助同济大学举行的艺术节系列活动。11月19日，华夏源细胞工程集团股份有限公司与基金会签署协议，每年捐赠人民币5.5万元，年限3年，共计人民币16.5万元，设立同济大学华夏源奖学金，奖励生命科学与技术学院的本科生、研究生。11月22日，拓普康索佳（上海）科贸有限公司与基金会签署协议，捐赠人民币20万元，用于同济大学测绘馆门厅改造与文化建设项目。11月26日，上海冠龙阀门节能设备股份有限公司与基金会签署协议，每年捐赠人民币5万元，年限5年，共计人民币25万元，设立同济大学冠龙环境奖学金，奖励环境科学与工程学院市政工程、环境工程专业的本科生、研究生。11月29日，上海市慈善基金会与基金会签署协议，捐赠人民币51.8万元，设立同济大学唯爱天使助学金，资助医学院家境困难、品学兼优的学生。

12月1日，太仓东立纸业有限公司与基金会签署协议，每年捐赠人民币2万元，年限3年，共计人民币6万元，注入同济大学机械与能源工程学院师生帮困基金。12月7日，上海康恒环境股份有限公司与基金会签署协议，每年捐赠人民币20万元，年限5年，共计人民币100万元，设立同济大学康恒环境学科发展基金，资助环境科学与工程学院的学科建设和发展，人才师资队伍的建设培养。12月13日，广东东鹏控股股份有限公司与基金会签署协议，每年捐赠人民币40万元，年限5年，共计人民币200万元，设立同济大学东鹏基金，用于支持建筑与城市规划学院举办的室内设计相关的学术会议及建筑学、城乡规划学、风景园林学领域的系列讲座，以及本科生、研究生教学活动等。12月13日，上海浦东工程建设管理有限公司与基金会签署协议，捐赠人民币8万元，设立同济大学浦东建管奖教金、奖学金，奖励土木工程学院教学工作出色的专业教师和管理工作出色的行政人员，以及品学兼优的二年级硕士研究生。12月14日，中天爱心慈善基金会与基金会签署协议，捐赠人民币30万元，设立同济大学中天土木工程材料发展基金，用于材料科学与工程学院先进土木工程材料教育部重点实验室建设和发展。12月14日，深圳市龙湖公益基金会与基金会签署协议，每年捐赠人民币30万元，年限3年，共计人民币90万元，设立同济大学龙湖协同育人发展基金，奖励电子与信息工程学院的研究生、教职工，支持学生实践活动、文体活动以及协同育人中心建设。12月20日，上海寻梦信息技术有限公司与基金会签署协议，每年捐赠人民币200万元，年限3年，共计人民币600万元，设立同济大学知识产权保护研究基金，支持同济大学上海国际知识产权学院教育事业的发展。12月17日，杨贵庆教授与基金会签署协议，捐赠人民币10万元，注入同济大学金经昌城市规划教育基金、董鉴泓城市规划教育基金。12月17日，同济大学建筑与城市规划学院校友与基金会签署协议，捐赠人民币42.758万元，注入同济大学董鉴泓城市规划教育基金。12月17日，中天爱心慈善基金会与基金会签署协议，捐赠人民币15万元，设立同济大学中天爱心慈善教育基金，用于土木工程学院建筑工程系的学科建设和发展。12月17日，博世(中国)投资有限公司与基金会签署协议，捐赠人民币6.8万元，设立同济大学博世活动基金，用于汽车学院学生的夏季安全驾驶培训公益活动。12月20日，广汽本田汽车有限公司与基金会签署协议，捐赠人民币5万元，设立同济大学广汽本田活动基金，资助同济大学广汽本田道路安全公益活动。12月20日，北京市金杜律师事务所上海分所与基金会签署协议，捐赠人民币20万元，设立同济大学金杜知识产权教育发展基金，资助同济大学上海国际知识产权学院的教学、科研和学工等学院建设活动。12月31日，上海华为技术有限公司与基金会签署协议，捐赠人民币1.5万元，设立同济大学电子与信息工程学院华为学生活动基金，资助在同济大学举行的电子与信息工程学院“嘉有本色，济遇研华”新年迎新活动。12月31日，上海高顿教育科技有限公司与基金会签署协议，每年捐赠人民币10万元，年限3年，共计人民币30万元，设立同济大学高顿奖学金、奖教金，奖励同济大学新生院同心学堂和济世学堂的本科生，新生院的教师。

【同济大学教育发展基金会召开理事会全体会议】 1月16日，同济大学教育发展基金会第三届理事会第九次、第十次全体会议召开。校党委书记、基金会理事长方守恩出席会议并讲话。副校长、基金会副理事长雷星晖主持，基金会理事、理事代表、监事及秘书处工作人员出席会议。第九次会议听取、审议了基金会2020年度工作报告、财务工作报告，全体与会理事针对两项报告进行了热烈讨论，为下一步工作提出了许多宝贵的意见和建议。会议还审议通过了基金会理事会成员变动的各项提案。此外，监事长杨坤代表监事会作2020年度工作报告，对基金会各项工作给予高度评价。第十次会议审议通过了基金会2021年度工作计划、财务预算方案、投资计划方案、留本基金委托投资方案。

【同济大学第三届董事会第五次全体会议召开】 1月16日下午，同济大学第三届董事会第五次全体会议在四平路校区召开，会议采用线上线下相结合的形式。董事会主席、校党委书记方守恩，终身董事周家伦，校长陈杰，陈德荣、顾伟华等22名董事、董事代表参加现场会议。董事会副主席葛均波，终身董事吴启迪、裴钢，潘云鹤、Tuula Teeri、Ilkka Niemelä等24名董事、董事代表线上参会。校领导伍江、吴志强、徐建平、吕培明、吴广明、顾祥林、冯身洪以及学校相关职能部处负责人列席会议。董事会秘书长、副校长雷星晖主持会议。会议审议并增补华东建筑集团股份有限公司董事长顾伟华、香港理工大学行政副校长卢丽华、德国达姆施塔特工业大学校长Tanja Brühl、德国国际合作机构首席驻华代表Thorsten Giehler为职务董事，方守恩向参加现场会议的新董事颁发了聘书。陈杰作同济大学“双一流”建设周期总结及“十四五”发展规划纲要主题报告。与会董事、董事代表结合自己行业经验，围绕校长主题报告展开热烈而深入的讨论，在人才培养、学科建设、国际交流、校企合作等方面提出了许多宝贵的意见与建议。方守恩指出2021年是学校董事会换届之年，正值国家第二个百年奋斗目标的新起点，也是国家构建新发展格局的关键时刻，是学校“十四五”建设的开局之年，学校面临着难得的历史机遇和挑战。学校将坚持社会主义办学方向，紧扣立德树人根本任务，秉承“与祖国同行、以科教济世”的光荣传统，确保“十四五”开好局起好步。希望各位董事继续关心、指导、支持学校事业发展，与学校携手奋进，共同书写中国特色世界一流大学建设新篇章。

【同济大学教育发展基金会理事会换届会议及第四届理事会第一次会议召开】 5月22日，同济大学教育发展基金会理事会换届会议及第四届理事会第一次会议正式召开。同济大学党委书记、基金会理事长方守恩，第三、四届理事会理事，第一、二届监事会监事，基金会秘书长、副秘书长等出席会议。同济大学校长陈杰、上海市民政局基金会管理处处长马国平出席并讲话。同济大学副校长、基金会副理事长雷星晖主持会议。首先召开第三届理事会第十一次全体会议暨理事会换届会议。会议听取并审议了基金会《第三届理事会工作报告》《第三届理事会财务报告》《换届审计报告》，听取《第一届监事会工作报告》等，审议第四届理事会理事候选人名单，并投票选举产生第四届理事会理事，新一届理事会由同济大学党委书记方守恩、常务副校长吕培明、副校长雷星晖、校长助理刘润等15名理事组成。随后召开第四届理事会第一次会议。与会理事以无记名投票的方式选举方守恩书记为理事长，吕培明常务副校长、雷星晖副校长为副理事长，刘润校长助理为秘书长，方守恩理事长为新一届理事会理事及监事颁发聘书。第四届理事会理事、第二届监事会监事围绕基金会的未来发展进行了交流、讨论。会议还审议通过了《上海同济大学教育发展基金会第四届理事会发展规划纲要》《上海同济大学教育发展基金会章程》修订方案，审议制定《上海同济大学教育发展基金会证章使用管理办法》《上海同济大学教育发展基金会重大事项报告制度》《上海同济大学教育发展基金会专项基金管理办法》《上海同济大学教育发展基金会捐赠项目管理办法》。

【同济大学董事会换届工作会议暨第四届董事会第一次全体会议召开】 5月22日，同济大学董事会换届工作会议暨第四届董事会第一次全体会议在四平路校区召开，会议采用线上线下相结合的形式。包括校党委书记方守恩、校长陈杰，终身董事周家伦在内的33位董事及董事代表出席现场会议，终身董事万钢、吴启迪、裴钢、钟志华，潘云鹤、Guillermo Cisneros、Harald Kainz、Katja Koch等37位董事、董事代表线上参会。校领导冯身洪、吴广明、顾祥林、陈义汉、彭震伟、童小华、黄翔峰、娄永琪以及学校相关职能部处负责人列席会议。副校长雷星晖主持会议。会议圆满完成了董事会的换届工作，成立了同济大学第四届董事会，选举方守恩为主席，葛均波为副主席，雷星晖为秘书长，并通过了《同济大学董事会章程》修改方案。陈杰代表同济大学向方守恩颁发了聘书。随后，方守恩向现场参会的董事和秘书长颁发了聘书。方守恩对董事会的建设提出三点意见：希望董事会成为谋划学校发展的高端智库；成为校企、校际深入合作的战略平台；成为支持学校发展的重要动力源泉。同时希望学校的主要领导、相关职能部门要高度重视同济大学董事会建设工作，充分发挥董事会协商、审议与监督的职能，服务好各位董事及董事单位，为双方的交流与合作提供便利与支持，同舟共济、行稳致远。陈杰作同济大学工作报告，介绍了学校的办学历程、近年来学校的主要工作及取得的成绩，以及学校未来的发展愿景，阐述了对中国特色世界一流大学的标志与特征的认识。副校长顾祥林就“交叉融合，培养高层次拔尖创新人才”作了议题汇报。线上、线下与会的董事及董事代表对校长工作报告进行了审议，并结合自己的行业经验，围绕议题各抒己见，展开了热烈、深入的讨论。学校历任校长万钢、吴启迪、裴钢、钟志华也相继发言，对学校所取得的成绩表示充分肯定，均表示会持续关注和大力支持学校的发展。同济大学第四届董事会在保持第三届董事会基本组成结构的基础上，新增16家董事单位和9名个人董事。第四届董事会由终身董事、董事单位和学校委派的职务董事、个人董事共计80人组成。

（方凡）

校友会

【概况】 2021年，校友会落实民政部印发的《关于铲除非法社会组织滋生土壤 净化社会组织生态空间的通知》精神，对地区、行业、学院等67个校友组织开展自查自纠，对发现的问题提出整改要求，落实整改措施。年内召开两次常务理事会议、一次理事会议，审议通过《同济大学校友会章程(2021年修订版)》《同济大学校友会标识管理办法》，制定《同济大学校友会规范化文件汇编》。举行第二届会员代表大会，完成第一届理事会、常务理事会、监事会的换届工作。推动3个学院校友分会成立，5个地方校友会完成换届，2个校友会成功注册。完成2021届354位本研毕业班联络人和57名年级理事的聘任。新建6个学院校友工作台账。

校友会对116个校友组织平均每月完成2次以上联络频次。建立重点联络校友信息挖掘和更新机制，形成2期简报。校庆日分别发送174430条短信和35295封邮件。新增9969位校友申领电子校友卡。启动智慧校友会新一轮建设，完成系统整体规划、需求调研和方案设计工作。举办3场星空讲堂。终身学习平台微信小程序“济课同学”1.0版本于2021年1月上线。发挥新媒体优势，全年订阅号粉丝量突破4.8万人，较去年增长5千余人，原创推送率达91.5%。开通校友会官方视频号。制定校友发展跟踪研究中长期计划，发放“全过程一体化人才培养体系中的校友评价与反馈问卷”。申报的“以构建校友终身学习平台为核心的大学校友工作创新模式研究”和“高校校友工作的数字化转型思路与建设路径研究”课题被列为中国高教学会校友工作研究专项课题。出版《同济人·用忠诚与智慧践行初心》特刊。

【同济大学校友会第一届常务理事会第三次会议召开】 6月5日，同济大学校友会第一届常务理事会第六次会议在北京召开，原常务副校长、校友会会长伍江，副校长、校友会常务副会长雷星晖出席会议。第一届常务理事会常务理事18人参加会议，会议由雷星晖主持。会上，秘书处作校友会第一届理事会工作报告。北京校友会进行了工作分享。与会人员围绕常务理事会工作机制、校友会治理能力提升、校友会信息化建设等议题开展讨论，并对下一步的各项重点工作规划建言献策。当天下午，会议聚焦第一届理事会换届工作议题，成立了换届筹备领导小组和工作小组，与会人员对新一届理事会、常务理事会拟增补人选等提出建议，并对常务理事候选人进行提名。会议还审议通过成立校友会战略发展委员会，增设法学院分会等七个分支机构。

【同济大学校友会第二届会员代表大

会第一次会议暨第二届理事会第一次会议召开】 12月18日，同济大学校友会第二届会员代表大会第一次会议暨第二届理事会第一次会议在四平路校区逸夫楼召开。校党委书记方守恩，校长陈杰，原常务副校长、校友会第一届理事会会长伍江，党委常务副书记冯身洪，党委副书记彭震伟，副校长、校友会常务副会长雷星晖，副校长童小华出席会议。会议由雷星晖主持。会议采取线上线下相结合的方式举行，来自地方、行业/兴趣、学院的116个校友组织负责人，上海地区校友代表，学校职能部门负责人，“同济大学追求卓越校友”获奖者代表等223人参加会议。会议听取了《同济大学校友会第一届理事会工作报告》《同济大学校友会第一届监事工作报告》，审议通过《同济大学校友会章程》修订案、《同济大学校友会标识管理办法》。会议选举产生同济大学校友会第二届理事会理事104名，选举方守恩为会长、雷星晖为常务副会长兼法定代表人、王岳明等15名校友为副会长、陆英楠为秘书长。会议选举产生同济大学校友会第二届监事会监事5名，选举吉剑青为监事长。会上，还举行了新成立校友组织授旗及卓越校友代表颁奖仪式。方守恩为同济大学校友会艺术与传媒学院分会、机械与能源工程学院分会、法学院分会授会旗，陈杰为黄志明、张辰2名校友代表颁发“同济大学年度卓越校友”奖项。

【同济大学校友会第二届常务理事会、监事会第一次会议召开】 12月18日，同济大学校友会第二届常务理事会、监事会第一次会议召开，校党委书记、校友会会长方守恩，校长陈杰，副校长、校友会常务副会长雷星晖出席会议。会议采取线上线下相结合方式召开，第二届常务理事会常务理事、监事会监事30人参加会议。会议由雷星晖主持。第二届理事会会长方守恩对校友会新一届理事会工作提出三点建议，一是要服务好广大校友，助力校友的事业发展；二是校友工作要结合学校建设目标，聚焦学校中心工作，更高质量地凝聚和发挥校友力量；三是校友会要坚持党建引领，进一步加强社团治理能力现代化建设，做到规范和高质量办会。第二届监事会会长吉剑青从结构程序、实体作用和工作模式三个方面讲述了自己对监事会工作的认识。与会人员围绕新一届常务理事会、监事会工作展开深入交流，对学校人才培养、学科建设、社会服务等方面提出了许多建设性意见和建议。

【献礼建党百年】 为献礼中国共产党百年华诞，同济大学校友会于2021年7月编辑出版了《同济人·用忠诚与智慧践行初心——庆祝建党百年》特刊。6月29日，校党委书记方守恩在校友之家与特刊入刊杰出校友代表、世界著名麻风病防治专家、百岁老人李桓英教授进行连线交流，代表全体同济师生向李教授致以崇高敬意和问候，为李教授多年来为党、国家和人民所作出的贡献表示钦佩，向李教授介绍了近年来学校的发展情况，并代表学校向李教授赠送了特别制作的礼物——一张在1944年拍摄于四川宜宾李庄的毕业合影，以及一张由设计创意学院学生绘制的李教授的卡通肖像。李桓英向同济青年一代寄语，希望他们向同济先辈学习，继承他们的愿望，用自己的青春与智慧，为祖国多做贡献，创造更加辉煌的未来。7月5日，特刊首发式在校友之家举行。首发式现场播放了方守恩与李桓英连线交流的视频，并由校党委副书记吴广明、副校长雷星晖向师生代表赠书。

【2021同济新年音乐会举行】 1月2日晚，同策慈善之夜——2021同济新年音乐会在上音歌剧院献演，并实现首次线上同步直播，逾12万人次观看直播。音乐会由同济大学校友会和上海同济大学教育发展基金会联合主办，校友孙益功创办的同策房产咨询股份有限公司冠名赞助。常务副校长、校友会会长伍江主持，党委书记方守恩致辞，校长陈杰致新年贺词。音乐会自2020年12月3日启动捐赠，截至举办当晚，共获捐赠资金约36万元。为致敬2020年奋战在抗疫一线的同济医护工作者，序场还特别举行了隆重的表彰仪式。同济大学附属医院援鄂医疗队的40位医护工作者代表莅临现场，佩戴同济英雄奖章上台。方守恩、陈杰为他们送上鲜花，并握手致意。

【星空讲堂】 2021年，“同济校友终身学习平台”之“星空讲堂”系列举办3场，分别是同济大学法学院院长蒋惠岭教授主讲的“法治中国建设战略”；著名海洋地质学家、同济大学海洋与地球科学学院汪品先院士主讲的《现代科学与传统文化》和中国规划学会副理事长、长三角可持续发展研究院院长、同济大学原常务副校长、建筑与城市规划学院伍江教授主讲的“城市有机更新与精细化管理”。线上线下观看人数累计超25万，各地校友会分会场累计组织达28场次。

【学院校友分会成立、地方校友会换届】 2021年，机械与能源工程学院、法学院、中德工程学院3个学院校友分会成立，沈阳、济南、四川、厦门、深圳5个地方校友会完成换届，江西、海南校友会成功注册。

【同济大学2021年度卓越校友】 陈雪峰、张辰、李亚明、王凯、高伟俊获“同济大学2021年度卓越校友”。

（史习昕）

附属单位

同济医院

【概况】 2021年是中国共产党成立100周年，是“十四五”规划开局之年，也是我国全面建成小康社会、向第二个百年奋斗目标迈进的一年。医院以习近平新时代中国特色社会主义思想为指导，全面贯彻党的十九大和十九届历次全会精神，在同济大学、市卫健委和申康中心坚强领导下，在普陀区委、区政府大力支持下，紧紧围绕“守正·转型·突破”的年度工作主题，统筹常态化、持久化疫情防控和“十四五”开局两条主线，一手抓疫情防控，实现“员工零感染、患者零漏诊、医院零传播”的防控目标；一手抓复工复产，医疗、科教、管理、精神文明等各项工作全面推进。医院经历了国家医保飞行检查、中央巡视延伸调研、大学党委巡察等各项检查；顺利完成了疫情防控闭环管理和解封复产任务；以新村路401号等三块地块收储划转工作为标志的医院物理空间拓展工作取得实质性进展，上海市同济医院急诊急救与创伤诊疗中心项目进入项目库；内科医技综合楼项目完成竣工验收并投入使用甘泉楼、门急诊楼开始大修，为“十四五”规划树新风、开好局。

医疗与疫情防控工作 2021年，努力抓复工复产，住院手术人数及手术内涵均较疫情前有所提升，其他医疗业务量总体较2020年增长明显。医院门急诊185.9万人次，同比增长15.79%，出院6.5万人次，同比增长16.9%；住院手术3.91万台，同比增长22.00%，平均住院日6.84天，同比下降8.19%。医院总收入27.27亿元。

疫情防控方面，持续改进疫情防控管理举措，新增、更新院内感控制度和文件35个；重新设计发热门诊检验科的场地布局、独立开设院外核酸检测点，扩大面积、增添核酸快速检测设备，提高核酸检测能力和速度；加快技防管理体系构建，采用智能闸机等设备，精准管控进出院区的人员。参与编写《“疫情新常态”上海专家院感共识》，发热门诊防控管理案例，荣获2021年国家医疗相关标准执行竞赛上海赛区二等奖。严格做好发热门诊患者信息管理。全年上报发热门诊患者信息27251人，上报符合率超过95%，跟踪随访发热门诊患者1455人。完成入院患者及陪护人员核酸检测356519人次，抗体检测80425人次。

门诊管理方面，恢复周日开放门诊，实现门诊全年无休。加强门诊预约管理，门诊预约率21.54%，其中专家门诊预约率61.45%，普通门诊预约率11.25%。门急诊电子病历使用率显著提高，达到81.61%。在妇产科试点运行二次分诊，使就诊更加有序。每月开展门诊病史、处方检查，每天进行门急诊区域巡视，确保医疗工作正常进行。大华门诊部转变运行管理机制，实行与本部门诊同质化管理。

医疗质量管理方面，落实国家2021年医疗质量安全改进十大目标，促进医疗质量持续提升，制定落实方案。出台临床诊疗组组长管理办法，落实医疗质量管理到科室、到诊疗组的责任制。编制《住院病案首页主要诊断填写规范及案例分析》口袋书，规范病案首页填写。

医保管理方面，9月23—27日，国家医保局对医院开展为期5天的国家医保局飞行检查。医院对检查中发现的问题进行认真梳理和分析，及时启动和落实整改，通过加强事前、事中、事后管理手段，加强制度建设和信息化建设，逐一落实整改，规范诊疗行为。

抗菌药物应用管理方面，制定《上海市同济医院住院抗菌药物使用强度管理实施细则》，修订完善《上海市同济医院不合理用药干预措施》《上海市同济医院Ⅰ类手术切口抗生素使用管理细则》。对不合理使用抗菌药物的责任医师进行不良计分考核。抗菌药物临床合理应用科室巡讲共18站29个科室，考核成绩不合格者，关闭抗菌药物处方权至补考通过。

危急重症管理方面，优化危急重症患者救治流程，推进医院急诊临床中心建设。启动多发伤救治流程102例患者，收入院76例，急诊治疗26例。急性上消化道出血救治中心开展救治398例，胃镜完成率72.6%。胸痛中心收治急性心肌梗死243例，心电图诊断时间4.8分钟，肌钙时间19.85分钟，db时间72.38分钟，导管室激活25.89分钟，死亡率4.19%。全院ECMO开展3例，成功1例。

加速康复外科(ERAS)管理方面，重点推进膀胱恶性肿瘤手术、肾恶性肿瘤手术、前列腺恶性肿瘤手术、腹腔镜下胆囊切除术、胃恶性肿瘤手术、结直肠恶性肿瘤腔镜手术、髋关节置换术、膝关节置换术、椎间盘手术、股骨粗隆间骨折10病种的ERAS管理工作。全年共有2424例患者接受了基于ERAS理念的外科治疗。参与编写《上海市市级医院加速康复外科指引》中的心理评估和干预部分，《加速康复外科围手术期心理评估与干预管理策略》论文获评上海市医学会心身医学分会学术年会“优秀论文”。

临床路径与MDT管理方面，全院24个临床科室共入径22548例，入径率91.2%，入组后完成率90.5%。医院实施临床路径管理的病种为193个，入径病例占出院病人数34.87%。推进MDT，全年共为52名门诊患者和224名住院患者提供MDT服务。新增胃肠肿瘤MDT和肝脏恶性肿瘤MDT。

医疗技术管理方面，向上海市医学会申报5项新技术审核，5项限制类医疗技术准予临床应用。准入18个临床科室56项院内首次开展的非限制类医疗技术在临床应用。

对口支援和医疗保障方面，与云龙县人民医院签署第二轮长期定点帮扶合作协议，对口支援麻栗坡县人民医院15人,中级职称的医务人员至嘉定区南翔医院、奉贤区古华医院等参加定期下基层工作6人。妇产科和骨科2名医师完成援摩医疗工作回国。顺利完成第四届进博会专项医疗保障任务。

对外合作方面,重点加强与长三角城市医疗机构的医疗合作,助力紧密型合作医院亭林医院顺利通过二甲医院评审和区域医疗中心评审。持续推进普陀区东部医联体建设。

妇幼健康管理方面,全年共分娩538例,剖宫产率56.7%。接受救治危重孕产妇病例6例,全部救治成功,发生围产儿死亡(死胎)2例,未发生5岁以下儿童死亡病例。开展危重孕产妇救治和新生儿窒息复苏模拟演练。

医疗安全管理方面,落实医疗安全不良事件预警和防范措施,开展全院临床科室医护人员医疗安全培训3次,下科室开展医疗安全讲座12次。上报医疗安全不良事件837例,其中20例造成严重后果、27例造成轻微损伤但无后果。加强手术安全管理,共有213名医师通过年度手术能力考核并被授予手术权限,81名内系科室医师被授予治疗性操作或介入操作权限。落实术前行政谈话评估和重大手术审批制度,开展术前行政谈话1104例次、重大手术审批23例,均无医患纠纷发生。加强围手术期相关制度落实,加强手术签到率、准点开台率和急诊手术预约规范管理。全年接待投诉2071人次,解决纠纷33例,未发生重大社会影响的医疗纠纷群体性事件。

教学工作方面,医院设置教研室24个,其中临床药学教研室为新增,承担本科生、研究生的教学任务,包括临床医学专业"5+3"、贯通班、MBBS班、护理专业、康复医学专业学生,全年开设非实践类本科课程47门,其中临床医学专业"5+3"和贯通班并班上课,全校选修通识课10门。非实践课程上半年总1088学时,下半年总课时1173学时,另有各年级学生临床轮转学时共计120周。2021年上半年承担6所学校107名实习同学的实习任务,下半年承担16个学校177名实习同学的实习任务。MBBS线上早期临床实践2周。

2021年共招录硕士69人(其中学术型16人、专业学位53人),招录博士29人(其中硕博连读3人、直博2人、专培专博3人),招录在职博士7人。2021年临床医学本科学生毕业38人,研究生毕业89人(其中硕士60人、博士29人)。截至2021年12月31日在院各类学历教育学生共747人,其中本科生119人、校外实习生300人、统招研究生176人、四证合一硕士152人。

导师队伍建设方面,按照同济大学导师认定标准,医院硕导人数182人,博导人数85人;经医学院学位评定分委会讨论确认,2022年具有研究生招生资格导师83人,其中科学学位博导41人、专业学位博导52人、科学学位硕导62人、专业学位硕导61人。

规范化培训方面,医院现有住培基地16个,其中临床病理科新获批成为国家住院医师规范化培训基地。专培基地14个,其中2个为国家级专培基地,临床病理科新获批成为上海市专科医师规范化培训基地。2021年住院医师规范化培训结业考核通过率100%。专培医师结业考核通过率100%。持续完善各项管理制度,加强培训质量监督,全面督导检查,规范教学查房、疑难病例讨论、理论小讲课和出科考核。完成住院医师规范化培训网络管理平台建设,显著提高工作效率和过程管理水平。

学生工作方面,持续做好学生思想政治教育、日常管理和评优评先助困、毕业生就业及文明离校、重点学生管理及各类支持与服务工作;做好各类医学生的疫情防控工作,如日常防疫管理、在线教学的学业帮扶、离沪和返校工作等;有序地开展各项学生培养活动,包括"福牛贺岁闹除夕"学生云端迎新联欢会、"第七届青医学术月"系列讲座活动、"第十九届医学生青稞节论文交流会"、首届叙事医学平行病历分享会"、实习生"心身医学基本技能"培训、见习生"叙事医学"活动、规培生"巴林特小组"等;配合医学院团委及医院党委完成学生党团工作;加强学生管理队伍建设,把思政工作和学生管理工作落到实处和细处。

通过各类培训、教学督导、教学比赛促进教师教学能力的不断提升。组织教师参加国家级、省市级各类师资培训班600余人次,组织全院院级师资培训参加450人。注重院内教学型专家的培育,医院组织课堂教学能力提升培训、教学研究与论文培训、形成性评价、PBL教学、微课教学、情境模拟教案撰写培训、医患沟通情境模拟授课等8次师资培训工作坊,参加教师150人次,多方位助力教师不断提升教学水平。

教师获奖方面,何育生麻彬获评"上海市优秀住院医师带教老师"。杨长青获得2020年度同济大学倪天增教育奖励基金奖。翁一鸣获第二届"同济杯"通识课程论文大赛优秀指导教师。

教学比赛获奖方面,牛耘丽获2020年全国高校(医学类)微课教学比赛二等奖,吉萍获三等奖。李伟获2021年上海市住院医师规范化培训"指导教师情景模拟教学比赛"大赛三等奖二等奖",医院获"优秀组织奖""优胜组织奖"。徐楷获同济大学青年教师讲课竞赛三等奖,获医学院2021年青年教师讲课比赛(中文)特等奖,吴刚获三等奖。同济大学医学院2021年微课教学比赛龚海燕、牛耘丽获二等奖,张毓文、宋洁芳、韩雯婷获三等奖。2021年同济大学医学院PBL教案比赛黄洁丽获特等奖,张弛、孙跃喜、刘熹获一等奖,韩洪秀、韩雯婷获二等奖,张颖莹、徐蕙枫、肖武强获三等奖。医学院2021年青年教师英文讲课比赛夏江获二等奖,章玺臣、汤爱玲获三等奖。

教学建设方面,眼科学获上海市一流课程及上海市高校市级重点课程(线上线下混合式课程)建设项目,眼科学、泌尿病学获同济大学重点课程建设线上线下混合式课程建设项目,泌尿病学、影像诊断学、性与健康获同济大学优质在线开放课程视频拍摄计划建设项目,内科学及相关进展、影像医学及相关进展、医学心理学和精神病学获同济大学研究生线上精品课程建设项目。已建成"运动骨关节病学""以'胜任力'为导向的肾脏泌尿病学""内分泌代谢病学""眼科学"4门慕课课程。获同济大学教学成果奖一等奖2项、二等奖1项、三等奖3项。2021年杨长青、程黎明分别副主编国家卫生健康委员会十四五规划教材《内科学导论》《运动系统与疾病》出版,李颖、刘琦参编教材2部。医院4例PBL案例(运动骨关节病学3例、内分泌代谢系统1例)入选首批中国PBL医学教育案例库,2项医院教师主要设计的虚拟仿真教学项目(妇产科1项、呼吸与重症医学科1项)获得软件著作权。获各级各类教学改革研究项目6项,第一作者或通讯作者发表教学论文11篇。医院选送5篇教学论文参加北大医学·教育论坛(2021)暨全国医学教育发展中心学术年会征文,李颖、牛耘丽、黄蕾等3篇论文获得一等奖,焦锐、姜雪等2篇论文获得优秀奖。

学生获奖方面,2017级本科生卢思琦与2018级本科生罗运鸿团队荣获"第七届全国大学生基础医学创新研究暨实验设计论坛分区赛实验设计总决赛金奖"、2017级本科生李谟然荣获"第七届全国大学生基础医学创新研究暨实验设计论坛分区赛(东部赛区)实验设计三等奖"、2016级本科生董生婷团队荣获第十七届"挑战杯"上海市大学生课外学术科技作品竞赛特等奖、2016级本科生李安琪荣获"第十届中国大学生医学技术技能大赛临床医学专业五年制赛道总决赛铜奖"及"第十届大学生技能大赛华东赛区一等奖"、2018级本科生布玛依拉木·雪克尔、金为荣获"2021年上海市医学伦理学会医学生叙事故事征文比赛一等奖"另有6名同学荣获二等奖、三等奖。

此外,共6名学生获评上海市优秀毕业生;7人获评同济大学校级优秀毕业生;3人获得同济大学研究生国家奖学金;2人获得同济大学本科生国家奖学金;12人获得同济大学本科生国家励志奖学金;4人获得同济大学优秀博士生奖学金;2人获得同济大学优秀硕士生奖学金;1人获得太原奖学金;6人获得同济大学研究生社会活动奖学金医院评选出第四届吴孟超奖学金敬业奖、吴孟超奖学金创新奖、吴孟超奖学金励志奖各5人。

科研工作。2021年科研处按照医院"十四五"发展规划总体部署,全面贯彻国务院办公厅提出的推动公立医院高质量发展的意见,全面推进医院高质量发展。在医院前期发展建设基础上,以学科及人才为核心,以重点建设临床优势学科和培养科研人才梯队为目的,以推进研究型医院建设的相关政策措施,及国家级科研项目、人才项目及科技奖励申报及管理为抓手,加大了人才培养力度和拓展了高端研究人员的引进途径,逐步完善了公共科研平台建设。

学科建设方面,2021年10月发布的中国医学科学院"中国医院科技量值"排名,我们医院共有12个学科进入前100位。2021年3月完成医院上海市重中之重重点学科骨科学和精神医学的结题工作。2021年4月,医院顺利完成上海市重要薄弱学科建设计划——心身医学科的中期评估。2021年9月医院血液内科参加了2021年度医疗服务与保障能力提升(国家临床重点专科)项目申报,获批500万元。依托同济大学现有优势学科和平台,促进医院重点学科与上海自主智能无人系统科学中心、材料学及物理学等学科的交流合作,召开了"生物医学－材料科学领域交流会"。

人才是学科和医院发展的基础,医院着力推进现有人才的培养工作,2021年医院积极推进国家及省部级各类人才项目的培育、申报和跟踪工作。获批国家及省部级人才计划项目6人次,包括:国家自然科学基金优青(海外)1人(张家民)、科技部万人计划1人(程黎明)、上海市青年拔尖人才1人(李婧)、上海市扬帆计划3人(唐敏、李琛、董冉)等。

科研项目方面,2021年共获批纵向科研项目51项,纵向科研项目经费共5120.75万元。获批项目包括:科技部国家重点研发计划项目1项、课题2项、子课题2项。国家自然科学基金项目16项(包括:面上项目8项、青年项目7项、海外优青1项)。上海市科委项目16项,其中科委实验动物研究领域项目1项、科委国内科技合作领域项目1项、科委自然科学基金项目6项、科委生物医药科技支撑专项项目2项、科委医学创新研究专项项目6项。获批上海市卫健委项目11项,包括政策研究课题2项、卫生行业临床研究专项项目8项、综合医院中西医结合专项项目1项。获批同济大学自主原创基础研究项目4项。申康第二轮三年行动计划项目5项,第十二批科技创新项目2项。

科研成果方面,2021年围绕医院学科重点方向,培育和凝练科技成果,加强重点项目及重点人群的扶持,积极组织申报国家科学技术奖、省部级科学技术奖等各级各类奖励,共获批各类科技奖项11项,包括中国医院协会医院科技创新奖三等奖1项(王培军)、中国康复医学会科学技术奖一等奖1项(程黎明)、上海医学科技奖三等奖1项(余少卿)、上海康复医学科技奖一等奖1项(程黎明)和三等奖1项(毕燕龙)、上海康复医学科技奖－科普奖一等奖1项(刘光辉)和二等奖1项(沈玉芹)、上海市优秀科普志愿者三等奖1项(翁一鸣)等。2021年医院共发表论文480篇,其中SCI收录期刊论文共315篇,IF大于10分35篇,IF大于5分98篇。获批美国专利1项,国家发明专利6项,实用新型专利96项,完成专利转化3项。启动2021年院级专利孵化基金申报工作,最终立项13项,下拨经费39万元。进一步加速推进成果转化。积极组织和鼓励发明人参加各类创新大赛,眼科牛耘丽医生获得第三十三届上海市优秀发明选拔赛优秀创新奖金奖，骨科陆伟伟获得铜奖。普通外科王晖医生在第六届中国创新挑战赛——Dr. X医生医疗器械创新大赛中获得优胜奖。眼科牛耘丽在第四届中国医疗器械创新创业大赛高价值耗材与植介入产品大赛中获得三等奖。

科研平台方面，进一步完善脊柱脊髓损伤再生修复教育部重点实验室建设，全面推动实验室运行，从2018年3月获批建设开始，经过三年多的筹建，2021年9月28日经充分的准备，受教育部科技司委托，上海市教委组织召开了“脊柱脊髓损伤再生修复教育部重点实验室(同济大学)”验收会议，经专家组评议，同意通过验收。加强干细胞中心管理工作，基于其现有平台资源，加快基础及临床转化研究。结合GMP生产车间，建立脐带来源的间充质干细胞生产体系。继续通过多种途径加强中心实验室和动物实验中心的科研助力功能。筹备同济大学沪北校区汇峰楼5楼专科实验室的建设。继续加强科研设备和空间使用的管理，积极创造条件，促进科研基金在平台合理使用。

2020年医院成立临床研究中心，下设医学伦理办公室及GCP办公室，进一步完善了相关的管理制度。完成临床研究信息化管理软件及临床研究大数据平台及2个重点学科专病数据库建设。新增2个专业国家临床医学研究中心核心成员单位(骨科与运动康复、放射与治疗)，新增1个专业上海市临床医学研究中心核心成员单位(耳鼻咽喉科)。获批同济大学骨科与运动康复临床研究中心及血液肿瘤临床研究中心。新增获批各类临床研究项目(纵向、非GCP、GCP)94项，总金额4538万元。完成第三批院级临床研究培育项目立项，共资助重点项目6项、青年项目10项，资助总金额为350万元。新增4个国家药物临床试验专业资质科室，完成14个科室药物临床试验机构资质备案工作。伦理委员会成为申康临床研究促发中心“临床研究伦理委员会联盟”成员。

党建和精神文明建设方面，2021年，是建党一百周年，是全面建成小康社会之年，是“十四五”规划开局之年，也是医院争创第七届(2021—2023年度)全国文明单位的启动之年，医院的发展任务将面临更大的挑战。医院文明建设工作按照党的十九大精神以及国家卫健委、上海市卫健委和医院精神文明建设“十四五”发展规划的相关要求，紧密结合医院的工作实际，深化医院文明建设，凝聚全院之力，启动第七届全国文明单位创建工作，为医院各方面事业的发展营造良好的环境和氛围、提供强大的精神动力。

制定了《同济医院创建全国文明单位工作实施方案》等一系列文件、开展调研学习，启动医院创建第七届全国文明单位，发布创全口号和标识，全院各支部、各科室及外包服务公司签署创全承诺书，正式开启医院2021—2023年度创建全国文明单位工作。

完成了2020年度上海市同济医院“十佳”示范集体和先进个人评选工作并表彰，进一步完善医院激励机制，

组织医患沟通经验分享会，学习相关制度、提高医患沟通技巧，不断改进服务、提升患者就医体验。牵头举办“优质服务月”活动。围绕“守正・转型・突破”年度主题以岗位技能比赛、窗口服务竞赛、规范服务案例分享等形式开展系列活动，开展“创全国文明单位、迎进博会，寻最美服务窗口、服务之星”评选活动和窗口岗位技能比赛，进一步规范服务行为，提高服务意识、增强服务能力、提高医疗质量，推进窗口服务不断改善，提升患者就医体验。

按照普陀区“创建全国文明城区”迎检工作要求，以“双创”工作小组为平台，组织各相关部门对照标准自查整改，以评促建、保持常态，将“双创一巩固”工作中取得的成效固定下来，让员工和患者有更多的获得感。

开展院内门诊患者、住院患者以及职能部门满意度测评工作，完成上海医药行风建设促进会公立医院满意度测评工作，组织护理部、门急诊部等相关部门完成国家卫健委患者、员工满意度测评。

登记感谢信、锦旗918人次，登记退还红包191人次总计524720元，其中协助退还红包5次总计17800元。

【医院荣获2019—2020年度上海市文明单位称号】 4月，医院荣获2019—2020年度上海市文明单位称号，这是同济医院自1997年起连续12届、24年获此荣誉。

【医院召开2021年初期工作会议】 1月23日，医院召开2021年初期工作会议，医院党政领导、院聘干部正职、支部书记、护士长参加会议，会议设置了分会场。

【医院召开第十次团代会】 2月5日，共青团同济大学附属同济医院第十次代表大会召开，大会选举产生共青团同济大学附属同济医院第十届委员会，由7名委员组成。

【内科医技综合楼交付使用】 2月13日，内科医技综合楼正式投入使用。

【医院召开2021年党委工作会议暨党史学习教育动员大会】 4月7日，医院召开2021年党委工作会议暨党史学习教育动员大会，院党委班子、支部书记、院聘干部、各党派负责人、党员代表等150余人出席会议。

【医院举办第五届“纪念宝隆”发展论坛】 5月18日，医院举办第五届“纪念宝隆”同济医院发展论坛，围绕“无人系统科学与智慧医院建设”邀请相关领域知名专家学者、医学同道深入探讨无人科学助力医院发展。上海同济医院医疗集团理事会会议在医院召开。

【举行庆祝中国共产党成立100周年“两优一先”表彰大会】 6月30日，医院隆重举行“建党百年辉煌路 启航时代新征程”——庆祝中国共产党成立100周年“两优一先”表彰大会，医院党政领导、院聘干部、支部书记、民主党派代表、入党积极分子等200余人参加大会。

【医院正式启动创建第七届全国文明单位工作】 7月28日，医院召开创建第七届全国文明单位启动大会，许树

长书记代表医院向上海市卫健委文明办主任俞军递交了“预申报表”模型，医院创建第七届全国文明单位工作正式启动。

【脊柱脊髓损伤再生修复教育部重点实验室(同济大学)建设项目通过验收】 9月28日，受教育部科技司委托，上海市教委组织召开“脊柱脊髓损伤再生修复教育部重点实验室(同济大学)”建设项目验收会议，脊柱脊髓损伤再生修复教育部重点实验室(同济大学)建设项目通过验收。

【血液内科获批国家临床重点专科建设项目】 11月10日，由血液内科梁爱斌教授牵头开展的“基于多学科合作的难治复发血液系统恶性肿瘤的CAR－T治疗体系的建立和应用”作为市级医院项目成功入选国家临床重点学科建设项目。

【任命程英升为同济医院院长】 11月30日，医院召开干部大会，同济大学党委常委、组织部部长吴利瑞宣布任命程英升为同济医院院长，任命程黎明为同济大学医学与生命学部副主任，不再担任同济医院院长职务。

（徐惠、姜淼）

同济医院分院

【概况】 2021年，同济医院分院在职职工总数167人，其中，在编38人、非在编129人，离退休职工178人。医疗业务总收入6134.77万元，同比27.17%；实际门急诊诊次197005人次，出院病人689人次；医保总费用2469.56万元，门急诊医保诊次60381人次，门急诊医保总费用1649.96万元；住院医保病人497人次，住院医保总费用819.60万元；实际完成医保总支付费用2080.63万元。学生门急诊诊次118885人次，门急诊记账1622.55万元；学生门急诊报销医疗费用107.58万元；学生住院128人次。2021年年初，全面总结2020年度各项工作，围绕同济大学2021年度中心工作拟订医院工作计划；完成全院职工2020年度人事考核与推优，校聘派遣人员360度考核与绩效面谈工作；完成2020年度中层干部考核与2021年度聘任工作；召开2020年民主生活会议；完成2020年度科研成果奖励工作。

1月，为贯彻落实上海市新冠肺炎疫情防控要求，根据上海市《关于进一步加强市级医院疫情防控应急处置的通知》，制定《同济医院分院闭环管理工作预案》，成立以院领导为组长的同济医院分院新冠肺炎疫情防控应急响应领导小组，下设综合协调组、医疗护理组、院感防控组等7个应急响应工作小组，职责分工明确，一旦发现新冠肺炎疑似病例，立即启动预案。

按照上海市相关防控规定，医院做好新冠肺炎疫情常态化防控工作，对病区防控工作提出要求《同济医院分院住院病区防疫工作提示》，督促病区、门办完善疫情防控管理制度《内科病区疫情防控期间病房管理制度》《关于新型冠状病毒感染肺炎疫情防控期间门急诊处置流程》，优化全院《同济医院分院疫情常态化防控流程图》。根据国家、市卫健委夏季疫情防控要求，从思想重视、门急诊预检分诊及首诊、院感防控、入院人员管理等方面，进行反复强调并加强督查。

做好上海市卫生资源与医疗服务统计数据采集系统的数据上报工作，利用大数据系统规范医院整体管理。根据《关于开展2019－2020年度定点医疗机构履约考核工作的通知》要求，组织全院进行自查，做好线上考核系统信息采集与数据填报，完成医院履约考核工作。根据《上海市医疗服务信息上报工作要求》，持续做好病案系统病案审核的相关工作，联合信息科实现了病案首页信息的结算完成后30日内上传，上报率及通过率均能达到市区规定的时限及具体要求。依据《关于贯彻执行15项医疗保障信息业务编码标准的通知》要求，医院各相关部门通力合作，按期依次完成医保业务、结算病种、医护人员、诊疗项目等业务编码维护和对标映射，全力确保医院业务编码统一、业务数据准确，医院医保信息业务编码贯标工作顺利完成。

根据2020年大学生医保审计报告及平日大学生医保管理工作所涉及的问题，6月完成《同济大学学生医疗保障制度实施细则》的修订工作，优化门急诊转诊管理，建立大学生医疗报销预约与叫号系统，有序完成疫情常态化防控下的大学生外出就医报销工作。

积极参与校园常态化疫情防控相关工作，切实履行维护校园师生健康安全职责，认真落实发热学生转诊、师生核酸检测、干训楼健康观察人员相关信息登记与对接、师生新冠疫苗接种工作等防疫工作。积极参加学校新冠肺炎疫情防控应急演练，以进一步提高应急处置能力，全力保障师生安全与健康。截至12月底，配合学校共计完成全程接种41488人次，接种疫苗达111206剂。为满足师生因军训、开学、因公出差等返校复学需求，医院积极参与学校疫情防控各项规章制度的编写，并紧急增设新冠病毒核酸检测项目，依规设立检测点，配备专职人员采样。截至12月底，共计完成核酸检测4.2万余人。

护理部开展“传承红色基因创新发展护理”系列活动，围绕常态化疫情防控，以疫苗接种实际行动，迎接第110个5.12国际护士节，并入选为上海护理学会“传承红色基因创新发展护理——百家医院护士在行动”系列活动百家医院之一。2021年1人担任上海市护理学会第十二届理事会健康传播专委会委员。

5月，医院优化信息系统，增设体检微信公众号线上预约平台，作为电话与现场预约的补充。截至12月底，教工体检参检数7743人，新发现恶性肿瘤17例，其中肺癌10例、乳腺癌2例、肝癌1例、宫颈癌1例、前列腺癌2例、胰腺癌1例。

8月，做好大学生军训的岗前培训，制定军训医疗保障、疫情防控应急预案，积极协调院内各部门，确保军训工作圆满完成。军训期间，协助学校举办预防艾滋病、结核病知识线上宣讲会。

9月，完成2021级新生入学体检工作，在保障疫情防控安全前提下，新增了肺活量检查项目，参检数11744人，其中肝功能异常398人，胸片检查中发现肺结核2例。

为了有效预防、及时控制和消除突发公共卫生事件的危害，根据校领导指示，医院牵头完成了《同济大学突发公共卫生事件应急预案》的修订工作。

对学院、食堂、宿舍等人员密集区域消杀与指导73次；派出302人次参与返校复学防控保健、测量体温；完成健康观察点核酸检测45538人次、抗体检测56人次；完成教工、学生新冠疫苗接种42312人次；“高校卫生健康公共管理平台”异常情况跟踪1016人次。

通过疾控部门网络直报各类传染病57人次；零星预防接种504人次；对患有传染病的学生寝室进行终末消毒83人次。14例确诊肺结核病在校学生的260名密切接触者进行筛查，发现1例肺结核，19人PPD强阳性的学生选择胸片随访；对在校就读期间治疗的结核病学生，进行随访135人次。上传肿瘤传报卡83人次，心脑血管疾病传报卡47人次，死亡报告53人。完成学校各类保健累计82.5天，共计219人次；办理体育保健班139人次；军训病号连51人次；办理休学90人次，复学42人次。

根据财政部、国家卫生健康委、国家医疗保障局印发的《关于全面推行医疗收费电子票据管理改革的通知》精神，于10月15日上线出入院收费电子票据结算，11月26日上线门急诊收费电子票据结算，全面推进医疗收费电子票据管理改革。

上海文会会计师事务所受学校之托，对医院2020年内部控制、2017年1月—2021年5月院长经济责任审计工作进行评价。11月，根据同济大学审计处《审计整改通知书》的精神，医院按照《同济大学经济责任审计整改工作办法》(同济审〔2018〕1号)中的相关要求，成立“同济医院分院经济责任审计整改工作小组”，针对报告中每一项内控缺陷，明确整改措施与时间节点，形成《同济医院分院审计整改工作方案》。12月，结合具体落实执行情况，完成《同济医院分院审计整改结果报告》及落实清单。

医院先后招聘了10名专业技术人员(其中本科及以上学历8名)，为医院储备了医疗技术人员力量。

完成门诊大楼外围钢结构翻新修补工作；完成医院各处外立面渗漏、室内墙体漏雨霉变的修缮工程；完成新增一处核酸检测简易工作站。完成2021年万元以上各科室设备采购计划，包括疼痛科超声治疗仪1台、检验科生物显微镜1台。向资产与实验室管理处递交了医院《2022年新增单台或成套50万元以上大型仪器设备及软件购置预算申请表》，门诊B超室计划采购彩色多普勒超声诊断仪1台。根据体检中心工作需求，申购心电图分析系统一套。

11月“消防安全月”组织全院新进人员及外包单位人员进行消防培训与灭火演练。

4月初，按照《同济大学党史学习教育实施方案》要求，开展党史学习。4月30日，启动“我为师生办实事”实践活动。6月，开展“光荣在党50年”纪念章颁发工作，医院党总支共有11名老党员符合条件，领取了纪念章。10月，开展同济大学基层党组织提高政治功能专题培训月活动。10月21日—11月19日，接受学校党委第一巡视组对医院党总支开展巡视。认真准备并完成了同济大学工会对医院的2021年度二级教代会督查工作。

校红十字会与有关部门密切配合，不断完善公共场所心脏除颤急救点的配置与管理。上半年，根据嘉定校区师生使用需求，添置AED设备并更换部分配件，维护设备正常运转，以备校红十字会培训与校区内突发情况所需。军训期间，面向四平和嘉定校区4000多名军训学生，开展线上教学心肺复苏和AED操作。面向校内师生常规开展5次大班急救技能培训，培训人数约1000人。组织同济大学学生无偿献血工作，完成捐献全血2700人。同济大学成为上海市、杨浦区艾滋病综合防治评估专家单位。

全年共计收到表扬信9封，锦旗3面。

获得荣誉：同济医院分院在同济大学2020—2021年招生工作中被授予“本科招生工作先进集体”称号；同济医院分院工会获2021年同济大学二级工会考核良好单位；同济医院分院团支部被授予“2020年度同济医院优秀团支部”称号；体检中心被评为2021年度上海市健康体检质控督查优秀单位；校红十字会荣获全国红十字模范单位；校红十字会荣获第十届上海市大学生国际人道问题辩论赛“优秀组织奖”；校红十字会在2020年上海市大学生红十字知识与救护技能竞赛中，荣获“优秀组织奖”；张敏被授予“2020年度同济医院优秀团干部”称号；刘晶晶、岳媛媛被授予“2020年度同济医院优秀团员”称号；董传樑、凌洁、吴懿尔、闫思成、周忆婷、付文静在同济大学2020级大学生集中军政训练期间表现突出，荣获“优秀随训教师”；毕婉蓉、祝元中、刘晶晶、张立勤、徐琳娜撰写的《基于“三全育人”视域下高校党建工作与红十字事业协同育人模式研究》获评“人道映初心 启航新征程”征文优秀作品。

(戴弌)

口腔医院

【概况】 口腔医院共有职工377人，医师队伍中，高级职称占37.3%，中级职称占23.6%，拥有硕士学位、博士学位的占94.5%。拥有牙科综合治疗椅213张，床位数50张。医院门诊人次较2020年增长19.94%，病房住院病人较2020年增长5.17%。

2021年，医院借助“同城共管”这一良好模式，按照申康中心对医院日常诊疗工作管理的相关指示，进一步强化内部监督管理，提升医疗服务质量。医院结合门诊病员量和专科发展情况，对门诊科室重新规划布局，将口腔外科系统划分为口腔颌面外科一科和口腔颌面外科二科，通过合理配置资源，进一步提升诊疗效率，探索专科特色优势；积极落实国家有关“老年友善医院”建设的相关要求，为75周岁以上老年人开设绿色就诊通道，提供现场预约就诊服务。

严格落实各类常态化疫情防控举措：包括严格出入口管理；加强预检分诊建设；严格落实流行病学调查和体温检测工作；实行全预约制、分时预约、错峰就诊；建立院内疫情防控应急体系；严格执行院内各分区感控消毒措施；严格病区管理，实行限时、限人、错时探视制度；落实感控督导制度，定期对医护及后勤人员开展新冠肺炎疫情防控工作督导和培训；建立赏罚制度，将疫情防控工作责任落实至科室及个人。

继续做好护理敏感质量指标的数据采集及监测，特别是门诊护患比、椅护比等口腔的专科护理质量敏感指标，并以此为参考，持续改进工作。加强护理队伍业务培训，落实全体护士的核心制度培训及护理管理人员的业务学习、分层次培训及专科培训，提高护士对护理基础操作技能和理论知识的掌握程度。全年未发生压力性损伤事件、无非计划拔管事件、无跌倒事件，无给药错误事件发生。

医院进一步推进智慧医院建设，认真贯彻落实上海市建设七个“便捷就医服务”应用场景的要求，完成精准预约、智能预问诊、互联互通互认、医疗付费“一件事”，以及电子病历卡与电子出院小结等场景的信息系统建设；同时，积极推进“互联网＋卫生健康”的便民惠民工作，实现网上预约、线上缴费、自助就医、诊疗信息推送等服务，切实提升群众就医便捷度和获得感，改善群众就医体验。

2021年，医院进一步深化搭建高水平实验室平台，在学校的坚定支持下，利用沪北校区汇峰楼建设牙颌组织修复再生生物医学实验室，新增实验室面积近1000平方米；与此同时，依托申康中心第二轮临床三年行动计划项目，成立同济大学附属口腔医院临床研究中心，并建立生物样本库和专病库。

医院获得国家自然科学基金面上项目3项，青年项目5项；上海市科委扬帆计划人才1项，上海市科委浦江人才计划1项，上海市自然科学基金项目2项；上海市科委“医学创新”1项；上海市科委生物医药项目1项；上海市科委对于国家重大项目配套2项；中国博士后基金2项；上海市申康发展中心临床研究项目参与2项；上海市卫生健康委员会面上项目2项，青年项目4项；上海市卫生健康委员“医苑新星”人才计划1项，同济大学中央高校基本科研业务费专项——人才项目和学科交叉各1项，中华口腔医学会科研项目2项；共计获得资助29项。共发表被SCI收录论文49篇。由医院主编，人民卫生出版社出版的《口腔种植临床操作与技巧》一书正式发行。

医院进一步拓展对外交流，组织举办了《口腔颌面外科杂志》第七届编委会，邀请知名专家学者担任杂志编委会成员，并与其展开深入交流，听取对杂志进一步发展方向的意见和建议；积极组织参加中华口腔医学会及专委会组织的各类学术活动，展示同济口腔师生风采，荣获中华口腔医学会首届年度显微图片展之年度图片、口腔医学本科生操作技能大赛团队一等奖、上海市口腔医学会优秀案例一等奖等奖项。

2021年，医院进一步落实精神文明建设各项工作相关要求，秉承“公立医院要坚持公益服务”的理念，持续深化志愿服务工作，相关集体和个人荣获上海市工人先锋号、上海市卫生健康系统先进集体、上海市卫生健康系统先进工作者荣誉称号。

【被推选为中华口腔医学会副会长单位及中华口腔医学会第四届口腔医疗服务分会主任委员】 2021年10月18日，中华口腔医学会第六届全国会员代表大会在上海召开，会上通过无记名投票选举出学会第六届理事会理事及第二届监事会成员，医院院长王佐林当选为副会长。10月20日，中华口腔医学会口腔医疗服务分会换届会议在上海举行，医院院长王佐林当选新一届分会主任委员。

（倪娜）

第十人民医院

【概况】 2021年是中国共产党成立一百周年，是全面建设社会主义现代化国家开启之年，又是“十四五”规划开局之年，也是新冠肺炎疫情常态化防控之年，医院进一步落实党委领导下的院长负责制，进一步压紧压实新冠肺炎防控责任，深入推进国家DRG/DIP双试点和国家建立健全现代医院管理制度的试点，全院干部员工同舟共济，共克时艰，奋力拼搏，在医、教、研、管等方面均圆满完成了年初制定的目标任务。

一是加强新冠肺炎疫情常态化防控。2021年新冠肺炎疫情已进入常态化防控阶段，医院领导高度重视疫情防控工作，根据上级相关精神和要求，结合上级部门发布的文件、指南，医院及时更新疫情防控相关规定和工作流程，修订新冠肺炎疫情防控、感控核心制度和预案共89项，整理闭环管理系列制度方案30项，新增护工管理制度、兼职感控队伍管理制度、院感奖惩等防控制度。配齐感控人员，医院感控专职人员共9人，其中医生4人、护士3人、其他专业2人。兼职感控医生66名、兼职感控护士70名。二是医保支付方式改革试点。作为国家和上海的DIP试点单位，医院以提升医保基金使用效能，紧扣费用控制的主线，降低患者就医费用、精准管控药品耗材使用，以总量指数质量提升为目标，以全院病案数据为基础，综合考虑DIP核心指标CMI、RW及病种工作量相关性，构建了全院医保预算模型，实现DIP支付下的预算指标精准落实、总量指数质量稳步提升以及收入结构持续改善的总体目标。探索按月核算项目成本和病种成本以应对DIP支付，已完成2021年2700余个项目成本、4410组DIP病种成本核算及成本效益分析。三是探索科创园区管理新模式。2020年7月临床医学科创园区正式成立并开始运营，成立了理事会和成果转化评估专家委员会，以理事会管理模式运营，根据原有的《临床医学科创园区管理规章制度(草案)》，2021年结合管理现状及未来发展计划，对管理制度进行了修订和补充，增加了科创园区管理办公室与团队、企业的对接交流机制，使园区日常管理工作有章可循、有序开展。运营一年多来，科创园区团队及专职科研人员获批国家自然科学基金59项，其中，优秀青年科学基金1项、面上项目23项、青年项目35项；经统计，科研团队共发表SCI论文376篇；还荣获华夏医学奖等科技成果；成果转化将超过500万元。四是加强临床研究和干细胞管理。研究型病房建设已完成组织架构、人员配备及资质、病房改建，信息建设基本完成，设备采购尚有小部分未到位，已完成岗位职责、管理制度、标准操作规程及急救预案等制定，各项准备工作正在有序推进。2021年医院列入申康中心第二轮“促进市级医院临床技能与临床创新三年行动计划”临床研究项目资助共10项。其中重大疾病多中心临床研究项目2项、疑难疾病精准诊治攻关项目2项、临床“五新”创新研发项目2项、临床研究青年项目4项。专项资助金额总计2310万元。加大院内临床研究培育项目资助，加强项目进展跟踪，已完成第一轮资助项目15项的中期考核和第二轮资助项目的遴选，第二轮技术创新项目14项、成果转化项目10项、青年培育项目30项，共计资助经费615万元整。

【学科建设】 张海军教授领衔的团队荣获国家科技进步奖二等奖，取得学院百十历史上国家级科技成果最好成绩。2021年获国家优青1名(方兰)，上海市优秀学术/技术带头人2项(钱碧云、张毅)。上海人体肠道菌群功能开发工程技术研究中心落户医院。新近出炉的2020年度中国医学科学院全国学科科技影响力排行榜综合排名63位，全部统计的31个学科中，十院共有23个学科进入全国100强，14个学科名列全国50强，进入30强有3个，其中内分泌与代谢病学排名19位。

【医疗保障】 2021年新冠疫情防控已常态化，由于2020年受新冠疫情影响较大，业务量与2019年进行比较有所下滑。门急诊诊次305.6万人次，门急诊自费患者诊次59万人次，平均住院日(天)5.75天，出院110289人次，出院自费患者144468人次。2021年已累计使用医保总控24.28亿元，较2019年同比增长3.14%。医院以病种结构转型为抓手，引导临床科室从简单病种的收治转向体现学科水平的高级别手术(Ⅲ、Ⅳ级手术)，Ⅲ、Ⅳ级手术总例数62554例。医院医疗收入39.37亿元，其中较2019年药占比下降1.05%，检占比上升8.74%，化占比上升31.62%，材占比26.45%，与病种结构调整，CMI值增加，手术难度提升有关。

【科研教学】 一是科研工作保量提质。为确保项目申报质量，科研处积极组织国自然专题讲座，开展院内科室走访，动员临床科室以及职能部门在基础研究、临床研究、管理软科学等领域开展各项科研项目申报，稳步提升获批项目数量。组织申报各级各类课题680项(除人才项目)，包括国家自然科学基金535项、省部级97项、市卫健委等项目48项。获科研资助157项，包括国家级项目82项，省部级24项，局级项目30项，其他(同济大学及相关协会、横向)21项。其中获国自然优青1项、面上33项、青年43项、原创探索类2项、海外优青2项。累计获资助经费6062.146万元。组织申报137项，已获资助项目16项，获资助经费336万元。申报各类成果20项，已获奖励8项。SCI收录论文总计395篇，最高IF=20.722。IF≥10分：55篇，5≤IF＜10分：132篇。其中，10分以上科研论文总数首次突破50

篇，Article 数量首次突破 40 篇。自 2021 年 10 月初，科研处借助企业微信平台，设置了“科研项目管理”“科研成果管理”“论文专利管理”“研究生工作”“科研评价管理”“其他科管工作”6 大模块，各大模块已陆续开始投入使用，提高了科研管理的效率，实现了科研管理的过程管理、闭环管理。二是教学工作有序展开。在新冠肺炎疫情新常态下做好本科生、进修生、规培学员的疫情防控工作，做好教学办日报和联络工作，并完成核酸检测和疫苗接种。完成同济大学、南京医科大学、南通大学等的日常教学任务和实习带教各项工作，新教师的试讲和各教研室的备课。医院第二轮实习出科成绩位居同济各附院第一、同济十院班毕业考试及格率和平均分均列前茅；成功召开教师节庆祝大会和宣传视频制作、纪念品发放，评选出教学名师 4 人、教坛新秀 6 人以及实习带教优秀教师和科室、云帆杯学术节论文评审并颁奖。硕士研究生招生 70 名，其中同济 55 名、安医 10 名、南医 3 名、南通 2 名。组织 2022 年推荐免试研究生复试面试工作，共计 30 位专家、面试 62 名学生，招收 49 名学生（直博生 15 名、科硕 5 名、专硕 29 名）。同济大学新增博导 4 名、硕导 23 名，南京医科大学新增博导 6 名、硕导 4 名，安徽理工大学新增硕导 45 名。2021 年度新增申报中国药科大学专业学位研究生实践基地，预计可新增药学、生物与医药、中药学等方面的专业学位研究生导师 10 余名。根据相关高校最新要求，制定《关于攻读在职研究生的管理规定》，为加强学生管理，建立班主任考核机制。首次被列入上海市住培情境模拟师资培训 8 家基地之一，同时还被列为上海市六家院前急救规培基地之一，首批招录 4 名学员进入医院规培；完成上海市住院医师规范化培训结业考 5 次、计 88 人；14 个基地启动规培年度病历书写考核。完成 2021 年度国家专培基地招录 4 人和上海市专培二阶段临床技能考核。病理科获批上海专培基地，其中包含普通病理基地和泌尿系统病理基地。三是教学奖项。荣获 2021 年同济大学教学成果奖 3 项，其中姜金霞等、徐辉雄等分获一、二等奖。医院三名选手代表同济大学参加第十届中国大学生医学技术技能大赛华东赛荣获团体一等奖、3 个单项奖，为上海市最好成绩，并荣获第十届中国大学生医学技术技能大赛全国赛三等奖；十院班陈羿获得第八届同济大学追求卓越学生奖。医院选送陈葵和杨之冷参加同济大学医学院青年教师讲课比赛分别荣获一、二等奖；荣获同济大学医学院 2021 年微课比赛一等奖和三等奖各 1 名。参加上海市第七届唯爱月月讲比赛，获优胜奖。秦环龙院长荣获上海市规培优秀管理者、张一峰荣获上海市优秀规培带教老师和 6 位学员荣获上海市优秀规培学员。获评上海市优秀毕业生 4 名，同济大学优秀毕业生 7 名，南京医科大学优秀毕业生 3 名，南京医科大学 3 名研究生获得国家奖学金。19 级科硕团支部与 18 级博士团支部获评 2020 年同济大学“五四红旗团支部。安徽医科大学研究生学业奖学金 13 名，国家奖学金 1 名。南京医科大学研究生学业奖学金 5 名，国家奖学金 1 名。同济大学研究生国家奖学金 5 名（博士 3 名、硕士 2 名），优秀博士奖学金 4 名，优秀硕士奖学金 6 名，社会活动奖学金 5 名，太原奖学金 2 名，倪天增奖学金 1 名，光华奖学金 1 名，同济大学研究生优秀学生干部 4 名，优秀学生 19 名。

【对外合作】 一是深耕长三角，提升影响力。围绕国家长三角一体化发展战略，医院区域合作“立足上海，聚焦长三角，辐射华东，面向全国”，以提升十院影响力。在上海，2021 年与崇明分院、普陀区人民医院签署第二轮合作协议，全面托管上海嘉定同合骨科医院，与江湾医院签订普外科和骨科深化合作协议，口腔专科联盟第一批 11 家上海合作单位集体签约授牌；在苏浙地区，与台州市中心医院、张家港第二人民医院签署第二轮合作协议，与镇江市中西医结合医院签订合作协议，与苏州市吴江区第五人民医院建立医联体合作，高尿酸痛风分中心、透析血管通路分中心落户泰州市第四人民医院；在安徽，与宿州市第一人民医院签署合作协议，与皖西卫生职业学院附属医院建立医联体合作，2020 年度分别与蚌埠市卫健委和蚌埠市第一、第二、第三医院签订合作共建协议，2021 年开启了院府、院院的“1＋1＋N”的合作模式，成效已显现，蚌埠市行业满意度测评中医疗卫生机构名列榜首，这是行业满意度测评史上首次。医疗集团共有含长三角地区（上海 29 家、江苏 19 家、浙江 7 家、安徽 11 家）的成员单位 83 家，根据不同的合作需求，采取不同的合作模式与运行机制，实现优质医疗资源下沉，提升医院在全国范围内的品牌影响力。二是对外援助，薪火相传。圆满完成年度政府指令性的对外援助任务，骨科张帆医生光荣地成为第 194 批援摩洛哥医疗队的一员，赴摩洛哥执行援外医疗任务。普外科赵君勇医生赴南极执行医疗保障任务。普外科蒋逊圆满完成为期一年半的援建新疆喀什地区第二人民医院任务，选派急诊医学科陈华国参加为期一年半的接力援疆。彭文辉圆满完成一年期援助西藏日喀则人民医院任务，选派心血管内科车文良参加为期一年的接力援藏。

（殷钧）

东方医院

【概况】 2021年是医院新百年征程的起步之年，也是医院落实“十四五”发展规划的开篇之年。医院在浦东新区区委、区政府，上海市卫健委、新区卫健委及同济大学的正确领导和大力支持下，以浦东引领区建设为基底、以医院章程和“十四五”规划为统领，紧紧围绕创建“公益性、学术型、国际化”的研究型医院、建设代表国家水平的区域医疗中心的总体目标，在积极完成上级组织部署的抗疫工作任务的同时，深入解读公立医院高质量发展内涵，高效开展日常诊疗服务，稳步提升医疗服务能力，探索创新医疗服务模式，不断加强医院内部治理，带领全院干部职工脚踏实地、凝心聚力，出色完成了本年度各项工作任务。

【医院综合竞争力】 综合考核排名方面，2020年国家卫健委公布《全国三级公立医院绩效考核国家监测分析有关情况的通报》，上海市东方医院在全国1289家三级综合医院中排名第49位，居前5%，评级为A+；独立第三方研究机构广州艾力彼医院管理研究中心公布的2020届顶级医院100强排行榜，东方医院列第81位，较上一届提升7位。临床诊疗能力排名方面，东方医院在2020年中国综合医院手术量排名第86位，上海第7位。科研排名方面，医院中标国家自然科学基金50项，位列全国第38位；医院在中国医院科技量值中排名第66位，13个学科进入全国百强。

【专病门诊开设】 3月，东方结构性心脏病专病门诊开诊。6月，医院口腔科全年开放专家门诊，开设七个专病门诊，推出一系列服务改善举措。9月，老年创伤营养康复专题门诊正式开诊(上海市首个)。南院神经外科“脑血管病偏瘫修复”专病门诊开诊。10月，开设“高血压、高血脂专病门诊”，提供个体化综合管理，提高危险因素控制的达标率，减少心血管事件的发生。

【新冠肺炎疫苗】 3月25日，由同济大学附属东方医院、斯微(上海)生物科技有限公司合作研发的针对预防新型冠状病毒肺炎的mRNA疫苗Ⅰ期临床试验正式启动，标志着上海自主研发mRNA新冠肺炎疫苗正式进入了预防新冠疫情的临床试验行列。

【疫情防控】 11月26日，上海市东方医院南院进行闭环管理，封院不封医、救治不放松，为百姓筑起了一道阻止病魔的坚固防线。截至12月，医院完成了3000余名员工的两剂接种，接种率100%；社会人士(含外籍)到院接种达25.75万人；同时承担浦东新区流动车、社区街道、楼宇、学校等疫苗接种点的医疗保障任务。共派出193批采样队，完成紧急核酸筛查采样检测75.6万人次；派出566名医护支援集中隔离观察点，其中18号点累计入住1.19万人，47号点累计入住1965人。

【疑难重症手术案例】 6月，南院血管外科团队通过微创技术成功治疗一例腔静脉漂浮血栓合并肺栓塞的83岁高危高龄患者。10月，心脏医学部团队成功完成浦东地区首例股静脉一房间隔入路经导管二尖瓣缘对缘修复手术，76岁患者术后第二天出院。11月，胡海团队完成全球首例免气腹保胆取石手术，这是胡海教授团队继单孔免气腹切除胆囊手术成功应用临床后的又一新应用案例，并在2021第四届全国医交会上，荣获“2021年度中国品牌医生团队”。

【临床诊疗中心开诊】 5月27日，医院主办的“上海干细胞转化医学工程技术研究中心”授牌仪式暨中心专家委员会第一次会议召开。5月28日，医院举办胸外科加速康复外科示范病房中心授牌仪式。7月10日，医院成功获批国家卫健委医管所脑出血外科诊疗能力提升项目脑出血外科诊疗中心建设单位。9月8日，妇产中心在南院正式揭牌成立。10月22日，上海中医药大学东方国际中医诊疗中心正式对外开诊。12月26日，上海市东方早产救治联盟携手30家医院正式成立。

【医院集团成立】 2月22日，上海市东方医院与江西省人民医院合作签约仪式。6月1日，上海市东方医院与海南省东方市人民政府签订合作办医协议，共同成立东方市医疗健康集团。8月12日，上海市东方医院与中国东航在“东航之家”签署战略合作框架协议。12月17日，上海东方医院集团揭牌，成员单位覆盖7省11地。12月28日，同济大学附属东方医院胶州医院正式开诊。12月31日，东方市人民医院、上海东方医院海南医院正式建成启用。

【科研成果】 医院获国家级、省部级、市局级及区级项目立项88项，立项经费达3059.5万元。其中，国家自然科学基金项目50项，获资助经费2630.3万元，包括重点项目1项、优秀青年科学基金2项、面上项目20项、青年科学基金项目23项、地区科学基金4项；省部级项目6项，获资助经费230万元，包括上海市科委基础研究领域项目1项、上海市科委生物医药领域项目1项、上海市科委实验动物研究领域项目1项、上海市科委西医引导类2项、上海市自然科学基金1项；市局级项目15项，获资助经费62.1万元，包括上海市卫生健康委员会面上项目6项、青年项目4项；浦东新区项目17项，获资助经费137.1万元。对每个项目进行针对性辅导和督促，力保顺利通过检查和验收。在建有上海市卫生系统2个临床重点专科、2个公共卫生重点学科，以及浦东新区5个高峰高原学科和22个重点学科专科专病。组织申报浦东新区第二轮高峰高原特色学科建设，稳步推进科室申报、完善标书填写、院内预答辩、协调经费预算等前期工作，达成10个学科入选建设指标，获批建设经费9200万元。医院组织3个新区重点学科群、5个重点学科、5个重要薄弱学科、5个重点专科和4个特色专病，开展附带课题验收和学科验收。2021年公布的中国医院科技量值排名中，医院有3个学科进入全国前30，包括心血管外科学、心血管病学和急诊医学；10个学科进入全国前100，在上海市三甲医院科研竞争力排名中，11个学科进入全市前5名。

【重大研究成果】 4月6日，陈义汉院士团队发现谷氨酸递质系统控制心电活动，为心律失常防治带来新理念，研究成果发表于 *Cell Research*（2020年影响因子25.62）。9月25日，李进教授牵头、全国9家中心参与的新型ADC药物MRG002 I期研究公布，为患者燃起生的希望。10月4日，袁健教授团队在英国Oxford出版社核心生物期刊《核酸研究》发表研究成果，发现USP37有望提高乳腺癌耐药治疗（2020年影响因子16.971）。

【科研创新】 5月7日，刘中民教授团队主持的"一种微型磁液悬浮离心式血泵"项目荣获全国临床创新与发明大赛唯一一项特等奖。5月18日，医院何志颖研究员领衔完成的"人源肝系细胞体内功能评价动物模型及相关体系的建立与应用"项目喜获2020年度上海医学科技奖二等奖。2021年，医院喜获国家自然科学基金项目50项。

（彭皓）

【教学工作】 医院有15个上海市住院医师规范化培训基地、9个上海市专科医师规范化培训基地、1个国家住院医师规范化培训基地、2个国家专科医师培训基地和1个上海市助理全科医生规范化培训基地。医院获国家版权局的版权认证原创课程9项，获评上海市住院医师规范化培训优秀带教老师1人、上海市优秀住院医师4人。医院组织完成共计4轮实习阶段性出科考核；共承担同济大学、南京医科大学本科生理论班教学任务，共2894学时，其中理论2032学时，见习862学时；承担同济大学、南京医科大学、大连医科大学、锦州医科大学和山西医科大学的研究生工作；医院招收研究生152人，做好院内在读研究生565人教学管理工作，实施专职辅导员与兼职班主任双轨运作机制。

【干细胞转化医学】 医院的人诱导多能干细胞（hiPSCs）项目通过了中检院质量复核检验报告，这是国内首个关于hiPSCs的中检院质量复核检验报告。3月，医院联合上海赛傲公司获批上海干细胞转化医学工程技术研究中心。5月，医院牵头研发的细胞培养及质控智能一体化平台正式发布。10月，医院建立了3D规模化间充质干细胞扩增体系，并获得科技部重点研发计划项目支持。

【应急救援领域成果】 1月29日，由医院整建制承建的中国国际应急医疗队（上海）携新型防疫移动医院在上海投入使用。2月，刘中民教授领衔的《医疗应急救援车载移动医院车辆管理要求》正式发布。5月7日，首届长三角国际应急减灾和救援博览会正式开幕，医院作为唯一一家医院参展。7月，刘中民教授主编的《现代医院应急管理理论与应用》一书获科学技术部出版基金。10月，刘中民教授主编的《应急文化学导论》正式面市，成为我国应急管理领域的学科先河之著。

【极地医学】 5月7日，消化内科主治医生胡森从"雪龙2"号出站，圆满完成中国第36次南极科学考察越冬医疗保健使命。5月21日，医院院长刘中民教授主持召开了中国第38次南极考察越冬队员体检审定会。11月8日，东方医院中国极地考察"两站两船"医疗点授牌，这是国内首次由单体医院托管极地考察医疗保障工作并成立专设的医疗点。

【沪东院区建设】 2月，上海市卫生健康委员会正式下发《关于同意上海市东方医院新建沪东院区的批复》，同意医院在沪东地区新建院区，设置床位600张，总建筑面积168270平方米，其中科研教学用房48270平方米。建设投资约20.44亿元。6月30日上午，上海市东方医院（同济大学附属东方医院）沪东区域医疗中心开工奠基仪式举行。7月，上海市卫健委公布了21家第二批区域性医疗中心名单，医院榜上有名，2022年将进一步提升区域医疗服务能力，推动实现医疗服务能力和效率"双提升"。

文化建设工作

【医院重要表彰】 3月，孟馥获"全国巾帼建功标兵"称号。4月，李铁岩荣获"上海市青年五四奖章"。7月，心血管病重症监护室护理组获选"第20届全国青年文明号集体"。9月，医院荣获上海市"科技启航摘星奖"，党委书记李钦传代表医院接受颁奖表彰。9月15日，上海市发布了"2021年上海市白玉兰纪念奖名单"，东方医院中德东方魏尔啸联合病理研究所德方所长曼弗雷德·迪特教授获上海市2021年"白玉兰纪念奖"。10月，医院肛肠外科傅传刚教授当选美国外科学院荣誉院士，成为美国外科学院百年历史上第5位获此殊荣的中国内地专家。

【党史学习教育】 4月1日，东方医院召开党史教育动员会，学习贯彻总书记在党史教育动员大会上的重要讲话和党中央决策部署。4月29日，医院组织百名专家赴江西省吉安市、井冈山革命老区开展党史现场学习暨"喜迎建党百年华诞、百名专家服务老区"活动。6月28日，医院党委组织各支部70余名党员开展"七一"党史学习教育主题党日活动。8月23日，党校"双月讲坛 "第三讲在医院顺利开讲。11月12日，医院党委组织党政领导、各党支部党员及部分在院患者和家属观看十九届六中现场直播。11月26日，医院党委在南院组织学习浦东新区第五次党代会报告，提出新时期、新形势下医院发展的新要求。

【建党百年活动】 6月30日，为献礼建党百年，医院党委举办"同心向党百年辉煌"主题表彰会，评选出27名"党员之星"、5名"先进党务工作者"、3个"先锋示范党支部"，为4名组织关系在医院的老党员颁发或送达"光荣在党50年"纪念章。7月1日上午8时，医院党委组织党政领导、广大党员及部分在院患者和家属观看庆祝中国共产党成立100周年大会直播，学习习近平总书记的重要讲话精神。十位老中青党员们讲述入党故事为党庆生。

【文化主题活动】 7月30日，医院“夏日绿茵 亲子情深”第七届东方医院亲子夏令营如期举行。8月18日，医院第四届职工子女义诊活动——爱在东方阳光少年健康行通过七大学科闭环式联合义诊为“医二代”提供多学科全面健康评估。8月20日，在中国医师节当天，医院特别邀请了近两年的东方人物、援鄂、发热门诊、隔离点、疫苗保障等48位医师代表参观浦东美术馆。

【优秀党员、党务工作者】 6月，医院徐红福荣获“上海市优秀党务工作者”称号；鲍欢荣获“2021年度浦东新区优秀党务工作者”称号。急危症中心二党支部、心血管中心二党支部荣获“2021年度浦东新区卫生健康系统先进基层党组织”称号；顾宇英、吴弋飞2人荣获“浦东新区卫生健康系统优秀党务工作者”称号；蔡俊丰、陈荣璋、高雁、黄国鑫、秦佳文、施燕、王佳怡、赵清雅荣获“2021年度浦东新区卫生健康系统优秀共产党员”称号。“天使零等待”“打造应急医疗特种兵”获评新区卫生健康系统优秀基层党建品牌。

【慈善公益】 9月27日，医院获评2021年“公益之申”十佳公益基地，位列上海市百强公益基地，志愿服务时长排行第5名。10月8日，由医院肿瘤医学部发起的肿瘤患者CAR-T治疗援助计划启动落地。

（王春梓）

肺科医院

【概况】 医院现有职工1791人，其中医生411人，硕士及以上学历占比86.37%；医技职工298人，本科及以上学历占比80.54%；护士852人，大专及以上学历占比97.77%。副高职称及以上人员208人，占比11.62%。核定床位1200张，设有11个临床科室，11个医技科室、4个临床研究中心和多个科研机构。拥有3个国家临床重点专科（胸外科、呼吸科、职业病科），3个上海市临床重点专科（胸外科、呼吸科、结核科），2个上海市“重中之重”临床重点学科（呼吸病学、结核病学），1个上海市重点学科（胸外科），2个上海市公共卫生重点学科（结核科、中毒科），1个上海市重点实验室、1个上海肺移植工程技术研究中心，1个上海市感染性疾病（结核病学）临床医学研究中心。医院在复旦大学医院管理研究所2020年医院排行版（全国综合）排名第41位，在2020年中国医院科技量值研究排行榜排名第60位。

新冠肺炎疫情防控。成立医院应急处置和闭环管理领导小组及工作小组，定期召开疫情防控小组会议，更新修订新冠疫情防控相关制度，形成了“统一指挥、统一协调、全院动员、全员参与”的防控工作管理机制。制定疫情防控演练方案，组织多部门开展新冠肺炎疑似患者应急处置演练3次。医院入口处严格执行外来人员测温和流行病学调查；门诊大屏幕滚动更新中高风险地区信息；设置进院车辆、行人通道，实行进出分离；各楼宇入口应用智能化楼宇管理系统实现“智能通行、智能管控”。应用“钉钉”等信息工具，分条线做好全人群管理工作。制定医院人员网格化管理方案，建立区块管理员队伍并培训，开展桌面推演和实战演练。强化发热门诊“挂号、检验、检查、取药、治疗、留观”六不出门，加强预检分诊和“三区两通道”管理，设置10间负压隔离病房。执行首诊负责制，就诊人员信息详细登记，实施边隔离、边观察、边治疗、边检测。完成发热门诊就诊人员核酸检测1060人次，门诊、住院患者及陪护人员核酸检测236096人次，在院工作人员核酸筛查112348人次。落实新冠疫苗接种，加强免疫接种接种率94.69%，应种尽种率100%。

持续深化医院党的建设。医院党委围绕宣传党的光荣历史和丰功伟绩，弘扬伟大抗疫精神，组织党员积极参加申康党委系统举办的“党旗在基层一线高高飘扬——庆祝中国共产党成立100周年主题系列活动”，包括“百名医学专家义诊”“医务专家口述历史”“微型党课走读教育”“党史知识竞赛”“经典歌曲传唱”“医院建设发展巡礼”六项活动，开展医院内“永远跟党走 奋进新征程”庆祝建党百年主题活动，组织全体党员集体观看庆祝中国共产党成立100周年大会。印发《中共上海市肺科医院委员会党史学习教育实施方案》的通知，成立党史学习教育领导小组、工作小组，组织党委中心组集体学习、班子成员上党课、各支部专题组织生活会和主题党日等活动，同步推进集中学习和自主学习。制定并实施《上海市肺科医院基层党支部党建工作考核实施办法》《党费收缴管理制度》《党支部经费使用管理制度》，推进党支部规范化建设。

建立健全现代医院管理制度试点工作。作为全国试点医院，完成试点工作总结汇报，围绕重点任务和关键环节落实情况、取得成效、存在问题作全面总结，并谋划持续推进医院治理体系和能力现代化。全面梳理试点工作成效、亮点及典型案例，总结14方面、46项重点工作成效，完成建立健全现代医院管理制度试点医院年度评估。

深化联盟区域合作和能力建设。3月26日，医院召开“长三角肺科联盟成立大会暨第一届医院管理论坛”，正式成立长三角肺科联盟。成立上海市肺科医院专科联盟管理委员会、指导委员会和管理工作小组，加强专科联盟的规范化管理。大力推广远程门诊，新增远程门诊合作医院1家，全年共远程80人次。加强互联网医院宣传，优化互联网医院门诊流程，增加与维护互联网药品目录，开发实时药品目录查询功能。开设便民互联网治疗组、胸外科互联网治疗组，呼吸科互联网治疗组（含6位专家），中医互联网治疗组，肿瘤科互联网治疗组，方便患者网上复诊就医，累计服务患者2009人次。医疗对口帮扶再启程，选派第十一批援滇医疗队共5人赴东川区人民医院开展医疗对口帮扶，完成东川区人民医院"组团式"支援任务。12月，启动寻甸县人民医院对口帮扶任务，选派医疗技术骨干5人赴寻甸县人民医院开展医疗对口帮扶工作。选派援疆干部1名赴喀什二院担任综合办公室主任，开展为期一年半的对口支援工作。

医疗服务。提供门急诊服务1539670人次，出院117999人次，平均住院日3.58天。完成胸外科手术21165例。以患者安全为核心，打造智能化医疗质量安全管理，加强非计划再次手术监管。通过"全国肺栓塞和深静脉血栓形成防治能力建设项目"评估，完成VTE防治中心认证，获全国血栓防治中心优秀单位。加强非计划再次手术监管，实现短信实时提醒，非计划再次手术率保持低值并呈现下降趋势。设立院感科，配置4名专职感控人员，成立医院感染委员会，成立医院感染管理小组，严格落实"医院感控委员会－感控管理部门－临床与医技科室感控管理小组"三级感控管理体系。提升呼吸危重症综合救治能力，完成肺移植手术41例。建立基于关键病种的多学科综合诊疗新模式，制定肺癌综合诊治各合作学科诊疗规范(SOP)目录，以老年肺癌综合诊治为切入点，涵盖诊断、治疗、护理、营养、药剂等学科，实现肿瘤全周期管理。支持临床创新，审议通过新技术10项。开展达芬奇手术712例。打造一站式日间诊疗流程，完成胸外科日间手术1471例。全面推广优质医疗服务品牌，新增3名医疗助理师，其中1名专职负责移植相关工作。规范医疗行为，制定年度病种费用考核方案，重点加强免疫药、靶向药、抗菌药物合理使用管理，持续加强胸外科手术耗材使用分析和考核。开展"要求参保人员自费承担医保范围内药品的问题"自查和医保局"清零行动"自查工作。组织学习《医疗保障基金使用监督管理条例》，制定打击欺诈骗保专项治理行动工作方案。整合医疗质量安全不良事件管理流程，提高医疗质量安全不良事件报告率。全面升级职业病应急救治体系和能力建设，完成核化突发事故应急院前救治集中培训和演练，顺利完成第四届进博会保障任务。与青浦区政府、中山医院青浦分院签约，开展合作共建，协助当地开展职业健康检查、职业病诊断能力建设，提高职业健康管理服务质量。

学科人才建设。学科建设投入经费1250万元。总结上海市专业技术服务平台三年建设成果通过平台评估，获能力提升项目立项。上海市肺移植工程技术研究中心获立项并启动建设。作为牵头单位，组织申报职业病国家临床医学研究中心项目。专科声誉继续保持全国领先。在2020年复旦医院管理研究所全国专科排名中首次增设结核科，医院结核科位列全国第2位，胸外科位列全国第2位，呼吸病学获全国提名。在2020年中国医院科技量值排名中，结核病学第2位，胸外科学第3位，呼吸病学第4位，全部位列上海第1位；传染病学获全国第18，上海第3位。

累计招录新职工187名，其中博士38人、研究生以上学历76人。组织引进核医学科学科带头人1名、呼吸与危重症医学科学科骨干1名，双聘PI 4名。积极拓展海外人才招募渠道，积极参与市卫健委、同济大学海外人才、海外优青招募计划。招募博士后9人，出站1人。加大人才培育力度，深化人力资源基础数据分析，梳理院内院外人才培养项目，明确人才培养目标群体，坚持公开、公平、公正原则，重点关注青年医学人才成长，积极选拔推荐优秀人才入选各类人才培养资助计划，全年共选拔院内人才计划49项，合计资助138万元。入选国家级人才项目杰青1人、优青1人；入选优秀学术/技术带头人计划项目2人、上海市浦江人才项目(D类)2人、上海市人才发展资金资助项目1人，以及青年科技英才扬帆计划5人、曙光计划1人。获评上海市卫生系统先进个人2人。

科研创新。立项科研项目64项，科研经费共计3614万元。其中国家自然科学基金28项，含基础科研中心1项、杰青1项、优青1项、专项项目1项、面上8项、青年16项，合计经费2858万元。省部级项目立项18项，共获资助金额478万元。发表论文281篇，其中SCI论文191篇，影响因子总计1053.882，IF＞10分18篇，IF＞5分70篇，最高IF 30.7分发表于杂志《柳叶刀呼吸医学》(*Lancet Respiratory Medicine*)。授权发明专利6项，实用新型专利84项。一项发明专利实现转化，转化金额1万元。胸外科姜格宁教授团队《肺外科微创技术的研发、临床应用与推广》获2020年度上海市科技进步奖一等奖。胸外科赵晓刚副主任医师《向肺癌宣战，你赢得了吗?》获2020年度上海市科学技术普及奖二等奖。呼吸与危重症医学科徐金富教授荣获上海市青年科技杰出贡献奖。

临床研究。立项药物临床试验66项，其中国际多中心牵头5项、国内多中心牵头19项，合计金额6015.87万元，比上年增加1346.88万元。横向项目IIT立项57项，总金额1376.18万元，其中国内多中心牵头14项。院级IIT立项9项，总金额840万元。共牵头及参与撰写多项临床研究共识或指南7项，其中呼吸与危重症医学科徐金富教授团队参与撰写《中国成人支气管扩张症诊断与治疗专家共识》《成人抗菌药物下呼吸道局部应用专家共识》等5项临床研究共识与指南，16项国际或国内临床研究指南引用该团队论文。肿瘤科周彩存教授团队牵头完成了《肿瘤突变负荷应用于肺癌免疫治疗的专家共识(2021年)》及《CSCO非小细胞肺癌诊疗指南(2021版)》2项。肿瘤科周彩存教授牵头完成的《埃克替尼对比标准辅助化疗用于II－IIIA期伴EGFR敏感突变非小细胞肺癌术后辅助治疗的多中心、随机、开放、III期临床研究(EVIDENCE研究)》成果发表在 *The Lancet Respiratory Medicine*,是国内首个非小细胞肺癌术后辅助治疗领域的注册临床研究。*Radiology* 在线发表了超声科王茵团队《超声造影剂到达时差比鉴别诊断胸膜下肺部良恶性病灶》(*US Contrast Agent Arrival Time Difference Ratio for Benign versus Malignant Subpleural Pulmonary Lesions*)一文。

教学工作。带教单修、专修学员40人,招录PCCM专培学员5人,在培专培人员25人。选送7名基地管理人员和带教老师参加省级及以上师资培训。组织完成2017、2018级专培人员结业考核和上海市专科医师临床技能及理论考核。通过线上形式举办国家级继续医学教育项目26项。新增博士点1个,共有博士点12个、硕士点13个。现有博士生导师40名,硕士生导师39名。新招博士45人,硕士29人;博士毕业15人,硕士毕业6人。

内部管理。聚焦国家三级公立医院绩效考核,执行落实合理用药、耗材使用、病种难度、满意度考核、病案规范等考核办法。制定基于成本控制的新技术奖励办法,促进新技术开展。指导科室二次分配,开展护理绩效改革问卷调查,配合护理部绩效改革。成立运营管理委员会、运营管理工作小组,运营管理委员会主任由院长、书记兼任,运营管理处牵头负责运营管理日常工作。完善专科运营管理机制,制定《运营管理工作要求》。完善了医院全面预算管理委员会、全面预算管理办公室、预算归口管理部门和预算科室组成的全面预算管理四级组织架构,确保预算管理体系覆盖全院。建立全过程管理的预算管理平台,将经济业务纳入统一的预算管理平台。实现所有医疗收费业务开具电子票据。完成自助出入院系统上线,持续推进入院病人预约率及自助机使用率。突出审计监督职责,完成各类审计任务1221项,审计金额5.3亿元,节约建设资金315万元,出具审计报告42份,提出审计意见266条,查出问题资金39.2万元,落实审计意见237条,审计整改纠正金额2.1亿元元,新增、修订医院管理制度6项。落实市级医院"便捷就医服务"医疗数字化转型工作,完成了电子出院小结、智慧急救、门诊预问诊等7个数字化转型场景工作,顺利通过互联互通标准化成熟度四级甲等测评。建立SPD专项小组,规范体外诊断试剂SPD集约化采购。建立了医用耗材的全流链管理,利用国际医疗器械UDI编码,实现耗材智慧运营管理。优化停车管理,保障患者畅通入院就医;试点预约停车,满足患者个性化停车需求。推进肺部疾病临床诊疗中心及立体车库项目,筹备"十四五"规划"呼吸危重症临床诊疗中心"项目。

精神文明和医院文化建设。全面启动全国文明单位创建工作,加强满意度测评平台管理,做好患者体验度系统,探索满意度测评新方式,患者短信意见和扫二维码所提的意见,共收集患者意见2661条,统一纳入问题整改。开展创新医疗服务品牌培育项目及"服务明星""文明窗口""文明病区"评选,以及精神文明啄木鸟活动,旨在带动全院不断改善服务,提升患者就医体验。开展系列红色医院文化建设活动,组织医院"医心不改"党建征文活动,编写《先进肺科人》《媒体眼中的上海市肺科医院》等。

党风廉政与行风建设。构建了党委主体责任是根本、纪委监督责任是保障、党委书记第一责任人是关键、班子成员"一岗双责"是支撑的层级分明、权责明晰、全面覆盖的党风廉政建设责任体系。先后开展包括市级医院工程建设项目"创双优"监督工作,疫情防控专项督查,关键节点预防"四风"问题反弹工作,研究生线上复试监督巡查,对2016年以来巡视、审计问题整改落实情况督查,"窗口腐败"督查情况廉洁从业专项行动督查等8项专项督查。成立行医院风建设领导小组及工作小组,设立行风建设办公室,明确各级组织工作职责,制定行风建设工作计划,全面加强行风建设工作。制定并执行《上海市肺科医院医用耗材考核标准》《上海市肺科医院有关商业合作关系接待制度》等,有效落实行风建设责任制。

【1项研究成果入选2020年度中国十大医学科技新闻】 1月26日,医院戈宝学教授研究团队联合上海科技大学免疫化学研究所饶子和院士研究团队在国际顶尖学术期刊《自然》(*Nature*)在线发表《结核菌蛋白利用宿主泛素化系统抑制免疫》(*Host-mediated ubiquitination of a mycobacterial protein suppresses immunity*),入选2020年度中国十大医学科技新闻。该研究成果是医院结核病重点实验室在结核菌免疫逃避机制研究方面取得的重大突破。

【长三角肺科联盟成立大会暨第一届医院管理论坛】 3月26日在上海国际贵都大饭店召开。全国37家单位的180余名医院管理专家、各专业临床专家出席。长三角肺科联盟由上海市肺科医院牵头成立。联盟会快速推进长三角地区肺部疾病医疗服务一体化,共同推动联盟医院的医疗、科研、教育、管理的高质量同质化发展。

【获评上海市首批老年友善医疗机构】 8月2日,医院获评上海市首批老年友善医疗机构。该项工作自3月启动,按照《上海市老年友善医院评价标准细则》,制定工作方案和计划,聚焦诊疗流程难点堵点和老年患者"急难愁盼"的问题,明确部门职责、创建目标、创建程序与创建内容。7月2日,顺利通过上海市老年友善医疗机构评估专家组现场督查。

医院通过老年友善文化长效化、友善管理规范化、友善服务优质化、友善环境人性化四个方面的建设,做到老年人"不会操作有人教、没有手机有人帮、行动不便有人助、就医不畅有人管",切实提升老年患者就医服务水平。

【申康中心市级医院书记院长绩效考核再获优秀】 医院以总分87.7分获

得2020年度申康医院发展中心上海市级医院院长绩效考核A等，连续两年荣获A等。

【全国三级公立医院绩效考核再获A等】 在2019年度全国三级公立医院绩效考核中名列“其他专科（手术组）”全国第9名，较2018年上升11名，国家监测指标等级保持A等，其中医疗质量、持续发展得分均高于同类医院均值。

（陈丽媛）

第一妇婴保健院

【概况】 上海市第一妇婴保健院设有两个院区，东院坐落于高科西路2699号，西院坐落于长乐路536号。2021年门急诊量逾152万人次，出院5.9万人次，分娩量2.5万例。

医院辛勤耕耘，上海市母胎医学重点实验室正式揭牌成立。新立项国家重点研发计划项目3项，获国家自然科学基金立项28项，连续5年位全国妇产科专科医院之首。中国医院科技量值排行榜、中国医院排行榜（妇产科学）医院蝉联第八名，其中科研标化值连续3年获得满分。喜获“上海医学科技奖”一等奖、“全国妇幼健康科技奖”三等奖及“上海科普教育创新奖”科普贡献奖。

2021年获得立项共83项，与去年同期相比，立项数保持稳定。已立项项目包括：国家自然科学基金项目26项，国家重点研发项目1项、子课题1项，市科委项目20项，市卫健委项目11项，申康6项，浦东卫健委2项，同济大学1项，其他4项，合作9项，横向2项立项经费总计3297.09万元。共发表论文共140篇，其中统计源期刊54篇、SCI论文86篇

医院具有同济大学2022年招生资格的研究生导师共60人，其中博导29人。共招收研究生49人，其中博士研究生24人、全日制硕士18人、四证合一7人，来自海南的委培人员2人。2021年，25名研究生顺利通过毕业论文答辩。在职医师攻读博士学位人员共42人，10人完成开题报告、10人完成中期考核、6人通过预答辩、8人顺利完成毕业答辩。承担了同济大学2018级贯通班、“5+3”整合课程“妇产科学”的理论授课，2018级护理专业本科生“妇产科护理学”“儿科护理学”的授课，以及公选课“大学生保健学”授课。根据医学院《学生学业成绩管理办法修订稿》，由科教科及医院妇产科教研室牵头，全面修订了“妇产科学”的课程考核方案。2021年妇产科、儿科、护理等科室共接收本科实习生204人、专科实习生81人。

学生党支部工作方面，医学院研究生第十二党支部在医学院和院党委的关心下积极开展各项工作，配合医学院开展深入基层调研活动，了解教学开展中的不足，逐步改善学生学习、实习、科研的环境。学生支部共有党员30人。学生党支部坚持以习近平新时代中国特色社会主义思想为指导，深入学习宣传贯彻党的十九大和十九届二中、三中、四中、五中全会精神，组织了内容丰富形式多样的支部活动，包括收看庆祝中国共产党成立100周年大会、收看《初心讲堂》系列节目等。

2月25日，上海市母胎医学重点实验室在上海市第一妇婴保健院（同济大学附属第一保健院）揭牌成立。中国科学院院士、同济大学副校长陈义汉教授，中国科学院院士陈子江、黄荷凤，上海申康医院发展中心副主任郭永瑾，上海市科学技术委员会基地建设与管理处处长仲东亭，同济大学医学院院长郑加麟等共同为新成立的实验室揭牌。

6月10日，上海市母胎医学重点实验室开放日活动在医院转化医学中心举行。本次科普主题活动由中国细胞生物学学会主办，上海市第一妇婴保健院、上海市母胎医学重点实验室承办，医院科教二支部协办。置身科学海洋，感受科学魅力——本次开放日活动通过知识性强的科普讲座和参与度高、趣味性强的实验操作，让参加活动的同学们深入了解人胚胎发育的全过程，以及现代生物学研究的科学方法。

9月13日，医院2020年度科教表彰大会隆重举行。一年一度的科教表彰大会对于培育创新文化、鼓励科研创新、推动科教发展，发挥着重要作用。

10月22日，2022年国科金申报及学术道德和科研诚信培训专题讲座在东院行政楼举办。讲座特邀第二军医大学药学院院长、博士生导师盛春泉教授作“如何撰写高质量自然科学基金申请书”为题的讲座，指导申请者撰写优质标书。

11月14日，在2021年世界早产儿日前夕，上海市优生优育科学协会（上海市妇幼保健协会）“早产预防和诊疗专业委员会”成立大会在医院举行。该专委会将组织和加强早产亚专科、新生儿科、儿童保健科等专业人员培养，推动国内外专业学术交流，开展健康教育和社区宣传等健康促进活动，积极构建上海早产预防和规范诊疗的健康网络。

12月4日，由上海市医师协会、上海市医师协会妇产科医师分会主办，APAGE（亚太妇产科内视镜暨微创治疗协会）、上海医学会妇产科学分会妇科内镜学组协办，同济大学附属第一妇婴保健院APAGE妇科微创培训中心及生殖外科共同承办的2021 APAGE&SFMIH机器人与单孔腹腔镜论坛与女性生育力保护论坛正式开幕。

（张哲敏）

杨浦医院

【概况】 2021年医院在区委区政府及区卫健委领导下，在同济大学领导的全面支持下，院全体员工共同努力下，继续围绕质量、特色和文化三大工作主线，推进各项任务平稳有序完成。

2021年1－12月，门急诊量人次达1348068人次，出院人次达38430人次，手术人次35715例，总药比23.89%，平均住院日8.46天。

科研方面，2021年医院获得国自然3项(面上1项、青年2项)，上海市科委课题2项，上海市卫健委课题5项(面上3项、青年1项、“5G+”医疗健康应用试点项目1项)，医院协会课题1项，院级课题43项；人才培养方面获得浦江人才1项、医苑新星1项；科技获奖获得上海市医学科技奖二等奖1项，第十一届上海医学康复医学奖三等奖1项(江容安)，上海市第十八届银蛇奖三等奖1项；科研成果方面发表SCI论文51篇，中文核心期刊论文95篇，主编学术专著6本，副主编1本。专利授权30个(29个实用新型、1个外观设计)；全科医学科学科获得同济大学医学院全科医学临床研究中心。

医院荣获第六届全国文明单位，2021年医院援鄂医疗队护理组获得全国五一巾帼标兵岗荣誉称号，感染性疾病科护士长蒋敏获得上海市卫生健康委员会颁发的“杰出护理者”荣誉称号，林谋斌副院长获得第四届上海市仁心医师奖，骨科张世民主任获得第四届技术攻关型“最美劳动者”暨杨浦工匠荣誉称号。

【继续严格疫情防控举措，全面安全推进日常诊疗工作】 按照《上海市发热门诊基本设置标准(试行)》的文件要求，已完成总院儿科发热门诊标准建设，松花江路3号发热门门诊及留观病房建设和使用，在此期间接诊发热患者1343人次，入境留观人员306人次，做到医务人员“0感染，0漏诊”。

医院集中整合资源、按照上级要求，2021年医院采样检测能力可达到10000人次。

加强医务人员疫情防控知识培训。(包括医护、规培、进修、实习及在医院工作的第三方外包人员)特别强调个人防护和消毒隔离的要求，增强全员院感防控意识。编制疫情期间医务人员行为规范，确保疫情防控措施落实到位。

【构建医政管理体系，提升医疗服务质量】 充分发挥医政管理中心作用，每周举行医政管理例会，对各科医疗业务的运行进行统筹管理和协调，帮助和监督临床开展各项医疗业务。

完善各项医疗安全制度，建立医疗安全组织管理小组，制定各类规章制度、操作规范、突发事件的应急预案等，明确岗位职责，确保各项措施落实到位。

以发展科室核心技术为抓手，提升科室技术水平管理，积极鼓励各科室开展具有价值的、特别是符合三级甲等医院的病种和技术的新技术新项目。今年以来新增限制类技术目录15项，非限制类技术目录93项。

医院完善2021年患者安全八大项目并举行第五届医院质量活动月。

【持续推进信息化建设，提升医院精细化管控水平】 2021年医院不断加强智慧医院建设，顺利通过了三级等保第三方机构评审和通过国家电子病历6级远程评审；7月10日迎接并顺利通过国家智慧服务分级评价3级现场评审。互联网医院牌照已于6月30日由上海市卫健委审批通过。同时，医院积极通过系统改造开通医保患者在线上支付功能，患者可以通过支付宝、微信平台直接支付门诊和住院相关诊疗费用。另外作为杨浦区医疗系统电子票据试点先行单位，于8月11日先行上线住院电子票据功能。

【推进区域性医疗中心建设】 作为区域医疗中心，2021年成功获批上海首批老年友善医疗机构。

依托几大中心建设，进一步提升综合服务能力，如区消毒供应中心、内镜诊疗中心、高级卒中中心、女性健康中心以及健康管理中心。

以区域医疗中心建设为契机，优化慢病管理模式，药学部和心内科、呼吸科联合开办医药联合门诊。

深化区域卫生协同发展，以全科医学发展为纽带，同时利用医联体专家工作室开展专科联盟、特色技术宣传，开设。今年影像诊断中心新增连线四平社区卫生服务中心，共实现八家医疗机构连线；2021年1－10月影像诊断中心共为社区出具诊断报告5457份，2021年1－10月心电诊断中心共为社区出具诊断报告2032份。6月1日，儿科专科联盟已在控江、大桥、五角场街道、延吉正式开诊，截至10月共为社区诊断疑难病例70余人。

【对口支援云南、西藏】 为继续贯彻落实国家医改中关于继续开展城乡医院对口支援工作，医院派出2批10名专家到双柏县人民医院开展医疗帮扶工作，。自8月5日医院选派7名援藏医疗队队员，帮扶西藏日喀则市拉孜县人民医院，顺利开展医疗帮扶工作。

(杨扬)

皮肤病医院

【概况】 医院始终贯彻习近平总书记重要讲话精神，立足新发展阶段，适应新发展格局，在上级主管部门的正确领导下，慎终如始抓紧抓实抓好疫情防控工作，在疫情闭环管理实战中始终牢记“和谐、奉献、仁爱、创新”的院训精神，坚守“生命至上，皮肤有责”的使命担当，快速精准高效有序完成应急闭环协查工作。在坚持常态化疫情防控的同时，医院紧抓“十四五”开局起步年，确保各项医疗业务与管理工作稳步开展，为门急诊医技病房综合楼正式启用奠定坚实基础，全面推进高水平研究型医院与大学附属医院建设。

【医疗工作】 医院2021年门诊量共计1034232人次，门诊业务收入38180.42万元，全院出院8417人次，住院业务总收入6427.09万元。

医院互联网医院在线医生总数共94人，其中高级职称医生人数36人，累计在线咨询服务8,379人次，在线诊疗服务7671人次。互联网医院整体运行情况良好，有效发挥互联网医院在疫情常态化期间对常规医疗服务的补充作用。为推进医院“十四五”专病专科中心化建设目标，医院先后成立银屑病诊疗中心、特应性皮炎诊疗中心、过敏性皮肤病诊疗中心、毛发诊疗中心、日间手术中心，开设专病门诊、住院治疗及出院后随访一站式标准化、规范化全病程管理，进一步凸显优势病种集约化管理优势，形成中心规模化效应，显著提高专业影响力。

修订医院医疗技术管理相关制度，面向全院梳理新技术的申报流程和注意事项。2021年完成3项新技术准入，8项新技术进入评审阶段。

邀请国内知名专家定期至我院开展以皮肤病案CPC、教学门诊等形式的一系列学术活动，累计50名青年医师作案例分析和读书心得报告。

推进医院数字化转型工作，贯彻落实《上海市“便捷就医服务”数字化转型工作方案》，完成15分钟精准预约、智能预问诊、医疗付费一件事、互联互通互认、电子就医册、电子病历卡、线上核酸检测申请等专项工作，有效提高患者就医体验与效率。重启保德路特需门诊，为特需患者提供绿色通道服务流程，完善疫情防控期间手术流程，全面梳理全院门诊出诊信息、诊室使用信息。

为加强医保管理工作，严格监管本院医保基金使用，2021年医院独立设置医保办公室，进一步完善医保管理体系，开展“六个专项行动”，通过制度引导与自查自纠规范全院医务人员的诊疗行为。针对全年医保基金使用形势进行研判，形成《医疗费用使用分析报告》，结合控费要求与医保卫生联合约谈工作小组会议意见，对部分辅助用药、二线用药以及中成药限制使用，合理控制费用增长。

紧抓疫情防控，落实院感管理。根据国家联防联控机制以及相关会议文件精神，在医院疫情防控领导小组和工作小组的指导下及时组织全院学习各项政策措施及防控培训资料，修订制度流程，加强重点区域、重点人员、重点环节的管控，严格管理职工离沪、返沪，建立职工健康监测制度，做好登记及回沪材料审核工作，防止输入性医院感染发生，按时完成医院全员及相关高危岗位人员核酸检测工作及疫苗接种工作，确保各项防控措施落实到位。

构建区域性医疗联合，扩大医院辐射影响。2021年，医院新增奉贤新城分院1家，新增协作医院5家，续约协作医院2家，建立健全相关制度，规范医院对外合作管理，加强监督机制。建成符合区域定位、适合学科发展的专科“互联网＋”医疗服务体系，逐步实现区属医疗机构专科同质化管理。积极推进入驻长三角(上海)智慧互联网医院，将医院优质医疗资源及医院品牌影响力辐射长三角区域。

倡导护理人文关怀，提升优质护理服务。积极落实各项疫情防控措施，做好常态化管理，由点到面落实督查，关心职工健康，统筹人员管理。举办优质护理评比等形式多样的系列活动，促进我院护理工作全面、协调、持续发展。成立护理质量与安全委员会，优化日常护理质量管理流程。以医院等级评审及上海市质控检查为抓手，落实护理质量督查与持续改进内容。

【科研工作】 2020年度，中国医院科技量值(STEM)皮肤病学榜单，我院排名首次晋升至全国第一。2021年，共获批国家自然科学基金项目11项，其中面上项目4项、青年项目7项，立项直接经费430万元，立项数及经费均创下医院历史新高。2021年度，积极组织医院申报上海市科委各类“科技创新行动计划”项目，省部级科研项目立项11项，立项金额380万元。委局级科研项目立项8项，申报同济大学“中央高校基本科研业务费”专项资金项目1项并获得立项，申报同济大学专著出版资金项目1项并获得立项，授权发明专利8项，授权实用新型专利4项。2021年，共发表SCI论文82篇。

【教学工作】 医院现聘兼职专家10人，项目PI13人，博士后在站4人，2021年出站2人。聘任国内顶尖皮肤病专家秦万章教授、朱学骏教授和乐嘉豫教授为我院首席顾问，通过“筑巢引凤、外引内陪”构筑高层次人才队伍，积极推动医院临床、教学、科研全面发展。

医院致力于传承海派“顾氏外科”“夏氏外科”等学术流派，专科发展初见成效，中西医结合发展潜力增强。从中医药制剂转化平台、临床诊疗平台、人才培养平台、科研教育平台、护理平台、文化平台、预防康复平台等多个维度开展建设，并承担上海市“西学中”在职培训班任务，开展理论课程与临床跟师实践培训，推进医院中西并重、协同发展的总体目标。

【推进智慧医院建设，促进信息化稳步发展】　医院信息化建设逐步提速，电子病历应用达到四级标准，率先建成互联网医院并参与申康中心互联网医院行动指南的编制，上海市5G＋医疗应用试点成功落地，分阶段稳步推进。医院申报的“基于5G的远程皮肤病会诊及人工智能多维影像诊断应用研究”项目顺利完成前2个阶段建设，为“5G＋”智慧医疗皮肤科诊疗创新发展奠定基础。2021年，完成武夷路新楼搬迁项目信息化建设，根据院区整体改造进度设计三院并行方案，同步进行信息机房、网络布线与系统集成调试工作，如期完成信息系统整体搬迁工作，满足院区网络安全及信息使用需求。

（倪阳）

养志康复医院

【概况】　2021年，在上海市残疾人联合会（以下简称“市残联”）党组、理事会的领导下，同济大学附属养志康复医院紧紧围绕年度重点工作，坚持“建学科、引人才、强科研、提品牌”的发展思路，在各部门的积极配合和全体员工的不懈努力下，医院各项工作有条不紊、稳步推进，业务收入1.75亿元；凝练了发展定位与目标，调整了内设机构；发掘潜力、增设床位，拓展了为残疾人服务的能力；科教实力显著提升，国家重点研发计划、国家自然科学基金重大研发计划项目实现“零”的突破，康复治疗学专业在全国100余所高等院校中排名第五，专业等级A＋，并获批同济大学智能康复临床研究中心，中国康复医学会科技奖、上海康复医学科技奖等各类奖项70余项，与校级教学成果一等奖等；翟华同志被授予“上海市优秀共产党员”称号；陆静、张佳等17名党员被评为市残联优秀党务工作者、优秀共产党员。

【疫情防控工作】　根据疫情形势及市卫健委要求，不断完善相关制度、流程，更新应急处置预案，增设英文版流行病学调查表等。为做好疫情应对准备，组建了由100名医务人员构成的核酸检测采样小组，并全部通过区卫健委组织的核酸采样考核；制定《院区闭环管理应急预案》，并多次组织应急演练。

【医教研工作】　推动康复医学多元化发展，新设5个专科门诊，新增8个专家门诊，以及帕金森病康复MDT、骨科康复MDT等2个MDT门诊；开放床位增至384张，开展新技术、新项目22项。全年实现医疗收入1.75亿元，较2019年增长22.38％；收治门诊患者首次突破6万大关，达到67709人次，较2019年增长70.64％；住院患者4140人次，较2019增长9.61％；康复治疗服务量为228.9万人次，较2019年增长21％。收治工伤康复患者1119人次，占上海市工伤康复患者的84.03％。

持续高质量建设同济大学医学院康复治疗学系，康复治疗学专业在全国100余所高等院校中排名第五，专业等级A＋，获同济大学教学成果一等奖；专业正式更名为康复物理治疗专业，对接国际康复医学体系分类，完成世界物理治疗联盟（WPT）五年期教育认证“去条件”；代表同济大学进行国家一流专业康复物理治疗学的申报；在做好疫情防控的同时，保质保量完成250名实习生、见习生、进修生的临床带教任务，以及2期国家级继续教育培训；继续拓展高校合作，今年新增美国杜肯大学、滨州医学院、潍坊医学院、山东中医药大学等四所合作高校。《运动创伤学》获得同济大学优秀教材三等奖。

全年获批纵向课题22项，直接经费总额超600万元，同比增长300％。其中，国家重点研发计划项目1项、国家自然科学基金重大研发计划重点支持项目1项，均是首次获批，实现“零”的突破；国家自然科学基金项目2项，且项目负责人均为我院正式员工，意义重大；发表论文69篇，其中SCI收录论文24篇，含6篇JCR专业领域Q1或IF≥5的高水平论文，核心期刊论文24篇；获批实用新型和外观设计专利23项。同济大学智能康复临床研究中心于5月13日揭牌成立，打造专职科研管理队伍，加强科研力量，落实科研设备，筹建沪北基础研究中心。

【基础建设工作】　完成阶段性扩编工作，获批180个事业编制名额，并制定人才配置方案。开设非在编人员社保账户，截至12月31日，已有4名硕士应届毕业生和9名海外留学生成功落户。

制定《专业人才引进管理暂行办法》《科研人才引进管理暂行办法》等规章制度，强化人才引进机制保障，全年通过社会招聘与事业编制公开招聘共录用107人，其中中高级专业人才27人（25.23％），中层干部5人、硕士以上学位61人（57％），卫生专技人员88人（82.24％）。

制定《医院人才培养管理暂行办法》；建立“能上能下”的用人机制，完成105人专业技术职务竞聘；“阳光康复大讲坛”累计邀请77名业内专家进行学术讲座22期。

为适应医院快速发展，参考三级康复医院的创建标准及二期扩建项目的建设目标，将内设机构从原来的“一室八科三部”调整为现在的“三室十二部一中心”，共计16个职能部门。

将浦东门诊部升级为浦东院区，推进“一院两址、同质管理”的一体化管理模式。

截至2021年12月31日，完成1号楼用于残疾人社会服务的功能调整，学生住宿用房扩容至6号楼西侧，行政办公集中于6号楼东侧留出业务用房，有序推进9号楼、8号楼、12号楼的布局优化。

启动制度汇编修订工作，形成了

包含302个、43万字的制度汇编初稿。

与上海市第一人民医院、上海儿童医学中心、同济医院等10家医院或企业建立合作关系。与“好大夫在线”等网络平台深度合作，建立线上品牌效应，提升网络影响力。

完成三级等保改造及评审工作与浦东院区医疗质控数据上传系统的开发；启动患者体征智能采集平台试运行，推进企业微信全院级应用；完成SPD系统与HIS系统的对接，实现SPD与医院HIS系统的数据联通和业务协同等。

（许风平）

第一附属中学

【概况】 同济一附中共有教职工154人，其中专任教师141人，研究生学历以上教师占42.6%，博士学位教师2人。高级教师42人，正高级1人、特级校长1人。区学科名教师3人，区学科带头人7人，区骨干教师13人，区教学新秀7人。

学校现有36个教学班，在校生2095人，含内高班254人；2021年招收新高一320人，内高班86人，共计406人；2021年高三毕业学生364人，含内高班91人。

学校自招率稳定在位，本科率达99.6%。

2021年1月28日，区教育工作党委副书记、教育局副局长吴巍同志到校宣布同济一附中班子调整事项。任命曹卢同志为中共同济大学第一附属中学总支部委员会委员、副书记。

2021年7月30日，中共上海市杨浦区委决定：李沐东同志任中共上海市控江中学总支部委员会委员、副书记，免去其中共同济大学第一附属中学总支部委员会书记、委员职务。

2021年8月18日，上海市杨浦区人民政府决定：任命张哲人同志为同济大学第一附属中学校长。

2021年8月27日，中共上海市杨浦区委员会决定：刘育蓓同志任中共同济大学第一附属中学总支部委员会书记（试用期一年）。

【2021年荣获奖项情况】 2021年学校荣获：“上海市文明校园”“上海市安全文明校园”“优秀教师专业发展学校”“上海市中小学（中职校）劳动教育特色校”“上海市五四红旗团支部”“上海市中小学心理健康教育示范校”“上海市后勤安保系统敬业团队”“上海市垃圾分类百佳学校”“上海市花园单位”“杨浦区科研先进单位”“‘十三五’校本研修先进单位”等荣誉称号。校田径队获上海市冬季长跑比赛获二等奖，校合唱团、舞蹈团分获杨浦区艺术节合唱、舞蹈一等奖。

梁丰蕴老师荣获2021年上海市园丁奖，吴颖老师、陈怡老师荣获杨浦区2021年园丁奖。教师获国家级奖项10人次，市级奖项40余项。胡海侠老师荣获2021年杨浦区家庭教育优秀指导者称号，孙凌宇老师荣获2021年杨浦区中小学和中等职业学校优秀班主任称号。汤瑾老师荣获2021年上海市第十四届金爱心教师二等奖。赵清欢、戚哲昊等同学在科技、艺术、体育、学科等各类竞赛中，摘取国家级奖项33个，市级奖项56项。

2021年学校40位教师被评为区第六届学科名师、学科带头人、骨干及新秀。连续三年获市见习教师规范化评比一、二等奖，1名教师获市优秀指导教师。学校被评为“杨浦区十三五校本研修先进单位”，代表区里参加上海市教师专业发展学校评比。

2021年学校以“双新”项目实施为龙头，开展教育科研与项目攻关。在研市区级项目20余个，校级课题和项目70余个，教科研成果丰硕。《创新素养教育联盟的构建与运作》被评为2021年杨浦区基础教育教学成果特等奖，获区科研成果一、二、三等奖各2项，上报上海市基础教育教学成果奖7项。教师在省级以上刊物发表论文12篇。

【立德树人，全员德育】 探索“双新”背景下的育人新模式，开发“晓德助手”小程序，强化陪伴式德育。颁布《全员导师制实施方案》，实现了德育全员化和全程化。全校38个班级全部实施导师制。党员、骨干教师与内高班学生开展“爱之结”结对活动。相关成果正式发表并被收入教育部“双新”年度成果集。

【聚焦课改，提升效能】 2021年学校成立了课程领导委员会，整体规划核心素养导向、五育融合、特色鲜明的课程体系。依托同济大学优质课程资源，进一步打造包括“人工智能高中创新实验班”实践课程在内的校本课程体系。形成同济体验课程、低碳科技体验课程、德育特色体验课程等八大体系100余门课程。《同济大学第一附属中学课程发展规划》被评为优秀课程规划在市、区展示。

2021年4月国家教育部组成专家调研组深入学校多个学科课堂，围绕“双新”课堂中教师教学方式与学生学习方式转型进行评估，并给出指导意见。学校以此进一步深化新课程新教材教学评一致性的研究和探索，开展以“国家级课程的高质量实施”为统领，以“慧学课堂”构建为主题的课堂教学改革，各学科形成了“六化”课堂教学改革方向和策略。本学期校级公开课90余节，教师每月听课总节数达900余节，人均7节以上，提出1个优点和2点建议，促进了教学改进，提升了观评课能力。

【集团办学，高效协作】 2021年9月1日，同济大学校长、中国工程院院士陈杰、杨浦区委书记谢坚钢，参加同济大学第一附属中学2021学年新生开学典礼，勉励一附中学子涵养家国情怀、坚定理想信念、拥抱时代发展，并表示同济大学将与杨浦区共同支持和推动一附中快速发展，打造一流大学附中的美好愿景。

2021年同济一附中与同济大学马

先进集体与个人

员学习举办系列讲座、组织党课教育、开展专题研讨、开展“我为群众办实事”志愿活动、召开专题组织生活会等六个方面作出具体安排。

6月30日，学校党总支开展了“薪火相传百年路，使命担当新征程”主题大型活动。

8月16日，为庆祝党的百年华诞，学校党总支开展“学党史、悟思想、办实事、开新局”——党史学习教育专题组织生活会。会上全体党员用新时代的视角解读百年党史，进行了深刻而全面的对照剖析检查，更加坚定理想信念，牢记初心使命。

12月3日，学校党总支认真开展“人靠谱(普)，事办妥(陀)”主题党日活动。全体党员参加“靠谱”学习、“靠谱”讨论和“靠谱”承诺主题活动。

【家校共育】 2021年度由校内心理老师组成、学校学生发展中心直接管理的“生涯辅导站”，充分发挥其功能，注重加强家长、老师、学校三位一体的密切合作，为开展科学的家庭教育提供专业支持。3月，组织开设“在沟通中理解，在陪伴中成长”——全员导师制下家校沟通培训讲座；聘请上海市特级教师、普陀区教育学校德育室主任王萍为全校教师作主题培训讲座“全员导师制背景下的家校沟通”。3月26日，“生涯辅导站”发布家长学校系列活动预告与招募，包括家庭教育微课、家长读书会、家长团体辅导。4月2日起，组织开展了“彼此关爱，共同成长”线上线下家长共读一本书活动，在学校生涯辅导站老师的指导下，家长们线上线下共同阅读《遇见孩子，遇见更好的自己》一书。6月，组织开展了“慧入同心 绘出自信”——2021年心理月活动风采展示，包括“如果回到那一天”咨询日活动、“遇见孩子，遇见更好的自己”家长读书会、学生职业规划展示会等。12月，组织开展了为期五周的的“改善网络使用，促进亲子关系”家长团体活动。

【合作共建】 2021年，学校与高校和企业合作共建，利用高校平台和企业资源，创造职业体验机会，让学生对生涯的探索不再盲目和茫然，进一步将兴趣、理想与现实接轨：邀请青少年教育与生涯咨询专家李希希博士等专家，通过生涯讲座树立规划意识，测评平台助力自主探索，为学生提供专业的指导与支持；邀请大学专业教授和家长各职业代表，举行“展示职业规划 描绘青春梦想”——同济二附中学生职业规划展示会；以“生涯职业规划之选科指南”讲座，拉开生涯规划布局的序幕；在上海交大生物转基因科普教育基地和星巴克思南公馆臻选店的支持下，为学生们搭建了“小小科学家”和“小小企业家”的职业体验之旅。

学校依托同济大学的优质品牌，传承同济精神，坚持优化力量，积极创建特色。多年来，学校和同济大学持续深化合作交流，致力于理工人才的培养，学校迄今共开展“大师讲坛”活动近百次。3月26日，学校邀请到同济大学航空航天与力学学院的沈海军教授，为师生作“解密神秘的黑匣子”的主题讲座。11月26日，学校邀请到张晓青教授以“从静电现象到智能可穿戴技术”为主题作专题讲座。9月30日，学校开展“青春同济行 奋斗正当时”——2021年高一年级“同济日”活动，高一学生前往同济大学进行参观学习，感受名校魅力、体会科研乐趣、激发奋斗精神。

9月1日，同济大学党委副书记吴广明与学校师生齐聚初中部操场，一同参加“乐学成才 强国有我”——2021学年第一学期开学典礼。普陀区委常委、宣传部部长郝炳权、普陀区教育局副局长瞿志军等领导莅临并参加。吴广明副书记向同二师生发表致辞，对学校历年取得的诸多荣誉表示衷心祝贺，并代表同济大学向学校“同济十佳”赠送了书籍。

【教师科研】 自2020年12月，为进一步加强学生发展指导，发挥教师队伍基础作用，提高全体教师的育德能力和家庭教育指导能力，学校作为区全员导师试点学校，举行了多次全员导师工作会议，总结上一阶段工作经验，研讨计划新一轮的工作方案。1月8日，学校召开“学生人人有导师，教师人人是导师”全员导师试点工作推进会并落实责任分工，正式拉开了新一轮全员导师工作的帷幕。

3月，学校四项区级一般课题和一项个人课题结题顺利通过区级教育科研课题结题验收，其中董亚男老师的“新高考背景下普通高中‘主题式’英语听说教学实践研究”结题鉴定为“优秀”；江练老师的“核心素养视角下的高中文言文教学实践研究”、刘雪丽和华中玫老师的“中考耐力项目的教学策略研究”、刘君若老师的“高中现代文阅读多维解读的现状及策略研究”结题鉴定为“良好”。

4月1日，为积极开展劳动教育，发挥以劳树德，以劳增智，以劳强体，以劳育美的育人实效，学校邀请到上海市中小学德育研究协会副会长、上海市德育特级教师陈镇虎老师作《劳动教育：赋予劳动以育人功能的教育实践》专题讲座。

6月3日，学校邀请了上海市中学德育高级、黄浦区学科带头人高飞老师，以“关注学生成长需求，提高班级育人成效”为主题开展了班主任德育培训。通过学习班级建设的要点，更加深入思考育人的多种方式，切实满足学生的成长需求。

6月24日，学校和武宁中学开展了“普陀区教育科研成果推广类课题”“理工特色课程的推广应用”中期论证会议。普陀教育学院院长刘友霞、普陀教育督导张彦昌作为论证专家莅临指导。学校认真学习专家的智慧指引，结合实践探索，积极推进后续理工特色课程推广应用研究，提升研究的品质和实效，促进两所学校的联动发展，真正惠及教师发展和学生成长。

10月28日，学校高中体育教研组举行了“聚焦问题导向 优化教学结构”主题研讨活动。邀请到黄浦区体育教研员夏昕、静安区体育教研员陈峰、普陀区体育教研员任书堂及来自普陀区高中学段的体育教师们共同参与。

11月18日，学校邀请了上海市“十佳”班主任、上海市班主任工作室带头人、上海市南洋模范中学杜嘉陵老师，以“构建现代型班集体的思考与探索”为主题开展了班主任德育培训活动。

11月29日，学校初中语文教研组和武宁中学阅读课题组共同策划的以“悦读·共享·成长”为主题的第三届“长寿杯”阅读马拉松活动开幕。本次活动将规模扩展到长寿社区，以读书活动为载体，以部编版语文教材名著整本阅读为依托，将长期阅读和现场阅读相结合，线下阅读和线上(超星学习通)阅读相结合，激发学生的阅读兴趣。

12月9日上午，学校体育教研组开展了区级课题“‘一条龙’体系下整合社会力量构建羽毛球梯队的实践研究”中期论证会。上海市青少年训练管理中心副主任兼上海市青少年体育协会秘书长周战伟、上海体育学院博士生导师刘阳、中国羽毛球学院执行院长盛怡、普陀区教育学院科研室体卫艺科研员滕颖磊莅临指导。同日，学校举行普陀区体育艺术专项课题“‘一条龙’体系下中国诗词唱诵在中学艺术教学中的实践研究”中期论证会。华东师范大学教育学部副教授、教育部高校思想政治队伍培训研修中心副主任张俊华；上海音乐学院音乐剧系副教授、歌唱家李涛；上海戏剧学院表演系副教授、全国社会艺术水平(声乐)考级考官周艳霞；普陀区教育学院科研室体卫艺科研员滕颖磊、课题组成员桃浦中学语文高级教师刘军荣及同济二附中艺术教研组参与了本次活动。

12月29日，学校开展了区级教育科研课题“新高考背景下化学学科等级考教学应对策略研究的推广应用”“基于巴特林小组的初中家庭教育途径探究”开题论证会。上海教科院普教所学校发展中心主任冯明、华东师范大学心理与认知科学学院副教授李世佳、浦东新区高中化学教研员周玉枝、普陀区教育学院科研员吴华清作为论证专家莅临指导。同日，学校初中语文教研组开展“丰富阅读形态，提升生命质量”指导专题阅读课。上海师范大学教授、“国培”专家库成员郑桂华参加并作主题微报告。

【校园快讯】 3月19日，2020学年“青春向党歌声飞扬”第十三届校园十佳歌手决赛隆重举行。为全面弘扬社会主义核心价值观，营造积极向上、健康文明的校园艺术风采，同二学子以豪迈的歌声、澎湃的旋律向建党100周年献礼。

4月14日，学校借助校外实践基地，由上海市青少年校外活动营地——东方绿舟组织策划，组织学校八年级全体学生“为生命安全筑起堡垒”——公共安全教育实训活动。课程内容涵盖了市教委编制的安全实训教育大纲中自然灾害、事故灾难、公共卫生事件和社会安全事件四大方面内容，包括止血包扎、智慧出行、防踩踏、楼道求生等多种课程。

4月17—18日，学校在“创新·体验·成长”——第36届上海市青少年科技创新大赛中斩获了青少年科技创新成果、科技辅导员科教创新成果、青少年科技创意等三个项目的一等奖5个、二等奖13个、三等奖9个。

5月14日，学校举办“青春勇担当奋进正当时”——同济二附中2021年五四青春诗会活动。用歌声点燃五月的圣火，用诗歌诵读青春的旋律，全面展现了同二学子积极奋进、绚丽多彩的青春底色。

5月13日和21日，学校党员教师于初、高中部分别面向全校学生开展了以“如果回到那一天”为主题的大型咨询活动。通过“故事展示会”和“故事交换会”的形式，师生交换彼此时光，重现生命力量。

5月21日，学校举行“苏州河畔忆成长 青春筑梦启新航”——2021届高三年级成人仪式。通过“十八而志 明理承责”“重走苏州河畔 寻访红色记忆”两个篇章，启示高三学子回味红色记忆，感知党的伟大精神，提升人生格局。

5月21日，学校召开第六届教职工代表大会第一次会议。通过无记名投票的方式，顺利推选出2021年岗位等级晋升的教师名单，并由陆杰校长向与会代表全面深入地解读了《同济二附中“十四五”规划框架》(征求意见稿)。

6月1日，学校举行“领巾向党，欢庆六一”主题实践活动。全校少先队员在“国旗下讲话　红领巾心向党”“徒步苏州河畔 寻访红色印记”“主题中队会　凝聚奋进力量”三个篇章的活动中欢度节日，厚植爱党、爱国情怀，向党的百年华诞献礼。

6月22日起，学校开展“同心助成长，‘好好’陪伴传师情”全员导师成长寄语活动。温暖的手主题明信片和手写寄语，架起师生间沟通的桥梁，丰富了全员导师和学生们的沟通形式，传递了教师对学生的教育情感。

6月29日，学校开展了“蔚蓝少年”主题研学活动，引导青少年走进海洋、保护海洋。在上海海洋大学志愿者的带领下，七年级全体学生前往南汇嘴观海公园研学。

7月，学校开展“立志奉献 传递爱心 共享快乐”——2021年暑期高中生志愿服务活动。学生走进顾正红纪念馆、沪西工人半日学校史料陈列馆、爱心暑托班，或学生社区实践指导站，以实际行动参与志愿服务，贡献自己的青春力量。

9月10日，学校举办庆祝第37个教师节暨“寻找同二好声音”第一届教职工歌唱比赛活动，并公布了2021年度同济二附中“我心目中的好老师”名单。学校刘文群老师荣获“上海市园丁奖”；王玉霞、王林、王晶晶、李琳、黄蓓、吴振华、宋城7人荣获“普陀区园丁奖”。

9月30日，学校举办“传承红色精神 唱响同二青春”红歌传唱活动，热烈庆祝祖国72周年诞辰。

10月22日，学校在静安体育场举行第二十届“运动磨砺健美身心 青春扬帆健康生活”秋季运动会。

10月26日，学校举行“理工驱动未来 智慧创造奇迹”——同济二附中第九届理工月开幕式。11月理工月期

2021年上海高校教师教学创新大赛优秀奖:石雪飞(土木工程学院)。

2021年上海高校教师教学创新大赛优秀奖:郝洛西(建筑与城市规划学院)。

中华全国妇女联合会2021年全国最美家庭:翟华家庭(上海市养志康复医院)。

上海工匠:姚启明[同济大学建筑设计研究院(集团)有限公司]。

2021年度上海市巾帼创新领军人物、上海市三八红旗手标兵:李岩(航空航天与力学学院)。

2021年度上海市巾帼创新新秀、上海市三八红旗手:高亚威(生命科学与技术学院)。

2021年度上海市三八红旗手标兵:范理宏(附属第十人民医院)。

2021年度上海市三八红旗手:陈之毅(土木工程学院)。

2021年度上海市三八红旗手:刘萍[附属康复医院(筹)]。

2021年度上海市巾帼建功标兵:成昱(医学院)、余斌(附属同济医院)、申远(附属第十人民医院)、江华(附属东方医院)、孙路明(附属第一妇婴保健院)、史玉玲(附属皮肤病医院)。

2021年度上海市教育系统巾帼建功标兵:解学芳(人文学院)。

2021年度上海市教育系统三八红旗手:王亚宜(环境科学与工程学院)、王华宁(航空航天与力学学院)、刘成菊(电子与信息工程学院)。

2021年度上海市教育系统第二届最美家庭(比翼双飞模范佳侣标兵):王兰、刘刚(建筑与城市规划学院)。

2021年度上海市教育系统第十三届比翼双飞模范佳侣提名:唐育虹、周晔(建筑与城市规划学院)。

2020年上海高校辅导员年度人物提名奖:彭婧(数学科学学院)。

2020年上海高校辅导员素质能力大赛一等奖:刘佳煊(外国语学院)。

2020年上海高校辅导员素质能力大赛三等奖:彭婧(数学科学学院)。

2020年上海高校辅导员论坛征文活动一等奖:赵盈(数学科学学院)、李睿(党委宣传部,第二作者)。

2020年上海高校辅导员论坛征文活动二等奖:李博(新生院)、毛惠彬(马克思主义学院,第二作者)。

2020年上海高校辅导员论坛征文活动二等奖:杨璐柳婷(新生院)、李博(新生院,第二作者)。

2020年上海高校辅导员论坛征文活动三等奖:姚玉红、肖轶飞、李娜、聂菁、张南华(学生处心理中心)。

全国百名研究生党员标兵:马明杰(交通运输工程学院)。

2021年上海高校毕业生就业工作优秀工作者:王玮、王同宇、王晶晶、陈迅。

2021年中国细胞生物学学会“杰出成就奖”:高绍荣(生命科学与技术学院)。

第十三届上海市大众科学奖提名奖:梁进(数学科学学院教授)。

中国交通教育终身成就奖:杨东援(交通运输工程学院教授)。

上海市育才奖:艾自胜(医学院)、蔡三发(发展规划部)、高绍荣(生命科学与技术学院)、花虹(数学科学学院)、黄立鹤(外国语学院)、马国丰(经济与管理学院)、马万经(交通运输工程学院)、钱建固(土木工程学院)、邱军(材料科学与工程学院)、谢欢(测绘与地理信息学院)、许新华(化学科学与工程学院)、袁烽(建筑与城市规划学院)、张海平(环境科学与工程学院)、周彩存(附属上海市肺科医院)、周宏武(党委教师工作部)、方雅静(学生就业指导中心)、王凯文(新生院)、王鹏(马克思主义学院)。

2021年上海市“白玉兰纪念奖”:奥托·海因里希·赫尔佐格(同济大学名誉教授、德国工程科学院院士)、曼弗雷德·迪特(同济大学附属东方医院中德东方魏尔啸联合病理研究所德方所长)。

第二届全国创新争先奖:吴志强(建筑与城市规划学院)、蒋昌俊(电子与信息工程学院)

2021年中国城市规划学会最美科技工作者:杨贵庆(建筑与城市规划学院)。

2020—2021年度中国城市规划学会优秀党员科技工作者:栾峰(建筑与城市规划学院教授)。

2019—2020年度中国城市规划学会杰出学会工作者:赵民、周俭(建筑与城市规划学院教授)。

上海市卫生健康系统先进工作者:刘占举(同济大学附属第十人民医院)、于学靖(同济大学附属第十人民医院崇明分院)、陈兴屹(同济大学附属东方医院)、姜格宁(同济大学附属上海市肺科医院)、周彩存(同济大学附属上海市肺科医院)、花晓琳(同济大学附属第一妇婴保健院)、廖建兴(同济大学附属口腔医院)。

2021中国智能交通年度人物:杨晓光(交通运输工程学院教授、同济大学智能交通运输系统研究中心主任)。

2021年度中国智能交通协会“优秀科技创新领军人才奖”:王雪松。

上海2021年度“科普杰出人物奖”:吴志强(中国工程院院士、同济大学原副校长、建筑与城市规划学院教授)。

科研获奖情况一览

序号	奖励类别	获奖全称	成果名称/个人	学校署名	完成人	所属学院
1	省部奖	2021年度安徽省科学技术奖一等奖	城市尾水补水河道强化净化与生态修复技术及工程示范	第二单位	杨长明(2)、成水平(3)	环境科学与工程学院
2	省部奖	2021年度北京市科技进步奖一等奖	大型复杂高层建筑组合结构高效抗震体系及关键技术	第二单位	蒋欢军(2)、卢文胜(11)、赵斌(12)、鲁正(13)	土木工程学院
3	省部奖	2021年度安徽省科学技术奖三等奖	全自动无人驾驶胶轮路轨旅客捷运系统研制和产业化	第二单位	赵小文(1)	铁道与城市轨道交通研究院
4	省部奖	2021年度湖北省自然科学奖二等奖	TRPP2/PKD2离子通道与纤毛功能调控多囊肾发生机制研究	第二单位	唐景峰(1)、曹莹(2)、陈兴珍(3)、沈兵(4)	生命科学与技术学院
5	省部奖	2021年度江西省自然科学奖三等奖	地球物理联合反演及正则化反演方法与理论	第二单位	于鹏(1)	海洋与地球科学学院
6	省部奖	2021年度广东省科技进步奖二等奖	绿色高性能砂浆的关键技术创新与产业化	第四单位	段珍华(6)	土木工程学院
7	省部奖	2021年度北京市科技进步奖二等奖	沥青路面裂缝防治理论、技术与工程应用	第三单位	李峰(1)、朱兴一(2)、石小培(3)、周思齐(4)、徐剑(5)、赵子龙(6)、翟佳(7)、李廷刚(8)、戴子薇(9)、王译民(10)	交通运输工程学院
8	省部奖	2021年度广西科技进步奖二等奖	大跨桥梁拉索抑振防护成套技术与工程应用	第二单位	孙利民(2)、陈林(6)	土木工程学院
9	省部奖	2021年度江西省科技进步奖一等奖	轨道桥梁车致振动与噪声精细化分析理论及控制技术应用	第二单位	李奇(3)	土木工程学院
10	省部奖	2021年度江苏省科学技术奖一等奖	大跨钢桥疲劳损伤诊断与修复关键技术及应用	第三单位	姜旭(2)	土木工程学院
11	省部奖	2021年度广东省科技进步奖二等奖	公共机构数字化绿色改造技术集成方法和应用	第三单位	李峥嵘(3)	机械与能源工程学院
12	省部奖	2021年度河北省科技进步奖一等奖	医疗卫生建筑生物污染控制关键技术及应用	第三单位	高军(3)	机械与能源工程学院

海市见习教师规范化培训基地学校的师徒带教启动仪式。

9月30日，学校初高中分别进行“同心向党 七一有我”民族精神教育月汇演活动，喜迎中华人民共和国成立72周年。

10月11—17日，学校开展2021年国家网络安全宣传周活动。

10月22日，上海市禁毒教育科普馆联合学校开展公共安全必修课——“防毒攻略”青少年禁毒宣传教育活动。

10月23日，学校学生参与首届上海市防震减灾科普讲解大赛并荣获佳绩。

10月26日，学校部分行政人员赴上海市商业学校参观交流。

10月29日，学校教工学习聆听了上海实验学校王昌国老师所作的主题为“学校教育信息化的研究与实践”的专题报告。

10月29日和11月12日，学校举行了以“信念，拼搏，向上”为主题的第24届校运动会。

11月24日，学校《觉醒》参演第三届上海市中小学生戏剧节。

11月25日，学校举行了“启智 佳慧 筑梦”高中生涯系列课程之“走进人大——模拟人大常委会”活动。

11月26日，由静安区校园书法篆刻联盟主办、学校承办的“艺心向党，追梦前行——静安区书法篆刻联盟展示交流活动暨同济大学附属七一中学第24届校艺术节”在学校初中部隆重举行。

12月7—8日，学校六年级全体学生在食堂进行主题为“用心传承 福星‘糕’照”的劳动体验活动。

12月10日，学校工会组织的教工迎新体锻大联赛在学校总分部操场举行。

12月17日，学校党总支组织开展“追寻红色印记，汲取奋进力量”主题党日活动。

12月31日，学校初中部进行“艺心向党 追梦前行”中国传统文化游园会。

（罗雪晴）

同济大学附属实验中小学

【概况】 2021年，学校以“政府办学、高校管理、社会参与”为办学模式，上接同济大学百年精神传承，下汲嘉定区品质教育文化滋养，以“让每一个孩子出彩”为办学理念，以“同舟共济”为校训，全体师生实践“学在同济”教育品牌。学校扎根嘉定，与济同行，深度实践大中小学一体育人，让每一位孩子出彩！

【同济大学附属实验小学】 3月30日，学校开展“与儿童及家长的有效沟通”心理专题培训。

5月27日，嘉定区小学音乐学科安亭片教学研讨活动在同济大学附属实验小学举行。

9月13日，嘉定区教育科学研究重点课题“基于创造性问题解决的项目化学习开发与实施研究”开题论证会在同济大学附属实验小学行政楼报告厅举行。

11月15日，学校举办嘉年华画展活动。

11月16日，上海市人大常委会副主任、市总工会主席莫负春前往同济大学附属实验小学开展“劳模进校园”调研工作。

11月22日，上汽乘用车公司和同济大学附属实验小学联合开展了“星乘大海，点亮山区童梦”爱心图书捐赠活动。

11月30日下午，嘉定区红领巾巡讲团的4位优秀讲师来到学校为少先队员们带来4节意义深远的党史教育微课。

12月1日，学校开展体育“班班赛”系列活动。

12月12日，同济大学嘉定基础教育集团和同济大学机械与能源工程学院合作的“机域能才 · 苗苗计划”实践基地在同济大学嘉定校区揭牌。

12月14日，嘉定区教育局体卫科艺科科长高校亚、区教育学院小学体育教研员李文峰、区青少年科创集散地负责人王晗、区青少年活动中心科教活动处副主任马小梁来到同济大学附属实验小学开展体卫艺科工作专题调研指导工作。

12月23日，嘉定区教育学院图书信息中心黄悦主任携各片区组长一行开展“进校园课外读物”调研工作。

12月24日，学校开展“530济梦课堂”专项系列活动。

12月29日，学校迎新歌会顺利举行。

【同济大学附属实验中学】 4月7日，学校召开市级课题“基于研学实践的初中生命科学课程德育探索”开题论证会。

4月15日，以“能力立意下的情境教学研究”为主题的嘉定区初中地理学科教研活动在同济大学附属实验中学举行。

5月6日，同济大学附属实验中学与同济大学附属七一中学联合举办同课异构展示课活动。

5月24日，学校积极围绕“庆祝建党100周年，比学赶超开新局”为主题开展党史学习实践活动，分别开展学生活动与党员活动。

7月15日，同济大学附属实验中学社科夏令营和发明夏令营开营。

7月23日，同济大学附属实验中学学生参加2021年同济大学科技夏令营活动。

9月24日，学校开展“月满金秋，传承经典”中秋节主题教育系列活动。

10月28日，嘉定区教育系统名师工作室吴晓月初中英语学科基地在同济大学附属实验中学举行以“深入解读教材文本，有效引导自主阅读”为主题的教学研讨活动。

11月5日，同济大学大中小思政一体化志愿服务实践基地揭牌仪式暨时代声音青年讲师培训活动在同济大学附属实验中学举行。

11 月 11 日，嘉定区初中体育学科体育中考新增项目教考一致教学研讨活动在同济大学附属实验中学举行。

11 月 15 日，同济大学附属实验中学全体班主任在青少年德国文化交流中心开展了一次以“如何上好一节班会课”为主题的培训研修。

11 月 17 日，学校英语教研组参加了嘉定区、浦东新区、青浦区举行的“交际应用类书面表达写作指导”在线联合教研活动。

11 月 17 日，同济大学马克思主义学院原教授、博士生导师李占才在学校开展了以“觉醒年代，使命担当”为主题的讲座。

11 月 22 日，同济大学物理科学与工程学院的金佳教授为学校七年级学生带来了一场关于生活中有趣的力学实验的讲座。

11 月 24 日，嘉定区第五届品质教育学术节之“深化思政一体教学改革助力教师育德能力提升——安亭学区大中小思政一体化建设工作推进会”主题活动在同济大学附属实验中学举行。

12 月 16 日上午，嘉定区教育系统名师工作室吴晓月初中英语学科基地在同济大学附属实验中学举行以“合理设计教学活动，有效引导自主学习”为主题的教学研讨活动。

12 月 22 日，同济大学嘉定基础教育集团和同济大学机械与能源工程学院合作的“机域能才 · 苗苗计划”实践基地在同济大学嘉定校区揭牌。

（林秋琴）

克思主义学院结对共建,深入推进大中小学思政课一体化建设。

【增强特色,探索“融合”】 2021年,学校接待合肥、宜宾等学校来访交流,教师受邀参加各级各类讲座、培训二十余次。特色办学被市级及以上媒体报道10次,区级媒体报道10余次。

2021年,新疆内高班办学方面,学校积极探索“融入、融合、融化”的内高班“三融教育”。许伟康老师被评为第五届上海市中小学(中职)民族教育先进工作者。

【学校大事记】 2021年1月,学校被评为上海学校后勤保卫系统2020年度敬业团队和2018－2020年度上海市花园单位。

2021年1月13日,上海市师资培训中心来校调研,市师资培训中心德育与师德研究部主任李敏,副主任俞慧文、王树生,研究部张俊等组织师生访谈。调研围绕:“中小学教师育德意识与育德能力”区域研究与培训的经验与需求。

2021年1月19日,局党委决定:任命李沐东同志为同济大学第一附属中学副校长。

2021年1月28日,区教育工作党委副书记、教育局副局长吴巍同志到校宣布同济一附中班子调整事项。任命曹卢同志为中共同济大学第一附属中学总支部委员会委员、副书记。

2021年2月4日,上海市教委主任王平一行到学校,检查寒假期间学校疫情防控工作,并慰问留校内高班生。杨浦区副区长王浩、区教育工作党委书记叶靖、区教育局局长卜健等陪同。党总支书记李沐东介绍学校常态化疫情防控下内高班的管理运行情况。

2021年2月15日,教育局局长卜健、副局长张鹰等来校进行校园安全飞行检查。

2021年3月3日,区教育局副局长张鹰、区教育学院副院长邹雪峰、信息中心主任向晋榜一行来校调研信息化工作。

2021年3月5日,合肥市教育局领导来校考察交流。

2021年3月5日,学校2017级1班团支部被评为2019年度“上海市五四红旗团支部”。

2021年3月5日,合肥市教育局党委书记、局长王杰才一行莅临同济大学第一附属中学就“双新”工作的推进与实施开展实地考察交流活动,区教育局基教科科长徐春华陪同参加。

迎接“新课程新教材实施国家级示范区和示范校建设”工作调研。

2021年3月8日—12日,杨浦区全体教研员来校围绕“双新”教育做学科调研听课;15日总结。

2021年4月9日,上海市教研员/杨浦区教研员来校围绕“双新”教育做学科调研听课。

教育部高度重视普通高中新课程新教材实施国家级示范区和示范校建设工作,2021年4月14日,专家调研组到学校开展细致调研。浙江省教育厅原副厅长张绪培,浙江省宁波中学校长邵迎春、教育部基础教育课程教材发展中心教学处干部李进组成专家调研组,张绪培担任组长。上海市教委基教处调研员陈爱平,上海市教委教研室主任王洋,杨浦区教育局局长卜健、副局长吴群英,杨浦区教育学院院长周梅、副院长陆卫忠与陈齐洁,教育局基教科科长徐春华,市教研员、区教研员等陪同调研。

2021年3月29日－2021年4月1日,四川宜宾市四中领导中层干部到学校跟岗学习。

2021年4月,学生在2021年中国高中生物理创新竞赛CYPT中荣获二等奖[高二(9)班赵清欢、姚超越,高二(11)班丁阳昊、林翰泽,高二(1)班陆嘉晨、高一(10)班陈昊天;指导教师:郑轶洁]。

2021年4月21日,同济大学副校长吕培明、区教育局书记叶靖到校宣布张哲人任同济一附中顾问。

2021年4月22日,上海市人民政府副市长陈群在市人民政府副秘书长黄永平、市教卫党委副书记、市教委主任王平、副主任李永智,杨浦区人民政府副区长王浩、区教育工作党委副书记、区教育局局长卜健一行陪同下来学校调研教育数字化转型工作。学校党总支书记、副校长李沐东,原校长、特级校长阮为作学校“数字化应用场景”工作汇报。

2021年4月,学校被评为2019－2020年度“上海市文明校园”(第二届,连续第2次)。

2021年4月,学校被评为上海市中小学(中职校)劳动教育特色校。

2021年4月25日,在同济大学第一附属中学大报告厅举行了杨浦区中小学校法治副校长聘任仪式。出席此次活动的领导有杨浦区委常委、区委宣传部部长刘东昌,区教育工作党委副书记,区教育局局长卜健,区公安分局副局长陈计明,区检察院副检察长欧阳昊,区司法局副局长薛敏,区教育局副局长曾除非,同济大学第一附属中学党总支部书记李沐东,区法院政治部副主任查莹。

2021年5月14日,同济大学仲英公益促进会与一附中开展“领跑计划”结对仪式。

2021年5月25日 同济一附中与同济大学马克思主义学院结对共建,推进大中小学思政课一体化建设。

2021年5月27日,亚洲数学教育中心研究人员来校调研(华东师范大学数学学科学院特聘教授、亚洲数学教育中心主任范良火带领研究队来校听课观摩,进行交流)。

2021年6月29日,杨浦区委副书记、区长薛侃在杨浦区副区长王浩、教育局局长卜健等陪同下,莅临同济大学第一附属中学视察调研。

2021年7月30日,中共上海市杨浦区委决定李沐东同志任中共上海市控江中学总支部委员会委员、副书记,免去其中共同济大学第一附属中学总支部委员会书记、委员职务。

2021年8月18日,上海市杨浦区人民政府决定张哲人同志为同济大学第一附属中学校长。

2021年8月27日,中共上海市杨浦区委员会决定刘育蓓同志任中共同济大学第一附属中学总支部委员会书记(试用期一年)。

2021年9月1日,同济大学校长、中国工程院院士陈杰,杨浦区委书记谢坚钢,参加同济大学第一附属中学2021学年新生开学典礼。

2021年9月,梁丰蕴老师荣获2021年上海市园丁奖,吴颖老师、陈怡老师荣获杨浦区2021年园丁奖。

2021年9月,胡海侠老师荣获杨浦区家庭教育优秀指导者称号,孙凌宇老师荣获杨浦区中小学和中等职业学校优秀班主任称号,汤瑾老师荣获上海市第十四届金爱心教师二等奖。

2021年9月23日,杨浦区教育局副局长吴群英,杨浦区教育学院院长周梅、副院长陆卫忠、教育局基教科科长徐春华及高三部分学科教研员莅临学校召开2021届高考质量调研会。

2021年9月26日,上海市教育委员会原副主任李瑞阳,上海音乐学院音乐教育系副主任、合唱指挥副教授王海灵,上海市特级教师徐亮亮,杨浦区少年宫主任葛琛静,副主任吴蕴等一行莅临学校开展学校艺术"一条龙"人才培养体系建设首批高中阶段学校实地调研评估工作。

2021年10月,许伟康老师在本市民族教育工作中作出了显著成绩,被评为第五届上海市中小学(中职)民族教育先进工作者。

2021年12月,在杨浦区第二十一届"小荷杯"教师教学评选活动中,学校青年教师斩获佳绩。王俊伟老师获中学英语组一等奖,王冠婷老师获中学化学组一等奖,刘紫微老师获中学物理组二等奖,姜苇翎老师获中学英语组三等奖、冯书颖老师获中学语文组三等奖。

2021年12月13日,在同济大学党委宣传部、同济大学马克思主义学院的指导下,由同济大学基础教育管理委员会办公室主办,同济大学第一附属中学承办第一次大中小学思政课一体化专题教学研讨活动,同济大学马克思主义学院党委书记陆居怡,基础教育合作办学管理委员会主任朱云杰,上海市政治特级教师、正高级教师阎俊,上海市教委教研室高中教研员庄坚佷,同济大学第一附属中学党总支书记刘育蓓、副书记曹卢及同一附政治教研组共同参加会议。

(孙凌宇)

第二附属中学

【概况】 2021年是中国共产党成立100周年,也是"十四五"规划的开局之年,恰逢"双减"政策和"双新"课改实行,学校面临着提升办学品质和扩大办学规模的双重挑战,在新冠疫情尚未完全结束的大背景下,同济大学第二附属中学全体师生团结一心,坚持以习近平新时代中国特色社会主义思想为指导,坚持党对教育工作的全面领导,坚持走优质化与特色化发展道路,全面落实立德树人根本任务,不断提升学校办学品质。2021年学校高考继续保持本科率99%、升学率100%。9月份,初中六年级招生数279人,高中一年级招生数279人。在校学生总数1639人,其中高中生706人,初中生933人。当年初中毕业77人,高中毕业138人。教职工人数189人,其中研究生学历教师83人,高级教师42人,特级教师3人,市区学科带头5人,名师后备人选和高级指导教师3人,区教学能手6人,区教坛新秀5人。学校先后获得"2021全国生态文明教育特色学校""2019—2020年度上海市文明校园""上海市绿色学校""2021年度上海学校心理健康教育活动月优秀组织奖""上海市中小学知识产权教育示范学校""第十二届'赛复创智杯'上海市青少年科技创意设计评选活动优秀组织学校""上海市普陀区第十三届教育科研先进单位""普陀区适合教育研究基地校"。学生集体先后获得2021年DI中国赛"全国DI文艺复兴奖"和"全国DI达芬奇奖""2021年iFLYTEK A. I. 开发者大赛中获智能分拣系统赛道初中组决赛冠军团队""第五届上海高中生论坛暨第十届上海高中生经济论坛最佳团队奖""2021同济大学上海市中学生建造节暨奉贤新城建造体验活动获优秀作品奖"、高一(7)班被评为"2020—2021学年上海市中等学校先进班级"等奖项;2021年师生区级以上获奖近300人次,其中,初一(5)班倪洛葶学生在全国射箭U12、U14锦标赛中荣获冠军。

【党团建设】 1月5日,为深入贯彻落实党的十九大精神,进一步推进全面从严治党向基层延伸,认真履行管党治党政治责任,推动基层党组织全面进步、全面过硬,学校召集并举办"不忘初心牢记使命 办人民满意的教育"——普陀区教育系统长寿党建联建责任区基层党组织书记2020年度落实三大主体责任工作述职评议会。

1月26日,学校党总支召开了校党政班子2020年度民主生活会。根据区教育工作党委《关于认真开好2020年度普陀区教育系统基层党政班子民主生活会的通知》的工作要求,党总支书记陆杰从强化政治学习、强化责任担当、强化初心使命、强化依法治校等四个角度汇报了2019年度"不忘初心、牢记使命"主题教育民主生活会整改落实情况;通报了2020年党政班子民主生活会征求意见情况;代表学校党政班子针对"五个问题"进行了对照检查和检视剖析,深入查摆存在的问题,深挖根源,紧密结合实际,提出今后努力方向和整改措施。

4月,学校党总支在沪西革命史陈列馆举办"学党史 祭沪西革命英烈;悟初心 践立德树人使命"清明祭英烈暨主题党日活动。将誓言和革命传统铭记于心、寻找初心、激励使命。

5月28日,学校党总支开展党史学习教育活动,成立党史学习教育领导小组,制定学习教育方案,从抓好全

先进集体

全国第六届大学生艺术展演活动艺术表演类一等奖和优秀创作奖：原创舞蹈《终将见我微笑》。

全国教材建设先进集体：土木工程学院。

全国“百个研究生样板党支部”、上海市教卫工作党委“党支部建设示范点”：汽车学院研究生第十八党支部。

第十四届全国学生运动会“校长杯”：同济大学。

高等学校科学研究优秀成果奖(科学技术)科学技术进步奖一等奖：上海市皮肤病医院 。

2021 中国康复医学会科技进步一等奖：上海市皮肤病医院。

第七届中国国际“互联网＋”大学生创新创业大赛上海赛区优秀组织奖：同济大学。

2020—2021 人民网高校社会影响力榜单十强：同济大学。

2021 年度卓越影响力高校视频号：同济大学视频号。

2021 最具影响力校园官微：同济大学官方微博。

年度最具影响力称号：同济大学官方快手号。

人民网 2021 新媒体类高校优秀校园新闻作品：汪品先院士系列作品。

教育部全国普通高校毕业生就业创业工作典型案例：同济大学。

2019—2020 年度上海市文明单位：上海市皮肤病医院、上海市养志康复医院。

上海市志愿者服务基地：上海市养志康复医院。

2021 年度上海市巾帼文明岗：嘉定校区图书馆读者服务部、附属第十人民医院麻醉科、附属上海市肺科医院病理科、附属第一妇婴保健院妇科肿瘤(6A)病区、附属杨浦医院神经内科、附属养志康复医院社会工作部。

2021 年度上海市教育系统三八红旗集体：艺术与传媒学院音乐与表演系。

2021 年度上海市教育系统巾帼文明岗：同济大学国家海底科学观测系统项目办公室综合事务部、新生院。

全国五一巾帼标兵岗：附属杨浦医院援鄂医疗队护理组。

第四批上海市教育系统“劳模创新工作室”：航天测绘遥感与深空探测创新工作室、李光明废物资源化研究创新工作室、姚启明赛车场设计与安全研究创新工作室。

2018—2020 年度上海市教育系统“模范教工小家”：土木工程学院工会、交通运输工程学院工会。

2020—2021 年度上海市 A 级院校创业指导站：同济大学创业指导站。

2020 年度中国自动化学会(CAA)自动化与人工智能创新团队奖：李莉、陈启军、何斌三位教授牵头的“自主智能系统”学术团队。

上海市卫生健康系统先进集体：同济大学附属第一妇婴保健院、附属杨浦医院全科医学科、附属上海市第四人民医院护理部、附属口腔医院口腔颌面外科、医学院附属真如镇街道社区卫生服务中心。

先进个人

全国敬业奉献模范：汪品先院士(海洋与地球科学学院)。

全国教材建设先进个人：董鉴泓(建筑与城市规划学院)。

时代楷模：李桓英(校友)。

2021 年全国巾帼建功标兵：袁华(材料科学与工程学院)、范理宏(附属第十人民医院)、孟馥(附属东方医院)。

全国脱贫攻坚先进个人：郑思馨(经济与管理学院硕士研究生)，罗强、狄建忠、侯坤(校友)。

全国优秀党务工作者：朱兴一(交通运输工程学院)。

2020 年“上海市教育系统三八红旗手”：李雅茹(马克思主义学院)、吴赟(外国语学院)。

2020 年上海市青年五四奖章标兵：鲁正(土木工程学院)。

2020 年上海市青年五四奖章：孙羽捷(土木工程学院)、朱兴一(交通运输工程学院)、陈杰(物理科学与工程学院)。

2021 年上海市优秀共产党员、上海市教卫工作党委系统优秀共产党员 · 师德标兵：吕西林院士(土木工程学院)。

2021 年上海市教卫工作党委系统优秀共产党员 · 医德标兵：赵旭东(医学院)。

2021 年上海市“最美科技工作者”：吴志强院士(建筑与城市规划学院)、施剑林院士(柔性引进)。

2021 年上海高校教师教学创新大赛三等奖、优秀基层教学组织奖：李理光(汽车学院)。

间，高中部学生参与了学校生涯辅导站组织的“筑梦星空放飞理想，开启理工职业之门”生涯探索活动，包括“无人机实操实践之旅”和“航天科技职业体验活动”。12月6日，学校举行第九届理工月闭幕式活动，包括：STEAM项目理工特色活动和学生科技微论坛等。

11月12日，学校组织“领略名人风采 品鉴传统工艺”——同济二附中2021学年第一学期秋季社会实践活动。初中前往青浦练塘镇创业园区和崧泽遗址；高中前往周公馆和宝库文化中心。全体学生以红色文化、海派文化、江南文化等为主题，走进上海本地历史风貌建筑，感受中国文化，体会上海特色。

12月2日，学校开展了“以习近平法治思想为引领，深入学习宣传宪法”为主题的宪法学习系列活动。通过晨读宪法、举行“领巾胸前飘扬，宪法伴我成长”主题升旗仪式的形式，激发学生学习宪法的热情，提高学生维护宪法权威的意识，全面提升学生的法制素养。

12月24日，学校少先队召开“红船引领红领巾 红色基因代代传”第二十次全体代表大会。校党政工团领导与200多名少先队员代表共同参加。通过教育引导学生树立坚定的理想信念、感悟中国力量、传承红色基因。

（宋城）

同济大学附属七一中学

【概况】 同济大学附属七一中学是位于上海市中心城区静安区的一所公立完全中学，为静安区实验性示范性高中、静安区优质初中。

七一中学的前身是创办于1905年的崇德女校。在20世纪五六十年代，被誉为“弄堂里飞出了金凤凰”；20世纪70年代，学校驶入教育改革快车道，曾被评为“全国第二课堂先进集体”；20世纪八九十年代，“七一”教改成绩斐然，“不背书包的星期六”在社会百姓中广为传颂。2007年4月，学校挂牌成为同济大学附属七一中学。

学校在保持、继承了长期办学传统中，形成了“学生勤奋好学，教师严谨治学，学校勇于教改”的学风、教风和校风。为进一步彰显办学的特色，学校提出了以人文养育为主线，营造精致的学校文化；以创意实践为抓手，形成主动学习的氛围；以开放合作为途径，拓展师生国际视野；以和谐发展为追求，提升学校的办学水平等发展愿景。学校的办学理念是：开发潜能、健全人格、和谐发展。学校的校训是：勤奋、上进、朴素、求真。

学校依托同济大学的优质教育资源，以教育科研引领，积极探究育人新规律，开展了“创意教育背景下普通中学校本课程开发与实施的研究”“以全人格培育为取向的中学创意活动课程实践研究”“学校构建与应用中学生个性化成长评价平台的行动研究”等市、区和国家级课题的研究和实践，促进了学校“人文养育、创意实践、开放合作、和谐发展”办学特色的逐步深化。

学校正着力打造创意课堂，形成创意教育生态环境，构建创意教育的品牌特色，先后开发了“知识产权通识教育”“奇思妙想我能行”“异想天开创奇迹”“‘双新’种子课程”“模拟两会社团”“创业课程”等一批特色校本课程，高中“走进人大”社团被评为上海市学生明星社团。学校还通过个性化成长网络平台的构建与运用，将创意教育的研究从聚焦课堂、课程拓展到了评价领域，实现了创意教育在课堂、课程和评价三个领域的协同发展，促进学生个性化的成长。

2021年获奖情况：2019－2020年度上海市文明校园（增补），第三批全国中小学中华优秀文化传承学校，治安防范先进集体，上海市绿色学校，学校科研室荣获“静安区第一届教育科研先进集体”，2020－2021 DI上海青少年创新思维竞赛中荣获挑战B：科技类理论而言高中组二等奖，2021年度上海市学生阳光体育大联赛在线游泳专项素质比赛中荣获初中女子乙组(6－7年级组)一等奖、高中男子组一等奖，2021年上海市生活垃圾分类“百佳学校”，“我的青春我的梦”第二届全国中小学生故事会征文活动优秀组织奖，2021年第13届上海市青少年“未来之星・上图杯”牵手老人和谐共进科普知识大赛优秀组织奖、万华老师荣获优秀指导奖，“同舟共济心向党 笔墨丹青庆百年”学生现场书法在“信仰的力量 教育的梦想”2021第十八届上海教育博览会评选活动中获得舞台演艺奖，2021年上海市“感觉恩 念党情—我的故事给党听”献礼建党100周年主题征文评选活动中荣获优秀组织奖，周筠校长获2021年上海市“督学资格”，金小燕老师中荣获2020年度上海青春在线青少年公共服务中心“12355宣传服务优秀志愿者”荣誉称号，乔岩老师撰写的教案《预防艾滋病 珍爱生命》荣获上海市青春期教育教案征集活动高中职校组一等奖，黄雯老师在“学史明志 不负韶华”2020年上海市大中小学师生篆刻优秀作品展中荣获指导老师奖，朱斌君老师设计执教的“民族大团结”入选2020年上海市中小学“学科德育精品课”，唐利萍老师设计执教的“信息安全与网络道德”和颜轶超老师设计执教的“走一步，再走一步”入选2020年上海市中小学“学科德育精品课”(增补)、俞若迪老师和高明珠老师在2021年第八届全国青少年模拟政协活动中被推荐为“最佳指导老师”，卢弘杰老师在2021年第一届“365初中英语天天阅读之‘英语故事达人挑战活动’”中荣获优秀指导老师，侯明芝老师的论文《高效学习化学实验操作技能的实践研究》在2021年上海市中学化学教师征文评比活动中荣获三等奖，赵清老师荣获“2021年度上海市义务教育优秀招生工作者”光荣称号。

1月15日，同济大学设计创意学院的设计专业教师、工学博士樊中老师来到学校作主题为“数字时代对青年创意思维养成的机遇与挑战”的创意专题讲座。

1月19日，曹家渡司法所和曹家渡派出所来到学校开展假期安全宣讲活动。

2月22日，学校举行主题为“卓荦迎新，奋斗有我”的2020学年第二学期开学典礼。

2月22—23日，学校召开新学期安全工作会议，并进行了岗位安全负责人签约。

2月26日，学校初中部举行“春暖七一，喜闹元宵”系列活动。

3月4日，学校举行高一军政训练开营仪式。

3月6日，学校举行爱心义卖。

3月8日，学校举行以“致敬巾帼，感恩陪伴”为主题的升旗仪式。

3月9日，学校高中部举行以“学雷锋 我践行”为主题的第五届校园慈善拍卖活动。

3月15日，学校全体行政前往上海市风华初级中学参观交流。

3月16日—22日，学校高一学生进行了南京云考察的社会实践活动。

3月16日—4月16日，学校开展以“学党史、强信念、跟党走”为主题的少年团校。

3月25日—26日，学校举行2020学年第二学期趣味运动会。

3月29日—4月2日，学校高二年级全体学生进行了同济大学云考察实践活动。

3月30日，学校组织开展校园安全疏散演练和安全教育宣讲等主题教育活动。

4月2日，学校召开党史学习教育动员大会。同日，学校召开共青团同济大学附属七一中学委员会第十四次代表大会暨第十五次学生代表大会。

4月19日，学校开展“润心慧心 健康成长”为主题的2021年心理健康教育活动月系列活动。

4月20—26日，学校结合全国知识产权宣传周主题“全面加强知识产权保护，推动构建新发展格局”，积极开展形式多样的知识产权教育宣传系列活动。

4月23日，学校邀请到同济大学上海国际知识产权学院徐明教授，为全体学生开展主题为《中学课堂中的知识产权》讲座。

4月24日，学校组织教工合唱队参加静安区教育工会组织的“五月放歌 唱响百年”献礼建党100周年歌咏比赛。

4月26日，学校隆重举行主题为“喜迎建党百年，再攀创意高峰”的第23届科技节暨创意嘉年华开幕式。

4月31日，学校团委组织学习党史分享活动，各个团支部开展“百年履痕，青春使命”——迎接中国共产党成立100周年主题团日活动。

5月4日，学校组织全体团员线上观看“静安区中共二大会址纪念馆维护升级开馆暨庆祝中国共产党成立100周年五四主题团日活动”。

5月7日，学校邀请到同济大学环境科学与工程学院于振洋副教授，为全体学生开展主题为《环境污染物诱胖效应与潜在风险评价》讲座。

5月10日，学校高中部举行主题为“香颂情怀，感恩母亲”的升旗仪式。同日，学校举行2021年“双新平台”种子课程学生汇报展示活动。

5月13日，学校开展模拟职场活动。

5月20日，学校举办主题为“喜迎建党百年，再攀创意高峰——2021‘新创 融’第五届创意嘉年华”活动。

5月22—24日，学校组队参加以“信仰的力量，教育的梦想”为主题的2021第十八届上海教育博览会。

5月28日，上海市商业学校党委书记、校长王云玺带队莅临学校参观交流，静安区教育局中教科山丽娟老师也全程参与交流。

5月31日，学校举行以“喜迎建党百年——恰同舟少年，未来共济”为主题的2021届高三毕业典礼。

6月1日，学校初中部举行“领巾心向党，逐梦新时代”庆六一系列活动。

6月3日，学校初中部举办“品味端午，传承文化”主题活动。

6月4日，学校举办以“微生物与我们的关系”为主题的科普活动。

6月15日，学校参加同济大学举办的主题为“永远跟党走”的献礼建党100周年合唱比赛，并荣获二等奖和“最佳人气奖”。

6月18日，学校党支部开展“二合一”主题党日活动。

6月23日，学校初中部隆重举行主题为“青春拂晓，年少可期”2021届九年级毕业典礼暨离队仪式。

6月24日，学校举行上海市2020学年见习教师规范化培训师徒带教结业仪式。

6月25日，学校邀请中共上海市委党史研究室的张鼎老师为全体学生带来主题为“历史为什么选择上海——红色之城的初心与荣光”的专题讲座。同日，学校组织全体教职员工共同学习艺术情景党课——“红色曙光”。

7月1日，学校组织全体教职员工收看庆祝中国共产党成立100周年大会实况，七一人共同喜迎建党百年。

8月28—29日，学校组织全体教工开展主题为“深化教育改革新常态，构建教育发展新生态”的校本培训活动。

8月31日，静安区区委书记于勇、副区长龙婉丽等一行莅临学校指导秋季开学疫情防控工作。

9月1日，学校举行以“青春正当时，筑梦新征程”为主题的2021学年第一学期开学典礼。

9月10日，学校迎来主题为“赓续百年初心，担当育人使命”的第三十七个教师节，大队部组织开展“学当小老师”活动。

9月18日，学校组织2021学年第一学期校园防空疏散演习。

9月23日，学校召开2021学年师徒带教会议。

9月29日，学校举行2021学年上

序号	奖励类别	获奖全称	成果名称/个人	学校署名	完成人	所属学院
13	省部奖	2021年度吉林省科学技术奖科技进步奖二等奖	风光耦合氢储能并网运行控制关键技术研究与应用	第二单位	沈小军(3)	电子与信息工程学院
14	其他政府奖	第十四届光华工程科技奖(2021年度)	第十四届光华工程科技奖	第一单位	童小华(1)	测绘与地理信息学院
15	其他政府奖	第二十三届中国专利优秀奖(2021年度)	一种基于2点RSSI的动态加权进化定位系统及方法	第一单位	苏伟灯(1)、刘儿兀(2)	电子与信息工程学院
16	社会力量奖——一级协会学会	2021年度华夏建设科学技术奖一等奖	多模态建造机器人成套装备关键技术与应用	第一单位	袁烽(1)、汤朔宁(3)、王健(7)、闫超(14)	建筑与城市规划学院
17	社会力量奖——一级协会学会	2021年度华夏建设科学技术奖二等奖	村镇污水处理系统增效降碳与智慧建管关键技术及应用	第一单位	王荣昌(1)、赵建夫(2)、雷晓玲(3)、张鹤清(4)、顾治强(5)、陈永(6)、郁片红(7)、陈浩(8)、时珍宝(9)、房豪杰(10)、邢美燕(11)、张显忠(12)	环境科学与工程学院
18	社会力量奖——一级协会学会	2021年度华夏建设科学技术奖二等奖	超大空间异形扭转生态建筑建造关键技术	第一单位	李麟学(1)	建筑与城市规划学院
19	社会力量奖——一级协会学会	2021年度华夏建设科学技术奖二等奖	太湖水源蓝藻及其衍生污染物的高效净化技术创新与工程应用	第一单位	黎雷(1)、李甜(3)、于水利(11)、董秉直(12)	环境科学与工程学院
20	社会力量奖——一级协会学会	2021年度中国图学学会科技进步奖二等奖	以运营为导向的城市轨道交通BIM全生命周期集成创新应用实践	第一单位	王广斌(1)、曹冬平(2)	经济与管理学院
21	社会力量奖——一级协会学会	2021年度吴文俊人工智能优秀青年年度奖	分布式协同感知与估计	第一单位	刘钦源(1)	电子与信息工程学院
22	社会力量奖——一级协会学会	2021年度吴文俊人工智能科学技术奖二等奖	面向复杂环境的磁浮列车智能监控关键技术及应用	第一单位	徐俊起(1)、孙友刚(3)、倪菲(6)、荣立军(8)、吉文(11)、潘洪亮(13)、高定刚(14)	同济大学磁浮交通工程技术研究中心
23	社会力量奖——一级协会学会	2021年度中国产学研合作创新奖(个人)	周雪飞	第一单位	周雪飞(1)	环境科学与工程学院

序号	奖励类别	获奖全称	成果名称/个人	学校署名	完成人	所属学院
24	社会力量奖一一级协会学会	2021年度中国地球物理学会科学技术奖二等奖	各向异性复杂介质高精度成像方法研究及应用	第一单位	王华忠(1)	海洋与地球科学学院
25	社会力量奖一一级协会学会	2021年度中国发明协会发明创业奖创新奖二等奖	风敏感重大基础设施风效应模拟和结构优化及控制技术	第一单位	操金鑫(1)、赵林(2)、崔巍(3)、方根深(4)、葛耀君(6)	土木工程学院
26	社会力量奖一一级协会学会	2021年度中国风景园林学会科技进步奖一等奖	联合国教科文组织《世界遗产与可持续旅游项目》——湖南武陵源世界自然遗产示范研究	第一单位	韩锋(1)、杨晨(2)	建筑与城市规划学院
27	社会力量奖一一级协会学会	2021年度中国辐射防护学会科学技术奖科技进步奖一等奖	基于光子晶体的闪烁探测技术创新	第一单位	刘波(1)、欧阳潇(2)、阮金陆(3)、程传伟(4)、欧阳晓平(5)、唐慧丽(6)、何世熠(7)、朱智超(8)、陈亮(9)、陈鸿(10)、刘金良(11)、廖斌(12)、顾牡(13)、陈琳(14)、张娟楠(15)	物理科学与工程学院
28	社会力量奖一一级协会学会	2021年度中国钢结构协会科学技术一等奖	钢木混合结构精细分析与性能化设计关键技术与集成应用	第一单位	李征(1)、王彦博(2)、何敏娟(4)	土木工程学院
29	社会力量奖一一级协会学会	2021年度中国工程建设标准化协会标准科技创新奖二等奖	《标准化木结构节点技术规程》	第一单位	李征(1)、何敏娟(2)	土木工程学院
30	社会力量奖一一级协会学会	2021年度公路建设行业协会科学技术英才奖	周彪	第一单位	周彪(1)	土木工程学院
31	社会力量奖一一级协会学会	2021年度中国公路建设行业协会科学技术英才奖	朱兴一	第一单位	朱兴一(1)	交通运输工程学院
32	社会力量奖一一级协会学会	2021年度中国公路学会科学技术奖特等奖	公路隧道病害快速精准感知与处治技术及装备	第一单位	刘学增(1)、朱合华(2)、陈庆(3)	土木工程学院
33	社会力量奖一一级协会学会	2021年度中国公路学会科学技术奖一等奖	沥青路面开裂损伤演化机理与防治技术及应用	第一单位	朱兴一(1)、孙大权(7)	交通运输工程学院

5. 2020年度同济大学第三届董事会成员名单(基金办)

主　席:方守恩

副主席:葛均波

名誉董事:吴孟超　宁津生(病逝)

终身董事:万　钢　陈铁迪　吴启迪　周家伦　裴　钢　钟志华

个人董事:(按姓氏笔画排序)

王玉锁　毛蔚瀛　刘长乐　朱　斌　张　松　李　懿　李月中　沈国甫　苏邦俊　陈经纬
陈劲松　陈碧华　杨文瑛　杨咏曼　杨宝明　庞升东　郑时龄　胡金华　徐勇明　Sage S. Nie(聂圣哲)
唐春山　郭婉仪　Kwok Ying Shing(郭英成)　梁信军　黄其森　黄国滨　程　京　傅毅东
廖春荣　潘云鹤　TuulaTeeri(图拉·泰里)

职务董事:(按姓氏笔画排序)

刁云峰　张　桦　孙永才　陈　虹　陈德荣　Philip Ching Ho CHAN(陈正豪)　陈　杰
秦　云　徐　征　谭旭光　Marie-Christine Bert(玛丽一克里斯汀娜·贝赫)
Francesco La Camera(拉卡梅拉)　Didier Holleaux(侯德彦)　Giuliano Noci(军力安诺·诺齐)
Hans Jürgen Prömel(普罗默)　Christoph Beier(克里斯多夫·拜尔)　Niklas Gustafsson(古天成)
Lothar Herrmann(赫尔曼)　Henrik Ehrnrooth(韩瑞龙)　Ilkka Niemelä(伊卡·聂梅拉)

秘书长:雷星晖

6. 2020年度同济大学校务委员会成员名单(2021年无更新)

主　任:方守恩

副主任:伍　江　徐建平　吴志强　陈以一　董　琦

委　员(按姓氏笔画排序):

万小平　王瀚漓　吉剑青　成　昱　吕西林
刘中民　汤奇荣　孙立军　李　杰　李荣兴
李　巍　余卓平　张　雄　张　皓　张　雷
周　颖　周怀阳　郑时龄　单晓光　赵旭东
赵国华　钟宁桦　秦环龙　顾　牡　徐　鉴
徐祖信　诸大建　常　青　蒋惠岭　解学芳
裴　钢　熊利泽

群团代表:校工会常务副主席　校团委书记
校学生会主席　校研究生会主席

秘书长:党委办公室主任(兼)

(四)教学系统

1. 新生院

2. 建筑与城市规划学院

建筑系
城市规划系
景观学系

3. 土木工程学院

建筑工程系
桥梁工程系
地下建筑与工程系
结构防灾减灾工程系
水利工程系

4. 机械与能源工程学院

现代制造技术研究所
机械设计与理论研究所
机械电子工程研究所
暖通空调及燃气研究所
工业工程研究所
热能与环境工程研究所
制冷与低温工程研究所
燃气工程研究所
专业基础教学部(含机械基础实验中心)
机械工程系
能源工程系
中德机械工程中心
实验中心
机械设计及理论研究所
机械电子工程研究所
现代制造技术研究所
工业工程研究所
专业基础教学部
热能与环境工程研究所
制冷与低温工程研究所

暖通空调研究所
燃气工程研究所
机械实验中心
能源工程实验中心

5. 经济与管理学院

管理科学与工程系
建设管理与房地产系
经济与金融系
公共管理系
会计系
创新与战略系(筹)
市场营销系(筹)
组织管理系(筹)

6. 环境科学与工程学院

环境科学系
环境工程系
市政工程系
环境规划与管理研究所

7. 材料科学与工程学院

土木工程材料系
无机材料系
高分子材料系

8. 电子与信息工程学院

电气工程系
电子科学与技术系
信息与通信工程系
控制科学与工程系
计算机科学与技术系
实验中心
CIMS 研究中心
CAD 研究中心

9. 人文学院

哲学系
中文系
艺术与文化产业系
心理学系(筹)
欧洲文化研究院
历史学研究所
中国思想文化研究院　经学研究院
技术与未来研究院

10. 外国语学院

英语系
德语系
日语系
公共英语教学部
留德预备部
德国问题研究所

11. 法学院

12. 马克思主义学院

13. 政治与国际关系学院

政治学系
国际关系系
外交学系
社会学系

14. 理学部

15. 海洋与地球科学学院

海洋地质系
地球物理系
海洋资源系

16. 航空航天与力学学院

力学实验中心
基础力学教学研究部
复合材料与结构研究所
动力学与控制研究所
应用力学研究所
现代力学测试技术研究所
计算力学与数值仿真研究所
飞行器工程研究所

17. 数学科学学院

18. 物理科学与工程学院

19. 化学科学与工程学院

20. 汽车学院

21. 交通运输工程学院

道路与机场工程系
城市轨道与铁道工程系
交通工程系
综合交通信息与控制工程系
交通运输工程实验教学中心
交通科学与技术研究院

22. 软件学院

23. 测绘与地理信息学院

24. 生命科学与技术学院

分子与细胞生物学系
生物医药与技术系
生物信息学系
蛋白质研究所

25. 医学院

基础医学院
十院临床医学院(附属第十人民医院)
同济临床医学院(附属同济医院)
东方临床医学院(附属东方医院)
肺科临床医学院(附属上海市肺科医院)
一妇婴临床医学院(附属第一妇幼保健院)
临床医学六系(附属杨浦医院)

序号	奖励类别	获奖全称	成果名称/个人	学校署名	完成人	所属学院
56	社会力量奖一二级协会学会	2021 年度上海医学科技奖二等奖	调控肿瘤微环境增效新型肿瘤免疫治疗的临床与机制研究	第一单位	许青(1)、陈健华(2)、朱忠政(3)、郭献灵(4)、袁敏(6)、刘竹青(7)	同济大学附属第十人民医院
57	社会力量奖一二级协会学会	2021 年度上海医学科技奖三等奖	胎儿疾病的宫内诊断及干预体系建设	第一单位	孙路明(1)、段涛(2)、邹刚(4)	同济大学附属第一妇婴保健院
58	社会力量奖一二级协会学会	2021 年度上海医学科技奖三等奖	胃食管反流性咳嗽规范化诊疗体系的建立和应用	第一单位	邱忠民(1)、余莉(3)、徐镶怀(4)	同济大学附属同济医院
59	社会力量奖一二级协会学会	2021 年度上海医学科技奖三等奖	提高桡骨远端骨折临床疗效的相关新技术研究	第一单位	樊健(1)、姚英(3)、李海丰(4)	同济大学附属同济医院
60	社会力量奖一二级协会学会	2021 年度上海医学科技奖三等奖	非小细胞肺癌精准放疗关键技术的建立与推广应用	第一单位	许亚萍(1)、宫晓梅(3)、徐清华(4)	同济大学附属肺科医院
61	社会力量奖一二级协会学会	2021 年度上海医学科技奖三等奖	基于业财融合的公立医院精细化运营管理发展路径研究及应用	第一单位	吴丹枫(1)、秦环龙(2)	同济大学附属第十人民医院
62	社会力量奖一二级协会学会	2021 年度上海医学科技奖三等奖	非结核分枝杆菌感染诊疗新策略的开发	第一单位	褚海青(1)、李冰(2)、张哲民(3)、郭琦(4)、余方友(5)	同济大学附属肺科医院
63	社会力量奖一二级协会学会	2021 年度上海医学科技奖三等奖	胆囊癌侵袭型细胞系的建立及恶性行为的生物学机制	第一单位	胡志前(1)、范跃祖(2)、李新星(3)、杨耀琴(5)	同济大学附属同济医院
64	社会力量奖一二级协会学会	2021 年度上海医学科技奖三等奖	DNA 损伤调控肿瘤耐药的机制研究	第一单位	袁健(1)、李群(2)、吴晨明(3);李磊(4)	同济大学附属东方医院
65	社会力量奖一二级协会学会	2021 年度上海医学科技奖成果推广奖	子宫内膜异位症微无创手术的推广应用	第一单位	孙静(1)、赵栋(3)、韩凌斐(4)、朱一萍(5)、葛蓓蕾(6)、隋孟松(7)、张彦丽(8)、顾磊(9)、吉梅(10)	同济大学附属第一妇婴保健院

综 合 统 计

编号	实验室名称	批准时间	负责人	依托院系
16	国土空间智能规划技术重点实验室(联合)	2021年	张尚武	建筑与城市规划学院
17	上海市金属功能材料开发应用重点实验室(联合)	2002年	蒋浩民	材料科学与工程学院
18	上海市结核病(肺)重点实验室	2004年	戈宝学	附属上海市肺科医院
19	上海市特殊人工微结构材料与技术重点实验室	2007年	周仕明	物理科学与工程学院
20	上海市信号转导与疾病研究重点实验室	2009年	裴钢	生命科学与技术学院
21	上海地面交通工具空气动力与热环境模拟重点实验室	2011年	杨志刚	上海地面交通工具风洞中心
22	上海市化学品分析、风险评估与控制重点实验室	2014年	王雪峰	化学科学与工程学院、环境科学与工程学院、联合国学院
23	上海高校工程结构安全与耐久重点实验室	2014年	童乐为	土木工程学院
24	上海高校智能感知与自主系统重点实验室	2014年	陈启军	电子与信息工程学院
25	上海高校复合材料结构与力学重点实验室	2014年	仲政	航空航天与力学学院
26	上海高校神经再生重点实验室	2014年	章小清	生命科学与技术学院
27	上海高校测绘与空间信息科学重点实验室	2014年	童小华	测绘与地理信息学院
28	上海市城市更新及其空间优化技术重点实验室	2017年	伍江	建筑与城市规划学院
29	上海市轨道交通结构耐久与系统安全重点实验室(筹)	2018年	周顺华	交通运输工程学院
30	上海市航天测绘遥感与空间探测重点实验室(筹)	2019年	童小华	测绘与地理信息学院
31	上海市自主智能无人系统重点实验室	2020年	陈杰	电子与信息工程学院
32	上海市母胎医学重点实验室	2020年	万小平	附属第一妇婴保健院

7. 省部级(技术)研究中心

编号	实验室名称	批准时间	负责人	依托院系
1	土木信息技术教育部工程研究中心	2001年	朱合华	土木工程学院
2	企业数字化技术教育部工程研究中心	2005年	张浩	电子与信息工程学院
3	新能源汽车教育部工程研究中心(联合升级为国家级)	2006年	张立军	汽车学院
4	建筑钢结构教育部工程研究中心(联合升级为国家级)	2006年	李国强	土木工程学院
5	道路交通安全与环境教育部工程研究中心	2007年	方守恩	交通运输工程学院
6	重大工程施工技术与装备教育部工程研究中心(联合升级为国家级)	2009年	卞永明	机械与能源工程学院
7	教育部设施农业网上合作研究中心(联合)	2001年	徐立鸿	新农村发展研究院
8	教育部城市环境与可持续发展研究中心(联合)	2005年	卢耀如	土木工程学院
9	教育部中国大陆构造环境监测网络联合研究中心同济大学分中心	2012年	沈云中	测绘与地理信息学院
10	教育部深空探测联合研究中心深空探测测绘遥感与导航定位分中心	2018年	童小华	测绘与地理信息学院
11	上海电动汽车工程技术研究中心(联合升级为国家级)	2006年	魏学哲	汽车学院
12	上海设施农业工程技术研究中心(联合升级为国家级)	2008年	张亚雷	新农村发展研究院
13	上海宝石及材料工艺工程技术研究中心	2012年	廖宗廷	海洋与地球科学学院

编号	实验室名称	批准时间	负责人	依托院系
14	上海高校城镇群高密度空间效能优化技术工程研究中心	2014 年	吴长福	建筑与城市规划学院
15	上海高校绿色建筑材料工程研究中心	2014 年	吴广明	材料科学与工程学院
16	上海高校城市交通政策 E－研究院	2014 年	孙立军	交通运输工程学院
17	上海网络信息服务工程技术研究中心	2015 年	蒋昌俊	电子与信息工程学院
18	上海工业视觉感知与智能计算工程技术研究中心	2017 年	赵卫东	电子与信息工程学院
19	上海牙组织修复与再生工程技术研究中心	2015 年	王佐林	同济大学附属口腔医院
20	上海区块链应用服务工程技术研究中心	2019 年	刘儿兀	电子与信息工程学院
21	上海人工心脏与心衰医学工程技术研究中心	2019 年	刘中民	附属东方医院
22	上海超声诊疗工程技术研究中心	2019 年	徐辉雄	附属第十人民医院
23	上海韧性城市与智能防灾工程技术研究中心	2020 年	吕西林	土木工程学院
24	上海人体肠道菌群功能开发工程技术研究中心	2020 年	秦环龙	上海市第十人民医院
25	上海肺移植工程技术研究中心	2020 年	陈昶	上海市肺科医院(上海市职业病防治院)
26	上海中药外用制剂创新工程技术研究中心	2020 年	陈中建	上海市皮肤病医院
27	上海市干细胞临床诊疗工程研究中心	2019 年	刘中民	附属东方医院
28	上海市感染性疾病(结核病)临床医学研究中心	2019 年	沙巍	附属上海市肺科医院

8. 其他研究中心及平台

级别	编号	实验室名称	批准时间	批准单位	依托院系
国家大型科学仪器中心	1	汽车整车风洞试验中心(上海)	2013 年	科技部	汽车学院
国家重大科研基础设施	2	海底科学观测网	2018 年	国家发改委	海洋与地球科学学院
国家科技资源共享服务平台	3	国家干细胞转化资源库	2019 年	科技部	生命科学与技术学院、东方医院
国际联合研究中心	4	新能源汽车工程中心	2007 年	科技部	汽车学院
	5	干细胞与再生医学国际联合研究中心	2013 年	科技部	附属同济医院
	6	地震工程国际联合研究中心	2016 年	科技部	土木工程学院
	7	可持续城市水系统国际联合研究中心	2018 年	科技部	环境科学与工程学院
国家临床教学培训示范中心	8	同济大学附属同济医院国家临床教学培训示范中心	2018 年	教育部、国家卫健委	附属同济医院
国家互联网信息办公室、教育部研究平台	9	网络空间国际治理研究基地 *	2018 年	教育部、国家互联网信息办公室	政治与国际关系学院
国家知识产权局平台	10	国家知识产权战略实施研究基地 *	2011 年	国家知识产权局	上海国际知识产权学院
高校知识产权信息服务中心	11	高校国家知识产权信息服务中心	2019 年	国家知识产权局办公室、教育部	上海国际知识产权学院
教育部前沿科学中心	12	细胞干性与命运编辑前沿科学中心	2018 年	教育部	生命科学与技术学院
	13	自主智能无人系统前沿科学中心	2021 年	教育部	

（二）行政、直属、附属单位

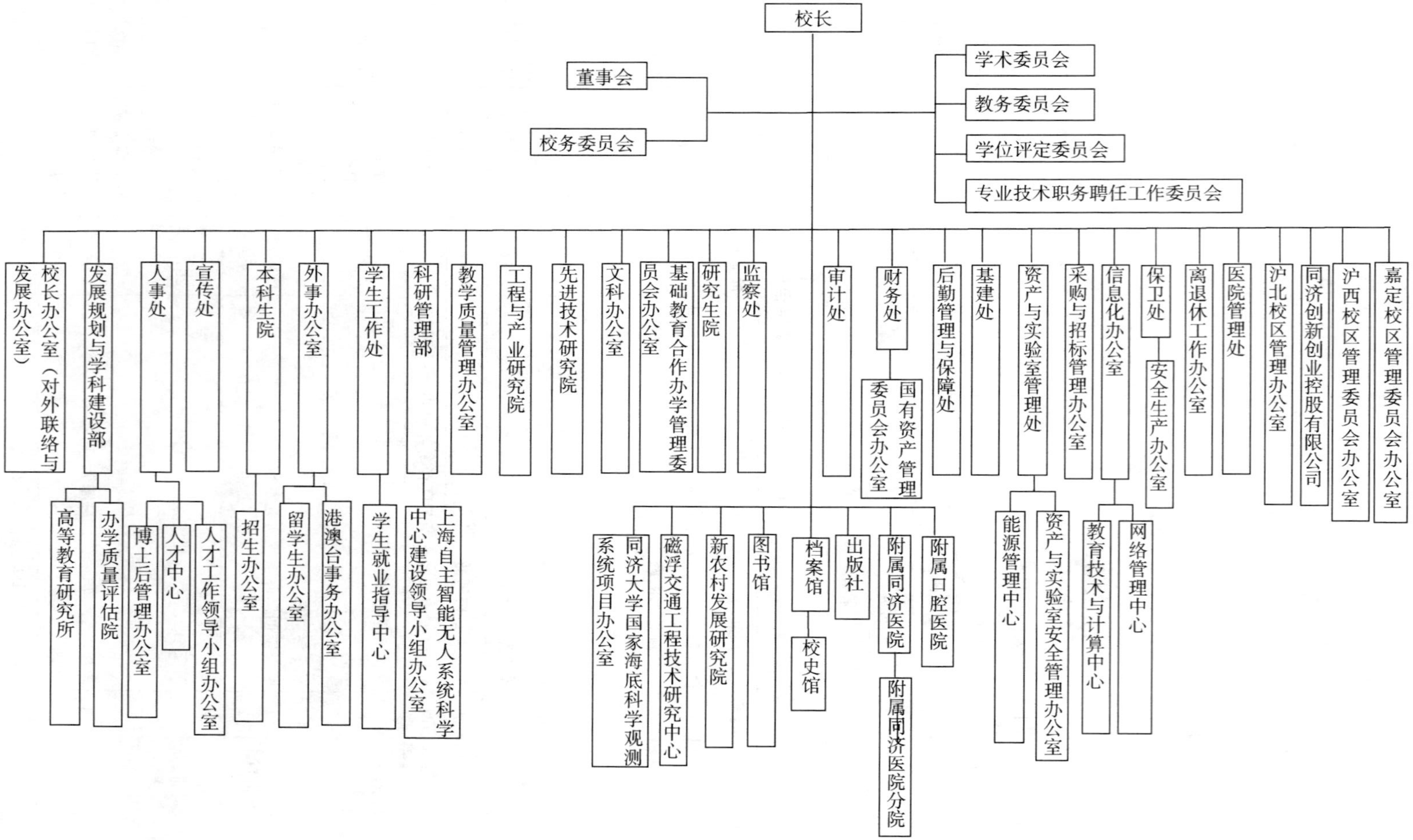
校长
董事会
校务委员会
学术委员会
教务委员会
学位评定委员会
专业技术职务聘任工作委员会
校长办公室（对外联络与发展办公室）
发展规划与学科建设部
高等教育研究所
办学质量评估院
人事处
博士后管理办公室
人才中心
人才工作领导小组办公室
宣传处
本科生院
招生办公室
外事办公室
留学生办公室
港澳台事务办公室
学生工作处
学生就业指导中心
科研管理部
中心建设领导小组办公室
上海自主智能无人系统科学
教学质量管理办公室
工程与产业研究院
先进技术研究院
文科办公室
基础教育合作办学管理委员会办公室
研究生院
监察处
审计处
财务处
国有资产管理委员会办公室
后勤管理与保障处
基建处
资产与实验室管理处
能源管理中心
资产与实验室安全管理办公室
采购与招标管理办公室
信息化办公室
教育技术与计算中心
网络管理中心
保卫处
安全生产办公室
离退休工作办公室
医院管理处
沪北校区管理办公室
同济创新创业控股有限公司
沪西校区管理委员会办公室
嘉定校区管理委员会办公室
同济大学国家海底科学观测系统项目办公室
磁浮交通工程技术研究中心
新农村发展研究院
图书馆
档案馆
校史馆
出版社
附属同济医院
附属同济医院分院
附属口腔医院

(三)校级委员会

1. 2021 年度同济大学学术委员会顾问及委员名单(2021 年 5 月)

顾　问:郑时龄　吴启迪　汪品先　周兴铭　李同保

主　任:裴　钢

常务副主任:吕西林

副主任:孙立军　孙周兴　高绍荣　诸大建

委　员:戈宝学　卞永明　方守恩　孙　瑶　芮和兵　杜建忠　李　岩　李博峰　李　滨　杨守业　吴志强　吴　贇　何　斌　张　弛　陈义汉　陈　杰　陈建兵　陈　虹　赵生捷　郝洛西　钟志华　娄永琪　秦环龙　徐祖信　徐　蓉　常　青　蒋惠岭　程国强　童小华　楚文海

秘书长:王占山

秘书单位:科研管理部

2. 2021 年度同济大学教务委员会成员名单

(2021 年 8 月 25 日)

主任委员:陈　杰

副主任:顾祥林

总督导:徐建平

委　员(按姓氏笔画排序):

王冬冬　邓慧萍　冯世进　朱大章　朱志良　阮青松　孙立军　刘淑妍　李国强　李峥嵘　李亚东　李振宇　杨文卓　杨晓光　吴志强　吴志军　张伟平　陈启军　陈　城　范丽岩　金福安　周　斌　赵　劲　赵宪忠　赵鸿铎　顾　牡　徐卫翔　徐　蓉　黄　雨　黄丽勤　潘生亮,以及校外企业或行业代表 4 名,在校本科生　研究生代表 4 名。

3. 2021 年度同济大学学位评定委员会成员名单

(2021 年 12 月 31 日)

主　席:陈　杰

副主席:方守恩　顾祥林

委　员:卞永明　刘日明　许　维　李　岩　李　垣　李同保　李翔宁　吴　赟　吴志强　张　雄　陈　虹　陈义汉　周　颖　郑时龄　单晓光　赵鸿铎　娄永琪　顾　牡　凌建明　高绍荣　黄翔峰　常　青　童小华　雷星晖　蔡三发　蒯知滑　戴晓虎

4. 2021 年度同济大学专业技术职务聘任工作委员会成员名单

主　任:陈　杰　方守恩

副主任:黄翔峰

成　员(按姓氏拼音排序):

卞永明　陈　虹　陈义汉　戴晓虎　冯世进　高绍荣　顾祥林　蒯知滑　蒋惠岭　雷星晖　李同保　李翔宁　李　岩　李　垣　凌建明　刘淑妍　娄永琪　吕培明　裴　钢　孙周兴　童小华　王占山　吴启迪　吴　贇　徐　蓉　许　维　许学军　张　弛　张立军　赵泓铎　赵宪忠　郑时龄

秘书长:黄　雨

副秘书长:王志伟

序号	奖励类别	获奖全称	成果名称/个人	学校署名	完成人	所属学院
34	社会力量奖——一级协会学会	2021年度中国公路学会科学技术奖一等奖	生态道路建设关键技术与综合效益评价	第一单位	李辉(1)	交通运输工程学院
35	社会力量奖——一级协会学会	2021年度中国公路学会科学技术奖二等奖	大跨桥梁拉索振动控制理论与关键技术	第一单位	孙利民(1)、陈林(2)	土木工程学院
36	社会力量奖——一级协会学会	2021年度中国公路青年度科技奖	朱兴一	第一单位	朱兴一(1)	交通运输工程学院
37	社会力量奖——一级协会学会	2021年度中国环境科学学会青年度科学家奖	金伟	第一单位	金伟(1)	环境科学与工程学院
38	社会力量奖——一级协会学会	2021年度中国交通运输协会科技进步奖一等奖	数据驱动的城市交通靶向治理与协同管控关键技术	第一单位	马万经(1)、俞春辉(2)、王玲(9)	交通运输工程学院
39	社会力量奖——一级协会学会	2021年度中国轻工业联合会科学技术发明奖一等奖	高性能软包动力电池设计及智能管理关键技术与应用	第一单位	戴海峰(1)、王学远(4)、魏学哲(5)	汽车学院
40	社会力量奖——一级协会学会	2021年度中国岩石力学与工程学会自然科学奖特等奖	隧道围岩三维连续—非连续破坏机理与精确分析理论	第一单位	朱合华(1)、武威(2)、庄晓莹(4)、章连洋(5)	土木工程学院
41	社会力量奖——一级协会学会	2021年度中国医院协会医院科技创新奖三等奖	阿尔茨海默病早期精准诊断评价预测关键技术的建立及应用	第一单位	王培军(1)、王湘彬(5)、许晓雯(6)	同济大学附属同济医院
42	社会力量奖——一级协会学会	2021年度中国仪器仪表学会科学技术发明奖一等奖	大尺寸高效率极紫外与X射线薄膜器件技术及应用	第一单位	王占山(1)、黄秋实(2)、张众(3)、齐润泽(4)、伊圣振(5)、李文斌(6)	物理科学与工程学院
43	社会力量奖——一级协会学会	2021年度中国仪器仪表学会科技进步奖二等奖	高层建筑垂直交通电梯系统综合节能关键技术及应用	第一单位	张永明(1)	中德工程学院
44	社会力量奖——一级协会学会	2021年度中国有色金属工业科学技术奖一等奖	铜冶炼污酸沉淀处理过程砷实时监测技术及设备	第一单位	段宁(1)、降林华(2)、徐夫元(3)、金伟(4)、周超(14)、李维栋(15)、李志强(16)	环境科学与工程学院
45	社会力量奖——一级协会学会	2021年度中国智能交通协会技术发明奖一等奖	交通系统微观建模与仿真关键技术及应用	第一单位	孙剑(1)、倪颖(2)、李克平(5)	交通运输工程学院

序号	奖励类别	获奖全称	成果名称/个人	学校署名	完成人	所属学院
46	社会力量奖——一级协会学会	2021年度中国智能交通协会科技进步奖二等奖	轨道交通高可信运控系统关键技术及应用	第一单位	黄世泽(1)	交通运输工程学院
47	社会力量奖——一级协会学会	2021年度中国智能交通协会科技进步二等奖	轨道交通高可信运控系统关键技术及应用	第一单位	董德存(1)、欧冬秀(3)、张雷(5)、施莉娟(9)	交通运输工程学院
48	社会力量奖—二级协会学会	2021年度上海药学科技奖优秀成果奖	老年病闭环药学监护体系的构建及应用	第一单位	祝德秋(1)、田璐璐(2)、钱石静(3)、亓展(4)、叶显撑(5)、张莎(6)、宋丹騑(7)、童姗姗(8)、武丹(9)、陈丽竹(10)	医学院
49	社会力量奖—二级协会学会	2021年度上海海洋科学技术奖—青年度创新奖	娄厦	第一单位	娄厦(1)	土木工程学院
50	社会力量奖—二级协会学会	2021年度上海市康复医学会科学技术奖(科普类)一等奖	2021糖友日记—帮你打赢血糖保卫战	第一单位	刘光辉(1)、闻爱宝(2)、宋利格(3)、沈玉芹(4)、张晓亚(5)、张克勤(6)、雷莎(7)、方萍(8)、李广鹤(9)、刘琦(10)	同济大学附属同济医院
51	社会力量奖—二级协会学会	2021年度上海市康复医学会科学技术奖一等奖	脊柱脊髓损伤早期控制与全程康复关键技术的建立及应用	第一单位	程黎明(1)、李思光(2)、曾至立(7)、于研(9)、靳令经(11)、朱睿(12)、谢宁(13)、麻彬(14)	同济大学附属同济医院
52	社会力量奖—二级协会学会	2021年度上海康复医学科技奖三等奖	慢性泪道阻塞性疾病创新康复技术的研究与应用	第一单位	毕燕龙(1)、李厚硕(5)、王震(6)	同济大学附属同济医院
53	社会力量奖—二级协会学会	第四届上海市风景园林学会科学技术奖科技进步奖三等奖(2021)	上海市生活圈空间绩效与社区公共绿地布局研究	第一单位	金云峰(1)、周向频(4)、刘悦来(5)、李瑞冬(6)、翟宇佳(7)、陈静(8)、沈洁(9)	建筑与城市规划学院
54	社会力量奖—二级协会学会	2021年度上海市交通工程学会科学技术奖一等奖	城市生态道路建设关键技术与综合效益评价体系研究	第一单位	李辉(1)、孙立军(2)	交通运输工程学院
55	社会力量奖—二级协会学会	2021年度上海市康复医学会科技奖(科普类)二等奖	“家”的温暖让心脏如沐春风	第一单位	沈玉芹(1)、李广鹤(2)、王乐民(3)、谢壮丽(4)、陈海滨(5)	同济大学附属同济医院

生物医学工程与纳米科学研究院
全科医学院(筹)
康复医学院/康复治疗学系
护理系
26. 设计创意学院
27. 口腔医学院
口腔医学研究所
儿童口腔医学研究所
附属口腔医院
28. 艺术与传媒学院
传播系
音乐与表演系
29. 体育教学部
30. 铁道与城市轨道交通研究院
31. 女子学院
32. 职业技术教育学院
33. 国际文化交流学院
34. 中德学院
35. 中法工程和管理学院
36. 中德工程学院
37. 中意学院
38. 联合国环境规划署—环境与可持续发展学院
39. 中芬中心
40. 中西学院
41. 新农村发展研究院
42. 国际足球学院
43. 上海国际知识产权学院
44. 创新创业学院

(五)科研机构

1. 国家级重点实验室

编号	实验室名称	批准时间	负责人	依托院系
1	土木工程防灾国家重点实验室	1988 年	李建中	土木工程学院
2	污染控制与资源化研究国家重点实验室(联合)	1991 年	张伟贤	环境科学与工程学院
3	海洋地质国家重点实验室	2005 年	杨守业	海洋与地球科学学院

2. 国家工程实验室

编号	实验室名称	批准时间	负责人	依托院系
1	新能源汽车及动力系统国家工程实验室	2008 年	余卓平	汽车学院

3. 国家工程(技术)研究中心

编号	实验室名称	批准时间	负责人	依托院系
1	城市污染控制国家工程研究中心	1995 年	戴晓虎	环境科学与工程学院
2	国家燃料电池汽车及动力系统工程技术研究中心	2007 年	李骏	汽车学院
3	国家设施农业工程技术研究中心(联合)	2011 年	张亚雷	新农村发展研究院
4	国家磁浮交通工程技术研究中心	2003 年	陈小鸿	磁浮交通工程技术研究中心
5	国家土建结构预制装配化工程技术研究中心	2013 年	李国强	土木工程学院、机械与能源工程学院

4. 协同创新中心

级别	编号	实验室名称	批准时间	负责人	依托院系
国家协同创新中心	1	智能型新能源汽车协同创新中心	2014 年	余卓平	汽车学院、交通运输工程学院等
	2	民用航空复合材料协同创新中心	2014 年	航空航天与力学学院	东华大学、上海交通大学、同济大学、中国商用飞机有限责任公司协同共建
省部共建	3	长三角城市群智能规划协同创新中心	2019 年(2013 年上海)	吴志强	建筑与城市规划学院

级别	编号	实验室名称	批准时间	负责人	依托院系
"2011"协同创新中心	4	智能型新能源汽车协同创新中心	2012 年	余卓平	汽车学院
交通部协同创新中心	5	重交通道路耐久与安全交通部协同创新平台	2014 年	孙立军	交通运输工程学院
上海市协同创新中心	6	海底过程研究协同创新中心	2014 年	翦知湣	海洋与地球科学学院
	7	上海市电子交易与信息服务协同创新中心	2013 年	蒋昌俊	电子与信息工程学院
	8	上海市磁浮与轨道交通协同创新中心	2013 年	陈小鸿	磁浮交通工程技术研究中心
	9	上海市人工智能社会治理协同创新中心 *	2021 年	蒋惠岭	法学院

5. 高等学校学科创新引智基地

编号	基地名称	批准时间	负责人	依托院系
1	未来城市与建筑创新引智基地	2015 年	吴志强	建筑与城市规划学院
2	土木工程防灾减灾创新引智基地	2014 年	顾祥林	土木工程学院
3	污染控制与资源化创新引智基地	2013 年	戴晓虎	环境科学与工程学院
4	交通安全学科创新引智基地	2017 年	陆键	交通运输工程学院
5	海洋(海底)地质科学创新引智基地	2018 年	翦知湣	海洋与地球科学学院
6	节能与环保汽车创新引智基地	2018 年	余卓平	汽车学院
7	干细胞与重大疾病学科创新引智基地	2020 年	陈义汉	医学院
8	生物医用高分子纳米材料临床转化学科创新引智基地	2021 年	杜建忠	材料科学与工程学院

6. 省部级重点实验室

编号	实验室名称	批准时间	负责人	依托院系
1	道路与交通工程教育部重点实验室	1993 年	凌建明	交通运输工程学院
2	长江水环境教育部重点实验室	2004 年	尹大强	环境科学与工程学院
3	先进土木工程材料教育部重点实验室	2005 年	蒋正武	材料科学与工程学院
4	嵌入式系统与服务计算教育部重点实验室	2005 年	蒋昌俊	电子与信息工程学院
5	岩土及地下工程教育部重点实验室	2007 年	黄茂松	土木工程学院
6	高密度人居环境生态与节能教育部重点实验室	2007 年	石邢	建筑与城市规划学院
7	心律失常分子遗传学教育部重点实验室	2008 年	陈义汉	医学院
8	先进微结构材料教育部国防科技重点实验室	2008 年	王占山	物理科学与工程学院
9	工程结构服役性能演化与控制教育部重点实验室	2018 年	顾祥林	土木工程学院
10	脊柱脊髓损伤再生修复教育部重点实验室	2018 年	程黎明	医学院
11	现代工程测量国家测绘地理信息局重点实验室(联合)	2004 年	童小华	测绘与地理信息学院
12	民航飞行区设施耐久与运行安全重点实验室	2017 年	凌建明	交通运输工程学院
13	桥梁结构抗风技术交通行业重点实验室	2007 年	葛耀君	土木工程学院
14	中国气象局上海城市气候变化应对重点开放实验室(联合)	2014 年	李凤亭	环境科学与工程学院、联合国环境规划署
15	磁浮技术铁路行业重点实验室	2020 年	林国斌	磁浮交通工程技术研究中心

统计资料

一、机构

（一）党群系统

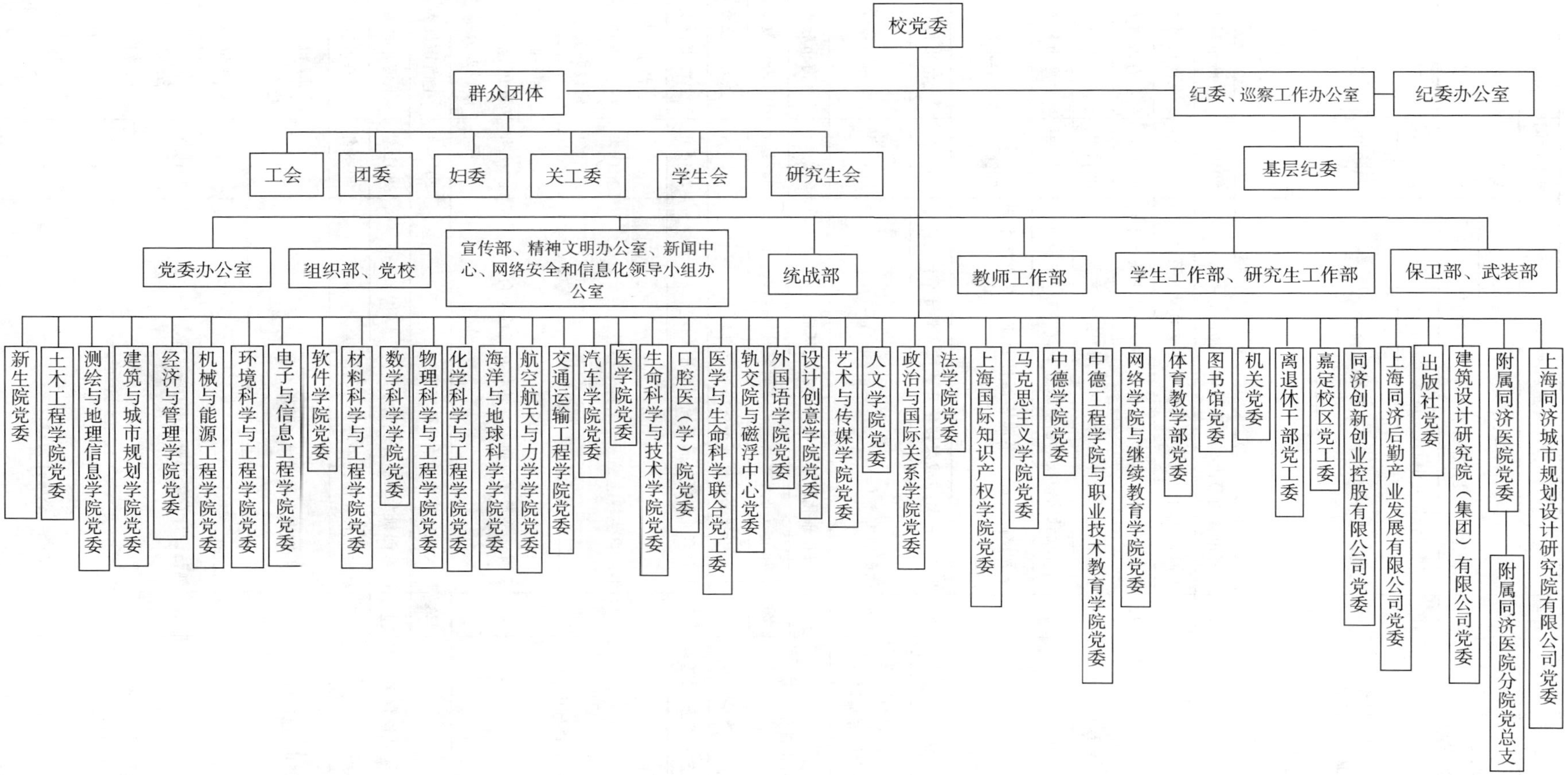

级别	编号	实验室名称	批准时间	批准单位	依托院系
教育部国际合作联合实验室	14	地震工程国际合作联合实验室	2015年	教育部	土木工程学院
	15	生态化城市设计国际合作联合实验室	2016年	教育部	建筑与城市规划学院
	16	中德联合研究中心(同济大学)	2021年	教育部	机械、电信、经管、环境、城规等
原铁道部轨道交通检测基地(省部级)	17	铁道部铁路车站计算机连锁检验站	1999年	铁道部	电子与信息工程学院
上海市"一带一路"国际联合实验室	18	巽他陆架大洋钻探	2019年	上海市科委	海洋与地球科学学院
上海市专业技术服务平台	19	上海市新能源汽车产业技术创新服务平台	2012年	上海市科委	汽车学院
	20	上海市地面交通工具风洞专业技术服务平台	2012年	上海市科委	上海地面交通工具风洞中心
	21	上海市土木基础设施抗震试验专业技术服务平台	2013年	上海市科委	土木工程学院
	22	上海市电子废弃物资源化利用专业技术服务平台	2014年	上海市科委	环境科学与工程学院
	23	上海视觉感知技术创新服务平台	2018年	上海市科委	电子与信息工程学院
	24	全光谱高性能光学薄膜器件及应用专业技术服务平台	2020年	上海市科委	物理科学与工程学院
	25	生物医药科技成果转化公共技术服务平台	2020年	上海市科委	附属第十人民医院
教育部国别和区域研究培育基地	26	德国研究中心*	2013年	上海市教委	德国研究中心
上海市前沿科学研究基地	27	上海市催化医学前沿科学研究基地	2021年	上海市教委	医学院
	28	上海市数字光学前沿科学研究基地	2021年	上海市教委	物理科学与工程学院
	29	上海市智能计算前沿科学研究基地	2021年	上海市教委	数学科学学院
上海市软科学研究基地	30	上海产业创新生态系统研究中心*	2014年	上海市科委	经济与管理学院
上海市科创中心	31	上海自主智能无人系统科学中心	2018年	上海推进科技创新中心建设办公室	电子与信息工程学院
	32	上海新能源汽车研发与转化功能性平台	2018年	上海推进科技创新中心建设办公室	汽车学院
上海高校智库	33	超大城市精细化治理研究院*	2018年	上海市教委	经济与管理学院
	34	国家创新发展研究院*	2018年	上海市教委	国家创新发展研究院
	35	教育现代化研究中心*	2018年	上海市教委	高等教育研究所
上海市重点智库	36	城市发展与管理研究基地*	2009年	上海市人民政府	文科办
上海市哲社创新研究基地	37	创新设计竞争力研究中心*	2019年	上海市社会科学规划办公室、上海市人民政府	设计创意学院
	38	邓小平与小康社会建设*	2015年	上海市社会科学规划办公室、上海市人民政府	马克思主义学院

级别	编号	实验室名称	批准时间	批准单位	依托院系
上海市习近平新时代中国特色社会主义思想研究中心	39	上海市习近平新时代中国特色社会主义思想研究中心同济大学基地 *	2017 年	上海市教卫工作党委、上海市教委	马克思主义学院
其他研究室	40	国家中医药管理局重点研究室(名中医传承模式)	2012 年	国家中医药管理局	医学院中医研究所

注:基地列表中“ * ”为文科类管理基地。

9. 同济大学投资企业一览

一级	序号	二级	股权占比	注册资金(万元)	成立时间
同济创新创业控股有限公司	1	上海同济医学发展有限公司	100%	4500.00	2007.05
	2	上海同济城市规划设计研究院有限公司	100%	3000.00	1994.02
	3	上海铁大城市轨道交通研究杂志社有限公司	100%	20.00	1998.02
	4	上海建设机器人工程技术研究中心有限公司	100%	160.00	1996.08
	5	上海同济检测技术有限公司	55%	2181.82	1999.12
	6	同济大学出版社有限公司	100%	1500.00	1994.06
	7	上海同济后勤产业发展有限公司	95%	2000.00	2002.01
	8	上海城市污染控制工程研究中心有限公司	91.95%	2734.31	1995.01
	9	同济大学建筑设计研究院(集团)有限公司	70%	6000.00	1995.04
	10	上海同济技术转移服务有限公司	100%	500.00	2011.09
	11	同济汽车设计研究院有限公司	100%	5065.00	2009.11
	12	上海同济天地创意设计有限公司	40%,建筑设计研究院 30%	300.00	2013.01
	13	上海同济科技园投资管理有限公司	100%	2500.00	2015.07
	14	上海杨浦同济科技园有限公司	60%,科技园投资管理 20%	17247.7725	2001.05
	15	上海同济绿建土建结构预制装配化工程技术有限公司	53.57%	2800.00	2016.01
	16	上海环同济设计创意集聚区开发建设有限公司	50%	500.00	2010.07
	17	上海同济工程咨询有限公司	21%,建筑设计研究院 30%	1200.00	1999.08
	18	上海同济足球俱乐部有限公司	100%	300.00	2018.01
	19	上海高校后勤服务股份有限公司	8.33%	3000.00	1998.04
	20	重庆同济研究院有限公司	100%	1000.00	2017.07
	21	苏州同济区块链研究院有限公司	43.5%	100.00	2018.12
	22	同济人工智能研究院(苏州)有限公司	40%	500.00	2018.11
	23	河北雄安中设同舟科技有限公司	35%	500.00	2018.06
	24	上海同杨实业有限公司	19%	100.00	2021.04
	25	上海同驭汽车科技有限公司	9.19%	2658.00	2016.09
	26	烟台迈百瑞国际生物医药股份有限公司	2.84%	40440.7116	2013.06
	27	上海海洋高端装备功能型平台有限公司	6.67%	3000.00	2019.07
	28	上海机动车检测认证技术研究中心有限公司	3.7%	145800.00	2016.08
	29	上海亨通海洋装备有限公司	9%	10060.00	2017.05
	30	同济股权投资基金(上海)合伙企业(有限合伙)	20%	50000.00	2020.07

10. 后勤集团

饮食服务中心
物业服务中心
会务服务中心
学生社区服务中心
幼儿园

二、学科

(一)同济大学2021年本科专业(大类)设置一览

序号	专业大类名称	专业编号	专业名称	所在学院	学制	授予学位	学科门类
1	经济管理试验班	01084	金融学	经济与管理学院	四	经济学	经济学
2		01064	国际经济与贸易		四	经济学	经济学
3		01004	行政管理		四	管理学	管理学
4		01074	会计学		四	管理学	管理学
5		01044	市场营销		四	管理学	管理学
6		01094	物流管理		四	管理学	管理学
7		01014	工程管理		四	管理学	管理学
8		01024	信息管理与信息系统		四	管理学	管理学
9	工科试验班（建筑城规景观与设计类）	02094	风景园林	建筑与城市规划学院	五	工学	工学
10		02025	城乡规划		四	工学	工学
11		02084	历史建筑保护工程		五	工学	工学
12		02015	建筑学			工学或建筑学	工学
13		02003	城市设计		四	工学	工学
14		55024	工业设计	设计创意学院	四	工学	工学
15	工科试验班（土木与环境类）	03064	港口航道与海岸工程	土木工程学院	四	工学	工学
16		03005	智能建造		四	工学	工学
17		03014	土木工程		四	工学	工学
18		03034	地质工程		四	工学	工学
19		05034	环境科学	环境科学工程学院	四	理学	工学
20		05014	环境工程		四	工学	工学
21		05024	给排水科学与工程		四	工学	工学
22		04014	建筑环境与能源应用工程	机械与能源工程学院	四	工学	工学
23	工科试验班（智能交通与车辆类）	15014	交通工程	交通运输工程学院	四	工学	工学
25		15024	交通运输		四	工学	工学
26		19025	车辆工程(汽车)	汽车学院	五	工学	工学
27		43002	车辆工程	铁道与城市轨道交通研究院	五	工学	工学
28	工科试验班（智能化制造类）	08003	新能源材料与器件	材料科学与工程学院	四	工学	工学
29		08014	材料科学与工程		四	工学	工学
30		04024	能源与动力工程	机械与能源工程学院	四	工学	工学
31		04054	工业工程		四	工学	管理学
32		04034	机械设计制造及其自动化		四	工学	工学
33		04009	智能制造工程		四	工学	工学
34		45024	飞行器制造工程	航空航天与力学学院	四	工学	工学

序号	专业大类名称	专业编号	专业名称	所在学院	学制	授予学位	学科门类
35	工科试验班（信息类）	03044	测绘工程	测绘与地理信息学院	四	工学	工学
36		10044	电气工程及其自动化	电子与信息工程学院	四	工学	工学
37		10024	自动化		四	工学	工学
38		10054	通信工程		四	工学	工学
39		10007	微电子科学与工程		四	工学	工学
40		10005	数据科学与大数据技术		四	工学	工学
41		10034	电子信息工程		四	工学	工学
42		10014	计算机科学与技术		四	工学	工学
43		10064	信息安全		四	工学	工学
44		10008	人工智能		四	工学	工学
45		42014	软件工程	软件学院	四	工学	工学
47		12474	光电信息科学与工程	物理科学与工程学院	四	工学	工学
48	医学试验班	14003	临床医学(拔尖卓越培养)	医学院	五	医学	医学
49		14002	临床医学(5＋3一体化)		五	医学	医学
50		14015	临床医学		五	医学	医学
51		14025	口腔医学	口腔医学院	五	医学	医学
52		17014	生物技术	生命科学与技术学院	四	理学	理学
53		17024	生物信息学		四	理学	理学
54	理科试验班	31004	海洋技术	海洋与地球科学学院	四	理学	理学
55		31024	地球物理学		四	理学	理学
56		31006	海洋科学		四	工学	工学
57		45014	工程力学	航空航天与力学学院	四	工学	工学
58		12284	统计学	数学科学学院	四	理学	理学
59		12234	数学与应用数学		四	理学	理学
60		12464	应用物理学	物理科学与工程学院	四	理学	理学
61		12344	应用化学	化学科学与工程学院	四	理学	理学
62		12354	化学工程与工艺		四	工学	工学
63	人文科学试验班	18024	广播电视学	艺术与传媒学院	四	文学	文学
64		18014	广告学		四	文学	文学
65		11034	日语	外国语学院	四	文学	文学
66		11024	英语		四	文学	文学
67		11014	德语		四	文学	文学
68		07004	汉语言文学	人文学院	四	哲学	哲学
69		07914	文化产业管理		四	管理学	管理学
70		07094	哲学		四	文学	文学
71	社会科学试验班	52014	法学	法学院	四	法学	法学
72		53014	政治学与行政学	政治与国际关系学院	四	法学	法学
73		53024	社会学		四	法学	法学
74	设计学类	55054	产品设计	设计创意学院	四	艺术学	艺术学
75		55044	环境设计		四	艺术学	艺术学
76		55034	视觉传达设计		四	艺术学	艺术学

序号	专业大类名称	专业编号	专业名称	所在学院	学制	授予学位	学科门类
77	动画	18044	动画	艺术与传媒学	四	艺术学	艺术学
78	广播电视编导	18024	广播电视编导		四	艺术学	艺术学
79	音乐表演	48014	音乐表演		四	艺术学	艺术学
80	表演	44014	表演		四	艺术学	艺术学
81	机械类（中外合作办学）	51014	机械电子工程	中德工程学院	四	工学	工学
82		51024	汽车服务工程		四	工学	工学
83		51034	建筑电气与智能化		四	工学	工学
84	护理学	14044	护理学	医学院	四	理学	医学
85	康复治疗学	14054	康复治疗学		四	理学	医学
86	马克思主义理论	54001	马克思主义理论	马克思主义学院	四	法学	法学
87	运动训练	00802	运动训练	国际足球学院	四	教育学	教育学

注：强基计划专业有数学与应用数学、应用物理学、应用化学、生物技术，培养采用本一研衔接模式。

（二）博士后流动站

土木工程博士后流动站
建筑学博士后流动站
城乡规划学博士后流动站
海洋科学博士后流动站
地质资源与地质工程博士后流动站
机械工程博士后流动站
交通运输工程博士后流动
物理学博士后流动站
控制科学与工程博士后流动站
环境科学与工程博士后流动站
管理科学与工程博士后流动站
材料科学与工程博士后流动站
测绘科学与技术博士后流动站
力学博士后流动站
数学博士后流动站
化学博士后流动站
地球物理学博士后流动站
计算机科学与技术博士后流动站
生物医学工程博士后流动站
生物学博士后流动站
临床医学博士后流动站
口腔医学博士后流动站
工商管理博士后流动站
哲学博士后流动站
马克思主义理论博士后流动站
应用经济学博士后流动站
政治学博士后流动站
外国语言文学博士后流动站
风景园林学博士后流动站
设计学博士后流动站

三、教职工情况

（一）两院院士名录（2021）

中国科学院院士	中国工程院院士
孙钧、汪品先、姚熹、裴钢、周兴铭、郑时龄、陈义汉、常青、李杰	李同保、项海帆、郭重庆、卢耀如、钟志华、吴志强、陈杰、段宁、徐祖信、吕西林、蒋昌俊、朱合华、赫尔伯特·芒（HerbertA. Mang）、保罗·斯潘诺斯（Pol D. Spanos）、奥托·海因里希·赫尔佐格（Otto Heinrich Herzog）、贝斯科斯（Dimitri E. Beskos）

（二）2021年度其他人才计划入选情况

“长江学者奖励计划”特聘教授：祝捷、黄佳、何良华、程名望、钟宁桦、张丰收、门洪华、靳令经。

国家杰出青年基金：李翔、许维、陈永贵、孙剑、王启刚、张鹏、裴艳中。

“万人计划”科技创新领军人才：程国锋、杨金虎、程黎明、钟锦强。

“万人计划”哲学社会科学领军人才：陈强。

“万人计划”青年拔尖人才:冯永玖、刘成菊、王本锋、黎雷、肖军华、刘晓雨、彭铭、吕玺琳、张锦龙、王姝晶。

国家优秀青年科学基金:高炳钊、孙秀婷、赵红颖、乐融融、黄恩清、陈家斌、陈庆、周楠、梁丹丹、王琳、左为、方兰、张云芳、罗剑。

百千万人才工程:秦环龙、刘占举。

“长江学者奖励计划”青年学者:李江涛、张林、赵程、郑青亮、赵峦啸、陈嘉瑜、胡飞、罗剑。

(三)高等教育学校教职工情况(2021—2022年)

指标名称	代码	教职工数							校外教师	行业导师	外籍教师	离退休人员	附属中小学幼儿园教职工
			专任教师	行政人员	教辅人员	工勤人员	专职科研人员	其他附设机构人员					
甲	乙	1	2	3	4	5	6	7	8	9	10	11	12
总计	01	5634	2806	1087	1182	164	136	259	654	598	68	6930	81
#女	02	2436	966	723	622	17	38	70	265	249	15	3180	70
#在编人员	03	5194	2761	954	986	163	71	259	—	—	—	—	—

（四）高等教育学校教师授课分类情况（2021—2022年）

指标名称	代码	本学年				本学年				本学年			本学年			本学年				
		授课 专任教师	公共基础课	思政课	专业课程	授课 校外教师	公共基础课	思政课	专业课程	授课 行业导师	公共基础课	专业课程	授课 外籍教师	公共基础课	专业课程	不授课 专任教师	进修	科研	病休	其他
甲	乙	1	2	3	4	5	6	7	8	9	10	11	12	13	14	15	16	17	18	19
总计	01	2671	532	64	2139	344	15	0	329	316	10	306	52	5	47	121	0	121	0	0
#女	02	920	240	30	680	157	10	0	147	144	5	139	14	1	13	32	0	32	0	0
正高级	03	1033	124	16	909	116	1	0	115	110	1	109	24	2	22	63	0	63	0	0
#为本科生上课	04	954	124	16	830	94	1	0	93	93	1	92	19	2	17	0	0	0	0	0
副高级	05	1020	211	25	809	78	3	0	75	77	3	74	7	2	5	25	0	25	0	0
#为本科生上课	06	963	209	25	754	66	3	0	63	66	3	63	4	2	2	0	0	0	0	0
中级	07	604	193	23	411	96	4	0	92	95	4	91	6	0	6	28	0	28	0	0
初级	08	0	0	0	0	0	0	0	0	0	0	0	0	0	0	0	0	0	0	0
未定职级	09	14	4	0	10	54	7	0	47	34	2	32	15	1	14	5	0	5	0	0

（五）职业教育学校、高等学校教师分学历（位）情况（2021—2022年）

指标名称	代码	合计	博士研究生			硕士研究生			本科			专科			高中阶段以下
				获博士学位	获硕士学位		获博士学位	获硕士学位		获博士学位	获硕士学位		获博士学位	获硕士学位	
甲	乙	1	2	3	4	5	6	7	8	9	10	11	12	13	14
专任教师	01	2792	2315	2314	1	305	4	295	169	0	57	3	0	0	0
#女	02	952	741	741	0	152	3	146	59	0	34	0	0	0	0
正高级	03	1096	1048	1047	1	31	1	29	16	0	4	1	0	0	0
副高级	04	1045	893	893	0	90	1	88	60	0	19	2	0	0	0
中级	05	632	362	362	0	179	2	173	91	0	34	0	0	0	0
初级	06	0	0	0	0	0	0	0	0	0	0	0	0	0	0
未定职级	07	19	12	12	0	5	0	5	2	0	0	0	0	0	0
校外教师	08	654	486	382	1	94	9	65	74	9	17	0	0	0	0
#女	09	265	171	142	0	50	4	32	44	5	12	0	0	0	0
#两年以上	10	638	475	379	1	90	9	64	73	9	17	0	0	0	0
正高级	11	229	208	158	1	12	3	5	9	3	0	0	0	0	0
副高级	12	167	133	114	0	20	4	16	14	4	2	0	0	0	0
中级	13	176	100	83	0	44	2	34	32	2	13	0	0	0	0
初级	14	0	0	0	0	0	0	0	0	0	0	0	0	0	0
未定职级	15	82	45	27	0	18	0	10	19	0	2	0	0	0	0
行业导师	16	598	437	358	1	88	8	62	73	9	17	0	0	0	0
外籍教师	17	68	66	48	0	2	0	2	0	0	0	0	0	0	0

(六)职业教育学校、高等教育学校专任教师分年龄情况(2021—2022年)

指标名称		代码	合计	29岁及以下	30～34岁	35～39岁	40～44岁	45～49岁	50～54岁	55～59岁	60～64岁	65岁及以上
甲		乙	1	2	3	4	5	6	7	8	9	10
总　计		01	2792	8	133	406	528	557	521	550	81	8
#女		02	952	6	51	156	202	240	198	93	5	1
#获博士学位		03	2318	4	120	373	478	489	382	393	72	7
#获硕士学位		04	353	4	13	30	47	60	102	92	4	1
按专业技术职务分	正高级	05	1096	0	16	82	161	209	201	340	79	8
	副高级	06	1045	1	30	209	240	214	199	152	0	0
	中级	07	632	6	85	112	125	133	118	53	0	0
	初级	08	0	0	0	0	0	0	0	0	0	0
	未定职级	09	19	1	2	3	2	1	3	5	2	0
按学历(学位)分	博士研究生	10	2315	4	120	372	478	487	382	393	72	7
	#获博士学位	11	2314	4	120	372	478	487	381	393	72	7
	#获硕士学位	12	1	0	0	0	0	0	1	0	0	0
	硕士研究生	13	305	4	13	29	39	50	82	83	4	1
	#获博士学位	14	4	0	0	1	0	2	1	0	0	0
	#获硕士学位	15	295	4	13	27	39	48	79	80	4	1
	本科	16	169	0	0	5	11	19	57	72	5	0
	#获博士学位	17	0	0	0	0	0	0	0	0	0	0
	#获硕士学位	18	57	0	0	3	8	12	22	12	0	0
	专科	19	3	0	0	0	0	1	0	2	0	0
	#获博士学位	20	0	0	0	0	0	0	0	0	0	0
	#获硕士学位	21	0	0	0	0	0	0	0	0	0	0
	高中阶段以下	22	0	0	0	0	0	0	0	0	0	0

(七)高等教育学校专任教师教学领域分学科门类情况(2021—2022年)

指标名称	代码	合　计	正高级	副高级	中　级	初　级	未定职称
甲	乙	1	2	3	4	5	6
总　计	01	2792	1096	1045	632	0	19
#女	02	952	217	422	305	0	8
哲学	03	58	24	22	12	0	0
#马克思主义哲学	04	10	5	1	4	0	0
经济学	05	37	11	18	8	0	0
法学	06	144	49	63	31	0	1
教育学	07	115	9	48	56	0	2
文学	08	221	36	80	105	0	0

指标名称	代码	合　计	正高级	副高级	中　级	初　级	未定职称
历史学	09	3	1	0	2	0	0
理学	10	365	200	116	47	0	2
工学	11	1468	645	559	258	0	6
农学	12	0	0	0	0	0	0
医学	13	115	50	39	24	0	2
管理学	14	155	55	58	41	0	1
艺术学	15	111	16	42	48	0	5

(八)研究生指导教师情况(2021—2022 年)

指标名称		代码	合计	#人事关系在本校	29 岁及以下	30～34 岁	35～39 岁	40～44 岁	45～49 岁	50～54 岁	55～59 岁	60～64 岁	65 岁及以上
甲		乙	1	2	3	4	5	6	7	8	9	10	11
总计		01	3063	2889	2	136	447	573	579	489	547	181	109
#女		02	910	—	2	45	158	211	214	158	99	18	5
按专业技术职务分	正高级	03	1623	1474	0	54	112	187	270	277	446	170	107
	副高级	04	1073	1053	1	30	233	277	244	180	95	11	2
	中级	05	367	362	1	52	102	109	65	32	6	0	0
按指导关系分	博士导师	06	212	111	0	3	13	7	20	25	48	32	64
	#女	07	29	—	0	1	4	1	6	3	6	4	4
	硕士导师	08	1283	1260	2	77	249	302	245	217	143	35	13
	#女	09	550	—	2	28	109	158	117	90	40	6	0
	博士、硕士导师	10	1568	1518	0	56	185	264	314	247	356	114	32
	#女	11	331	—	0	16	45	52	91	65	53	8	1

(九)专任教师变动情况(2021—2022 年)

指标名称	代码	上学年初专任教师数	增加教师数	招聘	#应届毕业生	师范生	调入	外校	校内变动	学段调整	其他	减少教师数	退休	死亡	调出	辞职	校内变动	学段调整	其他	本学年初专任教师数
甲	乙	1	2	3	4	5	6	7	8	9	10	11	12	13	14	15	16	17	18	19
高等教育学校	13	2785	154	5	5	0	31	31	118	0	0	147	82	5	0	31	23	0	6	2792
#女	14	942	52	1	1	0	7	7	44	0	0	42	22	3	0	10	6	0	1	952

(十)教职工中其他情况(2021—2022年)

指标名称	代码	中共党员	共青团员	民主党派	香港	澳门	台湾	华侨	少数民族
甲	乙	1	2	3	4	5	6	7	8
教职工	01	3271	32	399	2	0	4	0	142
＃女	02	1489	25	173	1	0	2	0	78
专任教师	03	1649	0	267	0	0	4	0	76
高等教育学校	16	1649	0	267	0	0	4	0	76
＃女	17	557	0	93	0	0	2	0	38

(十一)上学年专任教师接受培训情况(2021—2022年)

指标名称	计量单位	代码	上学年数量
甲	乙	丙	1
接受过培训的专任教师	人	01	389
36学时以下	人	02	91
37～72学时	人	03	63
73～108学时	人	04	211
109学时以上	人	05	24
按层次划分	—	—	—
＃国家级	人	06	0
＃省级	人	07	0
＃地级	人	08	0
＃县级	人	09	0
＃校级	人	10	389
＃国(境)外	人	11	0

四、学生情况

(一)博士研究生分专业(领域)学生数(2021—2022年)

指标名称	代码	毕业生数	授予学位数	招生数	在校生数	一年级	二年级	三年级	四年级	五年级以上	预计毕业生数
甲	乙	1	2	3	4	5	6	7	8	9	10
总计	01	766	794	1665	7555	1665	1763	2470	1059	598	2455
＃女	02	283	294	680	2977	680	709	961	424	203	944
全日制博士研究生	03	763	789	1578	7265	1578	1651	2384	1054	598	2433
学术学位	04	670	721	1251	6191	1251	1304	2073	965	598	2172
专业学位	05	93	68	327	1074	327	347	311	89	0	261
非全日制博士研究生	06	3	5	87	290	87	112	86	5	0	22
学术学位	07	0	0	13	38	13	14	11	0	0	1
专业学位	08	3	5	74	252	74	98	75	5	0	21

(二)硕士研究生分专业(领域)学生数(2021—2022年)

指标名称	代码	毕业生数	授予学位数	招生数	在校生数						预计毕业生数
						一年级	二年级	三年级	四年级	五年级以上	
甲	乙	1	2	3	4	5	6	7	8	9	10
总计	01	4449	4354	5767	19401	5767	7796	5838	0	0	8890
#女	02	2078	2023	2635	8935	2635	3619	2681	0	0	4164
全日制硕士研究生	03	3610	3184	3768	11319	3768	3814	3737	0	0	3882
学术学位	04	1741	1727	2034	6144	2034	2072	2038	0	0	2041
专业学位	05	1869	1457	1734	5175	1734	1742	1699	0	0	1841
非全日制硕士研究生	06	839	1170	1999	8082	1999	3982	2101	0	0	5008
学术学位	07	23	22	39	163	39	47	77	0	0	77
专业学位	08	816	1148	1960	7919	1960	3935	2024	0	0	4931

(三)普通本科分专业学生数(2021—2022年)

指标名称	代码	毕业生数		授予学位数	招生数		在校生数							预计毕业生数
			师范生			师范生		师范生	一年级	二年级	三年级	四年级	五年级以上	
甲	乙	1	2	3	4	5	6	7	8	9	10	11	12	13
总计	01	4015	0	4015	4301	0	18514	0	4448	4453	4507	4518	588	4522
女	02	1576	0	1576	1617	0	6949	0	1680	1702	1673	1674	220	1667
高中起点本科	03	4015	0	4015	4301	0	18513	0	4448	4452	4507	4518	588	4521
专科起点本科	04	0	0	0	0	0	0	0	0	0	0	0	0	0
第二学士学位	05	0	0	0	0	0	1	0	0	1	0	0	0	1

(四)成人本科分专业学生数(2021—2022年)

指标名称	代码	毕业生数	授予学位数	招生数	在校生数							预计毕业生数
						一年级	二年级	三年级	四年级	五年级	六年级以上	
甲	乙	1	2	3	4	5	6	7	8	9	10	11
总计	01	2044	136	1765	6292	1765	2258	2227	0	24	18	2269
女	02	1415	100	1091	4013	1091	1450	1445	0	21	6	1472
函授	03	146	10	122	341	122	111	108	0	0	0	108
业余	04	1898	126	1643	5951	1643	2147	2119	0	24	18	2161
脱产	05	0	0	0	0	0	0	0	0	0	0	0

(五)成人专科分专业学生数(2021—2022年)

指标名称	代码	毕业生数	招生数	在校生数					预计毕业生数
					一年级	二年级	三年级	四年级以上	
甲	乙	1	2	3	4	5	6	7	8
总计	01	52	49	132	49	45	38	0	38
女	02	6	10	19	10	2	7	0	7
函授	03	45	49	128	49	45	34	0	34
业余	04	7	0	4	0	0	4	0	4
脱产	05	0	0	0	0	0	0	0	0

(六)国际学生基本情况(2021—2022年)

指标名称		代码	毕(结)业生数	授予学位数	招生数	在校生(注册)
甲		乙	1	2	3	4
专科		11	0	—	0	0
#女		12	0	—	0	0
本科		13	126	81	281	829
#女		14	42	34	132	411
硕士研究生		15	131	128	290	626
#女		16	53	52	138	278
博士研究生		17	8	8	77	236
#女		18	2	2	14	49
按大洲分	亚洲	19	71	61	293	881
	非洲	20	63	56	71	237
	欧洲	21	113	86	213	336
	北美洲	22	9	6	31	112
	南美洲	23	5	4	35	106
	大洋洲	24	4	4	5	19
另有非学历教育(培训)		25	323	—	233	397

(七)学生变动情况(2021—2022年)

指标名称	代码	上学年初在校生数	增加学生数						减少学生数									本学年初在校生数
				招生	复学	转入	退役复学	其他		毕业	结业	休学	退学	死亡	转出	应征入伍	其他	
甲	乙	1	2	3	4	5	6	7	8	9	10	11	12	13	14	15	16	17
高职专科生	20	0	0	0	0	0	0	0	0	0	0	0	0	0	0	0	0	0
高职本科生	21	0	0	0	0	0	0	0	0	0	0	0	0	0	0	0	0	0
普通本科生	22	18510	4583	4301	219	8	55	0	4579	4015	187	210	72	3	2	90	0	18514
成人专科生	23	135	49	49	0	0	0	0	52	52	0	0	0	0	0	0	0	132
成人本科生	24	6661	1791	1765	26	0	0	0	2160	2044	0	20	95	0	1	0	0	6292

指标名称	代码	上学年初在校生数	增加学生数	招生	复学	转入	退役复学	其他	减少学生数	毕业	结业	休学	退学	死亡	转出	应征入伍	其他	本学年初在校生数
网络专科生	25	0	0	0	0	0	0	0	0	0	0	0	0	0	0	0	0	0
网络本科生	26	0	0	0	0	0	0	0	0	0	0	0	0	0	0	0	0	0
硕士研究生	27	18387	5807	5767	29	0	1	10	4793	4449	39	45	49	1	0	1	209	19401
博士研究生	28	6723	1679	1665	14	0	0	0	847	766	36	15	19	1	0	0	10	7555

(八)高等教育分年龄在校学生数(2021—2022 年)

指标名称	代码	高职专科	#女	高职本科	#女	普通本科	#女	成人专科	#女	成人本科	#女	网络专科	#女	网络本科	#女	硕士研究生	#女	博士研究生	#女
甲	乙	1	2	3	4	5	6	7	8	9	10	11	12	13	14	15	16	17	18
总计	01	0	0	0	0	18514	6949	132	19	6292	4013	0	0	0	0	19401	8935	7555	2977
17 岁以下	02	0	0	0	0	498	216	0	0	0	0	0	0	0	0	0	0	0	0
18 岁	03	0	0	0	0	2948	1132	0	0	0	0	0	0	0	0	4	3	0	0
19 岁	04	0	0	0	0	4396	1686	0	0	0	0	0	0	0	0	11	5	0	0
20 岁	05	0	0	0	0	4077	1502	1	1	0	0	0	0	0	0	37	17	4	2
21 岁	06	0	0	0	0	4174	1602	0	0	39	21	0	0	0	0	686	322	104	51
22 岁	07	0	0	0	0	1781	638	0	0	221	140	0	0	0	0	2343	1067	316	129
23 岁	08	0	0	0	0	489	147	0	0	611	443	0	0	0	0	3171	1496	432	185
24 岁	09	0	0	0	0	102	25	1	0	899	651	0	0	0	0	3064	1437	614	257
25 岁	10	0	0	0	0	20	1	2	1	926	637	0	0	0	0	1675	764	833	359
26 岁	11	0	0	0	0	7	0	1	0	730	526	0	0	0	0	1101	481	1015	410
27 岁	12	0	0	0	0	4	0	1	0	575	415	0	0	0	0	803	392	864	341
28 岁	13	0	0	0	0	10	0	1	0	424	275	0	0	0	0	661	305	773	297
29 岁	14	0	0	0	0	2	0	5	0	295	189	0	0	0	0	660	318	531	200
30 岁	15	0	0	0	0	1	0	11	1	234	129	0	0	0	0	588	285	396	157
31 岁以上	16	0	0	0	0	5	0	109	16	1338	587	0	0	0	0	4597	2043	1673	589

(九)在校生中其他情况(2021—2022 年)

指标名称	代码	中共党员	共青团员	民主党派	香港	澳门	台湾	华侨	少数民族	残疾人
甲	乙	1	2	3	4	5	6	7	8	9
高职专科学生	15	0	0	0	0	0	0	0	0	0
高职本科学生	16	0	0	0	0	0	0	0	0	0
普通本科生	17	1088	16504	0	86	12	43	0	2114	0
成人专科生	18	0	0	0	0	0	0	0	5	0
成人本科生	19	0	0	0	0	0	0	0	115	0
网络专科生	20	0	0	0	0	0	0	0	0	0
网络本科生	21	0	0	0	0	0	0	0	0	0
硕士研究生	22	4343	9851	50	18	5	73	0	958	1
博士研究生	23	3199	2627	35	3	1	4	0	369	0

(十)高等教育招生、在校生来源情况(2021—2022年)

指标名称	代码	招生数				在校生数									
			高职专科生	高职本科生	普通本科生		高职专科生	高职本科生	普通本科生	成人专科生	成人本科生	网络专科生	网络本科生	硕士研究生	博士研究生
甲	乙	1	2	3	4	5	6	7	8	9	10	11	12	13	14
总计	01	4301	0	0	4301	51894	0	0	18514	132	6292	0	0	19401	7555
北京	02	35	0	0	35	365	0	0	122	0	0	0	0	167	76
天津	03	73	0	0	73	341	0	0	167	0	0	0	0	130	44
河北	04	165	0	0	165	1408	0	0	783	0	0	0	0	402	223
山西	05	129	0	0	129	1290	0	0	585	0	0	0	0	428	277
内蒙古	06	69	0	0	69	530	0	0	300	0	0	0	0	143	87
辽宁	07	115	0	0	115	988	0	0	492	0	0	0	0	333	163
吉林	08	89	0	0	89	657	0	0	387	0	0	0	0	172	98
黑龙江	09	87	0	0	87	834	0	0	430	0	0	0	0	262	142
上海	10	510	0	0	510	13497	0	0	1628	132	6292	0	0	4477	968
江苏	11	172	0	0	172	4310	0	0	844	0	0	0	0	2795	671
浙江	12	165	0	0	165	2642	0	0	795	0	0	0	0	1442	405
安徽	13	215	0	0	215	3151	0	0	1041	0	0	0	0	1485	625
福建	14	171	0	0	171	1391	0	0	748	0	0	0	0	439	204
江西	15	181	0	0	181	1862	0	0	855	0	0	0	0	685	322
山东	16	178	0	0	178	2837	0	0	806	0	0	0	0	1169	862
河南	17	243	0	0	243	2904	0	0	1156	0	0	0	0	1101	647
湖北	18	100	0	0	100	1275	0	0	491	0	0	0	0	515	269
湖南	19	163	0	0	163	1516	0	0	757	0	0	0	0	521	238
广东	20	116	0	0	116	1158	0	0	407	0	0	0	0	600	151
广西	21	143	0	0	143	870	0	0	603	0	0	0	0	189	78
海南	22	27	0	0	27	158	0	0	100	0	0	0	0	42	16
重庆	23	116	0	0	116	906	0	0	489	0	0	0	0	290	127
四川	24	232	0	0	232	1869	0	0	1087	0	0	0	0	535	247
贵州	25	156	0	0	156	926	0	0	657	0	0	0	0	183	86
云南	26	138	0	0	138	827	0	0	595	0	0	0	0	146	86
西藏	27	36	0	0	36	134	0	0	128	0	0	0	0	4	2
陕西	28	94	0	0	94	874	0	0	451	0	0	0	0	265	158
甘肃	29	142	0	0	142	956	0	0	623	0	0	0	0	193	140
青海	30	25	0	0	25	137	0	0	106	0	0	0	0	20	11
宁夏	31	38	0	0	38	226	0	0	139	0	0	0	0	49	38
新疆	32	150	0	0	150	810	0	0	601	0	0	0	0	123	86
香港	33	11	0	0	11	107	0	0	86	0	0	0	0	18	3
澳门	34	10	0	0	10	18	0	0	12	0	0	0	0	5	1
台湾	35	7	0	0	7	120	0	0	43	0	0	0	0	73	4
华侨	36	0	0	0	0	0	0	0	0	0	0	0	0	0	0

（十一）普通本科、高职本科录取类型来源情况（2021—2022 年）

指标名称	代码	录取数	第二学士学位	预科生转入	专科起点本科	保留入学资格	专项计划			生源类别					预科生
							国家专项	地方专项	高校专项	普通高中		中等职业教育		其他	
										应届	往届	应届	往届		
甲	乙	1	2	3	4	5	6	7	8	9	10	11	12	13	14
总计	01	4364	0	48	0	3	333	0	248	4019	222	3	5	115	48
北京	02	36	0	0	0	0	0	0	0	33	3	0	0	0	0
天津	03	74	0	0	0	0	0	0	0	68	6	0	0	0	0
河北	04	165	0	0	0	0	9	0	9	153	12	0	0	0	0
山西	05	130	0	0	0	0	3	0	3	112	18	0	0	0	0
内蒙古	06	69	0	4	0	0	7	0	3	62	2	1	0	4	4
辽宁	07	115	0	0	0	1	0	0	8	111	3	0	0	1	0
吉林	08	90	0	0	0	0	2	0	1	84	6	0	0	0	0
黑龙江	09	90	0	0	0	0	3	0	2	86	4	0	0	0	0
上海	10	515	0	0	0	0	0	0	0	507	4	1	2	1	0
江苏	11	171	0	0	0	0	0	0	17	166	5	0	0	0	0
浙江	12	164	0	0	0	0	0	0	11	155	7	0	0	2	0
安徽	13	216	0	0	0	0	30	0	11	206	10	0	0	0	0
福建	14	171	0	0	0	0	0	0	22	168	2	0	0	1	0
江西	15	182	0	0	0	0	22	0	16	172	10	0	0	0	0
山东	16	179	0	0	0	0	0	0	18	166	13	0	0	0	0
河南	17	246	0	0	0	1	40	0	46	222	23	0	0	1	0
湖北	18	103	0	0	0	0	13	0	4	92	10	0	1	0	0
湖南	19	163	0	0	0	0	20	0	6	161	2	0	0	0	0
广东	20	117	0	0	0	1	0	0	1	112	5	0	0	0	0
广西	21	143	0	0	0	0	10	0	7	132	11	0	0	0	0
海南	22	27	0	0	0	0	0	0	1	27	0	0	0	0	0
重庆	23	120	0	0	0	0	13	0	9	114	6	0	0	0	0
四川	24	234	0	5	0	0	25	0	30	208	21	0	0	5	5
贵州	25	157	0	4	0	0	28	0	11	146	5	0	2	4	4
云南	26	138	0	6	0	0	30	0	6	123	9	0	0	6	6
西藏	27	8	0	0	0	0	2	0	1	6	2	0	0	0	0
陕西	28	95	0	0	0	0	20	0	0	90	4	1	0	0	0
甘肃	29	143	0	0	0	0	37	0	3	133	10	0	0	0	0
青海	30	25	0	0	0	0	4	0	0	24	1	0	0	0	0
宁夏	31	38	0	2	0	0	5	0	2	34	2	0	0	2	2
新疆	32	117	0	27	0	0	10	0	0	84	6	0	0	27	27
新疆班	33	34	0	0	0	0	0	0	0	34	0	0	0	0	0
西藏班	34	28	0	0	0	0	0	0	0	28	0	0	0	0	0
香港	35	30	0	0	0	0	0	0	0	0	0	0	0	30	0

指标名称	代码	录取数													预科生
			第二学士学位	预科生转入	专科起点本科	保留入学资格	专项计划			生源类别					
							国家专项	地方专项	高校专项	普通高中		中等职业教育		其他	
										应届	往届	应届	往届		
澳门	36	11	0	0	0	0	0	0	0	0	0	0	0	11	0
台湾	37	20	0	0	0	0	0	0	0	0	0	0	0	20	0
华侨	38	0	0	0	0	0	0	0	0	0	0	0	0	0	0

（十二）普通本科、高职本科招生类型来源情况（2021—2022年）

指标名称	代码	招生数													预科生
			第二学士学位	预科生转入	专科起点本科	恢复入学资格	专项计划			生源类别					
							国家专项	地方专项	高校专项	普通高中		中等职业教育		其他	
										应届	往届	应届	往届		
甲	乙	1	2	3	4	5	6	7	8	9	10	11	12	13	14
总计	01	4301	0	48	0	6	330	0	247	3984	223	4	7	83	48
北京	02	35	0	0	0	0	0	0	0	32	3	0	0	0	0
天津	03	73	0	0	0	0	0	0	0	67	6	0	0	0	0
河北	04	165	0	0	0	1	9	0	9	152	12	1	0	0	0
山西	05	129	0	0	0	0	3	0	3	111	18	0	0	0	0
内蒙古	06	69	0	4	0	0	7	0	3	62	2	1	0	4	4
辽宁	07	115	0	0	0	1	0	0	8	110	3	0	1	1	0
吉林	08	89	0	0	0	0	2	0	1	83	6	0	0	0	0
黑龙江	09	87	0	0	0	0	3	0	2	83	4	0	0	0	0
上海	10	510	0	0	0	2	0	0	0	501	4	1	3	1	0
江苏	11	172	0	0	0	1	0	0	17	166	6	0	0	0	0
浙江	12	165	0	0	0	1	0	0	11	155	7	0	0	3	0
安徽	13	215	0	0	0	0	30	0	11	205	10	0	0	0	0
福建	14	171	0	0	0	0	0	0	22	168	2	0	0	1	0
江西	15	181	0	0	0	0	22	0	16	171	10	0	0	0	0
山东	16	178	0	0	0	0	0	0	18	165	13	0	0	0	0
河南	17	243	0	0	0	0	37	0	46	219	23	0	0	1	0
湖北	18	100	0	0	0	0	13	0	3	89	10	0	1	0	0
湖南	19	163	0	0	0	0	20	0	6	161	2	0	0	0	0
广东	20	116	0	0	0	0	0	0	1	111	5	0	0	0	0
广西	21	143	0	0	0	0	10	0	7	132	11	0	0	0	0
海南	22	27	0	0	0	0	0	0	1	27	0	0	0	0	0
重庆	23	116	0	0	0	0	13	0	9	110	6	0	0	0	0
四川	24	232	0	5	0	0	25	0	30	206	21	0	0	5	5
贵州	25	156	0	4	0	0	28	0	11	145	5	0	2	4	4
云南	26	138	0	6	0	0	30	0	6	123	9	0	0	6	6
西藏	27	8	0	0	0	0	2	0	1	6	2	0	0	0	0

指标名称	代码	招生数													预科生
			第二学士学位	预科生转入	专科起点本科	恢复入学资格	专项计划			生源类别					
							国家专项	地方专项	高校专项	普通高中		中等职业教育		其他	
										应届	往届	应届	往届		
陕西	28	94	0	0	0	0	20	0	0	89	4	1	0	0	0
甘肃	29	142	0	0	0	0	37	0	3	132	10	0	0	0	0
青海	30	25	0	0	0	0	4	0	0	24	1	0	0	0	0
宁夏	31	38	0	2	0	0	5	0	2	34	2	0	0	2	2
新疆	32	116	0	27	0	0	10	0	0	83	6	0	0	27	27
新疆班	33	34	0	0	0	0	0	0	0	34	0	0	0	0	0
西藏班	34	28	0	0	0	0	0	0	0	28	0	0	0	0	0
香港	35	11	0	0	0	0	0	0	0	0	0	0	0	11	0
澳门	36	10	0	0	0	0	0	0	0	0	0	0	0	10	0
台湾	37	7	0	0	0	0	0	0	0	0	0	0	0	7	0
华侨	38	0	0	0	0	0	0	0	0	0	0	0	0	0	0

五、高等教育学校(普通)校舍情况

(一)高等教育学校(普通)校舍情况(2021—2022年)

单位:平方米

指标名称	代码	学校产权校舍建筑面积				正在施工校舍建筑面积	非学校产权校舍建筑面积		
		上学年校舍建筑面积	增加面积	减少面积	本学年校舍建筑面积			独立使用	共同使用
甲	乙	1	2	3	4	5	6	7	8
总计	01	1831256.4	101103.12	94915.8	1837443.72	480028	163042	163042	0
#C级危房	02	0	0	0	0	—	0	0	0
#D级危房	03	0	0	0	0	—	0	0	0
#被外单位租(借)用	04	110786.08	0	43123.22	67662.86	—	—	—	—
一、教学及辅助用房	05	884599.82	40344.86	20243.99	904700.69	279911	0	0	0
教室	06	160612.96	0	7995	152617.96	0	0	0	0
#艺术院校专业课教室	07	0	0	0	0	0	0	0	0
实验实习用房	08	309877.39	13315.09	0	323192.48	37107	0	0	0
专职科研机构办公及研究用房	09	266249.07	0	0	266249.07	234054	0	0	0
图书馆	10	74497.21	0	0	74497.21	1000	0	0	0
室内体育用房	11	37871.8	0	0	37871.8	0	0	0	0
师生活动用房	12	17850.62	27029.77	0	44880.39	0	0	0	0
会堂	13	12748.99	0	12248.99	500	7750	0	0	0
继续教育用房	14	4891.78	0	0	4891.78	0	0	0	0

指标名称	代码	学校产权校舍建筑面积				正在施工校舍建筑面积	非学校产权校舍建筑面积		
		上学年校舍建筑面积	增加面积	减少面积	本学年校舍建筑面积			独立使用	共同使用
二、行政办公用房	15	79660.97	0	211.58	79449.39	9267	0	0	0
校行政办公用房	16	26368.92	0	0	26368.92	0	0	0	0
院系及教师办公用房	17	53292.05	0	211.58	53080.47	9267	0	0	0
三、生活用房	18	634943.92	60674.74	2768	692850.66	77393	163042	163042	0
学生宿舍(公寓)	19	339862.65	33909.67	0	373772.32	49350	151645.4	151645.4	0
食堂	20	28462.84	5967.03	2768	31661.87	2500	11396.6	11396.6	0
单身教师宿舍(公寓)	21	103956.49	0	0	103956.49	12600	0	0	0
后勤及辅助用房	22	162661.94	20798.04	0	183459.98	12943	0	0	0
四、教工住宅	23	21279.54	40.03	0	21319.57	0	—	—	—
五、其他用房	24	210772.15	43.49	71692.23	139123.41	113457	0	0	0

六、高等教育学校资产等办学条件

(一)高等教育学校资产等办学条件(2021—2022年)

指标名称	计量单位	代码	学校产权	非学校产权		
					独立使用	共同使用
甲	乙	丙	1	2	3	4
占地面积	平方米	01	2558669.3	0	0	0
#绿化用地面积	平方米	02	1108298	0	0	0
#运动场地面积	平方米	03	115674.1	0	0	0
校园足球场	个	04	12	0	0	0
11人制足球场	个	05	6	0	0	0
7人制足球场	个	06	2	0	0	0
5人制足球场	个	07	4	0	0	0
图书	册	08	4548178	0	0	0
#当年新增	册	09	82577	0	0	0
数字资源量	—	—	—	—	—	—
电子图书	册	10	0	3069567	3069567	0
电子期刊	册	11	0	3271835	3271835	0
学位论文	册	12	0	10431225	10431225	0
音视频	小时	13	0	280885.25	280885.25	0
数字终端数	台	18	46815	0	0	0
#教师终端数	台	19	7371	0	0	0

指标名称	计量单位	代码	学校产权	非学校产权		
					独立使用	共同使用
#学生终端数	台	20	22308	0	0	0
教室	间	21	1276	0	0	0
#网络多媒体教室	间	22	852	0	0	0
固定资产总值	万元	23	505092.42	0	0	0
#教学科研实习仪器设备资产值	万元	24	442400.73	0	0	0
#当年新增	万元	25	41806.09	0	0	0

七、专职辅导员分年龄、专业技术职务、学历情况

(一)专职辅导员分年龄、专业技术职务、学历情况(2021—2022年)

指标名称		代码	合计	#女	本专科生专职辅导员						研究生专职辅导员					
						19岁以下	20～29岁	30～39岁	40～49岁	50岁及以上		19岁以下	20～29岁	30～39岁	40～49岁	50岁及以上
甲		乙	1	2	3	4	5	6	7	8	9	10	11	12	13	14
总计		01	199	133	112	0	58	33	18	3	87	0	36	31	16	4
#女		02	133	—	75	0	37	20	15	3	58	0	26	19	11	2
按行政职务分	正处级	03	0	0	0	0	0	0	0	0	0	0	0	0	0	0
	副处级	04	33	22	16	0	0	6	10	0	17	0	0	2	11	4
	正科级	05	28	23	19	0	0	12	5	2	9	0	0	6	3	0
	副科级以下	06	138	88	77	0	58	15	3	1	61	0	36	23	2	0
按专业技术职务分	正高级	07	1	1	0	0	0	0	0	0	1	0	0	0	1	0
	副高级	08	12	9	6	0	0	0	5	1	6	0	0	1	3	2
	中级	09	105	71	54	0	12	28	13	1	51	0	11	26	12	2
	初级	10	14	12	11	0	8	3	0	0	3	0	2	1	0	0
	未定职级	11	67	40	41	0	38	2	0	1	26	0	23	3	0	0
按学历分	博士研究生	12	55	35	26	0	8	10	7	1	29	0	6	13	10	0
	硕士研究生	13	121	84	66	0	34	23	8	1	55	0	30	18	5	2
	本科	14	23	14	20	0	16	0	3	1	3	0	0	0	1	2
	专科以下	15	0	0	0	0	0	0	0	0	0	0	0	0	0	0

八、心理咨询工作人员(心理健康教育教师)情况

(一)心理咨询工作人员(心理健康教育教师)情况(2021—2022年)

指标名称	代码	合计	#女	#接受过专业教育	按工作年限分			
					4年以下	5～10年	11～20年	20年以上
甲	乙	1	2	3	4	5	6	7
总计	01	11	7	11	1	4	3	3

指标名称		代码	合计	#女	#接受过专业教育	按工作年限分			
						4年以下	5～10年	11～20年	20年以上
#女		02	7	—	7	1	2	1	3
按专业技术职务分	正高级	03	1	1	1	0	0	1	0
	副高级	04	0	0	0	0	0	0	0
	中级	05	6	4	6	0	1	2	3
	初级	06	1	0	1	0	1	0	0
	未定职级	07	3	2	3	1	2	0	0
按学历分	博士研究生	08	2	2	2	1	0	1	0
	硕士研究生	09	9	5	9	0	4	2	3
	本科	10	0	0	0	0	0	0	0
	专科以下	11	0	0	0	0	0	0	0

九、高等教育学校校园占地情况统计调查

（一）高等教育学校校园占地情况统计调查（2021—2022年）

指标名称	编号	实有床位数		在校生中的住宿生					学校产权占地面积	#未取得国有土地使用证	非学校产权占地面积						专门实习用地
		学校产权	非学校产权	高等职业专科学生	高等职业本科学生	普通本科生	硕士研究生	博士研究生				独立使用	未取得国有土地使用证	民办学校出资方土地	租借用其他单位土地	共同使用	
甲	乙	1	2	3	4	5	6	7	9	10	11	12	13	14	15	16	17
四平路校区	01	20870	0	0	0	11729	5683	3508	1014593.1	0	0	0	0	0	0	0	0
嘉定校区	01	1246	11420	0	0	6101	4036	1968	1145856.6	0	0	0	0	0	0	0	0
沪西校区	01	3035	0	0	0	356	367	400	289442	0	0	0	0	0	0	0	0
沪北校区	01	1225	0	0	0	284	302	316	51773	0	0	0	0	0	0	0	0
苏州木渎基地	01	0	0	0	0	0	0	0	3919.6	0	0	0	0	0	0	0	0
临港基地	01	0	0	0	0	0	0	0	53085	0	0	0	0	0	0	0	0
总计	—	26376	11420	0	0	18470	10388	6192	2558669.3	0	0	0	0	0	0	0	0

大　事　记

1月

1月2日,2021同济新年音乐会在上音歌剧院举行,音乐会所获捐赠资金全部注入同济大学云龙发展基金,助力云龙发展。

1月4日,教育部发布《关于成立全国师德师风建设专家委员会的通知》,首届专家委员会名单公布。学校副校长吕培明入选高校师德师风建设专家委员会委员,中德工程学院党委书记、职业技术教育学院党委书记王继平入选职业学校师德师风建设专家委员会委员。

1月4日,由同济大学测绘与地理信息学院、经济与管理学院和土木工程学院联合举办的"空间信息与工程管理学科交叉论坛"举行。

1月5日,校党委书记方守恩带队,对校内部分学院、实验室和直属单位进行安全生产检查。

1月5日,土木信息技术教育部工程研究中心第二届技术委员会第二次会议线上线下同步召开。

1月8日下午,同济大学2020年度二级党组织书记抓基层党建工作述职评议会在四平路校区举行。

1月8日,海洋地质国家重点实验室第六届学术委员会第四次会议在同济大学举行。

1月9日,同济大学校友会中德学院分会"新能源智能网联汽车"论坛在嘉定校区和线上平台同步举行。

1月9日,学校医学院左为教授团队与解放军总医院肾脏病医学部陈香美院士、蔡广研教授团队合作,在《蛋白质与细胞》(*Protein & Cell*)期刊在线发表论文 *Single-cell RNA-Seq analysis identified kidney progenitor cells from human urine*。

1月12日,同济大学召开2020年度校级领导班子民主生活会。

1月14日,同济大学2020年度共青团工作总结会举行,校党委副书记徐建平出席。

1月14日,同济大学召开统一战线各界人士座谈会,并就学校"十四五"发展规划编制征求意见和建议。

1月14日,由上海市教卫工作党委、上海市教委组织开展的2020年度上海高校辅导员队伍建设月总结会暨第十七届辅导员论坛举行,同济大学辅导员荣获多项荣誉。

1月15日,同济大学"三全育人"综合改革试点工作交流会在四平路校区召开。

1月15日,以"厚植'三全育人'理念,凝练同济思政特色"为主题的同济大学2021年学生思政工作创新论坛在四平路校区举行。

1月16日,同济大学教育发展基金会第三届理事会第九次、第十次全体会议召开。

1月16日,同济大学第三届董事会第五次全体会议在四平路校区召开,会议采用线上线下相结合的形式。

1月16日,上海高校产教融合工作推进会在同济大学召开。

1月18日,中国科协在京召开2020"科创中国"年度工作会议,发布了2020年度"科创中国"系列榜单。同济创新创业控股有限公司入选2020年"科创中国"产学研融通组织榜单,同济大学建筑设计研究院(集团)有限公司入选2020年"科创中国"新锐企业榜单。

1月19日,同济大学召开外事工作会议,以"新形势·新任务·新突破"为主题,全面回顾同济大学"十三五"国际化办学成就,谋划部署"十四五"国际合作与交流。

1月21日上午,同济大学召开干部教师大会,校长陈杰主持大会,校党委书记方守恩宣读教育部关于同济大学行政领导班子副职换届、党政常务副职和党委副书记调整的任免决定。

1月21日,新希望集团向同济大学教育发展基金会捐赠人民币1亿元,用于设立同济大学脑科医学发展基金,专项支持同济大学中德脑科学临床研究和转化医学中心的科研工作与平台建设。

1月21日,同济大学牵头的2020年国家社科基金艺术学重大项目"中国建筑艺术的理论与实践研究(1949—2019)"开题论证会在校召开。全国艺术科学规划项目管理中心主任邱邑洪、上海市文化与旅游局艺术处副处长张悦,学校原常务副校长伍江及文科办负责人等出席会议。

1月22—23日,同济大学第十一届教职工代表大会暨第二十届工会会员代表大会第一次会议召开,回顾总结学校"十三五"发展成就经验,谋划部署"十四五"各项事业高质量发展。

1月25日,同济大学收到教育部脱贫攻坚工作领导小组办公室发来的函件,来函感谢学校充分发挥特色优势,为定点帮扶的云南省云龙县如期摘帽、贫困群众如期脱贫、助推当地经济社会发展作出的重要贡献。

1月25日,第六届同济大学女教授联谊会会员代表大会暨第三届同济大学优秀青年女教师联谊会会员大会在四平路校区校友之家和线上同步召开。

1月27日,新时期同济大学文科发展专家座谈会在四平路校区召开。

1月28日,上海市副市长陈群来到同济大学四平路校区,调研指导学校疫情防控工作,看望慰问寒假留校学生。

1月29日,上海交通大学党委书记杨振斌、校长林忠钦率代表团来同济大学调研。

2月

2月1日,同济大学与中国信息通信研究院签署战略合作协议。

2月1日,同济大学校长陈杰率团赴中国兵器工业集团调研。

2月4日,同济大学校党委理论学习中心组举行专题学习会,学习传达十九届中央纪委五次全会和十一届上海市纪委五次全会精神。

2月9日,校长陈杰、校党委副书记彭震伟等一行来到嘉定校区慰问寒假留校学生。

2月10日,同济大学与上海市奉贤区人民政府签署《关于加快奉贤新城建设的战略合作框架协议》。

2月18日，同济大学环境科学与工程学院李风亭教授团队与日本学士院院士、京都大学 Susumu Kitagawa 教授团队合作，在绿色高效气体分离材料研究方向取得进展，该研究工作发表于国际化学领域著名学术期刊《德国应用化学》(*Angewandte Chemie International Edition*)，并被选为 VIP (very important paper)论文。

2月19日，长三角生态绿色一体化发展示范区建设重大项目对接会在沪召开，对示范区建设重大项目进行全面对接，部署下一步工作。同济大学原常务副校长、联合国环境署—同济大学环境与可持续发展学院院长伍江教授在会上介绍了长三角一体化示范区碳达峰碳中和战略研究初步设想。

2月22日，同济大学党委书记方守恩、校长陈杰率队赴上海市虹口区调研。

2月24日，同济大学附属同济医院程黎明教授团队在国际纳米科技著名期刊 *ACS Nano* 上在线发表了论文 *Immunomodulatory Layered Double Hydroxide Nanoparticles Enable Neurogenesis by Targeting Transforming Growth Factor-β Receptor 2*。

2月24日，同济大学开展新冠肺炎疫情防控应急演练，演练分别在四平路、嘉定、沪西、沪北4个校区同时进行。

2月25日，环境科学与技术领域权威期刊《环境科学与技术》(*Environmental Science & Technology*)以 Supplementary Journal Cover(第二、三封面，亦称"补充期刊封面")的形式，刊登了学校化学科学与工程学院赵国华教授、赵红颖教授团队研究成果"*Selective Photoelectrocatalytic Removal for Group-Targets of Phthalic Esters*"。

2月25日，同济大学收到生态环境部科技与财务司、住房和城乡建设部标准定额司联合发来的函件，来函对学校环境科学与工程学院徐祖信院士、戴晓虎教授在水专项总体专家组的工作表现给予肯定，感谢同济大学对水专项实施管理工作的大力支持。

2月25日，在全国脱贫攻坚总结表彰大会上，同济大学3名优秀校友罗强、狄建忠、侯坤荣获"全国脱贫攻坚先进个人"称号。

2月26日，同济大学附属东方医院院长、中国国际应急医疗队(上海)总队长刘中民教授领衔编制的上海市地方标准《医疗应急救援车载移动医院车辆管理要求》由上海市市场监督管理局正式发布。

3月

3月1日，同济大学经济与管理学院与福建广电网络集团股份有限公司签署合作协议。

3月1日，教育部公布2020年度普通高等学校本科专业备案和审批结果，同济大学获批"康复物理治疗"本科专业。

3月2日，同济大学经济与管理学院接到欧洲管理发展基金会(EFMD)正式通知，经欧洲质量发展体系(European Quality Improvement System, EQUIS)认证委员会投票决定，同济大学经济与管理学院被授予 EQUIS 最高标准的五年期认证。

3月2日，嘉定同济大学科技园推进交流会举行，嘉定区政协主席、区政协党组书记沈华棣，学校副校长雷星晖出席。

3月3日，2021年同济大学年轻干部德语培训班开班。

3月6日，道路交通安全与环境教育部工程研究中心2020年度技术委员会会议线上线下同步召开。

3月8日，同济大学纪念"三八"国际妇女节111周年暨"同心擘画十四五 喜迎建党一百年"表彰会举行，表彰一批获得各级巾帼荣誉的先进个人和先进集体。

3月8日，同济大学材料科学与工程学院党委副书记袁华、附属第十人民医院党委书记范理宏、附属东方医院党委书记孟馥三名同济女性荣获"全国巾帼建功标兵"称号，附属上海市肺科医院呼吸与危重症医学科、伊尔庚(上海)环境科技有限公司－同济大学"伊尔庚"梦想教室小组两个集体荣获"全国巾帼文明岗"称号。

3月8日，同济大学与长江大学以视频会议形式举行2021年"一帮一"行动工作协调会。

3月8日，同济大学附属第一妇婴保健院放射治疗科正式运行。

3月9日下午，同济大学2021年工作部署会召开。

3月9日，上海市副市长彭沉雷考察新疆克拉玛依市中心医院，考察期间，通过5G网络与同济大学附属同济医院内镜诊治中心连线。

3月12日，同济大学2021年全面从严治党暨警示教育大会召开。

3月12日，同济大学2021年第一次科技工作例会召开，旨在贯彻落实学校2021年工作部署会会议精神，部署今年学校重点科研工作。

3月12日，同济大学学生工作系统2021年春季学期集中培训举行。

3月12日，"绿色建造与碳达峰"论坛暨同济大学土木工程学院建筑工程系"绿色建造研究中心"成立仪式在土木工程学院举行。

3月13日，同济大学举行医学创新发展研讨会，共同谋划"十四五"同济医科高质量发展蓝图。

3月13日，同济大学校党委副书记彭震伟一行赴江西看望学校在赣工作的选调生，并召开选调生座谈会。

3月15日，同济大学收到国家乡村振兴局发来的感谢信，来函感谢学校为如期完成脱贫攻坚目标任务作出的突出贡献，希望学校为全面推进乡村振兴、巩固拓展脱贫攻坚成果接续奋斗。

3月16日，同济大学化学科学与工程学院徐涛教授课题组发展可见光/镍催化的不对称还原反应用于有机硼化合物高效合成。相关研究成果发表于国际权威期刊《自然·通讯》(*Nature Communications*)上。

3月16日，同济大学召开党史学习教育动员大会，对学校开展党史学习教育进行全面动员部署。

3月16日，同济大学举行党委理论学习中心组(扩大)专题报告会，传达学习全国两会精神。

3月16日，同济大学2021届毕业生春季招聘月首期经管综合专场在四平路校区举行。

3月16日，同济大学统战工作领导小组及民族宗教工作领导小组会议召开。

3月16日，同济大学人才工作领导小组办公室召开2021年人才工作布置会，会议对照学校全年重点工作，落实部署学校高层次人才各项工作任务。

3月18日，全国政协常委、九三学社中央副主席赵雯，上海市政协副主席、九三学社上海市委主委钱锋一行来到同济大学，就九三学社中央即将在沪举办的主题为“促进国家科技创新战略性平台建设”的第29次科学座谈会展开调研。

3月18日，上海市委统战部副部长蔡忠一行来学校调研。

3月18日，德国驻沪总领馆科教领事孔瑞超(Richard Cuntz)、领馆科技处代表曾红萍、易堂铭(Thomas Elz)访问同济大学中德学院。

3月19日，由中国网络空间内生安全技术与产业联盟人工智能专委会、中国通信学会车联网专委会联合主办，同济大学、上海大学、北京理工大学、重庆邮电大学共同承办的首届“智能无人系统与内生安全”学术会议在同济大学举办。

3月19日，共青团同济大学委员会、时代声音传播社联合开展“庆祝建党百年，勇担青年使命”同济大学“青年看两会”主题沙龙活动。

3月19日，由中国工程院院士、著名结构工程专家、重庆大学周绪红教授主讲的第75讲同济高等讲堂在四平路校区举行。

3月20日，同济大学第六届“卓越杯”暨第十七届“挑战杯”全国大学生课外学术科技作品竞赛校内评审及专家见面会举行。

3月21日，“知识产权与中国经济高质量转型发展”主题论坛在同济大学举行，副校长雷星晖出席并致辞。

3月23日，同济大学化学科学与工程学院赵国华教授、赵红颖教授团队在化学领域国际著名期刊《德国应用化学》(*Angewandte Chemie International Edition*)上发表论文 *Selective electrocatalytic reduction of oxygen to hydroxyl radicals via 3-electron pathway with FeCo alloy encapsulated carbon aerogel for fast and complete removing pollutants*。

3月23日，同济大学“中国精神”大讲堂第五讲在嘉定校区开讲。

3月23日，校机关党史学习教育动员部署会暨深化作风建设和巡察整改推进会召开。

3月25日，由斯微(上海)生物科技有限公司、同济大学附属东方医院合作研发的针对预防新冠肺炎的mRNA疫苗Ⅰ期临床试验正式启动。

3月25日，由同济大学牵头，上海交通大学、复旦大学参与承担，同济大学校长、中国工程院院士陈杰担任首席科学家的上海市市级科技重大专项“人工智能前沿基础理论与关键技术——自主智能无人系统”启动会在上海张江人工智能岛举行。

3月25日，同济大学2020年度“十大最具转化潜力科技成果”颁奖大会举行，副校长雷星晖出席。

3月26日，同济大学校团委组织“殷夫班”学员、学生骨干及党支书代表开展“共学党史忆英烈”主题团日活动。

3月26日，学校党委召开第八轮巡察工作动员会，校党委书记、巡察工作领导小组组长方守恩出席会议并讲话。

3月26日，学校举行党史学习教育辅导报告会，邀请党史学习教育中央宣讲团成员、原中共中央党史研究室副主任、中国中共党史学会原常务副会长、中共中央党史和文献研究院原院务委员、同济大学特聘教授冯俊作辅导报告。

3月26—27日，由同济大学、深圳大学、中国土木工程学会市政工程分会、国际地下空间联合研究中心共同主办的第八届中国(上海)地下空间开发大会在上海举行。

3月27日，同济大学、中国地质调查局广州海洋地质调查局、中国科学院深海科学与工程研究所在广州签约共建深海科学与技术联盟。

3月27—28日，由同济大学、北京航空航天大学、北京交通大学、北京理工大学、长安大学、大连海事大学、东南大学、吉林大学、南京航空航天大学、清华大学、武汉理工大学、西南交通大学、中南大学等高校共同发起，由同济大学承办的第一届交通与运载工程学科发展战略论坛在同济大学嘉定校区举办。

3月28日，同济大学党委书记方守恩、校长陈杰一行在武汉拜会了湖北省委书记应勇，双方进行了座谈交流。

3月29日，同济大学与闻泰科技共建的“同济—闻泰空间信息联合实验室”在同济大学揭牌成立。

3月31日，同济大学建筑与城市规划学院刁弥教授在著名期刊《自然》(*Nature*)子刊《自然－可持续发展》(*Nature Sustainability*)上发表论文 *Impacts of Transportation Network Companies on Urban Mobility*。

4月

4月2日，同济大学2021年春季学期教学督导工作会议在逸夫楼召开。

4月2日，由杨浦区人民政府和同济大学联合主办、以“设计明日经济”为主题的环同济知识经济圈2.0创新发展研讨会在同济大学举行。

4月2日，校领导班子在四平路校区以专题读书班的方式，进行了第一次党史学习研讨。

4月6日，同济大学新冠疫苗临时接种点正式启用，日接种量达5000余人次。

4月7日，同济大学党史学习教育

“我为师生办实事”主题实践活动启动暨“一网通办”试运行开通仪式在四平路校区综合事务服务大厅举行。

4月7日，同济大学外国语学院一行赴延安鲁艺文化园区调研，并召开建党百年系列活动座谈会。

4月7日，劳动报社党委书记崔校军一行来同济大学姚启明全国劳模创新工作室开展实地调研，随同调研的有劳动报社副主编施严、管一珉，编辑中心副总监、上海市先进工作者蔡敏敏等。

4月7日，中科院院士、著名海洋地质学家、海洋与地球科学学院汪品先教授主讲的公共选修课“科学与文化”第三课在同济大学四平路校区开讲。

4月8日，以“重建联结”为主题的首届三联人文城市奖揭晓，同济大学建筑与城市规划学院景观学系教师、上海四叶草堂青少年自然体验服务中心发起人刘悦来主持完成的项目“上海社区花园系列公众参与公共空间更新实验”，获“社区营造奖”；建筑与城市规划学院建筑系教授、同济设计集团原作设计工作室主持建筑师章明主持完成的项目“‘绿之丘’——上海烟草公司机修仓库更新改造”，获“生态贡献奖”。

4月9日，以“同撷新知，济梦未来”为主题的第三届新生学术嘉年华在四平路校区人工草坪足球场开幕。

4月9日上午，同济大学召开“‘新工科’背景下高等数学课程教学与教材建设研讨会”，来自上海交通大学、同济大学、华东理工大学、东华大学、南京师范大学、上海理工大学、江苏科技大学、上海师范大学、上海海事大学、上海应用技术大学、高等教育出版社等十余家单位的专家30余人与会。

4月9—10日，2020年度中国自动化学会(CAA)颁奖盛典在苏州举行，同济大学控制科学与工程学科教师荣获多个学会重要奖项。

4月10日，同济大学上海新城建设研究中心揭牌成立。

4月10日，同济大学四平路校区新冠疫苗接种工作圆满落下帷幕。

4月11日，“我们的世界遗产——信息科技的变革效应”全球大会(OUR WORLD HERITAGE - Transformational Impacts of Information Technology Globinar 2.0)在线上举行。

4月13日，同济大学柔性引进中国科学院院士施剑林的仪式暨专题报告会在同济大学沪西校区举行。

4月13日，同济大学校党委书记、校党史学习教育领导小组组长方守恩到艺术与传媒学院，出席学院党史学习教育座谈会，调研、了解学院党史学习教育开展情况，并实地察看正在紧张排练中的学校原创实验歌剧《志丹，志丹》。

4月13日，同济大学综合改革与校院两级管理改革总结研讨会召开。

4月14日下午，同济大学与百度签署战略合作协议，双方围绕人工智能、智慧交通、重大科技基础设施建设等方面，共同开展高质量科研攻关与高端人才培养，加快促进科研成果转化与产业变革。

4月15日，中国民用航空局—同济大学合作交流座谈会在嘉定校区举行。

4月15日，在中国民航局指导下，由民航飞行区设施耐久与运行安全重点实验室(同济大学)主办，民航华东地区管理局、上海机场集团和上海民航新时代机场设计研究院共同协办的“民航机场智慧发展与科技创新研讨会”在同济大学嘉定校区召开。

4月17日，“中国共产党安全观的百年考察”研讨会在同济大学举行。

4月17日，同济大学工程管理研究所三十周年庆典活动暨工程管理创新与发展论坛在经济与管理学院举行。

4月17日，“高等学校校园‘3060’双碳目标与路径”论坛在同济大学召开。

4月19日，国家市场监督管理总局正式发文批准了同济大学、中国计量科学研究院、中国科学院上海应用物理研究所联合研制的两种超精密纳米光栅成为国家一级标准物质。

4月19日，同济大学生命科学与技术学院院长高绍荣教授在中国细胞生物学学会2021年全国学术大会上被授予2021年中国细胞生物学学会“杰出成就奖”。

4月20日，同济大学领导班子在四平路校区以专题读书班的方式，进行了第二次党史学习研讨。

4月21日，作为同济大学对德合作新平台之一的同济大学中德汽车联合研发中心，继2019年10月成立后，正式启动。

4月21日，“我的红色记忆——庆祝中国共产党成立100周年实践成果展”开幕式在建筑与城市规划学院举行。

4月22日，由中央广播电视总台携手教育部、人社部、国资委、团中央共同发起，央视频与国投人力共同主办的“国聘行动”第二季——“春华秋实 国聘行动”大型融媒体招聘活动“一带一路”专场暨“上海建工走进同济大学校园专场招聘会”举行。

4月22日，应国务院学位委员会第八届控制科学与工程学科评议组召集人、学校校长陈杰院士，哈尔滨工业大学段广仁院士的邀请，学科评议组全体成员来访学校，并召开学科评议组第一次工作会议。

4月23日，由同济大学提议，东南大学、复旦大学、华东师范大学、南京大学、上海交通大学、同济大学、浙江大学、中国科学技术大学(按拼音排序)“华东八校”共同发起组建的“长三角可持续发展大学联盟”(简称“大学联盟”)成立。

4月24日，同济大学外国语学院与井冈山革命博物馆红色革命文化国际传播合作协议签署仪式在井冈山革命博物馆举行。

4月25日，国际著名地学期刊《地质学》(*Geology*)第49卷第5期刊发了同济大学海洋与地球科学学院教授钟广法与中科院深海科学与工程研究所研究员彭晓彤的合作研究论文 *Transport and accumulation of plas-*

tic litter in submarine canyons—The role of gravity flows。

4 月 25 日，由同济大学城市发展与管理研究基地、同济大学城市交通研究院、学校文科办联合主办的“同济城市智库论坛・人民城市人民建系列”之“超大城市社区营造‘微基建’案例研讨会”在学校举行。

4 月 27 日，同济大学马克思主义学院、中教华影全国校园电影院线共同打造的“思想政治影视教育基地”揭牌。

4 月 29 日，中共同济大学第十一届委员会第五次全体会议在中法中心召开。

4 月 30 日，同济大学党委理论学习中心组扩大学习会暨中层干部党史学习教育专题培训在四平路校区举行。

4 月 30 日，“跟党走，担使命，创一流”同济大学青年五四表彰暨师生座谈会举行，校党委副书记彭震伟出席。

5 月

5 月 4 日，同济大学“听 Ta 说・时代声音”专栏首讲在新渔阳里 6 号团中央机关旧址纪念馆直播上线。

5 月 5 日，同济大学附属上海市肺科医院周彩存教授团队在《自然・通讯》(*Nature Communications*)杂志在线发表论文 *Single-Cell Profiling of Tumor Heterogeneity and Its Microenvironment in Advanced Non－small Cell Lung Cancer*。

5 月 6 日，作为同济大学开展党史学习教育、献礼建党百年的红色剧目之一，学校改编创作的《霓虹灯下的哨兵》在嘉定校区成功首演。

5 月 6 日，校党委副书记彭震伟、校党委原副书记徐建平带领学研工部、校团委、学生就业指导中心相关负责人赴四川省委组织部调研走访，并实地看望学校在川工作的基层就业毕业生。

5 月 7 日，外国语学院召开外国语言文学一流学科建设专家研讨会，学校校长陈杰、副校长娄永琪出席会议。

5 月 7 日，同济大学附属东方医院驻南极长城站医生胡森完成随队医疗保健任务，返回上海。

5 月 8 日，中央第四巡视组巡视同济大学党委工作动员会召开。

5 月 10 日，同济大学附属同济医院脊柱脊髓损伤再生修复教育部重点实验室程黎明教授、朱融融教授在国际知名学术期刊《自然・通讯》(*Nature Communications*)上在线发表论文 *Deep learning-based predictive identification of neural stem cell differentiation*，并入选该杂志“干细胞”领域编辑推荐文章(*Editors' Highlights in 'Stem cells' area*，https://www.nature.com/collections/pkgztbmgly)。

5 月 11 日，根据电气与电子工程师协会(IEEE)网站，自 2021 年 5 月起，学校电子与信息工程学院刘儿兀教授担任 IEEE Blockchain Initiative (IEEE 区块链)全球社区联席主席，负责 IEEE 区块链亚太区建设。

5 月 12 日，同济大学中德工程学院和中德校园项目评估会在线举行，学校校长陈杰、副校长雷星晖出席会谈。

5 月 12 日，全国第六届大学生艺术展演活动在成都圆满落幕。学校入围现场展演的民乐合奏《楼兰意象》、舞蹈《终将见我微笑》、板凳造型艺术设计实践工作坊及两案例《“三全育人”背景下高校艺术团工作机制的创新实践》《及人之美，教化于艺——同济大学艺术与传媒学院美育改革创新优秀案例》，均获得全国一等奖。此外，舞蹈《终将见我微笑》获优秀创作奖，学校获得优秀组织奖，展演总成绩位列上海高校之首，在全国高校中名列前茅。

5 月 13 日，由同济大学与井冈山革命博物馆联合举办的“跨越时空的井冈山精神”主题展览，在四平路校区衷和楼大厅揭幕。

5 月 13 日，同济大学与上海人工智能实验室签署战略合作协议，双方本着“优势互补、资源共享、战略协同、共同发展”的原则，集聚人工智能科技创新和产业应用等领域，共同建设国际一流的人工智能实验室。

5 月 13 日，同济大学整合附属医院资源，以附属养志康复医院为主体建设的同济大学智能康复临床研究中心在附属养志康复医院(松江院区)正式揭牌。

5 月 13 日，同济大学校领导班子在四平路校区以专题读书班的方式，进行了第三次党史学习研讨。

5 月 13 日，磁浮技术铁路行业重点实验室由国家铁路局与同济大学共同揭牌。

5 月 13 日，由同济大学与井冈山革命博物馆联合举办的“跨越时空的井冈山精神”主题展览，在同济大学揭幕。

5 月 14 日，“同溯百年初心 济扬报国青春”同济・智联 2021 年就业实习综合招聘会暨职涯规划体验日在嘉定校区体育馆举行。

5 月 14—15 日，同济大学联合主办的第五届电气化交通前沿技术论坛在上海召开。

5 月 17 日，同济大学召开繁荣发展哲学社会科学专家学者座谈会。

5 月 17 日，同济大学土木工程学院教授、中国工程院院士吕西林收到日本工程院院长小林喜光来函，祝贺他当选为日本工程院外籍院士。

5 月 18 日，同济大学召开党史学习教育推进会。

5 月 18 日，校党委书记、校党史学习教育领导小组组长方守恩来到海洋与地球科学学院，调研学院党史学习教育开展情况，听取师生对学校工作的意见和建议。

5 月 18 日，以“同溯百年初心 济扬报国青春”为主题的同济大学 2021 年“基层就业毕业生”论坛周在四平路校区开幕，同时开设线上会场。

5 月 18 日，第 17 届国际大学生工程力学竞赛成绩揭晓。同济大学土木工程学院、航空航天与力学学院、铁道与城市轨道交通研究院学生取得优异成绩，荣获一等奖 5 项、二等奖 1 项，其中一等奖获奖人数与清华大学并列第一。

5月18日，以“无人系统科学与智慧医院建设”为主题的第五届“纪念宝隆”同济医院发展论坛，在附属同济医院举行。

5月19日，第十三届上海市大众科学奖颁奖典礼举行，同济大学数学科学学院教授梁进荣获“第十三届上海市大众科学奖提名奖”。

5月20日，在同济大学迎来建校114周年之际，光华教育集团董事局主席、同济大学1987级校友鲁育宗博士捐赠人民币壹千万元设立“同济大学光华教育创新基金”，同济大学光华教育创新基金捐赠仪式在四平路校区举行。

5月20日，校长、校党史学习教育领导小组组长陈杰来到建筑与城市规划学院，调研学院党史学习教育开展情况，听取师生对学校工作的意见和建议。

5月20日，以“初心济前路，永远跟党走”为主题的同济大学庆祝中国共产党成立100周年暨建校114周年晚会在四平路校区大礼堂举行。

5月21日，同济大学校团委、时代声音传播社共同举办了以“对话历史，致敬青春”为主题的百名时代声音青年讲师轮训暨集体备课活动。

5月21日，“同舟济 同车行 百年恰是风华正茂”迎接中国共产党成立100周年暨汽车学院2020－2021年度表彰晚会在嘉定校区举行。

5月22日，同济大学董事会换届工作会议暨第四届董事会第一次全体会议在四平路校区召开，会议采用线上线下相结合的形式。

5月24日，同济大学党委学研工部邀请原空军长春飞行学院院长、原南京军区空军副参谋长齐路通少将为专兼职辅导员作党史学习专题报告。

5月25日，同济大学校医学院教授、附属上海市肺科医院上海市结核病重点实验室主任戈宝学获2021年“追求卓越教师奖”。

5月25日，2020年度上海市科学技术奖公布，一共授奖281项(人)。以同济大学为第一完成单位的31项成果(人)获奖，其中，青年科技杰出贡献奖2项、国际科学技术合作奖1项、一等奖10项、二等奖18项。

5月25日，同济大学“中国精神”大讲堂第七讲在嘉定校区开讲。

5月25日，同济大学材料科学与工程学院车用新能源研究院马吉伟教授、黄云辉教授团队在国际知名学术期刊《自然·通讯》(*Nature Communications*)上在线发表论文 *Boosting oxygen reduction activity and enhancing stability through structural transformation of layered lithium manganese oxide*。

5月25日，教育部高校实验室安全检查专家组一行来到同济大学开展实验室安全现场检查。

5月26日，上海市科学技术委员会组织专家组对依托同济大学与申通地铁集团有限公司共同建设的上海市轨道交通结构耐久与系统安全重点实验室进行了验收。

5月26日，同济大学成为唯一入选农业农村部、教育部在江苏联合发布全国乡村振兴人才培养优质校推介名单的非农业类高校，也是上海市唯一入选的单位。

5月27日，校党委统战部举办《中国共产党统一战线工作条例》及党史学习教育专题培训班，校党委常务副书记冯身洪出席并作开班动员。

5月27日，全国高校知识产权人才培养与学科建设研讨会在同济大学召开。

5月29日，法国文化部授予同济大学建筑与城市规划学院伍江教授、邵甬教授艺术与文学骑士勋章，表彰两位教授在城市遗产保护、中法交流中作出的突出贡献。

5月31日下午，由同济大学与嘉定区共同举办的“永远跟党走”嘉定区红色文化进地铁进公交启动仪式在上海地铁11号线南翔站举行。

6月

6月1日下午，校党委书记、校党史学习教育领导小组组长方守恩来到汽车学院，调研学院党史学习教育开展情况，并与翼驰车队师生代表亲切交流。

6月1—2日，时代楷模山东港口集团青岛港“连钢创新团队”带头人、山东港口集团高级别专家张连钢来到同济大学，出席“学习先进楷模，勇担时代使命”——时代楷模“连钢创新团队”先进事迹报告会，为师生讲述自主创新、自立自强的奋斗故事，与教师代表座谈交流，共话双方未来合作前景。

6月2日，“辉煌百年 红色印迹——同济设计红色文化建筑作品展”在同济大学建筑设计研究院揭幕，集中展出了同济大学建筑设计研究院成立60多年来主持设计完成的具有代表性的数十件红色建筑作品。

6月3日，以“创新，为了人类美好生活”为主题的2021浦江创新论坛在上海开幕。

6月6日，上海学校依托课程思政育人体系深入推进党史学习教育现场活动在同济大学附属实验小学举行。

6月6日，同济大学举办以“乡村振兴:迈向共同富裕的新征程”为主题的“中国乡村振兴(同济)高层论坛”。

6月8日，“我为师生办实事”同济大学嘉定校区学生成长中心揭牌仪式举行。

6月8日下午，“党旗下成长”同济大学庆祝建党百年主题报告会在嘉定校区举行。

6月8日，同济大学与德国达姆施塔特工业大学(Technische Universität Darmstadt)共同举办的“2021年线上同济日”活动拉开帷幕。

6月9日，校领导班子在四平路校区以专题读书班的方式，进行了第四次党史学习研讨。

6月10日，教育部在江西省井冈山大学召开课程思政建设工作推进会。

6月10日，同济大学师生自编自

导自演的原创话剧《铸诗成剑》在四平路校区大礼堂成功首演。

6月16日，日本空气调和卫生工学会授予同济大学绿色建筑与新能源研究中心谭洪卫教授“日本空气调和卫生工学会国际荣誉会士”称号。

6月16日，由中国工程院、同济大学、嘉定区政府共同主办的嘉定新城智慧交通论坛暨智慧车列交通系统示范线开通仪式在嘉定举行。

6月16日，同济大学建筑与城市规划学院—中铁建城市开发有限公司产学研合作研讨会在学校举行。

6月17日，由离退休干部党工委、离退休工作办公室主办的“最可爱的人——抗美援朝中的同济人”展览在四平路校区图书馆揭幕，面向广大师生展出。

6月18日，同济大学举行庆祝建党100周年“丰碑”主题音乐会。

6月18日，第八届教育部科技委人工智能与区块链技术专门委员会2021年度第一次工作会议在同济大学牵头建设的上海自主智能无人系统科学中心召开。

6月21日，习近平总书记给北京大学的留学生们回信，回信在同济大学留学生中引发热烈反响。

6月22日，同济大学与中国航发商用航空发动机有限责任公司签约共建“商用航空发动机人工智能及大数据应用技术联合创新中心(United Innovation Center，即UIC)”。

6月22日，同济大学“中国精神”大讲堂第八讲在嘉定校区开讲。

6月22日，以“红色百年，同舟共济”为主题的同济大学统一战线庆祝建党100周年龙舟赛在嘉定校区同舟河畔举行。

6月23日，山西省委组织部部务委员张敏，太原市委常委、组织部部长赵忠保，市委常委、小店区委书记刘振华率代表团来校推进省校合作工作，校党委书记方守恩会见了张敏一行，校党委常务副书记冯身洪出席座谈会。

6月24日，校党委书记、校党史学习教育领导小组组长方守恩以《传承红色基因，汲取奋进力量，开创一流大学建设新局面》为题，给学校中层干部、部分党支部书记和学生党员上了一堂生动的党史学习教育专题党课。

6月25日，在庆祝中国共产党成立100周年之际，以“学条例 抓落实 提质量”为主题的同济大学第七届教职工党支部书记论坛在建筑设计研究院报告厅举行。

6月25日，校长陈杰在四平路校区亲切会见了图灵奖获得者、中国政府友谊奖获得者、中国科学院外籍院士John Hopcroft教授。

6月25日，“艺术中的建党百年 绘画里的中国精神——绘画作品中的中国共产党百年历程文献展”在四平路校区瑞安楼大厅揭幕。

6月27日，同济大学学生党建“七一”主题党日暨学生党支部书记培训举行，校党委副书记彭震伟出席活动并上主题党课。

6月28日，同济大学交通运输工程学院教工第一党支部书记、教授朱兴一在全国“两优一先”表彰大会上荣获“全国优秀党务工作者”称号。

6月29日，同济大学庆祝中国共产党成立100周年“两优一先”表彰大会在四平路校区隆重举行，表彰学校涌现出来的一批优秀共产党员、优秀党务工作者和先进基层党组织，并为“光荣在党50年”的老同志代表颁发纪念章。

6月29日，校长陈杰作为驻楼导师，到西北三楼学生社区党建活动室，与12名毕业学子座谈交流，共话“小我融入大我，青春献给祖国”。

6月30日，“夯实根基 引领发展——庆祝中国共产党建党100周年主题展”在四平路校区衷和楼大厅揭幕。

7月

7月1日，同济大学分别在四平路校区、嘉定校区、沪西校区和沪北校区隆重举行庆祝中国共产党成立100周年主题升旗仪式。

7月5日，同济大学环境科学与工程学院王亚宜教授团队承担完成的项目获得2020年度上海市技术发明奖一等奖，项目名为“高氨氮废水厌氧氨氧化脱氮关键技术创新与应用”。

7月5日，《同济英烈》(第二版)和《同济人》庆祝建党百年特刊首发。首发式现场播放了在中国共产党百年华诞之际，校党委书记方守恩与世界著名麻风病防治专家、杰出校友李桓英连线交流的视频。

7月6日，同济大学2021届毕业典礼在四平路校区一·二九运动场隆重举行。

7月8日，由世界人工智能大会组委会办公室主办、同济大学承办，以“人工智能赋能城市数字化转型”为主题的国家级学会理事长论坛，7月8日下午在上海世博中心举行。

7月8日，同济大学2021年“永远跟党走”大学生暑期社会实践出征仪式在四平路校区举行。

7月8日，中国交通教育研究会授予同济大学交通运输工程学院杨东援教授“中国交通教育终身成就奖”。

7月7—9日，校党委副书记彭震伟一行赴云南省大理州云龙县推进定点帮扶工作，并围绕产业、医疗、教育等乡村振兴重点领域进行专项调研。

7月7—10日，由中国大洋发现计划专家咨询委员会、国家自然科学基金委员会地球科学部和同济大学海洋地质国家重点实验室联合主办的第六届地球系统科学大会在上海举行。

7月10日，在2021世界人工智能大会闭幕式上，依托同济大学建设的中国(上海)数字城市研究院揭牌成立。

7月10日，德国工程科学院院士、国际人工智能领域著名科学家奥托·海因里希·赫尔佐格受聘为同济大学名誉教授。

7月10—11日，由中国高等教育学会院校研究分会、同济大学共同举办的“院校研究与教育评价”学术研讨会暨中国高等教育学会院校研究分会2021年学术年会在上海召开。

7月13日，同济大学学术委员会2021年第二次全体会议举行。

7月14日，同济大学与虹口区人民政府签署战略合作框架协议。

7月14日，由联合国世界知识产权组织（WIPO）与同济大学共同举办、以“智慧城市和知识产权”为主题、为期两天的国际知识产权论坛在同济大学开幕。

7月15—16日，由教育部科学技术与信息化司指导、教育部科技发展中心主办、同济大学承办的首届高校知识产权年会举行。

7月16日，2021年上海“最美科技工作者”名单揭晓，共10人上榜。2位同济人名列其中，分别是中国工程院院士、同济大学原副校长、中德学部主任吴志强，中国科学院院士、中国科学院上海硅酸盐研究所研究员、同济大学生物医学工程与纳米科学研究院院长施剑林。

7月16日，同济大学2021年教师暑期社会实践行前动员大会暨出征仪式在四平路校区举行。

7月16日，副校长顾祥林赴浙江省杭州市分别慰问了正在进行工程地质实习和测量实习的师生。

7月3—17日，第十四届全国学生运动会在青岛举行，同济学子在赛场上顽强拼搏，共获得7枚金牌、4枚银牌、3枚铜牌、3个第四名、3个第五名、2个第六名、2个第八名的优异成绩，同济大学再次荣获本届全国学生运动会“校长杯”。

7月17日，同济大学医学院肿瘤研究所所长、附属上海市肺科医院周彩存教授领衔开展的“埃克替尼对比标准辅助化疗用于II—IIIA期伴EGFR敏感突变非小细胞肺癌术后辅助治疗的多中心、随机、开放、III期临床研究（EVIDENCE研究）”的成果，在线发表于国际顶尖学术期刊《柳叶刀·呼吸医学》（*The Lancet Respiratory Medicine*）。

7月17日，由同济大学牵头建设的上海自主智能无人系统科学中心主办，北京理工大学、中国自动化学会控制理论专业委员会（TCCT）多自主体控制学组、教育部人工智能与区块链技术专委会协办的2021年“复杂智能系统分析与设计”暑期学校在同济大学四平路校区结营。

7月17—18日，第三届全国“道路勘测设计”教学研讨会在同济大学四平路校区举行。

7月21日，同济大学启动紧急灾害专项救助工作，对因洪涝灾害而造成人员伤害或重大财产损失的学生（含2021级已录取新生）和家庭进行救助。

7月21日晨，《放射学》（Radiology）杂志在线发表了学校附属上海市肺科医院超声科王茵教授团队论文《超声造影剂到达时差比鉴别诊断胸膜下肺部良恶性病灶》（*US Contrast Agent Arrival Time Difference Ratio for Benign versus Malignant Subpleural Pulmonary Lesions*）。

7月22日，由上海国际汽车城、同济大学、上海清能、上海舜华新能源联合打造的全球首个离网氢能应用展示馆在位于汽车城核心区域的汽车博览公园内落地。

7月24日，由同济大学主办、同济大学马克思主义学院承办的“全球大变局中的中国与世界”国际学术研讨会以线下线上相结合的方式在四平路校区举行。

7月21—25日，教师工作部、组织部、统战部、校团委、校工会联合开展“追寻百年红色记忆，汲取砥砺奋进力量”教师暑期社会实践活动。

7月26日，由中国公共关系协会学术委员会、同济大学对外话语体系研究中心联合主办，同济大学外国语学院承办的深入学习习近平总书记加强和改进国际传播工作重要讲话精神、构建中国话语和中国叙事体系研讨会，在同济大学四平路校区举行。

7月28日，同济大学电子与信息工程学院控制科学与工程系青年教师雷金龙研究员与衣鹏研究员、李莉教授合作的论文*Distributed No-Regret Learning for Stochastic Aggregative Games over Networks*在第40届中国控制会议（The 40th Chinese Control Conference，CCC2021）上荣获第27届“关肇直奖”。

7月29日，同济大学PACE中心以优异的成绩在IDEEA（International Design and Engineering Education Association）大赛中夺得全球第一。

7月30日，由中国科协科技社团党委指导、同济大学党委和中国建筑学会党委联合主办的“不忘初心 献礼百年”建党百周年系列庆祝活动之“百名科学家讲党史党课”在上海城方创新中心开讲。

7月25—31日，校党委学研工部组织校辅导员分赴承载同济师生支教回忆的陕西渭南和革命圣地延安，开展暑期专项社会实践。

8月

8月4日，同济学子在第十三届全国周培源大学生力学竞赛“基础力学实验”团体赛上荣获全国一等奖。

8月5日，同济大学附属同济医院分院召开疫情防控专题会议。

8月6日，同济大学与黑龙江省委省政府线上签署战略合作框架协议，共谋合作发展。

8月11日，同济大学牵头的“国土空间智能规划技术重点实验室”，获批为自然资源部重点实验室。

8月12日，上海市委常委、组织部长胡文容一行，到同济大学嘉定校区开展调研，与校党委书记方守恩、校长陈杰等校领导座谈交流。

8月16日，为期一周的同济大学中层干部综合治理能力提升专题研讨班（第二期）开班。

8月17日，同济大学举行校党委理论学习中心组扩大学习会。

8月20日，为期一周的同济大学中层干部综合治理能力提升专题研讨班（第二期）完成所有培训内容，圆满收官。

8月23日，同济大学沪西校区搬迁工作推进会在沪西校区图书馆召开。

8月24日，应广西壮族自治区党委组织部邀请，校党委书记方守恩、校党委副书记彭震伟出席广西2021年定向选调生及引进高水平大学博士座谈会，并与同济大学在桂选调生代表交流。

8月27日，奉贤区城市管理精细化工作领导小组办公室与同济大学超大城市精细化治理研究院围绕奉贤新城城市管理精细化工作签署战略合作协议。

8月28日，同济大学2021年学生军政训练动员大会分别在四平路校区人工草坪和嘉定校区足球场举行。

8月29－30日，同济大学迎来近8000名2021级研究生报到入学。

8月30日上午，同济大学2021级新生开学典礼在四平路校区一·二九田径场和嘉定校区操场隆重举行。

8月30日，校党委书记方守恩、校长陈杰等校领导分别在嘉定校区、四平路校区对2021年同济大学学生军政训练全体教官、随训教师和参训学生进行了慰问。

8月31日，2021级"新生第一课"在同济大学流媒体平台举行。

9月

9月1日，同济大学附属中小学正式开学。

9月2日，同济大学2021年区人大代表换届选举工作动员会在四平路校区召开。

9月3日，同济大学新生院国豪学堂举行2021级新生见面会，119名学子光荣加入国豪学堂。

9月3日，同济大学2021年学生军政训练总结大会分别在四平路校区一·二九田径场、嘉定校区训练场举行，汇报军训成果。

9月6日，同济大学校长陈杰会见了来访的上海市计量测试技术研究院党委书记凌刚、院长张丽虹一行，双方就科研、人才培养、服务上海科创中心建设等一系列议题展开深入的交流。

9月6日，同济大学与长沙市人民政府签署全面合作框架协议，双方本着"优势互补、务求实效、共谋发展、战略共赢"原则，全面开展创新合作，共同打造高校服务地方创新、地方助推高校发展的合作典范。

9月8日，同济大学校长陈杰开讲本学期"中国道路"第一课。

9月10日，同济大学2021年教师节庆祝大会在四平路校区一·二九礼堂举行。

9月14日，正在同济大学指导党史学习教育工作的教育部党史学习教育高校第六指导组组长朱崇实，副组长韩晓峰、黄宗明一行来到嘉定校区，参加汽车学院研究生第十八党支部党史学习教育专题组织生活会，进行实地指导。

9月15日，同济大学基础教育合作办学管理委员会办公室组织召开学习会，专题学习习近平总书记在陕西绥德实验中学的重要讲话精神。

9月15日，2021年上海市"白玉兰纪念奖"颁授仪式举行，同济大学两位外籍教授榜上有名，分别是同济大学名誉教授、德国工程科学院院士奥托·海因里希·赫尔佐格，同济大学附属东方医院中德东方魏尔啸联合病理研究所德方所长曼弗雷德·迪特。

9月17日，上海市第四人民医院庆祝建院100周年并揭牌成为同济大学附属医院。

9月18日下午，同济大学党委中央巡视整改工作动员部署会在四平路校区召开。

9月22日，同济大学物理科学与工程学院钟锦强教授团队与南方科技大学夏克青教授团队在旋涡运动演化方面的合作研究成果《旋转热对流中旋涡的反离心集群运动》(*Inverse centrifugal effect induced by collective motion of vortices in rotating thermal convection*)，在线发表于《自然·通讯》(*Nature Communications*)。

9月22日，九三学社同济大学第八次代表大会在四平路校区召开。

9月23日，施普林格·自然集团与同济大学深化合作研讨会在四平路校区举行。

9月23日，庆祝中国共产党成立100周年"永远的长征·舒同舒安书画巡展"在嘉定校区同德楼揭幕。

9月23日，长三角生态绿色一体化发展示范区开发者大会在苏州举行。

9月23日，由同济大学牵头建设的长三角可持续发展研究院，是长三角生态绿色一体化发展示范区的重点项目，揭牌成立。

9月24日，中国民主建国会同济大学第五次代表大会在四平路校区召开。

9月24日，"嘉定新城综合交通'1＋6'专项研究"项目暨校地合作交流活动在同济大学交通运输工程学院举行。

9月25日，解放日报社打造的"上观文创"与同济大学设计创意学院等8家单位在解放日报·上观新闻助力打响上海文化品牌暨2022年度发行座谈会上签署品牌合作意向协议书。

9月25日，同济大学首批4位参加教育部高校银龄教师支援西部计划的退休教师启程赴喀什大学，正式开始为期1年的支教生涯。

9月27日，同济大学上海国际知识产权学院教授委员会召开座谈会。

9月27日，由同济大学德国研究中心组织编写的《德国发展报告(2021)：迈向"后疫情时代"的德国》(德国蓝皮书)发布会暨"大选后的德国形势"学术研讨会在四平路校区举行。

9月28日，受教育部科技司委托，上海市教委组织召开了"脊柱脊髓损伤再生修复教育部重点实验室(同济大学)"建设项目验收会议。

9月28日下午，《中国精神》系列动画短片学习强国平台发布仪式暨"学思践悟跟党走 深学笃行守初心"联组学习与主题党日活动在同济大学嘉定校区举办。

9月28日，民盟同济大学第八次代表大会在同济大学四平路校区召开。

9月28日，同济大学"中国精神"

大讲堂第九讲在嘉定校区开讲。

9月29日，由同济大学航空航天与力学学院主办的“中国梦·航空航天梦”主题展在四平路校区图书馆揭开帷幕。

9月29日，中国农工民主党同济大学第四次代表大会在附属同济医院召开。

9月30日，同济大学分别在四平路校区和嘉定校区开展烈士纪念日主题纪念活动。

9月30日，同济大学与杨浦区人民政府签署新一轮全面战略合作协议。

9月30日，同济大学在四平路校区召开二级党组织书记、党群职能部门负责人工作会议暨巡视整改工作推进会，同时也是学校基层党组织提高政治功能专题培训月活动启动会。

9月30日，同济大学二级党组织书记贯彻落实中央巡视整改工作暨《中国共产党普通高等学校基层组织工作条例》专题培训班在四平路校区正式开班，来自全校各二级党组织书记参加培训。

10月

10月1日，同济大学庆祝中华人民共和国成立72周年升旗仪式在四平路校区图书馆前隆重举行。

10月1日，同济大学校党委常委会举行集体学习会，专题学习中央人才工作会议精神。

10月2日，同济大学建筑与城市规划学院教授章明、同济大学建筑设计研究院(集团)有限公司原作设计工作室设计总监张姿共同主持设计的“杨树浦电厂遗迹公园”项目，摘得本届罗莎·芭芭拉国际景观奖三项大奖之一“WINNER OF THE ROSA BARBA AUDIENCE PRIZE”(罗莎·芭芭拉大众奖)。

10月6日，同济大学老校长高廷耀教授治水人生70载暨环境学科发展研讨会举行。

10月8日，同济大学学习贯彻中央人才工作会议精神座谈会在四平路校区举行。

10月12日，全国教材工作会议暨首届全国教材建设奖表彰会召开，同济大学荣获全国优秀教材特等奖1项(全国共10项，其中高等教育类4项)，一等奖2项，二等奖8项，荣获全国教材建设先进集体、先进个人各1项。

10月12日，首届全国教材建设奖揭晓，同济大学编写的《高等数学》第七版(上册、下册)，荣获“全国优秀教材特等奖”(全国共10项，其中高等教育类4项)。

10月12日，同济大学“中国精神”大讲堂第十讲在嘉定校区开讲。

10月14日，同济大学航空航天与力学学院研究员金亚斌应邀在国际著名综述期刊《物理学进展报告》(*Reports on Progress in Physics*)第84卷第8期发表论文 *Physics of surface vibrational resonances: Pillared phononic crystals, metamaterials, and metasurfaces*。

10月14日，同济大学校党委第九轮巡察工作动员会在四平路校区召开。

10月15日，同济大学在第七届中国国际“互联网+”大学生创新创业大赛全国总决赛上荣获金奖3项、银奖1项、铜奖3项，金奖获奖数、金银铜奖获奖总数突破学校纪录。

10月15—19日，为期5天的“智能制造工程技术人员能力提升”高级研修班在位于上海临港的同济大学工业4.0学习工厂举办。

10月18日，奥地利驻上海总领事蓝海睦(Helmut Rakowitsch)、副领事瓦格纳(Alexandra Wagner)访问同济大学。

10月19日，同济大学医学院宋建人教授课题组研究发现脊髓内新中间神经元，在经典期刊《美国科学院院报》(*PNAS*(*Direct submission*)上发表论文 *A specialized spinal circuit for command amplification and directionality during escape behavior*。

10月19日，新任德国驻上海总领事贺德满(Pit Heltmann)率代表团访问同济大学。

10月19日，“同济大学2021教育思想大讨论”推进会在四平路校区大礼堂举行。

10月19日，同济大学留学生“行走看中国”故事班开班。

10月19日，2021“同行计划”暑期实践锻炼成果报告会在四平路校区举行。

10月19—21日，同济大学房屋质量检测站组织土木工程学院专家罗烈教授、宋晓滨教授和高彦斌副教授，由副站长吴善能带队，紧急赶赴山西省太原市清徐县，对当地水灾后文物保护建筑修缮工作进行现场查勘。

10月21日，第二届国际道路安全创新论坛暨智慧交通安全驾驶论坛在同济大学建筑设计研究院举行。

10月25日，2021年同济大学基础教育专家咨询会在四平路校区举行。

10月25日，同济大学校党委理论学习中心组专题学习会暨党史学习教育读书班在四平路校区举行，将党史学习教育进一步引向深入。

10月26日，在同济大学校党委副书记吴广明带领下，校党委办公室全体同志、马克思主义学院党委班子成员、“人民城市导论”课程主讲教师团队，以及“理论+”宣讲团的学生讲师，前往杨浦滨江开展“人民城市导论”课程的集体备课活动。

10月27日，“同济大学2021教育思想大讨论”机关部门专题研讨会在四平路校区召开。

10月28日，由同济大学经济与管理学院周文泳教授担任首席专家的科技部科技创新战略研究专项项目“促进高质量发展的科技评价体系改革研究”开题研讨会在校举行。

10月28日，同济大学嘉定校区联席工作会议召开，校党委副书记彭震伟出席并讲话。

10月29日，教育部党组成员、副部长翁铁慧来到同济大学，调研指导督促学校落实中央巡视整改工作。

10月30—31日，同济大学在四平路校区新体育馆举办面向2022届毕业生的综合招聘会。

10月31日晚，在同济大学联合主办的第19届亚洲建筑师大会开幕前一晚，2021年“亚洲建筑师协会建筑奖”（Asian Awards for Architecture 2021）颁奖典礼在上海市奉贤区举行。

11月

11月1日，同济大学联合主办的第19届亚洲建筑师大会（Asian Congress of Architects）在上海市奉贤区九棵树未来艺术中心开幕。

11月3日，2020年度国家科学技术奖励大会在北京人民大会堂隆重召开，同济大学共有5项重要科技成果获奖。

11月3日，上海市教育委员会副主任毛丽娟来同济大学调研指导上海国际知识产权学院建设工作。

11月3日，同济大学在2020年度国家科学技术奖励大会上荣获5项重要科技成果获奖。

11月3日，“中国道路”迎来第五讲，同济大学副校长童小华以《自信中国探月道路 自豪同济智慧参与》为题，阐述了我国航天事业从无到有、从弱到强的发展历程。

11月5日，在第四届中国国际进口博览会上，同济大学—闻泰科技空间信息联合实验室发布全球首例面向手机的室内北斗定位导航系统，并推出系列产品和相关标准。

11月5日，同济大学“三全育人”综合改革示范学院创建交流评审会在嘉定校区举行，校党委副书记彭震伟出席。

11月9日，校党委书记方守恩同志主持召开二级党组织书记和党群职能部门负责人工作会议。

11月9日，中国共产党同济大学机关第四次代表大会在四平路校区召开。

11月9日，同济大学中德学部指导委员会第十二次会议线下线上同时召开。

11月10日，福建省委组织部副部长陈炎标率团来同济大学推进省校人才交流合作。

11月11日，上海市足球协会与同济大学国际足球学院战略合作协议签约仪式在学校举行。

11月14日，“恰风华百年，颂时代强音”十九届六中全会精神学习研讨会暨同济大学时代声音宣讲联盟成立仪式在嘉定校区文槯堂举行。

11月14日，同济大学代表队在国际基因工程机器大赛（International Genetically Engineered Machine Competition，iGEM）2021全球总决赛斩获两枚金牌，并首次获得Best Software奖项。

11月16日，同济大学党委常委会举行集体学习会，专题学习党的十九届六中全会精神。

11月16日是上海市区和乡镇两级人大代表换届选举投票日。

11月17日，上海市宝山区委书记陈杰，区委副书记、区长高奕奕，副区长郑益川一行来同济大学，就区校合作事宜进行交流。

11月18日，同济大学土木工程学院李杰教授当选中国科学院院士，电子与信息工程学院蒋昌俊教授、土木工程学院朱合华教授当选中国工程院院士，奥托·海因里希·赫尔佐格、贝斯科斯两位教授当选中国工程院外籍院士。另有校友王明洋等当选院士。

11月18日，同济大学与中国商用飞机有限责任公司签署战略合作框架协议。

11月19日，作为同济大学首个劳动教育实践基地，由师生共同设计建造的屋顶花园正式亮相。

11月23日，同济大学警示教育大会在四平路校区召开，校党委书记方守恩出席并讲话，校长陈杰主持。

11月23日，“同济大学国际学生感悟中国丛书”新书发布会暨同济大学留学生“行走看中国”媒体矩阵上线仪式举行。

11月24日，高校中国共产党伟大建党精神研究中心同济大学分中心成立。

11月24日，同济大学与上海市地震局签署合作框架协议，双方将深化合作层级，拓展合作领域。

11月24日，“六校携手心连心，乡村振兴共奋进”在沪直属高校对口帮扶地区农特产品联展在同济大学举行。

11月26日，教育部公布了这100个典型案例名单，同济大学“着力‘精准’输送毕业生服务国家需要”案例入选。

12月

12月2日，同济大学与上海国际港务（集团）股份有限公司签署合作框架协议。

12月2日，依托同济大学建设的“上海市前沿科学研究基地和协同创新中心”建设研讨会召开。

12月2日，2021创新与新兴产业发展国际会议（IEID2021）“人工智能技术与产业专题会”由同济大学、中国工程院信息与电子工程学部、机械与运载工程学部、工程管理学部共同于同济大学举行。

12月3日，同济大学校长陈杰为首届学生校务助理授聘书。共有6名学生受聘为同济大学学生校务助理，任期为两年。

12月3日，同济大学2021教育思想大讨论——人才培养主题讨论成果交流会在电子与信息工程学院召开。

12月3日，同济大学学习贯彻党的十九届六中全会精神推进课程思政建设研讨会在马克思主义学院召开。

12月3日，同济大学经济与管理学院第13届国际咨询委员会议召开。

12月6日，上海市人民政府办公厅发布关于同意聘任丁筱芳等30人为上海市文史研究馆馆员的通知，同济大学单晓光、颜新两名教授受聘为上海市文史研究馆馆员。

12月7日，同济大学宋建人团队在《自然·通讯》（*Nature Communications*）杂志上发表论文 *An injury-induced serotonergic neuron subpopu-*

lation contributes to axon regrowth and function restoration after spinal cord injury in zebrafish。

12月6—8日，在第十六届中国智能交通年会(ITSAC 2021)暨2021年度中国智能交通大会上，同济大学交通运输工程学院教授、智能交通运输系统研究中心主任杨晓光被授予"2021中国智能交通年度人物"称号。

12月9日，浙江省嘉兴市委书记张兵一行到访同济大学，深入推进校地合作。

12月10日，同济大学—上海市复兴高级中学"同济实验班"揭牌仪式在复兴高级中学大礼堂举行。

12月10日，同济大学"中欧高素质工程人才全球胜任力培训中心"揭牌仪式暨"青年人才全球胜任力建设"研讨会线下线上同步举行。

12月14日，杨浦区副区长施方一行来校调研指导科技创新、环同济知识经济圈建设等相关工作。

12月16日，中国科学院院士、同济大学土木工程学院李杰教授"心怀'国之大者'，筑梦科教兴国"主题报告会在同济大学四平路校区开讲。

12月17日，张志愿院士、王松灵院士、俞书宏院士受聘为同济大学顾问教授。

12月17日，同济大学杨浦基础教育集团理事会成立大会暨第一届理事会第一次会议在同济大学建筑设计研究院举行。

12月17日，2021年上海科普教育创新奖颁奖典礼举行，中国工程院院士、同济大学原副校长、建筑与城市规划学院教授吴志强荣获本年度"科普杰出人物奖"。

12月17日，同济大学"博士驿家"博士生社区党群服务中心启动暨博士生社区党员先锋队成立仪式，在四平路校区博士生4号楼社区党群服务中心举行。

12月18日，同济大学校友会第二届会员代表大会第一次会议暨第二届理事会第一次会议在四平路校区逸夫楼召开。

12月21日，同济大学本科招生工作总结部署培训大会召开。

12月21日，中国建筑集团有限公司党组成员、副总经理赵晓江一行到访同济大学，深入推进校企合作。

12月22日，由上海市委统战部、市教卫工作党委、市欧美同学会主办，同济大学承办的"恰同学少年——留苏档案见证百年复兴路图片巡回展"在四平路校区衷和楼大厅拉开帷幕。

12月23日，依托同济大学建设的上海自主智能无人系统科学中心学术委员会第二次全体会议在上海举行。

12月24日，福建省委常委、福州市委书记林宝金，市长吴贤德与同济大学党委书记方守恩、校长陈杰，在福州闽都院士村淮安基地举行座谈，双方就深化市校合作、助推教育强市建设深入交流。

12月26日，由中国工程院、上海市人民政府、工业和信息化部、国家发展和改革委员会、科技部、商务部、中国科学院、中国国际贸易促进委员会、联合国工业发展组织共同主办，专题会由中国工程院土木、水利与建筑工程学部联合机械与运载工程学部、信息与电子工程学部、工程管理学部、同济大学共同承办的"创新与新兴产业发展(2021)国际会议"现代交通工程技术与产业专题会在上海召开。

12月28日，同济大学与中国建筑集团有限公司在京签署新一轮战略合作框架协议。

12月28日，同济大学党委书记方守恩、校长陈杰赴中国国家铁路集团有限公司调研。

12月30日，同济大学老领导迎新座谈会在位于张江人工智能岛的同济大学上海自主智能无人系统科学中心举行。

12月30日下午，同济大学校党委理论学习中心组(扩大)学习会举行。